"一带一路"沿线国家国际仲裁制度研究

5

中国国际经济贸易仲裁委员会 编
China International Economic and Trade Arbitration Commission

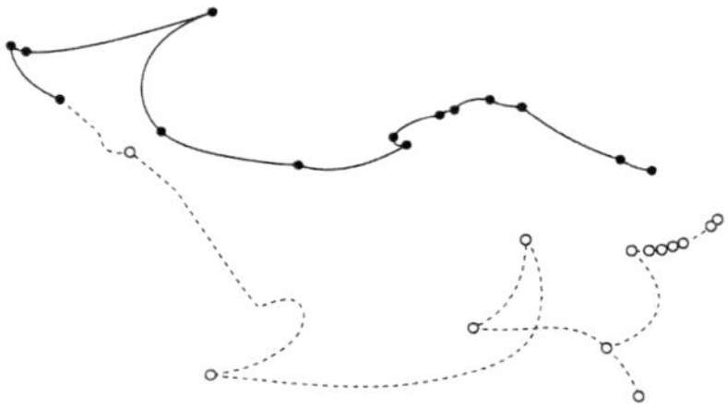

The Research of the International Arbitration System in Countries Along
The Belt and Road

法律出版社
LAW PRESS·CHINA

前　言

本书由中国国际经济贸易仲裁委员会委托中国政法大学仲裁研究院和国际法学院组成课题组完成。中国政法大学杜新丽教授担任课题负责人并主持编写工作。继《“一带一路”沿线国家国际仲裁制度研究(4)》选择瑞士、印度尼西亚、西班牙、巴基斯坦、土耳其、越南仲裁制度作为研究对象之后,编写组又选取了巴西、菲律宾、罗马尼亚、南非、尼日利亚、老挝6个国家,在掌握第一手资料的基础上,对其仲裁制度进行系统研究。本书紧紧围绕“一带一路”倡议,通过广泛收集资料、认真调查研究、积极思考探索,对选取的6个国家仲裁制度从以下几方面进行深入研究:仲裁制度的历史沿革;仲裁法律制度与实践;仲裁机构的设立及其特点;法院对仲裁裁决的承认与执行;中国当事人在交易中的争端防范和解决。尤其是对中国企业在上述6个国家的商事活动中如何规避风险、合规经营、有效解决争端进行了深入分析研究,并结合实际提出了详细的建议。

中国政法大学国际法学院覃华平副教授撰写“巴西仲裁制度研究”;中国政法大学国际法学院教师薛童博士撰写“菲律宾仲裁制度研究”;中国政法大学国际法学院教师李伯轩博士撰写“罗马尼亚仲裁制度研究”;首都经济贸易大学教师张建博士撰写“南非仲裁法研究”;山东政法学院教师刘敏敏博士撰写“尼日利亚仲裁制度研究”;中国政法大学国际法学院王林叶博士撰写“老挝仲裁制度研究”。

初稿完成后,贸仲仲裁研究所李兵主任对本书进行了统稿,贸仲副主任兼秘书长王承杰、党委书记兼副秘书长徐延波、原党委书记兼副秘书长李虎、仲裁院副院长谷岩等对本书进行了审稿。贸仲仲裁研究所的粟撒、张蓓、赵劲欣、梁意、许天舒亦为本书的数据收集、文字核校、排版印刷等工作付出了大量努力。在此一并表示由衷感谢！

目 录

CHAPTER 01 >>

第一章

罗马尼亚仲裁制度研究

罗马尼亚位于东南欧巴尔干半岛东北部,北和东北分别与乌克兰和摩尔多瓦为邻,南接保加利亚,西南和西北分别与塞尔维亚和匈牙利接壤,东南毗邻黑海。罗马尼亚的自然条件优越,资源丰富,石油和天然气储量位居欧洲前列。罗马尼亚的农业潜力巨大,工业和服务业发展迅速。罗马尼亚曾被誉为“欧洲之虎”。它是我国在中东欧地区重要的经贸合作伙伴之一。

欧盟统计局的数据显示,2017 年罗马尼亚与中国的双边货物进出口额为 51 亿美元,较 2016 年增长 14.1%。其中,罗马尼亚向中国的出口额为 8.3 亿美元,同比增长 22.7%;罗马尼亚自中国的进口额为 42.7 亿美元,同比增长 12.6%。罗马尼亚向中国出口的商品主要包括木制品、贱金属[1]及制品、运输设备、塑料、橡胶等。罗马尼亚自中国进口的商品主要是机电产品、家具、玩具、医疗设备等。

早在 1994 年,中罗两国政府便签订了《中华人民共和国政府和罗马尼亚政府关于鼓励和相互保护投资协定》。2008 年罗马尼亚以政府法令的形式颁布了《投资促进法》。该法为我国投资者向罗马尼亚投资提供了更好的制度保障。据我国商务部的统计,2016 年中国对罗马尼亚的直接投资额为 1588 万美元。截

〔1〕 贱金属是除金、银、白金等贵金属以外的其他金属的统称,如铁、铜、镍、铝、铅、锌、锡、钨等。

至2016年年底,中国对罗马尼亚直接投资额累计达到了3.92亿美元。

自中华人民共和国成立以来,中国与罗马尼亚政府保持着友好合作关系。在对华关系上,罗马尼亚历届政府始终奉行“一个中国”的原则立场。在20世纪70年代,罗马尼亚曾积极推动中华人民共和国恢复在联合国的合法席位。2004年中罗两国关系被提升为“全面友好合作伙伴关系”。随着“一带一路”倡议的提出,我国与作为“一带一路”沿线国家的罗马尼亚之间的联系更加紧密。2015年罗马尼亚经济部与中国商务部签署了推进共建丝绸之路经济带的谅解备忘录。2016年罗马尼亚时任总理乔洛什同李克强总理会晤,就继续深入发展两国经贸关系达成了重要共识。

“一带一路”倡议无疑为中罗两国关系的进一步发展注入了新的活力。可以预见的是,随着两国之间的合作和往来日益频繁,更多的涉外纠纷也会随之而来。因此,了解罗马尼亚的仲裁法律制度对于“走出去”的我国当事人来说是十分必要的。

一、罗马尼亚仲裁制度发展的历史沿革

罗马尼亚人的祖先是达契亚人。公元106年,达契亚国被罗马帝国征服,成为罗马帝国的一个省。达契亚人与罗马人混居并逐渐融合,形成了罗马尼亚民族。早在公元前5世纪,古罗马就制定了著名的《十二铜表法》。该法包含传唤、审判、求偿、家父权、继承及监护、所有权及占有、房屋及土地、私犯、公法、宗教法、前五表之补充、后五表之补充共12篇。其中,多处涉及仲裁,比如,第二表“审判”规定,审理之日,如遇承审员、仲裁员或诉讼当事人患重病,或者审判涉及外国人,则应延期审讯;第七表“房屋及土地”规定,当疆界发生争执时,由长官委任仲裁员3人解决之;第九表“公法”规定,经长官委任的承审员或仲裁员在执行职务中收受贿赂的,处死刑;第十二表“后五表之补充”规定,凡以不诚实的方法取得物的占有的,由长官委任仲裁员3人处理之,如占有人败诉,应返还所得孳息的双倍等。尽管罗马尼亚与古罗马具有深厚的历史渊源,但是罗马尼亚地区古典时代及中世纪时期的文献资料并没有关于仲裁的记载。

在罗马尼亚,有关仲裁的立法可以追溯至1819年生效的《卡拉吉法》(Caragea Code)。该法的制定在很大程度上受到了拜占庭法、习惯法和1804年《法国民法典》的启发。该法的第三部分第十八章名为“erotocrisie”,意思是“被选择的裁判者”。该章的21个条款涉及若干仲裁方面的问题,比如,当事人以仲裁方式解决

争议的合意、不能以仲裁方式解决的争议、[1]仲裁员的人选[2]等。

1865年罗马尼亚以《法国民事诉讼法典》和《日内瓦民事诉讼法》为蓝本，制定了《罗马尼亚民事诉讼法》。该法的第四编“关于仲裁员的规定”共有32个条款（第339条～第370条），涉及当事人的仲裁合意、争议的可仲裁性、仲裁协议的内容、仲裁员的撤销、仲裁程序、仲裁裁决的效力、仲裁裁决的撤销、仲裁员的法律责任等。

于1930年6月8日至1940年9月6日在位的罗马尼亚国王卡罗尔二世曾试图重塑罗马尼亚的国内法。在他的推动下，修订后的罗马尼亚刑法和刑事诉讼法于1937年生效。罗马尼亚的民法、民事诉讼法和商法也经过了修订，本应在1940年9月生效。然而，在第二次世界大战期间，纳粹德国跟苏联签署了一个瓜分协议，罗马尼亚被迫将巴萨拉比亚和北布科维纳割让给苏联，将北特兰西瓦尼亚割让给匈牙利。卡罗尔二世失去了国内大多数民众的支持。1940年9月他被迫将大权移交给罗马尼亚将军安东内斯库，并于次日退位。新的民事诉讼法因此被搁置。尽管该法最终未能生效，但它的历史价值是不容忽视的。该法第三编（第504条～第530条）区分了当事人仲裁合意的类型，明确了指定仲裁员的方式，规定了仲裁裁决的起草和发布方式，细化了仲裁裁决的修改和撤销。

在第二次世界大战期间，安东内斯库政权参加了德、意、日法西斯同盟。1944年苏联红军进入罗马尼亚。1944年8月23日罗马尼亚共产党领导发动反法西斯武装起义，推翻了安东内斯库政权。1947年12月30日罗马尼亚人民共和国宣告成立。随着1965年新宪法的通过，罗马尼亚更名为罗马尼亚社会主义共和国。1989年12月22日齐奥塞斯库政权被推翻，救国阵线委员会接管了国家的一切权力。1989年12月28日罗马尼亚更名为罗马尼亚共和国。这个时期的仲裁制度处于悬置状态。罗马尼亚官方当时声称，仲裁制度已经不再被使用，国民将他们之间的争议提交至司法机构或者其他履行司法职责的公共机构加以解决。当时学界的主流观点是，仲裁制度与社会主义生产关系不相容，因此尽管民事诉讼法中关于仲裁的规定得到了保留，可是这些规定在新的历史和社会条件下已经不再

---

〔1〕 根据《卡拉吉法》的规定，不能以仲裁方式解决的争议包括离婚、嫁妆、继承方面的争议以及刑事纠纷。

〔2〕 根据《卡拉吉法》的规定，女性、丧失能力者、因欺诈而受过处罚者不能担任仲裁员。

具有现实意义。[1] 事实上,仲裁的理念并未从罗马尼亚社会主义立法中被彻底抹去。罗马尼亚1949年第259号法令规定,“国家仲裁”(state arbitration)可用于解决社会主义组织之间的争议。直到1985年,“国家仲裁”机制才停止适用。根据罗马尼亚1985年第81号法令,原属于“国家仲裁”适用范围的争议被移至普通法法院审理。

1993年《罗马尼亚民事诉讼法》经历了一次重要的修订。在这次修订中,立法者参考了法国、意大利和荷兰的民事诉讼法,瑞士的国际私法,《联合国国际贸易法委员会国际商事仲裁示范法》,以及法国巴黎国际商会仲裁院、瑞典斯德哥尔摩商会仲裁院、美国仲裁协会的仲裁规则。经修订的《罗马尼亚民事诉讼法》的第四编“关于仲裁的规定”共有76个条款,是旧版本条款数的两倍多。1993年《罗马尼亚民事诉讼法》第四编的主要内容包括:(1)仲裁协议的类型;(2)仲裁庭的自裁管辖权;(3)法院与仲裁庭之间管辖权争议的解决;(4)仲裁庭的组成;(5)仲裁程序;(6)临时措施;(7)仲裁费用;(8)友好仲裁;(9)仲裁庭的合议;(10)仲裁裁决的内容及修改;(11)仲裁裁决的撤销;(12)仲裁裁决的承认与执行等。

2000年2月15日欧盟开始与罗马尼亚、斯洛伐克、拉脱维亚、立陶宛、保加利亚和马耳他这6个第二批入盟候选国正式进行入盟谈判。2004年12月欧盟首脑会议在布鲁塞尔决定罗马尼亚将于2005年4月签订入盟条约,并于2007年成为欧盟正式成员国。2005年4月25日罗马尼亚领导人在卢森堡签署了加入欧盟条约。2007年1月1日罗马尼亚正式成为欧盟成员国。欧洲人权法院要求罗马尼亚简化烦冗的民事诉讼程序,所以经修订的《罗马尼亚民事诉讼法》(以下简称《新民事诉讼法》)于2013年2月15日正式生效。[2]

《新民事诉讼法》第四编“关于仲裁的规定”承继了1993年《罗马尼亚民事诉讼法》第四编的结构。前者共包含7章,分别是:第一章“总则”、第二章“仲裁协议”、第三章“仲裁庭”、第四章“仲裁程序”、第五章“仲裁裁决的撤销”、第六章“仲裁裁决的执行”、第七章“机构仲裁”。与此前的版本相比,《新民事诉讼法》第四编的改进之处主要体现在以下方面:(1)修改了可被提交仲裁解决的争议范围;

---

〔1〕 See Crenguta Leaua, Flavius A. Baias, eds., *Arbitration in Romania: A Practitioner's Guide*, New York, Wolters Kluwer, 2016, p. 15.

〔2〕 参见杨慈:《罗马尼亚仲裁制度述评》,载《司法改革论评》2016年第1期。

(2)明确了法院对仲裁庭组成和仲裁程序施加干预的界限;(3)取消了仲裁员须是罗马尼亚公民的要求;(4)规定了民事审判的基本原则在仲裁中的可适用性;(5)明晰了仲裁庭的自裁管辖权问题;(6)删去了全体仲裁员须亲自参加仲裁庭合议的要求;(7)确立了上诉法院有权受理申请撤销仲裁裁决的案件;等等。上述改进是罗马尼亚立法者在参考了法国、意大利、德国、加拿大魁北克省民事诉讼法的基础上而作出的。

在罗马尼亚传统的仲裁理论中,仲裁被视为遵循双方当事人的意思自治,在不违背公序良俗及符合法律规定的前提下,当事人解决他们之间民事争议的一种方式。《新民事诉讼法》第541条表明仲裁在本质上是当事人自愿采取的替代性纠纷解决方式。同时,《新民事诉讼法》第615条规定,仲裁裁决构成一项执行令状,必须以与法院判决相同的方式加以执行。由此可见,仲裁的民间性和司法性在《新民事诉讼法》中均得到了确认和体现。与旧版本的民事诉讼法相比,《新民事诉讼法》第四编"关于仲裁的规定"的内容更加详尽和完备,增强了仲裁制度的规范性和系统性。此外,新法的第四编强化了当事人的自治权,这与仲裁制度发展的大趋势是相契合的。

在仲裁制度方面,《新民事诉讼法》的另一亮点在于,它首次将国际仲裁规则与国内仲裁规则相分离。[1] 在罗马尼亚加入欧盟之后,涉外的商业纠纷案件大量增加。为了减轻法院的负担,罗马尼亚的立法者开始更多地关注作为重要的替代性纠纷解决方式的仲裁制度。[2] 立法者试图通过《罗马尼亚民事诉讼法》的修订将国际仲裁打造成为一种灵活、迅捷、具有吸引力的涉外纠纷解决方式。《新民事诉讼法》第七编第四章题为"国际仲裁与外国仲裁裁决的效力"。该章集中规定了与国际仲裁相关的规则。

二、罗马尼亚仲裁法律制度综述

《新民事诉讼法》第七编第四章"国际仲裁与外国仲裁裁决的效力"共有23条(第1110条~第1132条)。下文将对该章的主要内容加以梳理和介绍。

(一)适用范围

依照罗马尼亚现行的仲裁法律制度,国内仲裁应适用《新民事诉讼法》第四编

---

〔1〕 参见杨慈:《罗马尼亚仲裁制度述评》,载《司法改革论评》2016年第1期。

〔2〕 参见杨慈:《罗马尼亚仲裁制度的新发展》,载《人民法院报》2016年7月15日,第8版。

的规定,而国际仲裁应适用《新民事诉讼法》第七编第四章的规定。该法第1110条对"国际仲裁"进行了界定。根据该条的规定,国际仲裁的国际性体现为在仲裁协议达成之时,至少有一方当事人在罗马尼亚境内既无住所又无惯常居所,或者其总部未设在罗马尼亚境内。由《新民事诉讼法》第1110条可知,如果当事人为自然人,其住所或惯常居所是否在罗马尼亚境内是判定仲裁是否具有国际性的重要标准;如果当事人为法人,则需要关注其总部是否设在罗马尼亚境内。在此需要注意的是,罗马尼亚法律对自然人住所和惯常居所的界定。

自然人的住所是自然人居住、家庭生活、社会和市民生活的中心地。自然人的住所可以分为三类:第一类是原始住所,即自然人因出生而获得的住所;第二类是选择住所,即自然人根据自己的意愿选择的住所;第三类是从属住所,即特殊的自然人因其对他人的依附关系而获得的住所。[1]《罗马尼亚民法》第87条规定,如果自然人为了行使自己的民事权利和自由而主张某地为自己的主要居住地,那么该地便为该自然人的住所。

《罗马尼亚民法》第88条规定,自然人的居所,是指除住所外,自然人的第二居住地。至于何为惯常居所,《罗马尼亚民法》并未给出明确的定义。但是,依据传统的理论,惯常居所的认定通常需要考虑客观和主观两个方面的要素:客观要素,是指当事人在一国居住的事实;主观要素,是指当事人在一国停留的定居意思与选择自由。[2]

(二)争议的可仲裁性

争议的可仲裁性是法律关于何种争议可以通过仲裁解决的强行性规定。[3]在争议的可仲裁性问题上,各国法律的规定不尽相同。可仲裁性是一个十分重要的问题,因为它关系仲裁协议的有效性、仲裁管辖权的确定、仲裁裁决的承认和执行、仲裁裁决的撤销等。可仲裁性包括客观可仲裁性(objective arbitrability)和主

---

〔1〕 参见单海玲:《论涉外民事关系中住所及惯常居所的法律适用》,载《比较法研究》2006年第2期。

〔2〕 参见杜新丽:《从住所、国籍到经常居所地——我国属人法立法变革研究》,载《政法论坛》2011年第3期。

〔3〕 参见于喜富:《论争议可仲裁性司法审查之启动程序》,载《法学评论》2016年第3期。

观可仲裁性（subjective arbitrability）。[1] 前者涉及争议标的的性质，而后者涉及争议的主体。一般而言，具备客观可仲裁性的争议应具有可争讼性且涉及可自由处分的财产权益；[2] 而具备主观可仲裁性的争议通常发生在平等的主体之间，[3] 但是主观可仲裁性也会涉及公主体的当事人资格问题。[4] 《新民事诉讼法》对于争议的客观可仲裁性和主观可仲裁性均作出了规定。

在客观可仲裁性方面，各国法律采用的判定标准大致可分为以下三类：第一类，根据当事人是否享有自由处分的权利来认定争议是否具有客观可仲裁性。比如，《法国民法典》第 2059 条规定，凡是可自由处分的权利，均可提交仲裁解决。第二类，根据当事人能否以和解方式解决争议来认定争议是否具有客观可仲裁性。比如，《瑞典仲裁法》第 1 条规定，凡属能以协议方式和解的民事问题，均可提交仲裁解决。第三类，根据争议是否涉及经济利益或具有财产性质来认定争议是否具有客观可仲裁性。比如，《德国民事诉讼法典》第 1030 条第 1 款规定，任何一项涉及经济利益的请求都可成为仲裁协议的标的。《新民事诉讼法》第 1111 条第 1 款规定，任何与财产权益相关的争议均具有可仲裁性，只要争议所涉权利是当事人可以自由处分的权利，并且仲裁地的法律未将争议所涉事项列入法院的专属管辖范围。由此可见，该条规定兼采了前述第一类和第三类判定标准。

少数国家的国内法，详细列举了与财产权益相关的可仲裁事项。比如，加拿大不列颠哥伦比亚省《国际商事仲裁法案》第 1 条第 6 款列举了 16 种可仲裁事项：（1）供应或交换货物或服务的贸易交易；（2）销售协议；（3）商事代理；（4）开发协议或租让；（5）合营企业或者其他工业或商业合作的形式；（6）航空、海上、铁路或公路货物或旅客运输；（7）工程建筑；（8）保险；（9）许可；（10）代理经营；（11）出租；（12）咨询；（13）工程；（14）融资；（15）银行；（16）投资。[5] 《新民事诉讼法》并

---

[1] 参见[比]伯纳德·哈诺蒂奥（Bernard Hanotiau）、奥利维尔·卡帕拉斯（Olivier Caparasse）：《〈纽约公约〉第 5 条下的可仲裁性、正当程序以及公共政策——以法国与比利时为视角（上）》，傅攀峰译，宋连斌校，载《仲裁研究》第 34 辑。

[2] 参见乔欣、李莉：《争议可仲裁性研究（上）》，载《北京仲裁》2004 年第 2 期。

[3] 参见乔欣、李莉：《争议可仲裁性研究（上）》，载《北京仲裁》2004 年第 2 期。

[4] 参见[比]伯纳德·哈诺蒂奥（Bernard Hanotiau）、奥利维尔·卡帕拉斯（Olivier Caparasse）：《〈纽约公约〉第 5 条下的可仲裁性、正当程序以及公共政策——以法国与比利时为视角（上）》，傅攀峰译，宋连斌校，载《仲裁研究》第 34 辑。

[5] 参见程德钧、王生长主编：《涉外仲裁与法律》（第 2 辑），中国统计出版社 1994 年版，第 334 页。

未采用列举的方式。事实上,该法第 1111 条所指的“与财产权益相关的争议”范围十分广泛,涵盖了所有伴有财产方面诉求的纠纷。

传统的主观可仲裁性要求被提交仲裁解决的争议须发生在平等的主体之间。平等的主体,是指具有平等的法律地位,平等地享有权利和承担义务的当事人。依据此种传统的观点,公主体与私主体之间发生的争议被排除在了可仲裁事项范围之外。比如,《法国民事诉讼法典》第 2060 条规定,与公共集团或公共机构相关的纠纷不可被提交仲裁。然而,随着时代的发展,主观可仲裁性的标准已有所松动。公主体作为仲裁当事人的主体资格已经在一些国际条约和国内法中得到了确认。比如,《欧洲国际商事仲裁公约》第 2 条第 1 款明确规定,公法法人有权缔结有效的仲裁协议。

《新民事诉讼法》第 1111 条第 2 款涉及争议的主观可仲裁性。该条款规定,如果仲裁协议的一方当事人是国家、国有企业或由国家掌控的组织,该当事人不得对争议的可仲裁性提出质疑或是对其在仲裁程序中的当事人资格提出质疑。荷兰的国际法研究所于 1989 年发布的《关于国家、国有企业或者国家机构和外国企业之间的仲裁的决议》第 5 条规定,国家、国有企业或国家机构不可以其不具备参与仲裁的主体资格为由抵制业已经其同意的仲裁。《新民事诉讼法》第 1111 条第 2 款与该条款有异曲同工之处。它们均旨在肯定公主体参与仲裁的可能性,以及确保公主体参与仲裁时结果的确定性和可预见性。

(三)仲裁协议

仲裁协议是双方当事人将他们之间即将发生或业已发生的关于某一确定法律关系的契约性或非契约性争议交付仲裁的意思表示的一致。[1] 仲裁协议既可以表现为合同中的仲裁条款,也可以是一项单独的协议。[2] 它是触发仲裁的依据。[3] 《新民事诉讼法》第 549 条第 1 款将仲裁协议分为两类:仲裁条款(arbitration clause)和提交协议(submission agreement)。两者的区别体现在两个方面:一是与主合同的关系;二是涉及的争议类型。

当事人可以在主合同中约定仲裁条款,也可以在被主合同纳入其中的其他协

---

〔1〕 参见李浩培编著:《国际民事程序法概论》,法律出版社 1996 年版,第 203 页。

〔2〕 参见陈卫佐:《国际性仲裁协议的准据法确定——以仲裁协议的有效性为中心》,载《比较法研究》2016 年第 2 期。

〔3〕 参见李昌超:《仲裁协议合意不当及其救济》,载《社会科学家》2018 年第 1 期。

议中约定仲裁条款;而提交协议是当事人订立的,独立于主合同的,旨在将他们之间的争议提交仲裁的协议。因此,就与主合同的关系而言,仲裁条款被直接或间接地包含在主合同之中,而提交协议与主合同是相互独立的两份协议。既然提交协议是独立于主合同的,所以前者的有效性不受后者效力的影响。至于仲裁条款的效力与主合同效力之间的关系,《新民事诉讼法》第550条第2款和第1112条第3款均明确规定,仲裁条款的效力不受主合同效力的影响。此规定体现了仲裁条款独立原则。

仲裁条款独立原则,是指尽管仲裁条款是主合同中的一个条款,但是它并不会因主合同无效或失效而当然无效或失效。[1] 该原则起源于英国1942年的"Heyman v. Darwins Ltd. 案"。在该案中,上诉法院认为在有效合同被解除的情况下,合同中的仲裁条款仍然是有效的。但是,该案所确立的仲裁条款独立原则是有条件的。如果合同是自始无效,那么该合同中的仲裁条款也是无效的。在美国1967年的"Prima Paint v. Flood & Conklin Manufacturing Co. 案"中,仲裁条款独立原则的适用范围得到了扩展。该案的法官判定仲裁条款的效力可独立于自始无效的欺诈合同。《联合国国际贸易法委员会国际商事仲裁示范法》第16条第1款规定,仲裁庭可以对其管辖权包括对仲裁协议的存在或效力的任何异议,作出裁定;为此目的,构成合同一部分的仲裁条款应视为独立于合同其他条款的一项协议;仲裁庭作出关于合同无效的决定,不应在法律上导致仲裁条款无效。该条规定是对仲裁条款独立原则的立法确认。随着该示范法被包括美国、新加坡、加拿大、澳大利亚、俄罗斯在内的许多国家所接受,仲裁条款独立原则已经在这些国家的仲裁法中得以确立。同时,仲裁条款独立原则已经被纳入了多数国际仲裁机构的仲裁规则中,比如,《国际商会仲裁院仲裁规则》第8条第4款、《伦敦国际仲裁院仲裁规则》第14条第1款、《美国仲裁协会仲裁规则》第15条第2款、《俄罗斯联邦工商会国际商事仲裁院仲裁规则》第1条第3款、《新加坡国际仲裁中心仲裁规则》第25条第1款等。因此,《新民事诉讼法》第550条第2款和第1112条第3款关于仲裁条款独立原则的规定是与现代仲裁制度的发展相接轨的。

《新民事诉讼法》第550条第1款规定,当事人可以仲裁条款的形式约定将因

---

〔1〕 参见赵秀文:《论仲裁条款独立原则》,载《法学研究》1999年第4期。

含有仲裁条款的合同引发的争议或者与该合同有关的争议提交仲裁解决。该法第551条第1款规定,当事人可以提交协议的形式约定将他们之间已经发生的争议提交仲裁解决。由此可见,就涉及的争议类型而言,仲裁条款适用于由主合同引发的或者与主合同有关的,未来可能发生的,不特定的争议;而提交协议适用于与合同不具必然关联性的,已经发生的,特定的争议。事实上,提交协议还可以适用于由相关联的数份合同引发的争议。譬如,建设工程中的违约可能涉及一系列的协议,如承包合同、分包合同、保险合同、担保合同等。当事人可以通过订立提交协议的方式将与这一系列协议相关的各种争议“打包”提交仲裁解决。这为处于复杂法律关系中的当事人快速、有效地解决争议提供了一条途径。

根据《新民事诉讼法》第1112条第1款的规定,仲裁协议必须以书面形式订立,否则便是无效的。这里所要求的书面形式包括文件、电报、电传、电子邮件,或者任何其他可借由文本得以证明的通信方式。国际和国内的仲裁法规则基本上均规定了仲裁协议的书面形式要求。比如,《承认及执行外国仲裁裁决公约》(以下简称《纽约公约》)第2条第1款和第2款规定,当事人以书面协定承允彼此间所发生或可能发生之一切争议,如关涉可以仲裁解决事项之确定法律关系,无论是否具有契约性质,应提交仲裁时,各缔约国应承认此项协定,所谓“书面协定”是指当事人所签订或在互换函电中所载明的契约仲裁条款或仲裁协定;《联合国国际贸易法委员会国际商事仲裁示范法》备选案文一第7条第1款和第2款规定,仲裁协议是指当事人同意将他们之间一项确定的契约性或非契约性的法律关系中已经发生或可能发生的一切争议或某些争议交付仲裁的协议,仲裁协议应为书面形式;《瑞士联邦国际私法》第178条第1款规定,仲裁协议须以书面形式订立,包括电报、电传、传真或其他可构成书面证明的通信方式。因此,在仲裁协议的书面形式要件这一点上,《新民事诉讼法》第1112条第1款的规定与当前主流的立法范式是相契合的。

国际仲裁与国内仲裁的仲裁协议在形式要件方面并不完全相同。国际仲裁中的仲裁协议仅需满足书面形式要件即可,而在国内仲裁中,如果当事人之间的争议涉及不动产,仲裁协议还需符合《新民事诉讼法》第548条第2款中的特殊形式要件要求。该条款规定,如果仲裁协议所涉纠纷与不动产所有权的转让或者与在不动产上设立另一物权有关,那么该仲裁协议必须经公证人公证,否则便是无效的。《新民事诉讼法》一经颁行,该规定的合理性便遭到了质疑。[1] 公证不能仅针对一项合同中的个别条款,所以如果当事人需要对合同中的仲裁条款进行公证,那么他们只能将整份合同交付公证。此外,仲裁条款是当事人为了应对未来可能发生的、不特定的争议而订立的。在订立合同时,当事人可能无法知悉他们之间将来发生的争议是否与不动产有关。为了保证仲裁条款的有效性,当事人所能采取的最稳妥的办法只能是,将所有含有仲裁条款的合同都交付公证。这无疑给当事人造成了不必要的负累。为了规避上述规定所导致的仲裁条款效力的不确定性以及给当事人带来的不便,当事人可以提交协议的形式订立仲裁协议,因为提交协议适用于已经发生的、确定的争议,若该争议确实与不动产有关,当事人对该提交协议进行公证即可。

(四)指定仲裁员

《新民事诉讼法》第 1113 条第 1 款规定,仲裁员的指定应依照当事人在仲裁协议中所作约定进行,或是依照仲裁协议订立后当事人另行达成的约定进行。该条款体现了对当事人意思自治的尊重。意思自治原则既是仲裁制度的灵魂,也是仲裁制度生命力的源泉。[2] 在资产阶级革命胜利之后,私法自治的理念得到了广泛传播。被誉为契约自由典范的 1804 年《法国民法典》第 1134 条规定,依法成立的契约在缔结契约的当事人之间具有相当于法律的效力。意思自治原则在仲裁制度中的最终确立应归功于商品经济的飞速发展以及政治国家与市民社会二元结构的分立。[3] 当事人有权自行决定仲裁庭的组成是该原则在现代仲裁制度中的重要体现之一。

根据《新民事诉讼法》第 1113 条第 1 款的规定,如果当事人未在仲裁协议中约定仲裁员的指定事宜,并且未在仲裁协议订立后另行就仲裁员的指定事宜达成合意,那么当事人有权请求仲裁地的法院指定仲裁员。法院在指定仲裁员时应类比适用国内仲裁的相关规定。这些规定出现在《新民事诉讼法》第 556 条至第 561 条中。

《新民事诉讼法》第 556 条第 2 款规定,如果当事人未就仲裁员的人数达成合

---

〔1〕 See Crenguta Leaua, Flavius A. Baias, eds., *Arbitration in Romania: A Practitioner's Guide*, New York, Wolters Kluwer, 2016, p. 102.

〔2〕 参见刘俊、吕群蓉:《论仲裁庭组成与仲裁之价值》,载《仲裁研究》2006 年第 4 期。

〔3〕 参见刘俊、吕群蓉:《论仲裁庭组成与仲裁之价值》,载《仲裁研究》2006 年第 4 期。

意,他们之间的争议应由3名仲裁员审理,申请人和被申请人各指定1名仲裁员,再由这2名仲裁员共同指定1名首席仲裁员。仲裁庭的组成一般遵循“非平衡性规则”,即仲裁庭由1名或3名仲裁员组成。[1] 对于仲裁庭能否由偶数名仲裁员组成,国际上有两种相对立的立法例:一种是法律禁止偶数名仲裁员组成仲裁庭。采取这种立法例的国家包括法国、意大利、埃及、中国等。这种立法例有利于保证程序的顺利推进以及仲裁庭及时就当事人之间的争议作出裁决。另一种是法律允许偶数名仲裁员组成仲裁庭。采取这种立法例的国家的仲裁法规定当事人可以合意决定仲裁员的人数,不受奇偶数的限制。这些国家的法律通常还规定了当由偶数名仲裁员组成的仲裁庭无法形成多数意见时的补救措施。比如,英国法规定,如果当事人选定的偶数名仲裁员就仲裁的程序或实体事项无法形成多数意见,仲裁裁决应当依据在已选定仲裁员之外另行委任的1名公断人的意见作出。这种立法例更加注重对当事人意思自治的尊重。《新民事诉讼法》第556条第2款采纳的是前一种立法例,未给偶数名仲裁员组成仲裁庭留有余地。

对于仲裁员接受指定的时限和方式,《新民事诉讼法》有相应的规定。根据《新民事诉讼法》第559条的规定,仲裁员应在收到其被指定为仲裁员的通知后5日内作出接受指定的表示,并需以信件、电传、电子邮件或其他任何恰当的方式将其接受指定一事告知当事人。双方当事人选定的仲裁员应在第二名仲裁员接受指定后10日内指定首席仲裁员;首席仲裁员应在收到其被指定为首席仲裁员的通知后5日内作出接受指定的表示,并需以信件、电传、电子邮件或其他任何恰当的方式将其接受指定一事告知当事人。《新民事诉讼法》第561条还规定,如果双方当事人选定的仲裁员未能就首席仲裁员的指定达成合意,仲裁申请人可以请求法院介入;在收到此种请求后的10日内,法院应就首席仲裁员的人选作出决定,当事人不得对该决定提出上诉。

(五)对仲裁员的质疑

《新民事诉讼法》第1113条第2款规定了当事人可对仲裁员提出质疑的3种情形:一是仲裁员不具备当事人要求的资质;二是出现了当事人所选仲裁规则规定的质疑事由;三是当事人有合理的理由怀疑仲裁员的独立性或公正性。

仲裁的好坏取决于仲裁员的优劣。对于仲裁员应具备的资质,不同学者有不

---

[1] 参见乔欣:《比较商事仲裁》,法律出版社2004年版,第50页。

同的见解。例如,德扎雷(Yves Dezalay)和盖斯(Bryant G. Garth)认为,仲裁员应具备裁判能力强、中立性和专业化的特征;[1]摩希斯(Margaret L. Moses)认为,特定行业的知识和经验、法律背景、学历、语言熟练程度和业界名声等均与仲裁员的资格密切相关;[2]席尔(Stephen W. Schill)认为,仲裁员应当具备适用实体法和程序法有效处理具体争议的能力,应能够理解商事交易活动以及有效推进仲裁程序;[3]邓瑞平将仲裁员资质的一般要求概括为行为能力、道德品质、专业素质和语言能力。[4] 某些与仲裁相关的国际法和国内法规则规定了仲裁员的资质要求。比如,《关于解决国家与他国国民间投资争端公约》第 14 条第 1 款规定,受指派的仲裁员必须具备良好的道德品质,并且在法律、商务、工业或金融方面具有公认的资格;美国仲裁协会发布的《商事仲裁员指南》将正直、合理裁判、专业知识扎实等列为仲裁员应具备的特征。事实上,仲裁员的资质涉及两个层面:一是仲裁员法定的任职资格;二是特定案件的当事人对仲裁员资质提出的要求。理论上,当事人有权对仲裁员提出其认为有必要的任何资格条件,但在实践中,为了确保仲裁庭能够顺利组成,当事人提出的条件应具有严格意义上的必要性。如果仲裁员不具备当事人要求的资质,当事人便可依据《新民事诉讼法》第 1113 条第 2 款第(a)项对仲裁员提出质疑。这反映出《新民事诉讼法》对当事人意思自治的尊重。

《新民事诉讼法》第 1113 条第 2 款第(b)项规定,如果出现了当事人合意选择的仲裁规则所规定的可以对仲裁员提出质疑的情形,则当事人有权对仲裁员提出质疑。国际贸易法领域的著名专家施米托夫认为,仲裁在本质上是解决争议的一种合同制度,作为一种合同安排,仲裁应当受当事人意思自治的支配。[5] 当事人通过行使自治权使仲裁的整个过程能够按照其意愿进行。当事人的自治权体现

---

〔1〕 See Karen S. Walch, "Dealing in Virtue: International Commercial Arbitration and the Construction of a Transnational Legal Order", *Ohio State Journal on Dispute Resolution* 12, 1998, p. 828.

〔2〕 See M. L. Moses, *The Principles and Practice of International Commercial Arbitration*, Cambridge, Cambridge University, 2008, pp. 117 – 118.

〔3〕 See Stephen W. Schill, "Crafting the International Economic Order: The Public Function of Investment Treaty Arbitration and Its Significance for the Role of the Arbitrator", *Leiden Journal of International Law* 23, 2010, pp. 421 – 423.

〔4〕 参见邓瑞平主编:《国际商事仲裁法学》,法律出版社 2010 年版,第 228 ~ 231 页。

〔5〕 参见[英]施米托夫:《国际贸易法文选》,赵秀文译,中国大百科全书出版社 1993 年版,第 674 页。

在仲裁的诸多方面,包括当事人有权共同决定适用某一仲裁机构的仲裁规则。[1]《新民事诉讼法》第1113条第2款第(b)项是该法尊重当事人意思自治的又一表现。

《新民事诉讼法》第1113条第2款第(c)项规定,若当事人有合理的理由怀疑仲裁员的独立性或公正性,其可以对仲裁员提出质疑。仲裁员的公正性与独立性是两个相近的概念。独立性强调仲裁员不存在或者未保持事实上或法律上的外部依赖关系,而公正性则要求仲裁员对每一方当事人没有偏袒并且对案件保持无偏见的思想状态。对于两者之间的关系,不同学者持不同的观点。瓦迪(Tibor Vardy)等学者认为,公正性与独立性有交叉却不重合。[2] 交叉体现在仲裁员可以既独立又公正;不重合体现在独立的仲裁员可能非公正地对待各方当事人,或者非独立的仲裁员却能够公正行事。考驰(Christopher Koch)等学者主张,独立性和公正性并无实质性的区别。比如,瑞典1999年《仲裁法》第8条仅规定了仲裁员的公正性,但是该条款所列举的仲裁员公正性存在瑕疵的情形在其他许多国家被视为仲裁员缺乏独立性的表现。他们认为,法律没有必要同时规定仲裁员的独立性和公正性,因为独立性经扩大解释便可涵盖公正性,反之亦然。[3] 世界各国在仲裁员的独立性和公正性问题上主要有3种立法模式:第一种模式是法律明确要求仲裁员同时具备独立性和公正性;[4]第二种模式是法律仅规定仲裁员的独立性或者公正性;第三种模式是法律并未直接规定仲裁员的独立性或公正性,但对于独立性和公正性的要求在撤销、拒绝承认和执行仲裁裁决的事由中得以体现。[5]《新民事诉讼法》采取了第一种立法模式。在国内仲裁部分,《新民事诉讼法》第562条第1款第(b)项至第(d)项列举了仲裁员缺乏独立性或公正性的3种具体表现:一是仲裁员是与案件所涉争议有利益关系的法人的合作伙伴或是在该

---

〔1〕 参见董连和:《论我国仲裁制度中的意思自治原则》,载《清华大学学报》(哲学社会科学版)2006年第3期。

〔2〕 See Tibor Vardy, *International Commercial Arbitration*, Minnesota, West Group, 2003, pp. 131 - 132.

〔3〕 See Christopher Koch, "Standards and Procedures for Disqualifying Arbitrators", *Journal of International Arbitration* 20, 2003, p. 332.

〔4〕 例如,2003年西班牙《仲裁法》第17条、2003年日本《仲裁法》第18条、2005年丹麦《仲裁法》第15条、2005年马来西亚《仲裁法》第11条等。

〔5〕 参见张圣翠、张心泉:《我国仲裁员独立性和公正性及其保障制度的完善》,载《法学》2009年第7期。

法人中任职;二是仲裁员受雇于一方当事人,为一方当事人工作,与一方当事人有直接的商业联系,或者与由一方或双方当事人控制的公司有直接的商业联系;三是仲裁员为一方当事人提供过咨询服务,协助或代表过一方当事人,或是在之前的争议解决阶段当过证人。

(六)仲裁程序

《新民事诉讼法》第1114条题为"仲裁程序"。该条第1款规定,当事人可以直接决定仲裁程序,参照仲裁机构的仲裁规则确定仲裁程序,或是使仲裁程序受制于其选择的程序法;该条第2款规定,如果当事人未确定仲裁程序,仲裁庭应通过该条第1款所述方式之一代为决定;该条第3款规定,无论当事人或仲裁庭所选的仲裁程序如何,仲裁庭均应确保当事人受到平等对待以及当事人的意见被聆听。

当事人选择仲裁程序的自治权已经得到了国际法、国内法和仲裁规则的普遍认可。在国际法层面,1985年《联合国国际贸易法委员会国际商事仲裁示范法》第19条第1款规定:"在不违背本法规定的情况下,当事人各方可以自由地就仲裁庭进行仲裁所应遵循的程序达成协议。"在国内法层面,德国、俄罗斯、奥地利、比利时、日本、阿根廷等许多国家的仲裁法均允许当事人合意确定仲裁程序。在仲裁规则层面,许多仲裁机构的仲裁规则肯定了当事人有权自主选择适用于仲裁程序的仲裁规则,比如,2000年《美国仲裁协会仲裁规则》第1条第1款、1997年《日本商事仲裁协会商事仲裁规则》第2条、1998年《伦敦国际仲裁院仲裁规则》序言、1997年《国际商会仲裁院仲裁规则》第15条第1款等。[1]《新民事诉讼法》第

---

〔1〕 在仲裁机构的仲裁规则得以适用的情况下,当事人能否通过合意对该仲裁规则加以修改取决于该仲裁规则的具体规定。某些仲裁机构的仲裁规则肯定了当事人协议变更的权利。比如,《联合国国际贸易法委员会仲裁规则》第1条第1款规定:"凡各方当事人同意,一项确定的法律关系不论是合同性还是非合同性的,彼此之间与此有关的争议应根据《联合国国际贸易法委员会仲裁规则》提交仲裁的,此类争议均应按照本规则进行解决,但须服从各方当事人可能协议对本规则作出的修改。"相似的规定还出现在1992年《新加坡国际仲裁中心仲裁规则》第16条、1991年《美国仲裁协会仲裁规则》第1条、《米兰仲裁院仲裁规则》第34条、《斯德哥尔摩商会仲裁院仲裁规则》第1条中等。然而,也有某些仲裁机构的仲裁规则对当事人协议变更的权利加以限制。比如,1998年《国际商会仲裁院仲裁规则》第15条第1款规定,仲裁庭审理案件的程序适用本规则,本规则没有规定的,适用当事人约定的程序。由此可见,仅在《国际商会仲裁院仲裁规则》未规定的程序性事项上,当事人可以协商确定,此外,当事人不得作出与该规则相反的约定。相似的规定还出现在1998年《荷兰仲裁协会仲裁规则》第3条、1998年《德国仲裁协会仲裁规则》第1条、《韩国商事仲裁院仲裁规则》第7条中等。

1114 条第 1 款便是对当事人选择仲裁程序自治权的确认。

《新民事诉讼法》第 1114 条第 2 款规定,如果双方当事人未确定仲裁程序,仲裁庭应代为确定。这一规定旨在对当事人的意思自治加以补充,从而确保仲裁的顺利进行。相似的规定还出现在其他国家的国内法以及仲裁规则之中。比如,《国际商会仲裁院仲裁规则》第 15 条第 1 款规定,仲裁庭审理案件的程序受本规则管辖,本规则没有规定的,受当事人商定的规则管辖,或当事人未商定时,受仲裁庭决定的规则管辖。在实践中,如果仲裁协议写明了仲裁地,仲裁庭在多数情况下会选择适用仲裁地国的程序法。

《新民事诉讼法》第 1114 条第 3 款规定,无论当事人或仲裁庭所选的仲裁程序如何,仲裁庭均应保证当事人受到平等对待以及当事人的意见被聆听。该条款中的"当事人受到平等对待"要求,仲裁庭在仲裁的各个阶段,在所有程序性事项上平等地对待各方当事人;该条款中的"当事人的意见被聆听"则强调,当事人有权就所有与案件结果相关的事实表达自己的观点,进行法律辩论,以及呈递证据。[1] 如今,正当程序原则得到了各国法院的重视。凡是违反正当程序的裁决很可能会被仲裁地法院以程序不当为由撤销。仲裁地法院所进行的程序性事项的司法审查实际上是对当事人和仲裁庭的仲裁程序选择权的必要制约。《新民事诉讼法》第 1114 条第 3 款旨在为当事人和仲裁庭选择仲裁程序的自由划定一个边界。相似的规定还出现在其他国家的仲裁法中。[2] 比如,《德国民事诉讼法典》第 1042 条规定,各方当事人应受到平等的对待并且应被给予充分的陈述案件的机会。

(七)临时措施

《新民事诉讼法》第 1116 条规定:(1)除非当事人另有约定,仲裁庭可以应当事人的请求采取临时措施;(2)如果相关当事人未自愿执行临时措施,仲裁庭可提请法院予以协助,法院应适用自己的法律;(3)仲裁庭或法院可以要求当事人提供适当的担保作为采取临时措施的前提。

仲裁中的临时措施,是指在仲裁程序开始前或者进行过程中,法院或仲裁庭

---

〔1〕 See Manuel Arroyo, ed., *Arbitration in Switzerland: The Practitioner's Guide*, New York, Kluwer Law International, 2013, pp. 108 – 109.

〔2〕 参见乔生:《国际商事仲裁程序的法律适用及其新发展》,载《现代法学》2003 年第 5 期。

根据一方当事人的申请，针对另一方当事人的财产、持有的证据或正在从事的行为所采取的临时性强制措施。[1] 临时措施旨在防止当事人利用其所处的优势地位转移或销毁证据或财产，致使仲裁裁决无法作出，或是即便作出，也难以得到执行。[2] 许多仲裁规则已经将该制度纳入其中。比如，《国际商会仲裁院仲裁规则》第 23 条规定，除非当事人另有约定，案卷移交仲裁庭后，经当事人申请，仲裁庭可以裁令实施其认为适当的临时措施，在案卷移送仲裁庭之前，或在此之后适当的情形下，当事人亦可向有管辖权的司法机关申请采取临时措施；《美国仲裁协会仲裁规则》第 22 条规定，经任何一方当事人请求，仲裁庭认为有必要时可对争议标的采取任何临时措施，当事人中任何一方向司法当局要求采取临时措施，不得认为与仲裁协议的规定有抵触，或认为系对该协议的放弃；《澳大利亚国际商事仲裁中心规则》第 28 条规定，除非双方当事人书面达成其他协议，仲裁庭有权采取临时措施，被申请方有义务配合执行临时措施，仲裁庭有权在任何时候依据任何一方的申请更改、中止或终止临时措施，在特殊情况下，仲裁庭有权自主更改、中止或终止临时措施。

根据《新民事诉讼法》第 1116 条第 1 款的规定，除非当事人另有约定，仲裁庭只能依当事人的请求而无权自发采取临时措施。在实践中，仲裁庭裁令采取临时措施一般应满足下列条件：(1)有初步证据显示仲裁庭享有管辖权；(2)有初步证据显示若仲裁庭不采取临时措施，请求方的利益将会受损，而且临时措施对被请求方利益可能造成的损害小于在无临时措施情况下请求方的利益所遭受的损害；(3)请求方有赢得案件的合理可能；(4)请求方提供了适当的担保。[3]

《新民事诉讼法》第 1116 条第 2 款规定，如果相关当事人未自愿执行临时措施，仲裁庭可提请法院予以协助，法院应适用自己的法律。该条款中的“法院应适用自己的法律”应作如下理解：第一，被请求的法院应当依据法院地法确定执行的程序；第二，被请求的法院应当采取法院地法所规定的执行措施。

---

〔1〕 参见鲍冠艺、黄伟：《论仲裁庭下达临时措施的执行——兼析〈示范法〉临时措施执行规则》，载《仲裁研究》2008 年第 4 期。

〔2〕 参见李晶：《国际商事仲裁中临时措施在中国的新发展——以民诉法修改和仲裁规则修订为视角》，载《西北大学学报》（哲学社会科学版）2014 年第 6 期。

〔3〕 See Manuel Arroyo, ed., *Arbitration in Switzerland: The Practitioner's Guide*, New York, Kluwer Law International, 2013, pp. 119 – 120.

《新民事诉讼法》第1116条第2款还规定,仲裁庭或法院可以要求当事人提供适当的担保作为采取临时措施的前提。在通常情况下,仲裁庭或法院会依临时措施被请求方的请求要求请求方提供担保。然而,如果临时措施可能会给被请求方造成巨大损失,仲裁庭或法院亦可依职权要求请求方提供担保。担保的形式和担保的金额由仲裁庭或法院自由裁量决定。

(八)证据

证据为正义之基础。[1] 仲裁中的证据,是指在仲裁程序中依据法律认定案件事实所需的一切客观材料。[2] 证据对于当事人维护自身的合法权益,对于仲裁庭查明案件事实都具有十分重要的意义。整个仲裁活动涉及两类判断:一是事实判断;二是法律判断。事实判断须以证据作为依据,而法律判断则以事实判断作为前提。[3] 各方当事人参与仲裁程序的目标是要说服仲裁员认定对己方有利的事实。整个仲裁程序的推进以至仲裁裁决的作出可被视为仲裁员对当事人依据特定规则呈交的证据进行判断进而得出结论的过程。

在国内仲裁部分,《新民事诉讼法》对于证据问题作了较详尽的规定。主要条款如下。

《新民事诉讼法》第586条“举证责任”第1款规定,各方当事人需承担对支撑己方诉求或抗辩的事实加以证明的责任。这体现了证据法中“谁主张,谁举证”的基本原则。该法第586条第2款还规定,为了解决争议,仲裁庭可以要求当事人就争议的内容或事实提交书面的解释,也可以要求当事人提交法律规定的任何类型的证据。

《新民事诉讼法》第587条规定,仲裁申请人应在仲裁请求中列出其诉求所依据的证据,被申请人应在答辩书中列出其答辩意见所依据的证据。仲裁请求或答辩书未提及的证据不得在后续的仲裁程序中被提出。在通常情况下,当事人应在庭审阶段提交证据。然而,在与当事人协商后,仲裁庭可以另行设定提交证据的截止日期。当事人不得在该截止日期后再行提交证据,除非仲裁庭认为该证据对于解决争议是至关重要的。

---

〔1〕 参见何家弘主编:《新编证据法学》,法律出版社2000年版,第16页。

〔2〕 参见张斌生:《仲裁法新论》,厦门大学出版社2004年版,第251页。

〔3〕 参见汪祖兴:《完善我国仲裁证据制度若干问题思考——以民事诉讼证据制度为参照》,载陈光中、江伟主编:《诉讼法论丛》(第10卷),法律出版社2005年版,第464页。

《新民事诉讼法》第589条对证人证言和专家意见这两类证据的采集作出了规定。首先,证人在提供证言之前,专家在提供意见之前,无须宣誓。其次,依其请求或者经其同意,证人或专家可以在其住所或营业地点提供证言或意见。最后,仲裁庭无权强迫证人提供证言或强迫专家提供意见,也无权对证人提供证言中的行为或不行为或者专家提供意见中的行为或不行为进行处罚。

相较而言,《新民事诉讼法》仅在第1117条规定了国际仲裁中的取证问题。关于该条款,需要注意两点:第一,取证程序属于仲裁程序的组成部分,所以依据《新民事诉讼法》第1114条的规定,取证程序应先由当事人合意决定,若当事人未达成此种合意,则由仲裁庭代为决定。第二,如果仲裁庭取证遇到困难,仲裁庭本身并无采取强制措施的权力,所以法院协助取证是十分必要的。在此种情况下,仲裁庭或者经仲裁庭同意的当事人可以向仲裁地的法院提出协助取证的请求。

(九)仲裁庭的管辖权

仲裁庭自裁管辖权原则,又称管辖权/管辖权原则,是指仲裁庭有权对自己的管辖权作出裁判,并且不受法院相关诉讼程序的影响。[1] 该原则有利于保障仲裁的效率和自治性。[2] 如今,这一原则已经发展成为仲裁法的一项普遍原则,在国际和国内仲裁立法和实践中得到了广泛的认可和应用。

自裁管辖权原则发端于德国。1955年德国高等法院认定,仲裁员对作为其权限基础的仲裁协议的范围有作出最终决定的权力。此后,该原则开始在欧洲大陆逐步被认同接受。1961年《欧洲国际商事仲裁公约》第5条第3款规定,仲裁庭有权决定仲裁协议是否存在并有权对自己的管辖权作出决定。1966年《欧洲统一仲裁法》亦采纳了自裁管辖权原则。

1965年《关于解决国家与他国国民间投资争端公约》第41条规定,仲裁庭应是其本身权限的决定人;争端一方提出的反对意见,认为该争端不属于中心的管辖范围,或因其他原因不属于仲裁庭的权限范围,仲裁庭应加以考虑,并决定是否将其作为先决问题予以处理,或与该争端的是非曲直一并处理。该公约是第一个采纳仲裁庭自裁管辖权原则的世界性公约。以此为起点,该原则在国际层面上得

---

〔1〕 参见王瀚、李广辉:《论仲裁庭自裁管辖权原则》,载《中国法学》2004年第2期。

〔2〕 参见高田甜:《论国际商事仲裁之自裁管辖权原则》,载《世界贸易组织动态与研究》2008年第5期。

以迅速发展。1976 年《联合国国际贸易法委员会仲裁规则》第 21 条第 1 款规定:“仲裁庭应有权就其管辖权所提出的异议,包括对仲裁条款或单独的仲裁协议的存在和效力所提出的任何异议,进行裁决。”1985 年《联合国国际贸易法委员会国际商事仲裁示范法》第 16 条第 1 款规定:“仲裁庭可以对其自己的管辖权,包括对仲裁协议的存在或效力的任何异议,作出裁定。”《联合国国际贸易法委员会仲裁规则》和《联合国国际贸易法委员会国际商事仲裁示范法》对仲裁庭自裁管辖权原则的确认对于该原则被各国仲裁法以及仲裁机构的仲裁规则所采纳起到了显著的推动作用。从目前的情况来看,在国内法层面上,仲裁庭自裁管辖权原则已经被写入英国、法国、德国、比利时、荷兰、保加利亚、埃及、西班牙、瑞典、印度、新加坡等国的国内法中;在仲裁规则层面上,该原则已经出现在《国际商会仲裁院仲裁规则》《伦敦国际仲裁院仲裁规则》《新加坡国际仲裁中心仲裁规则》《美国仲裁协会仲裁规则》等仲裁规则之中。[1]

《新民事诉讼法》第 1118 条便是仲裁庭自裁管辖权原则的体现。该条第 1 款和第 2 款规定,仲裁庭应就自身是否享有管辖权作出决定;即使涉及相同当事人和相同争议事项的程序已经在法院或其他仲裁庭进行,仲裁庭在就自身是否享有管辖权作出决定时也无须对这些情况加以考虑。

此外,根据《新民事诉讼法》第 1118 条第 3 款的规定,对仲裁庭管辖权的异议必须于被申请人就案件实质问题作出答辩之前提出。倘若被申请人未在该条款规定的时限内及时对仲裁庭的管辖权提出异议,那么被申请人将被视为不可撤回地放弃了提出此种异议的权利。

(十)适用的法律

《新民事诉讼法》第 1119 条规定:(1)仲裁庭应依据当事人选择的法律裁决案件,若当事人未作此种选择,则应依据其认为适当的法律作出裁决;(2)在有当事人明确授权的情况下,仲裁庭可以依据公平善意原则裁决案件。从法律适用的角度来看,国际商事仲裁可以分为依法仲裁和友好仲裁。《新民事诉讼法》第 1119 条第 1 款规定的是依法仲裁的情形,而该条第 2 款规定的是友好仲裁的情形。

意思自治原则在国际商事仲裁中的重要体现之一便是当事人有权自行选择解决争议的实体法。当事人合意选择的法律已经成为仲裁庭审理国际商事案件

---

〔1〕 参见王瀚、李广辉:《论仲裁庭自裁管辖权原则》,载《中国法学》2004 年第 2 期。

首选的法律依据。[1] 这一点在许多仲裁法和仲裁规则中已经有所体现。比如,《联合国国际贸易法委员会国际商事仲裁示范法》第 28 条第 1 款规定,仲裁庭应按照当事各方选定的适用于争议实体的法律规则对争议作出决定;《国际商会仲裁院仲裁规则》第 17 条第 1 款规定,当事人应自由约定由仲裁庭适用于争议实体的法律规则;《联合国国际贸易法委员会仲裁规则》第 35 条第 1 款规定,仲裁庭应适用各方当事人指定适用于实体争议的法律规则等。

在当事人未就案件实体问题的法律适用达成合意的情况下,仲裁庭应依据什么法来对案件作出裁决?从目前的情况来看,国际上主要有 4 种立法例:第一种是仲裁庭依据仲裁地的冲突规范确定准据法;[2] 第二种是仲裁庭适用其认为适当的冲突规范确定准据法;[3] 第三种是仲裁庭依据最密切联系原则确定准据法;[4] 第四种是仲裁庭适用其认为适当的法律。[5] 《新民事诉讼法》第 1119 条第 1 款采纳的是第四种立法例。

《新民事诉讼法》第 1119 条第 2 款涉及友好仲裁问题。友好仲裁,是指仲裁庭经争议当事人授权,在其认为适用严格的法律规范会导致不公平结果的情况下,不按照严格的法律规范,而是依据其认为公平善意的标准进行仲裁并作出对争议当事人有约束力的裁决的仲裁方式。[6] 《新民事诉讼法》第 1119 条第 2 款规定,在有当事人明确授权的情况下,仲裁庭可以依据公平善意原则(*ex aequo et bo-*

---

〔1〕 参见乔生:《论当事人意思自治原则在国际商事仲裁领域的地位与发展趋势》,载《山东社会科学》2003 年第 5 期。

〔2〕 在 1975 年之前,国际商会的仲裁员便是通过适用仲裁地的冲突规范确定实体问题的准据法。国际法学会 1957 年的一个决议明确提到争议实体问题准据法的确定必须依据仲裁庭所在地的冲突法规则。参见宋连斌:《比照适用抑或特别规定:从国际商事仲裁的法律适用谈起》,载《武汉大学学报》(哲学社会科学版)2004 年第 6 期。

〔3〕 例如,《欧洲国际商事仲裁公约》第 7 条第 1 款规定,"当事人可通过协议自行决定仲裁员就争议所适用的实体法;如果当事人没有决定应适用的法律,仲裁员可按照其认为可适用的冲突规则的规定,适用某种准据法";《联合国国际贸易法委员会国际商事仲裁示范法》第 28 条第 2 款规定,"当事人没有指定任何适用法律的,仲裁庭应当适用其认为适用的法律冲突规范所确定的法律";等等。

〔4〕 例如,《瑞士联邦国际私法》第 187 条第 1 款规定:"仲裁庭应依据当事人选择的法律裁决案件,若当事人未作此种选择,则应依据与案件有最密切联系的法律裁决案件。"

〔5〕 例如,《国际商会仲裁院仲裁规则》第 17 条第 1 款规定:"当事人应自由约定由仲裁庭适用于争议实体的法律规则。在无此约定时,仲裁庭应适用其认为适当的法律规则。"

〔6〕 参见于文娟、刘惠荣:《试论国际商事仲裁中的友好仲裁制度》,载《仲裁研究》2007 年第 2 期。

no)裁决案件。“*Aequo*”(英文为“equity”)有公平、衡平之意;“*bono*”(英文为“good faith”)有善意之意。[1] 公平善意原则本是民法中的概念。在普通法国家,有普通法和衡平法之分。以公平和正义为原则的衡平法既能为普通法填补弥缺,又能为普通法纠偏补弊。[2] 大陆法国家通过设置诚信、善意、公序良俗等一般原则以填补法律缺漏,解决法规之间的冲突以及突破法律规定的束缚,从而实现真正的公平正义。[3] 事实上,普通法中的衡平法与大陆法中的诚信善意原则在性质和内容上并无本质区别。[4] 公平善意原则随后在国际法层面上得到了认可。《国际法院规约》第38条第1款规定,国际条约、国际习惯、一般法律原则为法院裁判应适用的法律,而司法判例和权威公法学家的学说可作为确立法律原则的辅助资料。该条第2款指出,法院有经当事国同意本着“公允及善良”原则裁判案件之权。

1961年《欧洲国际商事仲裁公约》首次规定了国际商事仲裁中的友好仲裁。自20世纪80年代起,友好仲裁制度在世界范围内得到了广泛接受。[5] 比如,《关于解决国家与他国国民间投资争端公约》第42条第3款规定,在双方同意的情况下,仲裁庭有按照公允及善良原则对争端作出裁决的权力;《联合国国际贸易法委员会仲裁规则》第35条第2款规定,在各方当事人明确授权的情况下,仲裁庭可作为友好和解人或按照公平合理的原则作出裁决;《国际商会仲裁院仲裁规则》第17条第3款规定,在当事人同意授权的情况下,仲裁庭有权充当友好调停人或公平善意地作出决定。

1985年《联合国国际贸易法委员会国际商事仲裁示范法》的起草者曾指出,虽然友好仲裁尚未被所有国家接受,但该制度的合理性是不容否认的。友好仲裁有助于削弱仲裁地在国际商事仲裁中的重要性,并且其适用的前提是当事人的明示授权,所以不存在误导弱势一方当事人的风险。如今,友好仲裁已经在国际商事仲裁中占据了一席之地,主要有两个原因:一是当事人意思自治原则是国际商事仲裁的支柱,仲裁庭在当事人授权之下进行的友好仲裁正是该原则的又一体现;

---

〔1〕 参见陈力、田曼莉:《友好仲裁初论》,载《当代法学》2004年第2期。

〔2〕 参见张文彬:《论私法对国际法的影响》,法律出版社2001年版,第18页。

〔3〕 参见陈力、田曼莉:《友好仲裁初论》,载《当代法学》2004年第2期。

〔4〕 参见何孝元:《诚实信用原则与衡平法》,台北,三民书局1977年版,第19页。

〔5〕 参见陈力、田曼莉:《友好仲裁初论》,载《当代法学》2004年第2期。

二是在国际商事仲裁中,灵活的法律适用有助于国际纠纷的解决,此种灵活性能够弥补现有法律规则的漏洞,解决法律之间的冲突以及纠正严格适用法律所可能带来的不公。

然而,公平善意的概念十分抽象和模糊,其适用往往依赖仲裁员的主观判断,所以友好仲裁制度赋予仲裁庭的宽泛的自由裁量权不免引人担忧。在国际商事仲裁实践中,仲裁庭在友好仲裁中的权力通常受到以下限制:一是友好仲裁必须以当事人的明确授权为前提;二是友好仲裁不得违反有关国家的强制性法规和公共秩序;三是友好仲裁不得背离合同条款并应考虑可适用的商业惯例。

(十一)仲裁裁决的作出

《新民事诉讼法》第1120条第1款和第2款规定,仲裁庭应依当事人合意选择的程序作出裁决;如果当事人未就此达成合意,仲裁庭应按照少数服从多数的原则作出裁决;当无法形成多数意见时,由首席仲裁员裁定;仲裁裁决应采用书面形式,写明裁决的理由,注明日期,并经所有仲裁员签字。由此可见,倘若当事人就仲裁庭作出裁决的程序达成了合意,仲裁庭便应当依照当事人选择的程序作出裁决。这是当事人意思自治在国际商事仲裁中重要地位的又一体现。此外,除《新民事诉讼法》第1120条提到的"裁决理由""日期""仲裁员签字"这3项要素外,一份内容完备的仲裁裁决通常还包含:(1)当事人及其代理人的基本情况;(2)仲裁庭的产生和组成情况;(3)既往程序;(4)案情;(5)仲裁庭的意见;(6)裁决结果;(7)仲裁费用的分摊等。

《新民事诉讼法》第1120条第4款规定,除非当事人另有约定,仲裁庭可以作出部分裁决(partial award)。部分裁决,是指终局性地处理了当事人在仲裁中的部分而非全部主张,将剩余部分的主张留待后续仲裁程序中加以解决的仲裁裁决。[1] 部分裁决对当事人具有法律约束力,是可以被承认和执行的。部分裁决与临时裁决不同。前者终局性地处理了当事人的主张,而后者则是处理了与当事人主张相关的事项(如准据法)而非主张本身。《新民事诉讼法》第1120条第4款肯定了在当事人无相反约定的情况下,仲裁庭有权作出部分裁决。类似的规定还出现在英格兰《仲裁法》第47条、德国《民事诉讼法典》第301条、中国《仲裁法》第

---

〔1〕 参见[美]加里·B.博恩:《国际仲裁:法律与实践》,白麟等译,陈卫佐等审校,商务印书馆2015年版,第380页。

55 条、印度《仲裁与调解法》第 31 条第 6 款等国内法中。[1] 仲裁庭作出部分裁决的权力亦得到了许多仲裁规则的认可。比如,《国际商会仲裁院仲裁规则》第 2 条第 3 项规定,本规则下的裁决包括中期、部分和最终裁决;《伦敦国际仲裁院仲裁规则》第 26 条第 7 款规定,仲裁庭可以在不同时间就不同事项分别作出裁决,此类裁决具有与仲裁庭作出的任何其他裁决相同的法律地位和效力等。

(十二)仲裁裁决的撤销

对于仲裁裁决撤销制度的合理性,学者们持不同的观点。[2] 反对者认为,仲裁裁决的撤销制度应当予以废除。他们主张该制度会使仲裁遭受不必要的双重干预,因为各国法院在承认和执行仲裁裁决时便会对裁决进行司法审查,拒绝承认和执行仲裁裁决的事由与撤销仲裁裁决的事由十分相似。[3] 支持者则认为,仲裁裁决的撤销制度具有独立的价值,它能够为双方当事人提供主动的救济。一方面,如果该制度被废除,对裁决存疑的胜诉方将无法在裁决被承认和执行之前获得必要的救济。一旦胜诉方提起裁决的执行程序,这便意味着其认同了裁决的结果。另一方面,对于败诉方来说,法院不予承认和执行仲裁裁决仅是其在胜诉方申请执行裁决之后所能获得的一种被动救济。倘若仲裁裁决的撤销制度被废除,败诉方将丧失主动使裁决归于无效的途径。[4] 从目前的情况来看,仲裁裁决撤销制度的价值得到了各国的普遍认可,这一制度已经出现在许多国家的仲裁法中。

根据《新民事诉讼法》第 1120 条第 3 款的规定,如果对仲裁裁决有异议,当事人可以基于《新民事诉讼法》第四编国内仲裁部分所规定的仲裁裁决的撤销事由对裁决提起撤销之诉。《新民事诉讼法》第四编第 608 条第 1 款规定的仲裁裁决的撤销事由包括:

(1)争议不具有可仲裁性;

(2)当事人之间无仲裁协议,或者仲裁庭对争议的解决是基于无效的仲裁协议;

---

[1] 参见[美]加里·B. 博恩:《国际仲裁:法律与实践》,白麟等译,陈卫佐等审校,商务印书馆 2015 年版,第 380 页。

[2] 参见张圣翠:《论我国仲裁裁决撤销制度的完善》,载《上海财经大学学报》2012 年第 1 期。

[3] 参见赵健:《国际商事仲裁的司法监督》,法律出版社 2000 年版,第 240 页。

[4] 参见谢新胜:《国际商事仲裁裁决撤销制度“废弃论”之批判》,载《法商研究》2010 年第 5 期。

(3)仲裁庭的组成与仲裁协议不符；

(4)当事人未出席口头辩论，通知程序未得到执行；

(5)仲裁裁决是在仲裁庭作出裁决时限届满后被作出的；

(6)仲裁裁决超出了当事人提交仲裁的事项范围；

(7)仲裁裁决缺少结论部分、裁决理由、作出的日期、作出的地点，或者仲裁员的签字；

(8)仲裁裁决违反公序良俗或者法律的强行性规定；

(9)在仲裁裁决作出后，宪法法院宣布仲裁庭据以作出裁决的法律或政府法令是违反宪法的。

需要注意的是，当事人仅能依据《新民事诉讼法》第 608 条第 1 款所列的 9 项事由请求撤销仲裁裁决。换言之，该条款对撤销仲裁裁决事由的列举是穷尽式的。这反映出立法者限制法院对仲裁干预程度的意图。仲裁兼具契约性、自治性和司法性的特点。契约性是仲裁的基础，自治性是仲裁的本质，而司法性是仲裁裁决法律效力的保障和后盾。仲裁权具有民间属性，但仲裁庭依据仲裁权作出的裁决却具有与司法判决同等的法律效力。法院对仲裁裁决的撤销是司法权对仲裁权进行审查和监督最严格的方式。一旦仲裁裁决被撤销，它便失去了法律效力。[1] 尽管仲裁裁决的司法审查具有必要性，但是法院不应过度地干预仲裁的结果，否则仲裁的独立价值和优势将被抹杀。如果仲裁庭作出的仲裁裁决在司法审查中频繁地被撤销，那么当事人的权利和义务将失去应有的可预见性，仲裁机构的公信力将受到损害，整个仲裁业的发展也会因此受到阻碍。[2]

除仲裁裁决的撤销事由外，《新民事诉讼法》关于仲裁裁决撤销的规定还需注意以下几点：第一，当事人不得在仲裁协议中约定放弃对仲裁裁决提出撤销之诉的权利，当事人的弃权只能发生在裁决作出之后（第 609 条）；第二，如果对仲裁裁决持有异议，当事人应向管辖权覆及仲裁地的上诉法院提出撤销之诉（第 610

〔1〕 参见舒瑶芝：《仲裁裁决效力探析》，载《当代法学》2002 年第 9 期。

〔2〕 参见章杰超：《论仲裁司法审查理念之变迁——以 N 市中院申请撤销国内仲裁裁决裁定为基础》，载《当代法学》2015 年第 4 期。

条);第三,当事人必须在仲裁裁决送达[1]之日起1个月内提出撤销之诉(第611条第1款)。

(十三)仲裁费用

仲裁费用有狭义和广义之分。狭义的仲裁费用,是指仲裁案件的当事人所支付的用于补偿仲裁机构和仲裁员的开支以及给付仲裁员劳动报酬的费用。广义的仲裁费用,是指包括前述狭义仲裁费用在内的,由仲裁所引发的全部实际费用。广义的仲裁费用通常包括仲裁员的报酬、仲裁员的开支、仲裁机构的管理费、辅助费用、调查取证费等。

仲裁费用对于当事人、仲裁员和仲裁机构来说均具有重要的意义。首先,仲裁费用会影响当事人对于争议解决方式的选择。当事人在决定采取何种争议解决方式之前必然会衡量该种方式的花费、效率、预期效果等方面的因素。计费标准、费用总额、缴费时间、缴费方式等均可能影响当事人是选择仲裁抑或是选择诉讼、调解、和解等其他争议解决方式。其次,专业仲裁员队伍的维持和发展需要仲裁费用的支撑。仲裁员的法律素养、专业水平、勤勉程度对于争议能否得到公正解决,对于当事人的权益能否得到有效维护是至关重要的。作为对仲裁员提供的专业服务的回报,当事人需要给付仲裁员的报酬。如果当事人给付的报酬与仲裁员的工作量和工作难度不相称,或是仲裁员取得报酬无法得到保障,那么仲裁员的工作热情必然受损,从长远来看,仲裁员队伍的发展也将受阻。最后,仲裁机构的正常运作离不开仲裁费用的支撑。一方面,当事人缴纳的仲裁费用部分被用于补偿仲裁机构的运营成本和实际开销。仲裁机构与当事人之间是服务提供者与服务消费者的关系。仲裁机构的收费需是合理的,以便吸引当事人将其争议提交至此。另一方面,仲裁机构为当事人提供优质、高效服务的前提之一是其能够及时、足额地获得仲裁费用。

在国内仲裁的仲裁费用方面,《新民事诉讼法》第595条至第600条作了较详细的规定。该法第595条规定,仲裁程序的组织和管理费用,仲裁员的费用,取证的费用,当事人、仲裁员、专家和证人的差旅费应当根据当事人之间的协议由当事

---

〔1〕《新民事诉讼法》第1120条第3款规定,仲裁裁决自送达当事人时起即具有约束力。当事人可以约定仲裁裁决的送达方式;若无此种约定,仲裁庭可以自行决定送达的方式。在实践中,鲜有当事人会在仲裁协议中特意约定仲裁裁决的送达方式,但是如果当事人选择的仲裁规则或程序法含有相关的规定,那么他们实际上间接地就送达方式达成了合意。

人承担；在当事人未就仲裁费用的分担达成协议的情况下，如果当事人的诉求得到完全的支持，仲裁费用应由败诉方承担，如果当事人的诉求得到部分的支持，仲裁费用应按相应的比例由双方当事人承担。

根据《新民事诉讼法》第 596 条的规定，仲裁庭可以对仲裁员的费用加以预估，并要求双方当事人各预先缴纳一半的预估费用；如果被申请人未在仲裁庭设定的时限内缴付费用，申请人应预先缴纳全部的预估费用；仲裁庭将在仲裁裁决中确定仲裁员费用的最终数额，以及当事人的分摊额。该法第 599 条还规定，当事人应在仲裁裁决送达后缴付仲裁员的费用；如果仲裁程序中止，无仲裁裁决被作出，仲裁员的费用应按一定比例予以下调。

除仲裁员的费用外，仲裁庭还可以要求当事人预先缴纳仲裁的组织和管理费用。《新民事诉讼法》第 597 条规定，仲裁庭有权要求当事人预先缴纳仲裁的组织和管理所必需的任何费用；仲裁庭有权以当事人预先缴纳费用作为启动仲裁程序的前提。

如果对仲裁费用有异议，当事人可以请求法院对仲裁费用进行审查。根据《新民事诉讼法》第 598 条的规定，应一方当事人的请求，管辖权覆及仲裁地的法院应以可执行的、不可上诉的决定的形式，确定仲裁员费用或其他仲裁费用的数额，以及上述费用的预先缴付或支付方式。

相较而言，《新民事诉讼法》仅在第 1121 条规定了国际仲裁的仲裁费用问题。该条规定，除非当事人另有约定，仲裁员的费用和差旅费由指定方承担，双方当事人应等额承担独任仲裁员或首席仲裁员的费用和差旅费。

三、罗马尼亚的仲裁机构

罗马尼亚仲裁的近期发展，除体现在仲裁法律制度的完善外，还体现在仲裁机构的成长和壮大。本部分将着重介绍罗马尼亚重要的仲裁机构，及其最新版本的仲裁规则和收费标准。

（一）罗马尼亚国家工商会国际商事仲裁院简介

罗马尼亚国家工商会国际商事仲裁院（The Court of International Commercial Arbitration attached to the Chamber of Commerce and Industry of Romania）是罗马尼亚历史最悠久，也是现今最具代表性和影响力的国际商事仲裁机构。它成立于 1953 年。在至今的 60 多年时间里，该机构凭借其优秀的仲裁员队伍、高水准的仲裁裁决、简洁高效的争议解决程序在世界范围内赢得了良好的声誉。

罗马尼亚国家工商会国际商事仲裁院的职责包括:(1)为国内和国际纠纷的解决提供组织和管理服务;(2)起草仲裁协议范本,并推广适用;(3)就与仲裁相关的法律问题和仲裁案例展开讨论;(4)与国内外的仲裁机构展开合作;(5)就国内和国际仲裁制度的完善提出建议。

罗马尼亚国家工商会国际商事仲裁院的决策机构为仲裁院的管理委员会。该委员会由1名主席和其他4名成员组成。他们均由罗马尼亚国家工商会的管理委员会选任,每届任期为3年,可以连任。仲裁院管理委员会的主要职责包括:(1)对仲裁院进行日常管理;(2)审批仲裁院的仲裁程序规则;(3)审批仲裁院管理委员会的规章;(4)对仲裁院管理委员会的规章提出修改建议;(5)提议仲裁员名单;(6)召集仲裁院的全体会议;(7)整理并出版仲裁院的案例汇编。仲裁院管理委员会的决议须以绝对多数的方式获得通过。仲裁院的主席在对外关系中代表仲裁院。当主席暂时无法履行其职责时,仲裁院管理委员会中年纪最大的成员将代其履行职责。主席以及仲裁院管理委员会中的其他成员均可被指定为仲裁员或首席仲裁员。

罗马尼亚国家工商会国际商事仲裁院的仲裁员名单由仲裁院管理委员会提出建议,最终由罗马尼亚国家工商会管理委员会审批通过。仲裁员名单中的仲裁员无须具有罗马尼亚国籍,但必须具备完全的行为能力、享有良好的声誉、掌握必要的专业知识。想要被列入仲裁员名单的申请者应向仲裁院管理委员会提交下列材料:(1)书面申请,并附有其知悉仲裁院仲裁程序规则的宣誓书;(2)法学学位证明;(3)证明其在法律领域具有至少8年工作经验的材料;(4)填写好的仲裁院管理委员会起草的调查问卷。仲裁院管理委员会每年会对收到的申请进行一次集中的审核。仲裁员名单是按仲裁员姓氏的字母顺序进行排序的。名单列明了每位仲裁员的专业职称、专业背景、工作资历、国籍、住所、惯常居所等信息。仲裁员每届任期为5年,可以连任。事实上,当事人可以在仲裁员名单之外选择仲裁员,只要所选之人符合仲裁员的基本要求即可。若有仲裁员名单中的仲裁员严重违反其职责的情况发生,仲裁院管理委员会有权决定将涉事仲裁员从名单中除名。被除名的仲裁员可在收到通知后15日内向罗马尼亚国家工商会管理委员会提出申诉。罗马尼亚国家工商会管理委员会在收到申诉后应及时进行审查,作出最终决定,并将该决定通知申诉人。

罗马尼亚国家工商会国际商事仲裁院的全体会议由仲裁员名单中的所有仲

裁员共同组成。全体会议每年举行两次。全体会议由仲裁院管理委员会负责召集,由仲裁院主席或是由主席指定的其他仲裁院管理委员会的成员主持。全体会议的主要任务包括审查仲裁院管理委员会的活动报告,讨论仲裁院业务活动中出现的法律问题,审议与商事仲裁规则相关的提议。

罗马尼亚国家工商会国际商事仲裁院下设4个专门委员会,分别是"程序与规章委员会""专业人士与仲裁员委员会""科学活动与国际关系委员会""机构活动与营商环境委员会"。这些委员会均由3名或5名仲裁员组成,在仲裁院管理委员会的领导下开展工作。它们的主要职责是从事与特定议题相关的研究项目或规则起草工作。

罗马尼亚国家工商会国际商事仲裁院另设有秘书处、档案管理办公室和登记处。它们均在仲裁院管理委员会的领导下开展工作。这些机构中的工作人员的职位设置、岗位数量、薪酬水平由仲裁院管理委员会提出建议,最终由罗马尼亚国家工商会管理委员会审批通过。这些机构中的工作人员主要包括秘书、打字员、审核员、档案管理员、登记员、招待员等。他们受仲裁院仲裁助理主管的领导和管理。

(二)《罗马尼亚国家工商会国际商事仲裁院仲裁规则》简介

罗马尼亚国家工商会国际商事仲裁院最新版本的仲裁规则自2018年1月1日起生效。该规则的主要内容如下所示。

1. 基本原则

《罗马尼亚国家工商会国际商事仲裁院仲裁规则》(以下简称《仲裁规则》)第3条规定:(1)在整个仲裁过程中,仲裁院、仲裁院主席、仲裁院管理委员会、秘书处、仲裁庭和当事人应当善意地,以有效和迅捷的方式行事,使当事人受到平等的对待,保障当事人的辩护权,维护抗辩原则;(2)仲裁当事人之间的争议应在可预见的时限内,得到独立和公正的仲裁庭的审判;(3)在遵从仲裁保密性的前提下,当事人有权获取与案件有关的各类资料;(4)如果仲裁协议与本规则有矛盾之处,以仲裁协议为准,除非本规则作了相反的规定。

2. 保密性

仲裁的保密性是否得到有效的维护直接关系一个仲裁机构,乃至一个国家的仲裁信誉。[1] 仲裁之所以具有保密性,其根本原因在于仲裁的私人性质。[2] 当事人选择以仲裁而非诉讼方式解决争议常见的原因之一,便是他们希望与其商业经营活动相关的敏感信息不会在纠纷解决过程中被无关人士所知晓。关于仲裁的保密性,《仲裁规则》第4条规定,除非当事人另有约定,仲裁院、仲裁院主席、仲裁院管理委员会、秘书处、仲裁庭,以及任何其他参与仲裁的个人均应维护仲裁的保密性;只有经过当事人的同意,仲裁裁决以及程序性的指令才能够全文对外公布,但是他们可以部分地或者以摘要的形式出现在杂志、学术作品或案例汇编之中,只要其未泄露当事人的名称或者可能对当事人的利益构成危害的其他信息。

3. 适用范围

根据《仲裁规则》第7条的规定,只要当事人在仲裁协议中表示同意将其争议提交至罗马尼亚国家工商会国际商事仲裁院解决,或是同意适用《仲裁规则》,本规则便可得以适用;如果当事人选择将争议提交至罗马尼亚国家工商会国际商事仲裁院解决,但同时选择适用其他仲裁规则,当事人对于仲裁规则的选择应得到尊重,只要被选择的仲裁规则未明示禁止此种选择适用;如果当事人选择将争议提交至罗马尼亚国家工商会国际商事仲裁院解决,但当事人选择适用的其他仲裁规则明示禁止其他仲裁机构适用该规则,则应适用罗马尼亚国家工商会国际商事仲裁院的《仲裁规则》。

4. 仲裁请求

仲裁申请人向罗马尼亚国家工商会国际商事仲裁院提交的仲裁请求应包含以下内容:(1)当事人的姓名、住所或居所,若当事人为法人,则为当事人的注册名称、注册办公地点;(2)当事人的代理人的姓名,若代理人为律师,则应写明其姓名、电话、传真、律师编号、电子邮件地址、工作地址等信息;(3)争议简介,应写明申请人寻求的救济和索赔的数额,事实和法律依据;(4)含有仲裁协议的合同或其他法律文书的副本;(5)申请人关于仲裁员人数和仲裁地的提议;(6)指定的仲裁员的姓名,若该仲裁员不在仲裁员名单中,应写明其地址、电话、传真和电子邮件地址;(7)申请人或其代理人的签字。

申请人应将仲裁请求和注册费缴付证明一并提交至仲裁院秘书处。如果当

[1] 参见张玉卿:《国际商事仲裁保密义务的探索与思考》,载《国际法研究》2016年第4期。

[2] 参见杨良宜、莫世杰:《论仲裁的机密性(上)》,载《仲裁研究》2004年第2期。

事人在提交仲裁请求时尚未缴付注册费,秘书处应给予申请人 5 天的时间补交该费用。如果申请人未在 5 天的时限内缴付注册费,申请人的仲裁请求将被驳回。如果申请人提交的仲裁请求未包含前述必要信息,秘书处应及时要求申请人在不超过 10 天的时间内补足缺少的信息。如果当事人未按照秘书处的要求补足信息,并且缺少这些信息导致仲裁无法进行,仲裁院的主席可以下令驳回当事人的仲裁请求。

5. 仲裁庭的组成

当事人可以合意决定由 1 名或 3 名仲裁员组成仲裁庭。如果当事人未能就此达成合意,仲裁庭应由 3 名仲裁员组成。在仲裁庭仅有 1 名仲裁员的情况下,当事人应在 30 天内共同指定 1 名仲裁员。如果当事人未能在 30 天的时限内指定仲裁员,仲裁院的主席应在 5 天内代为指定。在仲裁庭有 3 名仲裁员的情况下,申请人和被申请人应各自指定 1 名仲裁员,双方各自指定的仲裁员共同指定第三名仲裁员,即首席仲裁员。如果申请人或被申请人未能在 10 天内指定仲裁员,仲裁院的主席应在 5 天内代为指定。如果双方指定的仲裁员未能在 5 天内指定首席仲裁员,仲裁院的主席应在 5 天内代为指定。

如果当事人对仲裁员的公正性或独立性持有合理的怀疑,或者仲裁员不具备当事人约定的资格条件,当事人应在仲裁庭组成之日起 10 天内,以书面形式向仲裁院秘书处对仲裁员提出质疑,否则当事人将被视为放弃提出质疑的权利。如果质疑仲裁员的事由发生在仲裁庭组成后,或者在仲裁庭组成后才被当事人知悉,当事人应在知悉该事由后 10 天内对仲裁员提出质疑。只有在质疑仲裁员的事由发生在仲裁员被指定后,或者在仲裁员被指定后才被当事人知悉的情况下,当事人才能对己方指定的仲裁员提出质疑。在收到当事人对仲裁员提出的质疑后,仲裁院秘书处应通知受质疑的仲裁员,后者有权在收到通知后 10 天内提交意见。如果是 3 人仲裁庭中的仲裁员受到质疑,仲裁院主席应指定 3 名仲裁员组成仲裁庭对该质疑作出裁判;如果是独任仲裁员受到质疑,仲裁院主席或由其指定的另一名仲裁员应对该质疑作出裁判。

6. 程序规则

在当事人无特别约定并且《仲裁规则》无相反规定的情况下,仲裁庭可以其认为适当的方式进行仲裁。对于《仲裁规则》无明确规定的事项,仲裁庭应遵循《仲裁规则》的精神行事。作为原则,仲裁庭应以公正、迅速而有效率的方式开展仲裁,给予各方当事人合理的机会表达己方观点,提出抗辩。在仲裁程序的各个阶段,仲裁庭均应尝试促使当事人达成和解。

7. 仲裁语言

除非当事人另有约定,仲裁语言应为罗马尼亚语。经一方当事人请求,仲裁庭在考虑相关情况后,可以决定仲裁以罗马尼亚语以外的其他语言进行。如果当事人提交的文件材料不是以仲裁语言写成的,仲裁院秘书处或仲裁庭可以要求当事人同时提交以仲裁语言写成的译本。在当事人不通晓仲裁语言的情况下,仲裁院应当事人的请求,可以为其提供翻译服务,费用由提出请求的当事人负担。

8. 适用的实体法

仲裁庭应当依据可适用的成文或非成文的法律规范,在考虑案件的所有情形,以及法律的普遍原则、公平善意的要求后,对当事人之间的争议作出裁决。在国际仲裁中,仲裁庭应当依据当事人选择的法律作出裁决,如果当事人未选择争议应适用的实体法,仲裁庭应当依据其认为适当的法律作出裁决。当事人选择适用某一国家的法律应被视为选择适用该国的实体法,而不包括该国的冲突法规则。当且仅当有当事人的明示授权时,仲裁庭可以进行友好仲裁,即依据公平善意原则对案件作出裁决。

9. 证据

当事人应向仲裁庭指明其拟提交的证据,该证据与案件的关联性,以及其希望借由该证据加以证明的事实。如果证据为文档,当事人应向仲裁庭提交该文档核准无误的副本,但是仲裁庭有权在任何时候要求当事人提交该文档的原件。拟提出证人证言的当事人应向仲裁庭指明证人的姓名和住所。证人证言可以公证的形式提交,也可以是由证人签字确认或者能够证实证人身份的律师签字确认。拟提出专家报告的当事人应向仲裁庭指明聘请的专家的姓名和专业领域。在征询双方当事人的意见后,仲裁庭可以指定一名或数名专家提交专家报告。应一方当事人的请求或者依其职权,仲裁庭可以要求另一方当事人提交与案件相关并且对仲裁裁决的作出具有实质重要性的证据。仲裁庭负责对证据的可接受性、关联性和重要性进行审查。

10. 临时措施

应一方当事人的请求,仲裁庭可以下令采取其认为适当的临时措施。仲裁庭可以要求临时措施的申请人提供必要的担保。如果当事人在仲裁程序开始前或者在案件移交至仲裁庭前提出临时措施的请求，该请求应由 1 名紧急仲裁员作出决定。

11. 仲裁庭合议

仲裁庭的合议应以非公开会议的形式进行。组成仲裁庭的所有仲裁员均应参加合议。如果 3 人仲裁庭的 1 名仲裁员无故拒绝参加合议，仲裁庭的合议可以在有超过半数仲裁员参加的情况下照常进行。合议还可以能够保证合议私密性的远程通信方式进行。

12. 仲裁裁决

除非当事人另有约定，仲裁裁决应当自仲裁庭组成之日起 6 个月内被作出。在仲裁庭有合理理由的情况下，仲裁院的主席可以基于仲裁庭的请求延长仲裁裁决的作出期限。如果仲裁庭由 3 名仲裁员组成，仲裁裁决应按多数原则作出。倘若仲裁庭无法形成多数意见，应以首席仲裁员的意见为准。持少数意见的仲裁员应写明其意见及理由并签字。少数仲裁员的意见应附在仲裁裁决之后。

仲裁裁决应采用书面形式，并包含以下内容：(1) 仲裁员的姓名、仲裁助理的姓名、仲裁裁决的作出地和日期；(2) 当事人的姓名、住所或居所，如果当事人是法人，则为当事人的名称和总部所在地，以及当事人的代理人的姓名；(3) 指明作为仲裁程序启动依据的仲裁协议；(4) 争议的事项，当事人观点的简单陈述；(5) 仲裁裁决的事实依据和法律依据；(6) 仲裁员和仲裁助理的签字。[1]

在仲裁员完成签字后的 3 天内，仲裁助理应将仲裁裁决通知当事人。仲裁裁决具有和终局法院判决同等的法律效力。当事人将争议提交仲裁便意味着其承诺将会执行仲裁庭作出的仲裁裁决。当事人应当立即或者在仲裁裁决指定的时限内执行裁决，否则该裁决可依据《新民事诉讼法》的相关规定得以强制执行。如果当事人对仲裁裁决有异议，并且异议的理由属于《新民事诉讼法》规定的撤销仲裁裁决的事由，则当事人可以提起撤销之诉。

(三) 罗马尼亚国家工商会国际商事仲裁院收费标准

接受罗马尼亚国家工商会国际商事仲裁院提供的仲裁服务的当事人需要向

---

〔1〕 如果有仲裁员未在仲裁裁决上签字，仲裁裁决应写明该名仲裁员未签字的理由，并由首席仲裁员签字确认；如果首席仲裁员未在仲裁裁决上签字，仲裁裁决应写明首席仲裁员未签字的理由，并由仲裁院的主席签字确认。如果仲裁助理未在仲裁裁决上签字，仲裁裁决应写明仲裁助理未签字的理由，并由仲裁助理主管代为签字。

仲裁院支付150欧元的注册费,以及仲裁员费用和管理费。

仲裁员费用可以按照列伊[1]或者欧元计算。具体标准参见表1和表2。

表1 仲裁员的费用 单位:列伊

争议金额	仲裁员费用
0~2000	200
2001~5000	200+超过2000部分的5%
5001~10,000	350+超过5000部分的4%
10,001~50,000	550+超过10,000部分的3%
50,001~100,000	1750+超过50,000部分的2%
100,001~200,000	2750+超过100,000部分的1%
200,001~700,000	3750+超过200,000部分的0.5%
超过700,000	6250+超过700,000部分的0.3%

表2 仲裁员的费用 单位:欧元

争议金额	仲裁员费用
0~20,000	400
20,001~50,000	400+超过20,000部分的5%
50,001~100,000	1900+超过50,000部分的3%
100,001~500,000	3400+超过100,000部分的1.5%
500,001~1,000,000	9400+超过500,000部分的0.7%
1,000,001~2,000,000	12,900+超过1,000,000部分的0.5%
超过2,000,000	17,900+超过2,000,000部分的0.3%

需要注意的是,如果案件由1名仲裁员审理,那么该名仲裁员所获酬劳应为表1或表2所示费用的1.33倍。如果案件由3名仲裁员审理,仲裁庭所获总酬劳应为表1或表2所示费用的3倍。总酬劳在3名仲裁员之间的分配比例由仲裁员协商确定。如果仲裁员未就此达成合意,则首席仲裁员可获得总酬劳的40%,其余2名仲裁员各获得总酬劳的30%。

---

〔1〕 列伊为罗马尼亚的官方货币。

管理费同样可以按照列伊或者欧元计算。具体标准参见表3和表4。

表3 管理费 单位:列伊

争议金额	管理费
0~2000	300
2001~5000	300+超过2000部分的5%
5001~10,000	450+超过5000部分的4%
10,001~50,000	650+超过10,000部分的3%
50,001~100,000	1850+超过50,000部分的2%
100,001~200,000	2850+超过100,000部分的1%
200,001~700,000	3850+超过200,000部分的0.5%
超过700,000	6350+超过700,000部分的0.3%

表4 管理费 单位:欧元

争议金额	管理费
0~20,000	800
20,001~50,000	800+超过20,000部分的5%
50,001~100,000	2300+超过50,000部分的3%
100,001~500,000	3800+超过100,000部分的1.5%
500,001~1,000,000	9800+超过500,000部分的0.7%
1,000,001~2,000,000	13,300+超过1,000,000部分的0.5%
超过2,000,000	18,300+超过2,000,000部分的0.3%

除前述的注册费、仲裁员费用和管理费外,仲裁费用还可能包括:取证的费用;书面文件或口头辩论的翻译费;律师费;专家费;当事人、仲裁员、证人、专家的差旅费等。各方当事人应负责支付己方的上述开支。对于由仲裁庭依职权采取的措施而产生的费用,仲裁庭可以要求一方当事人,或是要求双方当事人按照一定比例预付该费用。

四、罗马尼亚法院对仲裁裁决的承认与执行

国际商事交易的双方当事人合意选择仲裁方式解决他们之间的争议是出于其对国际商事仲裁程序价值的肯定以及对仲裁裁决能在他国获得承认与执行的

期待。[1] 仲裁裁决的承认与执行意味着仲裁当事人权益的最终兑现。[2] 既然仲裁是建立在双方当事人自愿基础上的,所以当事人理应遵从仲裁的结果。然而,在实践中,败诉方“耍赖”的情形时有发生。此时,胜诉方便有权寻求司法救济,即向有管辖权的法院提出承认与执行仲裁裁决的申请。仲裁裁决的承认与执行旨在以国家强制力为后盾保障仲裁裁决的效力。承认与执行是两个既有联系又有区别的概念。承认,是指法院允许仲裁裁决所确认的当事人的权利和义务在其境内产生可予执行的法律效力,它是执行的前提;执行,是指法院在承认仲裁裁决效力的基础上,依照法律规定的执行程序对裁决予以强制实施。

根据《新民事诉讼法》第1124条的规定,如果一项外国仲裁裁决所涉争议可以在罗马尼亚通过仲裁解决,并且该裁决未违反罗马尼亚的公共秩序,那么该裁决可以在罗马尼亚获得承认与执行。由该条款可知,罗马尼亚法院对外国仲裁裁决的承认与执行必须满足两个前提条件:一是仲裁裁决所涉争议根据罗马尼亚法律具有可仲裁性;二是仲裁裁决不违反罗马尼亚的公共秩序。

如前所述,可仲裁性分为客观可仲裁性和主观可仲裁性。前者关乎争议的客体,而后者关乎争议的主体。在客观可仲裁性方面,《新民事诉讼法》第1111条第1款规定,任何与财产权益相关的争议均具有可仲裁性,只要争议所涉权利是当事人可以自由处分的权利,并且仲裁地的法律未将争议所涉事项列入法院的专属管辖范围。在主观可仲裁性方面,《新民事诉讼法》第1111条第2款规定,如果仲裁协议的一方当事人是国家、国有企业或者由国家掌控的组织,该当事人不得对争议的可仲裁性提出质疑或是对其在仲裁程序中的当事人资格提出质疑。

公共秩序(public order)是大陆法系国家惯用的称谓,而英美法系国家更多地使用“公共政策”(public policy)一词。[3] 如今,国际立法和国内立法均普遍认可,裁决承认与执行地国的法院有权以裁决违反本国的公共秩序为由拒绝承认和执行外国的仲裁裁决。比如,在国际法层面,《纽约公约》第5条第2款规定,被请求承认和执行地所在国的主管机关如果查明承认或执行裁决将违反该国公共政

---

〔1〕 参见杜新丽:《跨国破产与国际商事仲裁的冲突与弥合》,载《比较法研究》2012年第1期。

〔2〕 参见肖蓓:《〈纽约公约〉背景下我国对外国仲裁裁决承认及执行的实证研究》,载《现代法学》2016年第3期。

〔3〕 参见杜新丽:《论外国仲裁裁决在我国的承认与执行——兼论〈纽约公约〉在中国的适用》,载《比较法研究》2005年第4期。

策,可以拒不承认和执行仲裁裁决;在国内法层面,我国《民事诉讼法》第274条第2款规定,人民法院认定执行该裁决违背社会公共利益的,裁定不予执行。在国际商事仲裁的司法审查中,公共秩序是裁决承认和执行地国保护其基本道德准则和利益的重要防线。公共秩序是国家或社会的重大利益、基本政策、基本道德观念、法律基本原则的统称,但是其具体的内涵和外延却难以界定。这是因为各国所遵循的经济、法律、道德、政治和宗教等基本信念和原则有很大不同,并且一国在不同的历史时期所奉行的经济、法律、道德、政治和宗教等基本信念和原则也有所差异。[1] 有学者曾说道:"昔日为违反公安者,今则未必然。又甲地有背公序良俗者,乙地亦不一定以为然。"[2]公序良俗之含义常随各国之风俗习惯、伦理道德观念之不同而异。简而言之,公共秩序因具有明显的地域性和时间性而带有不可避免的不确定性和模糊性。[3] 因此,一项外国仲裁裁决是否违反裁决承认和执行地国的公共秩序需要由当地法院自行判断。这使对仲裁裁决进行司法审查的法官具有较大的自由裁量权。公共秩序被认为是一把"双刃剑":一方面,它是法院对仲裁裁决实行司法审查的有利"武器";另一方面,如果法官的自由裁量权过大,它便会动摇仲裁的权威性和稳定性。从各国的仲裁实践来看,为了维护国际商事仲裁的良性发展,当前普遍的趋势是法院在承认和执行外国仲裁裁决时对公共秩序从窄解释、从严适用。

《新民事诉讼法》第1125条规定,申请人应向被申请人住所地,如果被申请人是法人,则应向被申请人总部所在地的法院提出承认与执行外国仲裁裁决的请求;在无法根据前述规定确定受理申请的法院的情况下,申请人应向罗马尼亚首都布加勒斯特的法院提出承认与执行外国仲裁裁决的请求。根据《新民事诉讼法》第1126条的规定,申请人可以仅请求法院对仲裁裁决予以承认,以使该裁决产生既判力;当被申请人未自愿履行仲裁裁决时,申请人还可以请求法院对仲裁裁决予以强制执行。此外,《新民事诉讼法》第1127条规定,申请人在向法院提出承认与执行外国仲裁裁决的请求时,应提交仲裁裁决和仲裁协议的原件或者经认证的复印件;如果仲裁裁决或仲裁协议不是以罗马尼亚语写成的,申请人还需提

---

〔1〕 参见刘建红:《国际商事仲裁裁决司法审查中公共秩序的适用》,载《人民司法》2005年第4期。

〔2〕 曾陈明汝:《国际私法原理》,台北,三民书局1991年版,第188页。

〔3〕 参见韩健:《现代国际商事仲裁法的理论与实践》,法律出版社2000年版,第444页。

交经认证的罗马尼亚语的翻译件。

如果被申请人能够证明存在《新民事诉讼法》第 1128 条规定的 6 项事由之一,法院应当拒绝承认与执行外国仲裁裁决。这 6 项事由如下所示。

第一,当事人缺乏行为能力。《新民事诉讼法》第 1128 条第(a)项规定,如果依据仲裁裁决作出地国的冲突法,适用于当事人行为能力的准据法表明当事人无缔结仲裁协议的行为能力,则法院应当拒绝承认与执行外国仲裁裁决。

第二,仲裁协议无效。《新民事诉讼法》第 1128 条第(b)项规定,如果依据当事人在仲裁协议中选择的法律,或者在当事人未就此达成合意的情况下,依据仲裁裁决作出地国的法律,仲裁协议无效,则法院应当拒绝承认与执行外国仲裁裁决。

第三,仲裁违反正当程序。《新民事诉讼法》第 1128 条第(c)项规定,仲裁违反正当程序包括两种情形:一是在指定仲裁员或仲裁程序方面,被申请人未得到适当的通知;二是被申请人未能在仲裁中提出申辩。《新民事诉讼法》第 1114 条第 3 款规定,无论当事人或仲裁庭所选的仲裁程序如何,仲裁庭均应确保当事人受到平等对待以及当事人的意见被聆听。该法第 1128 条第(c)项规定的法院拒绝承认与执行外国仲裁裁决的事由实际上是与第 1114 条第 3 款的规定相呼应的。由这两个条款可知,仲裁庭应当平等地对待双方当事人,保障他们的知情权,以及陈述意见和提出申辩的机会,否则仲裁庭作出的仲裁裁决可能无法得到法院的承认和执行。

第四,仲裁庭的组成或仲裁程序不当。《新民事诉讼法》第 1128 条第(d)项规定的法院拒绝承认与执行外国仲裁裁决的事由包括两种情形:一是仲裁庭的组成不符合当事人在仲裁协议中的约定,或者在当事人未就此达成合意的情况下,不符合仲裁地国的法律;二是仲裁程序不符合当事人在仲裁协议中的约定,或者在当事人未就此达成合意的情况下,不符合仲裁地国的法律。

第五,仲裁庭超越权限。《新民事诉讼法》第 1128 条第(e)项规定,如果仲裁裁决涉及未包含在仲裁协议规定之内的争议,或者仲裁裁决含有对仲裁协议范围以外事项的裁定,则法院应当拒绝承认与执行外国仲裁裁决。同时,该条款还规定,如果仲裁协议范围以内的事项可以和仲裁协议范围以外的事项相分离,那么仲裁裁决中涉及仲裁协议范围以内事项的内容仍可以得到承认与执行。换言之,“超裁”仲裁裁决的“非超裁”部分依然是有效的。

第六,仲裁裁决效力有缺。根据《新民事诉讼法》第1128条第(f)项的规定,如果仲裁裁决对当事人尚无拘束力,或者仲裁裁决已经由裁决作出地国或依其法律作出裁决的国家的有权机关撤销或者停止执行,则法院应当拒绝承认与执行外国仲裁裁决。

在收到申请人提出的承认与执行外国仲裁裁决的请求后,法院应在召集双方当事人之后就该请求作出判决。如果被申请人对于申请人请求承认与执行外国仲裁裁决一事并无异议,则法院也可以在不召集双方当事人的情况下作出判决。法院仅能依据前述《新民事诉讼法》第1124条和第1128条的规定对外国仲裁裁决的承认与执行作出判断,而无权对仲裁裁决所涉争议的是非曲直进行司法审查。如果对法院作出的判决有异议,当事人可以提出上诉。

1958年《纽约公约》的出现是国际商事仲裁发展历史上具有里程碑意义的事件。现任联合国国际贸易法委员会秘书长安娜·乔宾·布莱特(Anna Joubin-Bret)曾说道,《纽约公约》不仅是联合国国际贸易法委员会重要的成果,更是仲裁裁决跨境执行的基石。[1]《纽约公约》自签署以来,极大地促进了国际商事仲裁立法与实践的统一,它对于合法有效的仲裁裁决得到普遍的承认与执行起到了无可取代的作用。截至目前,全球共有162个国家加入了该公约。[2] 罗马尼亚于1961年成为《纽约公约》的缔约国。它对公约提出了两项保留,即"互惠保留"和"商事保留"。

《纽约公约》的互惠保留分为3种:一是缔约国仅承认与执行在另一缔约国领土内作出的仲裁裁决;二是对于在非缔约国领土内作出的仲裁裁决,缔约国仅以互惠的方式对裁决予以承认和执行;三是兼采前述第一种和第二种保留,即缔约国承认与执行在另一缔约国领土内作出的仲裁裁决,并且以互惠的方式承认与执行在非缔约国领土内作出的仲裁裁决。[3] 提出第一种互惠保留的国家占多数,包括美国、英国、法国、中国等。提出第二种互惠保留的国家包括俄罗斯、白俄罗斯、

---

〔1〕 参见张莉:《〈纽约公约〉六十年为国际贸易和投资保驾护航》,载《中国对外贸易》2018年第11期。

〔2〕 《〈纽约公约〉的缔约国名单》,载 https://uncitral.un.org/en/texts/arbitration/conventions/foreign_arbitral_awards/status2,最后访问日期:2020年3月20日。

〔3〕 参见黄亚英:《外国仲裁裁决论析——基于〈纽约公约〉及中国实践的视角》,载《现代法学》2007年第1期。

立陶宛、乌克兰等。罗马尼亚提出的互惠保留是第三种。同样提出第三种互惠保留的国家还包括古巴、越南等。

《纽约公约》第1条第1款规定:“因自然人或法人间之争议而产生,且在申请承认及执行地所在国以外之国家领土内作成的仲裁裁决,其承认及执行适用本公约。被申请承认及执行地所在国认为非内国裁决者,也适用本公约。”互惠保留旨在限缩该条款规定的公约的适用范围。3种互惠保留所产生的限缩效果有所不同。第一种互惠保留将所有在非缔约国领土内作出的仲裁裁决以及在被请求国领土内作出但该国不认为是本国裁决的仲裁裁决排除在公约的适用范围之外。第二种互惠保留并未将所有在非缔约国领土内作出的仲裁裁决排除在公约的适用范围之外,而是允许缔约国以互惠的方式承认和执行在非缔约国领土内作出的仲裁裁决。第三种互惠保留是将在被请求国领土内作出但该国不认为是本国裁决的仲裁裁决排除在公约的适用范围之外,并且允许缔约国以互惠的方式承认和执行在非缔约国领土内作出的仲裁裁决。

罗马尼亚对《纽约公约》提出的商事保留则是指罗马尼亚仅对依照其本国法律属于契约性或非契约性的商事法律关系引起的争议适用公约。所谓的“契约性或非契约性的商事法律关系”,是指由于合同、侵权或者有关法律规定而产生的经济上的权利义务关系,例如,货物买卖、财产租赁、工程承包、加工承揽、技术转让、合资经营、合作经营、勘探开发自然资源、保险、代理、信贷、运输、产品责任、环境污染、海上事故、所有权争议等。[1]

《纽约公约》第5条规定了法院拒绝承认和执行外国仲裁裁决的两类事由:一类是需要由被申请人证明的事由;另一类是需要由受理裁决承认与执行请求的法院依职权查明的事由。前一类事由规定在《纽约公约》第5条第1款中,具体包括:(1)仲裁协议的当事人根据对其适用的法律处于某种无行为能力的情形,或根据当事人约定的准据法协议无效,或未约定准据法时,依裁决地所在国法律协议无效;(2)作为裁决执行对象的当事人没有被给予指定仲裁员或者进行仲裁程序的适当通知,或者由于其他情况而不能对案件提出申辩;(3)裁决涉及仲裁协议未提到的,或者未包括在仲裁协议规定之内的争议,或者裁决含有对仲裁协议范围

[1] 参见杜新丽:《论外国仲裁裁决在我国的承认与执行——兼论〈纽约公约〉在中国的适用》,载《比较法研究》2005年第4期。

以外事项的裁定,但如果仲裁协议范围以内的事项可以和仲裁协议范围以外的事项分开,则裁决中关于提交仲裁事项的部分决定可以承认及执行;(4)仲裁庭的组成或仲裁程序与当事人间协议不符,或当事人间没有协议时,与仲裁地所在国法律不符;(5)裁决对当事人尚无拘束力,或裁决已经由作出裁决的国家或据其法律作出裁决的国家的有权机关撤销或者停止执行。后一类事由规定在《纽约公约》第5条第2款中,具体包括:(1)依据被请求承认和执行地所在国的法律,争议事项不能以仲裁解决;(2)承认或执行裁决违反被请求承认和执行地所在国的公共政策。实际上,作为《纽约公约》的缔约国,罗马尼亚已经将该公约第5条规定的法院拒绝承认和执行外国仲裁裁决的两类事由引入《新民事诉讼法》之中。《新民事诉讼法》第1124条和第1128条与《纽约公约》第5条的规定并无实质性区别,前者仅是后者在罗马尼亚国内法层面上的重述。

五、中国当事人参与罗马尼亚仲裁的建议

中国和罗马尼亚的往来合作源远流长。“一带一路”倡议的提出以及中国与中东欧国家“16+1”合作机制的建立,为两国深化务实合作、续写友好互助关系搭建起了更广阔舞台。2015年两国签署了推进“一带一路”建设的谅解备忘录。罗马尼亚成为首批与中国签署类似协议的国家。近年来,中罗两国关系保持健康稳定发展,双方高层领导互动频繁,政治互信不断增强,各领域合作扎实推进,全面友好伙伴关系内涵日益丰富。然而,随着两国的经贸合作更加频繁和深入,更多的涉外纠纷也会随之而来。因此,如何能在纠纷解决中尽可能地维护自身利益成为我国当事人在“走出去”过程中必须加以思考的问题。

(一)选择适当的纠纷解决方式

替代性纠纷解决机制(Alternative Dispute Resolution,ADR)的概念源于美国。它是各种非诉讼纠纷解决程序和机制的总称。[1] 调解是除仲裁外另一重要的替代性纠纷解决机制。

1996年为了促进调解制度的发展,罗马尼亚民主改革基金会与加拿大国际应用协商研究所召开座谈会,共商调解制度改革事宜。罗马尼亚法学界代表和司法部代表共同参加了此次会议。2000年罗马尼亚司法部启动了调解制度立法的意见征集工作。2006年5月作为罗马尼亚司法改革组成部分的《调解与调解员法》

---

〔1〕 参见陈艳恩:《浅议替代性纠纷解决机制(ADR)》,载《学术论坛》2010年第7期。

正式颁布。

2007年1月1日罗马尼亚正式成为欧盟成员国。欧盟的调解立法对罗马尼亚的相关立法起到了重要的推动作用。2002年4月欧盟委员会曾发布一份绿皮书,旨在对欧盟范围内现有的ADR进行评估,并就如何促进调解的应用向成员国及社会各界广泛征求意见。2004年《欧洲调解员行为法》获得通过,目的是借由对调解员的行为加以规范,从而推进调解的法制化。2009年罗马尼亚在参照《欧洲议会及欧盟理事会关于民商事调解若干问题的2008/52/EC指令》的基础上,对2006年的《调解与调解员法》进行了修订。

调解员是调解活动的主持者和引导者。在罗马尼亚,调解员是一种区别于律师、法官、仲裁员的独立职业。按照《调解与调解员法》第7条的规定,调解员必须符合以下要求:(1)具有完全民事行为能力;(2)具有高等教育学历;(3)具有3年以上法律工作经验;(4)身体状况良好,能够正常履行职责;(5)享有良好的声誉,无故意犯罪记录;(6)已通过调解员的培训课程。罗马尼亚的调解委员会会将经过认证的调解员的名单公布在罗马尼亚官方公报上。调解委员会另行制定了《调解员行为准则》,以规范调解员的职业行为。根据《调解员行为准则》的要求,调解员应做到:(1)告知当事人在调解过程中享有的权利和承担的义务,调解的性质、原则和效力等;(2)坚持中立的立场,公正地进行调解,保证自身与纠纷各方无利益关系,与纠纷的处理结果无利害关系;(3)对调解过程所涉信息承担保密义务;(4)定期参加专业培训,以提高自身技能。[1]

在调解正式开始前,争议当事人或其代理人应与调解员进行必要沟通。沟通的内容主要包括:争议的事项、当事人的诉求、调解的参与方、调解会议的时间和地点、调解室的设施布置等。调解前的沟通有助于调解员掌握争议的焦点,获悉当事人的心理预期,从而可以拟定调解预案。调解的时间和地点主要由当事人协商确定,以方便当事人参与为原则。

《调解与调解员法》第1条规定:"调解是指双方当事人,在中立、公正、保密、专业的调解员的帮助下,自愿友好地解决纠纷的方式。"在调解进行过程中,调解员应当运用专业的方法和技巧促成当事人之间的协商和谈判。调解员所从事的

[1] 参见杨慈:《罗马尼亚调解制度新发展述评》,载齐树洁主编:《东南司法评论》(2016年卷·总第9卷),厦门大学出版社2016年版,第524页。

活动必须服务于当事人的调解目的与合法权益。调解员只能以劝导的方式促使当事人在互谅互让的基础上达成解决纠纷的协议,而不得主动提出解决当事人之间争议的法律建议。当事人可以在律师或其他人的协助下参与调解,也可以授权代理人代其参与调解。对于调解过程所涉信息,调解员应签署并遵守保密协议。调解的内容不得作为诉讼或仲裁程序中的证据。如果存在可能影响调解员中立性或公正性的情况,调解员应当及时将此种情况告知当事人,当事人有权决定是否中止调解程序,若调解协议已经作出,当事人有权决定是否废止调解协议。如果调解涉及其他领域的专业问题,调解员可以在与各方当事人协商后邀请该领域的专家提供协助,但是调解员在向专家征询意见时,不得披露当事人的身份。

经调解达成调解协议的,应由调解员制作调解协议书,并由当事人或者经其授权的代理人签字。调解协议书在各方当事人签字,调解员签字,调解委员会加盖印章之后才具有法律上的拘束力。调解协议书由当事人各执一份,调解委员会留存一份。调解协议书的内容不得违反相关法律的规定,不得违反社会公序良俗,不得损害第三人的合法权益。[1]

国际商事仲裁作为一种 ADR 能够得到当事人的青睐,原因在于:第一,从效率角度来看,当事人可以通过仲裁在较短时间内解决纠纷;第二,从灵活性角度来看,当事人可以协商确定仲裁地、仲裁员、仲裁程序,案件适用的法律等;第三,从专业性角度来看,仲裁员多为具备商业领域专业知识并且熟悉相关法律规范的权威人士;第四,从保密性角度来看,仲裁案件是非公开审理的。与国际商事仲裁相比,调解作为另一种常见的 ADR 具有其自身的优势:一是调解的费用比国际商事仲裁的费用要低廉许多;二是调解更温和,它是在当事人互谅互让的基调下进行的,有助于当事人在解决纠纷的同时维持良好的关系。因此,我国当事人应当根据争议的具体情况,自身的经济条件等因素选择适当的争议解决方式。

(二)充分利用意思自治

意思自治意味着一个人能够在与自己切身相关的事务上自由地作出决定,充分表达其真实的想法。[2] 作为私法自治的核心和灵魂,意思自治既是经济自由在

---

〔1〕 参见杨慈:《罗马尼亚调解制度的特点》,载《人民法院报》2017 年 3 月 31 日,第 8 版。

〔2〕 参见董连和:《论我国仲裁制度中的意思自治原则》,载《清华大学学报》(哲学社会科学版)2006 年第 3 期。

法律上的必然要求,也是社会基本伦理在法律上的投映,其对现代私法制度的构筑和完善发挥了重要作用。[1] 意思自治一向被视为国际商事仲裁赖以存在的基石和生命力的源泉。[2] 意思自治的理念渗透在《新民事诉讼法》第七编第四章“国际仲裁与外国仲裁裁决的效力”之中。这是该法所规定的国际仲裁制度先进性和时代性的重要标志。意思自治在《新民事诉讼法》第七编第四章中主要体现在以下方面。

(1)仲裁协议。当事人可以仲裁条款或者提交协议的形式约定将他们之间即将发生或者业已发生的关于某一确定法律关系的契约性或非契约性争议提交仲裁。当事人之间的此种约定是触发仲裁的终极依据。[3]

(2)仲裁庭的组成。根据《新民事诉讼法》第1113条第1款的规定,仲裁员的指定应当依照当事人在仲裁协议中所作约定进行,或是依照仲裁协议订立后当事人另行达成的约定进行。只有在当事人未就仲裁员的指定达成合意的情况下,法院才能够类比适用国内仲裁的相关规定来确定仲裁员的人选。此外,当事人有权对仲裁员的资质作出要求。如果仲裁员不符合当事人的要求,当事人有权依据《新民事诉讼法》第1113条第2款的规定对仲裁员提出质疑。

(3)仲裁程序。当事人可以协商确定仲裁程序。《新民事诉讼法》第1114条第1款规定,当事人可以直接决定仲裁程序,参照仲裁机构的仲裁规则确定仲裁程序,或是使仲裁程序受制于其选择的程序法。只有在当事人未就仲裁程序达成合意的情况下,仲裁庭才能代为决定仲裁程序。

(4)适用的法律。根据《新民事诉讼法》第1119条的规定,仲裁庭应依据当事人选择的法律裁决案件,若当事人未作此种选择,则应依据其认为适当的法律作出裁决。此外,当事人还可以授权仲裁庭依据公平善意原则进行友好仲裁。

(5)仲裁裁决的作出。《新民事诉讼法》第1120条规定,仲裁庭应当依照当事人合意选择的程序作出裁决;如果当事人未就此达成合意,仲裁庭则应按照少数服从多数的原则作出裁决。

我国当事人应当积极运用罗马尼亚《新民事诉讼法》第七编第四章所赋予的

---

〔1〕 参见丁丽柏、王琤:《论国际商事仲裁制度中的意思自治原则》,载《重庆大学学报》(社会科学版)2006年第1期。

〔2〕 参见谭兵主编:《中国仲裁制度研究》,法律出版社1995年版,第59页。

〔3〕 参见李昌超:《仲裁协议合意不当及其救济》,载《社会科学家》2018年第1期。

自主权，以便在仲裁中最大限度地维护自身利益。比如，在仲裁庭的组成方面，我国当事人可以根据案件的具体情况以及自身的现实需求，对仲裁员的任职资格提出特殊的要求；在仲裁程序方面，我国当事人应尽量争取适用其所熟悉的，便于其参与仲裁，足以保障其程序性利益的程序规则；在适用的法律方面，我国当事人应尽量选择其所熟悉的，能够据以预测裁决结果的，足以维护其实体利益的法律作为仲裁庭作出裁决的依据。

罗马尼亚《新民事诉讼法》在充分尊重当事人意思自治的同时，也对当事人自主权的行使设置了边界。比如，《新民事诉讼法》允许当事人合意决定将他们之间的争议交付仲裁，可是根据该法第 1111 条第 1 款的规定，与财产权益无关的争议、涉及当事人不能自由处分的权利的争议、属于法院专属管辖的争议不具有客观可仲裁性，不得被提交仲裁；《新民事诉讼法》允许当事人协商决定仲裁庭的组成，可是根据该法第 556 条第 1 款的规定，仲裁案件只能由 1 名或者奇数名仲裁员审理。换言之，当事人不得合意选择偶数名仲裁员组成仲裁庭；《新民事诉讼法》允许当事人协商确定仲裁程序，可是根据该法第 1114 条第 3 款的规定，当事人所选仲裁程序不得使当事人受到不平等的对待或者使当事人的意见无法被聆听。

我国当事人应注意罗马尼亚《新民事诉讼法》中的强行性规定对当事人意思自治设定的界限，并在该界限内充分利用自身享有的自主权，积极表达己方意见，尽力争取对己方有利的条件，以有效维护自身的合法权益。

（三）善于运用程序性救济措施

罗马尼亚《新民事诉讼法》赋予当事人的诸多程序性权利为一方当事人对抗对方当事人或者仲裁庭的不当行为提供了有力武器。在《新民事诉讼法》中，当事人能够运用的程序性救济措施主要包括以下几方面。

（1）对仲裁员的质疑。《新民事诉讼法》第 1113 条第 2 款规定，如果仲裁员不具备当事人要求的资质，出现了当事人所选仲裁规则规定的质疑事由，或者当事人有合理的理由怀疑仲裁员的独立性或公正性，则当事人有权对仲裁员提出质疑。另需要注意的是，根据《新民事诉讼法》第 1113 条第 3 款的规定，只有在质疑仲裁员的事由发生在仲裁员被指定后，或者在仲裁员被指定后才被当事人知悉的情况下，当事人才能对己方指定的仲裁员提出质疑。

（2）临时措施。根据《新民事诉讼法》第 1116 条的规定，在仲裁程序开始前或者进行过程中，当事人可以请求仲裁庭针对对方当事人的财产、持有的证据或者正在从事的行为采取临时性的强制措施,以防止对方当事人利用其所处的优势地位转移或销毁证据或财产,致使仲裁裁决无法被作出,或是即便被作出,也难以得到执行。另需要注意的是,临时措施毕竟是加诸被申请人的一种强制措施,所以仲裁庭或者协助执行的法院有权要求提出申请的当事人提供适当的担保作为采取临时措施的前提。

(3)取证。证据在仲裁中占有举足轻重的地位。整个仲裁程序的推进以至仲裁裁决的作出实际上是仲裁员对证据进行判断进而得出结论的过程。根据《新民事诉讼法》第1117条的规定,如果仲裁庭在取证过程中遇到困难,当事人有权向仲裁地的法院提出协助取证的请求。

(4)对仲裁庭管辖权的异议。仲裁庭对当事人之间的争议享有管辖权是仲裁程序得以进行的前提和基础,也是仲裁裁决得到承认与执行的必要条件。[1]《新民事诉讼法》第1118条第1款规定,仲裁庭有权就自身是否享有管辖权作出决定。仲裁庭对自身管辖权进行审查的前提是当事人对仲裁庭的管辖权提出了异议。事实上,对仲裁庭的管辖权提出异议已经成为当事人惯常使用的抗辩手段之一。需要注意的是,根据《新民事诉讼法》第1118条第3款的规定,对仲裁庭管辖权的异议必须于被申请人就案件实质问题作出答辩之前提出,否则被申请人将被视为不可撤回地放弃了提出此种异议的权利。

(5)仲裁裁决的撤销。根据《新民事诉讼法》第608条第1款的规定,若有下列情形之一,当事人有权对仲裁裁决提出撤销之诉:①争议不具有可仲裁性;②当事人之间无仲裁协议,或者仲裁庭对争议的解决是基于无效的仲裁协议;③仲裁庭的组成与仲裁协议不符;④当事人未出席口头辩论,通知程序未得到执行;⑤仲裁裁决是在仲裁庭作出裁决时限届满后被作出的;⑥仲裁裁决超出了当事人提交仲裁的事项范围;⑦仲裁裁决缺少结论部分、裁决理由、作出的日期、作出的地点;或者仲裁员的签字;⑧仲裁裁决违反公序良俗或者法律的强行性规定;⑨在仲裁裁决作出后,宪法法院宣布仲裁庭据以作出裁决的法律或政府法令是违反宪法的。关于仲裁裁决的撤销,除撤销的事由外,还需注意两点:一是对撤销之诉享有管辖权的法院;二是当事人提出撤销之诉的时限。对于前一点,《新民事诉讼法》

[1] 参见莫莉:《国内法院对国际商事仲裁管辖权司法审查的谦抑性》,载《理论界》2018年第5期。

第610条规定，当事人应向管辖权覆及仲裁地的上诉法院提出撤销之诉；对于后一点，《新民事诉讼法》第611条第1款规定，当事人必须在仲裁裁决送达之日起1个月内提出撤销之诉。

（6）仲裁裁决的承认与执行。根据《新民事诉讼法》第1126条的规定，为使裁决产生既判力，当事人可以向法院提出承认仲裁裁决的请求；如果对方当事人未自愿履行仲裁裁决，当事人还可以请求法院对裁决予以强制执行。如果作为被申请人的当事人想要阻止法院承认与执行仲裁裁决，则其需要向法院证明存在下列情形之一：①当事人缺乏行为能力；②仲裁协议无效；③仲裁违反正当程序；④仲裁庭的组成或仲裁程序不当；⑤仲裁庭超越权限；⑥仲裁裁决效力有缺。关于仲裁裁决的承认与执行，还需注意两点：一是受理承认与执行仲裁裁决申请的法院；二是当事人提出承认与执行仲裁裁决申请时应向法院提交的材料。对于前一点，《新民事诉讼法》第1125条规定，申请人应向被申请人住所地，如果被申请人是法人，则应向被申请人总部所在地的法院提出承认与执行仲裁裁决的请求；在无法根据前述规定确定受理申请的法院的情况下，申请人应向罗马尼亚首都布加勒斯特的法院提出承认与执行仲裁裁决的请求。对于后一点，《新民事诉讼法》第1127条规定，申请人在向法院提出承认与执行仲裁裁决的请求时，应提交仲裁裁决和仲裁协议的原件或者经认证的复印件；如果仲裁裁决或仲裁协议不是以罗马尼亚语写成的，申请人还需提交经认证的罗马尼亚语的翻译件。

我国当事人有必要了解罗马尼亚《新民事诉讼法》赋予当事人的程序性权利。当发现对方当事人或仲裁庭有不当行为之时，我国当事人应当积极运用这些权利，为自己提供程序性的救济，从而维护自身的合法权益。

附录一:

罗马尼亚《新民事诉讼法》第七编第四章

Romanian New Civil Procedure Code
Book Ⅶ International Civil Proceedings
Title Ⅳ International Arbitration and the Effects of Foreign Arbitral Awards

Article 1110 Definition and scope

(1) Under this title, an arbitration that takes place in Romania is considered international if it arises from a private law relation with a foreign element.

(2) The provisions of this chapter shall apply to any international arbitration if the place of arbitration is in Romania and at least one of the parties, at the time when the arbitration agreement was concluded, did not have its domicile or its habitual residence or, respectively, its headquarters in Romania, unless the parties have excluded their application in the arbitration agreement or thereafter in writing.

(3) The place of arbitration shall be determined by the parties or by the arbitral institution that the parties selected, or, failing the above, by the arbitrators.

Article 1111 Arbitrability

(1) Any dispute pertaining to property rights is arbitrable provided it concerns rights of which the parties may freely dispose and the law of the place of arbitration does not reserve such matters for the exclusive jurisdiction of the courts.

(2) If one of the parties to the arbitration agreement is a State, a State-owned enterprise or an organization controlled by the State, this party cannot invoke its right to contest the arbitrability of a dispute or its capacity to be a party in the arbitral proceedings.

Article 1112 Arbitration agreement

(1) The arbitration agreement, in order to be valid, must be concluded in writing,

whether in a document, telegram, telex, scan, electronic mail or any other means of communication that can be proved though a text.

(2) As to its substance, the arbitration agreement shall be valid if it meets the requirements prescribed by one of the following laws:

a) the law chosen by the parties;

b) the law governing the subject matter of the dispute;

c) the law governing the contract containing the arbitration clause; [or]

d) romanian law.

(3) The validity of the arbitration agreement cannot be challenged on the grounds that the main contract is invalid or because it relates to a dispute that has not yet arisen.

Article 1113 Arbitral tribunal

(1) The appointment, revocation, and replacement of arbitrators shall be made in accordance with the arbitration agreement or those [agreements] that the parties may establish thereafter, or, in absence thereof, the interested party may request the court at the place of arbitration to do so, with the provisions of Book Ⅳ applying by analogy.

(2) The arbitrator may be challenged:

a) when he or she lacks the qualifications required by the parties;

b) when there is a ground for challenge pursuant to the arbitral rules adopted by the parties or, in absence thereof, by the arbitrators;

c) when the circumstances cast legitimate doubt on [the arbitrator's] independence or impartiality.

(3) A party cannot challenge the arbitrator that it appointed or in whose appointment it participated unless the ground for challenge became known after appointment. The arbitral tribunal and the other party must be informed of the ground for challenge without delay.

(4) If the parties have not established the challenge procedure, the court at the place of arbitration shall make a final decision on the challenge.

Article 1114 Arbitral procedure

(1) The parties may agree on the arbitral procedure expressly or by reference to

the rules of an arbitral institution, or they may decide on a procedural law of their choice.

(2) If the parties did not proceed pursuant to the provisions of paragraph(1), the arbitral tribunal shall establish the procedure through one of the methods provided in paragraph(1).

(3) Whatever arbitral procedure is established, the arbitral tribunal must ensure the equality of the parties and their right to be heard.

(4) In international arbitrations, the time limits set in Book Ⅳ shall be doubled.

Article 1115 Language of the proceedings

(1) The proceedings shall take place in the language established in the arbitration agreement, or if nothing was established in this regard and the parties have not subsequently agreed, in the language of the main contract in relation to which the dispute arose, or in a language of international usage fixed by the arbitral tribunal.

(2) If a party does not know the language of the proceedings, the arbitral tribunal shall ensure the services of a translator, at the party's request and at its expense.

(3) The parties may participate in the proceedings with their own translator.

Article 1116 Provisional and conservatory measures

(1) The arbitral tribunal may grant provisional or conservatory measures at the request of either party, if the arbitration agreement does not provide otherwise.

(2) If the party concerned does not voluntarily comply with the measures ordered, the arbitral tribunal may request assistance from the competent court, which shall apply its own law. The arbitrator or the judge may condition the granting of a provisional or a conservatory measure on the provision of adequate security.

Article 1117 Administration of evidence

(1) The arbitral tribunal shall administer the evidence.

(2) If court support is necessary for the administration of evidence, the arbitral tribunal or the parties with the arbitral tribunal's concurrence may request assistance from the court at the place of arbitration, which shall apply its own law.

Article 1118 Jurisdiction of the tribunal

(1) The arbitral tribunal shall determine its own jurisdiction.

(2) The arbitral tribunal shall determine its own jurisdiction without taking into account any proceeding involving the same parties and the same subject matter which is already pending before a court or an arbitral tribunal, except when serious grounds compel suspension of the proceedings.

(3) Any jurisdictional objection shall be raised before any defense on the merits.

Article 1119 Applicable law

(1) The arbitral tribunal applies the law chosen by the parties and, if the parties have not chosen an applicable law, the law that it considers appropriate, taking into account at all times the usages and professional rules.

(2) The arbitral tribunal may decide *ex aequo et bono* only with the parties' express authorization.

Article 1120 Award

(1) The arbitral award shall be made in accordance with the procedure agreed by the parties. In the absence of any such provision in the arbitration agreement, the arbitral award shall be made by a majority of votes, and in cases where there is no majority the decision of the presiding arbitrator shall prevail.

(2) The arbitral award shall be in writing, shall state the reasons, and shall be dated and signed by all the arbitrators.

(3) The arbitral award shall be final and binding upon communication to the parties and may be challenged only through an action for annulment on the grounds and under the conditions set forth in Book Ⅳ, which shall apply accordingly.

(4) The arbitral tribunal may render partial awards, unless the arbitration agreement provides otherwise.

Article 1121 Costs of the arbitration

Unless the parties otherwise provide, the arbitrators' fees and travel expenses are borne by the appointing party; the parties shall bear these expenses in equal shares for the sole arbitrator or the presiding arbitrator.

Article 1122　Auxiliary procedural rules

Any matters related to the constitution of the arbitral tribunal, the arbitral procedure, the arbitral award, as well as the amendment, notification and effects thereof, which are not set forth in the arbitration agreement and are not submitted by the parties to the resolution of the arbitral tribunal, shall be determined through the corresponding application of the provisions of Book Ⅳ.

Article 1123　Definition

Any domestic or international arbitral awards rendered in another state and which are not considered national awards in Romania are foreign arbitral awards.

Article 1124　Validity

Any arbitral award of the type specified in Article 1123 shall be recognized and may be enforced in Romania if the underlying dispute can be resolved through arbitration in Romania and the award does not infringe any public order provisions of Romanian private international law.

Article 1125　Competent court

(1) The recognition and enforcement of foreign awards shall be requested to the court at the defendant's domicile or, as the case may be, the headquarters of the party against which the arbitral award was rendered.

(2) If it is impossible to determine the court (tribunal) specified in paragraph (1), the Bucharest Court shall be the competent court.

Article 1126　Request [for recognition and enforcement]

(1) The party relying on a foreign arbitral award may merely request its recognition with the aim of invoking res judicata or it may request the enforcement [of the arbitral award] on Romanian territory when [the arbitral award] is not voluntarily complied with in Romania.

(2) The recognition of a foreign arbitral award may also be requested as an auxil-

iary matter.

(3) The provisions of Article 1100 shall apply accordingly.

Article 1127 Documents accompanying the request

(1) The request shall be accompanied by the original or by a copy of the arbitral award and the arbitration agreement, which shall be authenticated in accordance with the provisions of Article 1092.

(2) If the documents specified in paragraph (1) are not drafted in the Romanian language, the requesting party must also present the certified translation in Romanian.

Article 1128 Grounds for refusal of recognition and enforcement

(1) Recognition and enforcement of foreign arbitral awards shall be refused if the party against whom the foreign arbitral award is invoked proves the existence of one of the following circumstances:

a) the parties did not have the capacity to conclude the arbitration agreement, under the law applicable to each of them in accordance with the law of the State where the arbitral award has been made;

b) the arbitration agreement is not valid under the law to which the parties have subjected it or, failing any indication thereof, under the law of the country where the arbitral award was made;

c) the party against whom the arbitral award is invoked was not given proper notice of the appointment of the arbitrator or of the arbitration proceedings or was otherwise unable to present its defense in the arbitration;

d) the constitution of the arbitral tribunal or the arbitral procedure was not in accordance with the agreement of the parties, or, absent such agreement, was not in accordance with the law of the place where the arbitration took place;

e) the arbitral award deals with a difference not contemplated by or not falling within the terms of the arbitration agreement, or it contains decisions on matters beyond the scope of the arbitration agreement. If, however, the decisions contained in the arbitral award that concern matters submitted to arbitration can be separated from those not so submitted, the former may be recognized and enforced; or

f) the arbitral award has not yet become binding on the parties, or has been set aside or suspended by a competent authority of the country in which, or under the law of which, that award was made.

Article 1129 Suspension of the proceedings

(1) The court may suspend the recognition and enforcement of foreign arbitral awards if the annulment or suspension is requested before the competent authority of the State in which, or under the law of which, that award was made.

(2) In the case specified in paragraph (1), the court may require, at the request of the party applying for the recognition and enforcement of the foreign award, that the other party provides appropriate security.

Article 1130 Decision

(1) The request for recognition and enforcement of a foreign arbitral award shall be determined by a decision given after the parties have been summoned and [that decision] can only be attacked by an appeal.

(2) The request may be decided without summoning the parties if it appears from the decision that the defendant did not object to the filing of the action [for recognition and enforcement].

Article 1131 Evidentiary character

Foreign arbitral awards rendered by a competent arbitral tribunal have evidentiary character in Romania in relation to the facts that they establish.

Article 1132 Examining the merits of the case

The court cannot examine the merits of the arbitral award.

附录二：

《罗马尼亚国家工商会国际商事仲裁院仲裁规则》

Arbitration Rules of the Court of International Commercial Arbitration of the Chamber of Commerce and Industry of Romania

Chapter Ⅰ Preliminary Provisions

Article 1 – Scope of the Arbitration Rules

These Rules set forth the principles and regulations for the resolution of domestic and international disputes subject to institutionalized arbitration organized by the Court of International Commercial Arbitration of the Chamber of Commerce and Industry of Romania, hereinafter referred to as the "Court of Arbitration".

Article 2 – Definitions

In these Rules, the terms and expressions below shall have the following meaning:

1. arbitral assistant-the specialized person within the Secretariat of the Court of Arbitration fulfilling roles related to the administration of the proceedings before the constitution of the arbitral tribunal, of recording the arguments of the parties, as well as any other roles provided by these Rules or by the Regulation for the Organization and Operation of the Secretariat of the Court of Arbitration;

2. hearing-any arbitration session which shall constitute the frame for the oral phase of the arbitration;

3. request for arbitration-a request to resolve a dispute by arbitration;

4. counterclaim-the request for arbitration filed by a respondent within an existing arbitration;

5. board of the Court-the collective body managing the Court of Arbitration;

6. arbitration agreement-an arbitration clause or a submission agreement concluded

by any individuals or legal persons of private or public law; the model for the arbitration agreement is included in annex I to these Rules;

7. procedural order-any preliminary or interlocutory decision rendered during the arbitration, which shall not decide in full the merits of the case or terminate the role of the arbitral tribunal;

8. arbitration dispute-any domestic dispute (i. e. without foreign element) or international dispute (i. e. with foreign element), arising from a contractual or extra-contractual relation, subject to resolution by arbitration;

9. memorandum-the procedural document whereby a party presents its claims or defenses, prepared upon a request of the arbitral tribunal or upon a request of a party and with the approval of the arbitral tribunal;

10. party-any claimant, respondent, intervening party or additional party, participants in the arbitration;

11. president of the Court-president of the Court of Arbitration;

12. answer-the document whereby the respondent, intervening party or additional party is answering to the request for arbitration;

13. rules-these Arbitration Rules of the Court of Arbitration;

14. secretariat of the Court-the Secretariat of the Court of Arbitration;

15. arbitral award-the final award which resolves in full the merits of the case or terminates the role of the arbitral tribunal;

16. arbitral tribunal-the sole arbitrator or, as the case may be, the arbitrators and the chairperson.

Article 3 – Principles of the Arbitration

(1) Throughout the entire proceedings, the Court of Arbitration, the President of the Court, the Board, the Secretariat of the Court, the arbitral tribunal and the parties shall act in good faith, in an effective and expedited manner, with the observance of the equal treatment, of the right of defense and of the adversarial principle.

(2) During the arbitration, each party has the right to the fair adjudication of its case, within an optimal and predictable time limit, by an independent and impartial ar-

bitral tribunal.

(3) The parties have the right of access to all the documents in the case file, subject to the observance of the principle of confidentiality of the arbitration.

(4) In case of discrepancy between the arbitration agreement and these Rules, referred to in the arbitration agreement, the arbitration agreement shall prevail, unless these Rules expressly provide otherwise.

Article 4 – Confidentiality of the Arbitration

(1) Unless the parties agree otherwise, the Court of Arbitration, the President of the Court, the Board of the Court, the Secretariat of the Court, the arbitral tribunal, the arbitral assistants and any person involved in the organization of the arbitration shall maintain the confidentiality of the entire arbitration.

(2) Awards and procedural orders may be published in full only subject to the approval of the parties. However, they may be published partially or in summary or analyzed from the perspective of the legal issues raised, in magazines, scholarly works or arbitration case-law digests, without nominating the parties or providing other information potentially harmful to the interests of the parties.

(3) After the communication of the award and on a case-by-case basis, the President of the Court may authorize the consultation of the case files for purposes of scientific research, subject to the observance of the confidentiality obligation.

Article 5 – Notifications and communications

(1) Any notification or other communication from the Secretariat of the Court, the President of the Court, the Board of the Court, the arbitral tribunal or between the parties shall be delivered to the last known address of the addressee or the address provided by the latter, as the case may be.

(2) The delivery shall be made by registered mail with acknowledgment of receipt and with declared content, by courier, electronic mail, telefax or any other means ofcommunication that allow for proof of communication and of the contents. In case of telephone communications, the arbitral assistant shall draft a telephone record specifying the time and date of the communication, the identity of the person with whom the

discussion took place and providing a summary of discussion.

(3) Any notification or other communication sent in accordance with the provisions of para. (2) shall be deemed to have been acknowledged by the addressee on the date on which it would have been normally received given the means of communication used.

(4) The communication shall also be deemed as duly served in cases where the addressee refused receipt thereof or, despite evidence that the party was duly notified, failed to collect the relevant communication from the post office.

(5) Any written document may be also be delivered by hand to the party or its representative, under signature certified by the arbitral assistant or an agent of the Secretariat of the Court, with the specification of the hand-over date.

(6) The communication evidence and the telephone records shall be attached to the case file.

Article 6 – Time Limits

(1) The arbitral tribunal or, until it is constituted, the President of the Court, may extend, for substantiated reasons, pursuant to a request filed by any of the parties or by its own motion, any time limit established for the performance by a party of its obligations.

(2) A party who was present or represented at a hearing shall not receive subsequent notice of proceedings throughout the arbitration, being held to be aware of the ensuing hearing dates, unless these Rules or the arbitral tribunal require otherwise.

(3) Hearing dates acknowledged personally by the parties or for which notice had been given cannot be changed by the arbitral tribunal except for substantiated reasons. The parties may express their written agreement for changing the hearing date without being given notice for the new date. If the case, the parties shall immediately be noticed for the new hearing date.

Article 7 – Territorial Application of the Rules

(1) These Rules shall apply whenever, pursuant to the arbitration agreement, the parties refer to, in any manner, to the arbitration body of the Chamber of Commerce

and Industry of Romania or to the Arbitration Rules of the Court of International Commercial Arbitration of the Chamber of Commerce and Industry of Romania.

(2) Where the parties chose to apply other arbitration rules than those of the Court of Arbitration, such application shall be permitted only where the said rules do not explicitly prohibit their application. If the rules indicated by the parties expressly prohibit their application by another arbitration body, the present Rules shall apply.

(3) The arbitral tribunal has the sole authority to establish whether and if other rules of arbitration, different from those of the Court of Arbitration, are compatible and applicable, taking into consideration the circumstances of the dispute and the provisions of the arbitration rules indicated by the parties. The jurisdiction of the Court of Arbitration and the constitution of the arbitral tribunal shall continue toremain subject to the present Rules.

Article 8 – Application of the Rules in Time

Unless the parties agreed otherwise, the arbitration shall be organized and carried out in accordance with the arbitration rules in force at the date of commencement of the arbitration.

Article 9 – Interpretation of the Rules

(1) The authentic interpretation of these Rules shall be made only by the Court of Arbitration.

(2) The interpretation of these Rules by the arbitral tribunal shall be made only for the purpose of applying them in the relevant dispute.

Chapter Ⅱ Commencement of Proceedings

Article 10 – Request for Arbitration

(1) The request for arbitration filed with the Court of Arbitration must include the following:

a) the name in full, domicile or, as the case may be, residence of the parties, or, for legal persons, their registered name and registered office. In addition, it must include the personal identification number or, as the case may be, the sole registration number or fiscal identification code, the entry number used in the trade registry or used for registration in the registry of legal persons and the claimant's and respondent's bank accounts, if they are known by claimant, the e-mail address, telephone number, fax number or other similar information and, if necessary, the domicile or address designated for the service of process;

b) the name and capacity of the person who represents the party in the arbitration dispute, and, in case of representation by a lawyer, the name, telephone and fax numbers of the lawyer, their e-mail address and professional address. Evidence of the power of representation shall be attached to the request;

c) a summary presentation of the dispute, which shall state the relief sought and the monetary value of the claims, indicating the factual and legal reasons, with references to the means of evidence that the claimant intends to use;

d) a description of the arbitration agreement accompanied by a copy of the contract in which it is included or the instrument from which it derives;

e) claimant's proposal concerning the number of arbitrators and the seat of arbitration;

f) claimant's option with respect to whether the Expedited Arbitration Procedure provided by Annex V applies or not;

g) the name of the appointed arbitrator, and, where the person in question is not included in the list of arbitrators of the Court, the address, telephone number, fax number and e-mail address of the appointed arbitrator;

h) the signature of the claimant or of its representative, where applicable.

(2) The request for arbitration and the annexes shall be filed in the language of the arbitration, in electronic and paper format, one copy submitted for each of the respondents and one additional copy for the case file. Where there is no agreement between the parties with respect to the language of the arbitration, the provisions of Article 29 shall apply.

(3) The request for arbitration shall also include any requests for joinder of a third party or request to consolidate pursuant to Article 16 and Article 17. Where such a request is filed, the request for arbitration shall include the information set forth in para.

(1)d) above concerning the arbitration agreement concluded with these persons.

(4) The provisions of this article shall apply accordingly to the counterclaim filed by the respondent or by one of the respondents.

Article 11 – Registration of the Request

(1) The request for arbitration, accompanied by proof of payment of the registration fee, in the amount set forth in the Schedules of Arbitral Fees and Expenses in force on the date when the request for arbitration is filed, shall be registered with the Secretariat of the Court.

(2) Where the registration fee is not paid by the date of submission of the request for arbitration, the Secretariat of the Court shall grant the claimant a 5 – day time limit, to be calculated from the date of communication, to pay the fee.

(3) If the registration fee is not paid within the time limit, the request for arbitration shall be returned pursuant to an order of the President of the Court.

Article 12 – Arbitration Fee

(1) The claimant shall pay the arbitration fee, to be calculated in accordance with the Schedules of Arbitral Fees and Expenses in force on the date when the request for arbitration is filed, within a 10 – day time limit running from the date of communication of the notice by the Secretariat of the Court.

(2) Upon the claimant's request and subject to the circumstances of the case, the time limit set forth in para. (1) may be extended pursuant to a reasoned decision of the President of the Court.

(3) If the proof of payment of the arbitration fee is not submitted within the time limit and subject to the conditions communicated by the Secretariat of the Court, the request for arbitration shall be returned to the claimant.

Article 13 – Date of Commencement of the Proceedings

(1) The arbitration shall be deemed commenced on the date when the request for arbitration is received at the Secretariat of the Court, subject to the payment of the registration fee and of the arbitration fee, under the conditions communicated by the Sec-

retariat of the Court.

(2) If the request for arbitration is delivered by mail, expedited courier service or other communication service, the date of commencement of arbitration shall be the date specified by the post office or by the courier, or the date indicated in the printed copy of the confirmation that the request was sent, certified by the person charged with the delivery. The envelope bearing proof of delivery shall be attached to the case file.

Article 14 – Answer

(1) If the arbitration fee was paid under the conditions communicated by the Secretariat of the Court, the latter shall deliver to the respondent a copy of the request for arbitration and of its annexes. The respondent may file an answer within 30 days from the date of communication of the request for arbitration. The answer shall include the following:

a) a summary response to claimant's request, indicating the factual and legal reasons on which respondent's defense is based, with references to the means of evidence it intends to use;

b) any objections with respect to the existence, validity and application of the arbitration agreement;

c) respondent's answer to claimant's proposal concerning the number of arbitrators and the seat of arbitration;

d) respondent's option with respect to whether the Expedited Arbitration Procedure provided by Annex V applies or not;

e) the name of the appointed arbitrator and, if appropriate, the address, fax number and e-mail address of the appointed arbitrator or, if applicable, the answer to claimant's proposal regarding the appointment of a sole arbitrator, as well as the name of that arbitrator;

f) the name and capacity of the person representing the party in the arbitration dispute, and, in case of representation by a lawyer, the name, telephone and fax numbers of the lawyer and professional address. Evidence of the power of representation shall be attached to the answer;

g) the signature of the party or its representative, where applicable.

(2) The answer and its annexes shall be delivered, in the language of the arbitration, in hard copy, in a number of copies equal to the number of claimants, plus one for the case file, as well as in electronic format.

(3) The absence of an answer from respondent shall not be deemed to represent a recognition of claimant's claims and shall not prevent the continuation of the arbitration.

(4) Any counterclaims by the respondent shall be filed together with the answer and shall include the items indicated in Article 10(1) c) and d).

(5) The answer shall also include any request to join additional parties to the case or a request to consolidate filed in accordance with Article 16 and 17. If respondent files such request, its answer to the request shall include the information required in Article 10(1) d) above, and Article 10(2) shall apply accordingly.

(6) The Secretariat of the Court shall deliver a copy of the answer to the claimant, for information purposes or to enable it to file an answer to the counterclaim, if applicable, within 20 days from communication.

(7) The provisions of this article shall apply accordingly to the answer to the counterclaim to be filed by the original claimant or to the answer to be filed by the party joined to the case at respondent's request.

Article 15 – Request for Additional Information

(1) If the request for arbitration or the counterclaim fail to include all the information and requirements provided in Article 10, the President of the Court, acting through the Secretariat of the Court, shall immediately ask the relevant party to provide the missing information or satisfy the relevant requirements, within a time limit that shall not exceed 10 days from the communication of the notice.

(2) If any of the parties fails to comply with the request for providing additional details, in the absence of which the arbitration cannot continue, the President of the Court may order the return of the request for arbitration or of the counterclaim, as the case may be.

(3) If the parties do not comply in any other way with the request for providing additional details, this shall not prevent the continuation of the arbitration.

(4) If a party fails to appoint the arbitrator, the provisions of Article 19 shall apply.

Article 16 – Participation of Third Parties

(1) The request for arbitration filed against other persons who may claim the same right as the claimant or the request by which an intervening party claims for itself the same right which is subject to the dispute is admissible only with the approval of the arbitral tribunal, or if this was not constituted, with the approval of the Board of the Court.

(2) In all cases, the arbitral tribunal or, in its absence, the Board of the Court, shall also take into account, inter alia, the fulfilment of the following conditions:

a) all parties, including the intervening party or the additional party, agreed, even before the arbitral tribunal, that the disputes between them should be subject to the arbitration conducted in accordance with these Rules and also agreed on the method of choosing the arbitral tribunal;

b) the main voluntary intervention or the request for joinder have been filed at the latest at the first hearing date;

c) the party filing the request for intervention or the request for joinder paid the arbitration fee in the amount established by the Schedules of Arbitral Fees and Expenses, as well as the potential additional costs.

(3) The provisions of paragraphs (1) and (2) shall apply accordingly to requests for joinders filed against additional parties against whom the claimant or the respondent may file separate claims, which are conditional upon the claimant or respondent receiving an adverse award.

(4) The accessory voluntary intervention shall be admissible at all times and until the closing of the proceedings if the intervening party proves the existence of an arbitration agreement concluded with all parties in the case, or, in absence of such agreement, if all parties agree. The accessory intervening party shall not be entitled to nomi-

nate an arbitrator.

(5) The main voluntary intervention and the request for joinder of additional parties that was filed after the first hearing date shall be resolved separately by a different arbitral tribunal, unless all parties and the intervening parties or the additional parties agree and the arbitral tribunal finds that the joint resolution of these claims is more appropriate.

(6) The provisions of this article shall also apply where the parties or third parties assert claims under multiple arbitration agreements.

(7) The provisions of Article 15(1) and (3) shall apply accordingly.

Article 17 – Consolidation of Proceedings

(1) Either party may apply, within the request for arbitration or the answer, for the consolidation of the new arbitration with an already pending arbitration. In this case, the first arbitral tribunal may accept the consolidation request, if:

1. all parties agree to the consolidation; or

2. all claims are made under the same arbitration agreement; or

3. where the claims are made under more than one arbitration agreement, the relief sought arises out of the same transaction or series of transactions and the arbitral tribunal considers the arbitration agreements to be compatible.

(2) In deciding whether to consolidate, the arbitral tribunal shall consult with the parties and may have regard to, inter alia, the stage of the pending arbitration, whether the arbitrations raise common legal or factual issues, as well as the efficiency and expeditiousness of the proceedings.

(3) Where there is a decision to consolidate, any arbitrator already appointed in the new arbitration shall be automatically released from his mission.

(4) If the consolidation request is dismissed, the arbitral tribunal in the new case shall be appointed in accordance with Article 19.

(5) Where the request to consolidate is not be filed in accordance with para. (1), within the request for arbitration or the answer, it may be filed only with the parties' agreement. In this situation, the case shall be submitted to the first arbitral tribunal al-

ready constituted, unless all parties agree to request the constitution of a new arbitral tribunal.

Chapter Ⅲ Constitution of the Arbitral Tribunal

Article 18 – Number of Arbitrators

(1) The Parties may agree on the number of arbitrators, which must be always an odd number, either a sole arbitrator or three arbitrators.

(2) Where the parties have not agreed on the number of arbitrators, the arbitral tribunal shall consist of three arbitrators.

(3) By exception from the provisions of paragraph (2), unless otherwise agreed by the parties, in the cases provided in Annex Ⅱ and Annex Ⅴ, the arbitral tribunal shall consist of a sole arbitrator.

Article 19 – Nomination and Appointment of Arbitrators

(1) Where the parties have not agreed on the procedure for the nomination of the arbitrators or if the arbitral tribunal has not been nominated within the time period agreed by the parties or, where the parties have not agreed on a time period, within the-time period set by the President of the Court, the nomination or the appointment of the arbitrators, as the case may be, shall be made pursuant to the following provisions.

(2) Where the arbitral tribunal is to consist of a sole arbitrator, the parties shall be given 30 days to jointly nominate the arbitrator. If the parties fail to nominate the arbitrator within this time, the President of the Court shall make the appointment within 5 days.

(3) Where the arbitral tribunal is to consist of three arbitrators, the claimant and the respondent shall each nominate an arbitrator, as per Article 10(1)g) and Article 14 (1)e), and the third-the chairperson-shall be elected by these two arbitrators. Where a party fails to nominate the arbitrator within the time period indicated in Article 15(1), the President of the Court shall make the appointment within 5 days. Where the nominated arbitrators do not agree within 5 days on the person who shall act as chairperson, the President of the Court, shall make the appointment within the same time limit.

(4) Where there are multiple claimants or, as the case may be, respondents and the arbitral tribunal is to consist of three arbitrators, the claimants, jointly, or, as the case may be, the respondents, jointly, shall nominate an arbitrator each. If either side fails to make such nomination within the time limit indicated in para. (2), the Board of the Court shall appoint all the arbitrators.

(5) When appointing arbitrators pursuant to the provisions of this article, the President of the Court or the Board of the Court, as the case may be, shall consider the nature and circumstances of the dispute, the substantial applicable law, the seat and language of the arbitration, as well as the nationality of the parties.

(6) The filing of an ancillary claim or incidental request shall not result in the modification of the composition of an already constituted arbitral tribunal.

Article 20 – Date of Constitution of the Arbitral Tribunal

(1) The arbitral tribunal shall be constituted on the date when the chairperson or, as the case may be, the sole arbitrator accepts their election or appointment.

(2) From the date of its constitution, the arbitral tribunal shall be vested with the authority to adjudicate the request for arbitration and the other requests regarding the arbitration procedure, except for the requests that, according to the law and these Rules, fall under the exclusive jurisdiction of other jurisdictional bodies.

Article 21 – Impartiality and Independence of the Arbitrators

(1) Every arbitrator must be impartial and independent.

(2) Within 5 days from the date when the appointment proposal was communicated to them, the arbitrator shall fill in and sign the statement of acceptance, independence, impartiality and availability, where they shall indicate any circumstances that may give rise to justifiable doubts with respect to their impartiality or independence. The statement shall be given based on the form provided in Annex Ⅲ to these Rules and shall be submitted or transmitted, as the case may be, in electronic format, as well, to the Secretariat of the Court.

(3) The failure to fill in and sign the statement of acceptance, independence, impartiality and availability within the time limit provided in para. (2) shall be deemed a

refusal to fulfill the mission of arbitrator.

(4) The Secretariat of the Court shall transmit to the parties and the other arbitrators a copy of the statement and shall keep the original in the case file.

(5) An arbitrator shall immediately inform the parties and the other arbitrators in writing if any circumstances that may give rise to justifiable doubts as to the arbitrator's impartiality or independence arise during the course of the arbitration.

Article 22 – Incompatibility Cases

(1) Arbitrators shall be incompatible in the following cases:

1. they are in one of the incompatibility situations provided by the Code of Civil Procedure with respect to judges;

2. they fail to meet the qualification conditions or other conditions regarding the arbitrators, as provided in the arbitration agreement;

3. they are partners, have a cooperation relationship with or are members of the management bodies of an entity without legal personality or of a legal person that has an interest in the case or is controlled by one of the parties or is under joint control together with this party;

4. the arbitrator has employment or work relations with one of the parties, with a legal person controlled by one of the parties or is under joint control together with this party;

5. the arbitrator provided advisory services to one of the parties, assisted or represented one of the parties or testified in the preliminary stages of the dispute.

(2) The arbitrator who is also a lawyer, registered in the list of eligible lawyers, may not be part of an arbitral tribunal vested with the authority to adjudicate an arbitration dispute with respect to which they performed or shall perform legal assistance activities.

(3) The person listed in the list of arbitrators of the Court of Arbitration may not perform legal representation activities in arbitration disputes that are adjudicated on the basis of these Rules.

Article 23 – Challenge of Arbitrators

(1) The parties may challenge any arbitrator, if circumstances exist that give rise

to justifiable doubts with respect to the arbitrator's impartiality or independence or if the arbitrator does not possess the qualifications agreed by the parties. The situations listed in Article 22(1) shall be deemed to represent such circumstances.

(2) A party may challenge the arbitrator it has nominated only for reasons it becomes aware of or which occurred after the nomination.

(3) The challenge request shall be filed and reasoned in writing and be submitted to the Secretariat of the Court, under the sanction of loss of right to request the challenge, within 10 days from the date of constitution of the arbitral tribunal. Where the incompatibility reasons occurred or became known to the party only after the constitution of the arbitral tribunal, the challenge of the arbitrator shall be requested within 10 days from the date when the party became aware of the circumstances giving rise to the challenge.

(4) The Secretariat of the Court shall give notice of the challenge to the parties and the arbitrators, who shall have the opportunity to submit their comments on the challenge within 10 days from its communication.

(5) If all parties agree with the challenge, the arbitrator's mission shall terminate.

(6) The challenge of any member of an arbitral tribunal consisting of multiple arbitrators shall be adjudicated, in the absence of parties, by an arbitral tribunal constituted by three members appointed by the President of the Court.

(7) If the challenge concerns the sole arbitrator, it shall be resolved, in the absence of the parties, by an arbitral tribunal constituted from the President of the Court or an arbitrator appointed by it.

(8) The person with respect to whom a challenge was filed may resign. In this case, the provisions of Article 24 shall apply.

Article 24 – Termination of the Mission of Arbitrator

(1) The mission of arbitrator shall terminate by: resignation, challenge, physical or moral incapacity, revocation or death.

(2) The Board of the Court shall take note of the termination of the mission of arbitrator in any of the following cases:

1. the arbitrator resigns, in the conditions provided by Article 23(8); any resignation shall be reasoned and may only refer to the entire case, and not only to certain procedural acts or stages of the arbitration;

2. a challenge with respect to such arbitrator is granted in accordance with Article 23;

3. the arbitrator is in a physical or moral incapacity to fulfil their mission continuing for a long time, due to reasons occurred or of which they became aware after accepting the mission of arbitrator;

4. death of an arbitrator occurring during the arbitration.

(3) The Board of the Court, upon request by a party or upon proposal by an arbitrator, takes note of the termination of the arbitrator's mission in the cases provided in para. (2) or orders the revocation, when an arbitrator fails to perform their obligations.

(4) The parties and the arbitrators shall be given the opportunity to comment in writing before the revocation of any arbitrator.

Article 25 – Replacement of Arbitrators

(1) If an arbitrator's mission terminates, they shall be replaced and the provisions of Article 19 shall apply accordingly.

(2) Where the entire arbitral tribunal is replaced, the newly composed arbitral tribunal shall decide whether and to what extent it is necessary to repeat part of the proceedings or the entire proceedings.

Chapter Ⅳ Proceedings before the Arbitral Tribunal

Article 26 – Conduct of Proceedings

(1) Immediately after the constitution of the arbitral tribunal, the Secretariat of theCourt shall refer the case file to the tribunal.

(2) In the absence of an agreement of the parties or if these Rules do not provide otherwise, the arbitral tribunal may conduct the arbitration as it considers appropriate. In all matters not expressly regulated in these Rules, the arbitral tribunal shall act in accordance with the spirit of the Rules. Where the parties, these Rules or the arbitral tri-

bunal have not established any rules or where such rules are insufficient, the provisions of the Civil Procedure Code shall apply accordingly.

(3) The arbitration shall consist of a written and an oral phase.

(4) The arbitral tribunal shall conduct the arbitration in an impartial, efficient and expeditious manner, giving each party reasonable opportunity to present its case and argue its defenses.

(5) After consulting the parties, the arbitral tribunal may also apply one or several of the case management techniques described in Annex Ⅳ to these Rules.

(6) At any stage of proceedings, the arbitral tribunal shall try to reach an amicable settlement subject to the agreement of the parties.

(7) If a party who has been duly given notice does not appear before the tribunal, the arbitration shall continue, even if none of the parties requested the adjudication of the case in absentia.

Article 27 – Procedural Orders

(1) A summary of the arguments of the parties and any decision adopted by the arbitral tribunal within or outside arbitration hearings shall be recorded in a procedural order.

(2) In addition to the specifications set forth in Article 46(1) a), b), f) and g), the procedural order shall include, the following:

a) the manner in which the parties have been given notice or consulted;

b) a brief description of the parties' requests and arguments;

c) the reasons that substantiate the measures ordered.

(3) The procedural orders may be issued between hearings, subject to the prior consultation of the parties, including by electronic means of communication, if possible.

Article 28 – Seat of Arbitration

(1) Unless the parties have agreed otherwise, the seat of the arbitration shall be at the offices of the Court.

(2) The arbitral tribunal, after consulting the parties, shall be able to conduct the

arbitration, in full or in part, at any place that it deems appropriate, and the additional costs incurred shall be borne by the parties.

(3) In all cases, the award shall be deemed to have been made at the seat of the Court.

Article 29 – Language of the Arbitration

(1) Unless the parties have agreed otherwise, the language of the arbitration shall be Romanian.

(2) Upon request by any of the parties, the arbitral tribunal, considering the relevantcircumstances and the position of the parties, may decide that the arbitration shall be conducted in other language than the one provided under para. (1).

(3) The Secretariat of the Court or the arbitral tribunal may request that any documents, drafted in languages other than the language of the arbitration determined in accordance with para. (1) or (2), be accompanied by a translation into the language of the arbitration.

(4) Where a party does not have the command of the language of the arbitration, at that party's request and expense, the arbitral tribunal shall ensure the services of an interpreter.

(5) The parties may participate in the oral arguments accompanied by an interpreter.

Article 30 – Applicable Substantial Law

(1) The arbitral tribunal shall decide the dispute on the basis of the applicable written or non-written legal norms, taking into consideration all the circumstances of the case and, inter alia, the general principles of law, the requirements of fairness and good faith.

(2) If the dispute is international, the arbitral tribunal shall decide the matter pursuant to the laws or other legal norms chosen by the parties, and if the parties did not designate the governing law, on the basis of the laws or other legal norms which it believes to be appropriate. Any choice by the parties of the laws of a certain state shall be deemed as referring to the substantive law of the relevant state and not to its rules on

the conflict of laws.

(3) The arbitral tribunal may render awards *ex æquo et bono* or as amiable compositeur only with the express authorization of the parties.

Article 31 – Case Management Conference

(1) After the referral of the case to the arbitral tribunal, the arbitral tribunal shall order giving notice to the parties for the case management conference, aimed to organize, schedule and establish the applicable procedural rules, including with respect to evidence, and the stages for filing the written submissions, subject to the application of Article 26(5).

(2) The date of this conference represents the first arbitration hearing date.

(3) The case management conference may be conducted in person or any other remote audio or video means of communication.

(4) The written phase of the arbitration under these Rules contains, in principle, two stages for filing the written submissions and of any other requests filed or communicated by the parties:

a) the stage of filing the request for arbitration and the answer to the request for arbitration;

b) the stage of filing additional memoranda in support of the request for arbitration and the answer to the request for arbitration.

(5) Subject to the agreement of the parties, the arbitral tribunal may dispense with filing additional memoranda whenever the parties filed requests and answers which provide sufficiently relevant details on the particularities of the case.

(6) Prior to or at the latest during the conference, the parties have the obligation to inform the arbitral tribunal whether:

a) they object to the manner in which the arbitration is organized or intend to waive the opportunity to file memoranda;

b) they wish the case to be adjudicated *ex æquo et bono*;

c) they raise any objections and defenses that, in full or in part, render unnecessary the submission of evidence or the assessment of the merits of the case;

d) they have any requests for joinder as per Article 16;

e) they choose the appointment of an independent expert or intend to file expert reports prepared by party-appointed experts.

(7) The arbitral tribunal shall verify its jurisdiction to decide the dispute.

(8) At the end of the case management conference or immediately thereafter, the arbitral tribunal shall have the power to establish, by a procedural order, a provisional procedural timetable for the arbitration, including, inter alia, the time-limits for the submission of memoranda, if applicable, and the approximate date set for oral arguments and for the issuance of the award.

(9) The arbitral tribunal may hold other case management conferences, upon parties' request or by its own motion, as it may deem necessary for the efficient conduct of arbitration. Each conference shall be considered an arbitration hearing.

Article 32 – Submission of Memoranda by the Parties

(1) Within the deadline set by the arbitral tribunal, the claimant shall submit, if necessary, a memorandum that shall include, except for the case where these items have been presented in prior submissions:

a) the exact value of the claims and the exact description of the relief sought;

b) the detailed presentation of the factual and legal grounds on which the claimant relies for its request for arbitration; and

c) any evidence on which claimant relies for its claims, in accordance with Article 34.

(2) Within the deadline set by the arbitral tribunal, the respondent shall also submit a memorandum that shall include, except for the case where such information has been presented in prior submissions:

a) a detailed presentation of any objections related to the existence, validity or enforceability of the arbitration agreement, unless such matters had already been decided earlier in the proceedings;

b) a declaration indicating whether respondent accepts or rejects claimant's claims, in full or in part;

c) a detailed presentation of the factual and legal grounds on which it relies for its defenses and

d) any evidence on which it relies for its defenses.

(3) The arbitral tribunal may order the parties to submit supplementary memoranda.

(4) The provisions of this article shall apply accordingly to the memoranda presented by the intervening party, the additional party or the respondent in the counterclaim.

Article 33 – Amendments

After the first arbitration hearing, no party shall amend its existing claims or make new claims, objections or requests, unless it has been authorized to do so by the arbitral tribunal, which shall consider the nature of such new claims, objections or requests, the stage of the arbitration, the harm caused to the other party by delaying the proceedings, as well as other relevant circumstances.

Article 34 – Evidence

(1) The arbitral tribunal shall decide on the admissibility, relevance, weight and materiality of the evidence.

(2) The parties shall specify the evidence they wish to introduce in the case and indicate, as the case may be, its relevance and the facts and acts they intend to prove.

(3) Documents must be filed by the parties in certified copy, but the arbitral tribunal may request the original at any time.

(4) The arbitral tribunal may order the parties to identify the written evidence they intend to submit in support of their claims and specify the circumstances they intend to prove by the relevant evidence.

(5) Upon any of the parties' request, or, exceptionally, by its own motion, the arbitral tribunal may require the parties to produce any documents or other evidence that may be relevant in the case and material for its decisions.

(6) In case of witness testimony, the parties shall indicate the name and domicile of the witnesses. Where they apply for the preparation of an expert report, the parties

shall indicate the objectives of the expertise and the name of the proposed counsellor-expert and, where they apply for a written cross-interrogation and if the other party is a legal person, they shall also provide the questions to be asked to the other party.

(7) The arbitral tribunal, following the parties' agreement, may apply the Rules on the Taking of Evidence in International Arbitration adopted by the International Bar Association.

Article 35 – Hearings

(1) Hearings shall be organized if requested by a party or if the arbitral tribunal finds it appropriate.

(2) The arbitral tribunal, after consultation with the parties, shall determine the date, time and, as the case may be, location of the hearings and shall provide the parties with reasonable notice thereof.

(3) Unless otherwise agreed by the parties, only the parties or their representatives shall attend the hearings.

Article 36 – Witnesses and Experts

(1) Witness statements may be submitted as notarized instruments or with a legalization of the signature of the witness or confirmation of its identity by a lawyer.

(2) The witnesses proposed by the parties or the party-appointed experts will appear to provide testimony before the arbitral tribunal or the parties, unless the arbitral tribunal, after consulting the parties, decides otherwise.

Article 37 – Experts Appointed by the Arbitral Tribunal

(1) After consulting the parties, the arbitral tribunal may appoint one or several experts who shall submit their reports in the case file, accompanied by proof of communication to the parties.

(2) The arbitral tribunal shall decide, after consulting the parties and, as the case may be, the appointed expert, the fees, expenses and method of payment, always taking into consideration the complexity of the expertise. If the expert appointed by the arbitral tribunal fails to fulfil or fulfils its obligations with an unjustifiable delay, the arbi-

tral tribunal may order a corresponding decrease in the fee, or, as the case may be, may dismiss any request to increase the provisional expert fee.

(3) The arbitral tribunal may invite the expert to provide a provisional calendar for its actions.

(4) Upon request by any party, the arbitral tribunal may grant them the right to appoint a counsellor expert to participate in the expertise.

(5) The parties shall have the opportunity to submit comments or objections with respect to the expert report.

(6) Upon request by one of the parties, the arbitral tribunal may grant the parties the possibility to examine, in a hearing, any expert appointed by the arbitral tribunal.

(7) The arbitral tribunal may, whenever it finds that the field in which the expertise is to be carried out is a specialized one, and its complexity mandates it, after consultation with the parties, resort to other specialists who have an unblemished professional reputation, outside the lists of experts. The provisions of paragraphs (1) – (6) shall apply accordingly.

Article 38 – Cases of Default in Complying with Obligations

If a party, without good cause, fails to comply with any provision of, or requirement under these Rules or any order of the arbitral tribunal, the tribunal may order the suspension of the arbitral proceedings or adopt any other appropriate measures, according to the circumstances.

Article 39 – Loss of Rights

(1) Any objections with respect to the breach of these Rules or other rules applicable to the arbitration shall be raised, subject to the sanction of loss of the right, within 10 days from the date on which the relevant party became aware of the ground for the objection or, as the case may be, the date on which the party has been duly given notice of a hearing.

(2) No one may invoke a procedural irregularity caused by its own action.

Article 40 – Interim and Conservatory Measures

(1) The arbitral tribunal may, at the request of a party and by means of a procedural order rendered under an expedited regime, grant any interim or conservatory measures that it deems appropriate.

(2) The arbitral tribunal may order the party requesting an interim or conservatory measure to provide the necessary security in connection with the measure requested.

(3) Requests for interim or conservatory measures filed before the initiation of the arbitration or before the case file was referred to the arbitral tribunal shall be decided by an emergency arbitrator, in accordance with the procedure set forth in Annex Ⅱ.

(4) A request for interim or conservatory measures made by a party to a judicial authority is not incompatible with the arbitration agreement or with these Rules.

Article 41 – Closing of Proceedings and Deliberations

(1) The arbitral tribunal shall close the proceedings when it is satisfied that the circumstances of the case are sufficiently clarified and the parties enjoyed in a reasonable manner the opportunity to present their case and arguments.

(2) In exceptional circumstances and always on the basis of substantiated reasons, the arbitral tribunal may reopen the case.

Article 42 – Abandonment of Arbitration

(1) The request for arbitration shall be deemed abandoned if, by fault of the relevant party, there is no progress in the proceedings for a period of six months.

(2) The abandonment shall be acknowledged by the own motion of the tribunal or upon request from an interested party. In both cases, the chairperson, or, as the case maybe, the sole arbitrator, shall set a hearing date, order the giving of urgent notice to the parties and instruct the Secretariat of the Court to prepare a report with respect to the procedural acts concerning the abandonment.

Article 43 – Term of the Arbitration

(1) Unless the parties have agreed otherwise, the award shall be made no later than six months from the date on which the arbitral tribunal has been constituted.

(2) The term shall be suspended throughout the duration of the following events:

1. settlement of a request for challenge of an arbitrator;

2. settlement of a plea of unconstitutionality;

3. settlement of an incidental request addressed to a court of law;

4. the stay of the proceedings pursuant to a legal provision;

5. the preparation of an expert report ordered by the arbitral tribunal.

(3) The parties may agree at any time during the arbitration to extend the term of the arbitration, by either written or oral statement, made before the arbitral tribunal and recorded in a procedural order.

(4) The arbitral tribunal may order, by way of a procedural order, the extension of the term of the arbitration, if it finds that a party obstructs the conduct of the arbitration or for other justified reasons.

(5) The term shall be automatically extended by three months where the legal personality of a party ceases to exist or in case of the death of one of the parties.

(6) Where at least a party has declared in writing to the arbitral tribunal, until the first hearing, that it intends to avail itself of the lapse of the term of arbitration, the arbitral tribunal, upon the expiry of the time limit set forth in the aforementioned paragraphs, shall render an award whereby it shall declare that the arbitration has lapsed, except for the case where the parties issue an explicit waiver of the time limit requirement.

(7) The party who delayed the proceedings through its conduct may not avail itself of the lapse of the time limit for award, even if it raised the objection as set forth in para. (6). In this case, the arbitral tribunal shall record in the award the causes for which it dismissed the objection.

Article 44 – Awards

(1) The arbitration shall be finalized through the rendering of an award.

(2) Where the respondent accepts part of the claims of the claimant, the arbitral tribunal, upon claimant's request, may issue a partial award within the limits of the accepted claims.

(3) Where the claimant withdraws its request for arbitration or waives its claimed right after the constitution of the arbitral tribunal, the tribunal shall issue an award to close the proceedings or dismiss the request for arbitration on the merits, as the case may be.

(4) If the parties enter into a settlement before the award is rendered, the arbitral tribunal shall make, upon request from the parties, an award that shall reiterate, in its operative part, the settlement between the parties.

(5) If the arbitration is closed due to any other reason after the constitution of the arbitral tribunal but before the case is decided on the merits, the arbitral tribunal shall render an award which shall specify the reason why the proceedings have been closed.

(6) Where the claimant withdraws its request for arbitration or waives its claimed right before the arbitral tribunal is constituted, the arbitration shall be closed pursuant to an order of the President of the Court, to be issued on the basis of a report prepared by the chief arbitral assistant.

Article 45 – Making of the Award

(1) The deliberations shall take place in a private session with the participation of all arbitrators. If one of the arbitrators refuses without grounds to take part in the deliberations, they shall take place with the participation of the majority of the arbitrators. The deliberations may also take place by remote means of communication that preserve the secrecy of deliberations.

(2) The award shall be made in writing within a term of maximum one month from the date of closing of the proceedings or, as the case may be, from the date of the filing of the post-hearing submissions or, as the case may be, within the time limit agreed upon with the parties.

(3) The President of the Court may extend the time limit for making and drafting the award on the basis of a reasoned request from the arbitral tribunal.

(4) Where the arbitral tribunal is composed of three arbitrators, any award shall be made with the majority vote of the arbitrators. If more than two opinions result during the deliberations, the arbitrators having the more similar views shall have the duty to

join their opinions. Where no majority is formed, the award shall be made only by the chairperson.

(5) The arbitrator who had a different opinion shall draft, indicate its grounds and sign the dissenting opinion. The same rule shall apply in the case of a concurring opinion.

(6) The dissenting opinion or concurring opinion shall be drafted within the time limit set forth in para. (2) and shall be attached to the award.

Article 46 – Content of the Award

(1) The award shall be drafted in writing and shall include:

a) the names of the arbitrators, the name of the arbitral assistant, the place and date of making of the award;

b) the name of the parties, their domicile or residence, or the name and headquarters, as the case may be, as well as the name of the parties' representatives and of the other persons who participated in arbitration;

c) an indication of the arbitration agreement based on which the arbitration was initiated;

d) the subject matter of the dispute and a brief presentation of the arguments of the parties;

e) the factual and legal grounds for the award, or, in case the arbitration was decided *ex æquo et bono*, the grounds considered by the tribunal;

f) the operative part;

g) the signatures of all arbitrators, subject to the provisions of para. (2), as well as the signature of the arbitral assistant.

(2) If one of the arbitrators fails to sign the award, the award shall include an indication of the reason for such failure, which shall be confirmed under the signature of the chairperson, or, in the case of the chairperson, under the signature of the President of the Court.

(3) If the arbitral assistant cannot sign the award, it shall be signed by the chief arbitral assistant or their substitute, with the specification of the reason that prevented

the arbitral assistant from signing the award.

Article 47 – Effects of Award

(1) The award is final and binding. It shall be complied with voluntarily by the party against which it was issued, immediately or within the time limit indicated in the award.

(2) The arbitral assistant must communicate the award to the parties within 3 days from the date it is signed by the arbitrators.

(3) The award communicated to the parties has the effects of a final court decision.

(4) The award is a writ of execution and shall be enforceable according to the provisions of the Code of Civil Procedure.

(5) By agreeing to arbitration under these Rules, the parties undertake to carry out the provisions of the award without delay.

(6) The award can be set aside only following an action for annulment for the reasons expressly and limitatively provided by the Code of Civil Procedure.

Article 48 – Correction and Interpretation of the Awards

(1) Errors or omissions with respect to the name, capacity and arguments of the parties or calculation errors or omissions, as well as any other clerical errors in the award or in the procedural orders can be corrected by the own motion of the tribunal or following a request by a party, to be filed within 15 days from the date of communication of the award.

(2) If interpretations are necessary with respect to the meaning, extent and application of the operative part of the award or if an award includes inconsistent terms, a party may request the arbitral tribunal that made the award, within 15 days from the date of communication of the award, to give an interpretation of the operative part or to remove the inconsistencies.

(3) If the arbitral tribunal finds that the request to correct the clerical errors or to give an interpretation to the award is justified, it shall make the requested corrections or shall provide the requested interpretation within 30 days from the receipt of the re-

quest.

(4) The arbitral tribunal may rectify any error of the kind referred to in para. (1) above by its own motion within 30 days from the date of making of the award.

(5) Any correction of a clerical error or interpretation of an award shall be made in the form provided for the award, shall be attached to the award and shall be an integral part thereof. It shall also be attached in the dispute file and in the awards file of the Court of Arbitration and shall be communicated to the parties.

(6) The provisions of this article shall also apply accordingly for the correction and interpretation of procedural orders.

Article 49 – Supplementing of Awards

(1) If the arbitral tribunal omitted in its award to issue a decision with respect to a main or secondary claim or with respect to a related or associated claim, any party may request the supplementing of the award within 15 days from its communication. The other party shall be given notice of the request.

(2) The provisions of this article shall also apply when the arbitral tribunal omitted to issue a decision on requests filed by witnesses, experts, translators, interpreters or legal representatives, with respect to their rights.

(3) The arbitral tribunal shall decide the request urgently, after giving notice and consulting the parties, by means of a separate award.

(4) The supplementing award shall be drafted in the form provided for the award, shall be attached to the award and shall be an integral part thereof. It shall also be attached in the dispute file and in the awards file of the Court of Arbitration and shall be communicated to the parties.

(5) The provisions of this article shall apply accordingly also for the supplementing of procedural orders.

Article 50 – Costs of the Arbitration

(1) The costs of the arbitration include the registration fee, the arbitration fee, which consists of the administrative fee and the fee of the arbitrators, the costs for the administering of evidence, the costs for the translation of documents and of oral argu-

ments, the lawyers' fees, the experts and advisors fees, the travel costs for the parties, arbitrators, witnesses, experts and legal counsel and other costs related to the arbitration.

(2) The registration fee and the arbitration fee remunerate the services provided by the Court of Arbitration in organizing and conducting the arbitration. The registration fee shall not be reimbursed under any circumstances.

(3) The fees of the arbitrators established in the Schedules of Arbitral Fees and Expenses shall apply for one arbitrator only.

(4) The arbitration costs shall be established and paid according to the Schedules of Arbitral Fees and Expenses.

Article 51 – Allocation of the Arbitration Costs

Unless otherwise established by the parties, the arbitral tribunal, upon request by a party, shall order in the award the payment by one of the parties of any reasonable costs incurred by the other party, including the costs related to representation before the arbitral tribunal, taking into consideration the result of arbitration, the manner in which each party contributed to ensuring the efficiency and expeditiousness of the proceedings and any other relevant circumstances.

Chapter V Final Provisions

Article 52 – General Rules

These Rules are supplemented by the provisions of the Code of Civil Procedure.

Article 53 – Liability of Arbitrators

The Court of Arbitration, the arbitrators, the arbitral assistant, the experts appointed by the arbitral tribunal shall not be liable to any of the parties for any action or omission in connection with the arbitration, unless such action or omission is due to their willful misconduct or gross negligence.

CHAPTER 02 >>

第二章

尼日利亚仲裁制度研究

尼日利亚，全称“尼日利亚联邦共和国”(Federal Republic of Nigeria)，处于西非东南部，是非洲第一人口大国，同时作为非洲第一大石油生产和出口大国，也是非洲第一大经济体。1971 年 2 月 10 日我国与尼日利亚正式建交。建交以来双边关系发展顺利，两国在贸易、经济、技术、科技合作和投资保护等方面签订有多项协定。截至目前，尼日利亚已经成为中国在非洲的第三大贸易伙伴、第二大出口市场，也是中国主要投资目的地国。越来越多的中国企业和商人到尼日利亚投资和经商，中尼两国企业和商人之间的民商事往来因而日益频繁。但不可避免的是，大量涉及中尼两国企业的民商事纠纷随之而来。如果中国企业通过仲裁方式解决同尼日利亚企业之间的民商事纠纷，不但可以避免时间和金钱的过度耗费，也尽可能地有利于双方日后继续开展商业交往，进一步扩大双方的合作，促进中尼贸易的健康长久发展。要做到这一点，就必须对尼日利亚的仲裁制度进行全面的了解。

仲裁作为一种民商事争议解决方式，其制度设计往往与各国的历史发展背景、政治经济制度、法律制度体系等密切相关，这些因素通常决定了一国仲裁制度的独特性。作为非洲古国，尼日利亚早在2000 多年前就有了比较发达的文化，公元 8 世纪至 16 世纪，先后由卡奈姆 – 博尔努(Kanem-Bornu)帝国和桑海帝国统治,习惯法制度发达。与此同时,伊斯兰教在非洲的传播导致伊斯兰教法在尼日利亚的移植,使尼日利亚开始使用成文法。16 世纪中叶英国入侵尼日利亚,1914 年尼日利亚沦为英国殖民地,1960 年 10 月 1 日尼日利亚宣布独立并成为英联邦成员国。在这一阶段,英国殖民者通过“间接统治”把英国法大量移植到尼日利亚,尼日利亚在继受英国法的同时也通过了自己的一些立法。独立以后,尼日利亚在坚持法律现代化发展方向的同时,更加重视本土法律资源,发挥习惯法的积极作用并继续将已移植的和继受的英国法律作为其法律的一部分。受上述历史背景影响,尼日利亚最终形成了习惯法、普通法、制定法并存的复杂法律制度体系。尼日利亚的仲裁制度因此被包含在习惯法、普通法、制定法之中,并被分为 3 种模式:(1)根据习惯法进行的仲裁,即习惯法仲裁;(2)根据普通法进行的仲裁,即普通法仲裁;(3)根据制定法进行的仲裁,即制定法仲裁。要全面了解尼日利亚的仲裁制度,就必须对尼日利亚的上述 3 种仲裁模式进行深入细致的考察。

与此同时,需要注意的是,尼日利亚的仲裁法律制度随着司法理念的更新和立法技术的完善正在不断进行现代化。2018 年 4 月尼日利亚上诉法院就“Mekwunye v. Lotus Capital Limited & Ors. 案”(以下简称“2018 年 Lotus 案”)作出裁定,中止了拉各斯市法院的诉讼程序,将有关合同争议交由仲裁的方式解决;该份裁定所解决的问题涉及“欺诈指控与可仲裁性的关系”“仲裁协议相对性与诉讼第三人制度”“诉讼行为能否妨碍诉讼程序中止”等。2019 年 7 月 11 日尼日利亚议会(Nigerian National Assembly)对 2019 年《尼日利亚仲裁与调解法修正案》(以下简称 2019 年修正案)进行了首读(first reading),此后还有二读(second reading)和三读(third reading),然而,截至目前,对该修正案进行二读和三读的具体日期尚未确定。[1] 有评论认为,尼日利亚上诉法院在“2018 年 Lotus 案”中发表的裁判观点,将与 2019 年修正案一道,成为尼日利亚仲裁法律制度的现代化转折点。[2] 司法理念的更新和立法技术的完善将使尼日利亚仲裁法律制度的发展前景可期,值得持续予以关注与研究,从而进一步更好地为中国企业和商人在尼日利亚进行投资和经商保驾护航。

---

〔1〕 参见尼日利亚议会官网:https://www.nassnig.org/documents/bill/10444,最后访问日期:2020 年 3 月 2 日。

〔2〕 参见上海国际经济贸易仲裁委员会商事仲裁研究中心:《Lotus 案:尼日利亚仲裁法律制度的现代化转折点?》,载《上海律师》2018 年第 8 期。

一、尼日利亚仲裁制度发展的历史沿革

尼日利亚的仲裁制度大致经历了以下发展阶段。

第一个阶段:英国入侵尼日利亚之前(16 世纪中叶前)。在尼日利亚,其最原始的法律渊源便是传统的不成文的习惯法,传统习惯法在尼日利亚早期的历史发展中发挥至关重要的规范作用,甚至可以说是处于权威的地位。然而,从公元 7 世纪左右开始,传统习惯法在尼日利亚的权威地位开始发生动摇。因为在公元 7 世纪左右,受阿拉伯人在北非大地开展伊斯兰圣战的影响,尼日利亚开始迎来了其伊斯兰时代,伊斯兰教逐步成为尼日利亚具有普遍意义的宗教,在这一过程中,伊斯兰法也完成了其在尼日利亚的移植,这使尼日利亚开始使用成文法,尼日利亚还建立了伊斯兰法庭,传统习惯法在尼日利亚的权威地位因此开始发生动摇。[1] 但尽管如此,尼日利亚并未放弃传统习惯法,传统习惯法在尼日利亚仍然非常顽强地继续存在,并在诸多领域继续发挥其权威的调整作用。因此,在英国于 16 世纪中叶入侵尼日利亚之前,不成文的传统习惯法是尼日利亚各领域最主要的法律渊源之一,仲裁领域亦是如此。可以说,尼日利亚在这一时期的仲裁主要就是习惯法仲裁。[2]

第二个阶段:英国入侵尼日利亚之后至尼日利亚独立之前(16 世纪中叶至 1960 年)。16 世纪中叶,英国入侵尼日利亚;1960 年尼日利亚正式脱离英国的殖民统治,宣布独立。在这一时期,英国殖民者基于殖民统治的需要,将大量的英国普通法移植到了尼日利亚;传统习惯法在尼日利亚的权威地位尽管因此受到了巨大冲击,但某些传统习惯法也得以被保留了下来;与此同时,尼日利亚也学习仿照英国成文法,制定了自己的一些成文法,例如,尼日利亚于 1914 年仿照 1889 年《英国仲裁法》制定了《尼日利亚仲裁条例》,用以调整国内商事仲裁,该条例于 1950 年进行了第一次修订,并被更名为《尼日利亚仲裁法》。因此,在英国于 16 世纪中叶入侵尼日利亚之后至尼日利亚于 1960 年独立之前,尼日利亚在仲裁领域存在习惯法仲裁、普通法仲裁和根据《尼日利亚仲裁条例》或《尼日利亚仲裁法》进行的制

---

〔1〕 See Oyaleke Bukola, *A Critical Analysis of Customary Arbitration in Nigeria* (master's thesis, University of Ilorin, 2013), pp. 33 – 36.

〔2〕 See Oyaleke Bukola, *A Critical Analysis of Customary Arbitration in Nigeria* (master's thesis, University of Ilorin, 2013), pp. 31 – 39.

定法仲裁。[1]

第三个阶段:尼日利亚独立之后至1988年《尼日利亚仲裁与调解法》颁布之前(1960~1988年)。尼日利亚于1960年独立之后,在坚持构建本国现代化法律体系的同时,更加重视其本土法律资源,充分发挥本国传统习惯法的积极作用;但在英国殖民统治时期已经移植和继受的英国法律也未被废止,而是继续将其作为其本国法律的一部分;仿照1889年《英国仲裁法》制定的《尼日利亚仲裁法》也分别于1975年和1979年根据《英国仲裁法》进行了第二次和第三次修订,但没有任何实质内容的改变。因此,在尼日利亚于1960年独立之后至1988年《尼日利亚仲裁与调解法》颁布之前,尼日利亚在仲裁领域仍然存在的是习惯法仲裁、普通法仲裁和根据《尼日利亚仲裁法》进行的制定法仲裁。[2]

第四个阶段:1988年《尼日利亚仲裁与调解法》颁布至今。由于《尼日利亚仲裁法》虽分别于1950年、1975年和1979年进行了3次修订,但相关内容早已过时,因此,1988年尼日利亚通过了全新的《尼日利亚仲裁与调解法》,以取代早已过时的《尼日利亚仲裁法》。在制定1988年《尼日利亚仲裁与调解法》的过程中,尼日利亚立法机关没有按照一贯的做法仿照《英国仲裁法》,而是几乎完全按照1976年《联合国国际贸易法委员会仲裁规则》(UNCITRAL Arbitration Rules,以下简称《仲裁规则》)、1980年《联合国国际贸易法委员会调解规则》(UNCITRAL Conciliation Rules,以下简称《调解规则》)和1985年《联合国国际贸易法委员会国际商事仲裁示范法》(UNCITRAL Model Law on International Commercial Arbitration,以下简称《示范法》)制定了该法。与《尼日利亚仲裁法》仅调整国内商事仲裁且未对国际商事仲裁和外国仲裁裁决的承认与执行作出规定不同,1988年《尼日利亚仲裁与调解法》除对国内商事仲裁作出规定外,同时也对国际商事仲裁以及外国仲裁裁决的承认与执行作出了详细的规定:一方面,作为《示范法》的翻版,1988年《尼日利亚仲裁与调解法》几乎全部采纳了《示范法》中为国际社会所公认的仲裁规则;另一方面,1988年《尼日利亚仲裁与调解法》直接将1958年《纽约公约》纳入其附件之中,从而使1958年《纽约公约》转化为尼日利亚法律,进而使1958年

---

[1] See Akpomuvire Mukoro, “The Interface between Customary Law and Local Government Legislation in Nigeria—A Retrospect and Prospect”, *Journal of Social Sciences* 26, 2011, pp. 139–145.

[2] See Akpomuvire Mukoro, “The Interface between Customary Law and Local Government Legislation in Nigeria—A Retrospect and Prospect”, *Journal of Social Sciences* 26, 2011, pp. 139–145.

《纽约公约》中有关承认与执行外国仲裁裁决的规定能够在尼日利亚被适用。需要注意的是,1988 年《尼日利亚仲裁与调解法》仅涉及依据书面仲裁协议所开展的仲裁,对于依据口头仲裁协议所开展的仲裁——习惯法仲裁和普通法仲裁——并没有作出规定,但是,习惯法仲裁和普通法仲裁在尼日利亚仍然继续适用。因此,自 1988 年《尼日利亚仲裁与调解法》颁布至今,尼日利亚在仲裁领域存在的是习惯法仲裁、普通法仲裁和制定法仲裁。[1]

此外,随着时代的发展,尼日利亚的仲裁法律制度随着司法理念的更新和立法技术的完善正在不断进行现代化。尼日利亚上诉法院就"2018 年 Lotus 案"所作出的裁定,有效诠释了"有效仲裁协议排除法院管辖"这一仲裁基本法理在尼日利亚所获得的尊重,表明尼日利亚在仲裁实践中开始进行一些改革性的尝试,体现了尼日利亚仲裁实践中司法理念的不断更新,代表尼日利亚仲裁实践的现代化;2017 年尼日利亚正式启动对《尼日利亚仲裁与调解法》的修订工作,并由尼日利亚众议院于 2019 年 7 月 11 日完成了对 2019 年《尼日利亚仲裁与调解法修正案》的首读审议,表明尼日利亚在仲裁立法方面开始进行一些改革性的尝试,体现了尼日利亚仲裁立法技术的不断完善,代表尼日利亚仲裁立法的现代化。"2018 年 Lotus 案"与 2019 年修正案,共同构成了尼日利亚仲裁法律制度现代化的转折点。[2] 对此,从该转折点开始,可以将之称为尼日利亚仲裁制度发展的第五个阶段。

二、尼日利亚仲裁法律制度综述

如前文所述,尼日利亚的仲裁法律制度被包含在习惯法、普通法、制定法之中,并被分为 3 种模式:(1)根据习惯法进行的仲裁,即习惯法仲裁;(2)根据普通法进行的仲裁,即普通法仲裁;(3)根据制定法进行的仲裁,即制定法仲裁。本部分将对尼日利亚的这 3 种仲裁法律制度逐一进行考察与分析。

(一)尼日利亚的习惯法仲裁

习惯法仲裁是尼日利亚最早出现的仲裁类型,它自产生伊始至今,已经形成了自己的一套独特的法律制度。下文将对其进行深入的分析与考察。

---

〔1〕 See Ademola Jonathan Bamgbose, *Towards a Suitable Domestic Arbitration Practice in Nigeria* (Ph. D. diss., University of Warwick, 2016), pp. 87 – 138.

〔2〕 参见上海国际经济贸易仲裁委员会商事仲裁研究中心:《Lotus 案:尼日利亚仲裁法律制度的现代化转折点?》,载《上海律师》2018 年第 8 期。

1. 尼日利亚习惯法仲裁的产生与发展

在尼日利亚的农村社区成员中，以仲裁路径解决他们相互之间的争端是非常流行的，它是尼日利亚习惯法的重要组成部分，亦是尼日利亚仲裁法律制度的不可或缺的内容。[1]

在尼日利亚的法律体系中，习惯法曾经占据极其重要的地位，是指由尼日利亚境内某个特定团体内部的全体成员所认可的并对全体成员具有约束力的习俗的总称。[2] 尼日利亚的习惯法主要被用来调整民事经济方面的纠纷，例如，财产继承人的确定、财产的分配、家族新领导的任命以及有关婚姻问题等。在尼日利亚的传统社会里，习惯法规范强有力地制约相关特定团体内部的全体成员的个人行为，对相关特定团体发挥十分重要的社会控制作用。[3] 具体而言，尼日利亚的习惯法可以被分为两类：部族习惯法（非穆斯林习惯法或本土习惯法）和伊斯兰习惯法（穆斯林法或移入的习惯法）。其中，尼日利亚的部族习惯法在形式上大部分是口头的，它源于长期形成的社会经验而非正规的法学教育，被称为“铭记在裁判者心中的法律”，可以直接被酋长或长老适用于对当事人所提交的争端进行仲裁，其内容会随着尼日利亚社会经济形势的变化而不时改变，这使尼日利亚的部族习惯法具有极大的灵活性；[4] 尼日利亚的伊斯兰习惯法在形式上主要是书面的，大部分内容可以在《古兰经》中被找到，其内容不易受到社会经济形势变化的影响，这导致尼日利亚的伊斯兰习惯法与尼日利亚的部族习惯法相比起来比较僵硬。[5] 需要指出的是，在适用尼日利亚的习惯法时，不得违背自然正义、公平、良知，也不得与尼日利亚现行的任何法律相冲突，并不得违反公共政策。[6]

---

[1] See Gaius Ezejiofor, “The Nigerian Arbitration and Conciliation Act: A Challenge to the Court”, *Journal of Business Law* 1, 1993, p. 83.

[2] See Olubayo Oluduro, “Customary Arbitration in Nigeria: Development and Prospects”, *African Journal of International and Comparative Law* 19, 2011, pp. 307 – 330.

[3] See Olubayo Oluduro, “Customary Arbitration in Nigeria: Development and Prospects”, *African Journal of International and Comparative Law* 19, 2011, pp. 307 – 330.

[4] See A. Kodwo Mensah-Brown, *Introduction to Law in Contemporary Africa*, Owerri and New York, Conch Magazine Limited, 1976, p. 23.

[5] See A. Kodwo Mensah-Brown, *Introduction to Law in Contemporary Africa*, Owerri and New York, Conch Magazine Limited, 1976, p. 23.

[6] See Olubayo Oluduro, “Customary Arbitration in Nigeria: Development and Prospects”, *African Journal of International and Comparative Law* 19, 2011, pp. 307 – 330.

作为一种解决争端的方式，仲裁在尼日利亚有悠久的历史。在尼日利亚境内许多特定团体的习惯法中，一直秉承将争端交由一个或数个局外人进行仲裁裁决的观念。在实践中亦如此，在尼日利亚境内的许多特定团体中，仲裁曾一度被视为是唯一合理的争端解决方式，因为相关团体中的智者或首领是唯一可为团体全部成员所接近的审判权威。[1] 尽管随着尼日利亚社会经济的发展与变化，尼日利亚的仲裁法律制度进行了统一化并在目前努力进行现代化改革，但以仲裁方式解决争端的传统在尼日利亚的某些乡村社区中仍然存在。可以说，习惯法仲裁在当前依然是尼日利亚土著社会成员解决相互间争端的重要路径之一。[2]

需要指出的是，在尼日利亚 1991 年的"Agu v. Ikewibe 案"[3]之前，尼日利亚并没有关于习惯法仲裁的权威界定。直到 1991 年的"Agu v. Ikewibe 案"，尼日利亚最高法院才对习惯法仲裁进行了权威界定："习惯法仲裁是一种通过仲裁路径解决争端的方式，它建立在当事人自愿将争端交由作为仲裁员的其所属团体中的酋长或长者进行处理，并且当事人可协议受该仲裁裁决约束或对该仲裁裁决不满时可自由退出该仲裁裁决的基础之上。"[4]然而，这一界定引发了对尼日利亚习惯法仲裁的合法性及其约束力的激烈争论，尤其是其中的关于任一方当事人在"对该仲裁裁决不满时可自由退出该仲裁裁决"的论断。[5] 对此，尼日利亚最高法院在对该案的判决中进一步对习惯法仲裁的合法性及其约束力作出了最终的论断：首先，尽管 1979 年《尼日利亚联邦共和国宪法》第 6 条第 1 款中的审判权力是由该法第 6 条第 5 款授予第 1 款中所指明的法院的，但这并不妨碍争端当事人

---

[1] See Ezediaro, "Guarantee and Incentive for Foreign Investment in Nigeria", *International Law* 5, 1971, p. 775.

[2] See Virtus Chitoo Igbokwe, "The Law and Practice of Customary Arbitration in Nigeria: Agu v. Ikewibe and Applicable Law Issues Revised", *Journal of African Law* 2, 1997, p. 202.

[3] (1991) 3, Nigeria Weekly Law Report (Part 180), 385. 该案有关土地所有权争议，曾在高等法院提起要求履行一项习惯法仲裁裁决诉讼的 Ikewibe 声称该争端已由当地的长者和酋长通过习惯法仲裁方式作出了处理，并作出了对他有利的裁决；Agu 否认他们之间存在有仲裁。高等法院驳回了 Ikewibe 的请求。Ikewibe 又上诉至上诉法院，上诉法院推翻了高等法院的判决，认为当事人之间已有具有约束力的仲裁裁决，因此，Agu 不能否认 Ikewibe 对土地的所有权。由于对上诉法院判决不满，Agu 又进一步上诉至最高法院。

[4] Virtus Chitoo Igbokwe, "The Law and Practice of Customary Arbitration in Nigeria: Agu v. Ikewibe and Applicable Law Issues Revised", *Journal of African Law* 2, 1997, p. 202.

[5] See Andrew I. Okekeifere, "Stay-of-Court Proceeding Pending Arbitration in Nigerian Law", *Journal of International Arbitration* 3, 1996, p. 138.

选择另一种他们所共同接受的方式来解决争端;其次,依据1979年《尼日利亚联邦共和国宪法》第274条第3款和第4款的规定,习惯法在尼日利亚的法律体系中是一种“现存法”,因为在1979年《尼日利亚联邦共和国宪法》生效之前,它就是已经存在的有效的法律规范体系,因此,包括习惯法仲裁在内的习惯法已由1979年《尼日利亚联邦共和国宪法》第274条第3款和第4款予以保留;[1]最后,作为1990年尼日利亚联邦共和国第19号法律的1988年《尼日利亚仲裁与调解法》[2]也承认习惯法仲裁,该法第35条规定:“本法不应影响其他法律,根据这些法律某些争端:①不能提交仲裁,或②只能根据其他法律的规定提交仲裁。”对此,可以认为“其他法律的规定”包括了尼日利亚的习惯法和习惯法仲裁。[3] 综上所述,习惯法仲裁在尼日利亚的存在是合法的,对相关当事人具有相应的约束力。

2. 尼日利亚习惯法仲裁的基本框架

(1)尼日利亚习惯法仲裁中的仲裁协议

尼日利亚习惯法仲裁的最显著特征是,其仲裁协议及仲裁裁决均是口头的,不必以书面形式记录下来。由于《尼日利亚仲裁与调解法》仅仅调整有书面仲裁协议的仲裁,因此,尼日利亚的习惯法仲裁不受《尼日利亚仲裁与调解法》的调整。当尼日利亚习惯法仲裁中的当事人之间就某项争端是否存在口头仲裁协议而产生分歧时,可向相关法院请求对是否存在口头仲裁协议作出判定。需要指出的是,在尼日利亚的习惯法仲裁中,当事人之间所达成的口头仲裁协议只能约定将他们之间已经发生的争议提交仲裁解决,而不会涉及他们之间尚未发生的争议。对于尼日利亚习惯法仲裁中当事人之间已经达成的口头仲裁协议能否撤销的问题,即当事人自愿将其争端提交仲裁解决并同意接受(明示或暗示)相关仲裁裁决后,还能否在仲裁程序的任何阶段退出或在相关仲裁裁决对己不利时拒绝接受该仲裁裁决,尼日利亚法院在不同时期的判例有不同的观点:在尼日利亚被殖民时期的法院判例认为,尼日利亚习惯法仲裁中的口头仲裁协议不可撤销,除非相关当事人在仲裁程序开始之前就声明保留了退出仲裁程序的权利;1960年尼日利亚独立后的法院判例认为,尼日利亚习惯法仲裁中的口头仲裁协议可以撤销,相关

---

〔1〕 (1991)3, Nigeria Weekly Law Report(Part 180), 412.

〔2〕 即现行的2004年《尼日利亚仲裁与调解法》的最初版本,二者在形式上和内容上并无不同。

〔3〕 See Olubayo Oluduro, “Customary Arbitration in Nigeria: Development and Prospects”, *African Journal of International and Comparative Law* 19, 2011, pp. 307 - 330.

当事人可以在仲裁程序的任一阶段退出仲裁程序，并且可以在相关仲裁裁决作出后拒绝接受该项仲裁裁决。[1]

(2)尼日利亚习惯法仲裁的仲裁范围

通常而言，尼日利亚习惯法仲裁的仲裁范围，仅局限于涉及家族争端、土地争议和纯民事债务纠纷的私法领域，具体而言，主要涉及以下 3 类争端：家族内部争端、关系较远的亲属之间的争端、产生于两个家族之间或非亲属之间的争端。对于前两类争端，即家族内部的争端和关系较远的亲属之间的争端，一般由本家族内部的酋长或长者在本家族所认可的习惯法框架内按照正义和方便的原则进行裁决；如果争端当事人拒不接受由本家族内部的酋长或长者所作出的仲裁裁决，那么其将会面临本家族内部其他支持该仲裁裁决的成员的舆论压力及被排除出本家族的威胁。对于第三类争端，即产生于两个家族之间或非亲属之间的争端，由于争端当事人通常属于两个不同的家族，因此，他们之间所发生的争端往往由各自所属家族的酋长或长者共同担任仲裁员进行裁决。[2]

(3)尼日利亚习惯法仲裁中的仲裁员

在尼日利亚的习惯法仲裁中，仲裁员通常由相关特定团体的酋长或长者来担任。酋长之所以能够担任尼日利亚习惯法仲裁的仲裁员，是因为在尼日利亚土著居民的传统观念中，酋长被视为祖先神灵的使者和化身，代表祖先对本氏族、本部落进行统治，可以说，“酋长之所以能够成为首领就在于他是祖先的后裔”。[3] 这使酋长在尼日利亚土著居民那里被神化并在本氏族、本部落享有神圣不可侵犯的至高权威。即使是在尼日利亚被英国殖民统治的时期甚至是在其宣布独立后，在乡村地区，传统酋长们通过行政的和宗教的组织对农民的影响远远大于现代政府的影响。传统酋长们在其管辖地拥有一定的司法权，可以根据本地特定的习惯法对本地居民之间所发生的争端进行仲裁。[4] 长者之所以能够担任尼日利亚习惯

---

[1] See Virtus Chitoo Igbokwe, “The Law and Practice of Customary Arbitration in Nigeria: Agu v. Ikewibe and Applicable Law Issues Reviewed”, *Journal of African Law* 2, 1997, pp. 208 – 209.

[2] See Olubayo Oluduro, “Customary Arbitration in Nigeria: Development and Prospects”, *African Journal of International and Comparative Law* 19, 2011, pp. 307 – 330.

[3] See Olubayo Oluduro, “Customary Arbitration in Nigeria: Development and Prospects”, *African Journal of International and Comparative Law* 19, 2011, pp. 307 – 330.

[4] See Akpomuvire Mukoro, “The Interface between Customary Law and Local Government Legislation in Nigeria—A Retrospect and Prospect”, *Journal of Social Sciences* 26, 2011, pp. 139 – 145.

法仲裁的仲裁员,是因为长者处于“有形世界”的制高点,同时还是生者与死者之间的联系者,他们系统掌握了其所属氏族或部落的历史、法律、宗教、教育和经济等各方面的知识或传统,在其所属氏族或部落中发挥重要作用并备受本氏族或本部落其他成员的尊敬与爱戴,这是因为在尼日利亚没有书面文字而仅靠口头传授知识的传统社会中,系统掌握各方面信息的长者便是知识与智慧的象征。[1] 综上所述,由尼日利亚特定氏族或部落的酋长或长者担任尼日利亚习惯法仲裁的仲裁员,将有助于本氏族或本部落成员间争端的迅速解决及相关仲裁裁决的执行。

(4)尼日利亚习惯法仲裁中的仲裁程序

在尼日利亚的习惯法仲裁中,仲裁程序通常被分为两个阶段:第一个阶段,争端当事人之间进行协商,双方口头同意将他们之间所发生的争端提交本氏族或本部落的酋长或长者进行仲裁;第二个阶段,由双方共同指定的本氏族或本部落的酋长或长者,依据本氏族或本部落的习惯法,对提交仲裁的相关争端进行公正审理并作出裁决。[2]

(5)尼日利亚习惯法仲裁裁决的承认与执行

根据《尼日利亚联邦共和国宪法》和《尼日利亚仲裁与调解法》的相关规定,尼日利亚法院应当遵守并执行习惯法,相应地,尼日利亚法院也应当承认习惯法仲裁并执行由此所产生的仲裁裁决。然而,尼日利亚的习惯法仲裁裁决不具有当然的法律效力,法院亦不会主动确认习惯法仲裁裁决的法律效力,而是需要由当事人向有管辖权的法院请求确认该等仲裁裁决的法律效力。在收到当事人的请求之后,有管辖权的法院会对相关习惯法仲裁裁决依据一定的条件进行全面审查,对于符合条件的习惯法仲裁裁决进行批准并对其予以宣告,相关习惯法仲裁裁决因此就具有了既判力的效果,应当得到相关法院的执行。[3] 需要指出的是,一项习惯法仲裁裁决要得到尼日利亚有关法院的承认与执行,必须符合以下 4 项条件:第一,该项习惯法仲裁裁决对提交仲裁的所有争议事项都已作出了处理,是确

[1] See Akpomuvire Mukoro, “The Interface between Customary Law and Local Government Legislation in Nigeria—A Retrospect and Prospect”, *Journal of Social Sciences* 26, 2011, pp. 139 – 145.

[2] See Olubayo Oluduro, “Customary Arbitration in Nigeria: Development and Prospects”, *African Journal of International and Comparative Law* 19, 2011, pp. 307 – 330.

[3] See Antony Allott, *Essays in African Law*, London, Butterworth and Co. (Publishers) Ltd., 1960, p. 141.

定的、终局的、合理的，是与当事人的或商业的习俗一致的和可被执行的。[1]第二，习惯法仲裁程序不违背自然公正原则。这要求习惯法仲裁中的仲裁员对双方当事人进行公正审理，给予当事人及其证人充分陈述案情的机会，并不得从事有损其公正的行为。[2] 第三，习惯法仲裁的相关当事人自愿将他们之间所发生的争端提交仲裁解决。[3] 第四，习惯法仲裁的相关当事人同意接受相关仲裁裁决的约束。在尼日利亚，习惯法仲裁裁决只有被相关当事人接受才具有约束力，才能被尼日利亚相关法院承认和执行，因为"习惯法仲裁的本质不是最初的提交仲裁的协议，而是当事人对裁决的接受"。[4] 需要注意的是，在尼日利亚独立之后，相关法院很少再把当事人同意接受仲裁裁决的约束作为承认和执行习惯法仲裁裁决的一个条件。[5]

3. 对尼日利亚习惯法仲裁的评价

由前文所述可知，尼日利亚的习惯法仲裁是一种在尼日利亚传统社会产生并发展的独特的争端解决方式，是指在尼日利亚传统社会的特定氏族或部落的成员之间发生争议之后，发生争议的双方当事人口头约定自愿将相关争议事项提交由本氏族或本部落的酋长或长者依据本氏族或本部落的相关习惯法对该争议事项进行仲裁并作出裁决，相关习惯法仲裁裁决在作出后只有被双方当事人接受才具有拘束力，任意一方当事人有权在习惯法仲裁裁决作出前的任一阶段退出仲裁程序，也可在对已作出的习惯法仲裁裁决不满时拒绝接受该等仲裁裁决。尼日利亚的习惯法仲裁不同于尼日利亚的普通法仲裁和制定法仲裁，是一种兼具仲裁、调解、协商、诉讼等特点的并因此适合尼日利亚传统社会特殊社会关系的争端解决

〔1〕 See Gaius Ezejiofor et al., *Nigerian Business Law*, London, Sweet & Maxwell, 1982, pp. 397 - 398.

〔2〕 See Gaius Ezejiofor et al., *Nigerian Business Law*, London, Sweet & Maxwell, 1982, pp. 398 - 399.

〔3〕 See Gaius Ezejiofor et al., *Nigerian Business Law*, London, Sweet & Maxwell, 1982, pp. 399 - 400.

〔4〕 Antony Allott, *Essays in African Law*, London, Butterworth and Co. (Publishers) Ltd., 1960, p. 127.

〔5〕 See Akpomuvire Mukoro, "The Interface between Customary Law and Local Government Legislation in Nigeria—A Retrospect and Prospect", *Journal of Social Sciences* 26, 2011, pp. 139 - 145.

方式。[1] 作为一种特殊的争端解决方式,尼日利亚的习惯法仲裁具有极大的灵活性和非正式性,其目的并不在于施加惩罚,而是在于促使争议的双方当事人达成和解,消除对公共秩序的妨害,进而增进良好的邻里关系。在大多数情况下,尼日利亚的习惯法仲裁裁决会得到相关当事人的自动履行,只有在极少数情况下才会需要借助法院这一外部力量而得以执行。与在法院所开展的诉讼相比,尼日利亚习惯法仲裁具有法院诉讼所不具有的非正式性以及成本低廉等优点,成为尼日利亚农村地区人们喜爱的争端解决方式,它不但可以减轻尼日利亚正规法院的超负荷案件压力,而且有助于尼日利亚农村地区争端的最终解决。实践证明,尼日利亚的习惯法仲裁具有极大的优越性,目前尼日利亚内陆地区25% ~30%的争议都是通过习惯法仲裁路径解决的。[2]

(二)尼日利亚的普通法仲裁

普通法仲裁是尼日利亚仲裁发展史上在习惯法仲裁之后开始出现的第二种仲裁类型,同习惯法仲裁一样,它亦形成了自己的一套独特的法律制度。下文将对其进行深入的分析与考察。

1. 尼日利亚普通法仲裁的产生与发展

尼日利亚的普通法仲裁源于英国的普通法,是随着英国的入侵及其之后的殖民统治而产生的,当时英国殖民者基于殖民统治的需要,将大量的英国普通法移植到了尼日利亚。

在英国历史上,商人之间很早就存在将他们在贸易往来中所产生的争端交由他们所共同选择的具有专业知识的人士进行仲裁的实践,并逐渐形成了调整该等实践的相应规则,鉴于仲裁作为商人间争端解决方式的优越性日益凸显,这种争端解决实践及调整此种实践的规则后来为英国王座法院所认可和接受,成为英国普通法的一部分。[3] 然而,随着英国贸易实践的发展,英国的普通法仲裁日渐显露出一些不足之处,英国立法机关因此通过了一些立法补救普通法仲裁所显露的

[1] See Olubayo Oluduro, "Customary Arbitration in Nigeria: Development and Prospects", *African Journal of International and Comparative Law* 19, 2011, pp. 307 – 330.

[2] See Gaius Ezejiofor, "The Nigerian Arbitration and Conciliation Act: A Challenge to the Courts", *Journal of Business Law* 1, 1993, p. 86.

[3] 参见[英]德瑞克·罗德立、赵宇红:《普通法历史上及当代中国的法院、法官和仲裁裁决》,载《法学家》1995年第5期。

这些不足之处。需要注意的是,英国立法机关的这些立法并没有取缔英国的普通法仲裁,而是通过相应立法对其进行补充和更正,使其更符合英国社会和商业发展的需要。[1]

英国在将拉各斯(尼日利亚旧都)变为其殖民地后,便开始逐步将英国的普通法移植到尼日利亚。1863年《关于拉各斯拓居地适用英国法的第3号条例》规定,英国的普通法可以适用于拉各斯拓居地;1876年《英国最高法院法》又规定,在英国实施的一些普遍适用的法规,也可以在拉各斯及其邻近殖民地适用;1900年《英国保护国法院文告》将上述法律的适用范围进一步扩大至南尼日利亚和北尼日利亚保护国;1914年1月1日南尼日利亚和北尼日利亚保护国合并为尼日利亚殖民地,英国政府又决定将普通法及在英国实施的一些普遍适用的法规推广适用至整个尼日利亚。[2] 在经过英国多年的殖民统治之后,尼日利亚成为一个普通法系国家,普通法仲裁也因此被成功地从英国移植入尼日利亚;在尼日利亚脱离英国的殖民统治并宣布独立后,尼日利亚的立法机关继受并保留了英国的普通法,这便使由英国移植而来的普通法仲裁继续构成尼日利亚仲裁法律制度的一部分。[3]

2. 尼日利亚普通法仲裁的基本框架

(1)尼日利亚普通法仲裁的仲裁协议

在尼日利亚的普通法仲裁中,将当事人之间的争端提交仲裁的协议在内容上仅能针对当事人之间已经发生的争端,而不能针对当事人之间尚未发生的争端;在形式上则既可以是口头的,也可以是书面的;在效力上都是具有约束力的契约,任何一方当事人违反仲裁协议,都会使另一方当事人获得损害赔偿的权利:如若仲裁程序尚未启动,由于一方当事人违反仲裁协议不可能使另一方当事人遭受实际损害,因此,如果另一方当事人就此提起损害赔偿之诉,那么其将只能获得象征性损害赔偿;如果仲裁程序已经启动,由于一方当事人违反仲裁协议会使另一方当事人的仲裁期待实际落空,因此,如果另一方当事人就此提起赔偿损害之诉,那么他就可获得与其仲裁成本相当的实质性损害赔偿。需要注意的是,在尼日利亚的普通法仲裁中,仲裁协议的存在并不能排除法院的管辖权,一项声称排除法院

---

〔1〕 参见朱伟东:《尼日利亚的普通法仲裁浅谈》,载《河北法学》2003年第5期。

〔2〕 参见朱伟东:《尼日利亚的普通法仲裁浅谈》,载《河北法学》2003年第5期。

〔3〕 See Akanbi Muhammed Mustapha, *Domestic Commercial Arbitration In Nigeria: Problems and Challenges*(Ph. D. diss., Kings College London, 2006), pp. 238 – 239.

管辖权的仲裁协议将会因违反公共政策而被认定是无效的。[1] 当仲裁协议的一方当事人放弃仲裁时,双方当事人均可将相关争端提交诉讼解决。

(2)尼日利亚普通法仲裁裁决的执行

通过尼日利亚普通法仲裁路径所作出的仲裁裁决,必须通过在法院提起诉讼的方式获得法院的执行。尼日利亚法院在执行尼日利亚普通法仲裁裁决之前,必须确信:①普通法仲裁的双方当事人均获得了公正审理;②普通法仲裁程序是合法地进行的。如果普通法仲裁的双方当事人未获得公正审理,或者普通法仲裁程序未能合法地进行,那么尼日利亚法院可以依据制定法中有关撤销或不予执行仲裁裁决的相关规定,撤销或不予执行相关普通法仲裁裁决。[2]

3. 对尼日利亚普通法仲裁的评价

尽管在尼日利亚仲裁制度发展史上,普通法仲裁曾经占据重要地位,然而,在尼日利亚当今社会中,很少有人还会采用这种仲裁方式来解决他们之间所发生的争端。一方面,是因为尼日利亚普通法仲裁已不能满足尼日利亚当今社会纷繁复杂的贸易交往的需求。另一方面,是因为尼日利亚普通法仲裁本身存在诸多弊端:第一,尼日利亚普通法仲裁缺乏书面记录,极易导致双方当事人之间就已经达成一致意见的事项产生分歧;第二,尼日利亚普通法仲裁中的仲裁协议仅能针对当事人之间已经发生的争议,而不能针对当事人之间将来可能发生的争议;第三,在尼日利亚普通法仲裁中所达成的仲裁协议,若未能指定仲裁员,相关仲裁协议将是不完整的,法院或法官亦不能指定仲裁员;第四,对于根据尼日利亚普通法仲裁中的仲裁协议所指定的仲裁员,当事人可以在相关仲裁裁决作出前的任何时间撤销对其的任命,不利于仲裁程序的有序开展。[3]

(三)尼日利亚的制定法仲裁

制定法仲裁是尼日利亚仲裁发展史上在习惯法仲裁和普通法仲裁之后开始出现的第三种仲裁类型,在现代已发展成为尼日利亚最主要的仲裁方式。同习惯法仲裁和普通法仲裁一样,它亦形成了自己的一套独特的法律制度。下文将对其进行深入分析与考察。

---

〔1〕 See Gaius Ezejiofor, *Nigerian Business Law*, London, Sweet & Maxwell, 1982, p. 404.

〔2〕 See Akanbi Muhammed Mustapha, *Domestic Commercial Arbitration In Nigeria: Problems and Challenges*(Ph. D. diss., Kings College London, 2006), pp. 238 – 239.

〔3〕 参见朱伟东:《尼日利亚的普通法仲裁浅谈》,载《河北法学》2003 年第 5 期。

1. 尼日利亚制定法仲裁的产生与发展

尼日利亚在1988年颁布了《仲裁与调解法》(The Arbitration and Conciliation Decree),经修订,该法现行版本为2004年《尼日利亚仲裁与调解法》,是尼日利亚联邦共和国第A18号法律,构成尼日利亚现行制定法仲裁法律制度的基本法律依据。[1]

实际上,在1988年《尼日利亚仲裁与调解法》颁布以前,尼日利亚已经存在规定制定法仲裁的成文法,即1914年制定的《尼日利亚仲裁条例》(The Nigerian Arbitration Ordinance of 1914),[2]该条例在尼日利亚于1960年脱离殖民统治并获得政治独立之后仍被适用。需要指出的是,尼日利亚是一个由多个州所组成的联邦共和国,其中的一些州也各自制定有本州的仲裁法,这些州的仲裁法同《尼日利亚仲裁条例》的规定是一致的。由于1914年《尼日利亚仲裁条例》是参照1889年《英国仲裁法》制定的,其内容相当简略且明显已经过时,存在诸多漏洞,尤其是并未对国际仲裁以及外国仲裁裁决在尼日利亚的执行作出相应规定,显然已不能适应尼日利亚越来越纷繁复杂的国际投资和国际经贸往来的需要。[3] 鉴于此,尼日利亚为吸引外资和促进外贸往来,努力为外商打造良好的投资和贸易环境,在立法层面的努力便是于1988年颁布了《尼日利亚仲裁与调解法》,并借此废除了1914年《尼日利亚仲裁条例》。[4]

1988年《尼日利亚仲裁与调解法》是由尼日利亚立法机关按照联合国国际贸易法委员会颁布的《仲裁规则》《调解规则》《示范法》制定的。该法对国内商事仲裁、国际商事仲裁以及外国仲裁裁决的承认与执行均作了详细规定。[5] 具体而言,1988年《尼日利亚仲裁与调解法》共分为4个部分并包括3个附件,其中几乎所有的实质性规定都是参照《仲裁规则》《调解规则》《示范法》的相关规则制定

[1] 2004年《尼日利亚仲裁与调解法》(The Nigerian Arbitration and Conciliation Act 2004)同1988年《尼日利亚仲裁与调解法》(The Nigerian Arbitration and Conciliation Decree 1988)相比,在形式和内容上没有任何改变。

[2] 该条例后被改为《尼日利亚仲裁法》(The Nigerian Arbitration Act)。

[3] See Ademola Jonathan Bamgbose, *Towards a Suitable Domestic Arbitration Practice in Nigeria* (Ph. D. diss., University of Warwick, 2016), pp. 87 – 138.

[4] 参见朱伟东:《尼日利亚〈仲裁与调解法〉述评》,载《仲裁与法律》2005年第2期。

[5] See Ademola Jonathan Bamgbose, *Towards a Suitable Domestic Arbitration Practice in Nigeria* (Ph. D. diss., University of Warwick, 2016), pp. 87 – 138.

的:第一部分是有关国内商事仲裁的规定;第二部分是有关国内调解的规定;第三部分是有关国际商事仲裁的规定,具体涉及国际商事仲裁仲裁庭的组成、仲裁程序的终止、仲裁裁决的作出和费用、仲裁裁决的承认和执行、《纽约公约》的适用和国际调解;第四部分是有关定义及其他杂项规定;附件一“仲裁规则”有41条,几乎和《仲裁规则》第41条一样,但第6条、第7条和第38条至第41条有关仲裁员的任命和费用的规定,同《仲裁规则》相比有所改变;附件二是对1958年《纽约公约》的重现;附件三“调解规则”共有20条,和《调解规则》的20条几乎一样。[1]截至目前,1988年《尼日利亚仲裁与调解法》经过多次修订,现行版本为2004年《尼日利亚仲裁与调解法》。

2. 尼日利亚制定法仲裁的基本框架

(1)尼日利亚制定法仲裁的仲裁协议

在仲裁制度框架内,处于核心与“基石”地位的是仲裁协议,一项有效的仲裁协议是仲裁程序得以启动的必要前提,亦是仲裁庭行使管辖权审理争议事项的合法性基础,更是仲裁裁决得以承认与执行的重要条件之一。[2] 具体而言,仲裁协议是指双方当事人同意将他们之间已经发生或者将来可能发生的争议提交仲裁路径解决的协议。[3] 根据2004年《尼日利亚仲裁与调解法》第1条的规定,受该法调整的仲裁协议应当是书面的,任何不以书面形式作成的仲裁协议均不在其调整范围之内,即使该等仲裁协议在尼日利亚习惯法仲裁和尼日利亚普通法仲裁制度框架下是合格的。2004年《尼日利亚仲裁与调解法》第1条第1款规定:“仲裁协议应当是书面的,包含于:①当事人各方均签字的文件中;或②往来书信、电传、电报或提供仲裁协议记录的其他电讯手段中;或③在申诉书和答辩书的意见交换中当事一方声称有仲裁协议而另一方并未否认。”同时,该法第1条第2款又规定:“在合同中援引载有仲裁条款的一项文件即构成一项仲裁协议,如果该合同是书面的,而且这种援引足以使该仲裁条款构成该合同的一部分。”由此可见,2004年《尼日利亚仲裁与调解法》第1条的规定是完全参照《示范法》第7条第2款制定的。

---

[1] See Pakas Clement James Pakas, “The Legal Framework for the Recognition and Enforcement of International Commercial Awards in Nigeria”, *Journal of International Arbitration* 2, 1998, p. 100.

[2] 参见杨秀清、史彪:《仲裁法学》,厦门大学出版社2016年版,第136页。

[3] 参见杜新丽、宣增益主编:《国际私法》,中国政法大学出版社2017年版,第341页。

关于仲裁协议的效力,2004 年《尼日利亚仲裁与调解法》第 2 条至第 5 条以及第 12 条作出了相关规定。该法第 2 条规定:“除非仲裁协议中有相反的意思表示,否则,仲裁协议应当是不可撤销的,但当事人同意或法院/法官准许除外。”该法第 3 条规定:“仲裁协议不得因任何一方当事人死亡而无效,但在这种情况下,仲裁协议须由死者的遗产管理人强制执行或针对死者的遗产管理人强制执行。”该法第 4 条规定,如果仲裁协议的一方当事人就相关争议事项提起诉讼,而另一方当事人在不迟于就争议实质提出第一次申诉的时候坚持仲裁,那么法院应当中止诉讼程序,并责令当事人将相关争议提交仲裁解决。该法第 5 条又进一步规定:“如果仲裁协议的任何一方当事人就仲裁协议所载争议事项向法院提起诉讼,那么仲裁协议的任何一方当事人均可以在出庭后和递交诉状或其他诉讼阶段之前的任何时间,向法院申请中止诉讼。法院可以因此申请中止诉讼,如果法院确信:①没有充分理由表明相关争议事项不应该提交仲裁;并且②申请人在诉讼开始时仍准备并愿意将相关争议事项提交仲裁解决。”此外,一方当事人也不能以仲裁庭缺乏管辖权为由而不遵守仲裁协议,因为 2004 年《尼日利亚仲裁与调解法》第 12 条第 1 款规定:“仲裁庭有权裁决自己的管辖权问题,以及仲裁协议是否存在或是否有效的问题。”并且该条第 4 款规定,仲裁庭针对上述问题所作出的裁决都是终局的、具有约束力的。这意味着当事人必须遵守上述裁决,如若不服,该当事人可以在裁决作出后请求法院撤销该项裁决。

(2)尼日利亚制定法仲裁中的仲裁员及仲裁庭组成

有关尼日利亚制定法仲裁中的仲裁员及仲裁庭组成的规定,包含在 2004 年《尼日利亚仲裁与调解法》的第一部分、第三部分以及附件一中。其中,第一部分是有关国内仲裁的,而第三部分是有关国际仲裁的,第三部分中有关仲裁庭组成的规定和附件一中有关仲裁庭组成的规定基本上是一致的。下面将分别对尼日利亚制定法仲裁中国内及国际商事仲裁的仲裁员及仲裁庭组成进行考察。

第一,国内商事仲裁的仲裁员及仲裁庭组成。

2004 年《尼日利亚仲裁与调解法》第 6 条规定:“仲裁协议的当事人可以约定仲裁员的人数,在当事人未约定仲裁员人数时,仲裁员的人数应视为 3 人。”该法第 7 条第 1 款规定:“除本条第 3 款及第 4 款另有规定外,双方当事人可以在仲裁协议中约定指定仲裁员须遵循的程序。”如若双方当事人未作出该等约定,根据该法第 7 条第 2 款的规定:“①如果仲裁由 3 名仲裁员进行,那么每一方当事人应当指定1名仲裁员,然后由此指定的2名仲裁员共同指定第三名仲裁员。但是,如果一方当事人在收到另一方当事人的请求后30天内未能指定仲裁员,或2名仲裁员在被指定后30日内未能就第三名仲裁员的指定达成一致意见,则由法院根据仲裁协议任何一方当事人的申请作出指定。②如果仲裁由1名仲裁员进行,在双方当事人未能就该名仲裁员的指定达成一致意见时,由法院根据仲裁协议任何一方当事人在此类分歧发生后30天内提出的申请作出指定。”该法第7条第3款规定,在当事人已就指定仲裁员的程序达成一致意见的情况下,如果:①一方当事人未能根据该程序行事;或②双方当事人或2名仲裁员未能根据程序的要求达成一致意见;或③第三方当事人(包括指定机构),不能履行程序规定的任何职责,那么任何一方当事人均可以要求法院采取必要措施,除非双方当事人所约定的指定程序为仲裁员的指定规定了其他补救措施。该法第7条第4款进一步规定,当事人不得对法院在上述情况下所作出的决定提出上诉。该法第7条第5款则规定,法院在上述情况下行使指定仲裁员的权力时,须妥为顾及仲裁协议中所规定的仲裁员资格,并保证指定独立、公正的仲裁员。

如果当事人对仲裁员的独立性和公正性产生了合理疑问,那么可以对该仲裁员提出异议,请求其回避;仲裁员如果自己认为其与案件有利害关系或者存在其他可能影响公正审理案件的情况,那么应当主动申请回避。2004年《尼日利亚仲裁与调解法》第8条规定,任何预期担任仲裁员的人应将可能影响其独立性或公正性的所有情况向当事人进行披露;这种披露的义务持续在其被任命为仲裁员后,并贯穿于整个仲裁程序期间,除非其已将该等情况告知双方当事人;只有存在当事人对仲裁员的独立性或公正性产生合理怀疑的情况或仲裁员不具备双方当事人所约定的资格时,才可以对仲裁员提出异议。该法第9条进一步规定,双方当事人可以约定对仲裁员提出异议所应当遵循的程序;若当事人未约定该等程序,拟对仲裁员提出异议的一方当事人,应当在他得知仲裁庭组成或得知该法第8条所规定的任何情况后的第15日内,向仲裁庭提出其有关仲裁员异议的理由的书面陈述;除非被提出异议的仲裁员辞职或另一方当事人同意对该仲裁员所提出的异议,否则应当由仲裁庭对该等异议作出裁决。该法第10条和第11条规定,如果仲裁员的任命因该仲裁员回避而被终止,或双方当事人以仲裁员不能履行职责为由终止对该仲裁员的任命,或仲裁员因其他原因不能无迟延地履行职责而被终止任命,或仲裁员的任命因任何其他原因被终止,那么应当按照原来指定仲裁员的规则和程序指定替代仲裁员。

第二,国际商事仲裁的仲裁员及仲裁庭的组成。

对于国际商事仲裁中独任仲裁庭的组成及仲裁员的指定,2004 年《尼日利亚仲裁与调解法》第 44 条第 1 款至第 4 款作了相应规定。该条第 1 款规定,在国际商事仲裁中,如果要指定独任仲裁员,任何一方当事人均可向对方提出 1 人或数人的姓名,在双方当事人达成一致意见的基础上,独任仲裁员将从其中产生。该条第 2 款规定,若一方当事人在收到上述提名后 30 日内,双方当事人未能就独任仲裁员的任命达成一致意见,那么应由指定机构指定独任仲裁员。该条第 3 款规定,应任何一方当事人的请求,指定机构应尽快指定独任仲裁员。除双方当事人同意不使用提名征询办法或指定机构根据自己的判断认为对该案不宜适用提名征询办法外,该指定机构在作出指定时,应使用下列提名征询办法:①应任何一方当事人的请求,指定机构应将至少列有 3 名仲裁员姓名的相同名单送达双方当事人;②各方当事人在收到名单后的 15 日内,可在名单中剔除其反对的 1 人或数人的姓名,并按照其优先次序编号,排列名单上其余人的姓名,并将该名单送还指定机构;③上述期间届满后,指定机构应从当事人送还的名单上已被认可的姓名中按照双方当事人所指定的优先次序指定独任仲裁员。该条第 4 款规定,指定机构在指定独任仲裁员时,应尽可能确保所指定的独任仲裁员是 1 名独立且公正的仲裁员,并应同时考虑指定 1 名拥有非当事方国籍的仲裁员的适当性。

对于国际商事仲裁中合议仲裁庭的组成及仲裁员的指定,2004 年《尼日利亚仲裁与调解法》第 44 条第 5 款至第 10 款作出了相应规定。该条第 5 款规定,在国际商事仲裁中,如果要指定 3 名仲裁员,那么应当由双方当事人分别指定 1 名仲裁员,然后由此 2 名仲裁员选择第三名仲裁员,该名仲裁员将担任合议仲裁庭的首席仲裁员。该条第 6 款和第 7 款规定,如果在收到一方当事人指定仲裁员的通知后 30 日内,另一方当事人尚未将其指定的仲裁员通知第一方当事人,那么第一方当事人可以请求双方当事人先前指定的指定机关指定第二名仲裁员;如果在指定第二名仲裁员后的 30 日内,2 名仲裁员未能就首席仲裁员的选择达成一致意见,那么首席仲裁员应当由指定机构指定,其指定方式与指定独任仲裁员的方式相同。该条第 8 款规定,一方当事人在请求指定机构指定仲裁员时,应向指定机关提交 1 份仲裁通知书副本、1 份导致争议发生或与争议有关的合同书副本;指定机构得要求任何一方当事人提供其认为履行职责所必需的资料。该条第 9 款规定,在指定多名仲裁员时,应当提供其姓名、地址和国籍,并说明其资格。该条第10款规定,除双方当事人另有约定外,任何人不得因其国籍而丧失被指定为仲裁员的资格。

对于国际商事仲裁中仲裁员的回避问题,2004年《尼日利亚仲裁与调解法》第45条作出了相应规定。该条第1款规定,预期担任仲裁员的人,应将可能会对其独立性或公正性产生合理怀疑的情况,向与其指定有关的当事人进行披露。该条第2款规定,仲裁员一经指定,亦应将上述情况向双方当事人披露。该条第3款规定,如果存在对仲裁员的独立性或公正性产生合理怀疑的情况,那么任何仲裁员都可以被异议。该条第4款规定,一方当事人对其所指定的仲裁员,只能根据该项指定作出后所知的理由提出异议。该条第5款规定,任何一方当事人如拟对仲裁员提出异议,应在该仲裁员的指定已被通知后的15日内,或在该当事方获悉存在对仲裁员的独立性或公正性产生合理怀疑的情况后的15日内,发出其异议通知书。该条第6款规定,一方当事人对仲裁员所提出的异议,应当通知另一方当事人、被提出异议的仲裁员以及仲裁庭的其他成员;通知应采用书面形式,并应说明提出异议的理由。该条第7款至第9款规定,一方当事人对仲裁员提出异议后,另一方当事人可以同意该异议,被提出异议的仲裁员也可以在被提出异议后进行回避;如果另一方当事人同意该异议或者被提出异议的仲裁员进行回避,那么应当按照本法第44条的规定指定替代仲裁员;如果另一方当事人不同意该异议并且被提出异议的仲裁员未进行回避,那么应当分别按照下列规定对该异议作出决定:①若对该仲裁员的最初指定是由指定机构作出的,则仍由该指定机构对该异议作出决定;②若对该仲裁员的最初指定并非由指定机构作出,但双方当事人已指定了指定机构,则由该指定机构对该异议作出决定;③在所有其他情况下,由根据本法第44条规定所选定的指定机构对该异议作出决定。该条第10款进一步规定,如果指定机构支持当事人一方对仲裁员所提出的异议,那么应当根据本法第44条和第45条中所规定的指定仲裁员的程序指定替代仲裁员。此外,根据本法第46条的规定,如若仲裁员在仲裁程序中死亡或辞职,亦应当根据本法第44条和第45条中所规定的指定仲裁员的程序指定替代仲裁员;如若仲裁员不能进行仲裁或由于法律上或事实上的原因不能履行其职责,亦应适用本法第44条和第45条所规定的对仲裁员提出异议和替换仲裁员的相关程序。

(3)尼日利亚制定法仲裁中的仲裁程序

关于尼日利亚制定法仲裁中的仲裁程序,2004年《尼日利亚仲裁与调解法》第15条规定,应当按照该法附件一“仲裁规则”中所规定的相关程序进行。如果附件一“仲裁规则”未对某一特定仲裁程序的相关事项作出规定,那么仲裁庭可以在不违反2004年《尼日利亚仲裁与调解法》的前提下,采用它认为适当的、能够确保公正审理的程序进行仲裁。附件一“仲裁规则”第1条规定:“本规则调整任何仲裁程序,若本规则的任何规定同《仲裁与调解法》的某一条款相冲突,则《仲裁与调解法》的条款优先适用。”由该条可以看出,附件一“仲裁规则”既适用于尼日利亚的国内商事仲裁,也适用于尼日利亚的国际商事仲裁,当其规定与2004年《尼日利亚仲裁与调解法》的规定相冲突时,后者优先。[1] 对于国际商事仲裁,2004年《尼日利亚仲裁与调解法》第53条还规定:“国际商事合同的双方当事人可以书面约定,因该合同所产生的争议,应根据本法附件一中的仲裁规则、或《联合国国际贸易法委员会仲裁规则》、或任何为双方当事人所接受的国际仲裁规则进行仲裁。”由此可见,在尼日利亚进行国际商事仲裁的当事人,除却适用2004年《尼日利亚仲裁与调解法》附件一中的“仲裁规则”外,还可以选择适用《联合国国际贸易法委员会仲裁规则》、国际商会(The International Chamber of Commerce,ICC)的仲裁规则、伦敦国际仲裁院(London Court of International Arbitration,LCIA)的仲裁规则或其他国际仲裁规则。

(4)尼日利亚制定法仲裁中应适用的法律

在国际商事仲裁活动中,存在法律适用的问题,具体包含两个方面:一方面是国际商事仲裁程序的法律适用;另一方面是国际商事仲裁实体问题的法律适用。下面将分别对尼日利亚制定法仲裁中的国际商事仲裁进行考察。

第一,尼日利亚制定法仲裁中国际商事仲裁程序的法律适用。

在国际商事仲裁中,当事人所获待遇的公正性在很大程度上取决于国际商事仲裁程序的正当性,而国际商事仲裁程序要保障其正当性,就必须符合一定的仲裁程序法或仲裁程序规则。受国际商事仲裁的“国际性”的影响,国际商事仲裁程序的法律适用涉及较具有争议性和复杂性的问题:国际商事仲裁程序并不绝对地仅从属于仲裁地法,而是还可以从属于其他国家的仲裁程序法,或者是某些仲裁

---

〔1〕 参见朱伟东:《尼日利亚〈仲裁与调解法〉述评》,载《仲裁与法律》2005年第2期。

程序规则。[1] 关于国际商事仲裁程序的法律适用,当今国际社会的普遍做法如下:首先,仲裁地国仲裁程序法中的强制性规则必须毫无例外地被适用于国际商事仲裁程序;其次,意思自治原则是确定仲裁程序法的首要准则,当事人可以通过合意选择调整国际商事仲裁程序的仲裁法;最后,在当事人没有此类协议时,国际商事仲裁程序一般应当适用仲裁地国的仲裁程序法。至于非本地化的仲裁理论,由于其理论根基和实践操作均存在严重障碍,因此,对其适用必须慎之又慎。[2]

2004 年《尼日利亚仲裁与调解法》有关国际商事仲裁程序的法律适用与当今国际社会的普遍做法基本相同。该法第 15 条第 1 款规定,在尼日利亚进行的仲裁应按照该法附件一"仲裁规则"的相关规定进行,而该法附件一"仲裁规则"第 1 条规定:"本规则调整任何仲裁程序,若本规则的任何规定同《仲裁与调解法》的某一条款相冲突,则《仲裁与调解法》的条款优先适用。"这是尼日利亚制定法仲裁适用仲裁地国仲裁程序法的表现,符合当今国际社会的普遍做法。该法第 53 条还规定,国际商事合同的当事人可以书面约定国际商事仲裁程序所应适用的仲裁规则,这是尼日利亚制定法仲裁尊重当事人意思自治的表现,亦符合当今国际社会的普遍做法。此外,根据该法第 15 条第 2 款的规定,如果附件一"仲裁规则"未对特定仲裁程序的相关事项作出规定,那么仲裁庭可以在不违反 2004 年《尼日利亚仲裁与调解法》的前提下,确定国际商事仲裁所应适用的程序规则。

第二,尼日利亚制定法仲裁中国际商事仲裁实体问题的法律适用。

在国际商事仲裁中,除需要确定程序问题的法律适用外,还需要确定实体问题的法律适用,这亦是国际商事仲裁中的一个至关重要的问题,因为仲裁庭将根据由此确定的特定法律来判明争议的是非曲直,确定当事人之间的权利和义务,进而解决当事人提交仲裁的争议。对于国际商事仲裁实体问题的法律适用,当今国际社会的普遍做法如下:在当事人已对国际商事仲裁实体问题的法律适用作出明示选择的情况下,仲裁庭就会适用当事人所选择的法律,这是对当事人意思自治原则的尊重;在当事人没有对国际商事仲裁实体问题的法律适用作出明示选择的情况下,仲裁庭一般适用仲裁地国的冲突规则来确定国际商事仲裁实体问题所应适用的实体法;此外,仲裁员还可不援引任何冲突规则,而直接适用其认为适当

---

[1] 参见乔生:《国际商事仲裁程序的法律适用及其新发展》,载《现代法学》2003 年第 5 期。

[2] 参见杜新丽、宣增益主编:《国际私法》,中国政法大学出版社 2017 年版,第 355 ~ 357 页。

的实体法。[1]

2004年《尼日利亚仲裁与调解法》第47条及附件一"仲裁规则"第33条，对尼日利亚制定法仲裁中国际商事仲裁实体问题的法律适用作了详细规定。2004年《尼日利亚仲裁与调解法》第47条第1款规定："仲裁庭应当根据双方当事人所共同选择的适用于争议实质的那个国家的法律规则来裁决争议。"该条第2款规定："对一国法律的任何指定，除非另有说明，应认为是直接指该国的实体法，而不包含该国的法律冲突规则。"在当事人不能就国际商事仲裁实体问题所应适用的实体法作出选择时，根据该条第3款的规定，仲裁庭有权采用它认为可以采用的法律冲突规则来确定所应适用的实体法，[2]一般都认为应采用仲裁地的法律冲突规则来确定相关实体法。[3] 该条第4款进一步规定，仲裁庭只有在双方当事人明确授权的情况下，才能按照公平合理原则或作为友好调解人处理争议。虽然对公平合理原则的适用还存有争议，但它已为大部分国家所认可，也已为许多案例所适用。[4] 此外，该条第5款还规定，在任何情形下，仲裁庭均应按照合同条款进行裁决，并应考虑可适用于该项交易的相关贸易习惯。

(5)尼日利亚制定法仲裁中的仲裁裁决

第一，尼日利亚制定法仲裁中仲裁裁决的形式及内容。

仲裁裁决的形式和内容对仲裁裁决的效力及执行具有重大意义。各国仲裁法通常会对仲裁裁决的形式作出强制性规定，不符合执行地国强制性规定的仲裁裁决将难以得到顺利执行。综观有关仲裁的国际法律文件、各国仲裁法以及诸多仲裁机构的仲裁规则，仲裁裁决必须符合一定的形式要件，而仲裁裁决的内容，则因仲裁类型的不同而有所区别。[5] 2004年《尼日利亚仲裁与调解法》第26条对尼日利亚制定法仲裁中仲裁裁决的形式及内容作了规定。该条第1款至第2款规

---

〔1〕 参见杜志华、汪凌萍：《仲裁实体法的"直接适用方法"探析》，载《法学评论》2005年第3期；另参见徐伟功：《论国际商事仲裁实体问题的法律适用》，载《法商研究(中南政法学院学报)》2001年第1期。

〔2〕 原文表述如下，"Where the laws of the country to be applied is not determined by the parties, the arbitral tribunal shall apply the law determined by the conflict of the law rules which it considers applicable"。

〔3〕 See John D. M. Lew, "Determination of Applicable Substantive Law", *International Business Lawyer* 25, 1997, p. 56.

〔4〕 See Wolfgang Kuhn, "Choice of Substantive Law in the Practice of International Arbitration", *International Business Lawyer* 25, 1997, p. 78.

〔5〕 参见朱伟东：《尼日利亚〈仲裁与调解法〉述评》，载《仲裁与法律》2005年第2期。

定,仲裁庭所作出的任何裁决均应采用书面形式,并应由 1 名或数名仲裁员签字;在仲裁庭由多名仲裁员组成的情况下,裁决由仲裁庭全体成员的过半数签字即可,但须对省去的签字说明原因。该条第 3 款还规定,仲裁庭应说明裁决理由,除非双方当事人约定不需说明理由,或该裁决是按和解协议作出的。

第二,尼日利亚制定法仲裁中仲裁裁决的撤销。

撤销仲裁裁决,是指当仲裁裁决存在法律规定的情形时,由当事人申请并经法院审查核实,判决或裁定予以撤销,从而使之归于无效的一种特殊程序。它既是仲裁当事人寻求司法救济的重要手段,也是法院对仲裁实施司法监督和司法控制的重要措施。[1] 2004 年《尼日利亚仲裁与调解法》对国内商事仲裁裁决的撤销和国际商事仲裁裁决的撤销分别作出了不同的规定。

2004 年《尼日利亚仲裁与调解法》第 29 条和第 30 条对国内商事仲裁裁决的撤销作出了规定。该法第 29 条规定:“①当事人对仲裁裁决不服的,可以自裁决作出之日起或自仲裁庭处理追加裁决请求之日起(本法第 28 条所规定的案件)3 个月内,以申请撤销仲裁裁决的方式,请求法院按照本条第②款的规定撤销该项仲裁裁决。②如果提出撤销申请的一方当事人能够提供证据证明仲裁裁决中包含有超出提交仲裁范围的事项,那么法院可以撤销该项仲裁裁决;如果涉及超裁的事项可以与未超裁裁决部分区分开来,那么超裁的裁决部分可以被撤销。③法院在收到当事人根据本条第①款之规定所提出的撤销仲裁裁决申请后,可应一方当事人的请求,中止撤销程序,以便仲裁庭有机会恢复仲裁程序或采取其他措施消除撤销仲裁裁决的事由。”该法第 30 条第 1 款还规定:“凡仲裁员本人有不当行为,或仲裁程序的运行不当,或仲裁裁决是不正当作出的,法院均可应一方当事人的申请撤销该仲裁裁决。”

2004 年《尼日利亚仲裁与调解法》第 48 条对尼日利亚国际商事仲裁裁决的撤销作出了规定。该条规定:“法院可以撤销仲裁裁决:①如果申请撤销该项仲裁裁决的当事人提供证据证明存在下列情形之一:(i)仲裁协议的一方当事人欠缺民事行为能力;(ii)根据双方当事人所约定适用的准据法,或未作出该等约定时根据尼日利亚法律,仲裁协议是无效的;(iii)未得到指定仲裁员或开展仲裁程序的适当通知,或因其他原因未能陈述其案情;(iv)仲裁裁决所处理的争议不在提交仲

---

〔1〕 参见赵健:《国际商事仲裁的司法监督》,法律出版社 2000 年版,第 235 页。

裁的条款范围内;(v)仲裁裁决包括有对未提交仲裁之事项所作出的裁决,但如果对提交仲裁之事项所作出的裁决部分与对未提交仲裁之事项所作出的裁决部分能区分开的话,则只有对未提交仲裁之事项所作出的裁决部分可以被撤销;(vi)仲裁庭的组成或仲裁程序与双方当事人的约定不符,除非该约定与本法的强制性规定相冲突;(vii)双方当事人并无(vi)项之下的约定,但仲裁庭的组成或仲裁程序与本法的规定不一致;或②如果法院认定存在下列情形之一:(i)根据尼日利亚法律,相关争议事项不可通过仲裁解决;(ii)仲裁裁决与尼日利亚的公共政策相抵触。"

3. 对尼日利亚制定法仲裁的评价

综上所述,2004 年《尼日利亚仲裁与调解法》是尼日利亚制定法仲裁的基本法律依据,"为尼日利亚境内仲裁的进行,为在尼日利亚作出的或在其他国家作出的仲裁裁决在尼日利亚境内的执行以及为在尼日利亚境内作出的仲裁裁决在国际上的执行,提供了一个全面而有效的法律体制",[1]"是一部能够提供快捷的商业争议解决方式以及有效的仲裁裁决执行机制的良好法律"。[2] 当然,2004 年《尼日利亚仲裁与调解法》也存在一些疏漏、重复及互相矛盾的地方,例如,有关仲裁程序的中止、仲裁员的指定、对仲裁员指定的异议、仲裁费用和仲裁员的报酬[3]以及仲裁裁决的承认与执行、仲裁裁决的撤销等方面的规定。[4] 因此,尼日利亚在当前亟须对其 2004 年《仲裁与调解法》进行修订,在此背景下,2019 年《尼日利亚仲裁与调解法修正案》被纳入尼日利亚议会的审议议程。

三、尼日利亚的主要常设仲裁机构

为推动仲裁程序的顺利进行,吸引民商事争议当事人选择在尼日利亚通过仲裁方式解决争议,需要具备良好条件的常设仲裁机构作保障。实际上,尼日利亚

---

〔1〕 Amazu A. Asouzu, "The Adoption of the UNCITRAL Model Law in Nigeria: Implication on the Recognition and Enforcement of Arbitral Awards", *The Journal of Business Law* 2, 1999, p. 204.

〔2〕 B. A. Bukar & M. A. Adamu, "Legal Framework for the Resolution of International Commercial Disputes: An Examination of Nigeria's Arbitration Law", *Journal of International Arbitration* 16, 1999, p. 53.

〔3〕 See Gaius Ezejiofor, "The Nigerian Arbitration and Conciliation Act: A Challenge to the Courts", *Journal of Business Law* 1, 1993, pp. 92–101.

〔4〕 See Andrew I. Okekeifere, "The Enforcement and Challenge of Foreign Arbitral Awards in Nigeria", *Journal of International Arbitration* 14, 1997, pp. 231–241.

目前已有良好条件的常设仲裁机构,例如,尼日利亚国际商事仲裁区域中心(拉各斯)、拉各斯多门法院和拉各斯仲裁院等。

(一)尼日利亚国际商事仲裁区域中心(拉各斯)

尼日利亚国际商事仲裁区域中心(拉各斯)(Regional Centre for International Commercial Arbitration-Lagos,RCICAL)是通过亚非法律协商组织(Asia-Africa Legal Consulative Organization,AALCO)与尼日利亚政府的双方协商,并在亚非法律协商组织的主持下,于1989年在尼日利亚的首都拉各斯成立,其设立目的在于鼓励在尼日利亚从事国际投资和贸易的当事人能够在尼日利亚本地通过仲裁方式解决相关争议。

当时,亚非法律协商组织认识到发展中国家在国际商事仲裁中提高地位的迫切希望,以及完善国际商事仲裁程序、增强制度设计、提供专业人士支持和改善亚非国家进行国际商事仲裁环境的重要性,提出创造满足发展中国家需求的商事习惯法(lex mercatoria),并以此来推动和指导国际商事仲裁的发展方向。[1] 由于本地区很多国家都已经建立了本国的仲裁机构以及通过了相应立法,因此,在亚非地区建立区域性仲裁中心的条件已经成熟。作为回应,亚非法律协商组织建议其下属的贸易法律委员会在亚非的不同地区推动仲裁机构的建设,争取在亚非法律协商组织的帮助下使各国的仲裁机构呈现网状分布,从而由亚非的仲裁机构来审理与亚非国家有关的仲裁案件,一改以往所有的仲裁案件均由欧美的仲裁机构审理的情况。在此背景下,RCICAL得以正式成立。

区域性仲裁中心为仲裁程序的进行提供了便利和支持,其中包括对域外仲裁裁决的承认和执行。此外,区域性仲裁中心的仲裁规则以《示范法》为蓝本,并在此基础上进行了适当修改与完善。除仲裁外,纠纷当事人还可以选择调解、协商等其他方式解决纠纷。同时,区域性仲裁中心还为国际商事合同和国际投资合同的当事人提供咨询服务,包括合同的起草、仲裁的申请以及其他非讼纠纷解决机制,提供服务的方式主要包括组织国际会议、圆桌论坛、聘请国际仲裁员和学者开设培训课程等。[2] RCICAL在尼日利亚的持续经营由亚非法律协商组织与尼日

---

〔1〕 See B. S. Chimni, “AALCC’s Regional Centre for Arbitration: Historical Context, Genesis and Functions”, *Harvard International Law Journal* 9, 1983, p. 112.

〔2〕 参见杨光:《国际商事仲裁中发展中国家的权益保护路径——以区域性仲裁中心的设立为视角》,载《探求》2014年第2期。

利亚政府以协议的方式于1999年4月26日正式获准。为了贯彻仲裁的国际性原则,尼日利亚通过国内立法将国内法的相关条款与国际仲裁的相关法律编汇成了《1999年第39号区域法》,为RCICAL的确立提供了完善的法律框架。

目前,RCICAL已发展成为十分有影响力的地区性国际商事仲裁机构,在解决中尼当事人之间的民商事争议中发挥重要作用。特别需要指出的是,中国法学会与包括RCICAL在内的一些非洲仲裁机构在2013年发起了"中非仲裁员互聘计划",RCICAL聘有中国仲裁员。截至目前,中国法学会向RCICAL共推荐了30余位中国知名仲裁员。[1] 这使中国当事人选择到RCICAL进行仲裁时,可以选择中国的仲裁员。

(二)拉各斯多门法院

尼日利亚的拉各斯多门法院(Lagos Multi-Door Courthouse,LMDC)于2002年开始运行,据称其为非洲首个与法院具有联系的替代性争议解决中心。[2] 其名称中的"多门"是指可供当事人选择的多元争议解决途径,而非仅限于单一的诉讼途径(单门)。多门法院旨在提供快速、费用节省和用户友好型的争议解决程序。与法院建立的直接联系,使其在受理争议当事人直接提交的案件之外,还能够接收司法系统移送的案件。这种联系机制也使LMDC作出的仲裁裁决能够快速交由法院执行。LMDC推动和促进替代性争议解决所取得的成绩已经得到认可,其于2010年荣膺高效争议解决中心颁发的争议解决奖。[3]

(三)拉各斯仲裁院

位于尼日利亚的拉各斯州拉各斯仲裁院(Lagos Court of Arbitration,LCA)于2012年开始运营。[4] 该院努力凸显其自身作为由私人实体出资的独立机构的特点,以区别于上文所述的LMDC。正因如此,LCA努力将自己建设成为一个完全中立的机构,从而给予寻求执行合同的外国投资者以更强的信心。[5]

---

〔1〕 参见黄宁宁:《中非法律服务问题研究》,中国法学学术交流中心发布。

〔2〕 官方网址:http://www.lagosmultidoor.org。

〔3〕 参见孖士打律师行:《非洲国际仲裁——撒哈拉以南非洲国家国别指南》,競天公诚律师事务所2018年发布,第5页。

〔4〕 官方网址:http://www.lagosarbitration.org。

〔5〕 参见孖士打律师行:《非洲国际仲裁——撒哈拉以南非洲国家国别指南》,競天公诚律师事务所2018年发布,第5页。

四、尼日利亚法院对仲裁裁决的承认与执行

仲裁裁决的承认与执行是决定商事仲裁是否成功的关键环节,是仲裁制度的核心问题。[1] 当事人将争议提交仲裁庭进行仲裁,是为了能够通过仲裁这种高效简便的非讼方式迅速解决他们之间的争议,而争议的解决不能仅仅靠由仲裁庭所作出的一纸裁决,关键在于该一纸裁决能否得到承认和执行。[2] 2004年《尼日利亚仲裁与调解法》是尼日利亚以1985年《示范法》为蓝本制定的成文法,采纳了《示范法》中为国际社会所公认的仲裁规则,同时该法还将1958年《纽约公约》作为自身的一个附件(附件二)纳入其中,使之成为该法的一部分。基于此,2004年《尼日利亚仲裁与调解法》对在尼日利亚国内外所作出的仲裁裁决的承认与执行作出了详细而有效的规定,有人甚至对此作了极高的评价:“如果说现在的尼日利亚仅在一个方面比工业化国家发达的话,那就是在国际商事仲裁的法律制度方面,尤其是在对外国仲裁裁决的承认与执行方面。”[3]2004年《尼日利亚仲裁与调解法》并未对国内商事仲裁裁决的承认与执行和国际商事仲裁裁决的承认与执行作出统一规定,而是实行“双轨制”,分别对二者进行了规定。下面将分别对尼日利亚国内商事仲裁裁决的承认与执行和尼日利亚国际商事仲裁裁决的承认与执行进行考察。

(一)尼日利亚法院对国内商事仲裁裁决的承认与执行

尼日利亚法院对国内商事仲裁裁决的承认与执行主要依据2004年《尼日利亚仲裁与调解法》第31条和第32条的规定进行。[4] 需要注意的是,该两条规定不是源于《示范法》,而是源于英国的普通法及仲裁成文法。[5]

2004年《尼日利亚仲裁与调解法》第31条第1款规定:“除本法第32条规定的情形外,仲裁裁决应被承认为具有约束力,在当事人向法院提出执行仲裁裁决

---

〔1〕 当仲裁地法(lex arbitri)允许当事人放弃向国内法院提起上诉的救济时,仲裁裁决的承认与执行可能是国内法院对仲裁裁决进行审查与监督的唯一机会。

〔2〕 参见宋航:《国际商事仲裁裁决的承认与执行》,法律出版社2000年版,第24页。

〔3〕 Andrew I. Okekeifere, “The Enforcement and Challenge of Foreign Arbitral Awards in Nigeria”, *Journal of International Arbitration* 14, 1997, p. 242.

〔4〕 2004年《尼日利亚仲裁与调解法》对国内仲裁裁决亦采用了“Recognition and Enforcement of Awards”的表述。此处的“承认”具体是指尼日利亚相关法院承认相关国内仲裁裁决具有约束力。

〔5〕 参见朱伟东:《尼日利亚〈仲裁与调解法〉述评》,载《仲裁与法律》2005年第2期。

的书面申请后，应由法院强制执行。”[1]该法第 32 条规定：“仲裁协议的任何一方当事人均可请求法院拒绝承认或执行相关仲裁裁决。”[2]由此可见，除出现该法第 32 条规定的情形外，每一项仲裁协议都暗含根据该协议所作出的仲裁裁决应具有约束力，当事人应毫不迟延地予以执行，否则另一方当事人得请求相关法院强制执行一项有效的仲裁裁决。根据该法第 31 条第 2 款的规定，当事人在向相关法院申请承认与执行一项仲裁裁决时，应当提供以下材料：①经妥为认证的裁决书正本或其经妥为认证的副本；②仲裁协议正本或经正式核证的副本。

根据 2004 年《尼日利亚仲裁与调解法》第 31 条第 3 款的规定，相关法院或法官在收到当事人的请求和材料后，可以许可相关国内商事仲裁裁决以与执行本国判决或命令相同的方式得到强制执行。“这种执行裁决的程序是快捷而方便的”，[3]并且在“没有对裁决提出异议，或所提出的异议能够很容易被驳回的情况下……”是非常有效的。[4] 如果存有当事人对国内商事仲裁裁决提出异议的情形，例如，当事人在抗辩中声称该裁决是无效的、该裁决全部或部分是越权作出的、作出该裁决的仲裁程序是不合法的、该裁决所涉争议事项不具有可仲裁性、该裁决违反尼日利亚的公共政策等，那么相关法院或法官可以拒绝以执行本国判决或命令相同的方式执行一项国内商事仲裁裁决。[5]

（二）尼日利亚法院对国际商事仲裁裁决的承认与执行

尼日利亚法院对国际商事仲裁裁决的承认与执行是依据 2004 年《尼日利亚仲裁与调解法》第 51 条、第 52 条及附件二“《纽约公约》”的规定进行的。

2004 年《尼日利亚仲裁与调解法》第 51 条规定：“（1）除本法第 32 条所规定的情形外，国际商事仲裁裁决应被视为具有约束力，在当事人向法院提出承认与执行一项国际商事仲裁裁决的书面申请后，应由法院强制执行。（2）当事人在向

---

〔1〕 原文内容如下，“An arbitral award shall be recognised as binding and subject to this section 32 of this Act, shall, upon application in writing to the court, be enforced by the court”。

〔2〕 原文内容如下，“Any of the parties to an arbitration agreement may request the court to refuse recognition or enforcement of the award”。

〔3〕 Amazu A. Asouzu, “The Adoption of the UNCITRAL Model Law in Nigeria: Implication on the Recognition and Enforcement of Arbitral Awards”, *The Journal of Business Law* 2, 1999, p. 202.

〔4〕 Amazu A. Asouzu, “The Adoption of the UNCITRAL Model Law in Nigeria: Implication on the Recognition and Enforcement of Arbitral Awards”, *The Journal of Business Law* 2, 1999, p. 202.

〔5〕 参见朱伟东：《尼日利亚〈仲裁与调解法〉述评》，载《仲裁与法律》2005 年第 2 期。

相关法院申请承认与执行一项国际商事仲裁裁决时,应当提供以下材料:①经妥为认证的裁决书正本或其经妥为认证的副本;②仲裁协议正本或经正式核证的副本;及③如仲裁裁决或仲裁协议并非以英文订立,则须提供经妥为核证的英文译本。”对于当事人的上述申请,根据该法第52条第1款的规定,另一方当事人可请求相关法院拒绝承认或执行该项国际商事仲裁裁决。

2004年《尼日利亚仲裁与调解法》第52条第2款规定了法院可以拒绝承认或执行一项国际商事仲裁裁决的具体事由:(1)被申请执行人向法院提供证据证明存在下列情形之一:①仲裁协议的一方当事人欠缺民事行为能力;②根据双方当事人所约定适用的准据法,或未作出该等约定时根据裁决作出国法律,仲裁协议是无效的;③被申请执行人未得到指定仲裁员或开展仲裁程序的适当通知,或因其他原因未能陈述其案情;④仲裁裁决所处理的争议不在提交仲裁的条款范围内;⑤仲裁裁决包括对未提交仲裁之事项所作出的裁决,但如果对提交仲裁之事项所作出的裁决部分与对未提交仲裁之事项所作出的裁决部分能区分开,则只有对提交仲裁之事项所作出的裁决部分才可以被承认与执行;⑥仲裁庭的组成或仲裁程序与双方当事人的约定不符;⑦双方当事人并未就仲裁庭的组成或仲裁程序作出约定,但仲裁庭的组成或仲裁程序与仲裁地国的法律不符;⑧仲裁裁决尚未对双方当事人产生约束力,或裁决作出国法院根据其本国法已撤销或中止该仲裁裁决。(2)如果法院认定存在下列情形之一:①根据尼日利亚法律,相关争议事项不可通过仲裁解决;②承认或执行该仲裁裁决与尼日利亚的公共政策相抵触。

上述事由可以被分为两大类:一类为须由被申请执行人提出且证明方可由被请求法院“被动审查”的事由,这类事由均为程序性问题,被请求法院仅对相关仲裁裁决进行程序性审查,而不进行实体性审查;另一类为不须由被申请执行人提出且证明即可由被请求法院依职权“主动审查”的事由,这类事由均为实体性问题,被请求法院对相关仲裁裁决进行的是实体性审查。其中,容易引起争议的是第二类事由,即“不可仲裁事由”和“公共政策事由”。这两类事由密不可分,从广义层面来看,不可仲裁事由实际上是内容确定、性质明确、可以独立存在的公共政策事由。[1]

---

〔1〕 参见杜新丽:《论外国仲裁裁决在我国的承认与执行——兼论〈纽约公约〉在中国的适用》,载《比较法研究》2005年第4期。

关于争议事项的可仲裁性，尼日利亚法律的规定是很宽松的，根据2004年《尼日利亚仲裁与调解法》第57条第1款的规定，一切源于商事交易的争议均可提交仲裁解决。[1] 因此，在尼日利亚，除却源于卖淫、贩奴等非法契约的争议、涉及宪法基本问题或具有公法性质的争议不可仲裁外，一切源于商事交易的争议均可提交仲裁解决，例如，有关石油和其他自然资源的勘探和开发的争议、知识产权方面的争议等，均可提交仲裁解决。[2]

关于公共政策，国际社会目前尚未能明确其具体内涵，但在承认与执行国际商事仲裁裁决的司法实践中，各国法院对公共政策的适用非常谨慎，一般都根据国际公共政策的观念将违反公共政策局限为违反了有关国家根本性的法律秩序观念的情形。[3] 在尼日利亚，如果对一项国际商事仲裁裁决的承认与执行存在下列情形之一，它就会被认为违反了尼日利亚的公共政策：①如果承认与执行该国际商事仲裁裁决，会侵害尼日利亚和其他大多数国家或其他与仲裁有联系的国家（如契约履行地、仲裁进行地或支配仲裁的实体法所属国）共有的道德和正义的一般原则，产生于卖淫、赌博、奴隶贸易的裁决；②如果承认与执行该国际商事仲裁裁决（尤其是在尼日利亚是契约履行地或尼日利亚法律将支配仲裁的情况下），会侵害尼日利亚国内公共政策中那些确定的有关道德和公正的基本原则；③如果该国际商事仲裁裁决是当事人在规避尼日利亚法律和其他相关国家法律的情况下作出的；④如果承认与执行该国际商事仲裁裁决，会违反契约履行地的强行法规定。[4]

除根据2004年《尼日利亚仲裁与调解法》第51条和第52条的规定，对一项国际商事仲裁裁决进行承认与执行外，2004年《尼日利亚仲裁与调解法》还将1958年《纽约公约》作为其自身的一个附件（附件二）纳入其中，因此，国际商

---

〔1〕 2004年《尼日利亚仲裁与调解法》第57条第1款规定："商事"是指"包括供应或交换货物或服务的任何贸易交易；销售协议；商事代表或代理；财务代理；租赁；建造工厂；咨询；工程；许可证；投资；金融；银行；保险；开发协议或特许；合营或其他形式的工业、商业合作；货物或旅客的航空、海上、铁路的或公路的载运在内的一切商事性质关系"。

〔2〕 See Andrew I. Okekeifere, "The Enforcement and Challenge of Foreign Arbitral Awards in Nigeria", *Journal of International Arbitration* 14, 1997, p. 234.

〔3〕 参见朱伟东：《尼日利亚〈仲裁与调解法〉述评》，载《仲裁与法律》2005年第2期。

〔4〕 See Andrew I. Okekeifere, "The Enforcement and Challenge of Foreign Arbitral Awards in Nigeria", *Journal of International Arbitration* 14, 1997, p. 238.

事仲裁裁决也可根据1958年《纽约公约》在尼日利亚申请承认与执行。实际上,2004年《尼日利亚仲裁与调解法》第51条和第52条有关承认与执行国际商事仲裁裁决的规定,同1958年《纽约公约》的规定基本上是一致的。[1] 需要注意的是,2004年《尼日利亚仲裁与调解法》在实施1958年《纽约公约》时,提出了“互惠”保留和“商业”保留。该法第54条第1款规定:“在不影响本法第51条和第52条的情况下,在寻求承认与执行一项国际商事仲裁裁决时,本法附件二所列《承认及执行外国仲裁裁决公约》(以下简称《公约》)应适用于在尼日利亚或任何缔约国所作出的任何裁决:①前提是该缔约国具有根据《公约》承认和执行在尼日利亚作出的仲裁裁决的互惠立法;②《公约》仅适用于产生于契约性法律关系的争议。”

五、尼日利亚仲裁法律制度的现代化改革

如前所述,2004年《尼日利亚仲裁与调解法》“为尼日利亚境内仲裁的进行,为在尼日利亚作出的或在其他国家作出的仲裁裁决在尼日利亚境内的执行以及为在尼日利亚境内作出的仲裁裁决在国际上的执行,提供了一个全面而有效的法律体制”,[2]“是一部能够提供快捷的商业争议解决方式以及有效的仲裁裁决执行机制的良好法律”。[3] 然而,2004年《尼日利亚仲裁与调解法》也存在一些疏漏、重复及互相矛盾的地方,例如,有关仲裁程序的中止、仲裁员的指定、对仲裁员指定的异议、仲裁费用和仲裁员的报酬[4]以及仲裁裁决的承认与执行、仲裁裁决的撤销等方面的规定。[5] 因此,尼日利亚在当前亟须对其2004年《仲裁与调解法》进行修订,在此背景下,尼日利亚仲裁领域的实践与立法分别进行了一些改革性的尝试,体现出了尼日利亚仲裁法律制度的现代化。

---

〔1〕 参见朱伟东:《尼日利亚〈仲裁与调解法〉述评》,载《仲裁与法律》2005年第2期。

〔2〕 Amazu A. Asouzu,“The Adoption of the UNCITRAL Model Law in Nigeria: Implication on the Recognition and Enforcement of Arbitral Awards”, *The Journal of Business Law* 2, 1999, p. 204.

〔3〕 B. A. Bukar, M. A. Adamu, “Legal Framework for the Resolution of International Commercial Disputes: An Examination of Nigeria's Arbitration Law”, *Journal of International Arbitration* 16, 1999, p. 53.

〔4〕 See Gaius Ezejiofor, “The Nigerian Arbitration and Conciliation Act: A Challenge to the Courts”, *Journal of Business Law* 1, 1993, pp. 92–101.

〔5〕 See Andrew I. Okekeifere, “The Enforcement and Challenge of Foreign Arbitral Awards in Nigeria”, *Journal of International Arbitration* 14, 1997, pp. 231–241.

（一）实践改革："2018 年 Lotus 案"

2018 年 4 月尼日利亚上诉法院就"2018 年 Lotus 案"作出裁定，中止了拉各斯市法院的诉讼程序，责令当事人将有关合同争议提交仲裁解决。尼日利亚上诉法院在该案裁定中所发表的观点，体现了尼日利亚在仲裁实践中开始进行一些改革性的尝试，体现了尼日利亚仲裁实践的现代化。下面将对该案进行深入的分析与考察。

1. 案情简介

2008 年 5 月 Dr. Charles D. Mekwunye 与 Lotus Capital Limited、STANBIC 订立了一份《电信私人股权投资协议》。2015 年 3 月 27 日 Dr. Charles D. Mekwunye 以 Lotus Capital Limited、STANBIC、MTN、HIS HOLDING、INT TOWERS 为被告，向拉各斯市法院提起诉讼。2015 年 4 月 24 日 Lotus Capital Limited 向拉各斯市法院提出管辖权异议，认为相关争议应当根据《电信私人股权投资协议》中的仲裁条款，提交仲裁庭解决。随后，STANBIC、MTN、HIS HOLDING、INT TOWERS 相继向拉各斯市法院提出管辖权异议，或认为拉各斯市法院缺乏管辖权，或认为自身在该诉讼案件中并无被诉的主体身份，原告属于滥用司法程序。2016 年 10 月 18 日拉各斯市法院作出管辖权裁定，认为该案应当首先通过仲裁的方式解决，只有在穷尽了仲裁手段的情况下，法院才能行使管辖权。Dr. Charles D. Mekwunye 不服拉各斯市法院的上述管辖权裁定，于 2016 年 10 月 28 日向尼日利亚上诉法院提出上诉。

上诉人 Dr. Charles D. Mekwunye 在其上诉状中提出了以下 6 个上诉事由：(1)作为初审法院的拉各斯市法院未就各方当事人在初审程序中所提出的全部争议事项一一作出回应，这是否违反了正当程序原则？(2)Dr. Charles D. Mekwunye 在初审程序中所提交的争议事项超出了《电信私人股权投资协议》中的仲裁条款所能覆盖的争议范围，作为初审法院的拉各斯市法院应当考虑到这些争议事项无法全部通过仲裁方式予以解决。(3)作为初审法院的拉各斯市法院未能遵从"Obembe 案"和"KSUDB 案"所确立的裁判先例。(4)作为初审法院的拉各斯市法院忽视了 2004 年《尼日利亚仲裁与调解法》第 5 条第 2 款第(b)项的立法旨义及"Parnoms 案""Trident 案"所确立的裁判先例。(5)在 Dr. Charles D. Mekwunye 提出欺诈主张的情况下，作为初审法院的拉各斯市法院仅从表面证据认定不存在欺诈，违反了"Nimasa 案"所确立的裁判先例。(6)作为初审法院的拉各斯市法院未就各方当事人所提出的所有管辖权事项作出回应,而那些未被回应的管辖权事项可能会对案件是否可以通过仲裁方式解决造成影响。

Lotus Capital Limited 作为第一被上诉人向尼日利亚上诉法院提交了答辩状,其余被上诉人均未应诉。Lotus Capital Limited 在其答辩状中对 Dr. Charles D. Mekwunye 的上诉事由针锋相对地进行了反驳:(1)在各个当事人均已获得平等程序权利的情况下,作为初审法院的拉各斯市法院未就被告的 STANBIC、MTN、HIS HOLDING、INT TOWERS 所提出的异议作出回应,是否构成对原告正当程序权利的损害?(2)作为初审法院的拉各斯市法院认为原告 Dr. Charles D. Mekwunye 的诉讼主张属于《电信私人股权投资协议》中仲裁条款所能覆盖的争议范围,是否正确?(3)在“Obembe 案”“KSUDB 案”与本案事实背景存在差异的情况下,作为初审法院的拉各斯市法院是否必须遵从这两个先例?(4)作为初审法院的拉各斯市法院根据 2004 年《尼日利亚仲裁与调解法》第 5 条第 2 款第(b)项的规定,作出中止诉讼程序的决定,是否正确?(5)“Nimasa 案”的事实背景与原告 Dr. Charles D. Mekwunye 在本案中所主张的事实是否相关?(6)作为初审法院的拉各斯市法院根据 2004 年《尼日利亚仲裁与调解法》第 5 条的规定中止诉讼程序,并责令当事人将相关争议提交仲裁解决,是否正确?

2. 裁判观点

针对上诉人 Dr. Charles D. Mekwunye 和第一被上诉人 Lotus Capital Limited 所关注的以上 6 个问题,尼日利亚上诉法院逐一进行了回应。

针对第一个问题,即作为初审法院的拉各斯市法院是否必须根据正当程序原则对当事人在初审程序中所提出的全部争议事项逐一作出回应?对此,尼日利亚上诉法院认为,作为初审法院的拉各斯市法院在审理过程中仅就案件是否应当提交仲裁解决这一问题作了回应,这从表面上来看,作为初审法院的拉各斯市法院的做法似乎与尼日利亚先例所确立的“初审法院应当审理当事人所提出的所有争议事项”原则相冲突。然而,如果初审法院认为审理一项争议足以覆盖其余争议,而又不至于构成司法不公,那么初审法院有权选择仅审理该项争议,而无须对当事人所提出的全部争议事项逐一进行回应。在本案中,作为初审法院的拉各斯市法院通过审理原告 Dr. Charles D. Mekwunye 和第一被告 Lotus Capital Limited 之间的争议,便已得出初审法院缺乏管辖权的结论,因此,作为初审法院的拉各斯市法院选择不对其余被告所提出的争议事项进行回应,并不违反尼日利亚的相关法律规定和判例精神。

针对第二个问题，即 Dr. Charles D. Mekwunye 在初审程序中所提出的欺诈主张，是否超出了《电信私人股权投资协议》中仲裁条款所能覆盖的争议范围，能否通过仲裁方式予以解决？Dr. Charles D. Mekwunye 在初审程序中声称，其与第一被告 Lotus Capital Limited 和第二被告 STANBIC 所签署的《电信私人股权投资协议》存在欺诈，作为被告的 Lotus Capital Limited、STANBIC、MTN、HIS HOLDING、INT TOWERS 通过《电信私人股权投资协议》骗取包括原告在内的尼日利亚人民的信任和投资。尼日利亚上诉法院指出，尼日利亚司法系统尚未作出涉及“刑事指控与仲裁的关系”的司法判决，但是其他国家在这方面的司法观点值得借鉴。印度法院在“World Sport Group 案”中指出，当事人虽然提出了欺诈的主张，但该主张并不会影响基础合同内仲裁条款的效力，也没有导致基础合同的无效。在尼日利亚上诉法院看来，Dr. Charles D. Mekwunye 的欺诈主张与基础合同的效力、仲裁条款的效力是 3 个相互独立的问题，上诉人 Dr. Charles D. Mekwunye 在初审程序中所提出的欺诈主张，其对象并非基础合同中的仲裁条款。因此，尼日利亚上诉法院认为，不能仅仅因为存在欺诈的主张，就认为当事人之间的争议不可提交仲裁解决。

针对第三个问题，即作为初审法院的拉各斯市法院是否必须遵从“Obembe 案”和“KSUDB 案”所确立的裁判先例？对此，尼日利亚上诉法院认为：首先，只有在裁判先例与在审案件存有相似事实或争点的情况下，“遵从先例原则”才应当被适用。其次，在初审程序中，第一被告 Lotus Capital Limited 要求中止初审程序，此项程序性诉求与“Obembe 案”中的当事人主张并不相同。“Obembe 案”所确立的先例精神是“若当事人申请中止诉讼程序，那么该当事人需从未作出过诉讼行为，如申请延期、提交答辩状等”。因此，在程序性主张不同的情况下，作为初审法院的拉各斯市法院可以不适用“Obembe 案”所确立的先例精神，第一被告 Lotus Capital Limited 的诉讼参与行为不代表其认同初审法院拥有管辖权。此外，虽然第二被告 STANBIC 在初审程序中提交过答辩状，但根据 2004 年《尼日利亚仲裁与调解法》第 5 条的立法精神以及“KSUDB 案”所确立的“存在仲裁条款时，法院有权中止诉讼程序”的先例精神，作为初审法院的拉各斯市法院作出中止诉讼程序的裁定并不违背先例。

针对第四个问题，即作为初审法院的拉各斯市法院作出中止诉讼程序的决定,是否违反 2004 年《尼日利亚仲裁与调解法》第 5 条第 2 款第(b)项的规定?对此,尼日利亚上诉法院认为,第一被上诉人 Lotus Capital Limited 在初审程序中已经通过书面文件的形式,表达了其意欲按照《电信私人股权投资协议》中仲裁条款的约定,将相关争议提交仲裁解决。除非上诉人 Dr. Charles D. Mekwunye 能够举证证明第一被上诉人 Lotus Capital Limited 已经放弃了选择仲裁的意愿,否则,作为初审法院的拉各斯市法院有权根据 2004 年《尼日利亚仲裁与调解法》第 5 条第 2 款第(b)项的规定中止初审程序。

针对第五个问题,即在原告 Dr. Charles D. Mekwunye 提出欺诈主张的情况下,作为初审法院的拉各斯市法院仅从表面证据认定不存在欺诈,是否违反了“Nimasa 案”所确立的裁判先例?对此,第一被上诉人 Lotus Capital Limited 抗辩称,上诉人 Dr. Charles D. Mekwunye 虽然提出了欺诈主张,但该欺诈主张仅仅是上诉人 Dr. Charles D. Mekwunye 对虚假陈述主张的替代方案,而虚假陈述的问题完全可以提交仲裁解决。尼日利亚上诉法院认为,“Nimasa 案”回答了“什么是欺诈和欺诈行为”等问题,但本次上诉针对的仅是作为初审法院的拉各斯市法院所作出的中止诉讼程序的中间裁定,而对“什么是欺诈和欺诈行为”等争议的审理,应该留待实体审理阶段予以处理。因此,作为初审法院的拉各斯市法院在未经过实体审理的情况下,不应径直作出不存在欺诈的认定。

针对第六个问题,即作为初审法院的拉各斯市法院在未全部审理各方当事人所提出的全部管辖权事项时就裁定中止诉讼程序,是否违反 2004 年《尼日利亚仲裁与调解法》第 5 条的规定?对此,尼日利亚上诉法院认为,此问题与第一个问题相同,答案亦相同,即作为初审法院的拉各斯市法院在未全部审理各方当事人所提出的全部管辖权事项时就裁定中止诉讼程序,并不违反 2004 年《尼日利亚仲裁与调解法》第 5 条的规定。

综上所述,尼日利亚上诉法院认为,上诉人 Dr. Charles D. Mekwunye 的第一项至第四项上诉理由均不成立,故其上诉申请不应获得支持,原审裁定予以维持。

3. 案件评析

尼日利亚上诉法院在“2018 年 Lotus 案”中的裁判观点,遵循了“有效仲裁协议排除法院管辖”的仲裁基本法理。“有效仲裁协议排除法院管辖”,既为《承认及执行外国仲裁裁决公约》《示范法》等国际性仲裁法律文件所认可,也是为各主要法域所遵守的仲裁基本法理,尽管它们在具体的条文构造和司法支持尺度上有所不同。[1] 尼日利亚上诉法院通过"2018 年 Lotus 案"充分诠释了"有效仲裁协议排除法院管辖"这一仲裁基本法理在尼日利亚所获得的尊重，体现了尼日利亚仲裁实践中司法理念的更新，体现了尼日利亚仲裁实践的现代化。

(二)立法改革：2019 年《尼日利亚仲裁与调解法修正案》

2017 年尼日利亚正式启动《尼日利亚仲裁与调解法》的修订工作，相关法案被称为"2017 年《尼日利亚仲裁与调解法修正草案》"。目前，2017 年《尼日利亚仲裁与调解法修正草案》已经通过了尼日利亚参议院的审议，待尼日利亚众议院通过后就将报送总统批准。2019 年 7 月 11 日尼日利亚众议院完成了对 2019 年《尼日利亚仲裁与调解法修正案》的首读审议(first reading)，此后还有二读(second reading)和三读(third reading)，通过后将报送总统批准。虽然截至目前，对该修正案进行二读和三读的具体日期尚未确定，[2] 但不可否认的是，2019 年《尼日利亚仲裁与调解法修正案》的提出与审议，体现了尼日利亚在仲裁立法方面开始进行一些改革性的尝试，体现了尼日利亚仲裁立法的现代化。该修正案将与"2018 年 Lotus 案"中的裁判观点，共同构成尼日利亚仲裁法律制度现代化的转折点。2019 年修正案的亮点之一，便是纳入了第三方资助仲裁(Third-Party Funding Arbitration)。

第三方资助仲裁是最近几年国际仲裁界的热点话题。第三方为仲裁案件当事人提供费用资助并以一定比例的胜诉裁决收益作为回报，有人说这让更多当事人不会因为国际仲裁程序的昂贵而被挡在正义的门外，也有人说这是"赌徒天堂"。无论是"接近正义"还是"赌徒天堂"，第三方资助仲裁确实伴生了一些必须探讨的法律问题，例如，第三方资助人对仲裁程序的控制问题和利益冲突的披露问题等，而更基本的法律问题则是：第三方资助费用是否属于可要求败诉方承担的仲裁费用。[3]

在国际商事仲裁中，仲裁庭被普遍认为有权决定由败诉方承担胜诉方为仲裁

---

〔1〕 参见上海国际经济贸易仲裁委员会商事仲裁研究中心：《Lotus 案：尼日利亚仲裁法律制度的现代化转折点?》，载《上海律师》2018 年第 8 期。

〔2〕 参见尼日利亚议会官网：https://www.nassnig.org/documents/bill/10444，最后访问日期：2020 年 3 月 2 日。

〔3〕 参见陈挚：《第三方资助费用的承担问题——基于立法、规则和案例方面的考察》，载朱华芳主持：《仲裁圈》2018 年 7 月 16 日。

所支出的费用(包括仲裁费、律师费、专家费等)。然而,关于“费用”的定义,大部分现行仲裁规则的用语均为“当事人支出的费用”(costs incurred by a party),例如,1976 年《联合国国际贸易法委员会仲裁规则》第 42 条第 2 款、2017 年《国际商会仲裁院仲裁规则》第 38 条第 1 款以及 2017 年《瑞典斯德哥尔摩商会仲裁院仲裁规则》第 50 条。而第三方资助从本质上来说是案外第三人为当事人支付仲裁所需费用,实际支出人并不是当事人。因此,第三方资助费用是否符合诸多仲裁规则中所规定的“当事人支出的费用”这一要求,至少在表面上是存在争议的。根据目前普遍适用的大部分仲裁规则,仲裁庭裁决由败诉方承担第三方资助费用的权力并非理所当然,甚至存在超越其权限的嫌疑,从而导致相关仲裁裁决面临司法审查的风险。

在各法域已生效的仲裁立法中,没有任何立法明确赋予仲裁庭将第三方资助费用认定为仲裁费的权利。然而,2019 年《尼日利亚仲裁与调解法修正案》已经加入了这方面的内容。2019 年《尼日利亚仲裁与调解法修正案》第 84 条明确将“第三方资助费用”定义为:资助方向当事人提供全部或者部分法律费用以换取部分胜诉金额。该修正案第 50 条第 1 款规定,仲裁庭应在裁决书中处理仲裁费用,仲裁费用包括获得第三方资助的费用。从该修正案的文本来看,该修正案所规定的第三方资助仅限于营利性的第三方资助,即资助方必须从案件结果中获利。仲裁庭对仲裁费用的权限包括“获得第三方资助的费用”,似乎意味着仲裁庭不但可以处理已经实际支出的资助费用(包括案件评估费、保险费以及代为支付的法律费用),而且也可以处理资助方在胜诉后所可能获得的利润(该利润也是换取第三方资助的必要支出)。2019 年修正案第 50 条和第 84 条对第三方资助的规定,直接授权仲裁庭处理第三方资助的费用承担问题,是一个极其大胆的尝试,体现了尼日利亚仲裁立法技术的不断完善,体现了尼日利亚仲裁立法的现代化。[1]

六、对中国当事人的建议:理智选择与积极参与尼日利亚仲裁

与其他争议解决方式相比,仲裁因其快捷、经济、灵活、便于执行等特点,在国

---

〔1〕 See Joshua Karton, Abayomi Okubote, *Jumping on the TPF Bandwagon: Nigeria's New Arbitration Bill Embraces Third-Party Funding*, http://arbitrationblog.kluwerarbitration.com/2018/06/03/jumping-tpf-bandwagon-nigerias-new-arbitration-bill-embraces-third-party-funding/; see also Joseph Onele, *Third Party Funding for Arbitration inNigeria: Yea or Nay?*, http://arbitrationblog.kluwerarbitration.com/2018/06/07/tbc-2/.

际民商事争议的解决中日益受到当事人的青睐。考虑到尼日利亚仲裁法律制度的实际情况以及中尼之间民商事往来的现实，通过仲裁解决中尼当事人之间的民商事争议对于中国当事人来说不啻为一种最佳方式。这主要是基于对尼日利亚现行仲裁法律制度的以下考量。

（一）尼日利亚具有仲裁友好型法律制度

作为一种民间争议解决方式，仲裁的启动完全取决于当事人的意思自治。当事人通过仲裁解决争议的意愿能否得到尊重和实现在很大程度上取决于仲裁地的法律制度，如果仲裁地的法律制度对仲裁不友好，当事人的仲裁意愿就很可能会落空，或在仲裁程序中受到干预。一般来说，如果一国的仲裁法律采纳了《示范法》或是在《示范法》的基础上制定的，则认为该国具有仲裁友好型法律制度。[1] 1988 年尼日利亚为吸引外资、扩大国际贸易、增强投资者和商人在该地区开展投资、贸易的信心，完全按照《示范法》《仲裁规则》《调解规则》以及 1958 年《承认及执行外国仲裁裁决公约》，制定了 1988 年《尼日利亚仲裁与调解法》，该法经多次修订，现行版本为 2004 年《尼日利亚仲裁与调解法》。以该法为依托，尼日利亚在对仲裁实践进行现代化并减少干预方面取得了很大的成功。因此，尼日利亚具有仲裁友好型法律制度，在中尼当事人之间发生民商事争议时，从法律依据角度上来看，中国当事人可以放心地选择在尼日利亚进行仲裁，该等仲裁基于尼日利亚的仲裁友好型法律制度，将会顺利进行下去。

（二）尼日利亚司法机构在实践中大力支持仲裁

仲裁地所在国司法机构在实践中是否支持仲裁也是选择在该国进行仲裁时所必须考虑的重要因素。总体而言，具有仲裁友好型法律制度的国家，其法院在实践中一般也会支持仲裁。[2] 如前所述，2004 年《尼日利亚仲裁与调解法》是仲裁友好型法律制度。然而，在实践中尼日利亚高等法院对仲裁曾有过干预的例子。例如，在 2012 年审理的有关尼日利亚国家石油公司与外国石油公司之间的案件中，尼日利亚国家石油公司主张，所涉合同争议因涉及税收问题而不能通过仲裁方式解决。尼日利亚高等法院接受了这一主张，发布禁令，禁止外国石油公司通过仲裁方式解决其与尼日利亚国家石油公司之间的争议。尼日利亚高等法院

---

〔1〕 参见朱伟东：《在非洲选择仲裁必须注意的一些问题》，载《中国投资》2016 年第 20 期。
〔2〕 参见朱伟东：《在非洲选择仲裁必须注意的一些问题》，载《中国投资》2016 年第 20 期。

的这一做法后来被尼日利亚上诉法院及时制止。尼日利亚上诉法院明确指出,2004年《尼日利亚仲裁与调解法》第34条的立法目的是防止法院对仲裁进行不当干预,而不是为法院干预仲裁提供借口,这对于实现选择性争议解决方式的目的来说是非常重要的,尼日利亚国家石油公司不得主张尼日利亚高等法院的管辖权会优先于尼日利亚仲裁机构的管辖权。自此,尼日利亚司法机构在实践中大力支持仲裁,不再轻易对仲裁进行干预。

(三)尼日利亚是1958年《纽约公约》的成员国

如果一项仲裁裁决需要到国外申请承认与执行,相关国家是否是1958年《纽约公约》的成员国就具有重要意义。1958年《纽约公约》为外国仲裁裁决的承认与执行规定了十分有利的条件,根据该公约的规定,拒绝承认与执行一项外国仲裁裁决的理由十分明确且有限,如果外国仲裁裁决不具有该公约所规定的拒绝承认与执行的事由,那么作为1958年《纽约公约》成员国的被申请承认与执行国,必须承认与执行该项外国仲裁裁决。由于1958年《纽约公约》的存在,外国仲裁裁决的承认和执行与外国法院判决的承认和执行相比,其优越性显露无遗。这也是目前在国际民商事争议的解决中,诸多当事人青睐选择通过仲裁解决争议的一个重要原因。对于国际民商事争议,如果一国仲裁机构所作出的仲裁裁决或一国法院所作出的判决不能在另一国得到承认与执行,就会浪费当事人的时间、金钱和精力,因为不能得到承认与执行的仲裁裁决或法院判决如同一张废纸。[1] 中国和尼日利亚都是1958年《纽约公约》的成员国,这使中尼当事人之间所产生的仲裁裁决在尼日利亚的承认与执行变得非常方便和高效。

(四)尼日利亚拥有条件良好的常设仲裁机构

常设仲裁机构与临时仲裁相比,有固定的机构、有各类仲裁行政人员、有自己的仲裁规则和仲裁员名册。如果当事人选择在常设仲裁机构进行仲裁,那么就可以避免很多日后所可能出现的各类问题,如仲裁员的选择、仲裁规则的适用等。另外,当事人选择具备良好条件的常设仲裁机构,此类仲裁机构的仲裁行政人员在仲裁知识、语言等方面的能力较高,能够有效进行沟通和交流,仲裁设施相对完善,能够提供进行仲裁所必需的一些辅助设备,如同声传译、复印打印服务、视频

---

〔1〕 参见朱伟东:《在非洲选择仲裁必须注意的一些问题》,载《中国投资》2016年第20期。

会议等,有利于仲裁程序的顺利进行。[1] 因此,中国当事人选择在尼日利亚通过仲裁方式解决与尼日利亚当事人之间的争议时,需要有具备良好条件的常设仲裁机构作为保障。实际上,尼日利亚目前存在具备良好条件的常设仲裁机构,如前文所述RCICAL、LMDC 和 LCA 等。其中,RCICAL 是十分有影响力的地区性国际商事仲裁机构,是在 AALCO 的倡议并在其指导下设立的,其设立目的在于鼓励在尼日利亚从事国际投资和贸易的当事人能够在尼日利亚本地解决争议,在解决中尼当事人之间的民商事争议中发挥着重要作用。特别需要指出的是,中国法学会与包括 RCICAL 在内的一些非洲仲裁机构在 2013 年发起了"中非仲裁员互聘计划",RCICAL 聘有中国仲裁员,中国当事人选择到 RCICAL 进行仲裁时,可以选择中国的仲裁员。

综上可知,尼日利亚具有仲裁友好型法律制度、尼日利亚司法机构在实践中大力支持仲裁、尼日利亚是 1958 年《纽约公约》的成员国、尼日利亚设有可供选择的具备良好条件的常设仲裁机构。此外,尽管尼日利亚现行的仲裁法律制度尚有不足之处,但是当前尼日利亚实践与立法领域所进行的仲裁法律制度现代化改革,将会极大地消除尼日利亚现行仲裁法律制度中的不足之处,并与时俱进地引入一系列现代化的仲裁法律制度,这将使尼日利亚的仲裁法律制度日臻成熟与完善。因此,中国当事人在尼日利亚从事经贸业务遭遇纠纷时,不妨理智选择并积极参与尼日利亚仲裁,运用尼日利亚日臻成熟与完善的仲裁法律制度维护自身的合法权益。

---

〔1〕 参见朱伟东:《在非洲选择仲裁必须注意的一些问题》,载《中国投资》2016 年第 20 期。

附录一：

2004 年《尼日利亚仲裁与调解法》

Nigerian Arbitration and Conciliation Act 2004

(Chapter A18,Laws of the Federation of Nigeria 2004)

An Act to provide a unified legal frame work for the fair and efficient settlement of commercial disputes by arbitration and conciliation; and to make applicable the Convention on the Recognition and Enforcement of Arbitral Awards(New York Convention) to any award made in Nigeria or in any contracting State arising out of international commercial arbitration.

Part I　Arbitration

Arbitration agreement

1. (1) Every arbitration agreement shall be in writing contained-

(a) in a document signed by the parties; or

(b) in an exchange of letters, telex, telegrams or other means of communication which provide a record of the arbitration agreement; or

(c) in an exchange of points of claimand of defence in which the existence of an arbitration agreement is alleged by one party and not denied by another.

(2) Any reference in a contract to a document containing an arbitration clause constitutes an arbitration agreement if such contact is in writing and the reference is such as to make that clause part of the contract.

2. Unless a contrary intention is expressed therein, an arbitration agreement shall be irrevocable except by agreement of parties or by leave of the court or judge.

3. An arbitration agreement shall not be invalid by reason of death of any party

thereto but shall, in such an event, by enforcement by or against the personal representative of the deceased.

4. (1) A court before which an action which is the subject of an arbitration agreement is brought shall, if any party so request not later than when submitting his first statement on the substance of the dispute, order or stay of proceedings and refer the parties to arbitration.

(2) Where an action referred to in subsection (1) of this section has been brought before a court, arbitral proceedings may nevertheless be commenced or continued, and an award may be made by the arbitral tribunal while the matter is pending before the court.

5. (1) If any party to an arbitration agreement commences any action in any court with respect to any matter which is the subject of an arbitration agreement any party to the arbitration agreement may, at any time after appearance and before delivering any pleadings or taking any other steps in the proceedings, apply to the court to stay the proceedings.

(2) A court to which an application is made under subsection (1) of this section may, if it is satisfied-

(a) that there is no sufficient reason why the matter should not be referred to arbitration in accordance with the arbitration agreement; and

(b) that the applicant was at the time when the action was commenced and still remains ready and willing to do all things necessary to the proper conduct of the arbitration, make an order staying the proceedings.

Composition of Arbitral Tribunal

6. The parties to an arbitration agreement may determine the number of arbitrators to be appointed under the agreement, but where no such determination is made, the number of arbitrators shall be deemed to be three.

7. (1) Subject to subsection (3) and (4) of this section, the parties may specify in the arbitration agreement the procedure to be followed in appointing an arbitrator.

(2) Where no procedure is specified under subsection (1) of this section-

(a) in the case of an arbitration with three arbitrators, each party shall appoint one arbitrator and the two thus appointed shall appoint the third, so however that-

(i) if a party fails to appoint the arbitrator within thirty days of receipt of request to do so by the other party; or

(ii) if the two arbitrators fail to agree on the third arbitrator within thirty days of their appointments, the appointment shall be made by the court on the application of any party to the arbitration agreement;

(b) in the case of an arbitration with one arbitrator, where the parties fail to agree on one arbitrator, the appointment shall be made by the court on the application of any party to the arbitration agreement made within thirty days of such disagreement.

(3) Where, under an appointment procedure agreed upon by the parties-

(a) a party fails to act as required under the procedure; or

(b) the parties or two arbitrators are unable to reach agreement as required under the procedure; or

(c) third party, including an institution, fails to perform any duty imposed on it under the procedure, any part may request the court to take the necessary measure, unless the appointment procedure agreed upon by the parties provides other means for securing the appointment.

(4) A decision of the court under the subsections (2) and (3) of this section shall not be subjected to appeal.

(5) The court in exercising its power of appointment under subsection (2) and (3) of this section shall have due regard to any qualifications required of arbitrator by the arbitration agreement and such other consideration as are likely to secure the appointment of an independent and impartial arbitrator.

8. (1) Any person who knows of any circumstances likely to give rise to any justifiable doubts as to his impartiality or independence shall, when approached in connection with an appointment as an arbitrator, forthwith disclose such circumstances to the parties.

(2) The duty to disclose impose under subsection (1) of this section shall continue

after a person has been appointed as an arbitrator and subsist throughout the arbitral proceedings unless the arbitrator had previously disclosed the circumstances to the parties.

(3) An arbitrator may be challenged-

(a) if circumstances exist that give rise to justifiable doubts as to his impartiality or independence; or

(b) if he does not possess the qualifications agreed by the parties.

9. (1) The parties may determine the procedure to be followed in challenging an arbitrator.

(2) Where no procedure is determined under subsection (1) of this section, a party who intends to challenge an arbitrator shall, within fifteen days of becoming aware of the constitution of the arbitral tribunal or becoming aware of any circumstances referred to in section 8 of this Act, send the arbitral tribunal a written statement of the reasons for the challenge.

(3) Unless the arbitrator who has been challenged withdraws from office or the other party agrees to the challenge, the arbitral tribunal shall decide on the challenge.

10. (1) The mandate of the arbitrator shall terminate-

(a) if he withdraws from office; or

(b) if the parties agree to terminate his appointment by reasons of his inability to perform his functions; or

(c) if for any reason he fails to act without undue delay.

(2) The fact that-

(a) an arbitrator withdraws from office under subsection (1) of this section or under section 9 (3) of this Act; or

(b) a party agrees to the termination of the mandate of an arbitrator, shall not be construed as implying the existence of any ground or circumstances referred to in subsection (1) of this section or section 8 (1) of this Act.

11. Where the mandate of an arbitrator terminates-

(a) under section 9 or 10 of this Act; or

(b) because of his withdrawal from office for any reason whatsoever; or

(c) because of the revocation of his mandate by agreement of the parties; or

(d) because of any other reason whatsoever,

a substitute arbitrator shall be appointed in accordance with the same rules and procedure that applied to the appointment of the arbitrator who is being replaced.

Jurisdiction of Arbitral Tribunal

12. (1) An arbitral tribunal shall be competent to rule on questions pertaining to its own jurisdiction and on any objections with respect to the existence or validity of an arbitration agreement.

(2) For purposes of subsection (1) of this section, an arbitration clause which forms part of a contract shall be treated as an agreement independent of the other terms of the contract and a decision by the arbitral tribunal that the contract is null and void shall not entail ipso jure the validity of the arbitration clause.

(3) In any arbitral proceedings a plea that the arbitral tribunal-

(a) does not have jurisdiction may be raised not later than the time of submission of the points of defence and a party is not precluded from raising such plea by reason that he has appointed or participated in the appointment of an arbitrator;

(b) is exceeding the scope of its authority may be raised as soon as the matter alleged to be beyond the scope of its authority is raised during the proceedings,

and the arbitral tribunal may, in either case, admit a later plea if it considers that the delay was justified.

(4) The arbitral tribunal may rule on any plea referred to it under subsection (3) of this section either as a preliminary question or in an award on the merits; and such ruling shall be final and binding.

13. Unless otherwise agreed by the parties, the arbitral tribunal may before or during an arbitral proceedings-

(a) at the request of a party, order any party to take such interim measure of protection as the arbitral tribunal may consider necessary in respect of the subject matter of the dispute; and

(b) require any party to provide appropriate security in connection with any measure taken under paragraph(a) of this section.

Conduct of Arbitral Proceedings

14. In any arbitral proceedings, the arbitral tribunal shall ensure that the parties are accorded equal treatment and that each party is given full opportunity of presenting his case.

15. (1) The arbitral proceedings shall be in accordance with the procedure contained in the Arbitration Rules set out in the first schedule to this Act.

(2) Where the rules referred to in subsection(1) of this section contain no provision in respect of any matter related to or connected to any particular arbitral proceedings, the arbitral tribunal may, subject to this Act, conduct the arbitral proceedings in such a manner as it considers appropriate so as to ensure fair hearing.

(3) There power conferred on the arbitral tribunal under subsection(2) of this section, shall include the power to determine admissibly, relevance, materiality and weight of any evidence placed before it.

16. (1) Unless otherwise agreed by the parties, the place of the arbitral proceedings shall be determined by the arbitral tribunal having regard to the circumstances of the case, including the convenience of the parties.

(2) Notwithstanding the provisions of subsection (1) of this section and unless otherwise agreed by the parties, the arbitral tribunal may meet at any place it considers appropriate for consultation among its members, for hearing witnesses, experts or the parties, or for the inspection of documents, goods or other property.

17. Unless otherwise agreed by the parties, the arbitral proceedings in respect of a particular dispute shall commence on the date the request to refer the dispute to arbitration is received by the other party.

18. (1) The parties may by agreement determine the language or languages to be used in the arbitral proceedings, but where they do not do so, the arbitral tribunal shall determine the language or languages to be used bearing in mind the relevant circumstances of the case.

(2) Any language or languages agreed upon by the parties or determined by the

arbitral tribunal under subsection(1)of this section, shall, unless, a contrary intention is expressed by the parties or the arbitral tribunal, be the language or languages to be used in any written statement by the parties, in any hearing, award, decision or any other communication in the course of the arbitration.

(3)The arbitral tribunal may order that any documentary evidence shall be accompanied by a translation into the language or languages agreed upon by the parties or determined by the arbitral tribunal under subsection(1)of this section.

19. (1)The claimant shall, within the period agreed upon by the parties or determined by the arbitral tribunal, state the facts supporting his points of claim, the points at issue and the relief at remedy sought by him, and the respondent shall state his point of defence in respect of those particulars, unless the parties have otherwise agreed on the required elements of the points of claim and of defence.

(2)The parties may submit with their statements under subsection(1)of this section, all the documents they consider to be relevant or they may add a reference to the documents, or other evidence they hope to submit at the arbitral proceedings.

(3)Unless otherwise agreed by the parties, a party may amend or supplement his claim or defence during his course of the arbitral proceedings if the arbitral tribunal considers it appropriate to allow such amendment or supplement having regard to the time that has elapsed before the making of the amendment or supplement.

20. (1)Subject to any contrary agreement by the parties, the arbitral tribunal shall decide whether the arbitral proceedings shall be conducted-

(a)by holding oral hearings for the presentation of evidence or oral arguments; or

(b)on the basis of document or other materials; or

(c)by both holding oral hearings and on the basis of documents or other materials as provided in paragraphs(a)and(b)of this subsection,

and unless the parties have agreed that no hearing shall be held, the arbitral tribunal shall hold such hearings at an appropriate stage of the proceedings if requested so to do by any of the parties.

(2)The arbitral tribunal shall give to the parties sufficient advance notice of any hearing and of any meeting of the arbitral tribunal held for the purposes of inspection of document, goods, or other property.

(3) Every statement, document or other information supplied to the arbitral tribunal shall be communicated to the other party by the party supplying the statement, document or other information, and every such statement, document or other information supplied by the arbitral tribunal to one party shall be supplied to the other party.

(4) Any expert report or evidentiary document on which the arbitral tribunal may rely in making its decision shall be communicated to the parties.

(5) The arbitral tribunal shall, unless otherwise agreed by the parties, have power to administer oaths to or take the affirmations of the parties and witnesses appearing.

(6) Any party to an arbitral proceedings may issue out a writ of subpoena ad testificandum or subpoena duces tecum, but no persons shall be compelled under any such writ to produce any document which he could not be compelled to produce on the trial of an action.

21. Unless otherwise agreed by the parties, if, without showing sufficient cause-

(a) the claimant fails to state his claim as required under section 19(1) of this Act, the arbitral tribunal shall terminate the proceedings; or

(b) the respondent fails to state his defence as required under section 19(1) of this Act, the arbitral tribunal shall continue the proceedings without treating such failure in itself as an admission of the claimant's allegations; or

(c) any party fails to appear at a hearing or to produce documentary evidence, the arbitral tribunal may continue the proceedings and make an award.

22. (1) Unless otherwise agreed by the parties, the arbitral tribunal may-

(a) appoint one or more experts to report to it on specific issues to be determined by the arbitral tribunal;

(b) require a party to give to the expert any relevant information or to produce or provide access to, any documents, goods or other property for inspection.

(2) Unless otherwise agreed by the parties, if a party so request or if the arbitral tribunal considers it necessary, any expert appointed under subsection (1) of this section shall, after delivering his written or oral report, participate in a hearing where the parties shall have the opportunity of putting questions to him and presenting expert witnes-

ses to testify on their behalf on the point at issue.

(3) The arbitral tribunal shall not decide ex aequo et bono or as amiable compositeur unless the parties have expressly authorised it to do so.

(4) The arbitral tribunal shall decide in accordance with the terms of the contract and shall take account of the usages of the trade application to the transaction.

23. (1) The court or the judge may order that writ of subpoena ad testificandum or of subpoena duces tecum shall issue to compel the attendance before any arbitral tribunal of a witness wherever he may be within Nigeria.

(2) The court or a judge may also order a writ of habeas corpus ad testificandum shall issue to bring up a prisoner for examination before any arbitral tribunal.

(3) The provisions of any written law relating to the services of an execution outside a State of the Federation of any such subpoena or order for the production of a prisoner issued or made in civil proceedings by the High Court shall apply in relation to a subpoena or other issue or made under this section.

Making an Award and Termination of Proceedings

24. (1) In an arbitral tribunal compromising more than one arbitrator, any decision of the tribunal shall, unless otherwise agreed by the parties, be made by a majority of all its members.

(2) In any arbitral tribunal, the presiding arbitrator may, if so authorised by the parties or all the members of the arbitral tribunal, decide questions relating to the procedure to be followed at the arbitral proceeding.

25. (1) If, during the arbitral proceedings, the parties settle the dispute, the arbitral tribunal shall terminate the arbitral proceedings, and shall, if requested by the parties and not objected to by the arbitral tribunal, the settlement in the form of an arbitral award on agreed terms.

(2) An award on agreed terms recorded under subsection (1) of this section shall-

(a) be in accordance with the provisions of subsection 26 of this Act and state that it is such an award; and

(b) have the same status and effect as any other award on the merits of case.

26. (1) Any award made by the arbitral tribunal shall be in writing and signed by the arbitrator or arbitrators.

(2) Where the arbitral tribunal comprises of more than one arbitrator, the signatures of a majority of all the members of the arbitral tribunal shall suffice if the reason for the absence of any signature is stated.

(3) The arbitral tribunal shall state on the award-

(a) the reasons upon which it is based, unless the parties have agreed that no reason are to be given or the award is an award on agreed terms under section 25 of this Act;

(b) the date it was made; and

(c) the place of the arbitration as agreed or determined under section 16(1) of this Act which place shall be deemed to be the place where the award was made.

(4) A copy of the award, made and signed by the arbitrators in accordance with and signed by the arbitrators in accordance with subsection(1) and(2) of this section, shall be delivered to each party.

27. (1) The arbitral proceedings shall terminate when the final award is made or when an order of the arbitral is issue under subsection(2) of this section.

(2) The arbitral tribunal shall issue an order for the termination of the arbitral proceedings when-

(a) the claimant withdraws his claim, unless the respondent objects thereto and arbitral tribunal recognises a legitimate interest on his part in obtaining a final settlement of the dispute; or

(b) the parties agree on the termination of the arbitral proceedings; or

(c) the arbitral tribunal finds that continuation of the arbitral proceeding has for any reason become unnecessary or Impossible.

(3) Subject to the provisions of section 28 and 29(2) of this Act, the mandate of the arbitral tribunal shall cease on termination of the arbitral proceedings.

28. (1) Unless another period has been agreed upon by the parties, a party may, within thirty days of the receipt of an award and with notice to the other party, request the arbitral tribunal-

(a) to correct in the award any errors in computation, any clerical or typographical errors or any errors of a similar nature;

(b) to give an interpretation of a specific point or part of the award.

(2) If the arbitral tribunal considers any request made under subsection (1) of this section to be justified, it shall, within thirty days of receipt of the request, make the correction or give the interpretation and such correction or interpretation shall form part of the award.

(3) The arbitral tribunal may, on its own volition and within thirty days from the date of the award, correct any error of the type referred to in subsection (1) (a) of this section.

(4) Unless otherwise agreed by the parties, a party may within thirty days of receipt if the award, request the arbitral tribunal to make an additional award as to the claims presented in the arbitral proceedings but omitted from the award.

(5) If the arbitral tribunal considers any request made under subsection (4) of this section to be justified, it shall, within sixty days of the receipt of the request, make the additional award.

(6) The arbitral tribunal may, if it considers necessary, extent the time limit within which it shall make a correction, give an interpretation or make an additional award under subsection (2) or (5) of this section.

(7) This provision of this section 26 of this Act, which relate to the form and contents of an award, shall apply to any correction or interpretation or to an additional award made under this section.

Recourse Against Award

29. (1) A party who is aggrieved by an arbitral award may within three months-

(a) from the date of the award; or

(b) in a case falling within section 28 of this Act, from the date of the request for additional award is disposed of by the arbitral tribunal,

by way of an application for setting aside, request the court to set aside the award in accordance with subsection (2) of this section.

(2) The court may set aside an arbitral award if the party making the application furnishes proof that the award contains decisions on maters which are beyond the scope of submission to arbitration so however that if the decisions on matters submitted to arbitration can be separated from those not submitted, only that part of the award which contains decisions on matters not submitted may be set aside.

(3) the court before which an application is brought under subsection (1) of this section may, at the request of a party where appropriate, suspend proceedings for such period as it may determine to afford the arbitral tribunal an opportunity to resume the arbitral proceedings or take such other action to eliminate the grounds for setting aside of the award.

30. (1) Where an arbitrator has misconduct himself, or where the arbitral proceedings, or award, has been improperly procured, the court may on application of a party set aside the award.

(2) An arbitrator who has misconducted himself may on the application of any party be removed by the court.

Recognition and Enforcement of Awards

31. (1) An arbitral award shall be recognised as binding and subject to this section 32 of this Act, shall, upon application in writing to the court, be enforced by the court.

(2) The party relying on an award or applying for its enforcement shall supply-

(a) the duly authenticated original award or duly certified copy thereof;

(b) the original arbitration agreement or a duly certified copy thereof.

(3) An award may, by leave of the court or a judge, be enforced in the same manner as a judgement or order to the same effect.

32. Any of the parties to an arbitration agreement may request the court to refuse recognition or enforcement of the award.

General

33. A party who knows-

(a) that any provision of this Act from which the parties may not derogate; or

(b) that any requirement under the arbitration agreement, has not been complied with and yet proceeds with the arbitration without stating his objection to non-compliance within the time limit provided therefore shall be deemed to have waived his right to object to the non-compliance.

34. A court shall not intervene in any matter governed by this Act except where so provided in this Act.

35. This Act shall not affect any other law by virtue of which certain disputes-

(a) may not be submitted to arbitration; or

(b) may be submitted to arbitration only in accordance with the provisions of that or another law.

36. Notwithstanding the provisions of this Act the arbitral tribunal may, if it considers it necessary, extend the time specified for the performance of any act under this Act.

Part II Conciliation

37. Notwithstanding the other provisions of this Act, the parties to any agreement may seek amicable settlement of any dispute in relation to the agreement by conciliation under the provisions of this part of this Act.

38. (1) A party who wishes to initiate conciliation shall send to the other party a written request to conciliate under the provisions of this Part of this Act.

(2) Any request sent under subsection (1) of this section shall contain a brief statement setting out the subject of the dispute.

39. The conciliation proceedings shall commence on the date the request to conciliate is accepted by the subject of the dispute.

40. Where the request to conciliate under section 38 of this Act has been accepted, the parties shall refer the dispute to a conciliation body consisting of one or three conciliators to be appointed-

(a) in the case of one conciliator, jointly by the parties;

(b) in the case of three conciliators-

(i) one conciliator by each party, and

(ii) the third conciliator jointly by the parties.

41. (1) The conciliation body shall acquaint itself with the details of the case and procure such other information it may require for the purpose of settling the dispute.

(2) The parties may appear in person before the conciliation body and may have legal representation.

42. (1) After the conciliation body has examined the case and heard the parties, if necessary, it shall submit its terms of settlement to the parties.

(2) If the parties agree to the term of settlement submitted under subsection (1) of this section, the conciliation body shall draw up and sign a record of settlement.

(3) If the parties do not agree to the terms of settlement submitted under subsection (1) of this section, they may-

(a) submit the dispute to arbitration in accordance with any agreement between them; or

(b) take any action in court as they may deem fit.

(4) Nothing done in connection with the conciliation proceedings shall affect the legal rights of the parties in any submission to arbitration or any action taken under subsection (3) of this section.

Part Ⅲ Additional Provisions Relating to International Commercial Arbitration and Conciliation

Application of this Part of this Act and Composition of Arbitral Tribunal, etc.

43. The provision of this Part of this Act shall apply solely to cases relating to international commercial arbitration and conciliation in addition to the other provisions of this Act.

44. (1) If a sole arbitrator is to be appointed, either party may propose to the other

the names of one or more persons, one of whom will serve as the sole arbitrator.

(2) If within thirty days after receipt by a party of a proposal made in accordance with subsection (1) of this section the parties have not reached agreement on the choice of a sole arbitrator shall be appointed by the appointing authority.

(3) The appointing authority shall, at the request of one of the parties appoint the sole arbitrator as promptly as possible; and in making the appointment the appointing authority shall use the following list procedure, unless both parties agree that the list-procedure, unless both parties agree that the list procedure should not be used or unless the appointing authority determines in its discretion that the use of the list procedure is not appropriate for the case, that is-

(a) at the request of one of the parties the appointing authority shall communicate to both parties an identical list containing at least three names;

(b) within fifteen days after the receipt of the said list, each party may return the list to the appointing authority after having deleted the name or names to which he objects and numbered the remaining names on the list in the order of his preferences;

(c) after the expiration of the above named period of time the appointing authority shall appoint the sole arbitrator from among the names approved on the list returned to it and in accordance with the order of preference indicated by the parties.

(4) In making the appointment, the appointing authority shall have regard to such consideration as are likely to secure the appointment of an independent and impartial arbitrator and shall take into account as well as the advisability of appointing an arbitrator of a nationality other than the nationalities of the parties.

(5) If three arbitrators are to be appointed, each party shall appoint one arbitrator; and the two arbitrators thus appointed shall choose the third arbitrator who shall act as the presiding arbitrator of the arbitral tribunal.

(6) If within thirty days after the receipt of a party's notification of the appointment of an arbitrator the other party has not notified the other party of the arbitrator he has appointed the first party may request the appointing authority previously designated by the parties to appoint the second arbitrator.

(7) If within thirty days after the appointment of a second arbitrator the two arbi-

trators have not agreed on the choice of the presiding arbitrator, the presiding arbitrator shall be appointed by the appointing authority in the same way as a sole arbitrator would be appointed under subsection(1) to(4) of this section.

(8) When the appointing authority is required to appoint an arbitrator pursuant to the provisions of this section, the party which makes the request shall send to the appointing authority a copy of the notice of arbitration, a copy of the out of or in relation to which the dispute has arisen and a copy of the arbitration agreement if it is not contained in the contract, and the appointing authority may require from either party such information as it deems necessary to fulfil its functions under this Act.

(9) Where the names of one or more persons are proposed for appointment as arbitrators, their full names, addresses and nationalities shall be indicated, together with a description of their qualifications.

(10) Except as otherwise agreed by the parties, no person shall be disqualified from being appointed by reason of his nationality.

45. (1) A prospective arbitrator shall disclose to those who approach him in connection with his possible appointment and circumstances likely to give rise to justifiable doubt as to his impartiality or independence.

(2) An arbitrator, once appointed or chosen, shall disclose such circumstances as referred to in subsection(1) of this section to the parties unless they have already been informed by him of those circumstances.

(3) Any arbitrator may be challenged if circumstances exist that give rise to justifiable doubts as to the arbitrator's impartiality or independence.

(4) A party may challenge the arbitrator appointed by him only for reasons of which he becomes aware after the appointment has been made.

(5) A party who intends to challenge an arbitrator shall send notice of his challenge within fifteen days after the appointment of the challenged arbitrator has been notified to the challenging party or within fifteen days after circumstances mentioned in subsection(1) to(4) of this section become known to that party.

(6) The challenge shall be notified to the other party, to the arbitrator who is challenged and to the other members of the arbitral tribunal and the notification shall be in

writing and shall state the reason for the challenge.

(7) When an arbitrator has been challenged by one party, the other party may agree to the challenge and the challenged arbitrator may also, after the challenge, withdraw from his office; but the fact that the other party agrees to the challenge or that the arbitrator withdraws does not imply acceptance of the validity of the grounds for the challenge.

(8) Where the other parties agree to the challenge or the challenged arbitrators withdraws, the procedure provided in section 44 of this Act shall be used in full for the appointment of the substitute arbitrator, even during the process of appointing the challenged arbitrator a party had failed to exercise to appoint or to participate in the appointment.

(9) If the other party does not agree to the challenge and the challenged arbitrator does not withdraw, the decision on the challenge shall be made-

(a) when the initial appointment was made by an appointing authority, by that authority;

(b) when the initial appointment was not made by an appointing authority, but an appointing authority has been previously designated, by the authority;

(c) in all other cases, by the appointing authority to be designated in accordance with the procedure for designating an appointing as provided for in section 44 of this Act.

(10) If the appointing authority sustains the challenge, a substitute arbitrator shall be appointed or chosen pursuant to the procedure applicable to the appointment or choice of an arbitrator as provided in section 44 of this Act and in this section except that, when the procedure would call for the designation of an appointing authority, the appointment of the arbitrator shall be made by the appointing authority which decided on the challenge.

46. (1) Where an arbitrator dies or resigns during the course of an arbitral proceeding, a substitute arbitrator shall be appointed or chosen pursuant to the procedure provided for in section 44 and 45 of this Act that was applicable to the appointment or choice of the arbitrator being replaced.

(2) Where an arbitrator fails to act or in the event of the*de jure* or *de facto* impossibility of his performing his functions, the procedure in respect of the challenge and replacement of an arbitrator as provided in section 44 and 45 of this Act shall apply.

Making of Awards and Termination of proceedings

47. (1) The arbitral tribunal shall decide the dispute in accordance with the rules in force in the country whose laws the parties have chosen as applicable to the substance of the dispute.

(2) Any designation of the law or legal system of a country shall, unless otherwise expressed, be construed as directly referring to the substantive law of that country and not to its conflict of law rules.

(3) Where the laws of the country to be applied is not determined by the parties, the arbitral tribunal shall apply the law determined by the conflict of the law rules which it considers applicable.

(4) The arbitral tribunal shall not decide *ex aequo et bono* or as amiable compositeur unless the parties have expressly authorised it to do so.

(5) In all cases, the arbitral tribunal shall decide in accordance with the terms of the contract and shall take account of the usages of the trade applicable to the transaction.

(6) If the arbitration law of the country where the award is made requires that the award be filed or registered by the arbitral tribunal, the arbitral tribunal shall comply with this requirement within the period of time required by law.

48. The court may set aside an arbitral award-

(a) if the party making the application furnishes proof-

(i) that a party to the arbitration agreement was under some incapacity,

(ii) that the arbitration agreement is not valid under the law which the parties have indicated should be applied, or failing such indication, that the arbitration agreement is not valid under the laws of Nigeria,

(iii) that he was not given proper notice of the appointment of an arbitrator or of the arbitral proceedings or was otherwise not able to present his case, or

(iv) that the award deals with a dispute not contemplated by or not falling within the terms of the submission to arbitration, or

(v) that the award contains decisions on matters which are beyond the scope of submission to arbitration, so however that the if decisions on matters submitted to arbitration can be separated from those not submitted, only that part of the award which contains decision on matters not submitted to arbitration may be set aside, or

(vi) that the composition of the arbitral tribunal, or the arbitral procedure, was not in accordance with the agreement of the parties, unless such agreement was in conflict with a provision of this Act from which the parties cannot derogate, or

(vii) where there is no agreement between the parties under subparagraph (vi) of this paragraph, that the composition of the arbitral tribunal or the arbitral procedure was not in accordance with this Act; or

(b) if the court finds-

(i) that the subject-matter of the dispute is not capable of settlement by arbitration under laws of Nigeria; or

(ii) that the award is against public policy of Nigeria.

49. (1) The arbitral tribunal shall fix costs of arbitration in its award and the term “cost” includes only-

(a) the fees of the arbitral tribunal to be stated separately as to each arbitrator and to be fixed by the tribunal itself;

(b) the travel and other expenses incurred by the arbitrators;

(c) the cost of expert advice and of other assistance required by the arbitral tribunal;

(d) the travel and other expenses of witnesses to the extent that such expenses are approved by the arbitral tribunal;

(e) the cost for legal representation and assistance of the successful party if such cost were claimed during the arbitral proceedings, and only to the extent that the arbitral tribunal determines that the amount of such cost is reasonable.

(2) The fees of the arbitral tribunal shall be reasonable in amount taken account the amount in dispute, the complexity of the subject-matter, the time spent by the arbi-

trators and any other relevant circumstances of the case.

(3) If an appointing authority has been agreed upon by the parties or designated by the Secretary-General of the Permanent Court of Arbitration at The Hague, and if that authority has issued a schedule of fees for arbitrators in international cases which it administers, the arbitral tribunal in fixing his fees shall take that schedule of fees into account to the extent that it considers appropriate in the circumstances of the case.

(4) If such appointing authority has not issued a schedule of fees for arbitrators in international cases, any party may at any time request the appointing authority to furnish a statement setting forth the basis for establishing fees which is customarily followed in international cases in which the authority appoints arbitrators; and if the appointing authority consents to provide such a statement, the arbitral tribunal in fixing its fees shall take such information into account to the extent that it considers appropriate in the circumstances of the case.

(5) In cases referred to in subsection (3) and (4) of this section when a party so requests and the appointing authority consents to perform the function, the arbitral tribunal shall fix its fees only after consultation with the appointing authority, which may make any comment it deems appropriate to the arbitral tribunal concerning the fees.

50. (1) The arbitral tribunal, on its establishment, may request each party to deposit an equal amount as an advance for the cost referred to in paragraph (a), (b) and (c) of this section 49 (1) of this Act.

(2) During the course of the arbitral proceedings the arbitral tribunal may request supplementary deposits from the parties.

(3) If an appointing authority has been agreed upon by the parties or designated by the Secretary-General of the Permanent Court of Arbitration at The Hague, and when a party so requests and the authority consents to perform the function, the arbitral tribunal shall fix the amount of any deposits or supplementary deposits only after consultation with the appointing authority which may make any comments to the arbitral tribunal which it deems appropriate concerning the amount of such deposits and supplementary deposits.

(4) If the required deposits are not paid in full within thirty days after the receipt

of the request, the arbitral tribunal shall so inform the parties in order that one or other of them may make the required payment; and if such payment is not made, the arbitral tribunal may order the suspension or termination of the arbitral proceedings.

(5) After award has been made, the arbitral tribunal shall render an account to the parties of the deposits received and return any unexpended balance to the parties.

Recognition and Enforcement of Awards

51. (1) An arbitral award shall, irrespective of the country in which it is made, be recognised as binding and subject to this section 32 of this Act, shall, upon application in writing to the court, be enforced by the court.

(2) The party relying on an award or applying for its enforcement shall supply

(a) the duly authenticated original award or a duly certified copy thereof;

(b) the original arbitration agreement or a duly certified copy thereof; and

(c) where the award or arbitration agreement is not made in the English language, a duly certified translation thereof into the English language.

52. (1) Any of the parties to an arbitration agreement may request the court to refuse recognition or enforcement of the award.

(2) The court where recognition or enforcement of an award is sought or where application for refusal of recognition or enforcement thereof is brought may, irrespective of the country in which the award is made, refuse to recognise or enforce any award-

(a) if the party against whom it is invoked furnishes the court proof-

(i) that a party to the arbitration agreement was under some incapacity, or

(ii) that the arbitration agreement is not valid under the law which the parties have indicated should be applied, or failing such indication, that the arbitration agreement is not valid under the law of the country where the award was made, or

(iii) that he was not given proper notice of the appointment of an arbitrator or of the arbitral proceedings or was otherwise not able to present his case, or

(iv) that the award deals with a dispute not contemplated by or not falling within the terms of the submission to arbitration, or (v)that the award contains decisions on matters which are beyond the scope of submission to arbitration, so however that if the decision on matters submitted to arbitration can be separated from those not submitted, only that part of the award which contains decisions on maters submitted to arbitration may be recognised and enforced, or

(vi)that the composition of the arbitral tribunal, or the arbitral procedure, was not in accordance with the agreement of the parties, or

(vii)where there is no agreement within the parties under sub-paragraph, that the composition of the arbitral tribunal, or the arbitral procedure, was not in accordance with the law of the country where the arbitration took place, or

(viii)that the award has not yet become binding on the parties or has been set aside or suspended by a court in which, or under the law of which, the award was made; or

(b)if the court finds-

(i)that the subject-matter of the dispute is not capable of settlement by arbitration under the laws of Nigeria, or

(ii)that the recognition or enforcement of the award is against public policy of Nigeria.

(3)Where an application for the recognition of an award has been made to a court referred to in subsection(2)(a)(viii)of this section, the court before which the recognition or enforcement is sought may, if it considers it proper, postpone its decision and may on the application of the party claiming recognition or enforcement of the award, order the other party to provide appropriate security.

Application of Arbitration Rules set out in the First Schedule

53. Notwithstanding the provisions of this Act, the parties to an international commercial agreement may agree in writing that disputes in relation to the agreement shall be referred to arbitration in accordance with the Arbitration Rules set out in the First Schedule to this Act, or the UNCITRAL Arbitration Rules or any other international arbitration rule acceptable to the parties.

Application Convention on the Recognition and Enforcement of Foreign Arbitral Awards

54. (1) Without prejudice to section 51 and 52 of this Act, where the recognition and enforcement of any award arising out of an international commercial arbitration are sought, the Convention on the Recognition and Enforcement of Foreign Awards (hereafter referred to as "the Convention") set out in the Second Schedule to this Act shall apply to any award made in Nigeria or in any contracting state:

(a) provided that such contracting state has reciprocal legislation recognising the enforcement of arbitral awards made in Nigeria in accordance with the provisions of the Convention;

(b) that the Convention shall apply only to differences arising out of legal relationship which is contractual.

(2) in this part of this Act, "the appointing authority" means the Secretary-General of the Permanent Court of Arbitral at The Hague.

Conciliation

55. Notwithstanding the provisions of this Act, the parties to an international commercial agreement may agree in writing that disputes in relation to the agreement shall be settled by Conciliation Rules set out in the Third Schedule to this Act.

Part Ⅳ Miscellaneous

56. (1) Unless otherwise agreed by the parties, any communication sent under or pursuant to this Act shall be deemed to have been received-

(a) when it is delivered to the addressee personally or when it is delivered to his place of business, habitual residence or mailing address; or

(b) where a communication cannot be delivered under paragraph (a) of this subsection, when it is sent to the addressee's last known place of business, habitual residence or mailing address by registered letter or any other means which provides a record of the attempt to deliver it.

(2) A communication shall be deemed to have been received on the day it is delivered under subsection (1) of this section.

(3) The provisions of this section shall not apply to communications in court proceedings.

57. (1) In this Act, unless the context otherwise requires-

"arbitral tribunal" means a sole arbitrator or a panel of arbitrators;

"arbitration" means a commercial arbitration whether or not administered by a permanent arbitral institution;

"commercial" means all relationships of a commercial nature including any trade transaction for the supply or exchange of goods or services, distribution agreement, commercial representation or agency, factoring, leasing, construction of works, constructing, engineering licensing, investment, financing, banking, insurance, exploitation, agreement or concession, joint venture and other forms of industrial or business co-operation, carriage of goods or passengers by air, sea, rail, or road;

"court" means the High Court of a State, the High Court of a Federal Capital Territory, Abuja or the Federal High Court;

"Judge" means a Judge of the High Court of a State, the High Court of the Federal Capital Territory, Abuja or the Federal High Court;

"party" means a party to the arbitration agreement or to conciliation or any person claiming through or under him; and

"parties" shall be construed accordingly.

(2) An arbitration is international if-

(a) the parties to an arbitration agreement have, at the time of the conclusion of the agreement, their places of business in different countries; or

(b) one of the following places is situated outside the country in which the parties have their places of business-

(i) the place of arbitration if such place is determined in, or pursuant to the arbitration agreement,

(ii) any place where a substantial part of the obligation of the commercial relationship is to be performed or the place with which the subject-matter of the dispute is mist closely connected;or

(c) the parties have expressly agreed that the subject matter of the arbitration agreement relates to more than one country;or

(d) the parties,despite the nature of the contract,expressly agree that any dispute arising from the commercial transaction shall be treated as an international arbitration.

(3) For the purposes of subsection(2)of this section-

(a) if a party has more than one place of business,the place of business shall be that which has the closest relationship to the arbitration agreement;

(b) if a party does not have a place of business,reference shall be made to his habitual residence.

(4) Where a provision of this Act,other than section 47 of this Act,leaves the parties free to determine a certain issue,such freedom include the right of the parties to authorise a third party,including an institution,to make that determination.

(5) Where a provision of this Act-

(a) refers to the fact that parties have agreed or that they may agree;or

(b) in any other way refers to an agreement of the parties,such agreement includes any arbitration rules referred to In the agreement.

(6) Where a provision of this Act,other than section 21(a) or 27(2)(a) refers to a claim,such claim includes a counter-claim,and where it refers to a defence,such defence includes a defence to such counter-claim.

58. This Act may be cited as the Arbitration and Conciliation Act and shall apply throughout the Federation.

First Schedule: Arbitration Rules

Section Ⅰ Introductory Rules

Scope of Application

Article 1

1. These Rules shall govern any arbitration proceedings except that where any of these Rules is in conflict with a provision of this Act, the provision of this Act shall prevail.

Notice, Calculation of Periods of Time

Article 2

1. For the purpose of these Rules, any notice, including a notification, communication or proposal, is deemed to have been received if it is physically delivered to the addressee or if it is delivered at his habitual residence, place of business or mailing address, or, if none of these can be found after making reasonable inquiry, then at the addressee's last known residence or place of business. Notice shall be deemed to have been received on the day it is so delivered.

2. For the purposes of calculating a period of time under Rules, such period shall begin to run on the day following the day when a notice, notification, communication or proposal is received. If the last day of such period is an official holiday or a non-business day at the residence or place of business of the addressee, the period is extended until the first business day which follows. Official days or non-business days occurring during the running of the period of time are included in calculating the period.

Notice of Arbitration

Article 3

1. The party initiating recourse to arbitration (hereinafter called the "claimant") shall give to the other party (hereinafter called the "respondent") a notice of arbitration.

2. Arbitral proceedings shall be deemed to commence on the date on which the notice of arbitration is received by the respondent.

3. The notice of arbitration shall include the following:

(a) a demand that the dispute be referred to arbitration;

(b) the names and addresses of the parties;

(c) a reference to the arbitration clause or the separate arbitration agreement that is invoked;

(d) a reference to the contract out of or in relation to which the dispute arises;

(e) the general nature of the claim and an indication of the amount involved, if any;

(f) the relief or remedy sought;

(g) a proposal as to the number of arbitrators (i. e. one or three), if the parties have not previously agreed thereon.

4. The Notice of Arbitration may also include:

(a) the proposals for the appointment of a sole arbitrator;

(b) the notification of the appointment of an arbitrator referred to in Article 7;

(c) the statement of claim referred to in Article 18.

Representation and Assistance

Article 4

The parties may be represented or assisted by legal practitioners of their choice. The names and addresses of such legal practitioners must be communicated in writing to the other party; such communication must specify whether the appointment is being made for purposes of representation or assistance.

Section Ⅱ Composition of the Arbitral Tribunal

Numbers of Arbitrators

Article 5

If the parties have not previously agreed on the number of arbitrators (i. e. one or three), and if within fifteen days after the receipt by the respondent of the notice of arbitration the parties have not agreed that there shall be only one arbitrator, three arbitrators shall be appointed.

Appointment of Arbitrators (Articles 6 to 8)

Article 6

1. If a sole arbitrator is to be appointed, either party may propose to the other the names of one or more persons, one of whom would serve as the sole arbitrator.

2. If within thirty days after receipt by a party of a proposal made in accordance with paragraph 1, the parties have not reached agreement on the choice of a sole arbitrator, the sole arbitrator shall be appointed by the court.

3. The court shall, at the request of one of the parties appoint the sole arbitrator as promptly as possible; and in making the appointment the court shall use the following list-procedure, unless both parties agree that the list-procedure should not be used or unless the court determines in its discretion that the use of the list-procedure is not appropriate for the case:

(a) at the request of one of the parties the court shall communicate to both parties an identical list containing at least three names;

(b) within fifteen days after the receipt of this list, each party may return the list to the court after having deleted the name or names to which he objects and numbered the remaining names on the list in the order of preference;

(c) after the expiration of the above period of time the court shall appoint the sole arbitrator from among the names approved on the lists return to it and in accordance with the order of preference indicated by the parties;

(d) if for any reason the appointment cannot be made according to this procedure, the court may exercise its discretion in appointing the sole arbitrator.

4. In making the appointment, the court shall have regard to such considerations as are likely to secure the appointment of an independent and impartial arbitrator and shall take into account as well the advisability of appointing an arbitrator of a nationality other than the nationalities of the parties.

Article 7

1. If three arbitrators are to be appointed, each party shall appoint one arbitrator; and the two arbitrators thus appointed shall chose the third arbitrator who will act as the presiding arbitrator of the tribunal.

2. If within thirty days after the receipt of a party's notification of the appointment of an arbitrator the other party has not notified the first party of the arbitrator he has appointed the first party may request the court to appoint the second arbitrator.

3. If within thirty days after the appointment of the second arbitrator the two arbitrators have not agreed on the choice of the presiding arbitrator, the presiding arbitrator shall be appointed by the court in the same way as a sole arbitrator would be appointed under Article 6.

Article 8

1. When a court is requested to appoint an arbitrator pursuant to Article 6 or 7, the party which makes the request shall send to the court an affidavit together with a copy of the notice of arbitration, a copy of the contract out of or in relation to which the dispute has arisen and a copy of the arbitration agreement if it is not contained in the contract. The court may require from either party such information as it deems necessary to fulfil its functions.

2. Where the names of one or more persons are proposed for appointment as arbitrators, their full names and addresses shall be indicated, together with a description of their qualification.

Challenge of Arbitrators (Articles 9 to 12)

Article 9

A prospective arbitrator shall disclose to those who approach him in connection with his possible appointment any circumstances likely to give rise to justifiable doubts as to his impartiality or independence. An arbitrator, once appointed or chosen, shall disclose their circumstances to the parties unless they have already been informed by him of these circumstances.

Article 10

1. Any arbitrator may be challenged if circumstances exist that give rise to justifiable doubts as to the arbitrators impartiality or independence.

2. A party may challenge the arbitrator appointed by him only for reasons of which he becomes aware after the appointment has been made.

Article 11

1. A party who tends to challenge an arbitrator shall send notice of his challenge within fifteen days after the appointment of the challenged arbitrator has been notified to the challenging party or within fifteen days after the circumstances mentioned in article 9 and 10 became known to that party.

2. The challenge shall be notified to the other party, to the arbitrator who is challenged and to the other members of the arbitral tribunal. The notification shall be in writing and shall state the reason for the challenge.

3. When an arbitrator has been challenged by one party, the other party may agree to the challenge, withdraw from his office. In neither case does this imply acceptance of the validity of the grounds for the challenge. In both cases the procedure provided in Article 6 or 7 shall be used in full for the appointment of the substitute arbitrator, even if during the process of appointing the challenged arbitrator a party had failed to exercise his right to appoint or to participate in the appointment.

Article 12

1. If the other party does not agree to the challenge and the challenged arbitrator does not withdraw, the decision on the challenge will be made-

(a) when the initial appointment was made by the court, by the court;

(b) when the initial appointment was not made by court, but an appointment authority has been previously designated, by that authority;

(c) in all other cases, by the court as provided for in Article 6.

2. If the court sustains the challenge, a substitute arbitrator shall be appointed or chosen pursuant to the procedure applicable to the appointment or choice of an arbitrator as provided in Articles 6 to 8 except that, when this procedure would call for ap-

pointment by the court, the appointment of the arbitrator shall be made by the court which decided on the challenge.

Replacement of An Arbitrator

Article 13

1. In the event of the death or resignation of an arbitrator during the course of the arbitral proceedings, a substitute arbitrator shall be appointed or chosen pursuant to the procedure provided for in Articles 6 to 8 that was applicable to the appointment or choice of the arbitrator being replaced.

2. In the event that an arbitrator fails to act or in the event of de jure or de facto impossibility of his performing his functions, the procedure in respect of the challenge and replacement of an arbitrator as provided in the proceeding articles shall apply.

Repetition of Hearings in the Event of the Replacement of An Arbitrator

Article 14

If under articles 11 and 13 the sole or presiding arbitrator is replaced, any hearings held previously shall be repeated at the discretion of the arbitral tribunal.

Section Ⅲ Arbitral Proceedings

General Provisions

Article 15

1. Subject to these Rules, the arbitral tribunal may conduct the arbitration in such manner as it considers appropriate, provided that the parties are treated with equality and that at any stage of the proceedings each party is given a full opportunity of presenting his case.

2. If either party so requests at any stage of the proceedings, the arbitral tribunal shall hold hearings for the presentation of evidence by witnesses, including expert witnesses, or for oral argument. In the absence of such a request, the arbitral tribunal shall

decide whether to hold such hearing or whether the proceedings shall be conducted on the basis documents and other materials.

3. All documents or information supplied to the arbitral tribunal by one party shall at the same time be communicated by the party to the other party.

Place of Arbitration

Article 16

1. Unless the parties have agreed upon the place where the arbitration is to be held, such place shall be determined by the arbitral tribunal, having regard to the circumstances of the arbitration.

2. The arbitral tribunal may determine the locale of the arbitration within the place agreed upon by the parties. It may hear witnesses and hold meeting for consultation among its members at any place it deems appropriate, having regard to the circumstances of the arbitration.

3. The arbitral tribunal may meet at any place it deems appropriate for the inspection of goods, other property or document. The parties shall give sufficient notice to enable them to be present at such inspection.

Language

Article 17

1. Subject to an agreement by the parties, the arbitral tribunal shall, promptly after its appointment, determine the language or languages to be used in the proceedings. This determination shall apply to the statement of claim, the statement of defence, and any further written statements and, if oral hearings take place to the language or languages to be used at such hearing.

2. The arbitral tribunal may order that any document annexed to the statement of claim or statement of defence, and any supplementary statement documents or exhibits submitted in the course of the proceedings, delivered in their original language, shall be accompanied by a translation into the language or languages agreed upon by the parties or determined by the arbitral tribunal.

Statement of Claim

Article 18

1. Unless the statement of claim was contained in the notice of the arbitration, within a period of time to be determined by the arbitral tribunal, the claimant shall communicate his statement of claim in writing to the respondent and to each of the arbitrators. A copy of the contract, and the arbitration agreement if not contained in the contract, shall be annexed thereto.

2. The statement of claim shall include the following particulars:

(a) the names and addresses of the parties;

(b) a statement of the facts supporting the claim;

(c) the point at issue;

(d) the relief or remedy sought.

3. The claimant may annex to his statement of claim all documents he deems relevant or may add a reference to the documents or other evidence he will submit.

Statement of Defence

Article 19

1. Within a period of time to be determined by the arbitral tribunal, the respondent shall communicate his statement of defence in writing to the claimant and to each of the arbitrators.

2. The statement of defence shall reply to the particular (b), (c) and (d) of the statement of claim (Article 18, paragraph 2). The respondent may annex to his statement the documents on which he relies for his defence or may add a reference to the documents or other evidence he will submit.

3. In his statement of defence, or at a later stage in the arbitral proceedings if the arbitral tribunal decide that the delay was justified under the circumstances, the respondent may make a counter-claim arising out of the same contract or rely on a claim arising out of the same contract for the purpose of a set-off.

4. The provisions of Article 18, paragraph 2, shall apply to a counter-claim and a

claim relied on for the purpose of a set-off.

Amendments to the Claim or Defence

Article 20

During the course of the arbitral proceedings either party may amend or supplement his claim or defence unless the arbitral tribunal considers it inappropriate to allow such amendment having regard to the delay in making it or prejudice to the other party or any other circumstances. However, a claim not be amended in such a manner that the amended claim falls outside the scope of the arbitration clause or separate arbitration agreement.

Pleas as to the Jurisdiction of the Arbitral Tribunal

Article 21

1. The arbitral tribunal shall have the power to rule on objections that it has no jurisdiction, including any objections with respect to the existence or validity of the arbitration clause or of separate arbitration agreement.

2. The arbitral tribunal shall have the power to determine the existence or the validity of the contract of which an arbitration clause forms a part. For the purposes of this article, an arbitration clause which forms part of a contract and which provides for arbitration under these Rules shall be treated as an agreement independent of the other terms of the contract. A decision by the arbitral tribunal that the contract is null and void shall not entail ipso jure the invalidity of the arbitration clause.

3. A plea that the arbitral tribunal does not have jurisdiction shall be raised not later than in the statement of defence or, with respect to a counter-claim, in the reply to the counter-claim.

4. In general, the arbitral tribunal should rule on a plea concerning its jurisdiction as a preliminary question. However, the arbitral tribunal may proceed with the arbitration and rule on such a plea in their final award.

Further Written Statements

Article 22

The arbitral tribunal shall decide which further written statements, in addition to the statement of claim and the statement of defence, shall be required from the parties or may be presented by them and fix the periods of time for communicating such statements.

Periods of Time

Article 23

The periods of time fixed by the arbitral tribunal for the communication of written statements(including the statement of claim and statement of defence) should not exceed forty-five days.

Evidence and Hearings(Article 24 and 25)

Article 24

1. Each party shall have the burden of proving the facts relied on to support his claim or defence, and to the arbitral to the tribunal may, if it consider it appropriate, require a party to deliver to the tribunal and the 4 other party within such a period of time as the arbitral shall decide, a summary of the documents and other evidence which that party intends to present in support of the facts in issue set out in his statement of claim or statement of defence.

2. At any time during the arbitral proceedings the arbitral tribunal may require the parties to produce documents, exhibits or other evidence within such a period of time as the arbitral tribunal shall determine.

Article 25

1. In the event of an oral hearing, the arbitral tribunal shall give the parties adequate advance notice of the date, time and place thereof.

2. If witnesses are to be heard, at least fifteen days before the hearing each party

shall communicate to the arbitral tribunal and to the other party the names and addresses of the witnesses he intends to the present, the subject upon and the languages in which such witnesses will give their testimony.

3. The arbitral tribunal shall make arrangements for the translation of oral statement made at a hearing and for a record of the hearing of either is deemed necessary by the tribunal under the circumstances of the case, or if the parties have agreed thereto and have communicated such agreement to the tribunal at least fifteen days before the hearing.

4. Hearings shall be held in camera unless the parties agree otherwise. The arbitral tribunal may require the retirement of any witnesses or witnesses during the testimony of other witnesses. The arbitral tribunal is free to determine the manner in which witnesses are determined.

5. Evidence of witnesses may also be presented in the form of written statements signed by them.

6. The arbitral tribunal shall determine the admissibly, relevance, materiality and weight of the evidence offered.

Interim Measures of Protection

Article 26

1. At the request of either party, the arbitral tribunal may take any interim measures it deems necessary in respect of the subject-matter of the dispute, including measures for the conservation of the goods forming the subject-matter in dispute, such as ordering their deposit with a third person or the sale of perishable goods.

2. Such interim measures may be established in the form of an interim award. The arbitral tribunal shall be entitled to require security for the cost of such measures.

3. A request for interim measures addressed by any party to court shall not be deemed incompatible with the agreement to arbitrate, or as a waiver of the agreement.

Experts

Article 27

1. The arbitral tribunal may appoint one or more experts to report to it in writing, on specific issues to be determined by the tribunal. A copy of the expert's term of reference, established by the arbitral tribunal, shall be communicated to the parties.

2. The parties shall give the expert any relevant information or produce for his inspection any relevant documents or goods that he may require of them. Any dispute between a party and such expert as to the relevance of the required information or production shall be referred to the arbitral tribunal for decisions.

3. Upon a receipt of the expert's report the arbitral tribunal shall communicate a copy of the report to the parties who shall be given the opportunity to express, in writing, their opinion on the report. A party shall be entitled to examine any document on which the expert has relied on his report.

4. At the request of either party the expert, after delivering the report, may be heard at a hearing where the parties shall have the opportunity to be present and to interrogate the expert. At this hearing either parity may present expert witnesses in order to testify on the points at issue. The provisions of article 25 shall be applicable to such proceedings.

Default

Article 28

1. If, within the period of time fixed by the arbitral tribunal, the claimant has failed to communicate his claim without showing sufficient cause for such failure, the arbitral tribunal shall issue an order for the termination of the arbitral proceedings. If, within the period of time fixed by the arbitral tribunal, the respondent has failed to communicate his statement of defence without showing sufficient cause for such failure, the arbitral tribunal shall order that the proceedings continue.

2. If one of the parties duly notified under these Rules, fails to appear at a hearing, without showing sufficient cause for such failure, the arbitral tribunal may proceed

with the arbitration.

3. If one of the parties, duly invited to produce documentary evidence, fails to do so within the established period of time, without showing sufficient cause for such failure, the arbitral tribunal may make the award on the evidence before it.

Closure of Hearings

Article 29

1. The arbitral tribunal may inquire of the parties if they have any further proof to offer or witnesses to be heard or submissions to make and, if there are none, it may declare the hearings closed.

2. The arbitral tribunal may, if it considers it necessary owing to exceptional circumstances, decide, on its own motion or upon application of a party, to re-open the hearings at any time.

Waiver of Rules

Article 30

A party who knows that any provision of, or requirement under, these rules has not been complied with and yet proceeds with the arbitration without promptly stating his objection to such non-compliance, shall be deemed to have waived his right to object.

Section Ⅳ　The Award/Decisions

Article 31

1. When there are three arbitrators, any award or other decision of the arbitral tribunal shall be made by a majority of the arbitrators.

2. In the case of questions for procedure, when there is no majority or when the arbitral tribunal so authorises, the presiding arbitrator may decide on his own, subject to revision, if any, by the arbitral tribunal.

Form and Effect of the Award

Article 32

1. In addition to making a final award, the arbitral tribunal shall be entitled to

make interim, interlocutory, or partial awards.

2. The award shall be made in writing and shall be final and binding on the parties. The parties undertake to carry out the award without delay.

3. The arbitral tribunal shall state the reasons upon which the award is based, unless the parties have agreed that no reasons are to be given.

4. An award shall be signed by the arbitrators and it shall contain the date on which and the place where the award was made. Where there are three arbitrators and one of them fails to sign, the award shall state the reason for the absence of signature.

5. The award may be made public only with the consent of both parties.

6. Copies of the award signed by the arbitrators shall be communicated to the parties by the arbitral tribunal.

Applicable Law, Amiable Compositeur

Article 33

1. The arbitral tribunal shall apply the law designated by the parties as applicable to the substance of the dispute.

2. The arbitral tribunal shall decide as amiable compositeur or ex aequo et bono only if the parties have expressly authorised the arbitral tribunal to do so and if the law applicable to the arbitral procedure permits such arbitration.

3. In all cases, the arbitral tribunal shall decide in accordance with the terms of the contract and shall take into account the usage of the trade applicable to the transaction.

Settlement or Other Grounds for Termination

Article 34

1. If, before the award is made, the parties agree on a settlement of the dispute, the arbitral tribunal shall either issue an order for termination of the arbitral proceedings or, if requested by both parties and accepted by the tribunal, record the settlement in the form of an arbitral award on agreed terms. The arbitral tribunal is not obliged to give reasons for such an award.

2. If, before the award is made, the continuation of the arbitral proceedings be-

comes unnecessary or impossible for any reason not mentioned in paragraph 1, the arbitral tribunal shall inform the parties of its intention to issue an order for termination of the proceedings. The arbitral tribunal shall have the power to issue such an order unless a party raises justifiable ground for objection.

3. Copies of the order for termination of the arbitral proceedings or of the arbitral award on agreed terms, signed by the arbitrators, shall be communicated by the arbitral tribunal to the parties. Where the arbitral award on agreed terms is made, the provisions of Article 32, paragraphs 2 and 4 to 6, shall apply.

Interpretation of Award

Article 35

1. Within thirty days after receipt of the award, either party, with notice to the other party, may request that the arbitral tribunal give an interpretation of the award.

2. The interpretation shall be given in writing within forty-five days after receipt of the request. The interpretation shall form part of the award and the provisions of Article 32, paragraphs 2 and 6, shall apply.

Correction of Award

Article 36

1. Within thirty days after receipt of award, either party, with notice to the other party, may request the arbitral tribunal to correct in the award any errors in computation, any clerical or typographical errors, or any errors of similar nature. The arbitral tribunal may within thirty days after the communication of the award make such corrections on its own initiative.

2. Such corrections shall be in writing, and the provisions of Article 32, paragraphs 2 and 6, shall apply.

Additional Award

Article 37

1. Within thirty days after the receipt of the award, either party, with notice to the

other party, may request the arbitral tribunal to make an additional award as to claims presented in the arbitral proceedings but omitted from the award.

2. If the arbitral tribunal considers the request of an additional award to be justified and considers that the omission can be rectified without any further hearings or evidence, it shall complete its award within sixty days after the receipt of the request.

3. When an additional award is made, the provisions of Article 32, paragraphs 2 to 6, shall apply.

Costs (Articles 38 to 40)

Article 38

The arbitral tribunal shall fix the cost of arbitration in its award. The term "costs" includes only-

(a) the fees of the arbitration tribunal to be stated separately as to each arbitrator and to be fixed by the tribunal itself in accordance with Article 39;

(b) the travel and other expenses incurred by the arbitrators;

(c) the cost of expert advice and of other assistance required by the arbitral tribunal;

(d) the travel and other expenses of witnesses to the extent that such expenses are approved by the arbitral tribunal;

(e) the cost for legal representation and assistance of successful party if such cost were claimed during the arbitral proceedings, and only to the extent that the arbitral tribunal determines that the amount of such cost is reasonable.

Article 39

The fees of the arbitral tribunal shall be reasonable in amount, taking into account the amount in dispute, the complexity of the subject-matter, the time spent by the arbitrators and any other relevant circumstances of the case.

Article 40

1. Except as provided in paragraph 2, the cost of arbitration shall in principle be borne by unsuccessful party. However, the arbitral tribunal may apportion each of such

cost between the parties if it determines that apportionment is reasonable taking into account the circumstances of the case.

2. With respect to the cost of legal representation and assistance referred to in Article 38, paragraph(e), the arbitral tribunal, taking into account the circumstances of the case, shall be free to determine which party shall bear such costs or may apportion such costs between the parties if it determines that apportionment is reasonable.

3. When the arbitral tribunal issues an order for the termination of arbitral proceedings or makes an award on agreed terms it shall fix the cost of arbitration referred to in Article 38 and Article 39, in the text of that order or award.

4. No additional fees may be charged by an arbitral tribunal for interpretation or correction or completion of its award under Articles 35 to 37.

Deposit of Costs

Article 41

1. The arbitral tribunal, on its establishment, may request each party to deposit an equal amount as an advance for the cost referred to in Article 38, paragraphs, (a), (b) and(c).

2. During the course of the arbitral proceedings the arbitral tribunal may request supplementary deposits from the parties.

3. If the required deposits are not paid in full within thirty days after the receipt of the requests, the arbitral tribunal shall so inform the parties in order that one or another of them may make the required payment. If such payment is not made, the arbitral tribunal may order the suspension or termination of the arbitral proceedings.

4. After the award has been made, the arbitral tribunal shall render an account to the parties of the deposits received and return any unexpected balance to the parties.

Second Schedule: Convention of the Recognition and Enforcement of Foreign Arbitral Awards (June 10,1958)

Article Ⅰ

1. This convention shall apply to the recognition and enforcement of arbitral awards made in the territory of a State other than the State where the recognition and enforcement of such award are sought, arising out of difference between persons, whether physical or legal. It shall also apply to arbitral awards not considered as domestic awards in the State where their recognition and enforcement are sought.

2. The term "arbitration awards" shall include not only awards made by arbitrator, appointed for each case but also made by permanent arbitral bodies to which the parties have submitted.

3. When signing, ratifying or acceding to this Convention, or notifying extension under Article Ⅹ hereof, any State may on the basis of reciprocity declare that it will apply the Convention to the recognition and enforcement of awards made only in the territory of another Contracting State. It may also declare that it will apply the Convention only to differences arising out of legal relationships whether contractual or not, which are considered commercial under the national law of the State making such declaration.

Article Ⅱ

1. Each Contracting State shall recognise an agreement in writing under which the parties undertake to submit to arbitration all or any differences which have arisen or which may arise between them in respect of a defined legal relationship, whether contractual or not, concerning a subject matter capable of settlement by arbitration.

2. The term "agreement in writing" shall include an arbitral clause in a contract or in an arbitration agreement, signed by the parties or contained in an exchange of letters or telegrams.

3. The court of a contracting State, when seized of an action in a matter in respect

of which the parties have made an agreement within the meaning of this article, shall, at the request of one of the parties, refer the parties to arbitration, unless it finds that the said agreement is null and void, inoperative or incapable of being performed.

Article Ⅲ

Each Contracting State shall recognise arbitral awards as binding and enforce them in accordance with the rules of procedure of the territory where the award is relied upon, under the conditions laid down in the following articles. There shall not be imposed substantially more onerous conditions or higher fees or charges on the recognition enforcement of arbitral awards to which this Convention applies than are imposed on the recognition or enforcement of domestic arbitral awards.

Article Ⅳ

1. To obtain the recognition and enforcement mentioned in the preceding article, the party applying for recognition and enforcement shall, at the time of application supply:

(a) the duly authenticated original award or duly certified copy thereof;

(b) the original agreement referred to in Article 11 or a duly certified copy thereof.

2. If the said award or agreement is not made in an official language of the country in which the award is relied upon, the party applying for recognition and enforcement of the award shall produce a translation of these document into such language. The translation shall be certified by an official or sworn translator or by a diplomatic agent.

Article V

1. Recognition and enforcement of the award may be refused, at the request of the party against whom it is invoked, only if that party furnishes to the competent authority where the recognition and enforcement is sought, proof that-

(a) the parties to the agreement referred to in Article 11 were, under the law applicable to them, under some incapacity, or the said agreement is not valid under the law to which the parties have subjected it or, failing any indication thereon, under the law of the country where the award was made; or

(b) the party against whom the award is invoked was not given proper notice of the appointment of the arbitrator or of the arbitration proceedings or was otherwise unable to present his case; or

(c) the award deals with a difference not contemplated by or not failing within the terms of the submission to arbitration, provided that, if the decision on matters submitted to arbitration can be separated from those not so submitted, that part of the award which contains decisions on matters submitted to arbitration may be recognised and enforcement; or

(d) the composition of the arbitral authority or the arbitral procedure was not in accordance with the agreement of the parties, or, failing such agreement, was not in accordance with the law of the country where the arbitration took place; or

(e) the award has not yet become binding on the parties, or has been set aside or suspended by a competent authority of the country in which, or under the law of which, the award was made.

2. Recognition and enforcement of an arbitral award may also be refused if the competent authority in the country where recognition and enforcement is sought finds that-

(a) the subject matter of the difference is not capable of settlement by arbitration under the law of that country; or

(b) the recognition or enforcement of the award would be contrary to the public policy of that country.

Article Ⅵ

If an application for the setting aside or suspension of the award has been made to a competent authority referred to in Article Ⅴ paragraph (1)(e), the authority before which the award is sought to be relied upon may, if it considers it proper, adjourn the decision on the enforcement of the award and may also, on the application of the party claiming enforcement of award, order the party to give suitable security.

Article Ⅶ

1. The provisions of the present Convention shall not affect the validity of multilateral or bilateral agreements concerning the recognition and enforcement of arbitral awards entered into by the Contracting States nor deprive any interested party of any right he may have to avail himself of an arbitral award in the manner and to the extent allowed by the law or the treaties of the country where such award is sought to be relied upon.

2. The Geneva Protocol on Arbitration Clauses of 1923 and the Geneva Convention on the Execution of Foreign Arbitral Awards of 1927 shall cease to have effect between Contracting States on their becoming bound and to the extent that they become bound, by this Convention.

Article Ⅷ

1. This Convention shall be open until 31st December 1958 for signature on behalf of any Member of the United Nations and also on behalf of any other State which is or thereafter becomes a party to the Statute of the International Court of Justice, or any other state to which an invitation has been addressed by the General Assembly of the United Nations.

2. This Convention shall be ratified and the instrument of ratification shall be deposited with the Secretary-General of the United Nations.

Article Ⅸ

1. This Convention shall be open for accession to all States referred to in Article Ⅷ.

2. Accession shall be effected by the deposit of an instrument of accession with the Secretary-General of the United Nations.

Article X

1. Any State may, at the time of signature, ratification or accession, declare that his convention shall extent to all or any of the territories for the international relations of which it is responsible. Such a declaration shall take effect when the Convention en-

ters into force for the State concerned.

2. At any time thereafter any such extension shall be made by notification addressed to the Secretary-General of the United Nations and shall take effect as from the ninetieth day after the day or receipt by the Secretary-General of the United Nations of this notification, or as from the date of entry into force of the Convention for the State concerned, whichever is the later.

3. With respect to those territories to which this Convention is not extended at the time of signature, ratification or accession, each State concerned shall consider the possibilities of taking the necessary steps in order to extend the application of this Convention to such territories, subject, where necessary for constitutional reasons, to the consent of the Governments of such territories.

Article XI

1. In the case of a federal or non-unitary state, the following provisions shall apply-

(a) with respect to those articles of this Convention that come within the legislative jurisdiction of the federal authority, the obligations of the federal Government shall to this extent be the same as those of Contracting States which are not federal States;

(b) with respect to those articles of this Convention that come within the legislative jurisdiction of the constituent states or provinces which are not, under the constitutional system of the federation, bound to take legislative action, the federal Government shall bring such articles with a favourable recommendation to the notice of the appropriate authorities of constituent states or provinces at the earliest possible moment;

(c) a federal State party to this Convention shall, at the request of any other Contracting State transmitted through the Secretary-General of the United Nations, supply a statement of the law and practice of the federation and its constituent units in regard to any particular provision of this Convention, showing the extent to which effect has been given to that provision by legislative or other action.

Article XII

1. This convention shall come into force on the ninetieth day following the date of deposit of the third instrument of ratification or accession.

2. For each State ratifying or acceding to this Convention after the deposit of the third instrument of ratification or accession, this Convention shall enter into force on the ninetieth day after deposit by such State of its instrument of ratification or accession.

Article XIII

1. Any Contracting State may denounce this Convention by a written notification to the Secretary-General of the United Nations. Denunciation shall take effect one year after the date of receipt of the notification by the Secretary-General.

2. Any State which has made a declaration or notification under Article X may, at any time thereafter, by notification to the Secretary-General of the United Nations, declare that this Convention shall cease to extend to the territory concerned one year after the date of receipt of the notification by the Secretary-General.

3. This Convention shall continue to be applicable to arbitral awards in respect of which recognition or enforcement proceedings have been instituted before the denunciation takes effect.

Article XIV

A contracting State shall not be entitled to avail itself of the Present Convention against other Contracting States except to the extent that it is itself bound to apply the Convention.

Article XV

The Secretary-General of the United Nations shall notify the States contemplated in Article VIII of the following-

(a) signature and ratifications in accordance with Article VIII;

(b) accessions in accordance with Article IX;

(c) declarations and notifications under Articles I, X and XI;

(d) the date upon which this Convention enters into force in accordance with Article Ⅻ;

(e) Denunciations and notifications in accordance with Article ⅩⅢ.

Article ⅩⅥ

1. This Convention, of which the Chinese, English, French, Russian, and Spanish texts should be equally authentic, shall be deposited in the archives of the United Nations.

2. The Secretary-General of the United Nations shall transmit a certified copy of this Convention to the States contemplated in Article Ⅷ.

Third Schedule: Conciliation Rules

Application of the Rules

Article 1

(1) These Rules apply to conciliation of disputes arising out or relating to a contractual or other legal relationships where the parties seeking an amicable settlement of their dispute have agreed that the Conciliation Rules apply.

(2) The parties may agree to exclude or vary any of these Rules at any time.

(3) Where any of these Rules is in conflict with a provision of this Act any law from which the parties cannot derogate, that provision prevails.

Commencement of Conciliation Proceedings

Article 2

(1) The party initiating conciliation sends to the other party a written invitation to conciliate under these Rules, briefly identifying the subject of the dispute.

(2) Conciliation proceedings commence when the other party accepts the invitation to conciliate. If the acceptance is made orally, it is advisable that it is confirmed in writing.

(3) If the other party rejects the invitation, there will be no conciliation proceedings.

(4) If the party initiating conciliation does not receive a reply within thirty days from the date on which he sends the invitation, or within such other period of time as specified in the invitation, he may elect to treat this as a rejection of the invitation to conciliate. If he so elects, he informs the other party accordingly.

Number of Conciliation

Article 3

There shall be one conciliator unless the parties agree that there shall be two or three conciliators. Where there is more than one conciliator, they ought, as a general rule, to act jointly.

Appointment of Conciliator

Article 4

(1) (a) in conciliation proceedings with one conciliator, the parties shall endeavour to reach agreement on the name of a sole conciliator;

(b) in conciliation proceedings with two conciliators, each party appoints one conciliator;

(c) in conciliation proceedings with three conciliators, each party appoints one conciliator. The parties shall endeavour to reach agreement on the name of the third conciliator.

(2) Parties may enlist the assistance of an appropriate institution or person in connection with the appointment of conciliators. In particular-

(a) a party may request such an institution or person to recommend the names of suitable individuals to act as conciliators; or

(b) the parties may agree that the appointment of one or more conciliator be made by such institution or person.

In recommending or appointing individuals to act as conciliators, the institution or person shall have regard to such considerations as are likely to secure the appointment of an independent and impartial conciliator.

Submission of Statement to Conciliator

Article 5

(1) The conciliator upon his appointment, request each party to submit to him a brief written statement describing the general nature of the dispute and the points at issue. Each party sends a copy of his statement to the other party.

(2) The conciliator may request each party to submit to him a further written statement of his position and the facts and grounds in support thereof, supplemented by any documents and other evidence that such party deems appropriate. The party sends a copy of his statement to the other party.

(3) At any stage of the conciliation proceedings the conciliators may request a party to submit to him such additional information as he deems appropriate.

Representation and Assistance

Article 6

The parties may be represented or assisted by persons of their choice. The names and addresses of such persons are to be communicated in writing to the other party and to the conciliator; such communication is to specify whether the appointment is made for purposes of representation or of assistance.

Role of Conciliator

Article 7

(1) The conciliator assists the parties in an independent and an impartial manner in their attempt to reach an amicable settlement of their dispute.

(2) The conciliator will be guided by principles of objectivity, fairness and justice, giving consideration to, among other things, the rights and obligations of the parties, the usages of trade concerned and the circumstances surrounding the dispute, including any previous business practices between the parties.

(3) The conciliator may conduct the conciliation proceedings in such a manner as he considers appropriate, taking into account the circumstances of the case, the wishes

the party may express, including any request by a party that the conciliator hear oral statements, and the need for a speedy settlement of the dispute.

(4) The conciliator may, at any stage of the conciliation proceedings, make proposal for a settlement of the dispute. Such proposals need not be in writing and need not be accompanied by a statement of the reasons therefor.

Administrative Assistance

Article 8

In order to facilitate the conduct of the conciliation proceedings, the parties, or the conciliator with the consent of the parties, may arrange for administrative assistance by suitable institution or person.

Communication Between Conciliator and Parties

Article 9

(1) The conciliator may invite the parties to meet with him or may communicate with them orally or in writing. He may meet or communicate with the parties together or with each of them separately.

(2) Unless the parties have agreed upon the place where meetings with the conciliator are to be held, such place will be determined by the conciliator after consulting with the parties having regard to the circumstances of the conciliation proceedings.

Disclosure of Information

Article 10

When the conciliator receives factual information concerning the dispute from a party, he discloses the substances of that information to the other party in order that the other party may have the opportunity to present any explanation which he considers appropriate.

Co-operation of Parties with Conciliator

Article 11

The parties will in good faith co-operate with the conciliator and, in particular, will endeavour to comply with request by the conciliator to submit written material, provide evidence and attend meetings.

Suggestions by Parties for Settlement of Dispute

Article 12

Each party may, on his own initiative of the conciliator, submit to the conciliator suggestions for the settlement of the dispute.

Settlement Agreement

Article 13

(1) When it appears to the conciliator that there exist elements of a settlement, which would be acceptable to the parties, he formulates the terms of a possible settlement and submits them to the parties for their observation. After receiving the observations of the parties, the conciliator may reformulate the terms of a possible settlement in the light of such observations.

(2) If the parties reach agreement on a settlement of the dispute, they draw up and sign a written settlement agreement. If requested by the parties the conciliator draws up, or assists the parties in drawing up, the settlement agreement.

(3) The parties by signing the settlement agreement put an end to the dispute and are bound by the agreement.

Confidentiality

Article 14

The conciliator and the parties must keep confidential all matters relating to the conciliation proceedings. Confidentiality extends also to the settlement agreement, except where its disclosure is necessary for purposes of implementation and enforcement.

Termination of Conciliation Proceedings

Article 15

The conciliation proceedings are terminated:

(a) by the signing of the settlement agreement by the parties, on the date of the agreement; or

(b) by a written declaration of the conciliator, after consultation with the parties, to the effect that further efforts at conciliation are no longer justified, on the date of the declaration; or

(c) by a written declaration of the parties addressed to the conciliator to the effect that the conciliation proceedings are terminated, on the date of the declaration; or

(d) by a written declaration of a party to the other and the conciliator, if appointed, to the effect that the conciliation proceedings are terminated on the date of the declaration.

Resort to Arbitral or Judicial Proceedings

Article 16

The parties undertake not to initiate during the conciliation proceedings, any arbitral or judicial proceedings in respect of a dispute that is the subject of the conciliation proceedings.

Costs

Article 17

(1) Upon termination of the conciliation proceedings, the conciliator fixes the cost of the conciliation and gives written notice thereof to the parties.

The term "costs" include only:

(a) the fee of the conciliator which shall be a reasonable amount;

(b) the travel and other expenses of the conciliator;

(c) the travel and other expenses of witnesses requested by the conciliator with the consent of the parties;

(d) the cost of any assistance provided pursuant to Articles 4, paragraph 2(b), and 8 of these Rules.

(2) The costs, as defined above, are borne equally by the parties unless the settlement agreement provides for a different appointment. All other expenses incurred by a party are borne by the party.

Article 18

(1) The conciliator, upon his appointment, may request each party to deposit an equal amount as an advance for the cost referred to in Article 17, paragraph (1) which he expects will be incurred.

(2) During the course of the conciliation proceedings the conciliator may request supplementary deposits, in an equal amount from each party.

(3) If the required deposits under paragraphs (1) and (2) of this Article are not paid in full by both parties within thirty days, the conciliator may suspend the proceedings or may make a written declaration of termination to the parties, effective on the date of that declaration.

(4) Upon termination of the conciliation proceedings, the conciliator renders an accounting to the parties of the deposits received and returns any unexpected balance to the parties.

Role of Conciliator in Other Proceedings

Article 19

The parties and the conciliator undertake that the conciliator shall not act as an arbitrator or as a representative or counsel of a party in any arbitral or judicial proceedings in respect of a dispute that is the subject of the conciliation proceedings. The conciliator shall not be presented as a witness in any such proceedings.

Admissibility of Evidence in Other Proceeding

Article 20

The parties undertake not to rely on or introduce as evidence in arbitral or judicial proceedings, whether or not such proceedings relate to the dispute that is the subject of the conciliation proceedings:

(a) views expressed or suggestion made by the other party in respect of a possible settlement of the dispute;

(b) admissions made by the other party in the course of a conciliation proceedings;

(c) proposals made by the conciliator;

(d) the fact that the other party had indicated his willingness to accept a proposal for settlement made by the conciliator.

附录二：

2019 年《尼日利亚仲裁与调解法修正案》(英文版)

Nigerian Arbitration and Conciliation Act (Repeal and Enactment) Bill, 2019 (HB. 91)

该修正案尚在尼日利亚众议院的审读过程中(2019 年 7 月 11 日完成第一次审读,截至本书定稿之日,即 2020 年 5 月,第二次和第三次审读尚未进行),修正案官方版本尚无法下载。

CHAPTER 03 >>

第三章

菲律宾仲裁制度研究

一、菲律宾仲裁制度发展的历史沿革

1521年西班牙人发现菲律宾之前,当地村落(*barangays*)的居民就已经将仲裁作为解决纠纷的手段。发生纠纷之后,当事人要求村落首领(*datu*)解决纠纷。村落首领的决断被村落民众认为具有权威性和终局性。此外,当事人也会要求长辈亲属作为公断人解决家庭纷争。公断人作出的裁决,同样具有约束力。[1]

在西班牙人统治时期,西班牙国王命令菲律宾适用西班牙《民法典》(*Codigo Civil*)。该法典包含了大量细致且成熟的诉讼外友好解决纠纷的成文法规定。例如,该法典第四编第十二章"和解与仲裁"(*de los transacciones y compromisos*)规定了仲裁制度。该法典关于和解合同的规定,也适用于仲裁。此外,西班牙《民事司法法》(*Ley Enjuicinamente de Civil*)也包含了许多关于仲裁的规定。根据该法规定,当事人可以选择友好裁决者(*juicio de amigables componedores*)进行仲裁。这些裁决者应当具有读写能力。裁决者的人数应当是奇数,并且不得超过5人。当事人不能授权第三人行使指定友好裁决者的权利,公证机构

---

〔1〕 Francisco Ed. Lim,"Commercial Arbitration in the Philippines",Ateneo Law Review(2001) Vol. 46,pp. 396 - 435.

公证的除外。如果友好裁决者对于案件争议有利益冲突,或者明显偏袒一方当事人的,当事人可以申请该友好裁决者回避;友好裁决者拒绝回避的,当事人可以向友好裁决者住所地的初审法院起诉,请求法院裁定友好裁决者是否回避。友好裁决者作出裁决的,必须经过公证机关公证。当事人不服裁决的,可以在裁决作出后60日之内向西班牙最高法院起诉。仅在裁决者超期裁判或者越权裁判时,法院才可以撤销裁决。当事人不申请撤销裁决的,可以申请裁决作出地初审法院执行该仲裁裁决。

在美国统治时期,菲律宾颁行了1901年《民事诉讼程序法》(Code of Civil Procedure),取代了原先的西班牙《民事司法法》。该法没有规定仲裁制度,事实上导致了菲律宾仲裁制度的空缺。在"Cordoba 诉 Conde 案"中,当事人在合伙协议中约定,任何与合伙协议有关的疑义、争议和观点冲突都应当由友好裁决者,按照西班牙《民事司法法》规定的程序裁断。发生争议以后,一方当事人未经友好裁决者裁断,径直向法院请求解散合伙。初审法院认定仲裁协议有效,但是最高法院认为,旧法上的仲裁制度已经被新法所废止,因此原告有权向法院起诉,不受仲裁协议约束。[1] 随后,在"Whal and Wahl 诉 Donaldson 案"中,菲律宾最高法院认为,当事人之间的仲裁协议剥夺当事人请求法院保护的权利,因违反公共政策而无效。因此,菲律宾在这一时期不存在仲裁制度。

1907年以后,菲律宾法院逐渐采取较温和的态度对待仲裁。在"Chang v. Royal Exchange Assurance Corporation of London 案"中,菲律宾最高法院认定,当事人违反仲裁协议向法院起诉的行为,属于违约行为。在"Allen 诉 Province of Tayabs 案"中,菲律宾最高法院认定,除非仲裁协议完全排除了法院监督,否则法院应当认定仲裁协议的有效性。法院应当本着支持仲裁的态度,非常审慎地审查仲裁协议的效力和仲裁庭的行为。1921年菲律宾最高法院最终承认了仲裁制度的合法性,认为"当事人通过仲裁解决纠纷是普通法上一项古老的实践。仲裁中,当事人合意选择裁判机构替代法定的裁判者。当事人选择仲裁是想通过快速、经济的方式,终局性地解决纠纷。对于已经通过仲裁解决的纠纷,任何人将不得另行提起诉讼"。[2] "现在的情况已经大为改观。仲裁在菲律宾普遍被认为是有效

---

〔1〕 Cordoba v. Conde, 2 Phil. 445(1903).

〔2〕 Chan Linte vs. Law Union and Rock Insurance Co., et al., 42 Phil. 548(1921).

替代法院冗长、昂贵诉讼程序的纠纷解决方式。"[1]

菲律宾独立以后，国会颁布了菲律宾《民法典》。效仿西班牙《民法典》，该法典在第四编第十四章第2042条至第2046条中规定了仲裁制度。该法典第2043条明确规定和解作为仲裁制度的一部分。当事人无权和解的事项，也无权通过仲裁处分。这些事项包括自然人的民事身份、婚姻的效力、法律别居、婚姻扶养等。

1953年菲律宾议会颁布并开始实施《仲裁法》。[2] 该法确立了仲裁作为"经济、快速和友好的纠纷解决机制和避免诉讼的手段"，而且"应当得到法院的支持"。[3]

1958年6月10日菲律宾签署《纽约公约》。1967年7月6日菲律宾批准了该公约。

在马科斯统治期间，仲裁也获得一定程度的发展。首先，政府颁布第242号总统令（P. D.），规定政府部门、公共部门以及国有企业之间的纠纷可以通过仲裁解决。菲律宾最高法院在"PHILIVEDEC 诉 Velez 案"中，认定该行政命令并不违宪，也符合菲律宾《仲裁法》的精神。其次，颁布了第442号总统令，即《劳动法典》，规定了劳动法上的自愿仲裁和强制仲裁。再次，颁布了第1508号总统令，规定在村落层级的调解和仲裁制度，允许当事人在任意时间点书面协议选择村落首领仲裁解决纠纷。任何法院不得在法定调解程序终结之前受理案件。最后，颁布第1008号行政命令（Executive Order），创设了菲律宾建设工程仲裁委员会（Construction Industry Arbitration Commission，CIAC）。无论是政府或民间工程建设合同，任何工程领域争议都由该仲裁委员会强制、排他地管辖。

此后相当长的一段时间内，菲律宾法院对仲裁的态度逐渐转为友好支持态度。在"Chung Fu Industries 诉 Court of Appeals 案"中，当事人约定仲裁是"终局且不可上诉的"，"任何一方当事人对裁决不服，都不可以诉诸法院"，但初审法院和上诉法院都否认了该协议的效力。菲律宾最高法院本可以裁定该约定因排除司

---

〔1〕 Malcolm, J., dissenting, in Vega vs. San Carlos Milling Co., 51 Phil. 908 (1924); See also Manila Electric Co. vs. Pasay Transportation Co., 57 Phil. 600 (1932).

〔2〕 Republic Act No. 876.

〔3〕 Eastboard Navigation Ltd. vs. Juan Ysmael & Co., Inc., 102 Phil. 1 (1957).

法管辖而无效,但法院并没有这样做。[1] 相反,最高法院认为,只有约定裁决不可上诉部分的约定无效。在“B. F. Corporation v Court of Appeals 案”中,菲律宾最高法院明确表示仲裁作为替代性纠纷解决方式,代表国际纠纷解决的潮流。[2] 在“Home Banker Savings & Trust Company v. Court of Appeals 案”中,菲律宾最高法院表示,“本院明确支持和鼓励作为替代性纠纷解决方式的仲裁制度。仲裁不仅能够减轻法院的讼累,而且能高效地解决商事纠纷。本院支持这种友好的纠纷解决方式,将本着审慎的态度介入以及否定仲裁员的行为”。

此后,仲裁制度在菲律宾获得较快速的发展。1992 年菲律宾清算公司成立仲裁委员会,解决会员银行之间有关支票汇兑和清算的纠纷。1996 年菲律宾商会仲裁委员会成立。该机构也被称为菲律宾纠纷解决中心(Philippines Dispute Resolution Center Inc. ,PDRCI),该中心是菲律宾最重要的仲裁机构。该中心受理国内仲裁案件、国际仲裁案件、海事仲裁案件和知识产权仲裁案件。1998 年菲律宾国际商会成立菲律宾国家委员会,适用国际商会仲裁委员会仲裁规则管理案件。

2004 年菲律宾国会颁布并实施《替代性纠纷解决法》(Alternative Dispute Resolution Act of 2004)。[3] 该法的目的是“推行仲裁制度作为行之有效且高效的纠纷解决机制”,“积极促进当事人在纠纷解决领域的意思自治,由当事人对如何解决他们自己的纠纷作出合适的安排”,并且“鼓励和积极推广使用替代性纠纷解决机制,快速、不偏袒地实现公正,减轻法院负担”。[4]

该法对菲律宾《仲裁法》的内容进行了改动和升级。为了推进菲律宾的国际仲裁制度建设,该法还转化了联合国国际贸易法委员会(以下简称贸法会)《国际商事仲裁示范法》(以下简称《示范法》)和《承认与执行外国仲裁裁决公约》(以下简称《纽约公约》)。在该法颁行之前,菲律宾没有规定国际仲裁制度。菲律宾政府在内的菲律宾的法人、自然人在涉外合同中只能选择外国仲裁机构,适用外国

[1] 206 SCRA 545(1992).
[2] 288 SCRA 267(1998).
[3] Republic Act No. 9285.
[4] 《替代性纠纷解决法》第 2 条。

仲裁法和仲裁规则。[1] 加入《纽约公约》之后，菲律宾也没有作出国内法上的配套规定。外国仲裁裁决被视为外国判决，仅具有推定有效的效果(Presumptively Valid)，而不是《纽约公约》要求的终局有效(Binding)。该法规定，国际商事仲裁的当事人可以选择《示范法》作为准据法。该法同时规定，《纽约公约》调整的外国仲裁裁决的承认与执行适用该公约，《纽约公约》之外的外国仲裁裁决的承认与执行，适用菲律宾最高法院制定专门的程序规则。

2009年菲律宾最高法院颁布了《替代性纠纷解决法》的配套规定。该规定明确限制了法院干预审查仲裁的条件，以支持仲裁的发展。

二、菲律宾仲裁制度综述

(一)商事仲裁制度

菲律宾没有统一的仲裁法典，有关仲裁的条文见于不同法律之中。首先，菲律宾《民法典》包含有关仲裁制度的基础性规定。其次，菲律宾《仲裁法》规定了国内临时仲裁制度。再次，《替代性纠纷解决法》规定了国内机构仲裁制度和国际仲裁制度，同时将贸法会《示范法》转化为菲律宾国内法。最后，《建筑工业仲裁法》规定建设工程仲裁制度。

菲律宾《民法典》第2042条至第2046条有关仲裁的通则性规定，适用于全部仲裁类型，构成全部仲裁制度共同的基石。菲律宾还有许多行政机关创设的行使准司法职权的政府或非政府机构。这些纠纷解决制度具有强制性，不以当事人的仲裁协议为基础，当事人不能约定程序规则，也没有选择仲裁员的权利。此类纠纷解决方式不属于仲裁，因此这些机构不能被视为仲裁机构。

菲律宾《民法典》第2042条规定，有权对争议事项缔结和解协议的当事人，可以将纠纷提交仲裁解决。该法典第2043条规定，该法关于和解的规定，也适用于仲裁。该法典第2044条规定，仲裁裁决具有终局性和法律效力。该法典第2045条规定，当事人约定一方可以指定的仲裁员数量多于另一方当事人的，约定无效。该法典第2046条规定，仲裁员指定以及仲裁程序适用菲律宾最高法院制定的程序规则。此外，《民法典》关于当事人意思自治的条款也适用于仲裁。例如，根据该法典第1306条的规定，合同当事人在不违反法律、道德、公序良俗或公共政策的条

---

〔1〕 Lazatin & Prodiglidad, Arbitration in Philippines, https://www.aseanlawassociation.org, Accessed August 27. 2019.

件下,可以约定任何条款、内容和合同条件。

《仲裁法》主要调整临时仲裁(ad hoc Arbitration)。条文内容涉及仲裁协议、法定指定机构和法院监督仲裁的程序事项。[1] 菲律宾仲裁法的主要渊源是《替代性纠纷解决法》。除仲裁制度外,该法还规定了调解(Mediation)、第三方评估(Early Neutral Evaluation)、小型预审理(Mini-Trial)和仲裁调解结合(Med-Arb)等替代性纠纷解决制度。[2]

《替代性纠纷解决法》将仲裁分为国内仲裁和国际仲裁两类。国内仲裁适用《仲裁法》,国际仲裁适用联合国贸法会的《示范法》。通过援引《示范法》具体条文的方式,《替代性纠纷解决法》还修订和改革了部分国内仲裁法的规定。该法第33条规定,《示范法》第8条(仲裁协议和向法院提出的实体性申诉)、第10条(仲裁员的人数)、第11条(仲裁员的指定)、第12条(回避的理由)、第13条(申请回避的程序)、第14条(仲裁员未行事或不能行事)、第18条(当事人的平等待遇)、第19条(程序规则的确定)、第29条(仲裁庭作出的决定)和第32条(程序的中止)的规定也适用于国内仲裁。

《替代性纠纷解决法》的核心政策是当事人意思自治。按照该法第2条的规定,促进当事人在纠纷解决方面的意思自治,促进当事人自行达成合意解决纠纷,属于菲律宾的国家政策。国家鼓励和积极推进替代性纠纷解决机制,快速、公正地解决纠纷,以减轻法院负担。国家有义务提供替代性纠纷解决机制的程序制度,替代法院诉讼。该法第23条规定了仲裁的保密性原则。仲裁程序,包括仲裁案件的案卷、证据、仲裁裁决都属于保密范围。当事人合意放弃保密特权,或者在仲裁司法审查中向法院披露必要的信息除外。

《替代性纠纷解决特别程序规则》(Special Rulesof Court on Alternative Dispute Resolution,以下简称《特别规则》)是菲律宾最高法院为实施《替代性纠纷解决法》而颁布的程序性规范文件。《特别规则》主要调整当事人申请法院审查仲裁协议、仲裁程序和仲裁裁决的司法程序。《特别规则》共26条,规定了11种法院介入审查仲裁的具体情形。所有的司法审查程序都是特别程序和快速(Summary Pro-

---

[1] 也就是说,菲律宾的仲裁制度是从《仲裁法》的临时仲裁,发展到《替代性纠纷解决法》的机构仲裁制度。

[2] 劳动纠纷不适用该法。菲律宾《劳动法》及其配套规定调整劳动仲裁制度。家事关系与刑事问题也不属于可仲裁事项。此外,任何当事人无权和解的事项都不可以仲裁。

ceedings)程序。除撤销仲裁裁决之诉外,特别程序审理不应超过1天,而且开庭仅限事实查明。

《替代性纠纷解决法实施规则和规定》(Implementing Rules and Regulations of the ADR Act,以下简称《实施规则》)由司法部替代性纠纷解决办公室(Office of Alternative Dispute Resolution)为执行《替代性纠纷解决法》制定的配套规定。该规则详细规定了仲裁程序的启动、仲裁庭的组成,仲裁员的回避、临时措施、取证、承认与执行仲裁裁决和撤销仲裁裁决。当事人没有约定,《仲裁法》也没有规定时,适用该规定的规则。

菲律宾最高法院的判决具有先例效力(*stare decisis*),因此也被视为仲裁法的渊源。但是《替代性纠纷解决法》实施以来菲律宾最高法院作出的相关判决数量并不多,主要原因是菲律宾较少作为国际商事仲裁的仲裁地,涉及菲律宾当事人的案件也不多,而且需要在菲律宾执行的外国仲裁裁决也非常有限。更重要的是,菲律宾最高法院作出有限的判决主要涉及《替代性纠纷解决法》的相关条文,而不是《示范法》条文。

(二)投资仲裁制度

自1980年与英国缔结首个双边投资协定以来,菲律宾共缔结了38个双边投资协定(Bilateral Investment Treaty)和7个自由贸易协定(Free Trade Agreement),包括1992年与我国缔结的《中华人民共和国政府和菲律宾共和国政府关于鼓励和相互保护投资协定》。除与日本的经济伙伴协定(Japan-Philippines Economic Partnership Agreement)外,菲律宾缔结的双边投资协定全部规定了有约束力的纠纷解决机制。大多数的双边投资协定都约定发生争议后应当进行友好协商。协商期间通常为3~6个月。协商不成的,当事人可以选择在投资国法院起诉,或者根据《华盛顿公约》提起投资仲裁或临时仲裁,或者根据联合国国际贸易法委员会仲裁规则提起临时仲裁。[1]

1978年菲律宾成为《解决国家与他国国民间投资争端公约》(International Centre for Settlement of Investment Disputes)的缔约国。根据该公约第54条的规

〔1〕 Donemark J. L. Calimon, Jay Patrick R. Santiago and Grace Ann C. Lazaro, The Philippines: An Analysis of Investment Laws, Treaties and Dispute Resolution Mechanisms, in: Carlos Esplugues (ed.), Foreign Investment and Investment Arbitration in Asia, Intersentia 2019, pp. 227 -250.

定,仲裁庭的裁决具有与菲律宾国内生效判决同样的法律效力,可以在菲律宾国内得到承认与执行,但是菲律宾没有制定执行裁决的国内程序法。菲律宾国内学者普遍认为,裁决应当作为菲律宾初审法院的生效判决得到承认与执行。由于国际投资争端解决中心的费用过于高昂,菲律宾不愿使用这一争端解决方式。在菲律宾与东盟国家缔结的条约中,约定了书面同意仲裁条款。只有在发生争端后,当事人另行书面同意的,才可以提交国际投资争端解决中心仲裁。

临时仲裁也是菲律宾缔结的双边投资协定中普遍采用的纠纷解决方式。例如,菲律宾与我国的双边投资协定就规定了临时仲裁作为唯一有约束力的争端解决机制。临时仲裁裁决可以通过《纽约公约》在菲律宾得到承认与执行。需要注意的是,菲律宾法律规定公私合营项目、涉外合资经营合同以及外商投资特许经营协议的纠纷,仅在当事人书面同意仲裁时,才可以提起仲裁。[1] 此外,还需要注意双边投资协定对投资仲裁作出的限制。中菲双边投资协定规定,只有征收补偿以及当事人双方一致同意提交仲裁的,才可以通过仲裁解决争端。在我国和东盟的投资协定中,允许投资者先向东道国法院起诉,但只要在法院作出终局裁判之前撤回起诉的,都可以继续启动投资仲裁。

在涉及菲律宾的投资仲裁案件中,最著名的莫过于“SGS Societe Generale de Surveillance SA 诉 Republic of the Philippines 案”。[2] 该案当事人约定了排他性法院管辖协议,但是投资者仍然将案件提交国际投资争端解决中心仲裁。投资者主张菲律宾违反合同约定。该违约行为经过保护伞条款(Umbrella Clause)转化,演变为违反双边投资协定的行为,因此,国际投资争端解决中心对案件有管辖权。仲裁庭认为,双边投资协定和投资合同中的条款同时有效,但应当区分管辖权(jurisdiction)和可受理性(admissibility)两个不同的法律事项。仲裁庭认为,SGS 公司的主张属于“通过违反合同的方式(违反专属管辖权条款)来主张合同权利(主张合同违约)”。仲裁庭据此裁定,SGS 公司应当首先按照合同约定,通过菲律宾国内法院解决合同争议;SGS 公司需要等待国内法院就合同违约及东道国政府应付债务作出判决以后,才能在 BIT 项下提起投资争端解决。因此,仲裁庭认定合同中的法院选择协议有效,中止了仲裁程序的进行。最终双方当事人达成和解协

〔1〕 Implementing Rules and Regulation of the Executive Order No. 78, eff ective 12 May 2017.

〔2〕 ICSID Case No. ARB/02/6.

议,并要求将和解协议转化成仲裁裁决。根据该中心仲裁规则第43条的规定,和解裁决不被公开。

另一起著名的案件是"Fraport AG Frankfurt Airport Services Worldwide诉Republic of the Philippines案"。[1] 在该案中,仲裁庭以投资者违反菲律宾《反傀儡法》(Anti-Dummy Law)为由,否认德国公司的投资者身份,进而否认了仲裁庭的管辖权。该裁决随后被国际投资争端解决中心临时委员会撤销,理由是仲裁庭违反了投资者的申辩权,仲裁庭不应拒绝接受投资者在程序结束后、裁决作出前新发现的证据。该案后来重新组成仲裁庭,仲裁庭作出与先前仲裁庭同样的裁决。

在"Baggerwerken Decloedt En Zoon NV诉Republic of the Philippines案"中,菲律宾政府违反约定多征收了投资者税款,被仲裁庭裁定赔偿1600万美元及利息。[2] 国际投资争端解决中心受理的"Shell Philippines Exploration B. V.诉Republic of the Philippines案"尚未作出裁决。[3]

(三)和解制度

仲裁制度在菲律宾受到认可,逐渐成为可以替代诉讼的纠纷解决制度,但是菲律宾传统文化和习俗的影响依然十分巨大。当事人并不愿意以对抗的方式解决纠纷。不愿对抗的文化心态制约了仲裁制度的发展,但使和解成为该国重要的纠纷解决机制。

企业或商人之间发生纠纷后,通常会尝试先通过协商和谈判解决。协商无效的,当事人则倾向共同邀请独立的第三方进行调解。被邀请的第三方被称为"干爸"(*ninong*)或者教父(godfather)。该第三方通过非正式的方式调解或者帮助当事人和解。"干爸"通常是争议双方共同的亲属或者朋友,或者身居高位之人,例如,政治或者宗教领袖,也可能是有声望的商人或者同事。"干爸"的功能类似于裁判、调解员或者斡旋人,其无权作出有约束力的裁断,但可以通过阐明纠纷的本质,消解误会,让当事人自行作出和解安排。

菲律宾还将和解作为独特的社会治理手段。菲律宾《地方基层政府法》(Lo-

---

〔1〕 ICSID Case No. ARB/03/25 and ICSID Case No. ARB/11/12.

〔2〕 ICSID Case No. ARB/11/27, 11.10.2011 – 23.01.2017.

〔3〕 ICSID Case No. ARB/16/22.

cal Goverment Code)规定了和平委员会(*Lupon Tagapamayapa*),将菲律宾传统习俗法制化。和平委员会由村民选举产生的10~20名委员组成,作为特定案件的法定纠纷解决机构。该委员会作出的裁决具有与法院判决同等的效力,并且可以由该委员会强制执行。当事人有异议的,可以向法院申请审查。此外,菲律宾的华人族群中也盛行“家族或社群为基础的调解和解制度”,由同姓族长调解族内纠纷。

民事和解适用菲律宾《民法典》第2028条至第2041条的规定。和解协议是当事人之间相互让步,以避免诉讼并终止纠纷的合同。和解协议对当事人具有既判力,但是未经司法参与的和解协议(judicial compromise)不具有执行力。法院有促进和解的义务。一方以上的当事人表达和解意愿的,或者起诉之前一方当事人提出和解要约,另一方拒绝的,法院都应当暂停诉讼程序,指定调解员(amicable compounder)调解纠纷。为有效促进调解,法院可以裁量减少试图和解的败诉方的赔偿额。

三、菲律宾的主要仲裁机构

(一)菲律宾纠纷解决中心

菲律宾纠纷解决中心(Philippine Dispute Resolution Center)是菲律宾最主要的仲裁机构。该中心成立于1996年,属于非股份制、非营利组织,成立宗旨是推进民商事主体使用仲裁和其他替代性纠纷解决机制。该中心受理的案件主要是商事案件。该中心完全独立于政府、企业,完全靠自己的收入和捐赠活动运营,管理的案件数量并不多。根据菲律宾争议解决中心公布的统计数据,从2004~2015年,该中心管理的案件年均不到6件。其中,国内案件年均4件,涉外案件年均2件。

该中心现行有效的仲裁规则是2015年修订的仲裁规则(PDRCI-Rules)。该规则以联合国贸法会的仲裁规则(UNCITRAL Arbitration Rules)为蓝本,除引入了紧急仲裁员制度外,其余改动不大。该中心同时制定了案件管理指引(Administrative Guidelines),对仲裁请求的提交、答辩程序以及指定权的行使作出细致规定。该中心还借鉴国际律师协会的仲裁员伦理规则和利益冲突指引,制定了自己的仲裁伦理规范(PDRCI Code of Ethics for Arbitration)。

菲律宾纠纷解决中心按其制定的费率表(Schedule of Fees)收费。费用包括两部分:第一部分是仲裁员费用(Arbitrator's Fees),第二部分是仲裁机构管理费用(Administrative Fees)。仲裁员费用包括基础费用(Base Amount)和调整费用(Adjustments)。[1] 标的额100万菲律宾比索以下的案件,仲裁员基础费用每件为10万菲律宾比索。100万比索以上的案件为10万比索乘以固定比例。例如,100万比索到500万比索之间比例为4%。如果案件标的是500万比索,仲裁员收费为10万比索的基础费用,加上400万比索乘以4%,共计26万比索。调整参数由仲裁机构决定。简单案件的系数为1.0,复杂案件的系数为2.0;案件当事人为两方的,调整系数为1.0;当事人为三方的,调整系数为2.0;当事人为四方及以上的,调整系数为3.0。

(二)其他仲裁机构

建筑工业仲裁委员会是菲律宾最重要的建设工程仲裁机构。该机构是菲律宾贸易和工业部下设的专门仲裁机构,由菲律宾建筑工业局(Construction Industry Authority of the Philippines)指导工作。该机构的3名委员以及工作人员皆为公务员或者政府雇员,但是名册仲裁员却不包括政府雇员。名册仲裁员中约50%的仲裁员是工程师,25%是建筑设计师,还有25%是熟悉建设工程的律师。自1989～2011年,该委员会年均受按量为29件,案件平均标的额为5522万菲律宾比索。

有意思的是,建筑工业仲裁委员会也可以受理商事案件。菲律宾最高法院认为,如果当事人错误地向非商事仲裁机构,如建筑工业仲裁委员会这类强制仲裁的管理机构申请仲裁的,那么非商事仲裁机构也可以管理商事仲裁案件。在"Benguet Corporation 诉 Department of Environment and Natural Resources 等案"中,菲律宾最高法院认为矿业行业的强制仲裁机构,经当事人默示同意,可以受理商事仲裁案件。[2] 在该案中,Benguet 公司与 J. G. Realty 公司订立了许可协议和期权协议。协议中约定了仲裁条款,即"争议发生后,任何人不得起诉或者将案件提交行政准司法机构裁断。当事人应当以仲裁的方式解决纠纷。仲裁庭应当由3人组成,当事人双方各选1名仲裁员,首席仲裁员由双方当事人选择的仲裁院产生。仲裁裁决需要执行的,当事人可以申请法院执行"。

争端发生之后,J. G. Realty 公司向矿业主管部门的仲裁庭(Panel of Arbitra-

---

〔1〕 费率表载:https://www.pdrci.org/our-rules/arbitration-rules-schedule-of-fees/,最后访问日期:2019年8月26日。

〔2〕 G. R. No. 163101,13 February 2008.

tors)申请仲裁。经审理,该仲裁庭作出有利于申请人的裁决,并得到矿业司法委员会(Mines Adjudication Board)的确认。Benguet 公司向菲律宾最高法院提起上诉,称仲裁庭没有管辖权。依据菲律宾矿业法,仲裁庭只能受理强制仲裁案件。而该案涉及的是商事合同,不属于强制仲裁的范围。菲律宾最高法院审查后认定,该案涉及的合同是商事合同。商事合同的当事人可以选择《仲裁法》规定的商事仲裁解决纠纷。如果当事人错误地向法院或者行政性准司法结构提出申请,那么此类机构应当审查商事仲裁协议是否有效。如果仲裁协议有效,那么准司法机构也可以受理案件。

菲律宾银行业协会(Banker Association of the Philippines)适用支票清算纠纷解决仲裁规则,解决支票结算清算涉及的纠纷。该协会也属于非股份制、非营利机构,完全独立于政府,但是接受会员银行的资助。此外,菲律宾的仲裁机构还包括建设工程仲裁员和调解员协会(Philippine Institute of Construction Arbitrators and Mediations)和特许仲裁学会在菲律宾的分支机构(Chartered Institute of Arbitrators)。

在国际商事仲裁中,联合国贸法会《仲裁规则》的临时仲裁、新加坡国际仲裁中心(Singapore International Arbitration Centre,SIAC)、香港国际仲裁中心(Hong Kong International Arbitration Centre,HKIAC)和国际商会仲裁院(The International Chamber of Commerce,ICC)都是菲律宾当事人约定较多的国际仲裁机构。

四、菲律宾国内仲裁法概述

菲律宾国内仲裁法散见于不同的法律及规范性文件之中。概括而言,临时仲裁程序由《仲裁法》规定,机构仲裁程序由《替代性纠纷解决法规定》,《民法典》则规定了可仲裁性以及仲裁协议的基础规定。仲裁程序的详细规定多见于菲律宾司法部制定的《实施规则》,而司法审查的详细规定多见于菲律宾最高法院制定的《特别规则》。

(一)仲裁协议

1. 可仲裁性

《民法典》第 2043 条规定当事人有权达成和解协议的案件,具有可仲裁性。该法典第 2035 条同时又规定,当事人的民事身份、婚姻和别居(Legal Separation)的效力、别居的理由、扶养费用、法院的管辖权以及继承事项(Future Legitime),当事人无权和解,因此也不能提交仲裁。

《替代性纠纷解决法》第6条进一步规定，菲律宾《劳动法典》调整的劳动纠纷不可提交商事仲裁，应适用特殊的强制仲裁制度。另外，刑事责任以及法律规定的其他争议不可以仲裁。

2. 仲裁协议的效力

《仲裁法》将仲裁协议视为一类合同，因此仲裁协议必须具备普通合同的有效要件。[1] 根据《民法典》的规定，仲裁协议存在意思表示错误、胁迫、欺诈、施加不正当影响以及伪造书面材料等情形的，仲裁协议具有瑕疵，属于可撤销（Voidable）的法律行为。仲裁协议的当事人也应当具备行为能力。欠缺行为能力的当事人，只能通过法定代理人，或法院批准的诉讼代理人（Guardian *ad litem*），订立仲裁协议。如果仲裁协议由无代理权的人订立，那么仲裁协议对被代理人无效（Unenforceable）。[2]

在"Ormoc Sugarcane Planters Association, Inc. , et al. 诉 Court of Appeals 案"中，菲律宾最高法院认为，仲裁协议属于协议的一种，仅在协议当事人之间有效。协议之外的当事人，无权援用仲裁协议申请仲裁。该案涉及甘蔗农户、蔗糖协会和蔗糖加工中心之间的纠纷。蔗糖农户与蔗糖加工中心之间订立了制糖合同。合同约定，甘蔗农户向蔗糖加工中心提供甘蔗，由蔗糖加工中心加工。加工后的制成品中34%的白糖和糖浆归蔗糖加工中心，65%归属农户，剩余1%归属农户所属的蔗糖协会。如果农户未加入任何蔗糖协会的，1%交给蔗糖加工中心。在该案中，蔗糖协会认为蔗糖加工中心将本应交给协会的份额，全部返还给甘蔗农户，因此提起仲裁，主张蔗糖加工中心违约。初审法院认为，案件应当提交仲裁，但上诉法院否定了仲裁协议。案件上诉至菲律宾最高法院，菲律宾最高法院认为蔗糖协会虽然能够从合同中获益，但是该协会并非仲裁协议的当事人，不能援引仲裁协议。

仲裁协议应当具有书面形式。[3] 菲律宾最高法院对书面要件的解释非常宽松。即便当事人没有亲自签署载有仲裁协议的文件，也可以通过并入（Incorporation）或援引（Reference）的方式，将仲裁协议纳入合同约定。例如，租船合同中的

---

〔1〕 G. R. No. 15560, August 24, 2009.

〔2〕 菲律宾《民法典》第2043条。

〔3〕 菲律宾《仲裁法》第4条。

仲裁协议可以有效并入提单。[1]

在“National Union Fire Insurance Company of Pittsburgh 诉 Stolt-Nielsen Philippines 案”中,菲律宾法院确认了租船合同中的仲裁协议对保险人有约束力。在该案中,菲律宾公司向荷兰公司销售脂肪酸,委托承运人运输,由保险人公司承保。货物运抵荷兰时,货物全部变质。收货人向保险公司理赔,保险公司随后起诉承运人。承运人主张,案件应当按照运输合同的约定提交仲裁。保险人则主张,仲裁协议并未并入提单。菲律宾最高法院认为,保险人不能据此逃避仲裁条款的约束。保险人通过赔偿收货人,完成了合同当事人的替换,保险公司取代了收货人的合同地位(Privity)。

在“Puromines 诉 Court of Appeals 案”中,菲律宾最高法院确认了买卖合同中的仲裁协议对承运人的约束力。[2] 在该案中,买受人与出卖人订立了货物买卖合同。合同中约定了仲裁条款,“任何因本合同而产生的争议应当在伦敦通过仲裁解决”。买卖合同订立之后,双方当事人又订立了运输合同。合同约定由出卖人租船,并将货物运输到马尼拉。货物到岸后,全部变质损毁。买受人向法院起诉出卖人(承运人)违反运输合同,而出卖人则主张当事人之间买卖合同中包含仲裁协议。买受人主张,买卖合同与运输合同是独立的,所以买卖合同中的仲裁协议并不包含运输合同中的争议,但是菲律宾最高法院却认为买卖合同充分全面(Comprehensive),包含履行合同所涉及的运输争议。当事人之间的提单也将买卖合同中的仲裁协议并入运输合同,因此仲裁协议也涵盖了运输合同履行中的争议。

建设工程合同中的仲裁条款,也可以被当事人援引并入保证合同。《替代性纠纷解决法》甚至专门规定,建设工程合同仲裁协议可以并入与建设工程相关的任何合同争议。这些争议包括专业服务、咨询、工程测量、保证以及保险等合同。[3]

3. 仲裁协议的独立性

菲律宾最高法院在“General Insurance & Surety Corporation 诉 Union Insurance

---

[1] G. R. No. 87985, April 26, 1990; 184 SCRA 682.

[2] G. R. No. 91128; SCRA 281.

[3] 菲律宾《替代性纠纷解决法》第 35 条。

Society of Canton, Ltd. 案”中首次确认了仲裁协议的独立性。[1] 被申请人认为，主合同中包含的仲裁协议无效，因为：(1)主合同约定应当支付英镑，而不是比索，而菲律宾法律明确禁止以外币支付，否则会违反公共利益；(2)申请人提出仲裁申请时，主合同已经解除长达6年以上，仲裁协议的寿命不应长过主合同的寿命。菲律宾最高法院则认定仲裁协议有效，要求当事人如约启动仲裁程序。最高法院的理由是，外币支付的相关条条文无效，仅局限于该无效条款本身，并不会影响仲裁条款的效力。更何况，外币支付条款依法应当改为由债务发生时的汇率换算的菲律宾比索支付，并不会影响合同的效力。对于主合同解除已6年的抗辩，该法院认为仲裁条款本身并未附加期限，而且仲裁协议本身的意义就在于解决任何与合同有关的纠纷，而无论合同是否已经解除。

在“Jorge Gonzales and Panel of Arbitrators 诉 Climax Mining Ltd. , et al. 案”中，菲律宾最高法院最初拒绝适用仲裁协议独立性，但经当事人反复动议，最终重申并确认了仲裁协议独立性的基本原则。在该案中，主合同以及其中包含的仲裁协议都有受到欺诈影响的可能性。法院认为，如果承认仲裁协议的有效性，就会导致同一事实得出不同的结论。一方面，当事人主张主合同因欺诈而无效；另一方面，当事人又主张仲裁协议有效，提交仲裁解决纠纷，陷入禁反言的困境。随后该法院又改变了自己的立场，认为“仲裁作为替代性纠纷解决机制，应当受到尊重”，“包含仲裁协议的主合同的效力与仲裁协议本身的效力无关。否则主张主合同无效的当事人，都有阻止仲裁的可能性”。

此外，菲律宾最高法院的《特别规则》第2.2B条也明确规定了仲裁协议的独立性。仲裁协议独立于主合同存在，主合同的效力无涉仲裁协议的效力。

4. 仲裁协议的解释

有瑕疵的仲裁协议(defective clause)，或者说病态仲裁协议(pathological clause)是在实践中不可避免的现象。菲律宾法院在解释瑕疵仲裁协议方面，表现得较友好。在一份外商合资企业与菲律宾政府部门订立的勘探合同中，当事人约定争议应当提交仲裁，并按照“菲律宾共和国商会”的仲裁规则仲裁。仲裁协议所称的“菲律宾共和国商会”并不存在。上诉法院根据常理推测，当事人所指仲裁机

---

[1] G. R. Nos. 30475 - 76, November 22, 1989.

构应当是“菲律宾工商会”,因为当时只有该机构制定了仲裁规则。[1]

建设工程合同中的瑕疵仲裁协议,通常不会造成解释方面的困难,因为菲律宾建筑工业仲裁委员会享有法定的“固有且排他的管辖权”(Original and exclusive)。该委员会的仲裁规则还为此专门明文规定,“建设工程合同中的仲裁协议,无论涉及今后争议,还是涉及已经发生的争议,即便提及其他仲裁机构或者其他仲裁程序,也不影响本委的管辖权”。在“China Chang Jiang Energy Corporation 诉 Rosal Infrastructure Builders and Court of Appeals 案”中,菲律宾最高法院确认了该案所涉及仲裁规则条款的效力。[2]

(二)仲裁庭的组成

1. 仲裁员资格

根据菲律宾《仲裁法》第 10 条的规定,任何具有完全民事行为能力,并且能够读写的自然人,都可以被当事人指定为仲裁员。作此规定的目的是便利当事人选择恰当的、符合当事人需求的人,承担仲裁员的职责。

《建筑工业仲裁法》则规定,“仲裁员必须是具有杰出的才能,业界和政府都能信赖的人”。[3] 建筑工业仲裁委员会在选择仲裁员时,明确要求“具备快速、公正地解决建设工程纠纷的技能”。只有经过该机构认证的人,才可能成为机构管理案件的仲裁员。

2. 仲裁员的指定

《替代性纠纷解决法》第 33 条援引适用《示范法》有关指定仲裁员的规定。当事人可以直接约定仲裁员,或者约定选任仲裁员的方式。如果当事人没有约定,那么仲裁庭由 3 名仲裁员组成。各方当事人可以指定 1 名仲裁员。首席仲裁员由当事人指定的仲裁员选择产生。

按照菲律宾实务界的观点,在指定仲裁员之前,当事人可以主动接洽仲裁员。为了保障仲裁员的独立性和公正性,当事人只能向仲裁员提供有关争议的概括性描述,仲裁员只能向当事人告知其特殊专长等信息,如仲裁员的专业技能、经验、能力、时间和接受委任的意愿等。当事人也可以向仲裁员说明可能导致回避的信

---

〔1〕 PNOC-Energy Development Corporation v. Conley & Associates et al. ,CA G. R. Sp. No. 45005, sept. 19,1996.

〔2〕 G. R. No. 125706.

〔3〕 菲律宾《建筑工业仲裁法》第 10 条。

息。仲裁员不得向当事人透露其对案件实体问题的看法。仲裁员在接受委任之后,不应继续与当事人进行单方接触。[1]

当事人未能指定仲裁员,或者当事人未能合意选择独任仲裁员,或者当事人选定的仲裁员未能选出首席仲裁员的,由指定机构(Appointing Authority)确定仲裁员的人选。指定机构可以是仲裁协议中约定的自然人或者机构,也可以是仲裁协议约定的仲裁规则中的机构。当事人约定适用特定仲裁规则的,除非另有相反约定,应当按照仲裁规则规定仲裁员人数、选任方式和指定机构,确定仲裁庭的组成。在临时仲裁程序中,由菲律宾国家律师协会主席(National President of the integrated Bar of the Philippines)承担指定机构的职能。该协会成立于1972年,具有独立的法人地位,是由菲律宾律师组成的自治团体,行使法律授予的特别权力。[2]根据《替代性纠纷解决法》第27条的规定,该协会主席在收到请求通知的30日内未能指定仲裁员的,当事人可以向地区法院申请指定仲裁员。

《实施规则》规定了指定机构行使指定权的具体规则。当事人向指定机构提出指定申请后,指定机构应当召集(Summon)全部当事人及其代理人参加指定会议,促进当事人合意选定仲裁员。如果需要指定的是独任仲裁员,指定机构可以在会议上指定,也可以在会后指定。如果一方或双方当事人经通知未能参加会议,指定机构可以直接指定。[3] 指定机构在指定仲裁员之前,经未指定仲裁员的一方当事人的申请,可以允许其延期指定仲裁员,但期限延长不得超过30日。如果未指定仲裁员的一方当事人宣称自己已经指定仲裁员,该方当事人应当向指定机构提交指定书、仲裁员接受指定书以及仲裁员简历。当事人未能提交的,指定机构应当为当事人指定仲裁员。指定机构无法完成指定的,应当及时书面通知当事人无法完成指定的原因。

指定机构未能在合理期限内指定仲裁员的,由法院指定仲裁员。[4] 法院指定仲裁员的命令即时生效,不允许申请复议、上诉或向上级法院申请提审(certiora-

---

〔1〕 Philippine Institute of Arbitrators(PIArb):Commercial Arbitration Handbook(Kindle 位置 1530-1531). Anvil Publishing, Inc. Kindle 2016 版本。

〔2〕 Presidential Decree No. 181.

〔3〕 《实施规则》第 A5.10 条。

〔4〕 菲律宾《仲裁法》第 8 条。

ri)。但如果法院拒绝行使指定职能,当事人可以申请复议、上诉或者提审。[1] 此外,法院不应介入指定程序。当事人对指定机构指定仲裁员有异议的,也无权申请法院审查。

3. 仲裁员的回避

《仲裁法》第10条规定了仲裁员的回避程序。仲裁员不符合法律规定或者当事人约定的仲裁员资格,或者与案件有利害关系的,当事人可以申请仲裁员回避。任意一方当事人的直系血亲以及六亲等以内姻亲关系的人,不得担任仲裁员。任何人与案件争议、诉因,或者裁判结果有经济利益、受托(Fiduciary)关系或其他利害关系,或者对案件或当事人存在个人偏见,以至于会影响裁决公平公正的人,不得担任仲裁员。在接受指定之后、庭审前及审理过程中,仲裁员仍然负有披露义务。被指定的仲裁员应当披露任何其认为当事人可能怀疑其具有偏见(Bias),或者导致其不能中立裁判的事实。接受指定之后发生回避事实的,仲裁员应当及时书面通知双方当事人。当事人收到通知之后,可以书面同意仲裁员回避,或者合意放弃请求仲裁员回避的权利。

《替代性纠纷解决法》第33条援引适用《示范法》有关仲裁员回避的规定。根据《示范法》第12条的规定,仲裁员应当自被指定之时起,并在整个仲裁程序进行期间,毫不迟延地向各方当事人披露可能引起对其公正性或独立性产生正当怀疑的任何情况。当事人通常不能要求自己指定的仲裁员回避,但是仲裁员接受指定之后发生回避事由的,当事人可以申请自己指定的仲裁员回避。

当事人可约定申请仲裁员回避的程序。当事人没有约定的,当事人应当向仲裁庭书面提出回避请求,并陈述理由。[2] 如果仲裁员拒绝回避,或者对方当事人拒绝仲裁员回避的,由仲裁庭决定仲裁员是否回避。如果仲裁庭拒绝当事人的回避申请,申请回避的一方当事人有权按照《仲裁法》第11条的规定,向被申请回避的仲裁员住所地的城市或者省份的初审法院,重新提出(Renew)回避申请。法院审查回避期间,仲裁庭应当中止仲裁程序。法院作出决定之后,仲裁程序方可继续进行。《实施规则》对回避程序作出新的不同规定,即授权指定机构代替法院,审查仲裁员的回避。按其规定,仲裁庭决定不予回避时,申请回避的一方当事人

---

〔1〕《特别规则》第6.9条。

〔2〕《实施规则》第412条。

可以向指定机构申请复审。只有在指定机构拒绝,或在收到回避申请30日之内没有对回避申请作出决定的情况下,法院才可以介入审查回避申请。

法院受理回避申请的请求后,当事人及被申请回避的仲裁员应当在立案15日之内,向法院提交情况说明或抗辩理由。法院经审查认为理由不成立的,应当驳回申请。如果被申请回避的仲裁员嗣后同意回避的,该仲裁员应当辞任。[1] 如果指定仲裁员的一方当事人同意仲裁员回避,或者其他仲裁员同意该仲裁员回避,或者被申请回避的仲裁员没有提交答辩,或提交答辩但未说明理由的,法院仅审查当事人已经提交的证据,决定仲裁员是否回避。法院决定仲裁员回避的,仲裁员应当回避。

除非恶意隐瞒应当披露事实外,被决定回避的仲裁员可以请求偿付已经支出的合理花销和提供仲裁服务的合理报酬。花销的费用包括交通费、住所费等。确定合理报酬时,应当考虑该仲裁员工作时间的长短以及其作为仲裁员的身份和声望。偿付合理费用和报酬的请求,应当在申请回避的程序中提出。申请回避的一方当事人应当向法院预付仲裁员的合理费用和报酬,当事人没有提供的,法院可以发出执行令(Writ of Execution)。[2]

4. 仲裁员的解职

《示范法》关于仲裁员不能履行职责的规定,也适用于菲律宾国内仲裁。根据《示范法》第14条的规定,仲裁员欠缺履行职责的法律行为能力、事实行为能力,或者出于其他原因,无法继续履行仲裁员职责的,仲裁员可以自主申请辞职。当事人也可以合意约定终止委任,或者请求指定机构就是否终止委任作出决定,该决定不得上诉。依据《特别规定》第8.2条的规定,指定机构拒绝,或未能在合理期限内作出仲裁员解职的决定时,当事人可以向有管辖权的法院提出解职申请。法院作出的决定立即生效,当事人不能申请复审、上诉或提审。

(三)仲裁庭的管辖权

《特别规则》援引《示范法》第16条的规定,明确规定了菲律宾国内仲裁中的管辖权自裁原则(*Kompetenz-Kompetenz*)。在此之前,管辖权自裁原则一直处在激烈的争议之中。当事人及法院很难理解,为什么在有利益冲突的情况下,仲裁庭

---

〔1〕《特别规则》第7.5条。

〔2〕《特别规则》第7.9条。

可以决定自己的管辖权。

根据《特别规则》第3条的规定,当事人可以在仲裁程序开始之前向法院申请审查仲裁协议的效力。当事人向法院申请审查仲裁协议效力的,不影响仲裁程序的启动和推进,也不影响仲裁庭作出裁决。经过法院表面审查,并认定仲裁协议有效性的,当事人不得上诉,也不得申请提审。[1] 在仲裁程序启动之后,任何一方当事人也都有权向法院申请审查仲裁协议的成立、效力和有效性,以及申请审查仲裁庭的任何不当行为。仲裁庭可以在考虑案件具体情况,尤其是考虑及时解决纠纷的必要性和管辖权争议的事实理由的基础上,自主决定暂停仲裁程序,或者等待法院裁定,或者继续审理并作出裁决。[2]

如果是在法院受理案件之后,当事人可以在庭前会议结束之前随时主张仲裁协议瑕疵,提出管辖权异议。双方当事人也可以在任何时间向法院提交仲裁协议,请求法院审查。[3] 经法院审查,如果不存在仲裁协议,或者仲裁协议无效,或者争议不可仲裁的,法院应当驳回当事人的请求。驳回请求的裁定(Ordering)不可以申请重新审查、上诉或者提审。[4]

《特别规则》第4.7条规定,即便只有部分诉讼标的存在仲裁协议的,或者只有部分当事人之间存在仲裁协议,或者诉讼程序可能比仲裁程序更高效地解决本案纠纷,或者仲裁并非案件最恰当的解决方式,以及暂停诉讼程序有可能损害第三人权益的,法院也都应当暂停诉讼,指示当事人提交仲裁解决纠纷,由仲裁庭对上述问题的合法性和恰当性作出决定。这样的规定,是为了避免重复诉讼,并支持仲裁。此外,该条还规定法院可以命令仲裁协议之外的第三人加入仲裁程序,除非仲裁协议的当事人拒绝第三人加入仲裁。

仲裁庭作出管辖权决定之后,当事人可以向法院申请审查仲裁庭的决定。如果仲裁庭否认自己管辖权的,当事人同样可以向法院请求审查仲裁庭的决定。法院推翻仲裁庭决定,或者认为仲裁庭有管辖权的,另一方当事人可以申请法院重新审查。法院拒绝重新审查的,当事人不得对该决定提起上诉。但是,法院认为仲裁庭没有管辖权时,另一方当事人可以向上诉法院申请提审案件。如果仲裁庭

[1] 菲律宾《替代性纠纷解决法》第24条。

[2] 《实施规则》第5.5条。

[3] 《特别规则》第4.3条。

[4] 《特别规则》第4.5条。

认定自己有管辖权，法院也确认仲裁庭有管辖权的，当事人无权提出动议，不得申请重新审查，也不可以再提出上诉。如果仲裁庭决定在仲裁裁决中一并说明管辖权问题时，当事人不应向法院申请审查仲裁庭的决定。仲裁裁决作出后，当事人可以缺少管辖权为由，申请撤销仲裁裁决。

按照菲律宾的实践，当事人向法院申请审查仲裁庭管辖权的决定时，有权将仲裁庭及其成员列为共同被告，但仅能作为名义上的被告。仲裁员可以参加诉讼，但不可以参加诉答程序。法院也无权禁止仲裁庭继续审理案件并作出裁决。

（四）仲裁程序

菲律宾国内仲裁程序适用《实施规则》第五章的规定。根据《仲裁法》第 12 条的规定，当事人可以约定仲裁程序事项。[1] 当事人没有约定的，仲裁庭按照自己认为恰当的方式进行仲裁。

1. 仲裁程序的启动

在机构仲裁的情况下，仲裁程序的启动适用机构仲裁规则。在临时仲裁的情况下，申请人向被申请人送达仲裁请求书（Demand for Arbitration）时，仲裁程序启动。[2] 独任仲裁员或首席仲裁员接受指定之时，仲裁庭宣告组成。仲裁员在接受指定之前，应当宣誓（Oath）诚信、公平地听审和审查争议事项，并作出公正裁决。[3] 仲裁员没有宣誓的，当事人可以拒绝参加程序，仲裁程序视为没有启动。仲裁员没有宣誓，但是当事人也没有提出异议的，视为当事人放弃异议。

仲裁庭组成后，应当尽快确定开庭日期。仲裁庭组成后的 30 日内，仲裁庭应当召集当事人召开庭前会议。[4] 庭前会议讨论的事项包括：(1) 仲裁开庭地点，如写字楼、宾馆、会议室或其他当事人和仲裁庭同意开庭的场所。每次开庭或会议可以选择不同的地点。(2) 记录程序的方式。(3) 仲裁请求书的送达期间、反请求的送达期间和答辩期间。(4) 确定提交仲裁庭的请求，简要叙述当事人的请求和反请求。(5) 开庭时提交证据的方式、证人证言的提交方式、交叉询问证人以及其他质证方式。(6) 用电子方式送达诉答文书、审理范围书、临时救济令、终局裁决通过书面形式确认，或者应当以印刷制品的方式送达当事人。(7) 仲裁庭向当

[1] 菲律宾《仲裁法》第 12 条。
[2] 《实施规则》第 5.20 条。
[3] 《实施规则》第 5.23 条。
[4] 《实施规则》第 5.23 条。

事人发出提交书面文件(subpoena duces tecum)或作证(subpoena)的传票。(8)专家证人证言的质证方式,如果当事人要求仲裁庭指定专家的,如何确定申请指定专家的期限、提交专家的问题的范围、费用及支付方式等。(9)讨论当事人可能申请临时措施的可能性,向法院或者向仲裁庭申请的可能性以及可能的申请内容。(10)现场勘验的可能性以及对象、时间和地点等。(11)向仲裁庭支付的费用、花销及其支付方式。(12)其他仲裁庭及当事人关切的影响程序效率的问题。菲律宾《仲裁法》并未明文规定快速程序,但是仲裁庭和当事人可以通过庭前会议充分讨论程序事项,实现快速审理的目标。

仲裁庭应当按照庭前会议决定、审理范围书或程序令的安排,推进仲裁程序。如果仲裁庭没有作出前述决定的,仲裁庭有权要求当事人提交书面意见(Written Submission)。书面意见应当包含当事人的争议、仲裁请求及其依据和证据。被申请人应当针对申请人的意见,逐点答复。[1] 当事人提交书面申请的,应当同时向仲裁庭和对方当事人送达。对方当事人应当享有书面答复的权利和机会。仲裁庭有权要求当事人提交其认为必要的证据,以确保裁决的公正性。即使证据仅支持另一方当事人的请求,当事人也不得拒绝提交。

当事人交换书面意见之后,仲裁庭应当及时确定开庭时间。《仲裁法》曾规定,对于在同一城市或者统一省份居住的当事人,仲裁庭应当在5日之内确定开庭日期。当事人在不同城市或省份居住的,仲裁庭应当在15日之内确定开庭日期。仲裁庭应当采取书面形式,通知当事人开庭的日期和地点。仲裁庭只有征得当事人同意的条件下,才可以推迟开庭日期。在开庭过程中,仲裁庭因充分合理的理由需要推迟时,可以决定延期开庭。[2] 由于《仲裁法》的这一规定不具有现实可操作性,实际上被“架空”。现行《实施规则》仅对庭前会议作出时间限制,已经放弃迅速确定开庭日期的不符合实际的规定,转而授权给仲裁庭根据案件的具体情况,以快速推进程序为目标,确定开庭日期。仲裁庭在确定开庭日期时,尤其应当考虑是否需要传唤证人、制作书面证据、指定专家证人或者进行现场勘验。开庭地点应当按照类似的方式予以确定。在实践中,仲裁庭通常在庭前会议上征求当事人双方的意见之后作出决定。

---

[1] 《实施规则》第4.23条。

[2] 菲律宾《仲裁法》第12条。

《仲裁法》第12条规定,仲裁庭必须及时、充分地通知双方当事人开庭的时间和地点。开庭通知是正当程序(Due Process)中最重要的组成部分,必须得到尊重。[1] 通知当事人开庭,是为了保护当事人的申辩权(Right to a Hearing),允许当事人出庭陈述自己对案件的意见,并提交相应证据。

如果申请人直接或间接地主张当事人之外的、不受仲裁协议约束第三方的权利,被申请人可以在作出答辩之前,以动议(Motion)或者答辩(Defense)的方式提出异议。涉案第三方也可以在答复仲裁申请之前表示异议,拒绝加入仲裁。如果涉案第三方未能及时拒绝的,视为同意加入仲裁。在多方仲裁程序中,仲裁庭也应当保障平等地对待各方当事人以及公正地推进仲裁程序。[2] 在国内仲裁程序中,除非当事人明确同意,仲裁庭不得合并审理案件。[3]

在国内仲裁中,当事人没有明确约定仲裁地(Seat)的,仲裁地为马尼拉大都会(Metro Manila),但仲裁庭可以选择其认为恰当的其他地点为仲裁地。

2. 临时措施

《仲裁法》原先只是简单规定,仲裁庭或者法院依当事人的申请,可以作出保全措施。例如,在"Home Bankers Savings 诉 Trust Company v. Court of Appeals 案"中,菲律宾最高法院作出临时扣押令(Preliminary Attachment)。[4]

《替代性纠纷解决法》扩大了仲裁庭和法院作出临时措施的权力,而且临时措施已经不限于财产保全措施。根据该法第29条的规定,临时措施的种类包括:(1)任何预防不可逆转的损失或损害的措施;(2)提供债务履行的担保;(3)提供或保全证据;(4)强制一方当事人作出或不作出特定行为。临时措施可以附加条件,如提供担保、作出或不作出法院要求的行为等。根据该法第29条的规定,除非当事人明确约定排除,仲裁庭还可以作出其他类型的临时措施。这些临时措施可能包括针对被申请一方的禁令、指定财产接收人或者扣押人、保全财产、勘验财产等。

---

〔1〕 Globe Telecom, Inc. v. National Telecommunications Comission, 435 SCRA 110; Nicolas v. Desierto, G. R. No. 154668, December 16, 2004; 447 SCRA 154; Ang Tibay v. Court of Industrial Relations, 69 Phil. 542(1940).

〔2〕 《实施规则》第5.44条。

〔3〕 《实施规则》第5.45条。

〔4〕 G. R. No. 114412, November 19, 1999; 318 SCRA 558.

《特别规则》对临时措施程序中涉及法院的部分作出了细致规定。在仲裁程序启动之前或者仲裁庭组成之前,当事人可以向有管辖权的法院申请临时措施。临时措施作出前,法院获悉仲裁庭组成的,法院应当立即停止审理,并将案件立即转送仲裁庭。[1] 仲裁庭组成后,也就是最后一名仲裁员接受指定之后,当事人通常只能向仲裁庭请求作出临时措施。[2] 在“Transfield Philippines, Inc. 诉 Luzon Hydro Corporation 案”中,菲律宾最高法院重申,即便在仲裁程序进行过程中,当事人也有权向法院申请临时措施的救济,但是仅在仲裁庭无权力实施,或者无权力有效实施临时措施的情况下,当事人才可以向法院申请临时措施。[3] 当事人申请作出临时措施的,应当向仲裁庭作出书面申请,并将申请书送达被申请人。申请书应当包含请求作出临时措施的具体内容、被请求的当事人、请求依据的理由及证据。仲裁庭作出的保全措施,对双方当事人都有约束力。任何一方当事人都可以向法院申请强制执行临时措施。[4] 未能自动履行临时措施的当事人,应当承担因申请法院强制执行所引起的法院费用、律师费等费用。

当事人申请强制执行临时措施的,应当向下列法院提出:(1)当事人为法人的,任何一方当事人的主营业地;(2)当事人为自然人的,任何一方当事人的住所地;(3)临时措施履行地或者可能作为或不作为的地点;(4)全部或部分不动产所在地。[5] 向法院申请临时措施保护的,应当同时向仲裁庭和对方当事人送达申请临时措施的具体内容、被请求的当事人、请求依据的理由和证据。在收到申请书之后的 15 日内,被申请的当事人可以提交答辩意见。[6] 审查临时措施申请,仅在必要时才可以开庭审理。法院应当审查当事人提交的材料,平衡当事人之间的利益,分析作出或不作出临时措施可能的后果。法院决定应当在收到被申请的当事人提交的答辩意见、答辩期届满或听询结束 30 日之内作出决定。

当事人向法院申请执行仲裁庭作出的临时措施时,法院应当审查临时措施,但应本着支持仲裁庭决定的态度进行审查。不能出于以下原因,拒绝执行仲裁庭

---

〔1〕《特别规则》第 5.15 条。
〔2〕《特别规则》第 5.6 条。
〔3〕G. R. No. 146717, May 19, 2006.
〔4〕《特别规则》第 5.16 条。
〔5〕《特别规则》第 5.3 条。
〔6〕《特别规则》第 5.8 条。

作出的决定:(1)仲裁庭根据当事人的单方申请作出临时措施。(2)被申请临时措施的当事人提交新证据,仲裁庭考虑该证据可能作出不同决定的。(3)仲裁庭作出的临时措施修改、撤销、调整或者与法院先前作出的临时措施命令不一致。如果法院认为新证据足以影响临时措施决定时,应当将案件发回仲裁庭重新决定。在任何情况下,法院都不能变更或减少仲裁庭作出的担保的额度,也并不妨碍仲裁庭之后变更、修正或撤销法院作出的临时措施。如果仲裁庭嗣后作出新的临时措施,依法自动(*ipso iure*)产生修改法院临时措施的效果。[1] 如果法院发现自己作出的决定与仲裁庭决定相冲突的,应当将案件发回仲裁庭,由仲裁庭最终决定。

在紧急情况下,法院可以不通知另一方当事人,依据一方当事人的申请直接作出临时救济的命令(*ex parte* / Temporary Order Protection)。这些紧急情况包括保全财产、禁止另一方当事人处分或者隐匿财产以及经通知另一方当事人可能导致救济目的无法实现的情形。法院在收到当事人的申请之后,应当在 5 日之内决定是否作出临时措施。申请单方临时措施的,当事人应当提供担保,防止给另一方当事人造成损失。单方临时措施令的有效期为命令送达被申请一方当事人的 20 日。在单方临时措施令有效期内,法院应当在向被申请一方当事人送达临时措施的申请书,并要求其进行答辩;同时,确定听审临时措施开庭的时间和地点。被申请作出临时措施的一方当事人,可以请求延期作出答辩,但是不得超过单方措施命令失效之后的20 日。被申请人也可以提交担保,要求法院解除单方临时措施令。开庭之后,法院应当决定是否最终批准或拒绝临时措施,以及调整、修正、变更或撤销单方临时措施令。

3. 证据和取证

菲律宾《仲裁法》规定,证据可以口头或书面形式提出。在实践中,证人普遍通过宣誓书(Affidavit)的形式,直接向仲裁庭口头作证。现场勘验(Site Visits)是菲律宾仲裁程序中重要的证据制度。根据《仲裁法》第 15 条的规定,现场勘验必须在双方当事人都到场的情况下,才可以进行,经正当通知当事人一方缺席的除外。一方当事人或双方当事人申请指定专家证人(Expert Witness),或者仲裁庭认为必要时,应当指定专家证人。专家证人应当具有特殊的知识、技能或经验,或接受过特殊训练。专家证人书面提交相关专业问题的意见,帮助仲裁庭作出裁决。

---

〔1〕《特别规则》第 5.8 条。

在菲律宾的仲裁实践中,由仲裁庭指定专家证人的情况并不多见。更常见的是,当事人指定各自的专家证人。当事人指定的专家证人,具有与其他证人相同的法律地位,应当接受交叉询问。

仲裁庭或当事人还可以请求法院协助取证。根据《实施规则》第4.27条的规定,仲裁庭或经仲裁庭同意的一方当事人,可以向法院请求协助取证。在国内仲裁中,菲律宾法院可以通过作证传票(subpoena ad testificandum)、提交书证传票(subpoena duces tecum)、庭外质询令(Deposition)、视觉勘验(Ocular Inspection)和现场勘验(Physical Inspection)的方式协助仲裁取证。法院也可以接受请求,执行仲裁庭作出的要求检查第三人人身或者财产的命令。[1]

《特别规则》对法院协助取证作出进一步宽松和细化规定。根据《特别规则》第9.4条的规定,当事人可以请求法院针对菲律宾境内的任何自然人、企业的法定代表人、社团组织、合伙或其他实体,按照作证传票和书证传票作证、接受庭外口头或书面取证、接受人身、实物或者场所进行检查,并采取恰当措施进行记录、接受检验并复制文档文件以及履行类似的其他行为。

《仲裁法》第23条确认了仲裁保密原则,并辅之以保密令(protective order)。保密对象为机密信息(Confidential Information),包括仲裁程序的任何记录、当事人提交的证据和仲裁裁决。机密信息不仅包括当事人明确表示不应公开的信息,还包括当事人能够合理期待保密的所有信息。这些信息可以是在任何仲裁程序中提交的任何报告涉及的信息。除非当事人同意公开,或者在法院审查仲裁的必要范围内,任何人都不得披露机密信息。[2] 仲裁程序涉及商业秘密的,即便在司法审查程序中,当事人也可以申请保护令,禁止披露商业秘密。任何主动或被动披露机密信息的当事人及其代理人,都可以向法院申请保密令。

4. 庭审程序

当事人可以约定庭审程序事项。当事人没有约定的,仲裁庭可以在首次开庭时,先要求双方当事人简要陈述争议事项以及所依据的事实。[3] 当事人可以按照自己的方式提交证据,但是仲裁庭应当确保以便于查清案件事实的方式举证。当

[1] 《实施规则》第5.27条。
[2] 菲律宾《替代性纠纷解决法》第23条。
[3] 菲律宾《仲裁法》第15条。

事人可以约定，仲裁庭以开庭审理以外的方式审理案件。例如，当事人提交共同认可的事实和证据，由仲裁庭决定法律问题。不开庭审理的，仲裁庭可以接受当事人提交的书面陈述和文件档案，但应当同时向其他当事人提供文件副本。双方当事人都应当获得答辩的机会。

《实施规则》第4.28条复述了《示范法》关于庭审程序的规定。允许当事人约定庭审的方式。当事人没有约定的，适用《实施规则》的规定。也就是说，仲裁庭有权决定是否举行开庭审理，以便展示证据或进行口头辩论，或者是否应当以文件和其他材料为基础进行书面审理。除非当事人约定不开庭审理，一方当事人请求开庭的，仲裁庭应当在仲裁程序的适当阶段开庭审理。任何开庭审理以及仲裁庭举行的检查货物、其他财产或文件会议，均应当充分提前通知当事人。

当事人经正当通知而不答辩或出庭的，仲裁庭不应仅仅依出庭当事人的意见作出裁判。仲裁庭应当要求出庭当事人提供任何裁判所必需的证据。在仲裁程序中，当事人可以委托包括外国律师在内的任何人为代理人。当事人需要律师代理的，应当至少在开庭前5日，通知其他当事人。一方当事人申请对证人证言进行速记的，应当预付速录费用。当事人预付费用后，仲裁庭应当安排速录。安排速录同时也便于法院审查仲裁程序。与案件有直接利害关系的人，可以参加开庭；其他人申请参加开庭的，由仲裁庭裁量决定。菲律宾纠纷解决中心的仲裁规则也规定，当事人申请或者仲裁庭认为必要的，应当制作开庭笔录。

庭审结束前，仲裁庭应当询问当事人是否需要传唤新的证人或者提交新的证据。在得到当事人的否定回答之后，且当事人没有要求总结陈述（Briefs）时，仲裁庭可以宣布开庭结束。庭审结束后，当事人可以约定向仲裁庭提交审后陈述（Post-hearing Brief）和审后陈述的答辩（Reply Brief）。《实施规则》规定，庭审结束之后，当事人无权提出新的动议、新的主张（Manifestation）和新的声明（Submission）。在特殊情况下，仲裁庭可以依职权（*motu proprio*），或者依当事人申请，决定再次开庭。此外，仲裁庭还可以决定就费用问题单独开庭审理，决定费用的分担问题。

（五）仲裁裁决

1. 终局裁决

《仲裁法》要求仲裁裁决必须以书面形式作出，并且获得仲裁员多数的签名。[1]

---

〔1〕 菲律宾《仲裁法》第20条。

仲裁裁决中的多数意见必须是一致的。在“Asset Privatization Trust 诉 Court of Appeals 案”中,3 名仲裁员都支持申请人的主张,但是未对赔偿数额达成一致意见,各位仲裁员都主张不同的赔偿额度。[1] 菲律宾最高法院认为,该仲裁裁决因未达成多数一致意见而无效。《仲裁法》还要求仲裁庭必须认可(Acknowledge)仲裁裁决。《实施规则》和《特别规则》变更了这一规则。除非当事人明确约定,仲裁庭不需要认可、宣誓(Sworn under oath)或确认(Affirm)仲裁裁决。当事人约定裁决需要认可,但仲裁庭未能认可的,当事人可以在裁决作出后的 30 日内要求仲裁庭作出认可。当事人未在 30 日作此要求或提出异议的,视为当事人放弃请求。当事人不得再次提出请求,也不得以此为由否认仲裁裁决。

《仲裁法》并未要求仲裁庭在裁决中阐述理由,但是在“ADB Overseas Manpower Corporation 诉 NLRC 案”中,菲律宾最高法院要求仲裁裁决必须说明理由。[2] 当事人获悉裁决认定事实和适用法律的理由,是正当程序的要求。只有当事人明确授权的情况下,仲裁庭才可以依据公平和善意原则(*ex aequo et bono*)或者进行友好仲裁(Amicable Compositeur)。仲裁庭可以作出包括实际履行在内的各种救济方式。《特别规则》要求仲裁裁决载明作出裁决的时间和地点。作出裁决的地点,应当符合仲裁地的要求。裁决记载仲裁地的,裁决视为在仲裁地作出。仲裁裁决作出后,仲裁员签字的裁决书应当送达当事人。

仲裁庭有权在裁决书中决定仲裁费用的分配。《实施规则》规定,仲裁费用应当按照当事人约定的方式分担。当事人没有约定的,适用当事人选择或者仲裁程序适用的程序规则中的规定。在临时仲裁中,仲裁庭按照国际律师协会菲律宾分会或者司法部替代性纠纷解决办公室制定的费用表(Fee Schedule)计算。通常而言,仲裁费用应当由败诉方承担,但仲裁庭享有自由裁量权。仲裁庭也可以在终局裁决中保留就费用问题另行开庭的权力,通过另行开庭并作出单独的费用裁决的方式,以确定费用的分担问题。未就费用问题作出裁决的,仲裁裁决不得视为终局裁决。[3]

菲律宾法律并未要求仲裁裁决在签署之前需要接受核阅(Scrutiny)。菲律宾

---

〔1〕 (1998)300 SCR 579.

〔2〕 (1998)286 SCRA 454.

〔3〕 《特别规则》第 4.32 条。

建筑工业仲裁委员会的规则要求仲裁裁决在作出之前需要核阅。裁决作出后,如果裁决书明显错误计算、错误描述当事人或者财产的,或者仲裁庭裁判超出当事人的请求,但超裁部分不影响案件实质裁决的,或者出现其他不影响裁决实质内容的错误的,仲裁庭可以更正裁决。[1] 在《特别规则》实施之前,菲律宾法院认为仲裁庭无权自主更正裁决。当事人向法院申请更正裁决,法院裁定命令仲裁庭更正裁决的,仲裁庭才有权更正裁决。[2] 其原因在于,仲裁庭一旦作出并公布裁决,其职权便宣告终结(*functus offcio*),无权继续干涉仲裁标的。允许仲裁庭在作出裁决后更改裁决的,可能会导致仲裁庭接受外部干扰,从而影响独立、公正裁决。

2. 其他裁决

当事人达成和解协议的,仲裁庭可以根据当事人的申请,以和解协议为内容制作裁决书。菲律宾纠纷解决中心仲裁规则规定,和解协议转化为仲裁裁决的,裁决可以不说明裁决理由。该仲裁规则还允许仲裁庭就临时措施,作出中间裁决(Interim or Interlocutory Award)。菲律宾法律允许法院执行仲裁庭作出的临时措施,但是法院似乎不愿意执行中间裁决。在"Transfield Philippines, Inc. 诉 Luzon Hydro Corporation 案"[3]"Australia 与 New Zealand Banking Group Limited 诉 Security Banking Corporation 案"中,菲律宾最高法院认为此类裁决仅具有临时效力,不具有终局性。[4]

(六)仲裁司法审查

仲裁裁决作出后,任何一方当事人都可以向有管辖权的法院,申请确认(Confirmation)、修正(Correction)或撤销(Vacation)仲裁裁决。[5] 对仲裁裁决行使司法审查管辖权的法院,可以是任意一方当事人的营业地、住所地或者仲裁地法院。确认仲裁裁决的申请,当事人可以在任何时间提出。[6] 修正以及撤销仲裁裁决的申请,当事人必须在收到仲裁裁决之后的30日内提出。

---

[1] 菲律宾《仲裁法》第25条。

[2] Imperial Textile Mills, Inc. v. Sampang (1993) 219 SCRA 651.

[3] G. R. No. 146717, May 19, 2006.

[4] 490 SCRA 14 (2006).

[5] 《特别规则》第11.1条。

[6] 应当注意到,菲律宾《仲裁法》与《特别规则》的规定不一致。菲律宾《仲裁法》第23条规定,确认仲裁裁决的申请必须在30日内提交。《特别规则》第11.2条规定,收到仲裁裁决30日之后的任何时间,当事人都可以申请确认仲裁裁决。

当事人对仲裁裁决有异议的,可以申请撤销仲裁裁决。如果一方当事人已经请求法院确认仲裁裁决,那么异议方当事人必须同时提出撤销或修正仲裁裁决的反请求寻求救济(petition as relief)。如果异议方当事人未提出反请求,而又事后另行请求撤销的,法院很可能会以挑选法院(Forum Shopping)为由,拒绝受理撤销裁决的请求,除非法院决定案件合并审理。

一方当事人申请法院撤销或修正仲裁裁决的,另一方当事人认为裁决有效的,应当在同案中提出确认仲裁裁决的反请求,作为撤销裁决之诉的抗辩。

在申请撤销或修正仲裁裁决的案件中,当事人提出反请求的,法院应当向另一方当事人送达申请,允许其在15日之内作出答辩。[1] 当事人提出新事实的,法院应当通知当事人在收到通知后的15日内,提交证人宣誓书。另一方当事人在收到对方提交的证人宣誓书后的15日内,提交答辩意见。

当事人就同一裁决先后向多家法院提出申请的,视为挑选法院,后受案法院应当驳回起诉。当事人向不同法院同时提出审查请求的,任何一个法院都可以依当事人申请,命令案件合并审理。在审理过程中,法院驳回当事人撤销仲裁裁决请求的,应当继续审理确认仲裁之诉。[2] 当事人申请修正仲裁裁决的,可以同时申请确认其他部分的仲裁裁决。

《仲裁法》第24条规定了撤销仲裁裁决的理由。撤销仲裁裁决的理由包括:(1)仲裁裁决受到腐败、欺诈或其他不当影响;(2)仲裁程序存在明显的偏袒一方当事人或者腐败;(3)仲裁庭有过错地拒绝有充分正当理由的延期开庭申请、拒绝审查对案件由重大实质影响的证据,或者仲裁员不具有仲裁员资格,并且故意拒绝披露丧失资格的事实,以及其他可能导致当事人获得不公正待遇的情况;(4)仲裁庭超越权限裁判,或者没有对提交仲裁的争议作出终局的、确定的裁决。

当事人提出上述理由,请求撤销仲裁裁决的,另一方当事人可以主张即便发生上述事实,也不会影响裁决实质结果,或者可以得到嗣后补救或救济。另一方当事人也可以请求法院中止诉讼,将案件发回仲裁庭重新审理,另行开庭或采取其他措施,以消除前述事由可能导致的不利影响。[3]

---

[1] 《特别规则》第11.7条。

[2] 《特别规则》第11.5条。

[3] 《特别规则》第11.8条。

《特别规则》第 11.4 条对撤裁理由作出细化规定。出现下列情形的,法院也可以撤销仲裁裁决:(1)仲裁协议不成立,因存在合同可撤销的理由而无效,或者出于其他原因无效;(2)仲裁协议的当事人欠缺完全民事行为能力,或者被法院宣告不具备完全民事行为能力。因当事人缺少完全民事行为能力而撤销仲裁裁决的主张,仅能由欠缺完全民事行为能力的一方当事人提出。欠缺民事行为能力一方还必须同时证明另一方当事人明知其欠缺完全民事行为能力而约定或参加仲裁,以及欠缺完全民事行为能力一方当事人是由无权代理的代理人参加仲裁程序。[1]

根据《特别规则》第 11.4 条的规定,法院修正仲裁裁决的理由与撤销仲裁裁决的理由不同。当发生修正事由时,法院可以自己修正仲裁裁决,或者要求仲裁庭修正判决。这些事由包括:(1)仲裁裁决存在明显的计算错误或者对人、物或财产的身份表述错误;(2)仲裁庭对当事人未提交仲裁的事项作出裁决,但不影响已提交事项的裁决结果;(3)仲裁庭未对当事人提交的事项作出裁决;(4)仲裁裁决的形式存在瑕疵,但不影响裁决实质,而且可以改正的。

五、菲律宾国际仲裁法概述

(一)国际商事仲裁特别法

菲律宾采用了国际、国内双轨仲裁制度。国际仲裁法主要由《替代性纠纷解决法》第四章和联合国贸法会 1985 年 6 月 21 日通过的《示范法》组成。[2]

根据《替代性纠纷解决法》第 19 条的规定,国际商事仲裁适用《示范法》,并将该法列为附件。经菲律宾国内法援引,《示范法》整体性地成为菲律宾国际仲裁程序适用的法律。该法第 20 条还规定了菲律宾法院在适用《示范法》时,应当“考虑到该法的国际性(International Origin),本着有利于法律统一的解释原则,参考该法的工作报告(T*ravaux Preparatories*)以及联合国贸法会 1985 年 3 月 25 日《国际商事仲裁:草案文本的分析性注释》(第 a/CN. 9/264 号)”。但是,菲律宾的法院并未如立法者所愿,援引《示范法》作为审查涉外商事仲裁的依据,而是继续援引该法颁行之前最高法院的先例。即便在判决中需要援引制定法,菲律宾最高法院也更倾向援引《替代性纠纷解决法》,而不是《示范法》。

---

〔1〕《特别规则》第 5.33 条。

〔2〕United Nation Documents A/40/17.

《替代性纠纷解决法》直接规定了部分条文,以作为《示范法》的补充。这些规定并未对《示范法》作出实质性更改,而是出于支持仲裁和符合菲律宾本地实践(Localization)的观念,对《示范法》进行完善和补充。《示范法》的核心条文,如国际商事仲裁的定义、法院介入仲裁的限制、仲裁协议的规定、仲裁管辖权自裁以及撤销仲裁裁决的理由,全部得以保留。

《替代性纠纷解决法》关于国际仲裁的规定,多是一些细化以及解释性的规定。例如,《示范法》第 2 条对“仲裁”的定义是,无论是否由常设仲裁机构进行的任何仲裁。《替代性纠纷解决法》第 3 条将“仲裁”界定为依据当事人约定或按照本法指定的一名或多名仲裁员,通过作出裁决解决纠纷的自愿性的纠纷解决机制。《示范法》将“仲裁庭”界定为 1 名独任仲裁员或 1 个仲裁团,而《替代性纠纷解决法》则放弃界定“仲裁庭”,只规定了“仲裁员”概念作为替代。“仲裁员”是接受委托,单独或与其他仲裁员一起,就仲裁协议涉及的纠纷作出裁决的人。《示范法》规定“法院”是司法系统中的一个机构或机关,而《替代性纠纷解决法》则将法院细化为地方审理法院(Regional Trial Court)或者是司法区内任意有一般管辖权的法院。《示范法》并未规定何谓商事案件,《替代性纠纷解决法》则将商事案件界定为具有商业本质的争议,无论是合同或者非合同纠纷。

《替代性纠纷解决法》采用了从国际仲裁反推国内仲裁的方式,界定国际商事仲裁的适用范围。根据《替代性纠纷解决法》第 32 条的规定,任何不属于《示范法》规定的国际仲裁,视为国内仲裁。根据《示范法》第 1 条第 3 款的规定,当事人营业地位于不同国家,或者仲裁地、合同履行地在双方当事人营业地之外,或者当事人约定仲裁标的具有国际性的仲裁,应当属于国际仲裁。也就是说,菲律宾放弃了国内法自主界定国内仲裁的权利。菲律宾采用的反推国内仲裁的方式,表现出对国际仲裁程序的尊重和支持。

(二)仲裁协议

菲律宾国际仲裁法援用《示范法》第 7 条作为认定国际商事仲裁协议效力的依据。根据该条的规定,仲裁协议应当满足可仲裁性、提交仲裁的意思表示和书面形式的条件。

“Korea Technologies Co. ,Ltd. 诉 Lerma 与 Pacific General Steel Manufacturing

Corporation案"是菲律宾最高法院首次援引《示范法》确认仲裁协议效力的案件。[1] 在该案中,韩国公司Korea Tech与菲律宾公司Pacific General Steel Manufacturing订立了固定设备买卖合同。由韩国公司出售并在菲律宾安装用于生产液化气的工厂设施。合同约定了争议应当提交大韩商事仲裁院(Korean Commercial Arbitration Board)解决,仲裁地在韩国首尔。菲律宾公司认为,韩国公司未按照合同约定履行债务,单方面解除合同。韩国公司先在韩国申请仲裁,后在菲律宾提起诉讼要求菲律宾公司实际履行,并要求法院作出禁令,制止菲律宾公司拆除韩国公司安装的设备。韩国公司认为,菲律宾公司未经仲裁,单方面解除合同的行为违反了合同。菲律宾公司则认为,仲裁协议无效,原因是仲裁协议排除了法院的管辖权。菲律宾最高法院最终确认了仲裁协议的效力,认为涉外案件当事人约定在外国仲裁,适用外国的仲裁规则,并排除本国法院管辖,并未违反菲律宾的公共政策。最高法院在判决实质上符合《示范法》的规定,但只是概括性地提到《示范法》,并没有指出适用的具体的《示范法》法律条文,仅仅援引了《替代性纠纷解决法》作为依据。

菲律宾法院受理案件后,发现当事人之间存在仲裁协议,应当中止审理,要求当事人提交仲裁。《示范法》第8条规定,当事人"就争议实体提出第一次陈述"时要求仲裁的,法院应当"让当事人诉诸仲裁"。菲律宾《替代性纠纷解决法》第24条的规定,较之《示范法》更宽松。根据该条规定,当时人在初次庭前会议(Pre-trial Conference)结束前出示仲裁协议的,法院都应当将案件交由仲裁。根据菲律宾民事诉讼法的规定,庭前会议是当事人在书面交换起诉书和答辩状的诉答阶段(Pleading)之后的下一个阶段。在庭前会议上,当事人可以确定争议的事实焦点、安排证据开示、确定出庭证人以及其他事项。庭前会议的另外一个重要的功能是,促成当事人之间的和解。如果当事人在起诉状或者答辩状中提出实体主张,根据《示范法》的规定当事人将丧失主张仲裁的权利,而根据《替代性纠纷解决法》的规定,该当事人仍然可以在庭前会议上主张仲裁协议。

在"Fiesta World Mall Corp诉Linberg Philippines案"中,当事人同时约定了仲裁协议和法院选择协议。[2] 在庭前会议上,一方当事人主张案件应当仲裁,而另

[1] G. R. No. 143581, 7 January 2008; 542 SCRA 1.

[2] G. R. No. 152471, 18 August 2006.

一方当事人主张案件由法院管辖。菲律宾最高法院在审查案件事实后,认为支付价款的争议属于仲裁协议约定的争议范围,因此确认了仲裁协议的有效性。菲律宾最高法院认为仲裁协议是“当事人之间的法律”,当事人应当“本着诚实信用原则尊重并履行协议”。

在“Gilat Satellite Networks Ltd. 诉 United Coconut Planters Bank General Insurance Co. Inc. 案”中,某媒体公司向 Gilat 公司订购了一批通信设备,买卖合同中包含仲裁条款。该案被告菲律宾 UCPB 银行向买方 Gilat 公司提供担保,保证合同中没有约定仲裁条款。媒体公司没有履行债务,导致 Gilat 公司向银行申请承担保证责任。Gilat 公司向菲律宾法院提起诉讼,UCPB 银行主张买卖合同中的仲裁条款,法院应当中止诉讼,等待仲裁裁决。菲律宾最高法院驳回了银行的主张,认为银行在承担保证责任之后,可以就债务履行纠纷向主债务人进行仲裁。在该案中,连带债务人并不是仲裁协议的当事人,因此无权要求法院终止诉讼。

在若干司法先例的基础上,《特别规则》第 2.2 条列举了不应否认仲裁协议效力的若干事由:(1)确认仲裁协议导致排除法院管辖;(2)法院解决纠纷更加适当;(3)允许当事人仲裁可能导致多起诉讼;(4)仲裁地在外国;(5)仲裁事项包含法律问题,或者仲裁员不是律师(没有法律执业资格);(6)仲裁员不是菲律宾公民;(7)仲裁员不具备仲裁协议或法律规定的资质。发生上述情形的,法院不应以此为由,否认仲裁协议的效力。

关于涉外仲裁协议的准据法,菲律宾法律尚无定论。根据《特别规则》第 12 条的规定,当事人可以约定仲裁协议的准据法。当事人没有约定的,适用菲律宾法律。虽然按照《示范法》的要求,应当适用仲裁地法,但是菲律宾仲裁实务界却倾向效仿适用英格兰法中有关仲裁协议准据法的先例。在“Sulamerica CIA Nacional de Seguros S. A. ,et al. 诉 Enesa Engenharia S. A. 案”中,英格兰上诉法院确定了“三步审查法”:首先,审查当事人是否明确选择仲裁协议的准据法。其次,判断当事人是否存在默示选择的准据法。例如,当事人协议选择的主合同准据法,在没有相反主张的情况下,可以推定为仲裁协议的准据法。最后,如果无法推断当事人的默示意思,再根据最密切和真实联系确定准据法。

《替代性纠纷解决法》第 28 条保留了《示范法》第 9 条的规定,当事人在仲裁程序开始或者进行过程中,向法院申请以及法院准许采取临时措施的,不得视为违反仲裁协议。在“Transfield Philippines, Inc. 诉 Luzon Hydro Corporation 案”中,申请人先在澳大利亚提起仲裁，又在菲律宾提起多起诉讼。[1] 在其中某个诉讼程序中，申请人请求法院对银行作出禁令，防止银行向被申请支付款项。菲律宾最高法院援用《替代性纠纷解决法》第28条的规定，确认当事人有权在仲裁程序进行过程中，向法院申请临时救济。在"Department of Foreign Affairs and Bangko Sentral ng Pilipinas 诉 Falcon and BCA International Corporation 案"中，菲律宾最高法院再次确认了仲裁协议当事人可以向法院申请临时救济，而法院也应当作出临时救济命令。[2] 无论是申请临时救济命令，还是作出临时救济命令，都不得解释为违反仲裁协议。

（三）仲裁庭的组成

菲律宾国际仲裁法未修改或变动《示范法》第10条至第15条有关仲裁庭组成的规定。当事人可以约定仲裁庭的组成人数。当事人未约定的，无论是机构仲裁还是临时仲裁的仲裁庭皆默认为3人。

在临时仲裁中，由菲律宾律师协会主席承担指定职能。在收到当事人申请的30日内，未能作出指定的，由地方法院指定仲裁员。根据《特别规则》，地方法院应当在收到当事人的请求5日之内组织快速听审程序以决定仲裁员的人选。审理程序不能超过1日，其目的主要是查明事实，但非申请方当事人也可以表达意见。地方法院应当在听审后的30日作出决定。指定仲裁员的决定一旦作出立即生效，任何当事人都不得申请复审、上诉或提审。如果法院拒绝指定仲裁员的，当事人可以申请复审、上诉或提审。

菲律宾争议解决中心的仲裁规则模仿了国际商会仲裁院和新加坡国际仲裁中心的规定，要求机构确认仲裁员的委任。按照菲律宾纠纷解决中心的规则，当事人没有约定仲裁员人数的，由该机构根据案件具体情况确定仲裁员人数。菲律宾纠纷解决中心规则规定了多方当事人的指定程序。当申请人或者被申请人一方有多方当事人时，申请人或被申请人应当共同指定仲裁员。

当事人在菲律宾进行涉外仲裁，可以选定外籍仲裁员。在"Equitable PCI Bank 诉 Pimentel 案"中，一方当事人以仲裁员没有菲律宾国籍，也不具有菲律宾法

---

〔1〕 G. R. No. 146717, 19 May 2006.

〔2〕 G. R. No. 176657, 1 September 2010.

律服务资格为由,申请回避。申请方称,代理仲裁案件属于提供专业服务。[1] 根据菲律宾《宪法》的规定,只有菲律宾公民才可以提供专业服务,而且只有菲律宾的律师才可以提供专业法律服务。上诉法院认为,根据《示范法》的规定,非本国公民也可以代理仲裁案件。《仲裁法》规定了担任仲裁员的资格,但是并没有要求当事人必须具有法律资格。因此,驳回了申请回避的请求。《替代性纠纷解决法》第22条最终确认了非菲律宾公民在国际商事仲裁中担任仲裁员的权利。根据该条规定,仲裁地在菲律宾的国际商事仲裁中,当事人可以选择任何人行使仲裁员的职责。但是除菲律宾的执业律师外,任何人不得在涉及仲裁的司法程序或者类似诉讼(quasi-judicial)程序中,作为当事人的代理人。

外国公民因参加菲律宾仲裁程序需要入境的,应当办理签证。购有返程机票或者转机机票,且持有转机目的地居留许可6个月以上的,通常可以获得单次入境停留21日的许可。海关关员可以按照停留目的,自由裁量将停留日期延长至60日。持有巴西和以色列护照的人,无签证可以入境停留59日。中国香港特别行政区、澳门特别行政区,以及英国海外属地、葡萄牙护照持有者,可以免签入境7日。另外,仲裁员在菲律宾仲裁中获得的收入,应当按照菲律宾税法的规定纳税。

仲裁员应当符合独立(Independence)和中立(Impartiality)的要求。独立性,是指仲裁员应当避免与当事人之间的利益关系相牵连,将利益相关者排除出裁判者之列。仲裁员的中立性,是指仲裁员不应当偏袒任意一方当事人,或者对案件带有偏见和成见。为保障仲裁员的独立性和中立性,菲律宾国际仲裁法接纳了《示范法》第12条的规定,规定仲裁员负有披露义务。无论是在接受指定之前,还是在接受指定之后,仲裁员应该披露可能引起对其公正性或独立性产生正当怀疑的任何情况。当事人申请仲裁员回避的,由仲裁庭决定是否回避。在仲裁庭审查期间,可以继续审理案件并作出裁决。仲裁庭决定不回避的,当事人可以申请菲律宾国家律师协会主席审查决定,该决定不可上诉。[2] 如果菲律宾国家律师协会主席未拒绝作出决定,或未能在30日内作出决定的,当事人可以向地方法院申请仲裁员回避。《特别规则》第7条规定了当事人向法院申请仲裁员回避的程序,其中包括申请书的内容以及管辖权的分配。该条还规定了法院有权决定仲裁员回避

---

〔1〕 CA G. R. Sp. No. 93966.

〔2〕 菲律宾《替代性纠纷解决法》第26条、第27条。

后可以获得合理的报酬，并取得支付费用的补偿，除非仲裁员具有恶意。被回避仲裁员的报酬和费用补偿，由申请回避的一方当事人承担。

类似于《示范法》第14条的规定，仲裁员无履行职责的法律行为能力或事实行为能力，或者由于其他原因过分迟延行事的，当事人可以请求终止委任。在临时仲裁程序中，由菲律宾国家律师协会主席决定是否终止仲裁员职责。该协会主席怠于履行职责时，当事人可以向法院申请终止仲裁员职责。法院作出的决定立即生效，不可复审、上诉或提审。仲裁员回避或终止委任，或因为仲裁员由于其他任何原因辞职或因为当事人约定解除仲裁员委任的，应当依照指定所被替换的仲裁员时适用的规则指定替代仲裁员。该规定与《示范法》第15条规定相一致。

仲裁员在履行职责过程中，应当遵循职业伦理规范。在菲律宾仲裁实务中，普遍适用国际律师协会的《国际仲裁利益冲突指引》(IBA Guidelines on Conflicts of Interest in International Arbitration)，作为判断仲裁员独立性和中立性的依据。该指引不仅适用于商事仲裁，还适用于投资仲裁。无论是法律专业人士，还是其他专业人士担任仲裁员，都适用该指引。仲裁机构也普遍制定自己的仲裁员行为规范或指引，例如，菲律宾纠纷解决中心制定的《会员职业职责指引》(Code of Professional Responsibility for Members)以及皇家特许仲裁员协会的《会员职业伦理行为守则》(Code of Professional and Ethical Conduct for Members)。

根据《替代性纠纷解决法》第38条的规定，仲裁员在仲裁程序中出于恶意、重大过失造成他人损失的，应当承担民事责任。

（四）仲裁庭的管辖权

管辖权自裁原则(*Kompetenz-Kompetenz/compétence-compétence*)是国际商事仲裁的核心原则。菲律宾国际仲裁法直接援引《示范法》第16条的规定，赋予仲裁庭决定自身管辖权的权力。仲裁协议的效力不适用牵连原则，其效力完全独立于主合同的效力。主合同无效或者效力存在瑕疵的，不影响仲裁协议的效力。

在"Jorge Gonzales and Panel of Arbitrators 诉 Climax Mining Ltd. 案"中，菲律宾最高法院首次援引《示范法》第16条认定了仲裁协议的独立性，确认仲裁庭认定仲裁协议有效性的权力。[1] 在该案中，一方当事人向法院起诉，主张主合同效力存在瑕疵，其瑕疵延及仲裁协议。另一方当事人则主张当事人之间存在仲裁协

〔1〕 G. R. Nos. 161957 and 167994, 22 January 2007.

议,要求法院中止诉讼。菲律宾最高法院最终认定仲裁协议的效力由仲裁庭决定,法院中止了诉讼。该案虽然是一起国内仲裁案件,但是最高法院的判决对国际仲裁案件产生了事实上的拘束力。

在随后的案件中,菲律宾法院遵循了“Gonzales 案”的裁判思路。在“Cargill Philippines 诉 San Fernando Regala Trading 案”中,出卖方当事人向菲律宾地方法院起诉,称买受方当事人根本性地违反了合同约定,请求解除合同,并赔偿损失。[1] 买受方当事人声称双方之间的合同并未包含该义务,而且原告起诉违反了合同约定的仲裁协议。根据该仲裁协议的约定,仲裁地为纽约,仲裁规则为美国仲裁协会仲裁规则。地方法院认为,仲裁协议未成立,进而驳回了中止诉讼的申请。随后,买受方当事人提出上诉,上诉法院认定约定外国仲裁的仲裁协议是合法的,但是当事人之间的主合同并不成立,因此仲裁协议也不成立。当事人之间是否订立仲裁协议是事实问题,应当由法院决定。案件随后上诉至菲律宾最高法院,该法院推翻了前两审法院的判决。该法院援引了“Gonzales 案”判决,认定“包含仲裁协议的主合同的效力不影响仲裁协议本身的效力”。该法院同时确认,主张主合同效力瑕疵的当事人也可以援引仲裁协议。

《特别规则》第 2.2 条概括性地确认了菲律宾法院对管辖权自裁权力的尊重。该条规定,仲裁庭享有自主决定仲裁协议的成立、效力的权力。仲裁协议效力完全独立于主合同,应当单独判断其效力。《特别规则》第 2.4 条规定,仲裁庭享有优先确定仲裁协议效力的权力,有权自主决定仲裁协议的效力。当事人向法院申请确认仲裁庭管辖权的,无论是在仲裁庭组成之前或者组成之后,法院不应自己审查,而应当交由仲裁庭决定仲裁协议的效力。当事人向法院申请审查仲裁协议效力的,法院仅能对仲裁协议进行表面(*prima facie*)审查。除非法院初步审查认定仲裁协议无效、不可执行或实施,法院应当中止诉讼,将案件交由仲裁庭决定。

仲裁庭认定仲裁协议效力并确认其管辖权之后,当事人可以根据《示范法》第 16 条的规定向有管辖权的法院申请审查仲裁庭的决定。在法院审理期间,仲裁庭可以继续审理案件。法院审查仲裁协议效力的裁定,不可上诉。也就是说,根据《示范法》的规定,如果仲裁庭否认仲裁协议效力的,当事人不可以诉诸法院。菲律宾《替代性纠纷解决法》第 3.12 条则还规定了,无论仲裁庭是否认定其管辖权,

[1] G. R. No. 175404, 31 January 2011.

当事人都可以向地方法院申请审查仲裁庭的决定。如果仲裁庭认定自己没有管辖权,而法院认定仲裁协议有效的,当事人有权按照选任仲裁员的方式更换该仲裁庭。

在法院审查仲裁庭自裁管辖权的程序中,如果仲裁庭已经对案件作出实体裁决,法院不应继续审查案件。对管辖权有异议的一方当事人,应当申请法院撤销仲裁裁决。

（五）仲裁程序

菲律宾国际仲裁法基本上保留了《示范法》关于仲裁程序的规定,仅针对菲律宾的具体情况作出细化的实施规定。《示范法》第 18 条要求当事人应当受到平等待遇,并应当被给予充分的机会陈述案情。《示范法》第 19 条要求当事人可以自由约定仲裁庭进行仲裁时所应当遵循的程序。这些条文都得到通盘保留。《替代性纠纷解决法》第 30 条对仲裁地作出细化规定,即当事人没有约定仲裁地的,仲裁地为马尼拉大都会（Metro Manila）。该法第 31 条规定,如果当事人没有约定仲裁语言的,国际仲裁的仲裁语言为英语,但是仲裁庭有权另行决定。

仲裁程序的启动、仲裁申请书和答辩书的交换、庭审的组织和证据都适用《示范法》的有关规定。缺席审理也适用《示范法》,即该法第 25 条的规定。如果申请人未及时提交申请书的,仲裁庭应当终止仲裁程序。被申请人未能提交答辩书的,仲裁庭应当继续进行仲裁程序,但不视为认可申请人的陈述。仲裁庭应当根据现有证据,独立判断争议的是非曲直,并作出裁判。

《替代性纠纷解决法》第 23 条规定了国际仲裁的程序的保密性。仲裁保密的范围包括仲裁案卷、证据、仲裁裁决。除非当事人明确同意,或者仲裁司法审查程序中必须向法院披露,任何人不得公开保密材料。仲裁实务界还认为,仲裁庭不应采信违反保密特权（Privileged Information）的证据。根据贸法会《仲裁规则》的规定,仲裁庭有权决定证据的可采性、相关性和实质性。为与菲律宾国内实践相符,仲裁庭在国际仲裁中不采纳违反律师和客户之间保密义务的证据。

《替代性纠纷解决法》并未采纳《示范法》2006 年关于临时措施的修订条文。菲律宾仅适用《示范法》第 17 条关于临时措施的规定。也就是说,仲裁庭经一方当事人请求,可以准予采取临时措施。

《替代性纠纷解决法》第 29 条进一步规定,仲裁庭决定临时措施的理由与法院作出临时措施的理由应当完全一致。任何一方当事人都可以向法院申请执行仲裁庭作出的临时措施。仲裁庭能够作出的临时措施,包括针对当事人的行为禁令、财产保全、检查财产等。

《特别规则》还规定了法院在协助取证方面的权力。这些权力包括:(1)要求证人制作证人证言,或者要求制作书证;(2)要求证人接受庭外口头或者书面质询;(3)对身体进行检查,或者检查财务和场所,并对人身、物品或场所的情况进行视频、拍照或者采取其他方式记录;(4)检查并复制文书;(5)采取其他类似的措施。关于专家证人,该规则沿用了《示范法》第 26 条的规定,即除非当事人另有约定,仲裁庭有权指定 1 名或多名专家就仲裁庭待决之特定问题向仲裁庭提出报告,可以要求一方当事人向专家提供任何相关资料,或出示或让其检验任何相关的文件、货物或其他财产。除非当事人另有约定,经一方当事人提出请求或仲裁庭认为必要的,专家在提出其书面或口头报告后应当参加开庭,各方当事人可向其提问,专家证人就争议点作证。另外,菲律宾诉讼规则还规定了证人证言的存留规则(Perpetuation of Testimony)。根据该规则,法院可以对证人证言进行保存,用于未来其他诉讼。《特别规定》规定了该类留存证言,也可以用于仲裁程序之中。

法院作出的取证命令,当事人不得申请复审、上诉或申请提审。如果法院拒绝协助的,当事人则有权申请复审、上诉或提审。当事人不遵守法院作出取证命令的,法院有权采取恰当的制裁措施。

(六)仲裁裁决

《示范法》关于仲裁裁决的要求、内容、形式以及和解的规定,原封不动地适用于菲律宾的涉外仲裁程序。根据《示范法》第 29 条的规定,仲裁裁决应当由仲裁庭的多数成员作出。经各方当事人或仲裁庭全体成员授权的,首席仲裁员可以单独决定程序问题。按照《示范法》第 31 条的规定,裁决应当以书面作出,并应当由仲裁员签名。在有 1 名以上仲裁员的仲裁程序中,仲裁庭全体成员的多数签名即可,但须说明缺漏任何签名的理由。裁决应说明其所依据的理由,除非当事人约定无须说明理由或该裁决是和解裁决。仲裁裁决应当说明日期和仲裁地。裁决作出后,应当送达双方当事人。

菲律宾纠纷解决中心《仲裁规则》还对仲裁裁决的时限作出规定,即仲裁裁决必须在组庭后 1 年之内作出。仲裁裁决必须由仲裁庭多数作出。如果未能形成多数意见的,按照首席仲裁员的意见裁决。

在《替代性纠纷解决法》颁行之前,菲律宾的涉外仲裁裁决(International Arbitral Award)适用国内仲裁司法审查程序。在"ABS-CBN Broadcasting Corporation 诉 World Interactive Network Systems(WINS)Japan 案"中,菲律宾最高法院确认了外国仲裁裁决的当事人有3种救济途径。[1] 在该案中,菲律宾 ABS-CBN 电视公司与日本 World Interactive Network Systems(WINS)公司订立了转播合同,由日本公司购买菲律宾公司的"菲律宾频道"节目,向旅日菲律宾人播放。后来菲律宾公司以日本公司在节目中插播新闻为由,主张日本公司违约。随即日本公司在菲律宾提起仲裁,并获得胜诉裁决。日本公司向菲律宾法院请求承认仲裁裁决。菲律宾公司则向上诉法院起诉,要求上诉法院对仲裁庭的裁决进行事实和法律事项审查。上诉法院驳回了菲律宾公司的申请,但是菲律宾最高法院支持了该公司的请求。判决认为,菲律宾涉外仲裁的当事人享有3种救济途径:(1)依据《仲裁法》第24条的规定,向地方法院申请撤销仲裁裁决;(2)向上诉法院(Court of Appeal)申请复审(Review),根据菲律宾法院《诉讼规则》第43条的规定,审查仲裁裁决涉及的法律或者事实问题,相应地适用法院《诉讼规则》;(3)如果出现仲裁庭超越权限,或者超出请求范围裁判,或者滥用自由裁量权的,当事人还可以根据《诉讼规则》第65条的规定,向上诉法院申请提审。

《替代性纠纷解决法》颁行之后,菲律宾最高法院适用《特别规则》,而不是适用《示范法》第34条的规定,审查撤销涉外仲裁裁决。根据《特别规则》第12条的规定,仲裁裁决作出后,任何一方当事人都可以申请法院承认与执行,或者撤销涉外仲裁裁决。由此可见,菲律宾涉外仲裁裁决采用了两轨司法审查机制。当事人可以申请承认与执行涉外仲裁裁决,或者申请撤销仲裁裁决。也就是说,败诉方当事人可以申请撤销仲裁裁决,胜诉方也可以申请撤销仲裁裁决。胜诉方可以申请承认与执行涉外仲裁裁决,但败诉方也可以申请执行仲裁裁决,或者在承认与执行仲裁裁决之诉中提出撤销仲裁裁决的请求。

需要注意的是,两种救济方式具有强烈的牵连性。当事人可以在裁决作出后的任何时间内申请承认和执行仲裁裁决,但是如果对方当事人申请撤销仲裁裁决的,则另一方应当在撤销仲裁裁决之诉的同时,提出承认执行之诉,否则将丧失提起承认执行之诉的权利。另外,如果当事人在收到仲裁裁决3个月内,没有提起

---

[1] G. R. No. 169332 11 February 2008.

撤销仲裁裁决之诉,则丧失在申请承认与执行仲裁裁决之诉中提出撤销仲裁裁决的抗辩权利。由于承认仲裁裁决可以在任何时间提出,而撤销仲裁裁决只能在3个月内提出,如果败诉方未在3个月内提出,事实上也丧失了在3个月后胜诉方提出的承认与执行之诉中主张撤销的权利。

虽然菲律宾法律采用了双轨救济机制,但实际效果与《示范法》第34条的单轨制是一样的。如果任何一方当事人不在3个月之内提出撤销仲裁裁决之诉,就等于放弃撤销仲裁裁决的权利。如果3个月内提出撤销仲裁裁决之诉或者承认与执行仲裁裁决之诉,则两诉应当合并审理,否则依法产生失权效果。虽然设置了申请承认与执行仲裁裁决的程序,并不意味着仲裁裁决不会自动发生法律效力。根据《特别规则》第12.12条的规定,仲裁裁决一旦作出都被推定为程序和裁决内容符合法律规定,并可以直接承认与执行。除非当事人证实存在撤销仲裁裁决的理由。

当事人申请承认与执行或者撤销仲裁裁决的,应当向有管辖权的地方法院申请(Petition)。有管辖权的法院包括:(1)仲裁地的法院;(2)被扣押或者冻结的财产所在地法院;(3)合同义务履行地法院;(4)任意一方当事人的住所地或者营业地法院;(5)菲律宾首都的法院。当事人向法院申请不予承认与执行或撤销仲裁裁决的,应当采取书面形式。申请书的内容应当包括仲裁裁决存放的地点、仲裁程序当事人的身份、仲裁协议或者提交仲裁的申请、仲裁员的身份以及指定方式、已经收到仲裁裁决的书面陈述以及请求救济的类型。除申请书外,当事人还应当提交仲裁协议的原件副本、仲裁裁决的原件副本、申请人没有挑选法院(滥用诉讼)的宣誓认证(Verification)和确认书(Certification)以及指定仲裁员的有效副本。[1]

法院审查原告提交的材料后,认为其符合申请的实质要件和形式要件的,应当向另一方当事人送达通知与原告的申请书副本。另一方当事人应当在收到申请书的15日之内向法院进行答辩。申请撤销仲裁裁决的,答辩人可以同时提出承认与执行仲裁裁决的申请。申请承认与执行的,答辩人可以提出撤销仲裁裁决的申请。如果法院认为当事人之间的争议是法律问题的,可以要求当事人提交法律意见。双方当事人可以在收到法院通知之后的15日以内提交该法律意见。如果

---

〔1〕《特别规则》第12.7条。

法院认为案件涉及事实不明的,应当通知当事人提交补充证据。在收到当事人提交的法律意见、证据之后,法院经审查认为需要开庭的,应当安排开庭。庭审可以适用交叉询问的方式质证。

《特别规则》第12.4条规定了菲律宾法院不予承认与执行或者撤销仲裁裁决的理由。首先,仲裁协议无效的,菲律宾法院可以撤销或拒绝执行仲裁裁决。无效的情形,包括当事人订立仲裁协议时欠缺相应的民事行为能力,或者根据当事人选择的仲裁程序准据法,或者当事人没有选择准据法时,根据菲律宾法律仲裁协议无效。需要注意的是,只有未成年或者不具有完全民事行为能力的人,才能以不具备完全民事行为能力为由,主张撤销仲裁裁决。同时,申请方还应当证明对方当事人在订立仲裁协议时,明知本方欠缺民事行为能力,或者明知本方是由法定代理人或者诉讼代理人代理。其次,当事人未收到指定仲裁员、仲裁程序启动的通知,或者未能陈述其案件的,仲裁裁决也可以被撤销。再次,仲裁庭裁决事项超出仲裁协议的范围,或者超出当事人申请的范围时,而且超裁部分不可分时,法院可以撤销全部仲裁裁决。复次,仲裁庭组成或者仲裁程序不符合当事人的约定,或者仲裁协议违反菲律宾法律的强制性规定,或者当事人没有约定时,仲裁庭的组成或仲裁程序违反法律的,仲裁裁决可以被撤销。最后,仲裁的争议不具有可仲裁性,以及仲裁裁决违反公共政策的,仲裁裁决应当被撤销。

法院在审理过程中,如果发现程序瑕疵可以修正的情形,经当事人申请,法院可以将案件发回仲裁庭继续审理。法院发回仲裁庭继续审理时,不得对裁决作出指示,也不得对事实认定或法律适用问题作出指示,否则会侵害仲裁庭独立审理案件的权力。

如果存在前述撤销仲裁裁决的事由,法院应当判决撤销或不予承认与执行仲裁裁决。除前述理由外,其他事由不得作为拒绝承认与执行,或撤销仲裁裁决的理由。除向法院申请不予承认执行或者撤销仲裁裁决外,法院不得以其他方式,如申请仲裁裁决上诉、申请复审或者提审等方式,干预审查仲裁裁决。

六、菲律宾法院对外国仲裁裁决的承认与执行

菲律宾于1959年6月7日签署,并于1967年10月4日批准《纽约公约》。事实上,在2004年《替代性纠纷解决法》颁行之前,菲律宾并没有真正适用《纽约公约》。在《替代性纠纷解决法》颁行之前的司法实践中,只有将外国裁决转化为外国法院判决,有可能在菲律宾得到承认与执行。在“Eastboard Navigation 诉 Juan

Ysmael 案”中，当事人无法直接申请菲律宾法院执行仲裁地在纽约的仲裁裁决。[1] 因此，只能向纽约南区地区联邦法院申请司法确认（Confirmation）仲裁裁决。随后，当事人申请纽约法院作出的最终命令（Order and Final Decree），菲律宾法院按照外国判决的承认与执行程序认可了该判决的效力。在“Nagar-mull 诉 Binagaban-Isabela Sugar 案”中，菲律宾法院同样将确认外国仲裁裁决的外国判决，作为判决，而不是仲裁裁决给予了承认与执行。[2]

《替代性纠纷解决法》颁行以后，外国仲裁裁决的承认与执行依据该法第 42 条适用《纽约公约》。当事人为获得仲裁裁决的承认与执行，不必再将外国仲裁裁决转化为外国判决。在“Tuna Processing 诉 Philippine Kingford 案”中，美国公司和菲律宾公司就合同发生争议。美国公司依据仲裁条款，在约定的仲裁地，即美国加利福尼亚州，提起仲裁并取得胜诉裁决。美国公司向菲律宾马卡蒂（Makati）市地方法院申请承认和执行美国仲裁裁决，但该法院拒绝承认仲裁裁决。理由是，菲律宾《公司法》（Corporation Code）禁止未取得菲律宾营业执照的外国公司在菲律宾参加任何诉讼程序。由于该案涉及的美国公司在菲律宾营业，但未取得菲律宾的营业执照，因此驳回了美国公司的申请。案件随后上诉到菲律宾最高法院，该法院推翻了原审法院的裁判。最高法院认为，《纽约公约》是特别法，优先于菲律宾的《公司法》。《替代性纠纷解决法》已经明确将《纽约公约》转化为国内法。外国仲裁裁决的承认与执行，应当适用《纽约公约》，只能按照该公约规定的有限的标准审查。外国公司未取得菲律宾的营业执照并不属于《纽约公约》拒绝承认的理由，因此不得拒绝承认与执行该案美国仲裁裁决。“拒绝当事人援引公司法禁止外国公司在菲律宾起诉的规定，符合司法公正的要求。当事人之间已经订立了仲裁条款，就应当接受仲裁协议和仲裁裁决的约束。”

在“Mabuhay Holdings Corporation v Sembcorp Logistics Limited 案”中，菲律宾最高法院再次适用《纽约公约》承认与执行了外国仲裁裁决，并对《纽约公约》相关条文作出较细致的解释。[3] 在该案中，Sembcorp 公司与两家菲律宾公司订立合同，约定 Sembcorp 公司在合资合同的交易结束后获得价格返现。后来，菲律宾公

---

〔1〕 G. R. No. L – 9090, 10 September 1957.

〔2〕 G. R. No. L – 22470, 28 May 1957.

〔3〕 G. R. No. 212734, 5 December 2018.

司并未向 Sembcorp 公司支付价格返现。Sembcorp 公司依据合同仲裁协议,在新加坡申请仲裁,适用国际商会仲裁院 1998 年仲裁规则。根据仲裁协议的约定,仲裁庭由 1 名泰国国籍的独任仲裁员组成。仲裁庭经审理,最终裁决支持了 Sembcorp 公司的请求。随后,Sembcorp 公司向菲律宾法院请求根据《纽约公约》承认与执行该仲裁裁决。

该案共涉及 3 个有关《纽约公约》的解释问题。首先,该公约第 5 条第 1 款第 c 项规定的超越裁决范围裁判问题。在该案中,当事人之间的仲裁协议明确将企业内部问题排除,相应纠纷不通过仲裁解决。菲律宾法院认为,该问题属于管辖权自裁事项,仲裁庭享有认定该事项是否存在"超越仲裁协议范围进行裁决"的权力。如果仲裁庭已就该事项作出决定,法院应当尊重仲裁庭的决定。事实上,菲律宾最高法院的解释存在一些瑕疵。管辖权自裁意味着仲裁庭享有初步裁决的权力,并不意味着程序结束后可以不经法院审查。菲律宾最高法院在判决中所称的"仲裁庭有权决定案件争议是否属于企业内部争议"的看法是对的,但是法院涉及《纽约公约》所称的超裁问题时,法院应当有权审查。

其次,该案败诉方在仲裁程序中申请独任仲裁员回避,但其申请被国际商会仲裁院驳回。败诉方当事人以此为由,申请不予执行该仲裁裁决。菲律宾最高法院认为,"法院不应介入审查已经处理过的回避请求","不能将回避事由伪装后,再次作为不予执行仲裁裁决的理由"。这一观点同样也存在瑕疵。《纽约公约》第 5 条第 1 款第 d 项赋予法院审查仲裁员回避的权力,而不是菲律宾最高法院所称的"无权介入"。当然,菲律宾法院对案件事实的分析是属实的。"败诉方当事人声称仲裁员必须具备作为准据法的菲律宾法律知识,与当事人的约定不符。按照国际商会仲裁院仲裁规则,独任仲裁员不应是与双方当事人国籍相同。要求外国人掌握特定国家法律,有失偏颇。"

最后,菲律宾最高法院对公共政策作出权威解释,修正了先前地方法院宽松解释的倾向。最高法院认为,"仅仅是解释法律或者认定事实方面的错误,不足以支撑适用公共秩序保留。只有那些超出一定程度的非法或违反善良风俗的裁决,才可能依据公共秩序得以拒绝承认与执行"。在先前的司法之间中,认定公共秩序保留的"明显不合法"标准(Manifest Disregard of the Law)被推翻。这意味着菲律宾法院采取了更严格的方式解释公共秩序概念,进而更加友好地对待外国仲裁裁决。

《特别规则》规定了详细的承认与执行外国仲裁裁决的程序规则。根据该规则第13条的规定,仲裁程序的任何一方当事人都可以在任何时间向菲律宾有管辖权的地方法院申请承认与执行外国仲裁裁决。有管辖权的法院包括:(1)执行财产所在地法院;(2)行为履行地法院;(3)任何一方当事人在菲律宾的主营业地;(4)自然人当事人的住所地;(5)菲律宾首都地区的地方法院。

《纽约公约》适用范围以外的仲裁裁决,由菲律宾法院按照国际礼让(Comity)和互惠(Reciprocity)原则承认与执行。《特别规则》第13条规定,如果外国与菲律宾没有建立礼让或互惠关系时,菲律宾法院可以将仲裁裁决视为外国判决,适用有关承认与执行外国判决的规定。

七、对中国当事人的建议

(一)是否选择菲律宾作为仲裁地

菲律宾的国际商事仲裁制度发展比我国要晚。菲律宾的法律文化整体偏向诉讼,替代性纠纷解决制度并不发达。从形式上来看,菲律宾属于示范法国家,而且也加入了《纽约公约》,但实际上该国的仲裁制度尚在发展之中。例如,菲律宾国际商事仲裁法中尚未对仲裁协议的准据法作出明确规定。菲律宾最高法院也没有作出有约束力的先例。菲律宾处理的国际商事案件数量也非常有限。无论是仲裁员、仲裁机构还是法院,都缺少丰富的经验。[1] 2004～2015年,菲律宾纠纷解决中心(PDRCI)年均受理涉外仲裁案件2件。菲律宾最高法院处理的国际商事案件,无论是确认仲裁协议效力,还是承认与执行仲裁裁决的数量都非常有限。在晚近的实践中,菲律宾最高法院展现出支持仲裁和对仲裁友好的态度,但有时却作出了一些不符合仲裁法理论的决定。[2] 相较我国最高人民法院针对仲裁司法审查所作的批复和司法解释数量,菲律宾最高法院的司法意见和判例并不多。各国仲裁法学界和仲裁实务界,对菲律宾仲裁制度的研究都比较少。[3]

菲律宾进行仲裁的主要优势是语言和仲裁费用。菲律宾的官方语言是英语

---

〔1〕 Arthur P. Auta, Philippine Arbitration Reform: Fresh Breathing Space From Congested Litigation, in: Anselmo Reyes & Weixia Gu(eds): The Developing World of Arbitration-A Comparative Study of Arbitration Reform in the Asia Pacific, Hart Publishing 2018, pp. 163－188.

〔2〕 Mabuhay Holdings Corporation v. Sembcorp Logistics Limited, G. R. No. 212734, 5 December 2018.

〔3〕 科威仲裁博客(Kluwer Arbitration Blog)是国际仲裁实务界交流的平台。截至2019年8月26日,该平台上与我国相关的文章条目为69条,而与菲律宾相关的只有2条。

和菲律宾语。菲律宾的法律和司法判决都由英文写成。在菲律宾进行仲裁，语言上遇到的障碍较少。菲律宾仲裁的另一个优势是成本。[1] 这种优势只体现在与其他国际仲裁机构比较的基础之上。如果与我国仲裁机构相比，其价格收费优势并不明显。例如，根据菲律宾纠纷解决中心的费用表，100 万菲律宾比索（14 万元人民币）标的的案件收费 17 万比索（2.4 万元人民币），而中国国际经济贸易仲裁委员会的收费为 1.17 万元人民币。

在已经出现的仲裁案件中，中菲当事人也倾向选择第三地仲裁。中国机械工业集团公司与菲律宾 North Luzon 铁路集团的建设工程合同中，当事人就约定中国香港特别行政区作为仲裁地，适用香港国际仲裁中心仲裁规则。2016 年仲裁庭在中国香港特别行政区作出有利中方的部分仲裁裁决，确认合同效力之后，双方当事人达成和解协议。

因此，不建议当事人首选菲律宾作为仲裁地。如果当事人不能约定我国为仲裁地，那么建议约定其他仲裁制度较发达的国家和地区作为仲裁地。菲律宾属于《纽约公约》的缔约国，外国仲裁裁决可以根据公约得到承认与执行。如果当事人约定菲律宾为仲裁地的，可以选择外籍仲裁员，也可以选择外籍律师代理出庭。

（二）是否选择菲律宾的仲裁机构

菲律宾的仲裁机构由于受理案件较少，未表现出明显的竞争优势。如果仅从仲裁制度方面考察，菲律宾纠纷解决中心的国际化程度较高。该机构保持持续跟进国际仲裁的最佳实践，并适用国际律师协会制定的各种指引文件。例如，仲裁员利益冲突指引、律师代理当事人指引、取证指引和伦理规则。但是，由于该中心受理的案件有限，无法得知其专业水平和实际情况。

如果当事人要选择菲律宾纠纷解决中心的，推荐使用该中心的示范仲裁条款。“任何由本合同引起的或与本合同有关的，或者涉及违反合同、解除合同或者合同无效的纠纷、争议或主张，应当终局性地提交仲裁解决，并适用菲律宾纠纷解决中心仲裁规则。”[2] 当然，当事人也可以在仲裁协议中约定，例如，“指定机构为

---

〔1〕 Philippine Institute of Arbitrators: Commercial Arbitration Handbook (Kindle Position 405 - 406). Anvil Publishing, Inc., Kindle Version.

〔2〕 原文为，“Any dispute, controversy or claim arising out of or relating to this contract, or the breach, termination or invalidity thereof, shall be finally resolved by arbitration in accordance with the rules of the Philippine Dispute Resolution Center (PDRC)”。

中国国际经济贸易仲裁委员会","仲裁庭由3名仲裁员组成","仲裁地为中国北京","仲裁语言为英文"。

还需要注意的是,该中心名册上的认证国际仲裁员数量较少,而且没有中国内地(有中国香港特别行政区居民)的仲裁员,但是当事人可以指定名册外仲裁员。

此外,菲律宾允许临时仲裁。如果当事人及其代理人能够熟悉操作仲裁程序,也可以选择临时仲裁。

(三)在菲律宾仲裁的注意事项

首先,要注意菲律宾仲裁法渊源的复杂性。菲律宾没有统一的成文仲裁法典,相应的条文散见于不同的法律之中。这些渊源既包括民事基本法,又包括仲裁专门法典,还包括统一的替代性纠纷解决立法以及法院的仲裁特别规则,甚至包括行政部门指定的替代性纠纷解决法实施规则。菲律宾实施国内国际双轨仲裁制度。仲裁地在菲律宾的国际商事仲裁,适用联合国贸法委的《示范法》,但同时还必须注意到《替代性纠纷解决法》对《示范法》的细化和修正。

其次,菲律宾仲裁制度尚在发展之中,有许多不完善、不确定的问题,需要法院确认。菲律宾虽然是受到欧陆法系和普通法系双重影响的混合法系,但在民事诉讼程序方面受到美国法影响较多。在仲裁法,尤其是国际仲裁法方面,受到英国法影响较多。在晚近的司法实践中,菲律宾最高法院也表现出极力支持仲裁的态度,因此可以期待菲律宾《仲裁法》以趋近国际商事仲裁普遍实践的方式发展。

最后,菲律宾法院对仲裁的监督程序,不同于《示范法》,也不同于我国仲裁法。仲裁裁决作出后,推定为合法有效。胜诉方当事人可以申请承认与执行仲裁裁决,败诉方可以申请撤销仲裁裁决。如果一方申请法院救济,另一方必须同时提出申请承认或申请撤销的抗辩,否则将产生失权效果。法院在审查仲裁裁决时,也可以中止程序,将案件发回仲裁庭继续仲裁。

附录一：

菲律宾《仲裁法》

Arbitration Law
Republic Act No. 876

An Act to Authorize the Making of Arbitration and Submission Agreements, to Provide for the Appointment of Arbitrators and the Procedure for Arbitration in Civil Controversies, and for Other Purposes.

Be it enacted by the Senate and House of Representatives of the Philippines in Congress assembled:

Section 1. Short Title-This Act shall be known as "The Arbitration Law."

Section 2. Persons and matters subject to arbitration. -Two or more persons or parties may submit to the arbitration of one or more arbitrators any controversy existing between them at the time of the submission and which may be the subject of an action, or the parties to any contract may in such contract agree to settle by arbitration a controversy thereafter arising between them. Such submission or contract shall be valid, enforceable and irrevocable, save upon such grounds as exist at law for the revocation of any contract.

Such submission or contract may include question arising out of valuations, appraisals or other controversies which may be collateral, incidental, precedent or subsequent to any issue between the parties.

A controversy cannot be arbitrated where one of the parties to the controversy is an infant, or a person judicially declared to be incompetent, unless the appropriate court having jurisdiction approve a petition for permission to submit such controversy to arbitration made by the general guardian or guardian ad litem of the infant or of the incompetent.

But where a person capable of entering into a submission or contract has knowingly entered into the same with a person incapable of so doing, the objection on the ground of incapacity can be taken only in behalf of the person so incapacitated.

Section 3. Controversies or cases not subject to the provisions of this Act. -This Act shall not apply to controversies and to cases which are subject to the jurisdiction of the Court of Industrial Relations or which have been submitted to its as provided by Commonwealth Act Numbered one hundred and three, as amended.

Section 4. Form of arbitration agreement. -A contract to arbitrate a controversy thereafter arising between the parties, as well as a submission to arbitrate an existing controversy shall be in writing and subscribed by the party sought to be charged, or by his lawful agent.

The making of a contract or submission for arbitration described in section two hereof, providing for arbitration of any controversy, shall be deemed a consent of the parties to the jurisdiction of the Court of First Instance of the province or city where any of the parties resides, to enforce such contract or submission.

Section 5. Preliminary procedure. -An arbitration shall be instituted by:

(a) In the case of a contract to arbitrate future controversies by the service by either party upon the other of a demand for arbitration in accordance with the contract. Such demand shall set forth the nature of the controversy, the amount involved, if any, and the relief sought, together with a true copy of the contract providing for arbitration. The demand shall be served upon any party either in person or by registered mail. In the event that the contract between the parties provides for the appointment of a single arbitrator, the demand shall set forth a specific time within which the parties shall agree upon such arbitrator. If the contract between the parties provides for the appointment of three arbitrators, one to be selected by each party, the demand shall name the arbitrator appointed by the party making the demand; and shall require that the party upon whom the demand is made shall within fifteen days after receipt thereof advise in writing the party making such demand of the name of the person appointed by the second party; such notice shall require that the two arbitrators so appointed must agree upon the third arbitrator within ten days from the date of such notice.

(b) In the event that one party defaults is answering the demand, the aggrieved party may file with the Clerk of the Court of First Instance having jurisdiction over the parties, a copy of the demand for arbitration under the contract to arbitrate, with a notice that the original demand was sent by registered mail or delivered in person to the party against whom the claim is asserted. Such demand shall set forth the nature of the controversy, the amount involved, if any, and the relief sought, and shall be accompanied by a true copy of the contract providing for arbitration.

(c) In the case of the submission of an existing controversy by the filing with the Clerk of the Court of First Instance having jurisdiction, of the submission agreement, setting forth the nature of the controversy, and the amount involved, if any. Such submission may be filed by any party and shall be duly executed by both parties.

(d) In the event that one party neglects, fails or refuses to arbitrate under a submission agreement, the aggrieved party shall follow the procedure prescribed in subparagraphs (a) and (b) of this section.

Section 6. Hearing by court. -A party aggrieved by the failure, neglect or refusal of another to perform under an agreement in writing providing for arbitration may petition the court for an order directing that such arbitration proceed in the manner provided for in such agreement. Five days notice in writing of the hearing of such application shall be served either personally or by registered mail upon the party in default. The court shall hear the parties, and upon being satisfied that the making of the agreement or such failure to comply therewith is not in issue, shall make an order directing the parties to proceed to arbitration in accordance with the terms of the agreement. If the making of the agreement or default be in issue the court shall proceed to summarily hear such issue. If the finding be that no agreement in writing providing for arbitration was made, or that there is no default in the proceeding thereunder, the proceeding shall be dismissed. If the finding be that a written provision for arbitration was made and there is a default in proceeding thereunder, an order shall be made summarily directing the parties to proceed with the arbitration in accordance with the terms thereof.

The court shall decide all motions, petitions or applications filed under the provisions of this Act, within ten days after such motions, petitions, or applications have been heard by it.

Section 7. Stay of civil action. -If any suit or proceeding be brought upon an issue arising out of an agreement providing for the arbitration thereof, the court in which such suit or proceeding is pending, upon being satisfied that the issue involved in such suit or proceeding is referable to arbitration, shall stay the action or proceeding until an arbitration has been had in accordance with the terms of the agreement: Provided, That the applicant for the stay is not in default in proceeding with such arbitration.

Section 8. Appointment of arbitrators. -If, in the contract for arbitration or in the submission described in section two, provision is made for a method of naming or appointing an arbitrator or arbitrators, such method shall be followed; but if no method be provided therein the Court of First Instance shall designate an arbitrator or arbitrators.

The Court of First Instance shall appoint an arbitrator or arbitrators, as the case may be, in the following instances:

(a) If the parties to the contract or submission are unable to agree upon a single arbitrator; or

(b) If an arbitrator appointed by the parties is unwilling or unable to serve and his successor has not been appointed in the manner in which he was appointed; or

(c) If either party to the contract fails or refuses to name his arbitrator within fifteen days after receipt of the demand for arbitration; or

(d) If the arbitrators appointed by each party to the contract, or appointed by one party to the contract and by the proper Court, shall fail to agree upon or to select the third arbitrator;

(e) The court shall, in its discretion appoint one or three arbitrators, according to the importance of the controversy involved in any of the preceding cases in which the agreement is silent as to the number of arbitrators;

(f) Arbitrators appointed under this section shall either accept or decline their appointments within seven days of the receipt of their appointments. In case of declination or the failure of an arbitrator or arbitrators to duly accept their appointments the parties or the court, as the case may be, shall proceed to appoint a substitute or substitutes for the arbitrator or arbitrators who decline or failed to accept his or their appointments.

Section 9. Appointment of additional arbitrators. -Where a submission or contract provides that two or more arbitrators therein designated or to be thereafter appointed by the parties, may select or appoint a person as an additional arbitrator, the selection or appointment must be in writing. Such additional arbitrator must sit with the original arbitrators upon the hearing.

Section 10. Qualification of arbitrators. -Any person appointed to serve as an arbitrator must be of legal age, in full-enjoyment of his civil rights and know how to read and write. No person appointed to serve as an arbitrator shall be related by blood or marriage within the sixth degree to either party to the controversy. No person shall serve as an arbitrator in any proceeding if he has or has had financial, fiduciary or other interest in the controversy or cause to be decided or in the result of the proceeding, or has any personal bias, which might prejudice the right of any party to a fair and impartial award.

No party shall select as an arbitrator any person to act as his champion or to advocate his cause.

If, after appointment but before or during hearing, a person appointed to serve as an arbitrator shall discover any circumstances likely to create a presumption of bias, or which he believes might disqualify him as an impartial arbitrator, the arbitrator shall immediately disclose such information to the parties. Thereafter the parties may agree in writing:

(a) to waive the presumptive disqualifying circumstances; or

(b) to declare the office of such arbitrator vacant. Any such vacancy shall be filled in the same manner as the original appointment was made.

Section 11. Challenge of arbitrators. -The arbitrators may be challenged only for the reasons mentioned in the preceding section which may have arisen after the arbitration agreement or were unknown at the time of arbitration.

The challenge shall be made before them.

If they do not yield to the challenge, the challenging party may renew the challenge before the Court of First Instance of the province or city in which the challenged arbitrator, or, any of them, if there bemore than one, resides. While the challenging incident is discussed before the court, the hearing on arbitration shall be suspended, and it shall be continued immediately after the court has delivered an order on the challenging incident.

Section 12. Procedure by arbitrators. -Subject to the terms of the submission or contract, if any are specified therein, the arbitrators selected as prescribed herein must, within five days after appointment if the parties to the controversy reside within the same city or province, or within fifteen days after appointment if the parties reside in different provinces, set a time and place for the hearing of the matters submitted to them, and must cause notice thereof to be given to each of the parties. The hearing can be postponed or adjourned by the arbitrators only by agreement of the parties; otherwise, adjournment may be ordered by the arbitrators upon their own motion only at the hearing and for good and sufficient cause. No adjournment shall extend the hearing beyond the day fixed in the submission or contract for rendering the award, unless the time so fixed is extended by the written agreement of the parties to the submission or contract or their attorneys, or unless the parties have continued with the arbitration without objection to such adjournment.

The hearing may proceed in the absence of any party who, after due notice, fails to be present at such hearing or fails to obtain an adjournment thereof. An award shall not be made solely on the default of a party. The arbitrators shall require the other party to submit such evidence as they may require for making an award.

No one other than a party to said arbitration, or a person in the regular employ of such party duly authorized in writing by said party, or a practicing attorney-at-law, shall be permitted by the arbitrators to represent before him or them any party to the arbitration. Any party desiring to be represented by counsel shall notify the other party or parties of such intention at least five days prior to the hearing.

The arbitrators shall arrange for the taking of a stenographic record of the testimony when such a record is requested by one or more parties, and when payment of the cost thereof is assumed by such party or parties.

Persons having a direct interest in the controversy which is the subject of arbitration shall have the right to attend any hearing; but the attendance of any other person shall be at the discretion of the arbitrators.

Section 13. Oath of arbitrators. -Before hearing any testimony, arbitrators must be sworn, by any officer authorized by law to administer an oath, faithfully and fairly to hear and examine the matters in controversy and to make a just award according to the best of their ability and understanding. Arbitrators shall have the power to administer the oaths to all witnesses requiring them to tell the whole truth and nothing but the truth in any testimony which they may give in any arbitration hearing. This oath shall be required of every witness before any of his testimony is heard.

Section 14. Subpoena and subpoena duces tecum. -Arbitrators shall have the power to require any person to attend a hearing as a witness. They shall have the power to subpoena witnesses and documents when the relevancy of the testimony and the materiality thereof has been demonstrated to the arbitrators. Arbitrators may also require the retirement of any witness during the testimony of any other witness. All of the arbitrators appointed in any controversy must attend all the hearing in that matter and hear all the allegations and proofs of the parties; but an award by the majority of them is valid unless the concurrence of all of them is expressly required in the submission or contract to arbitrate. The arbitrator or arbitrators shall have the power at any time, before rendering the award, without prejudice to the rights of any party to petition the court to take measures to safeguard and/or conserve any matter which is the subject of the dispute in arbitration.

Section 15. Hearing by arbitrators. -Arbitrators may, at the commencement of the hearing, ask both parties for brief statements of the issue in controversy and/or an agreed statement of facts. Thereafter the parties may offer such evidence as they desire, and shall produce such additional evidence as the arbitrators shall require or deem necessary to an understanding and determination of the dispute. The arbitrators shall be the sole judge of the relevancy and materiality of the evidence offered or produced, and shall not be bound to conform to the Rules of Court pertaining to evidence. Arbitrators shall receive as exhibits in evidence any document which the parties may wish to submit, and the exhibits shall be properly identified at the time of submission. All exhibits shall remain in the custody of the Clerk of Court during the course of the arbitration and shall be returned to the parties at the time the award is made. The arbitrators may make an ocular inspection of any matter or premises which are in dispute, but such inspection shall be made only in the presence of all parties to the arbitration, unless any party who shall have received notice thereof fails to appear, in which event such inspection shall be made in the absence of such party.

Section 16. Briefs. -At the close of the hearings, the arbitrators shall specifically inquire of all parties whether they have any further proof or witnesses to present; upon the receipt of a negative reply from all parties, the arbitrators shall declare the hearing closed unless the parties have signified an intention to file briefs. Then the hearing shall be close by the arbitrators after the receipt of briefs and/or reply briefs. Definite time limit for the filing of such briefs must be fixed by the arbitrators at the close of the hearing. Briefs may be filed by the parties within fifteen days after the close of the oral hearings; the reply briefs, if any, shall be filed within five days following such fifteen-day period.

Section 17. Reopening of hearing. -The hearing may be reopened by the arbitrators on their own motion or upon the request of any party, upon good cause, shown at any time before the award is rendered. When hearings are thus reopened the effective date for the closing of the hearings shall be the date of thc closing of the reopened hearing.

Section 18. Proceeding in lieu of hearing. -The parties to a submission or contract to arbitrate may, by written agreement, submit their dispute to arbitration by other than oral hearing. The parties may submit an agreed statement of facts. They may also submit their respective contentions to the duly appointed arbitrators in writing; this shall include a statement of facts, together with all documentary proof. Parties may also submit a written argument. Each party shall provide all other parties to the dispute with a copy of all statements and documents submitted to the arbitrators. Each party shall have an opportunity to reply in writing to any other party's statements and proofs; but if such party fails to do so within seven days after receipt of such statements and proofs, he shall be deemed to have waived his right to reply. Upon the delivery to the arbitrators of all statements and documents, together with any reply statements, the arbitrators shall declare the proceeding in lieu of hearing closed.

Section 19. Time for rendering award. -Unless the parties shall have stipulated by written agreement the time within which the arbitrators must render their award, the written award of the arbitrators shall be rendered within thirty days after the closing of the hearings or if the oral hearings shall have been waived, within thirty days after the arbitrators shall have declared such proceedings in lieu of hearing closed. This period may be extended by mutual consent of the parties.

Section 20. Form and contents of award. -The award must be made in writing and signed and acknowledged by a majority of the arbitrators, if more than one; and by the sole arbitrator, if there is only one. Each party shall be furnished with a copy of the award. The arbitrators in their award may grant any remedy or relief which they deem just and equitable and within the scope of the agreement of the parties, which shall include, but not be limited to, the specific performance of a contract.

In the event that the parties to an arbitration have, during the course of such arbitration, settled their dispute, they may request of the arbitrators that such settlement be embodied in an award which shall be signed by the arbitrators. No arbitrator shall act as a mediator in any proceeding in which he is acting as arbitrator; and all negotiations towards settlement of the dispute must take place without the presence of the arbitrators.

The arbitrators shall have the power to decide only those matters which have been submitted to them. The terms of the award shall be confined to such disputes.

The arbitrators shall have the power to assess in their award the expenses of any party against another party, when such assessment shall be deemed necessary.

Section 21. Fees of arbitration. -The fees of the arbitrators shall be fifty pesos per day unless the parties agree otherwise in writing prior to the arbitration.

Section 22. Arbitration deemed a special proceeding. -Arbitration under a contract or submission shall be deemed a special proceeding, of which the court specified in the contract or submission, or if none be specified, the Court of First Instance for the province or city in which one of the parties resides or is doing business, or in which the arbitration was held, shall have jurisdiction. Any application to the court, or a judge thereof, hereunder shall be made in the manner provided for the making and hearing of motions, except as-otherwise herein expressly provided.

Section 23. Confirmation of award. -At any time within one month after the award is made, any party to the controversy which was arbitrated may apply to the court having jurisdiction, as provided in section twenty-eight, for an order confirming the award; and thereupon the court must grant such order unless the award is vacated, modified or corrected, as prescribed herein. Notice of such motion must be served upon the adverse party or his attorney as prescribed by law for the service of such notice upon an attorney in action in the same court.

Section 24. Grounds for vacating award. -In anyone of the following cases, the court must make an order vacating the award upon the petition of any party to the controversy when such party proves affirmatively that in the arbitration proceedings:

(a) That award was procured by corruption, fraud, or other undue means; or

(b) That there was evident partiality or corruption in the arbitrators or any of them; or

(c) That the arbitrators were guilty of misconduct in refusing to postpone the hearing upon sufficient cause shown, or in refusing to hear evidence pertinent and material to the controversy; that one or more of the arbitrators was disqualified to act as such under section nine hereof, and willfully refrained from disclosing such disqualification or of any other misbehavior by which the rights of any party have been materially prejudiced; or

(d) That the arbitrators exceeded their powers, or so imperfectly executed them, that a mutual, final and definite award upon the subject matter submitted to them was not made.

Where an award is vacated, the court, in its discretion, may direct a new hearing either before the same arbitrators or before a new arbitrator or arbitrators to be chosen in the manner provided in the submission or contract for the selection of the original arbitrator or arbitrators, and any provision limiting the time in which the arbitrators may make a decision shall be deemed applicable to the new arbitration and to commence from the date of the court's order.

When the court vacates an award, costs, not exceeding fifty pesos and disbursements may be awarded to the prevailing party and the payment thereof may be enforced in like manner as the payment of costs upon the motion in an action.

Section 25. Grounds for modifying or correcting award. -In anyone of the following cases, the court must make an order modifying or correcting the award, upon the application of any party to the controversy which was arbitrated:

(a) Where there was an evident miscalculation of figures, or an evident mistake in the description of any person, things or property referred to in the award; or

(b) Where the arbitrators have awarded upon a matter not submitted to them, not affecting the merits of the decision upon the matter submitted; or

(c) Where the award is imperfect in a matter of form not affecting the merits of the controversy, and if it had been a commissioner's report, the defect could have been amended or disregarded by the court.

The order may modify and correct the award so as to effect the intent thereof and promote justice between the parties.

Section 26. Motion to vacate, modify or correct award: when made. -Notice of a motion to vacate, modify or correct the award must be served upon the adverse party or his counsel within thirty days after the award is filed or delivered, as prescribed by law for the service upon an attorney in an action.

Section 27. Judgment. -Upon the granting of an order confirming, modifying or correcting an award, judgment may be entered in conformity therewith in the court wherein said application was filed. Costs of the application and the proceedings subsequent thereto may be awarded by the court in its discretion. If awarded, the amount thereof must be included in the judgment.

Section 28. Papers to accompany motion to confirm, modify, correct, or vacate, award. -The party moving for an order confirming, modifying, correcting, or vacating an award, shall at the time that such motion is filed with the court for the entry of judgment thereon also file the following papers with the Clerk of Court:

(a) The submission, or contract to arbitrate; the appointment of the arbitrator or arbitrators; and each written extension of the time, if any, within which to make the award.

(b) A verified copy of the award.

(c) Each notice, affidavit, or other paper used upon the application to confirm, modify, correct or vacate such award, and a copy of each order of the court upon such application.

The judgment shall be docketed as if it were rendered in an action.

The judgment so entered shall have the same force and effect in all respects, as, and be subject to all the provisions relating to, a judgment in an action; and it may be enforced as if it had been rendered in the court in which it is entered.

Section 29. Appeals. -An appeal may be taken from an order made in a proceeding under this Act, or from judgment entered upon an award through certiorari proceedings, but such appeals shall be limited to questions of law. The proceedings upon such an appeal, including the judgment thereon shall be governed by the Rules of Court in so far as they are applicable.

Section 30. Death of party. -Where a party dies after making a submission or a contract to arbitrate as prescribed in this Act, the proceedings may be begun or continued upon the application of, or notice to, his executor or administrator, or temporary administrator of his estate. In any such case, the court may issue an order extending the time within which notice of a motion to confirm, vacate, modify or correct an award must be served. Upon confirming an award, where a party has died since it was filed or delivered, the court must enter judgment in the name of the original party; and the proceedings thereupon are the same as where a party dies after a verdict.

Section 31. Repealing clause. -The provisions of chapters one and two, Title XIV, Book IV, of the Civil Code shall remain in force. All other laws and parts of laws inconsistent with this Act are hereby repealed. If any provision of this Act shall be held invalid the remainder shall not be affected thereby.

Section 32. Effectivity. -This Act shall take effect six months after its approval.

Approved, June 19, 1953.

附录二：

菲律宾《替代性纠纷解决法》(节录)

Alternative Dispute Resolution Act
Republic Act No. 9285

An Act to Institutionalize the Use of an Alternative Dispute Resolution System in the Philippines and to Establish the Office for Alternative Dispute Resolution, and for Other Purposes.

Be it enacted by the Senate and House of Representatives of the Philippines in Congress assembled:

Chapter 1—General Provisions

Section 1. Title. -This act shall be known as the "Alternative Dispute Resolution Act of 2004."

Sec. 2. Declaration of Policy. -It is hereby declared the policy of the State to actively promote party autonomy in the resolution of disputes or the freedom of the party to make their own arrangements to resolve their disputes. Towards this end, the State shall encourage and actively promote the use of Alternative Dispute Resolution (ADR) as an important means to achieve speedy and impartial justice and declog court dockets. As such, the State shall provide means for the use of ADR as an efficient tool and an alternative procedure for the resolution of appropriate cases. Likewise, the State shall enlist active private sector participation in the settlement of disputes through ADR. This Act shall be without prejudice to the adoption by the Supreme Court of any ADR system, such as mediation, conciliation, arbitration, or any combination thereof as a means of achieving speedy and efficient means of resolving cases pending before all courts in the Philippines which shall be governed by such rules as the Supreme Court may approve from time to time.

Sec. 3. Definition of Terms. -For purposes of this Act, the term:

(a) "Alternative Dispute Resolution System" means any process or procedure used to resolve a dispute or controversy, other than by adjudication of a presiding judge of a court or an officer of a government agency, as defined in this Act, in which a neutral third party participates to assist in the resolution of issues, which includes arbitration, mediation, conciliation, early neutral evaluation, mini-trial, or any combination thereof;

(b) "ADR Provider" means institutions or persons accredited as mediator, conciliator, arbitrator, neutral evaluator, or any person exercising similar functions in any Alternative Dispute Resolution system. This is without prejudice to the rights of the parties to choose non-accredited individuals to act as mediator, conciliator, arbitrator, or neutral evaluator of their dispute.

Whenever referred to in this Act, the term "ADR practitioners" shall refer to individuals acting as mediator, conciliator, arbitrator or neutral evaluator;

(c) "Authenticate" means to sign, execute or adopt a symbol, or encrypt a record in whole or in part, intended to identity the authenticating party and to adopt, accept or establish the authenticity of a record or term;

(d) "Arbitration" means a voluntary dispute resolution process in which one or more arbitrators, appointed in accordance with the agreement of the parties, or rules promulgated pursuant to this Act, resolve a dispute by rendering an award;

(e) "Arbitrator" means the person appointed to render an award, alone or with others, in a dispute that is the subject of an arbitration agreement;

(f) "Award" means any partial or final decision by an arbitrator in resolving the issue in a controversy;

(g) "Commercial Arbitration" An arbitration is commercial if it covers matter arising from all relationships of a commercial nature, whether contractual or not;

(h) "Confidential information" means any information, relative to the subject of mediation or arbitration, expressly intended by the source not to be disclosed, or obtained under circumstances that would create a reasonable expectation on behalf of the source that the information shall not be disclosed. It shall include (1) communication, oral or written, made in a dispute resolution proceedings, including any memoranda, notes or work product of the neutral party or non-party participant, as defined in this Act; (2) an oral or written statement made or which occurs during mediation or for purposes of considering, conducting, participating, initiating, continuing of reconvening mediation or retaining a mediator; and (3) pleadings, motions manifestations, witness statements, reports filed or submitted in an arbitration or for expert evaluation;

(i) "Convention Award" means a foreign arbitral award made in a Convention State;

(j) "Convention State" means a State that is a member of the New York Convention;

(k) "Court" as referred to in Article 6 of the Model Law shall mean a Regional Trial Court;

(l) "Court-Annexed Mediation" means any mediation process conducted under the auspices of the court, after such court has acquired jurisdiction of the dispute;

(m) "Court-Referred Mediation" means mediation ordered by a court to be conducted in accordance with the Agreement of the Parties when as action is prematurely commenced in violation of such agreement;

(n) "Early Neutral Evaluation" means an ADR process wherein parties and their lawyers are brought together early in a pre-trial phase to present summaries of their cases and receive a non-binding assessment by an experienced, neutral person, with expertise in the subject in the substance of the dispute;

(o) "Government Agency" means any government entity, office or officer, other than a court, that is vested by law with quasi-judicial power to resolve or adjudicate dispute involving the government, its agencies and instrumentalities, or private persons;

(p) "International Party" shall mean an entity whose place of business is outside the Philippines. It shall not include a domestic subsidiary of such international party or a coventurer in a joint venture with a party which has its place of business in the Philippines.

The term foreigner arbitrator shall mean a person who is not a national of the Philippines.

(q) “Mediation” means a voluntary process in which a mediator, selected by the disputing parties, facilitates communication and negotiation, and assist the parties in reaching a voluntary agreement regarding a dispute.

(r) “Mediator” means a person who conducts mediation;

(s) “Mediation Party” means a person who participates in a mediation and whose consent is necessary to resolve the dispute;

(t) “Mediation-Arbitration” or Med-Arb is a step dispute resolution process involving both mediation and arbitration;

(u) “Mini-Trial” means a structured dispute resolution method in which the merits of a case are argued before a panel comprising senior decision makers with or without the presence of a neutral third person after which the parties seek a negotiated settlement;

(v) “Model Law” means the Model Law on International Commercial Arbitration adopted by the United Nations Commission on International Trade Law on 21 June 1985;

(w) “New York Convention” means the United Nations Convention on the Recognition and Enforcement of Foreign Arbitral Awards approved in 1958 and ratified by the Philippine Senate under Senate Resolution No. 71;

(x) “Non-Convention Award” means a foreign arbitral award made in a State which is not a Convention State;

(y) “Non-Convention State” means a State that is not a member of the New York Convention.

(z) “Non-Party Participant” means a person, other than a party or mediator, who participates in a mediation proceeding as a witness, resource person or expert;

(aa) “Proceeding” means a judicial, administrative, or other adjudicative process, including related pre-hearing motions, conferences and discovery;

(bb) “Record” means an information written on a tangible medium or stored in an electronic or other similar medium, retrievable form; and

(cc) “Roster” means a list of persons qualified to provide ADR services as neutrals or to serve as arbitrators.

Sec. 4. Electronic Signatures in Global and E-Commerce Act. -The provisions of the Electronic Signatures in Global and E-Commerce Act, and its implementing Rules and Regulations shall apply to proceeding contemplated in this Act.

Sec. 5. Liability of ADR Provider and Practitioner. -The ADR providers and practitioners shall have the same civil liability for the Acts done in the performance of then duties as that of public officers as provided in Section 38(1),Chapter 9,Book of the Administrative Code of 1987.

Sec. 6. Exception to the Application of this Act. -The provisions of this Act shall not apply to resolution or settlement of the following:(a) labor disputes covered by Presidential Decree No. 442,otherwise known as the Labor Code of the Philippines,as amended and its Implementing Rules and Regulations;(b)the civil status of persons;(c)the validity of a marriage;(d)any ground for legal separation;(e)the jurisdiction of courts;(f)future legitime;(g)criminal liability;and(h)those which by law cannot be compromised.

Chapter 3—Other ADR Forms

Sec. 18. Referral of Dispute to other ADR Forms. -The parties may agree to refer one or more or all issues arising in a dispute or during its pendency to other forms of ADR such as but not limited to (a) the evaluation of a third person or (b) a mini-trial,(c) mediation-arbitration,or a combination thereof.

For purposes of this Act,the use of other ADR forms shall be governed by Chapter 2 of this Act except where it is combined with arbitration in which case it shall likewise be governed by Chapter 5 of this Act.

Chapter 4—International Commercial Arbitration

Sec. 19. Adoption of the Model Law on International Commercial Arbitration. -International commercial arbitration shall be governed by the Model Law on International Commercial Arbitration (the "Model Law") adopted by the United Nations Commission on International Trade Law on June 21,1985(United Nations Document A/40/17) and recommended approved on December 11, 1985, copy of which is hereto attached as Appendix “A”.

Sec. 20. Interpretation of Model Law. -In interpreting the Model Law, regard shall be had to its international origin and to the need for uniformity in its interpretation and resort may be made to the travaux preparatories and the report of the Secretary General of the United Nations Commission on International Trade Law dated March 25, 1985 entitled, “International Commercial Arbitration: Analytical Commentary on Draft Trade identified by reference number A/CN. 9/264.”

Sec. 21. Commercial Arbitration. -An arbitration is “commercial” if it covers matters arising from all relationships of a commercial nature, whether contractual or not. Relationships of a transactions: any trade transaction for the supply or exchange of goods or services; distribution agreements; construction of works; commercial representation or agency; factoring; leasing, consulting; engineering; licensing; investment; financing; banking; insurance; joint venture and other forms of industrial or business cooperation; carriage of goods or passengers by air, sea, rail or road.

Sec. 22. Legal Representation in International Arbitration. -In international arbitration conducted in the Philippines, a party may be presented by any person of his choice. Provided, that such representative, unless admitted to the practice of law in the Philippines, shall not be authorized to appear as counsel in any Philippine court, or any other quasi-judicial body whether or not such appearance is in relation to the arbitration in which he appears.

Sec. 23. Confidential of Arbitration Proceedings. -The arbitration proceedings, including the records, evidence and the arbitral award, shall be considered confidential and shall not be published except (1) with the consent of the parties, or (2) for the limited purpose of disclosing to the court of relevant documents in cases where resort to the court is allowed herein. Provided, however, that the court in which the action or the appeal is pending may issue a protective order to prevent or prohibit disclosure of documents or information containing secret processes, developments, research and other information where it is shown that the applicant shall be materially prejudiced by an authorized disclosure thereof.

Sec. 24. Referral to Arbitration. -A court before which an action is brought in a matter which is the subject matter of an arbitration agreement shall, if at least one party so requests not later that the pre-trial conference, or upon the request of both parties thereafter, refer the parties to arbitration unless it finds that the arbitration agreement is null and void, inoperative or incapable of being performed.

Sec. 25. Interpretation of the Act. -In interpreting the Act, the court shall have due regard to the policy of the law in favor of arbitration. Where action is commenced by or against multiple parties, one or more of whom are parties who are bound by the arbitration agreement although the civil action may continue as to those who are not bound by such arbitration agreement.

Sec. 26. Meaning of "Appointing Authority." -"Appointing Authority" as used in the Model Law shall mean the person or institution named in the arbitration agreement as the appointing authority; or the regular arbitration institution under whose rules the arbitration is agreed to be conducted. Where the parties have agreed to submit their dispute to institutional arbitration rules, and unless they have agreed to a different procedure, they shall be deemed to have agreed to procedure under such arbitration rules for the selection and appointment of arbitrators. In ad hoc arbitration, the default appointment of an arbitrator shall be made by the National President of the Integrated Bar of the Philippines (IBP) or his duly authorized representative.

Sec. 27. What Functions May be Performed by Appointing Authority. -The functions referred to in Articles 11(3), 11(4), 13(3) and 14(1) of the Model Law shall be performed by the Appointing Authority, unless the latter shall fail or refuse to act within thirty (30) days from receipt of the request in which case the applicant may renew the application with the Court.

Sec. 28. Grant of Interim Measure of Protection. -

(a) It is not incompatible with an arbitration agreement for a party to request, before constitution of the tribunal, from a Court an interim measure of protection and for the Court to grant such measure. After constitution of the arbitral tribunal and during arbitral proceedings, a request for an interim measure of protection or modification thereof, may be made with the arbitral tribunal or to the extent that the arbitral tribunal has no power to act or is unable to act effectively, the request may be made with the Court. The arbitral tribunal is deemed constituted when the sole arbitrator or the third arbitrator who has been nominated, has accepted the nomination and written communication of said nomination and acceptance has been received by the party making request.

(b) The following rules on interim or provisional relief shall be observed:

(1) Any party may request that provision relief be granted against the adverse party;

(2) Such relief may be granted:

(i) to prevent irreparable loss or injury;

(ii) to provide security for the performance of any obligation;

(iii) to produce or preserve any evidence; or

(iv) to compel any other appropriate act or omission.

(3) The order granting provisional relief may be conditioned upon the provision of security or any act or omission specified in the order.

(4) Interim or provisional relief is requested by written application transmitted by reasonable means to the Court or arbitral tribunal as the case may be and the party against whom the relief is sought, describing in appropriate detail the precise relief, the party against whom the relief is requested, the grounds for the relief, and evidence supporting the request.

(5) The order shall be binding upon the parties.

(6) Either party may apply with the Court for assistance in Implementing or enforcing an interim measure ordered by an arbitral tribunal.

(7) A party who does not comply with the order shall be liable for all damages resulting from noncompliance, including all expenses, and reasonable attorney's fees, paid in obtaining the order's judicial enforcement.

Sec. 29. Further Authority for Arbitrator to Grant Interim Measure of Protection. -Unless otherwise agreed by the parties, the arbitral tribunal may, at the request of a party, order any party to take such interim measures of protection as the arbitral tribunal may consider necessary in respect of the subject matter of the dispute following the rules in Section 28, paragraph 2. Such interim measures may include but shall not be limited to preliminary injunction directed against a party, appointment of receivers or detention, preservation, inspection of property that is the subject of the dispute in arbitration. Either party may apply with the Court for assistance in implementing or enforcing an interim measures ordered by an arbitral tribunal.

Sec. 30. Place of Arbitration. -The parties are free to agree on the place of arbitration. Failing such agreement, the place of arbitration shall be in Metro Manila, unless the arbitral tribunal, having regard to the circumstances of the case, including the convenience of the parties shall decide on a different place of arbitration.

The arbitral tribunal may, unless otherwise agreed by the parties, meet at any place it considers appropriate for consultation among its members, for hearing witnesses, experts, or the parties, or for inspection of goods, other property or documents.

Sec. 31. Language of the Arbitration. -The parties are free to agree on the language or languages to be used in the arbitral proceedings. Failing such agreement, the language to be used shall be English in international arbitration, and English or Filipino for domestic arbitration, unless the arbitral tribunal shall determine a different or another language or languages to be used in the proceedings. This agreement or determination, unless otherwise specified therein, shall apply to any written statement by a party, any hearing and any award, decision or other communication by the arbitral tribunal.

The arbitral tribunal may order that any documentary evidence shall be accompanied by a translation into the language or languages agreed upon by the parties or determined in accordance with paragraph 1 of this section.

Chapter 5—Domestic Arbitration

Sec. 32. Law Governing Domestic Arbitration. -Domestic arbitration shall continue to be governed by Republic Act No. 876, otherwise known as "The Arbitration Law" as amended by this Chapter. The term "domestic arbitration" as used herein shall mean an arbitration that is not international as defined in Article(3) of the Model Law.

Sec. 33. Applicability to Domestic Arbitration. -Article 8, 10, 11, 12, 13, 14, 18 and 19 and 29 to 32 of the Model Law and Section 22 to 31 of the preceding Chapter 4 shall apply to domestic arbitration.

Chapter 6—Arbitration of Construction Disputes

Sec. 34. Arbitration of Construction Disputes: Governing Law. -The arbitration of construction disputes shall be governed by Executive Order No. 1008, otherwise known as the Constitution Industry Arbitration Law.

Sec. 35. Coverage of the Law. -Construction disputes which fall within the original and exclusive jurisdiction of the Construction Industry Arbitration Commission (the “Commission”) shall include those between or among parties to, or who are otherwise bound by, an arbitration agreement, directly or by reference whether such parties are project owner, contractor, subcontractor, quantity surveyor, bondsman or issuer of an insurance policy in a construction project.

The Commission shall continue to exercise original and exclusive jurisdiction over construction disputes although the arbitration is “commercial” pursuant to Section 21 of this Act.

Sec. 36. Authority to Act as Mediator or Arbitrator. -By written agreement of the parties to a dispute, an arbitrator may act as mediator and a mediator may act as arbitrator. The parties may also agree in writing that, following a successful mediation, the mediator shall issue the settlement agreement in the form of an arbitral award.

Sec. 37. Appointment of Foreign Arbitrator. -The Construction Industry Arbitration Commission (CIAC) shall promulgate rules to allow for the appointment of a foreign arbitrator or coarbitrator or chairman of a tribunal a person who has not been previously accredited by CIAC: Provided, That:

(a) the dispute is a construction dispute in which one party is an international party;

(b) the person to be appointed agreed to abide by the arbitration rules and policies of CIAC;

(c) he/she is either coarbitrator upon the nomination of the international party; or he/she is the common choice of the two CIAC-accredited arbitrators first appointed one of whom was nominated by the international party; and

(d) the foreign arbitrator shall be of different nationality from the international party.

Sec. 38. Applicability to Construction Arbitration. -The provisions of Sections 17(d) of Chapter 2, and Section 28 and 29 of this Act shall apply to arbitration of construction disputes covered by this Chapter.

Sec. 39. Court to Dismiss Case Involving a Construction Dispute. -A regional trial court which a construction dispute is filed shall, upon becoming aware, not later than the pretrial conference, that the parties had entered into an arbitration to be conducted by the CIAC, unless both parties, assisted by their respective counsel, shall submit to the regional trial court a written agreement exclusive for the Court, rather than the CIAC, to resolve the dispute.

Chapter 7—Judicial Review of Arbitral Awards

A. Domestic Awards

Sec. 40. Confirmation of Award. -The confirmation of a domestic arbitral award shall be governed by Section 23 of R. A. 876.

A domestic arbitral award when confirmed shall be enforced in the same manner as final and executory decisions of the Regional Trial Court.

The confirmation of a domestic award shall be made by the regional trial court in accordance with the Rules of Procedure to be promulgated by the Supreme Court.

A CIAC arbitral award need not be confirmed by the regional trial court to be executory as provided under E. O. No. 1008.

Sec. 41. Vacation Award. -A party to a domestic arbitration may question the arbitral award with the appropriate regional trial court in accordance with the rules of procedure to be promulgated by the Supreme Court only on those grounds enumerated in Section 25 of Republic Act No. 876. Any other ground raised against a domestic arbitral award shall be disregarded by the regional trial court.

B. Foreign Arbitral Awards

Sec. 42. Application of the New York Convention. -The New York Convention shall govern the recognition and enforcement of arbitral awards covered by the said Convention.

The recognition and enforcement of such arbitral awards shall be filled with regional trial court in accordance with the rules of procedure to be promulgated by the Supreme Court. Said procedural rules shall provide that the party relying on the award or applying for its enforcement shall file with the court the original or authenticated copy of the award and the arbitration agreement. If the award or agreement is not made in any of the official languages, the party shall supply a duly certified translation thereof into any of such languages.

The applicant shall establish that the country in which foreign arbitration award was made is a party to the New York Convention.

If the application for rejection or suspension of enforcement of an award has been made, the regional trial court may, if it considers it proper, vacate its decision and may also, on the application of the party claiming recognition or enforcement of the award, order the party to provide appropriate security.

Sec. 43. Recognition and Enforcement of Foreign Arbitral Awards Not Covered by the New York Convention. -The recognition and enforcement of foreign arbitral awards not covered by the New York Convention shall be done in accordance with procedural rules to be promulgated by the Supreme Court. The Court may, grounds of comity and reciprocity, recognize and enforce a nonconvention award as a convention award.

Sec. 44. Foreign Arbitral Award Not Foreign Judgment. -A foreign arbitral award when confirmed by a court of a foreign country, shall be recognized and enforced as a foreign arbitral award and not a judgment of a foreign court.

A foreign arbitral award, when confirmed by the regional trial court, shall be enforced as a foreign arbitral award and not as a judgment of a foreign court.

A foreign arbitral award, when confirmed by the regional trial court, shall be enforced in the same manner as final and executory decisions of courts of law of the Philippines.

Sec. 45. Rejection of a Foreign Arbitral Award. -A party to a foreign arbitration proceeding may oppose an application for recognition and enforcement of the arbitral award in accordance with the procedural rules to be promulgated by the Supreme Court only on those grounds enumerated under Article V of the New York Convention. Any other ground raised shall be disregarded by the regional trial court.

Sec. 46. Appeal from Court Decisions on Arbitral Awards. -A decision of the regional trial court confirming, vacating, setting aside, modifying or correcting an arbitral award may be appealed to the Court of Appeals in accordance with the rules of procedure to be promulgated by the Supreme Court.

The losing party who appeals from the judgment of the court confirming an arbitral award shall required by the appeallant court to post counterbond executed in favor of the prevailing party equal to theamount of the award in accordance with the rules to be promulgated by the Supreme Court.

Sec. 47. Venue and Jurisdiction. -Proceedings for recognition and enforcement of an arbitration agreement or for vacation, setting aside, correction or modification of an arbitral award, and any application with a court for arbitration assistance and supervision shall be deemed as special proceedings and shall be filled with the regional trial court (i) where arbitration proceedings are conducted; (ii) where the asset to be attached or levied upon, or the act to be enjoined is located; (iii) where any of the parties to the dispute resides or has his place of business; or (iv) in the National Judicial Capital Region, at the option of the applicant.

Sec. 48. Notice of Proceeding to Parties. -In a special proceeding for recognition and enforcement of an arbitral award, the Court shall send notice to the parties at their address of record in the arbitration, or if any party cannot be served notice at such address, at such party's last known address. The notice shall be sent at least fifteen (15) days before the date set for the initial hearing of the application.

第四章

老挝仲裁制度研究

老挝(Laos),全称是老挝人民民主共和国,被世界银行誉为东亚增长最快的经济体之一。老挝北邻中国,南接柬埔寨,东接越南,西北接缅甸,西南毗连泰国,是东南亚唯一的内陆国。老挝实行社会主义制度,其于1986年实行经济体制改革,并全方位对外开放。为增强与发达国家、国际组织和东南亚国家联盟(Association of Southeast Asian Nations,ASEAN)的关系,老挝于1997年7月加入东盟,2013年成为世界贸易组织(World Trade Organization,WTO)成员国。

自1989年中国和老挝实现关系正常化以来,两国传统友谊和友好合作关系得到全面恢复和发展,在政治、经济、贸易、军事、文教等领域的交流与合作不断加强。自1988年起,中国与老挝签署了《中老贸易协定》《中老边境贸易的换文》等双边贸易协定。20世纪90年代中国企业开始赴老挝投资办厂,中老经贸关系发展顺利。近年来,一批有实力的中资企业进入老挝市场,投资领域不断扩大,投资方式多样化。中国已经成为老挝的最大外资来源地和第二大贸易伙伴,老挝是中国在东盟国家中的第三大投资目的地。双方还在基础设施、人力资源、区域和次区域等领域展开密切合作。

老挝的"变陆锁国为陆联国"与中国"一带一路"倡议高度契合,这也使两国共同发展的命运更紧密地结合在一起。2017

年5月14～15日中国在北京主办“一带一路”国际合作高峰论坛，老挝国家主席本杨·沃拉吉率高级别代表团出席此次峰会，两国签署了多项合作协议。

在我国与老挝经济合作交流不断加强的同时，贸易投资纠纷也必然会随之增多。在国际贸易和投资争议解决方面，仲裁历来深受欢迎。老挝对仲裁的态度较友好，其于1989年成立最初由经济计划及财政部主管的经济纠纷解决机构，用以调解或仲裁经济纠纷。2005年老挝颁布《经济纠纷解决法》，并设立由司法部主管的经济纠纷解决办公室，以替代之前的经济纠纷解决机构。2010年老挝修订了《经济纠纷仲裁法》，将经济纠纷解决办公室更名为经济纠纷解决中心，除首都万象市司法部直属的经济纠纷解决中心外，老挝还在乌多姆塞省、朗博拉邦省、沙湾那吉省、占巴塞省、丰沙里省、南塔省、华潘省、川旷省、万象省、康木省及沙拉湾省设立了隶属于各省司法厅的经济纠纷解决办公室，用以处理全国范围内的经济或商业纠纷。2018年老挝国会通过了最新的《经济纠纷解决法》，进一步扩大调解和仲裁解决经济纠纷的适用范围，为国内外商人和投资者创造良好的纠纷解决环境。此外，老挝不仅是联合国国际贸易法委员会（United Naions Commission on International Trade Law，UNCITRAL）成员国，也是《承认和执行外国仲裁裁决公约》（以下简称《纽约公约》）的缔约国，致力于推动仲裁制度与国际接轨，为仲裁解决国际商事争议创造环境。

老挝的仲裁制度既有其本土化特征，又具有一定国际性。为有效防御我国在老挝的贸易投资法律风险，高效解决商事纠纷，进一步推动“一带一路”合作，有必要结合老挝的政治经济文化和司法环境，深入分析和研究老挝的仲裁立法现状和仲裁司法实践，从而为我国贸易和投资提供指南。

一、老挝仲裁制度发展的历史沿革

老挝的仲裁制度发展起步较晚，但在较短时期内，其仲裁制度的立法经历了3次重要变革，对应颁布了3部仲裁法，分别是2005年《老挝经济纠纷解决法》、2010年《老挝经济纠纷解决法》以及2018年《老挝经济纠纷解决法》。以解决经济纠纷为核心，这3部仲裁法的颁布和修改与老挝经济发展情况紧密结合，旨在不断完善仲裁和调解制度，提高经济纠纷解决效率，为国内外的投资者和商人提供高效、便利的纠纷解决机制，保障投资贸易的良好环境。

（一）2005年《老挝经济纠纷解决法》

2005年《老挝经济纠纷解决法》（第44/PO号）是老挝颁布的第一部与仲裁有

关的立法,这部法律为以仲裁方式解决经济纠纷奠定了基础,对老挝调解和仲裁制度的正式确立具有重大意义。1986 年老挝实行“改革开放”以来,经济快速增长,投资环境逐渐改善,经济商事纠纷亦随之增多,在此背景下,2005 年《老挝经济纠纷解决法》颁布,分为 9 个部分,共 57 条规定,主要涉及调解员或者仲裁员解决经济纠纷的原则、规则和可采取的措施,旨在确保经济纠纷得到公正、迅速的解决,促进生产和发展。

老挝通过颁布 2005 年《老挝经济纠纷解决法》设立经济纠纷解决组织,明确其地位和作用。经济纠纷解决组织是隶属于司法部门的组织,主要负责管理和促进经济纠纷解决,以确保经济纠纷得到公正、高效的解决。[1] 在组织结构方面,处理经济纠纷解决的组织结构包括中央和省级两个层次:在中央一级,设立一个经济纠纷解决办公室(Office of Economic Dispute Resolution, OEDR),该办公室相当于一个独立部门,隶属于司法部;在省级,必要时可以设立经济纠纷解决单位(Unit of Economic Dispute Resolution, UEDR),该单位同样隶属于司法部,其主管的级别与一个省级部门的副主任相当。

有关 OEDR 和 UEDR 的组织和职能均有单独的规定加以确定。在人员构成方面,OEDR 设有 1 名主管、1 名副主管以及技术和行政人员,而每个 UEDR 也是同样的人员配置。在权力方面,OEDR 的权力包括:(1)妥善、迅速、公正地管理和支持解决全国经济纠纷;(2)接受经济纠纷解决请愿书,审查并将符合条件的请愿书移交给调解员或仲裁员处理;(3)要求当事人提供情况和证据;(4)向司法部长提议任命调解员或仲裁员到 OEDR 的调解员和仲裁员名单中,并提议解雇不适当履行职责的调解员或仲裁员;(5)为解决争议指定调解员或仲裁员;(6)行使法律或规章制度规定的其他权利。就 UEDR 而言,除前述第(4)项权力外,它拥有与 OEDR 相同的权力。在职责方面,OEDR 的职责包括:(1)协调各方和有关组织,以便利调解员和仲裁员解决经济纠纷;(2)监督并记录调解和解协议、当事人的和解协议和仲裁裁决的执行结果;(3)拟订和发布有关解决经济纠纷的文件和规章;(4)研究和完善有关解决经济纠纷的法律法规,并提交上级机关审议;(5)研究并向司法部提交与 OEDR 和 UEDR 工作人员技术技能培训和升级有关的建议;(6)宣传法律法规和经济纠纷解决活动;(7)在解决经济争议方面进行国际联络和

---

[1] Article 10, Law on Resolution of Economic Disputes 2005.

合作,以便作为对宣传与经济争议有关的信息的参考;(8)向司法部汇报、评估和报告经济纠纷的解决情况;(9)履行法律或规章制度规定的其他职责。就 UEDR 而言,除前述第(3)项和第(7)项职责外,它与 OEDR 具有相同的职责。可以说,OEDR 与 UEDR 体现并发挥了仲裁机构的部分功能,但是其进行经济纠纷解决工作随时受到上级司法部门严格的管理和监督,因此这两类机构从设立到开展具体工作都体现出浓烈的行政色彩,自治性十分有限。

2005 年《老挝经济纠纷解决法》规定,经济纠纷的解决有两种类型:一是调解员解决经济纠纷;二是仲裁员解决经济纠纷。调解员和仲裁员是来自组织和国有及私营企业单位或者来自国外的个人,他们自愿作为调解员或仲裁员行事,并需要由司法部长根据 OEDR 的选择和建议来任命。调解员和仲裁员必须符合以下标准:(1)有良好的品格、道德修养和个人信用;(2)具备相关资格证书支持的专业技术知识;(3)在各自领域内至少有 5 年的实践经验;(4)从未被判处监禁;(5)身体健康。根据以上规定,无论是作为调解员还是仲裁员,其资格要求都是相同的。值得注意的是,2005 年《老挝经济纠纷解决法》并未要求作为调解员或仲裁员必须具备法律背景,只要能够证明其具备相关专业技术知识和在本领域内具备法定年限的实践经验即可,这一规定有助于为经济商事纠纷解决吸纳不同行业的专家人才,从而有针对性地、公平高效地解决专业性较强的经济商事纠纷。

在调解和仲裁的具体程序方面,2005 年《老挝经济纠纷解决法》的规定并不全面。就有关调解与仲裁之间的相互衔接和转换的事项,2005 年《老挝经济纠纷解决法》规定,若调解不成,当事人可以合意选择仲裁,也可以由一方向人民法院起诉。[1] 对于当事人选择了仲裁后又希望通过调解来解决纠纷的情况,2005 年《老挝经济纠纷解决法》并未明确。该法第 37 条将仲裁裁决作出前达成的和解协议规定为经济商事纠纷解决的结果之一,从这一表述来看,可以确定老挝允许仲裁程序开始后当事人对其纠纷进行调解,但是具体程序如何进行并未明确,究竟是将调解作为一个单独的程序与仲裁同时进行,还是中止仲裁程序以待调解的结果,均不得而知。在经济纠纷解决的费用问题上,2005 年《老挝经济纠纷解决法》规定了一般费用和服务费。一般费用的数额以案件标的额为标准来确认,争议方

〔1〕 Article 25, Law on Resolution of Economic Disputes 2005.

应当在经济商事纠纷解决后支付。[1] 服务费不仅包括调解员或仲裁员的酬金、支付给专家和证人的费用以及与经济纠纷解决活动有关的其他费用,还包括一方或双方当事人需要向 OEDR 或 UEDR 缴纳的服务保证金。[2] 服务保证金用以确保经济商事活动的顺利进行,且必须达到一定的数额,但 2005 年《老挝经济纠纷解决法》未涉及该保证金的数额确定方式。此外,就有关文书的送达、缺席仲裁等事宜,2005 年《老挝经济纠纷解决法》也未能明确。

老挝并非采纳《联合国国际贸易法委员会国际商事仲裁示范法》(UNCITRAL Model Law on International Commercial Arbitration)的国家,其仲裁法采用了单一制,因此无论是国内仲裁还是国外仲裁,均要适用 2005 年《经济纠纷解决法》的有关规定。从具体规定来看,2005 年《老挝经济纠纷解决法》实际上并不适宜解决国际商事争议,主要体现在:第一,在使用的语言方面,该法要求凡是在老挝境内进行的仲裁,必须一律适用老挝语。[3] 因此,若仲裁当事人选择老挝为仲裁地,则他们没有自由选择仲裁所使用语言的权利,仲裁必须以老挝语进行,也就是说,即使参与仲裁的当事人达成一致合意适用老挝语之外的语言,仲裁也必须通过翻译来进行,否则便是违反 2005 年《老挝经济纠纷解决法》的规定。第二,在仲裁员的选任方面,虽然 2005 年《老挝经济解纷解决法》允许外国人作为仲裁员的情况,但该外国人的任命仍要首先经过 OEDR 的评估,之后再由 OEDR 向司法部提议,最终由司法部长来任命。在这一规定下,若当事人希望由未列名于 OEDR 仲裁员名单上的外国仲裁员来处理他们之间的经济纠纷,则对该仲裁员的选任可能面临复杂而漫长的程序,最终导致仲裁程序的拖延,这也不利于老挝仲裁的国际化发展。

(二)2010 年《老挝经济纠纷解决法》

随着 2005 年《老挝经济纠纷解决法》的生效实施,老挝的调解和仲裁机制运行逐渐步入了正轨。然而,2005 年《老挝经济纠纷解决法》只是为规范调解和仲裁机制的运行提供了一个较粗略的框架,这部法律仅初具备现代仲裁法的部分特征,未能全面规定以调解或仲裁解决经济商事纠纷的必要程序,已有的规定也存

---

〔1〕 Article 44, Law on Resolution of Economic Disputes 2005.

〔2〕 Article 43, Law on Resolution of Economic Disputes 2005.

〔3〕 Article 8, Law on Resolution of Economic Disputes 2005.

在很多不明确之处,因此,这部法律所能为调解和仲裁活动提供的指导非常有限,其缺陷使调解和仲裁的实际开展遭遇了诸多困难和阻碍。为完善调解和仲裁机制,尤其是应对本国境内外国直接投资比例大幅增长的情况,适应随之而来的大量经济纠纷解决需求,减轻司法负担,维护商事交易活动的有序进行,老挝颁布了2010年《老挝经济纠纷解决法》以取代2005年《老挝经济纠纷解决法》。2010年12月17日2010年《老挝经济纠纷解决法》(第06/NA号)正式生效,该法规定了与组织、经营、管理和支持经济纠纷解决工作有关的原则、法规和措施,旨在保证经济纠纷得到及时、和平、公正的解决,促进公共关系的发展,并通过为国内外投资者创造有利的环境,为国家社会经济发展做出贡献,实现生产、业务增长和国际一体化。

2010年《老挝经济纠纷解决法》是具有极大影响力的一部仲裁法。与2005年《老挝经济纠纷解决法》相比,2010年《老挝经济纠纷解决法》更具备现代仲裁法特征。2010年《老挝经济纠纷解决法》在2005年《老挝经济纠纷解决法》的基础上进行了大量修订,增加了许多新条款,共72条规定,分为一般规则、经济商事纠纷的解决、经济纠纷解决中心和办公室、调解员和仲裁员、经济商事纠纷解决结果的实施、解决经济商事纠纷的费用、行为禁止规定、对经济商事纠纷解决工作的监管、预算与标志和印章的使用、对业绩优异者的奖励政策和对罪犯的惩罚措施以及最后条款共十一个部分。

2010年《老挝经济纠纷解决法》第二部分的第四章和第五章分别是对以调解方式解决经济商事纠纷和以仲裁方式解决经济商事纠纷的规定,第四部分是有关调解员和仲裁员的规定,对前述规定的详细分析将在下文老挝经济商事争议解决法律制度综述部分展开。第三部分和第八部分对应下文老挝的经济商事纠纷解决机构与司法监督机制部分,第五部分对应下文仲裁裁决在老挝的承认与执行部分,相关内容详见后文,本部分均不予详述。除第九部分预算与标志和印章的使用和第十一部分最后条款无须特别分析外,以下对该法其余各部分内容进行简要介绍。

第一部分规定了经济商事纠纷解决的一般规则,主要在以下内容上进行了修改:第一,完善了经济商事纠纷的法律含义。经济商事纠纷,是指法人之间、法人与个人之间、国内外个人之间因违反合同或者因与生产经营有关的事项而发生的纠纷;经济商事纠纷解决,是指在人民法院以外通过调解或者仲裁解决与利益有关的纠纷。[1] 前述规定不仅明确了经济商事纠纷的类型,还明确了调解和仲裁作为替代性纠纷解决机制的法律地位。第二,增加对该法使用术语的定义和解释,[2]包括调解与仲裁的各方参与人、外国或国际仲裁裁决、国际贸易、外商投资和生产经营,为有关事项的认定提供了确定性指导,在内容结构上也更为规范化。第三,明确国家解决经济商事纠纷的政策。国家通过调解或者仲裁,促进经济商事纠纷和平解决,为经济争议解决中心和办事机构依法顺利履行职责创造条件,国家鼓励个人、私营组织参加与解决经济纠纷有关的活动。此外,国家授权设立私营机构解决经济纠纷,或者专门解决经济纠纷,具体办法由国务院规定。[3] 以上国家政策均明确体现出老挝对调解和仲裁进行大力支持的态度。第四,赋予争议当事人选择解决经济商事纠纷方式的权利,体现对当事人意思自治的尊重。国内外的个人、法人或者其他组织有均权依照 2010 年《老挝经济纠纷解决法》选择解决经济纠纷的方式。在老挝从事国际贸易或外商投资业务的任何个人、法人实体或组织有权从外国或国际机构中选择经济商事纠纷解决机构,包括选择仲裁员或仲裁员小组、适用法律、程序规则、仲裁地点和仲裁语言的权利。[4] 第五,将适用 2010 年《老挝经济纠纷解决法》解决经济商事纠纷的条件限定为以缔约方的自愿协议为基础,明确了仲裁协议的法律地位。

第二部分规定了经济商事纠纷的解决,是 2010 年《老挝经济纠纷解决法》的核心内容和主体部分,共分为四章。第一章规定了解决经济商事纠纷的原则,包括确保公正和严格遵守法律原则、争议双方自愿协议原则、争议双方的平等原则、调解员和仲裁员的独立性和公正性原则、保密性原则等。其中,就争议双方平等原则,2010 年《老挝经济纠纷解决法》强调无论性别、种族、国籍、民族、社会经济地位、语言、教育水平、信仰、居住环境等,各方在法律面前都享有平等的权利,在老挝从事商业活动的其他国家公民和无国籍人享有与老挝公民同等的权利,除非法律另有规定。[5] 这一规定融合了非歧视原则和国民待遇原则,旨在为外国投资者

[1] Article 2, Law on Resolution of Economic Disputes 2010.
[2] Article 3, Law on Resolution of Economic Disputes 2010.
[3] Article 4, Law on Resolution of Economic Disputes 2010.
[4] Article 5, Law on Resolution of Economic Disputes 2010.
[5] Article 11, Law on Resolution of Economic Disputes 2010.

解决纠纷提供有效路径。在保密性方面,变绝对保密性原则[1]为相对保密性原则,规定调解员、仲裁员、争议方和任何其他参与者无权向任何其他个人披露任何保密信息,除非争议方另有授权,保密范围包括为调解或者仲裁提供的材料和所提交的各种文件。[2] 这一规定将保密性与当事人意思自治原则相结合,赋予当事人选择权,并在当事人未选择的情况下充分保障调解和仲裁的私密性。第二章规定经济商事纠纷解决的类型和条件。适用2010年《老挝经济纠纷解决法》调整的经济商事纠纷解决方式为调解和仲裁两种,[3]而经济争议解决中心或办事处解决经济争议的条件有:(1)争议应当与经济或者贸易有关;(2)争议双方当事人在合同中约定调解或者仲裁的;(3)争议双方自愿同意通过调解或仲裁解决争议;(4)争议未提交人民法院审议或者未作出终审裁决的;(5)与违反国家稳定、社会保障、社会治安环境等法律、法规无关。[4] 第三章规定解决经济商事纠纷的程序,包括争议解决申请书的提交地点、申请争议解决需提交的材料、争议解决申请书的内容、争议解决申请书的受理、争议解决方式的选择。

第六部分规定了当事人解决经济商事纠纷所需支付的费用。根据相关规定,争议当事人在经济商事纠纷解决后应当支付的费用包括一般费用、服务费和人力费用3种。[5] 缴纳一般费用是争议各方当事人的一项义务,该笔费用将最终作为国家财政预算。一般费用的具体数额应当符合根据相关法律而不时发布的收费规定。若当事人选择以调解解决其经济商事纠纷,则除非争议各方另有约定,各争议方应当在调解开始之前平均分担一般费用;若当事人选择以仲裁解决其经济商事纠纷,则争议各方对一般费用的具体分担应当根据仲裁机构作出仲裁裁决来确定。[6] 服务费,是指在调解和仲裁过程中产生的费用,如发送传票、文件复印、组织会议和其他与调解或仲裁相关的费用。收取服务费必须符合不时颁布的有关服务费的法律,申请人应当在提交纠纷解决申请时支付所有的服务费用。[7] 人力费用,是指争议当事人向调解员或仲裁员或专家支付的费用或需支付的与解决

---

[1] Article 7, Law on Resolution of Economic Disputes 2005.
[2] Article 14, Law on Resolution of Economic Disputes 2010.
[3] Article 15, Law on Resolution of Economic Disputes 2010.
[4] Article 16, Law on Resolution of Economic Disputes 2010.
[5] Article 53, Law on Resolution of Economic Disputes 2010.
[6] Article 54, Law on Resolution of Economic Disputes 2010.
[7] Article 55, Law on Resolution of Economic Disputes 2010.

纠纷有关的其他必要费用,人力费用的数额应由争议双方与调解员、仲裁员或专家协商确定,并需向经济纠纷解决中心或办公室报告。[1] 与2005年《老挝经济纠纷解决法》相比,2010年《老挝经济纠纷解决法》将费用的种类细化为3种,并进行了相应调整:一般费用不再以案件标的额为标准进行收取,以便根据形势变化进行灵活调整;将服务费确定为由申请人在提交其申请时支付,明确被申请人不必承担服务费用;将调解员或仲裁员的报酬、专家费用等从原有的服务费内容中分离出来,作为单独的一项人力费用,经济纠纷解决中心或办公室不再参与此项费用的数额确定,交由争议当事人和调解员或仲裁员或专家自行协商确定,只需最终将该费用的数额报告给受理案件的经济纠纷解决机构即可。对经济纠纷解决费用规定的修改明确了经济纠纷解决所需各项费用的承担方式,规定调解员或仲裁员报酬以其与争议当事人自行协商方式确定也符合国际的主流做法。

第七部分行为禁止规定是2010年《老挝经济商事仲裁法》的新增部分,规定了对3类主体的行为禁止,分别是对有关工作人员、调解员和仲裁员的行为禁止、对争议当事人的行为禁止以及对个人、法人或者其他组织的行为禁止。经济纠纷解决中心和办公室的工作人员、调解员和仲裁员不得进行下列行为:(1)未经授权或法律明文规定而公开披露其所知悉的与经济商事纠纷解决有关的任何信息;(2)无论是为了个人利益还是损害他人权利和利益之目的,而使用任何于解决经济商事纠纷过程中已获知的信息;(3)在解决经济商事纠纷过程中制造任何不适当的阻碍、延误或困难;(4)接受或要求争议方为其提供金钱或其他利益;(5)参与解决其本人、其丈夫或妻子或其亲属享有既得利益的经济商事纠纷;(6)偏袒;(7)滥用权威或进行威胁恐吓;(8)任何违反法律法规的行为。[2] 争议当事人不得进行下列行为:(1)伪造与争议有关的文件、资料和证据;(2)威胁、强迫或欺骗工作人员、调解员、仲裁员或专家;(3)向工作人员、调解员、仲裁员或者专家行贿或者为其提供其他利益;(4)任何违反法律法规的行为。[3] 个人、法人或者其他组织不得进行下列行为:(1)拒绝全力配合或妨碍工作人员、调解员、仲裁员或专家履行职责;(2)煽动他人拒绝经济纠纷解决机构解决争议;(3)在行贿和(或)受

[1] Article 56, Law on Resolution of Economic Disputes 2010.

[2] Article 57, Law on Resolution of Economic Disputes 2010.

[3] Article 58, Law on Resolution of Economic Disputes 2010.

贿的行为中充当中间人;(4)任何违反法律法规的行为。[1] 以上行为禁止规定的适用对象不仅涵盖了经济商事纠纷解决中的所有参与人,还包含可能与案件有关的其他案外人,其立法目的在于约束和规范经济商事纠纷解决中所有参与主体和利益主体的行为,有效贯彻经济商事纠纷解决过程中的诚实信用原则,防止滥用职权、行贿受贿、欺诈等违法犯罪行为,全面保障经济商事纠纷解决的公平、高效和私密性,维护经济商事纠纷解决的权威以及争议各方的合法权益。

第十部分规定了对经济商事纠纷解决中业绩优异者的奖励政策和对违法犯罪行为的惩罚措施。任何依照2010年《老挝经济纠纷解决法》对经济商事纠纷进行调解和仲裁的个人或组织,在工作中表现突出的,将被授予荣誉证书或其他奖励。[2] 任何个人或组织违反2010年《老挝经济纠纷解决法》,未经授权而违反有关保密性规定而披露与经济商事纠纷有关的任何信息、赠送或者接受礼物、滥用职权,或者对国家、社会或他人的利益造成损害的,将视情节轻重,给予再教育、纪律处分、罚款或者依法追究刑事责任;造成损害的,应当依法承担赔偿责任。任何调解员或仲裁员在履行职责时故意犯罪,应当根据犯罪的严重程度对其进行再教育或者从调解员或仲裁员名单中将其除名;构成犯罪的,依法处罚。[3] 本部分内容是对有关人员或组织违法犯罪行为责任的明确规定,对于违反第七部分行为禁止规定的个人或组织,可以依照本部分规定追究其责任。根据违法行为的种类和情节不同,违法者可能需要承担民事责任、行政责任和刑事责任中的一种或几种,若调解员或仲裁员在履职过程中故意犯罪,则还可能面临被除名的处罚。有关违法犯罪行为的认定方式和处罚标准等,则需要依照老挝的民事、行政、刑事等法律规范,若主体为调解员和仲裁员,还需参照相关职业道德规范等。

总体而言,2010年《老挝经济纠纷解决法》的结构设置更合理,内容更加全面,规定的灵活性更高。最值得注意的是,其更多地体现出当事人意思自治的精神内涵和国际化的显著提升,比如,当事人在选择经济商事纠纷解决方式方面、使用语言方面、保密性授权方面、调解员与仲裁员的选择方面都有了更大程度的自由度,具体规定也在逐步向国际主流实践靠拢。另外,2010年《老挝经济纠纷解决法》只

〔1〕 Article 59, Law on Resolution of Economic Disputes 2010.
〔2〕 Article 69, Law on Resolution of Economic Disputes 2010.
〔3〕 Article 70, Law on Resolution of Economic Disputes 2010.

是在部分事项上增加了调解和仲裁的自由度,实质上仍然延续了2005年《老挝经济纠纷解决法》的行政属性,司法部门对调解和仲裁的管理和干预程度非常高,调解和仲裁的自治程度依然比较低。

(三)2018年《老挝经济纠纷解决法》

根据老挝司法部发布的消息,自2010年《老挝经济纠纷解决法》实施以来,为国家的社会经济发展做出了重要的贡献,为国内外商人提供了便利。截至2018年,前来经济纠纷解决中心和经济纠纷解决办公室解决经济纠纷的人越来越多,两类机构共受理608起案件;其中,调解完成的纠纷案件有377起,因申请理由不充分而不予以受理的有193起,正处于受理阶段的有38起。案件所涉及的经济商事纠纷总金额达310,000亿基普,相当于2700万美元。老挝的调解和仲裁在解决经济商事纠纷方面发挥了重要作用,但仍然存在解决经济纠纷程序拖延、工作人员工作效率低下的情况,因此需要进一步完善相关的法律法规。[1]

2018年老挝国会通过了《老挝经济纠纷解决法修正案(草案)》。该修正案的提出将使经济商事纠纷解决的司法政策和程序的执行将更加透明化,从而提高经济商事纠纷解决的效率,并同时确保在市场经济体制下与国家社会经济发展的真实情况相符合。经过国会各代表的重新审议,该修正案的各部分、章节、条款得到了完善,内容更加详细、明确并符合老挝实际情况,从而保证通过和平、正确、公平、快速的途径解决经济纠纷,推动经济发展,为国内外的投资者提供良好的投资环境。2018年6月22日举行的第八届国会第五次会议中,国会代表发表意见并深入讨论了多个问题,包括保障调解员、仲裁员在司法面前的公平与公正,调解和仲裁程序的透明;同时重新审议了关于选拔和任命调解员与仲裁员、调解和仲裁程序应当使用的语言、经济商事纠纷的解决程序、费用的收取和其他事项的规定。最终该修正案得以通过,共包括11个部分,7个章节。该修正案将2010年《老挝经济纠纷解决法》的第四部分和第五部分合并调整为第三部分,将第四部分和第三部分合并调整为第五部分。该修正案新添加了部分条款,内容从原来的72条变为89条。

经修订的《老挝经济纠纷解决法》(第51/NA号)(2018年《老挝经济纠纷解

〔1〕 See DFDL,“Lao PRD Investment Guide 2016”. Accessed March 10,2019. http://www.dfdl.com/resources/legal-and-tax-updates/laos.

决法》)已于2018年12月6日正式生效,并取代了先前的2010年《经济纠纷解决法》。2018年《老挝经济纠纷解决法》的重要亮点包括更详细的仲裁和调解程序,以及争议解决程序的启动、暂停、延期和撤销,具体而言主要包括以下几个方面。

第一,法定期限的缩短。2018年《老挝经济纠纷解决法》缩短了在某些情况下适用于经济纠纷解决机构的法定期限,例如,如果争议双方未能于规定期限内指定调解员或调解员小组时,则经济纠纷解决机构应当在5个工作日内指定一个或多个调解员,而不是之前规定的10个自然日内。缩短经济纠纷解决机构选任调解员的法定期限,将进一步提高经济纠纷解决机构选任调解员的工作效率,促进调解程序的快速启动。

第二,明确允许在老挝境内进行临时仲裁。根据2018年《老挝经济纠纷解决法》的规定,只要经过老挝政府的批准,争议当事人就可以在老挝境内进行临时仲裁。虽然修订后的法律并没有提及争议各方当事人为获得临时仲裁的许可所需满足的条件,但这一规定的确立为争议当事人在经济纠纷解决机构仲裁机制之外进行仲裁提供了可能性,进一步扩大当事人的意思自治,也适应了当前临时仲裁迅速发展的趋势。

第三,可仲裁事项的范围变化。经济纠纷解决机构在接到当事人提出的争议解决申请时一般需要进行初步审查,以确定该项争议是否能够适用仲裁解决。根据2010年《老挝经济纠纷解决法》的规定,不可仲裁的范围仅限于违反国家安全、社会稳定或环境保护法律的事项。据此,经济纠纷解决机构对经济商事纠纷享有管辖权的依据是有关争议未涉及违反前述法律的事项。这一规则实际上为经济纠纷解决机构的初步审查提出了较高要求,因为经济纠纷解决机构不仅要对争议事项的类型加以明确,还要进一步判断其合法与否,也就是说,经济纠纷解决机构对争议事项的可仲裁性审查同时包括形式审查和实质审查。实质审查的难度相对较高,而2010年《老挝经济纠纷解决法》规定的审查时限为7个自然日,对于复杂案件来说,要在法定时限内审查完毕可能意味着各经济纠纷解决机构需要投入大量的人力。对于当事人来说,该项规定的指引效果是,只要没有违法情形,涉及关于老挝国家安全、社会稳定或环境保护事项的争议仍可仲裁解决,如果当事人不了解老挝法律,就可能误判争议的可仲裁性,从而将本不可仲裁的争议提交经济纠纷解决机构,待机构经审查而不予受理后,当事人只得寻求其他救济方式,这一过程可能使当事人错失解决纠纷的最佳时机。2018年《老挝经济纠纷解决法》

扩大了不可仲裁事项的范围。根据新修改的法律,凡是与国家安全、社会稳定或环境保护有关的任何事项,无论其是否涉及对有关法律的违反,均不得进行仲裁。这一规定不再要求经济纠纷解决机构对争议进行有关合法性的实质审查,降低了其工作难度并防止人力资源的大量消耗。对于当事人来说,这一规则的指引更加明确,有助于当事人直接根据争议的类型及时选择适当的争议解决方式。

第四,外国仲裁员或调解员的选任。根据2018年《老挝经济纠纷解决法》的规定,外国公民可以在司法部注册为外国仲裁员或调解员,但是只有在至少一个争议方是外国个人、法人实体或组织时,才允许争议当事人选任外国人作为仲裁员或调解员,也就是说,只有在经济商事纠纷法律关系的主体具有涉外性时,才有选任外国仲裁员或调解员的可能。因此,如果是涉及两个老挝国籍实体的经济纠纷,即使它们由外国股东所实际拥有或控制,也可能无法为经济纠纷解决而指定外国仲裁员或调解员。因此,对于在老挝注册成立的、由外国股东所有或控制的实体来说,他们可能希望获得进一步的法律指导,即如果他们打算在老挝境内进行仲裁,他们是否有权利任命外国仲裁员或调解员来解决纠纷。此外,争议当事人只能从司法部所编制的仲裁员或调解员名单中选择仲裁员或调解员,而老挝和外国公民有资格担任授权仲裁员或调解员的条件之一是掌握老挝语,因此在实践中,这一要求将会使许多可能具备其他资格的外国专业人员丧失担任仲裁员或调解员的资格。

第五,仲裁员的回避与对仲裁员任命的质疑。此前,根据2010年《老挝经济纠纷解决法》的规定,当仲裁员是争议方的亲属、与争议方有利害关系,或者与任何一方有争议或因其他原因不能履行其职责时,仲裁员有权回避仲裁。这一规定将仲裁员的回避作为其自身的一种权利,除因其他原因而不能履行职责外,仲裁员在其他情形下均有权自行选择其是否有必要进行回避,也就是说,仲裁员即使明知自身可能存在需要回避的情形,也可以选择不进行回避,而争议当事人则仅在仲裁员作出回避与否的选择后才可以提出质疑,即使当事人已经得知仲裁员存在可能需回避的情形,也无权直接要求该仲裁员回避或对其任命提出质疑。因此,这一规则对当事人权利的保障将很大程度上依赖仲裁员自身的职业素质和道德修养,仲裁员个人的权限过大,其作出回避决定亦无时间限制,不排除仲裁员恶意拖延仲裁程序的情况,并且当事人质疑仲裁员的程序设计本身也容易造成仲裁程序的拖延,这些都可能对仲裁公平和高效产生不利影响。2018年《老挝经济纠纷解决法》改变了前述规定，只要仲裁员在经济商事纠纷解决中存在或者可能存在利益冲突，那么争议当事人就可以直接申请撤销该仲裁员。新的规定消除了仲裁员回避规则对仲裁员个人道德修养的高度依赖，强调争议当事人直接质疑仲裁员的权利，强化了当事人对仲裁的主导作用，为仲裁员回避与对仲裁员的任命进行质疑提供了明确清晰的标准和程序，更加有助于保障争议当事人的合法权益。

第六，被申请人缺席时的仲裁。根据2018年《老挝经济纠纷解决法》的规定，如果争议各方当事人同意在老挝境内进行仲裁，则被申请人未收到传票或者因自身原因而未能参与仲裁，仲裁应当继续进行。这一规定明确了被申请人缺席仲裁的程序，被申请人缺席仲裁并不影响仲裁程序的正常进行。

第七，执行外国仲裁裁决所依据法律的改变。2010年《老挝纠纷解决法》规定，国际仲裁裁决或者外国仲裁裁决在经老挝人民法院认可、认证后，应当依照2004年《老挝人民法院判决执行法》的有关规定执行。2018年《老挝经济纠纷解决法》规定，此类裁决的承认和执行将根据2012年《老挝民事诉讼法》进行。这一修改与2004年《老挝法院判决执行法》的相关内容被归入2012年《老挝民事诉讼法》有关。

2018年《老挝经济纠纷解决法》虽已生效实施，但尚未发布英文版官方译本，以上内容系根据有关新闻资料整理。从现已掌握的信息来看，2018年《老挝经济纠纷解决法》进一步弥补了2010年《老挝经济纠纷解决法》的不足，致力于增强调解和仲裁的自治性，强化当事人对调解和仲裁的主导作用，并进一步提高调解和仲裁的效率。老挝的司法部目前也正在为修订后的法律制定实施条例，该法的具体实施效果如何，留待未来实践检验。

二、老挝经济商事争议解决法律制度综述

由于2018年《老挝经济纠纷解决法》的官方英文译本尚未发布，其新修改的内容不得而知，因此本部分对老挝调解法律制度和仲裁法律制度的介绍分析仍以2010年《老挝经济纠纷解决法》的内容为主线，相关分析仅作为参考。

2010年《老挝经济纠纷解决法》同时规定了仲裁和调解这两种解决经济商事争议的方式，适用于两种方式的规定既有重合也有差异，以下对两种制度分别进行介绍。

(一)老挝的商事仲裁法律制度

2010年《老挝经济纠纷解决法》第二部分第五章规定了以仲裁解决经济商事纠纷的程序性内容,包括从第29条到第38条共10条规定,此外,仲裁员资格与调解员资格同样规定在该法的第四部分中。

1. 可仲裁性

标的的可仲裁性,即可仲裁的范围,涉及确定何种类型的争议可以通过仲裁解决,何种类型的争议应当被排除在可仲裁范围外而专属于法院管辖范围的问题。在2010年《老挝经济纠纷解决法》的语境下,只有具备可仲裁性的争议才能被经济纠纷解决中心(Centre for Economic Dispute Resolution, CEDR)或经济纠纷解决办公室(Offices of Economic Dispute Resolution, OEDR)受理和解决。

首先,当事人之间的纠纷必须是经济商事纠纷,也就是在法人之间、法人与个人之间、国内外个人之间因违反合同或者与生产经营有关的事项而发生的纠纷。[1] 其中,生产经营是指贸易、投资、服务等活动。[2] 据此,有关消费者和经营者之间的争议也应当属于2010年《老挝经济纠纷解决法》所定义的经济商事纠纷,可以适用仲裁的方式解决。

其次,从经济纠纷解决机构对经济商事争议进行仲裁需要满足的条件来看,争议应当与经济或者贸易有关,同时,争议所涉及事项不得违反老挝有关国家稳定、社会保障、社会治安和环境的有关法律法规。[3] 从这一规定来看,老挝对经济商事纠纷的定义比较宽泛,涵盖类型较多,只要经济商事争议不涉及违反有关法律的事项即具有可仲裁性。但2018年《老挝经济纠纷解决法》的颁布则扩大了不可仲裁事项的范围,将凡涉及老挝国家稳定、社会保障、社会治安和环境事项的争议,一律排除在可仲裁事项之外,从而避免经济纠纷解决机构必须进行烦琐的审查工作以及相关规定指引不明的情况。[4]

值得注意的是,争议具有可仲裁性的另一个条件是,争议未提交至人民法院审议或者人民法院未对该争议作出判决。[5] 根据此项规定,提交仲裁的争议必须

---

[1] Article 2, Law on Resolution of Economic Disputes 2010.

[2] Article 3.9, Law on Resolution of Economic Disputes 2010.

[3] Article 16.1, 16.5, Law on Resolution of Economic Disputes 2010.

[4] 详细内容见本文“一、(三),第三”有关分析。

[5] Article 16.4, Law on Resolution of Economic Disputes 2010.

是未决争议，已决事项不具有可仲裁性，经济纠纷解决机构不得受理经人民法院判决过的同一争议。此外，若当事人在将争议提交人民法院以后，又私下自愿达成了仲裁协议，则该争议仍可能具有可仲裁性，这将取决于法院的自由裁量权。本着支持仲裁的理念，若当事人在法庭之外达成仲裁协议，则原则上法院有权根据审理情况决定继续审判直至判决作出，或是尊重当事人意思自治，终止审判程序而将争议留待仲裁解决。但是，对于一方当事人将争议提交至人民法院，而另一方当事人将争议提交仲裁的情况，2010 年《老挝经济纠纷解决法》并未对此进行明确规定。

2. 仲裁协议

根据 2010 年《老挝经济纠纷解决法》的规定，其适用于根据争议双方自愿协议，以解决生产经营活动中发生的经济纠纷的情形。[1] 而经济纠纷解决机构解决经济商事争议的条件包括争议双方当事人在合同中约定了仲裁条款，以及争议双方自愿同意通过仲裁解决争议。[2] 根据 2010 年《老挝经济纠纷解决法》有关经济商事争议解决应当提交的材料要求的规定，其中包括争议各方将争议提交给经济纠纷解决机构的书面协议。[3]

通过以上规定可知，对仲裁协议的要求方面，2010 年《老挝经济纠纷解决法》并没有强制要求仲裁协议应当包含具体内容，而是强调了当事人的自愿原则，即仲裁协议必须体现双方协商一致进行仲裁的自由意志，这意味着任何以欺诈、胁迫等违反当事人意愿的方式而达成的仲裁协议均属无效。当事人有关仲裁的合意既可以通过合同中的仲裁条款形式达成，也可以通过当事人在争议发生后拟定的单独仲裁协议形式达成，但无论形式如何，仲裁协议都必须具有书面性，以便经济纠纷解决机构进行审查。但是对书面性的定义为何，2010 年《老挝经济纠纷解决法》并未进一步规定。因此，根据 2010 年《老挝经济纠纷解决法》的规定，有效的仲裁协议是指为解决生产经营中产生的经济商事争议之目的，由争议当事人所自愿达成的将争议提交仲裁的书面协议。

---

〔1〕 Article 6, Law on Resolution of Economic Disputes 2010.

〔2〕 Article 16.2, 16.3, Law on Resolution of Economic Disputes 2010.

〔3〕 Article 18.3, Law on Resolution of Economic Disputes 2010.

3. 仲裁庭

仲裁庭指导仲裁程序的具体开展,围绕争议进行法律适用,并对争议作出最终裁决,其地位和作用至关重要。

(1)仲裁员

仲裁员是仲裁庭的组成成员,其专业素质和个人品质对争议的最终结果具有关键影响。2010年《老挝经济纠纷解决法》对仲裁员有关事项进行了比较全面的规定。仲裁员既可以是兼职的,也可以是全职的。全职的仲裁员由司法部长任命,属于经济纠纷解决机构的工作人员。兼职的仲裁员,是指来自国企和私人企业、机构、组织的成员,包括由司法部长根据CEDR的选择和建议而指派的外籍人员。[1] 根据这一规定,老挝籍的仲裁员既可兼职也可全职,若作为全职仲裁员,必须要经由老挝司法部长的任命,而兼职仲裁员无须经此任命程序。对于外籍人员来说,他们只能作为兼职仲裁员。

2010年《老挝经济纠纷解决法》直接规定了老挝籍调解员和仲裁员应当具备的资格,包括:①具有良好的品格和道德修养,诚实信用;②具备必要的专业技术知识,并持有相应的证书;③有5年以上的工作经验;④从未因故意犯罪被法院判处过监禁;⑤参加了解决经济商事争议的培训;⑥身体健康。[2] 根据以上规定,成为仲裁员不要求必须具备法律专业基础,只需具备可证明的专业技术知识和法定年限以上的相关领域工作经验即可,这有助于吸纳各行业的专家成为仲裁员。值得注意的是,成为仲裁员还必须经过有关解决经济商事争议的培训,这是2010年《老挝经济纠纷解决法》的新增要求,培训主要围绕解决争议的程序、法律适用等方面展开,以提高仲裁员的专业性和法律素养。

老挝确立了仲裁员名单制度,即制定包含仲裁员的名单以及仲裁员履历的名录,以供仲裁当事人选择仲裁员。在仲裁员获得司法部长的任命后,经济纠纷解决中心应当将其姓名列入名单,并将名单的副本送交各经济纠纷解决办公室。[3] 此外,外籍人员可以在老挝成为仲裁员。在解决经济商事争议时,争议双方可以选择仲裁员名册上的外籍仲裁员。外籍仲裁员列入仲裁员名单的资格由其他条

〔1〕 Article 43, Law on Resolution of Economic Disputes 2010.

〔2〕 Article 44, Law on Resolution of Economic Disputes 2010.

〔3〕 Article 45, Law on Resolution of Economic Disputes 2010.

例予以确定。[1] 若当事人希望任命外籍仲裁员,所能选择的范围也仅限于列名在仲裁员名单上的外籍仲裁员,而外籍人员成为在册仲裁员的条件之一是掌握老挝语,因此实际上可供当事人选择的外籍仲裁员并不多。此外,2018 年《老挝经济纠纷解决法》对可以选择外籍仲裁员的情形,限定为至少有一个争议方是外国个人、法人实体或组织,这更加降低了选择外籍仲裁员进行仲裁的概率。

仲裁员在得知其被当事人选择后,有权选择接受或者拒绝解决当事人之间的经济商事争议。若仲裁员接受任命,则其有权利和义务独立处理争议,确保争议的解决是公正的、迅速的和诚实信用的,在行事时依照高尚的职业道德准则。仲裁员应当对经济商事争议保密,但是法律、法规规定的应当向有关部门提供的信息除外。为确保仲裁程序的顺利进行,仲裁员有权在现场收集信息和证据。争议解决后,仲裁员有权根据争议双方的协议,向争议当事人收取其工作报酬,并需依照法律、法规向国家缴纳税款。此外,仲裁员还应当依照其他法律、法规的规定行使职权、履行职责。[2] 仲裁员的权力和职责是 2010 年《老挝经济纠纷解决法》的新增内容,有助于强化仲裁员的公正性与独立性,确保其对与仲裁有关的事项行使自由裁量权。

有关仲裁员的回避以及对其任命进行质疑的事宜,根据 2010 年《老挝经济纠纷解决法》的规定,与调解员回避和质疑相同,即如果仲裁员是争议方的亲属、与争议方有利害关系、与任何一方有争议或因其他原因不能履行其职责,仲裁员有权回避仲裁。如果当事人发现仲裁员存在前述情况,则当事人有权质疑仲裁员的选择。指定的仲裁员回避或者被撤销的,应当依照法定程序另行选派仲裁员。[3] 由此可见,仲裁员回避是其自身的权利,当事人仅有权利质疑其对回避的选择,但是 2018 年《老挝经济纠纷解决法》改变了这一规定,直接赋予当事人质疑仲裁员的权利,因此扭转了当事人的被动地位。[4]

(2)仲裁庭的组成方式

根据 2010 年《老挝经济纠纷解决法》的规定,仲裁庭应当根据争议双方的协议,由 3 名以上的仲裁员组成,而且仲裁员应当是单数。仲裁员的选任程序,与该

---

〔1〕 Article 47, Law on Resolution of Economic Disputes 2010.

〔2〕 Article 46, Law on Resolution of Economic Disputes 2010.

〔3〕 Article 24, Law on Resolution of Economic Disputes 2010.

〔4〕 详细内容见本文“一、(三),第五”有关分析。

法第23条第3款、第4款、第5款选任3名以上调解员的选任原则相同,即如果争议双方选择3名仲裁员,各方应当在协议签订之日起15日内各选择1名仲裁员;争议双方中有一方不能选定仲裁员的,由经济纠纷解决机构在10日内选定。此后,两名已选定的仲裁员应在15日内选出第三名仲裁员担任主席。如果两名仲裁员不能选择出第三名仲裁员,则经济纠纷解决机构应当在10日内选择出第三名仲裁员。如果争议双方同意选择3名以上的仲裁员,则应当遵循前述选择3名仲裁员的程序。经济纠纷解决机构应在收到争议双方提出的仲裁员名单之日起7日内任命仲裁员。[1]

通过以上规定可知,2010年《老挝经济纠纷解决法》不允许当事人选择独任仲裁员来裁判案件,仲裁庭的人数只能是3个以上的奇数。在选任程序上,争议方有权利各自选择己方的边裁仲裁员,再由双方的边裁仲裁员共同选择首席仲裁员。在当事人无法选出边裁仲裁员或边裁仲裁员无法选出首席仲裁员的情况下,则由经济纠纷解决机构来选任,机构此时选择仲裁员的时限与选择调解员的时限一致(2018年《老挝经济纠纷解决法》已缩短了经济纠纷解决机构于前述情况下选择调解员的时限,但选择仲裁员的时限是否同时缩短暂不可知)。若需要3名以上仲裁员组成仲裁庭,则首席仲裁员同样需留待所有边裁仲裁员共同选任,若此时选任遭遇困难,也需依照前述程序由经济纠纷解决机构来进行。在当事人选出仲裁员以后,双方应当就其已经确定的仲裁员名单提交给经济纠纷解决机构,由机构负责与仲裁员进行沟通和相关工作交接事宜,任命仲裁员必须自收到争议双方提出的仲裁员名单之日起7日内完成。

4. 仲裁程序

(1)仲裁程序的启动

若当事人自愿达成以仲裁解决经济商事争议的协议,则应当向经济商事纠纷解决机构提交争议解决申请以及所需的其他有关文件。当事人选择提交争议解决申请的机构应当在协商一致的情况下,将便利双方当事人行事的因素考虑在内。如果争议当事人对提交争议的地点没有协议,则应当将争议提交至争议发生地。[2] 前述内容是有关仲裁地域管辖的规定,有权受理当事人争议申请的机构是

---

[1] Article 23, Article 30, Law on Resolution of Economic Disputes 2010.

[2] Article 17, Law on Resolution of Economic Disputes 2010.

经济纠纷解决中心或经济纠纷解决办公室。在确定仲裁案件管辖地时首先根据协议管辖原则,以当事人的合意选择为准。若当事人未能达成争议提交地点的合意,则应由争议发生地的机构进行管辖,具体而言,若争议发生地设有经济纠纷解决办公室,则由该办公室受理案件;若争议发生地未设立经济纠纷解决办公室,则应当由经济纠纷解决中心受理案件。

申请人向经济纠纷解决机构提出解决争议的申请时应当提交下列文件:①请求书;②相关合同;③争议各方同意将争议提交经济纠纷解决机构的书面协议;④作为证据的任何信息或其他文件。[1] 请求书应当包含的内容有:①争议各方当事人或其代理人的姓名、年龄、职业、国籍、住址和办公地点;②争议的焦点问题;③争议的标的额;④申请人的要求。[2] 在接到当事人的申请后,经济纠纷解决机构当自收到申请之日起7日内,对当事人的申请进行审查。若争议当事人尚未就争议解决方式达成合意,则经济纠纷解决机构应当召集争议各方讨论商定应当采用的争议解决方式;如果一方当事人无正当理由而不参与讨论商定,则申请将被宣布无效,申请的有关材料文件将退还申请人。对不符合2010年《老挝经济纠纷解决法》规定的经济商事纠纷解决条件的,经济纠纷解决机构应当自收到申请之日起7日内将不予受理的理由告知申请人。[3]

需要注意的是,若争议当事人仅达成将争议提交经济纠纷解决机构的争议解决条款或协议,而未明确表达仲裁的意愿,则并不影响经济纠纷解决机构对案件的受理,受理机构仍可根据当事人事后达成的仲裁合意启动仲裁程序。[4] 根据这一规定,当事人既可在提交申请前合意决定适用仲裁程序,也可以在提交申请后合意选择启动仲裁程序,这为当事人选择以何种方式解决争议提供了充分的考虑机会。但是,若当事人未能事先合意确定争议的解决方式,将会面临非常大的风险,因为当事人达成将争议提交经济纠纷解决机构的合意并不意味着该机构即拥有对争议的管辖权,在这种情况下经济纠纷解决机构对申请的受理只是初步的,只有在争议各方当事人对争议解决方式进行补充约定以后才真正具备启动相应程序的条件,若被申请人拒不参与协商,则申请人的仲裁意愿将会落空。此外,如

---

[1] Article 18, Law on Resolution of Economic Disputes 2010.

[2] Article 19, Law on Resolution of Economic Disputes 2010.

[3] Article 20, Law on Resolution of Economic Disputes 2010.

[4] Article 21, Law on Resolution of Economic Disputes 2010.

不事先确定以仲裁方式解决争议,也会为被申请人恶意拖延程序制造机会,最终将不利于申请人。

(2)仲裁程序的进行

2010年《老挝经济纠纷解决法》并未全面明确仲裁程序进行所应遵循的各项程序,有关规定比较简略和粗糙,文书交换、审理方式等均未规定。现有规定主要涉及下列内容。

第一,资料和证据的提交。争议双方应当向仲裁庭提交与经济商事争议有关的资料和证据。仲裁庭可以根据争议当事人的提议或者约定,进行其他情况和证据的调查。如果证明有必要确定信息和证据的准确性,则仲裁庭可邀请专家对此类信息和证据进行核实。仲裁庭应当对仲裁请求、文件、资料和证据进行详细、全面、客观的审查。证据充分后,仲裁庭应当在作出仲裁裁决前,邀请争议各方补充理由和提供进一步的证据。[1] 由此可见,仲裁庭对裁决争议的主要依据是当事人提交的证据和相关材料,证据应当包括证人证言在内。仲裁员有权现场收集证据和信息,因此证据的收集可以由仲裁庭主动依职权进行,但是2010年《老挝经济纠纷解决法》未涉及法院协助仲裁庭取证的规定。对所有证据的全面审查由仲裁庭进行,必要时可邀请专家协助核实证据材料的真实性。待证据达到足以得出确定结论的程度后,仲裁庭需根据各方补充的理由或进一步证据来进行裁决。

第二,临时措施。在仲裁过程中,如果争议当事人要求扣押任何财产,以保护其权益,仲裁庭也认为有必要,则可以在收到当事人前述申请之日起7个工作日内请求人民法院作出裁定。[2] 根据这一规定,仲裁庭没有独立采取任何临时措施或发布临时命令的权力,该项权力专属于法院,因此,仲裁程序中当事人所能获得的临时措施保障应与法院有权发布的临时措施范围一致。在仲裁程序中,当事人申请采取临时措施,应当首先向仲裁庭提出,由仲裁庭对临时措施申请的必要性进行考虑和审查,确有采取临时措施必要时再由仲裁庭请求法院进行,因此,仲裁的当事人不能越过仲裁庭而直接向法院申请采取临时措施,仲裁庭亦无权力主动请求法院发布临时措施,只能依据当事人的申请来进行。

第三,争议当事人在仲裁裁决作出前自行达成和解的权利。在仲裁过程中,

---

〔1〕 Article 32, Law on Resolution of Economic Disputes 2010.

〔2〕 Article 34, Law on Resolution of Economic Disputes 2010.

争议各方当事人可以在仲裁裁决作出之前自行达成和解。争议当事人应当以书面形式达成和解协议,并且该和解协议必须由争议当事人、所有仲裁员和仲裁所在地的经济纠纷解决机构的总负责人签署。在仲裁裁决作出之前,争议当事人达成的和解协议与仲裁庭的裁决具有同等效力。[1] 当事人选择仲裁,即便仲裁程序正在进行中,只要在正式的仲裁裁决作出之前,争议当事人仍有权通过自行协商、谈判等方式争议的解决达成和解。当事人是否可以在仲裁开始后选择在同一经济纠纷解决机构就争议进行平行调解,或者是否可以由仲裁员对争议进行调解,2010 年《老挝经济纠纷解决法》并未规定。若当事人达成了和解,则必须以书面形式记录和解的结果,并由当事人、仲裁庭和经济争议解决机构的总负责人共同签署,仲裁员不必于和解协议中说明理由。经签署的书面和解协议相当于仲裁庭作出的仲裁裁决,具有终局性。

第四,仲裁的期限。仲裁庭应当自其被任命之日起 3 个月内解决经济商事争议。如果争议因收集证据方面的困难或因任何其他原因而特别复杂,经济纠纷解决机构应当将仲裁期限延长的原因通知争议各方当事人。[2] 在一般情况下,以仲裁方式解决经济商事争议必须在仲裁庭被任命之日起 3 个月内完成,若案情复杂,则由经济商事纠纷解决机构延长仲裁的期限,并将延长的理由通知争议当事人,但是期限可延长范围没有限制,将视案件具体情况决定。

(3)仲裁程序的终止

2010 年《老挝经济纠纷解决法》未对仲裁程序应当终止的情形加以明确。根据一般仲裁实践,仲裁程序终止的原因:一是争议双方达成和解协议或仲裁庭作出裁决;二是出现了不再需要或不可能继续仲裁的情形,比如,没有继承人的争议一方当事人死亡。此外,在被申请人无故缺席仲裁时,根据 2018 年《老挝经济纠纷解决法》的有关规定,仲裁程序应当继续进行。

5. 仲裁裁决

仲裁完成后,仲裁员应当作出仲裁裁决。仲裁裁决应当具备的内容包括:(1)提交争议的日期、争议类型、案件号和仲裁地点;(2)仲裁员和记录员的姓名;(3)争议双方或其代表的姓名、姓氏、年龄、职业、国籍和地址;(4)争议的主要内

---

〔1〕 Article 35, Law on Resolution of Economic Disputes 2010.

〔2〕 Article 33, Law on Resolution of Economic Disputes 2010.

容、作出裁决的理由和依据;(5)对争议的裁决;(6)各争议方在登记费、人力费和服务费方面的承担;(7)所有仲裁员的签名、记录员的签名以及仲裁所在经济纠纷解决机构负责人的签名。[1]

仲裁庭的裁决应当在争议当事人请求的范围内作出。如果仲裁庭不能达成一致意见,则裁决将根据多数意见作出。仲裁裁决书必须在争议各方当事人或其代表在场的情况下宣读发布,并自裁决书发布之日起生效,或者在争议一方当事人无正当理由而未于裁决书宣读时出席,仲裁裁决应当自争议各方当事人得知该裁决书之日起生效。[2] 2010 年《老挝经济纠纷解决法》的这一规定非常模糊,“得知”应当采用何种标准将直接影响对裁决书生效日期的确定;此外,“得知”必须是争议的双方当事人都得知,这说明应当以后得知裁决的一方当事人的得知时间为准。上述规定不仅在实践中的认定比较困难,也易被一方当事人利用从而侵犯另一方当事人的合法权益。

若当事人对仲裁裁决不服,可以向人民法院申请撤销仲裁裁决。当事人向人民法院提出撤销仲裁裁决的理由包括:(1)争议当事人未同意进行仲裁或者仲裁协议被撤销的;(2)仲裁庭的组成不符合当事人的协议和法律、法规的规定;(3)仲裁程序不符合当事人在合同中约定的经济商事争议解决法律、法规的规定;(4)向仲裁庭提交的裁决所依据的资料和证据是伪造的,或者仲裁庭有接受金钱、礼物或其他利益等有损司法公正的行为;(5)争议不属于可仲裁范围;(6)仲裁裁决超出争议双方请求范围,或者遗漏仲裁请求。[3] 2010 年《老挝经济纠纷解决法》未规定在仲裁裁决遗漏时可以采取的补救措施,因此,当事人是否可以在漏裁时直接请求原仲裁庭补充裁决,或者仲裁庭是否有权在漏裁时主动补充裁决是不明确的。但能够确定的是,当事人可以漏裁为由申请法院撤销整个仲裁裁决。无论是申请人还是被申请人,只要其发现仲裁庭有漏裁的情况,就可以申请法院撤销全部仲裁裁决。也就是说,即使申请人获得了对其有利的裁决,只要出现漏裁的情况,那么被申请人便可据此申请撤销全部仲裁裁决,对于申请人来说,其没有任何受法律保障的补救机会。

---

[1] Article 37, Law on Resolution of Economic Disputes 2010.

[2] Article 36, Law on Resolution of Economic Disputes 2010.

[3] Article 38, Law on Resolution of Economic Disputes 2010.

有关仲裁裁决的承认与执行部分将在第四章进行详细介绍。

总体来看,2010 年《老挝经济纠纷解决法》对仲裁法律制度的规定不够具体明确,在体系上缺乏完整性,仲裁当事人面临较高的不确定性风险。目前,2018 年《老挝经济纠纷解决法》已将部分问题进一步明确,老挝的仲裁制度立法正在逐步走向完善。

(二)老挝商事调解法律制度

老挝支持以调解方式解决经济商事争议,促进经济商事争议的多元化解决方式发展,分担司法压力。在立法层面,老挝并未对调解制度制定单独的法律,依照有权进行调解的主体,可将老挝的调解分为两类,即由村调解单位、区司法办公室和法院进行的调解和由经济纠纷解决机构进行的调解。两类调解由不同的法律加以规定,所依照的程序和标准也不同,经济商事争议的当事人可以从两种调解方式中自由选择。

1. 由村调解单位、区司法办公室和法院进行的调解

由村调解单位、区司法办公室和法院进行的调解属于一般民事调解,规定在 2004 年《老挝民事诉讼法》中,仅有 2 条,分别是对调解和调解结果的规定。对于小额纠纷或价值不大的纠纷,如家庭纠纷、动物占有纠纷、通行权纠纷等,必须由村调解单位(Village Mediation Unit)解决。当事人协商不成的,区司法办公室必须按照村调解单位和区司法办公室的规定,教育、鼓励和解,重新调解当事人的纠纷。区司法办公室不能调解的,符合提起诉讼条件的,可依法提请法院裁定;法院在收到诉讼请求后,审判庭可以重新进行调解。争议数额较大的,当事人有权依照前款规定请求调解或者直接向法院起诉。调解应当在不影响和平与社会秩序的情况下进行。[1] 当事人因调解达成和解的,村调解单位或者区司法办公室必须制作调解书,当事人必须在调解书上签名、盖章,以证明这一调解结果。调解书自签署之日起生效。由法院调解的,调解书相当于法院的终局决定,可以强制执行。调解书的执行,必须在调解书生效之日起 5 日内进行。法院对于调解完成案件,不得重新审理。[2]

根据以上内容,就当事人之间发生经济商事争议,原则上可以依照 2004 年

---

[1] Article 79, Law on Civil Procedure 2004.

[2] Article 80, Law on Civil Procedure 2004.

《老挝民事诉讼法》所规定的调解方式解决。对于小额争议,必须首先由村调解单位解决,解决不成再由区司法办公室进行调解,区司法办公室调解不成且争议符合起诉条件,则当事人可向法院起诉,若法院认为仍可调解,可再次进行对同一争议的调解;对于大额争议,当事人既可以选择依照小额争议的逐级调解方式进行,也可以直接诉讼至法院,法院在接到该诉讼时仍有权组织争议当事人进行调解。调解完成后,由相应的调解机关制作调解书,但只有由法院制作的调解书才与法院作出的终局判决具有同等效力,因此能够被强制执行,其他调解机关制作的调解书则不具备此等效力。也就是说,在村调解单位或区司法办公室制作调解书后,若一方当事人拒不履行调解书,其效果相当于调解不成,有关争议只能依照程序再次提交区司法办公室或法院来处理,当事人无权要求强制执行前述调解书。

在2012年《老挝民事诉讼法修正案》通过后,调解被作为一种原则。该修正案第18条规定:“各级人民法院都应当提供调解程序,法院应当寻找条件,促成当事人之间达成调解。”该修正案第21条规定,基层法院应当以调解和和解为主要结案方式。对于不可适用民事诉讼法调解的案件,该修正案的第197条作了明确的规定,包括涉及国家利益、公共利益的案件;起诉或要求返还不合理不合法占有的财产;争议的标的物不属于双方当事人;针对无效合同的争议;一些涉及无民事行为能力人或限制民事行为能力人的案件。同时,该修正案在第198条中对调解必须作为前置程序的案件进行了明确的规定,包括动物、植物所有权的案件、相邻关系的案件、家庭关系案件、标的额较小的案件;使用土地权案件、与贸易有关的案件和未成年人案件;劳动案件和服务案件。[1] 因此,若当事人之间发生了与贸易、服务等有关的经济商事争议,在向法院起诉后,争议的解决也必须首先经过调解程序。

2. 由经济纠纷解决机构进行的调解

由经济纠纷解决机构进行调解的争议仅限于经济商事争议,与调解程序有关的内容规定在2010年《老挝经济纠纷解决法》第二部分第四章中,包括从第22条至第28条共7条规定,有关调解员的资格则规定在该法的第四部分。此外,经济纠纷解决机构可调解解决争议的条件、调解的地域管辖规则、调解所需提交的材

[1] 参见李立景、郭力宾、余绍宁:《老挝民事诉讼法2012年修正案十大亮点分析》,载《创新》2014年第2期。

料、调解申请书应当包含的内容、经济纠纷解决机构对调解申请的处理等方面的规定，均与前述仲裁解决争议的规定相同。[1]

2010年《老挝经济纠纷解决法》第22条明确规定，调解是通过互让、谈判和讨论等方式以解决争议双方之间经济商事争议，调解可以由1名调解员或1个调解员小组作为中立方来进行。该法第23条规定了调解员的选择与任命，与该法对仲裁员人数的规定相比，调解员并无最低人数的限制，只需保持奇数即可，当事人可以根据案件需要自行协商选择，但选择的范围仅限于调解员和仲裁员名单中罗列的人员。当事人选择调解员，应当自协议签订之日起15日内进行，若有一方无法选出调解员，则由经济纠纷解决机构在10日内进行选任。若当事人选择的调解员为3人，则双方在各自选出一位调解员后，由两位调解员自其被任命之日起15日内选择第三名调解员作为主席，若无法选出，则由经济纠纷解决机构在10日内进行选任。当事人选择3名以上调解员的，则需依照前述3名调解员的有关程序来选任。根据2018年《老挝经济纠纷解决法》的规定，前述争议当事人无法选任调解员而需要由经济纠纷解决机构进行选任的情况下，机构选任调解员的法定期限由10个自然日改为5个工作日。

有关调解员的资格、调解员的权力和职责、名册制度、外籍调解员等方面的事项，均适用与仲裁员相同的规定，这表示调解员必须与仲裁员具备相当水平的专业素养和道德品质。这一规定对调解员提出了较高要求。

调解员有权自行申请回避，争议的当事人则有权对调解员回避与否的决定提起异议。[2] 如果调解员是争议一方的亲属，或者与争议方存在利害关系，或者与任何一方之间存在争议，或者因其他原因不能履行其职责，调解员有权回避调解。若当事人发现调解员存在上述情形，有权对该调解员作出的关于回避与否的选择提出质疑。当某一调解员需要回避或者被撤销任命，则应当另行选任调解员，有关选任程序仍要依照该法第23条的规定进行。

调解这一经济纠纷解决方式要求各争议方全程参与其中，应当自调解员被选定之日起的15日内进行，并且只能在争议双方或其代表在场的情况下才可以进行。在调解过程中，争议双方有权提出与争议有关的各种问题、信息或证据，并在

---

〔1〕 See Article 15 to 21, Law on Resolution of Economic Disputes 2010.

〔2〕 Article 24, Law on Resolution of Economic Disputes 2010.

调解过程中向调解员提出解决争议的具体方法。[1] 若一方当事人或其代表不能到场参与调解,则调解程序不得继续进行,需待该方当事人或其代表到场,或者明确其未到场原因后,继续调解程序或终结调解程序。

若争议双方能够达成协议,或者一方或双方当事人无正当理由而不参加调解,或者争议双方不能达成协议,或者没有继承人的有争议一方当事人死亡,则调解程序无法继续进行而宣告终结。[2] 如果无法通过调解解决争议,对争议当事人来说,他们有两种选择:一是争议双方当事人有权向经济纠纷解决机构提出仲裁申请,以解决经济争议。这一方式应当以双方当事人达成仲裁的合意为基础,且之前处理争议的调解员不得再次作为仲裁庭成员行事。二是争议的一方当事人如果不同意由经济纠纷解决机构进行仲裁,那么其有权直接向老挝人民法院提起诉讼。[3] 这一规定明确了调解与仲裁和诉讼在程序方面的衔接问题,为争议当事人提供了多种纠纷解决方式,便于随时转换争议解决方式以高效解纷。

此外,2010 年《老挝经济纠纷解决法》要求每一次调解均应有记录员的参与,记录员由经济纠纷解决机构的工作人员担任。调解要求以书面形式确认争议的调解结果,具体内容包括:争议的日期(年、月、日)、标题、案件编号和调解地点;调解员和记录员的姓名;争议双方或其代表人的姓名、年龄、职业、国籍和地址;经济商事争议所涉及的关键问题;调解的结果;调解书的实施方式;各争议方在支付调解费、服务费和其他费用方面的责任;调解终止的日期(年、月、日),争议各方或其代表的签名、调解员和记录员的签名,以及调解员所在的经济纠纷解决机构主管的签名。

争议各方当事人应当在调解书作出之日起 15 日内履行调解书确认的义务。[4] 若争议的一方当事人拒不履行调解书确认的义务,则另一方当事人有权请求人民法院裁定强制执行该调解书。[5] 人民法院接到争议当事人的前述申请后,必须在收到之日起 15 日内作出裁定。人民法院作出裁定,应当审查争议的解决是否依照法律、法规和老挝缔结的国际条约的规定进行,是否危及国家的稳定和人

[1] Article 25, Law on Resolution of Economic Disputes 2010.

[2] Article 26, Law on Resolution of Economic Dispute 2010.

[3] Article 27, Law on Resolution of Economic Dispute 2010.

[4] Article 49, Law on Resolution of Economic Dispute 2010.

[5] Article 50, Law on Resolution of Economic Dispute 2010.

民利益,和平的社会和环境。人民法院认为处理争议的行为正确的,应当作出强制执行解决结果的裁定。人民法院的裁定具有终局效力,当事人对此没有上诉权。人民法院发现经济纠纷解决结果违反法律、法规的,不予执行。在这种情况下,争议双方有权向经济纠纷解决机构提出重新解决争议的请求,或就争议向人民法院提起诉讼,由法院依法进行审理。[1] 根据这一规定可知,由经济纠纷解决机构所制作的调解书具有强制执行的效力,强制执行程序由一方当事人向法院申请而启动。在作出强制执行的裁定前,人民法院需对调解的合法性进行全面审查。若法院经审查发现调解违反法律法规,则当事人既可申请经济纠纷解决机构重新调解,也可向法院起诉。若调解合法正确,则法院作出强制执行调解书的裁定,该裁定不可上诉。

从以上分析可知,2010年《老挝经济纠纷解决法》对调解的基本内容进行了比较详细的规定,能够为当事人提供有效的参考。在发生经济商事争议时,当事人既可选择老挝的民事诉讼法所规定的程序进行调解,也可以直接向经济纠纷解决机构提交有关调解的申请。通过对两种调解方式的分析可以发现,选择由经济纠纷解决机构进行的调解对当事人来说更有利,主要体现在以下方面。

第一,争议解决的便捷和高效。从《老挝民事诉讼法》对调解的程序规定来看,当事人选择以调解方式处理争议时,若村调解单位调解不成,则区司法办公室必须介入其中,重新调解争议。区司法办公室对争议的再次调解属于其职权之一,因此,如果当事人在村调解单位调解不成时已经放弃了调解争议的想法,也不能阻止区司法办公室的介入,只有在区司法办公室确认其无法调解争议之后,当事人才有选择向法院起诉或其他争议解决途径的自由。区司法办公室强制介入的程序可能会对当事人解决争议造成诸多不便,甚至拖延争议的解决。经济纠纷解决机构则可以直接受理经济商事争议调解申请,其进行调解无任何前置程序要求,对于调解不成的情况,当事人可以选择转换为仲裁或诉讼来解决其争议,这种"一站式"的争议解决机制能够充分彰显便利当事人的优势,也有助于争议的高效解决。

第二,解纷的专业性。经济纠纷解决机构专为解决经济商事争议而设立,所处理的争议类型较集中,机构工作人员熟悉争议解决流程,能够为当事人提供专

---

[1] Article 51, Law on Resolution of Economic Dispute 2010.

业和有针对性的解纷指导。处理争议的调解员要求具有良好的道德品质,具备相关领域的专业知识和实践经验,并需要经过解决经济商事争议的专业培训,能够为当事人提供专业性更强、更优质的争议解决方案。此外,对于涉外争议,当事人还可以在经济纠纷解决机构的管理下选择外籍调解员,保障争议的顺利解决。相较而言,村调解单位、区司法办公室和法院所调解处理的争议多种多样、类型分散,且并无统一的调解程序规则加以规范,不同的村调解单位、区司法办公室在调解争议的水平和专业性方面也可能存在较大差距,这些因素都可能影响争议的最终处理效果。

第三,结果的可执行性。若调解的结果无法得到有效的执行,那么调解将失去意义。根据《老挝民事诉讼法》进行的调解,只有法院进行的调解能够直接具备强制执行效力,村调解单位和区司法办公室进行的调解则无强制执行力的保障,除非当事人能够自觉履行调解书确定的义务,否则很容易使调解解决争议的愿望落空。在由经济纠纷解决机构所进行的调解中,若当事人之间达成和解,则记录和解的调解书直接具有强制执行的效力,只需申请法院进行认证并裁定执行即可,这一方式赋予了调解结果的可执行性,确保了争议的真正有效解决。

三、老挝的经济商事纠纷解决机构与司法监督机制

老挝通过立法设立了专门负责解决经济商事争议的调解和仲裁机构,受理和管理全国范围内发生的经济商事争议案件。为促进经济商事争议解决的合法性、规范性和公正性,老挝确立了相应的司法监督机制,对调解仲裁机构的工作进行统一的指导和监督,全面保障争议当事人的合法权益。

(一)经济纠纷解决中心与经济纠纷解决办公室

老挝尚未设立一个具有民间性、自治性与国际性的非营利性仲裁机构来专门处理经济商事纠纷。目前,老挝通过立法设立了 CEDR 和 OEDR,两类机构分别在中央和省级开展与经济商事纠纷解决相关的各项业务,作为经济商事纠纷的调解或者仲裁中心。与法院系统相比,CEDR 和 OEDR 作为替代性纠纷解决机制的实施机构正受到越来越多当地投资者的关注,尽管大多数争议都是通过调解而不是仲裁解决的。

2010 年《老挝经济纠纷解决法》的出台确立了 CEDR 和 OEDR 的法律地位,这两类机构是在司法监督下具有专业性、社会性和法律特征的组织,旨在为争议

各方当事人、调解员和仲裁员解决经济纠纷创造有利条件。[1] 在全国范围内设立一个中央级的 CEDR,CEDR 隶属于司法部并由其直接负责监督,工作开展所需预算也由司法部提供,CEDR 与司法部下属的其他部门具有同等地位。在省级则可以根据实际需求设立 OEDR,OEDR 用于处理一定地域范围内的所有需要调解或仲裁解决的经济商事纠纷,该机构隶属于省级司法行政部门并由其直接负责监督,工作开展所需预算也由 OEDR 所在省或首府的司法部门提供,OEDR 主管的地位相当于一个省级部门的副主任。CEDR 和 OEDR 的机构组织和人员结构均在其他具体条例中加以确定。[2] 此外,2010 年《老挝经济纠纷解决方》还对 CEDR 和 OEDR 的标志样式、[3] 印章使用[4] 进行了规定,但是对于 CEDR 和 OEDR 管辖案件的类型和管辖的具体标准,2010 年《老挝经济纠纷解决法》并未进行明确规定。

2010 年《老挝经济纠纷解决法》规定了 CEDR 的权力与职责范围,具体包括:(1)研究、起草或者完善与经济纠纷解决有关的法律、法规,并提请上级司法部门,即司法部,进行审议;(2)研究并向司法部长提出建议,从调解员和仲裁员名单中对调解员或仲裁员进行列名或者除名;(3)进行信息传播与宣传工作,为解决经济纠纷提供有关的教育和培训;(4)根据相关法律和条例的规定,不时讨论对调解员或仲裁员的指派、撤销或更换,以便解决经济纠纷;(5)管理和协助解决经济商事纠纷;(6)接受争议各方的请求、相关文件、资料和证据;(7)通过培训等方式提高本机构内技术人员、经济纠纷解决办公室、调解员和仲裁员的工作能力,提高前述人员的专业技术知识水平;(8)与争议各方当事人进行沟通,协调有关部门,以促进经济商事纠纷的解决;(9)与其他国家、地区和国际机构进行合作,解决上级部门移送的经济商事纠纷;(10)向司法部总结、评估和报告其相关工作与活动;(11)履行法律、法规规定的其他职权和职责。[5] 对于 OEDR 来说,其职权与 CEDR 的职权相同,但其只能向 CEDR 提出将调解员或仲裁员列名于调解员和仲裁

---

〔1〕 Article 39, Law on Resolution of Economic Disputes 2010.

〔2〕 Article 40, Law on Resolution of Economic Disputes 2010.

〔3〕 Article 67, Law on Resolution of Economic Disputes 2010.

〔4〕 Article 68, Law on Resolution of Economic Disputes 2010.

〔5〕 Article 41, Law on Resolution of Economic Disputes 2010.

员名单或者将其从调解员和仲裁员名单上除名的建议。[1]

通过以上规定可知,CEDR 与 OEDR 之间具有明显的行政层级关系,受到司法部和省级司法行政部门的监督,难以避免地带有较强的行政色彩。从两类机构的主要职能来看,二者均有权对与经济纠纷解决有关的法律、法规进行研究、起草或完善,并提请其上级司法部门进行审议,CEDR 应当提请司法部进行审议,而 OEDR 则应当提请省级司法行政部门审议。在提起关于调解员或仲裁员的列名与除名建议时,CEDR 可以直接向司法部长提出,由司法部长决定;OEDR 提出有关调解员或仲裁员列名与除名的建议,需要先向 CEDR 提出,若 CEDR 认为有必要,则应当以自己的名义向司法部长提出建议并由其作最终决定。有关调解员或仲裁员的列名与除名问题,OEDR 与 CEDR 均有提议权,省级司法行政部门既无提议权也无决定权,该事项的最终决定权专属于司法部长。

设立经济商事纠纷的调解或仲裁中心要追溯至 2005 年《老挝经济纠纷解决法》,该法要求于中央层面和省级分别设立 OEDR 和 UEDR,并对二者的机构组织、人员构成、权力和职责分别进行了比较详细的规定。2010 年《老挝经济纠纷解决法》对经济商事纠纷的调解或仲裁中心设立方面的规定进行了修改和整合,除两级机构的名称有所变更外,不再规定机构的具体权力内容,而是仅规定了职责部分,将具体有关受理调解或仲裁请求等方面的内容交由 CEDR 和 OEDR 自行制定,旨在扩张两类机构在调解和仲裁方面的自治权,弱化其行政色彩,推进替代性纠纷解决方式的发展和普及,从而吸引更多当事人。但遗憾的是,CEDR 和 OEDR 目前均未制定出自身的仲裁规则,对有关调解和仲裁案件的处理和协助仍根据解决经济纠纷的有关法律规定进行运作。

(二)经济商事纠纷解决的监管部门

根据 2010 年《老挝经济纠纷解决法》的规定,司法部等有关部门有权对老挝境内以调解和仲裁方式解决的经济商事纠纷进行监管,以规范和支持替代性纠纷解决方式的实施。

负责管理经济纠纷解决的组织包括司法部、省级以及万象市的司法部门,[2]

---

[1] Article 42, Law on Resolution of Economic Disputes 2010.

[2] Article 60, Law on Resolution of Economic Disputes 2010.

其中,与 2005 年《老挝经济纠纷解决法》规定的不同,[1]市级司法部门仅限于作为首都的万象市一级,其他市级或经济特区的司法部门无权对经济商事纠纷解决活动进行监管,这一改变精简了经济商事纠纷解决工作的监管体制,相对减小了省级和市级层面对开展调解和仲裁工作的监管力度,减轻了 CEDR 和 OEDR 的工作负担。

司法部具有最高监督权限,对全国范围内的经济商事纠纷解决活动进行全面监管,同时对下级监管部门的监管工作进行总体指导。根据 2010 年《老挝经济纠纷解决法》,司法部的职责包括:(1)研究和拟订解决经济商事纠纷的总体战略和计划,并提交政府审议;(2)发布与经济纠纷解决有关的决定、法规、指示、指导方针和通知;(3)指导和规范 CEDR 和 OEDR 预算的具体执行;(4)指导和监督全国范围内经济商事争议解决工作的开展;(5)参与组织培训工作,以提高 CEDR 和 OEDR 的工作人员、调解员和仲裁员的道德和专业水准,提升前述人员的专业技能;(6)向老挝总理提出对 CEDR 负责人(中心主任)的任命、罢免或调职等提议;(7)就 CEDR 的副主任和 OEDR 的主任与副主任的任命、罢免或调职等事宜,与有关部门进行协调;(8)根据 CEDR 提出的建议,将调解员或仲裁员列名于调解员和仲裁员名单,或者将其除名;(9)同参与管理经济商事纠纷解决的各部门进行协调,以便顺利解决纠纷;(10)与其他国家、地区和国际组织合作解决经济商事纠纷;(11)向政府总结、评估和报告经济商事纠纷解决活动;(12)履行法律、法规规定的其他职权和职责。[2]

在经济纠纷解决管理工作中,省级、万象市级司法部门对各自辖区内进行的经济商事纠纷解决活动依法行使下列职权:(1)拟订解决经济纠纷的战略、计划和法律、法规;(2)对《老挝经济纠纷解决法》及其相关实施条例进行相关宣传普及和制度教育工作;(3)指导和管理其管辖范围内所设 OEDR 的机构组织和预算;(4)指导和监督在其管辖范围内解决经济商事纠纷的活动;(5)向司法部长提出关于建立和改进 OEDR 的建议,向司法部长提出就这些办公室的负责人或副负责人的任命、罢免或调职事宜而与有关部门进行协调的建议;(6)在 OEDR 需要与有关部门协调解决经济商事争议的情况下,受理、审查和处理个人、法人和组织的申请

[1] Article 45, Law on Resolution of Economic Disputes 2005.

[2] Article 61, Law on Resolution of Economic Disputes 2010.

书;(7)指导、总结、评估和报告 OEDR 的经济商事纠纷处理工作情况,并将有关文件提交给CEDR,以其便进一步向司法部报告;(8)履行法律、法规规定的其他职权和职责。[1]

根据以上规定,司法部有权研究和拟订解决经济商事纠纷的总体战略和计划,并提交政府审议,而省级或万象市级的司法部门拟定相关法律法规时则不得与同级司法部门拟定的法律法规相冲突,也不得与上级司法部门拟定的法律法规相抵触。因此,关于司法部第二项职责,应当认为其中包括发布命令以取消与经济纠纷解决相关的法律法规相冲突的其他部门法律的权力,而省级或万象市级的司法部则只能依照司法部发布的有关命令和通知,对《老挝经济纠纷解决法》及其相关实施条例开展宣传普及等工作,而无权根据发布与法律有关的决定、命令或通知。根据省级或万象市级的司法部门的第三项职权,OEDR 的预算由其直接提供并进行指导和管理,而司法部的职权也包括对 OEDR 预算具体执行进行指导和规范,因此,OEDR 的预算执行同时受到司法部和其所在地区的省级或是万象市级的司法部门的双重监管和指导。对 CEDR 和 OEDR 的工作人员、调解员和仲裁员的专业培训组织权,对调解员和仲裁员的列名或除名的决定权,与其他国家、地区和国际组织合作解决经济商事纠纷的权力,均专属于司法部。在对经济纠纷解决的协调方面,司法部有权协调参与经济纠纷解决的所有部门,而当 OEDR 作为被协调部门的情况下,则由省级或万象市级司法部门替代 OEDR 的职能而对争议当事人的争议解决申请进行受理、审查和处理。在对经济商事纠纷解决工作的报告方面遵循严格的层级制,首先由省级或万象市级司法部门负责将本区域内 OEDR 的工作情况报告给 CEDR,然后 CEDR 将各 OEDR 情况汇总后报告给司法部,最后由司法部向老挝政府作最终报告。此外,对 CEDR 主任的任命、罢免或调职由老挝总理决定,司法部有权就前述事项向老挝总理提议;对 CEDR 的副主任和 OEDR 的主任与副主任的任命、罢免或调职等事宜,司法部有权通过与有关部门进行协调来确定;省级或万象市级司法部门对 OEDR 的建立和改进,与有关部门协调这些办公室的负责人或副负责人的任命、罢免或调职事宜,只有向司法部长的提议权,而无决定权。

---

〔1〕 Article 62,Law on Resolution of Economic Disputes 2010.

(三)对经济商事纠纷解决工作的检查

在对经济商事纠纷解决工作的检查方面,2010 年《老挝经济纠纷解决法》比 2005 年《老挝经济纠纷解决法》规定了更全面且详细的检查规定,其要求更加严格,以便全面监察经济商事纠纷解决工作的开展,增加经济商事纠纷解决工作的透明度,有利于增强公众对 CEDR 和 OEDR 开展调解和仲裁活动的信赖度与认可度。

2005 年《老挝经济纠纷解决法》仅规定了内部检查机构的相关内容,2010 年《老挝经济纠纷解决法》则更进一步,将检查机构分为内部检查机构和外部检查机构两类。[1] 其中,司法部和省级以及万象市一级的司法行政部门属于内部检查机构,有权对经济纠纷解决工作的进行主动检查,但不受理其他个人、法人实体或组织提出的检查请求;外部检查机构则包括国民议会、国家视察机关、国家审计机关和检察官组织 4 类机关,与内部检查机构的主动检查不同,外部检查可以应任何个人、法人实体或组织的要求而进行,或者在发现经济商事纠纷解决工作存在任何不清楚或不透明的情况时,由外部检查组织主动进行检查。

对经济纠纷解决工作的检查共有 3 种类型,即定期检查、预告检查和紧急检查。定期检查,是指在规定的时间范围内依照计划而进行的检查,此类检查必须每年至少进行一次。预告检查,是指未列入计划的检查,在必要时需要至少提前 24 小时通知受检者有关检查工作的相关事宜。紧急检查,是指出现任何紧急情况时可以进行的计划外检查,这种检查应当立即进行,而不必事先通知受检者。所有类型的检查都必须包括文件检查和现场检查两种方式。[2]

检查要求全面进行,检查内容包括:(1)CEDR 和 OEDR 对经济纠纷解决法律及相关实施条例的适用实施情况;(2)与经济纠纷解决有关的任何个人、法人实体或组织所提交的争议解决申请书;(3)CEDR 和 OEDR 为解决经济商事纠纷而开展的具体工作情况;(4)CEDR 和 OEDR 的预算支出和资金收入情况;(5)CEDR 和 OEDR 的工作人员以及调解员和仲裁员的履职情况。[3]

2010 年《老挝经济纠纷解决法》规定了较严格的司法监督体系,对本国境内的

---

[1] Article 63, Law on Resolution of Economic Disputes 2010.

[2] Article 65, Law on Resolution of Economic Disputes 2010.

[3] Article 64, Law on Resolution of Economic Disputes 2010.

调解和仲裁进行全面的监督和管理,这虽然在一定程度上有助于进一步规范老挝境内进行的调解和仲裁,但是,过于严格的司法监督体系可能会对仲裁和调解的自治性发展造成一定阻碍,当事人发挥意思自治的范围也将受到限制。

四、仲裁裁决在老挝的承认与执行

仲裁裁决有效执行是对经济商事争议解决结果的最终落实。2010年《老挝经济纠纷解决法》并未明确国内仲裁、涉外仲裁与外国仲裁的定义,但通过其有关仲裁裁决承认与执行的规定可知,在老挝,仲裁裁决的承认和执行程序包括国内仲裁裁决的承认与执行,以及对涉外或国际仲裁裁决的承认与执行。无论是何种仲裁裁决,在该裁决被执行之前,均需先由老挝人民法院通过认证程序加以承认,法院的认证审查依据不同,以下分别进行介绍和分析。

(一)对国内仲裁裁决的承认与执行

国内仲裁,是指由依据2010年《老挝经济纠纷解决法》所设立的CEDR或者OEDR主持之下所进行的仲裁,且仲裁不具有任何涉外因素。争议存在涉外因素时,争议当事人仍可协议将争议提交CEDR或OEDR仲裁解决,但这种情况属于涉外仲裁,此时由CEDR或OEDR主持下作出的仲裁裁决为涉外仲裁裁决,其仲裁裁决的承认与执行要适用其他程序规定。

在CEDR或OEDR管理下作出的国内仲裁裁决,首先,应由争议当事人自觉履行。根据2010年《老挝经济纠纷解决法》的规定,争议当事人自觉履行仲裁裁决是一项义务。争议当事人应当在仲裁裁决作出之日起15日内履行裁决,或者在争议一方当事人无正当理由而未于宣读裁决书的当日出席时,应当在争议双方得知裁决后15日内履行裁决。[1] 因经济纠纷解决结果的不履行而处于不利境地的争议方,有权请求人民法院裁定强制执行经济纠纷解决结果。[2] 其次,在仲裁裁决作出后,争议当事人应当在法定期限内主动履行裁决为其确定的义务。若当事人不履行义务的行为致使另一方当事人处于不利境地,则该方当事人有权请求人民法院裁定强制执行仲裁裁决。一般而言,当事人申请强制执行仲裁裁决需前述15日自觉履行裁决义务的法定期限届满,但若有任何迹象表明对方当事人不会自觉履行其义务,当事人即可向法院申请强制执行仲裁裁决,而不必以自觉履行裁

[1] Article 49, Law on Resolution of Economic Disputes 2010.

[2] Article 50, Law on Resolution of Economic Disputes 2010.

决期限的届满为前提。

国内仲裁裁决的强制执行需经两个步骤：一是法院的审查认证，二是法院裁定强制执行。根据2010年《老挝经济纠纷解决法》的规定，人民法院在接到争议当事人的申请后，应当在15日内作出裁定。人民法院应当在作出裁决前，审查确认争议解决是依照法律、法规以及老挝缔结的国际条约的规定进行，并确认争议的解决未危及国家的稳定和人民利益、社会和平和环境。人民法院认为争议处理正确，应当作出强制执行仲裁裁决的裁定，人民法院的裁定具有终局效力，当事人对此没有上诉权。若人民法院发现经济纠纷解决的结果违反法律、法规，则不予认证。在这种情况下，争议双方有权向CEDR或OEDR提出重新仲裁的请求，或就争议提起诉讼，由人民法院依法进行审理。[1] 人民法院对争议的审查仅限于程序性事项的合法性。若仲裁程序经审查为合法，则法院应当作出强制执行仲裁裁决的裁定，并应当载明裁决的合法性。此前，2005年《老挝经济纠纷解决法》允许当事人在法院审查确有错误，或者法院的确认与当事人达成的和解协议、仲裁裁决不一致的情况下，对法院的裁定提起上诉。2010年《老挝经济纠纷解决法》取消了前述例外，规定法院作出的裁定在任何情况下均不得上诉。若仲裁程序经法院审查为不合法，当事人有两种途径选择：一是双方达成合意后向CEDR或OEDR提请对同一争议的重新仲裁；二是在双方无法达成重新仲裁合意时，依照诉讼程序提请法院对同一争议进行审理。

（二）对涉外仲裁裁决和国际仲裁裁决的承认与执行

涉外仲裁，是指在老挝境内进行的，为解决任何具有涉外因素争议的仲裁。国际仲裁，是指在老挝境外进行的仲裁。对涉外仲裁裁决和国际仲裁裁决的承认与执行适用同一程序规则。

在2010年《老挝经济纠纷解决法》颁布之前，被申请承认与执行的涉外或国际仲裁裁决，首先须经OEDR（根据2005年《老挝经济纠纷解决法》在中央一级所设立的经济商事争议解决组织），而不是老挝人民法院的审查。在收到涉外或国际仲裁裁决后，OEDR必须审查该裁决，审查内容包括该仲裁裁决是否属于老挝作为与经济商事争议解决有关的国际条约缔约方的权利和义务范围，该裁决是否符合老挝法律。若发现涉外或国际仲裁裁决与老挝法律相冲突，则OEDR应拒绝认

---

〔1〕 Article 51, Law on Resolution of Economic Disputes 2010.

证该仲裁裁决并说明拒绝的理由。若裁决被审查通过,则由 OEDR 协调各方指导执行。如果一方当事人不执行仲裁裁决,则 OEDR 必须通知另一方,处境不利的一方有权要求老挝人民法院作出终局判决,以确保仲裁裁决的执行。[1] 因此,根据 2005 年《老挝经济纠纷解决法》的规定,OEDR 有权审查和承认涉外或国际仲裁裁决并对仲裁裁决的执行进行协调,但是对仲裁裁决进行强制执行的权力则专属于人民法院。人民法院确认仲裁裁决的终局判决,按照 2004 年《老挝判决执行法》(第 36/PO 号)的规定,视为符合执行条件的司法行为。因此,债权方有权要求官方的判决执行官提供执行协助。执行官将召集双方努力实现仲裁裁决的自愿履行;否则,执行官有权扣押或没收资产以满足判决。

在 2005 年《老挝经济纠纷解决法》的规定下,若涉外仲裁是由 OEDR 主持进行的,则 OEDR 将在该仲裁裁决的承认执行阶段继续充当审查和决定机关的角色,这可能会引发对其公正性的质疑。为避免可能产生的不公和风险,防止当事人利用规则损害他人或公共利益,2010 年《老挝经济纠纷解决法》取消了经济商事争议解决组织在承认和执行涉外或国际仲裁裁决方面的职权,明确涉外或国际仲裁裁决的承认与执行有关的一切事宜均由老挝人民法院进行。老挝承认并执行经由老挝人民法院证明的涉外或国际仲裁裁决。老挝人民法院对涉外或国际仲裁裁决的承认将根据以下条件考虑进行:(1)争议各方当事人必须是 1958 年《纽约公约》缔约国的国民;(2)该仲裁裁决不得与老挝《宪法》和有关稳定、和平与环境的法律法规相冲突;(3)有义务支付仲裁裁决所确认债务的争议当事人必须在老挝境内拥有财产、业务运营、股权、银行存款或其他资产。[2]

老挝于 1998 年 9 月 15 日加入《纽约公约》,在加入时并未进行任何保留。但是,老挝对涉外或国际仲裁裁决的承认与执行并未依照《纽约公约》的规定进行审查,且 2010 年《老挝经济纠纷解决法》所规定的涉外或国际仲裁裁决认证条件实际上对适用《纽约公约》作出了限制,即只要涉外或国际仲裁裁决的争议方有一方不是《纽约公约》缔约国的国民,则该仲裁裁决将无法在老挝得到承认和执行。

(三)仲裁裁决的执行机构

经济商事争议解决机构主持下达成的调解协议、仲裁裁决,或者经人民法院

---

〔1〕 Article 41, Law on Resolution of Economic Disputes 2005.

〔2〕 Article 52, Law on Resolution of Economic Disputes 2010.

根据老挝缔结的国际条约、公约认证的涉外或国际仲裁裁决，属于法院判决和其他可由判决执行人员执行的判决。[1] 因此在老挝，无论是对国内仲裁裁决还是对涉外或国际仲裁裁决，在获得法院的认证以后，均需要依照2004年《老挝判决执行法》的有关规定执行。

老挝的判决执行机构包括判决执行办公室和判决执行单位。判决执行办公室(Judgement Enforcement Offices，JEO)是区、市司法局下设的组织，设一名主任，一名或两名副主任，以及若干技术人员和管理人员，JEO主任的级别相当于省或首都市级部门的副主任。判决执行单位(Judgement Enforcement Unit，JEU)是区、市司法机关的组织，其人员设置与JEO相同，JEU主任的级别相当于市辖区办公室副主任。

仲裁裁决的执行由JEO或JEU的执行官进行。执行官执行仲裁裁决分为以下4个阶段。

第一阶段，研究仲裁裁决的内容和细节，为执行做准备。[2]

第二阶段，传唤当事人将仲裁裁决的情况通知他们，并提出建议和鼓励他们自觉履行裁决义务。[3] 执行官在收到仲裁裁决之日起30日内，在准备执行所需材料后，应当传唤当事人，通知仲裁裁决有关事项并提出意见和建议，鼓励他们在30日内自觉履裁决。在该期限内，执行官应当跟进，以确定被执行人是否遵守该裁决；如有必要(如被执行人故意不执行裁决)，执行官可以将法院未扣押或查抄之财产清册，由判决执行机关及单位负责人命令扣押或查抄。

第三阶段，采取实际措施执行仲裁裁决。[4] 被执行人在30日内完全履行裁决的，视为裁决执行完毕。逾期不履行或不完全履行裁决的，由JEO或JEU逐案检查、清点、扣押、没收财产。另外，如果法院以前没有采取此类措施，则JEO或JEU应当同时对被执行人处以罚款。检查、扣押、没收被执行人财产，应当与当地有关部门和有关方面配合进行。没收资产时，资产所有人必须在场。扣押、查封的资产，必须经过评估并公告变卖，以清偿债务。拍卖公告前，由省、首都或者区、市的省长或市长指定委员会对扣押、查封的财产进行评估，并公告符合财政规定

---

[1] Article 4. 10，Law on Judgement Enforcement 2004.

[2] Article 24，Law on Judgement Enforcement 2004.

[3] Article 25，Law on Judgement Enforcement 2004.

[4] Article 26，Law on Judgement Enforcement 2004.

的公开拍卖。被执行人在执行裁决前迁往其他地点的,JEO 或 JEU 有权将裁决的执行移送被执行人迁往地点的 JEO 或 JEU。被执行人在多地有财产的,负责执行 JEO 或 JEU 应当请求财产所在地的其他司法机关或者单位执行。

第四阶段,证明仲裁裁决执行完毕。[1] 有下列情形之一的,应当停止执行:(1)被执行人已完全履行裁决。(2)债权人放弃了其的权利。就该条而言,如果债权人无任何正当理由而经执行官 3 次传唤不到场,则视为其放弃权利。(3)被执行人死亡,且未将任何财产、权利或义务留给法定继承人。(4)因当事人不再负有义务而变更、撤销或者终止裁决的。裁决执行终止的,执行官应当出具报告,建议 JEO 或 JEU 的负责人下令终止执行。

值得注意的是,老挝已颁布实施的 2012 年《老挝民事诉讼法》专门设立了第十四章规定法院裁判的执行,其第 307 条至第 312 条分别规定了执行的依据、执行法院判决的方式、中止执行和执行终止的情形。[2] 而根据 2018 年《老挝经济纠纷解决法》的规定,仲裁裁决的承认与执行均需要依照 2012 年《老挝民事诉讼法》的有关规定进行。截至目前,老挝没有任何关于涉外或国际仲裁裁决在老挝法院成功获得承认与执行的公开记录。

五、对中国当事人在老挝进行争议解决的建议

中国与老挝历来保持友好关系,两国已建议全面的战略伙伴关系。老挝是中国在东盟最主要贸易伙伴之一,而中国则是仅次于泰国的老挝第二大贸易伙伴。据中方统计,2017 年中老双边贸易额 30.2 亿美元,增长 28.6%。2018 年 1 ~ 8 月双边贸易额 21.9 亿美元,增长 15.2%,其中,中方出口 8.9 亿美元,增长 2.2%,进口 13 亿美元,增长 26.1%。截至 2017 年年底,中国企业对老挝直接投资存量66.5 亿美元。2018 年 1 ~ 8 月,对老挝新增非金融类直接投资 9.9 亿美元,增长 30.3%。截至 2018 年 8 月底,老挝累计对华实际投资额 5682 万美元。[3] 目前,老挝的经济发展仍保持高速增长的态势,在经济向好的大背景下,老挝政府鼓励外国投资进入,为经济贸易活动提供相对宽松的市场环境。老挝地理位置优越,自

---

〔1〕 Article 27, Law on Judgement Enforcement 2004.

〔2〕 参见李立景、郭力宾、余绍宁:《老挝民事诉讼法 2012 年修正案十大亮点分析》,载《创新》2014 年第 2 期。

〔3〕 参见商务部亚洲司:《中国—老挝经贸合作简况》,载商务部亚洲司官方网站:http://yzs.mofcom.gov.cn/article/t/201811/20181102807831.shtml,最后访问日期:2019 年 6 月 28 日。

然资源丰富，政治稳定且政策优惠，未来，在“一带一路”倡议的引领之下，将会有更多中国企业与老挝开展贸易与投资合作。应予关注的是，老挝相关法律法规的不完善也会给中国当事人在老挝开展经济贸易投资活动带来一定风险。

对在老挝进行商事活动的中国企业来说，充分了解老挝现有的争议解决方式，选择适宜的争议解决途径来维护自身合法权益至关重要。在选择争议解决的过程中，中国企业应当结合具体争议的类型和特点，对各种争议解决途径的适用规则、效率、所需成本、执行力等因素进行综合权衡。若发生经济商事争议，当事人在老挝解决经济商事争议可以有多种途径选择，可以分为诉讼和替代性纠纷解决方式两类，以下对两种争议解决途径分别进行分析，并为当事人提出相应建议。

（一）诉讼

诉讼是最传统的纠纷解决方式，其最大的优势在于判决执行层面的便利。就老挝的法律制度而言，当事人在越南人民法院获得的判决可以直接通过其判决执行机构得到执行，而不必像仲裁裁决或和解协议那样经过首先经过法院审查认证程序才能获准执行。

老挝的民事诉讼法规定了有关经济商事争议解决的程序。商事审判庭对下列案件有权管辖：(1)与经营或商事争议有关的案件；(2)与商事合同或商事文件有关的案件，如本票、汇票、支票和其他文件；(3)与商业贷款协议有关的案件；(4)企业破产清算案件；(5)与货物进出口、货物运输、保险、银行和金融服务、营销服务和代理业务或商事关系有关的案件；(6)经济纠纷解决办公室已送交法院强制执行的案件；(7)与侵犯版权和商标有关的案件；(8)其他与经营和商事关系有关的案件。[1] 若中国当事人就有关经济商事争议起诉至老挝人民法院，案件将由其商事审判庭进行审理，需要注意的是，只有省级和万象市级的人民法院有权作为商事案件的第一审法院。[2]

依照老挝民事诉讼法的有关规定，商事审判庭必须对受理的案件作出适当、及时和公平的决定，以确保争议解决效率，并须确保不会对商事运营造成延误；商事审判庭必须对参与商事诉讼的个人、组织和企业的信息保密；商事审判庭在处理商事案件时应当遵守与经营和商事有关的法律法规，以及国内和国际商业惯

〔1〕 Article 48, Law on Civil Procedure 2004.

〔2〕 Article 49, Law on Civil Procedure 2004.

例;除上述原则外,商事审判庭还必须适用民事诉讼的一般原则。[1] 商事审判庭在处理商事案件时应当同时保障争议解决的公平和高效,对当事人的信息保密,在适用法律方面,商事审判庭可以依照商业惯例。由此可见,老挝根据商事争议的特征设立了有利于商事争议解决的程序规则。

在证据规则方面,老挝民事诉讼法规定,商事案件中的证据可以是诉讼过程中的文件、资料或者重要信息等任何具有证明力的材料,比如,证言、援引的资料、照片、电话或谈话记录、传真件或者各种科学工具。[2] 当事人在商事诉讼中所能提供的证据包括但不限于前述类型。

债权人向法院提起诉讼前,应当请求债务人偿还债务或者调解解决争议。如果不能达成和解,债权人可以向法院提起诉讼,要求法院指示债务人提交有关文件或财务报表,并要求法院下令扣押或冻结债务人的财产以待偿还债务。[3] 在诉讼程序启动后,商事审判庭在审判前必须设法调解当事人之间的纠纷,帮助当事人达成协议。争议当事人在开庭前达成协议的,该协议立即生效。需要债务人偿还债务的,必须一次性偿还;债务人不能一次性偿还的,可以分几期偿还,但第一期不得少于总债务的1/3。[4] 根据这些规定,当事人提起商事诉讼之前,必须首先要求债务人清偿债务,或者首先就双方的争议进行调解,这之后才能够启动诉讼程序,而诉讼程序开始以后,商事审判庭也必须首先对争议进行调解。因此,当事人提起商事诉讼可能要经过两次调解程序。此外,根据2012年《老挝民事诉讼法》的规定,若争议属于标的额较小的案件、贸易案件或服务案件,则必须以调解作为前置程序,若当事人的争议属于前述类型,则将首先进行调解程序。[5] 法院对商事纠纷案件作出判决后,如果没有上诉,应当将判决送交判决执行机关以迅速执行。

通过以上规定可知,老挝对商事诉讼进行了专门规定,这些规定符合商事争议的特征,尤其关注争议解决的效率,并引入调解机制增强纠纷处理的灵活性,旨

[1] Article 49, Law on Civil Procedure 2004.

[2] Article 50, Law on Civil Procedure 2004.

[3] Article 51, Law on Civil Procedure 2004.

[4] Article 52, Law on Civil Procedure 2004.

[5] 参见李立景、郭力宾、余绍宁:《老挝民事诉讼法2012年修正案十大亮点分析》,载《创新》2014年第2期。

在促进商事争议的妥善解决。但是,中方当事人选择在老挝法院进行诉讼也存在一定风险,体现在以下几个方面。

第一,法庭语言带来的障碍。老挝的官方用语为老挝语,在司法实践中,具有涉外因素的诉讼活动常常要求以老挝语或英语进行。因此,中方当事人在老挝进行诉讼一般需要依赖翻译,这将增加当事人的负担和参与案件审理的难度。

第二,诉讼审理周期长。老挝实行三审终审制,根据老挝民事诉讼法规定,初审期限 9 个月,上诉审期限 4 个月,终审期限 3 个月,每阶段还可申请延期 3 个月。案件法定期限可长达 25 个月,还不包括各种审理期限的中止情形,这种情况导致老挝的诉讼耗时较多。虽然商事审判庭在作出判决后应当立即将其送交执行机构执行,但这以当事人没有上诉为前提,商事诉讼与其他诉讼一样,都要遵守老挝民事诉讼法有关审理周期的规定。与其他纠纷解决方式相比,在老挝进行商事诉讼往往需要花费数年的时间,当事人还可能要进入上诉或再审程序,解决纠纷的效率比较低。

第三,商业秘密泄露风险。老挝民事诉讼法虽然规定了商事审判庭应当在诉讼程序中对当事人的信息进行保密,但是应保密信息的范围不够明确,当事人又无权在诉讼中对具体保密事项进行约定,因此,当事人仍可能遭遇商业秘密泄露的风险。

老挝的诉讼有专门适用于商事争议的规定,这为中方当事人在老挝通过诉讼方式解决商事争议创造了可行性,但当事人进行商事诉讼同样面临一些风险,诉讼并非最佳选择。

(二)替代性纠纷解决方式

替代性纠纷解决方式即非诉讼纠纷解决方式,是对民事诉讼制度以外的纠纷解决方式的总称,主要包括协商、调解和仲裁 3 种方式。与诉讼相比,替代性纠纷解决方式程序更灵活、高效,当事人拥有更多自由选择的空间。近年来,老挝大力支持以替代性纠纷解决方式解决当事人之间的经济商事争议。

1. 协商

谈判是有争议的当事人就共同关心的问题互相磋商、交换意见,寻求解决的途径和达成协议的过程。争议当事人进行协商谈判往往是其解决分歧、化解矛盾的第一步。对争议当事人来说,谈判是最低成本的争议解决方式,并且能够为争议当事人的需要和利益提供一个解决方案。在争议当事人之间的沟通和交流基础之上,了解对方的需求和内容,才能够作出相应的决定。从本质上来说,谈判的直接原因是参与谈判的各方有自己的需要,或者是自己所代表的某个组织有某种需要,而一方需要的满足可能造成他方需要无法满足。因此,谈判双方的主要目的,就不能仅仅以追求己方的需要为出发点,而是应该通过交换观点进行磋商,共同寻找使双方都能接受的方案。但争议发生之后,现实情况却是大多数谈判的重点转变为争议方之间的互相指责,而不是使双方的需求均获得最大程度的满足。这种谈判协商常常导致僵局,双方不能解决争议。因此,谈判协商只适合作为解决争议的辅助手段,争议的真正解决不能全部寄托于谈判协商。

2. 调解

调解是由独立的第三方进行的争议解决方式。调解员的作用并非作出决定,而是独立、公正地协助争议当事人就争议解决达成一致。调解能够高效解决争议,调解达成的解决方案往往更加符合当事人的心理预期,从而大大降低当事人解决争议的成本。若中国当事人在争议发生后希望以调解的方式解决争议,则有两种调解方式可供选择:一是选择一般的民事调解;二是选择由 CEDR 或 OEDR 进行的经济商事争议调解。

在老挝,有权进行一般民事调解的机关包括村调解单位、区司法办公室和法院,但当事人并不能对这些调解机关进行自由选择,调解需要逐级进行,在程序适用上有诸多限制,当事人的自主性非常有限。此外,对于中国当事人来说,一般民事调解中可能还会因老挝语言的使用等问题而遭遇各种困难。与一般民事调解相比,由 CEDR 或 OEDR 进行的经济商事争议调解在争议的解决上更便捷和高效,解决争议的调解员和调解程序更专业化,并且调解的结果具有可执行性的保障。对于中国当事人来说,选择将争议提交至 CEDR 或 OEDR 进行调解将更有利。

中国当事人选择将争议提交至 CEDR 或 OEDR 进行调解,应当注意提前选择提交争议的地点,注意提交申请材料的完整性,根据自身需求确定调解员的人数,发现有影响调解员公正性与独立性的事项时应及时提出质疑,在调解进行时一定要到场出席。若争议无法通过调解解决,当事人应及时行使权利,与另一方合意提出对争议进行仲裁,或者及时向人民法院起诉,防止争议解决的拖延。

3. 仲裁

当争议当事人不能通过谈判协商或者不能在调解员的协助之下自行解决争

议时,他们可以合意将该事项提交仲裁。在仲裁中,由仲裁员作为中立方听取有关事实并作出决定。当事人选择仲裁员的权利是仲裁相对于诉讼的一个重要优势,它使争议当事人能够根据其经济商事争议的类型,选择在相应领域具有丰富专业技能知识和工作经验的人来处理争议,这有助于达成使双方都满意的结果,因此,仲裁在有效解决技术争议优势突出。对于在老挝进行经济贸易经营和投资的中国当事人来说,仲裁也是解决争议的重要途径之一。

结合老挝目前对仲裁制度的规定,中国当事人在老挝进行仲裁应当注意下列事项。

(1)仲裁类型的选择

目前,2018 年《老挝经济纠纷解决法》已明确允许当事人在老挝境内进行临时仲裁,只需经过老挝政府的批准即可,因此,中国当事人原则上可以在经济商事争议发生后选择在老挝境内进行临时仲裁。但是,老挝目前仅确立了临时仲裁的合法地位,尚未明确规定获得临时仲裁许可所需具备的条件,有关临时仲裁的限制条件亦不明确,相关实践为空白状态,建议当事人在选择仲裁类型时仍优先考虑机构仲裁。在老挝从事国际贸易或外商投资业务的任何个人、法人实体或组织有权从外国或国际机构中选择经济纠纷解决机构,有权选择仲裁员、适用法律、程序规则、仲裁地点和仲裁语言。[1] 因此,当事人在老挝进行仲裁,可选择的机构并不限于 CEDR 或 OEDR。当事人是否可以选择由 CEDR 或 OEDR 适用其他仲裁机构的仲裁规则来仲裁,老挝的立法和实践并未明确规定,这一选择可能致使 CEDR 或 OEDR 拒绝受理案件,因此存在较高风险。

(2)仲裁协议

当事人进行仲裁必须以仲裁协议为基础。在拟定仲裁协议之前,当事人需要明确争议是否具有老挝法律规定的可仲裁性,即可仲裁解决的商事争议不能涉及与国家安全、社会稳定或环境保护有关的任何事项。

根据老挝的有关规定和一般仲裁实践,当事人既可选择在主合同订立时提前就未来可能发生的争议拟定仲裁条款,也可以在争议发生后合意达成仲裁协议。2010 年《老挝经济纠纷解决法》没有强制要求仲裁协议应当包含的具体内容,只要能够充分体现当事人自愿原则即可。因此,有效的仲裁协议必须首先符合有效合

---

〔1〕 Article 5, Law on Resolution of Economic Disputes 2010.

同的一般要件,当事人在签订仲裁协议时必须要明确对方当事人是否具有相应的民事行为能力。关于仲裁协议有效性的审查,老挝并未明确仲裁协议的独立性原则,当事人在拟定仲裁协议时可以一并合意选择仲裁协议应当适用的准据法,减少不确定性以降低风险。在老挝的一般规定中,有效的仲裁协议是指为解决生产经营中产生的经济商事争议之目的,由争议当事人所自愿达成的将争议提交仲裁的书面协议。

在形式要件上,老挝仲裁要求仲裁协议必须具有书面性。目前,已知的老挝法律法规没有对仲裁协议书面性的含义进行界定。因此,当事人在进行商事交往的过程中,如达成了合意仲裁的意愿,应当及时对这一合意进行书面确认,及时与对方当事人拟定仲裁协议,或者就任何体现以仲裁解决争议意愿的证据进行书面留存,以便作为日后以仲裁程序解决争议的合法依据。

(3)仲裁员的选择

老挝的机构仲裁不允许仲裁员独任仲裁,也不允许当事人选择偶数名仲裁员组成仲裁庭。因此,若当事人选择在 CEDR 或 OEDR 进行仲裁,则只能选择由 3 名或 3 名以上的奇数名仲裁员组成仲裁庭。

中国当事人在参与老挝仲裁时有权利选择外国仲裁员,但无论是选择老挝仲裁员还是其他国籍的仲裁员,仲裁员选择范围都严格限定于由老挝司法部长所任命,并列名于 CEDR 制定的仲裁员名单上的人员。外籍人员成为在册仲裁员的条件之一是能够掌握老挝语,因此,外籍仲裁员获得列名资格存在一定困难,这意味着当事人选择外籍仲裁员将受到更多的阻碍。

在任命仲裁员的程序方面,应当首先由争议各方选择各自的边裁仲裁员,再由边裁仲裁员共同选择首席仲裁员,CEDR 或 OEDR 在无法选出边裁仲裁员或首席仲裁员时有权对相应仲裁员进行选任。对中国当事人来说,为避免难以在法定期限内无法完成对仲裁员的选任而造成仲裁程序拖延的情况,可以提前关注和了解在册仲裁员的相关信息,尤其是他们所擅长处理争议的领域,以便根据争议的类型快速确定特定领域内专业性更强的仲裁员。这一方面,能使当事人尽快完成对仲裁员的选择,防止仲裁员选任事宜消耗过多时间;另一方面,将有助于争议的公平合理解决。

在仲裁员的回避及当事人对仲裁员任命的质疑方面,如果当事人发现仲裁员是争议方的亲属、与争议方有利害关系、与任何一方有争议或者其他任何可能影响仲裁员公正性和独立性的情况，当事人有权提出对该仲裁员任命的质疑。若当事人发现仲裁员在经济商事争议解决中存在或者可能存在利益关系或利益冲突，应当及时向仲裁庭提出，确保仲裁的公平性和自身合法权益。

(4)仲裁程序

CEDR 或 OEDR 对仲裁案件的受理遵循管辖权规则，以当事人合意管辖为先，以地域管辖作为合意不明或没有合意时的补充，即由争议发生地的 CEDR 或 OEDR 管辖。当事人合意选择提交争议解决申请的机构时应当将便利双方行事等因素考虑在内。老挝相关法律并未规定仲裁申请在 CEDR 或各 OEDR 之间的移送，因此，虽然老挝法律并不要求当事人在仲裁协议中选定仲裁机构，但为避免对地域管辖的错误理解，及时将争议提交至准确的受理机构，建议当事人提前就争议提交的地点协商确认。由于 OEDR 并非在所有地区均有设立，当事人应当提前了解 OEDR 在各地区的设立情况，以便选择合适的机构，防止申请因管辖问题而被退回。目前，除首都万象市司法部直属的 CEDR 外，老挝还在乌多姆塞省、朗博拉邦省、沙湾那吉省、占巴塞省、丰沙里省、南塔省、华潘省、川旷省、万象省、康木省及沙拉湾省设立了隶属于各省司法厅的 OEDR，用以处理全国范围内的经济或商业纠纷。

若当事人选择将争议提交 CEDR 或 OEDR 仲裁，则应当在争议发生后向 CEDR 或 OEDR 提交争议解决请求书、相关合同、争议双方达成的书面仲裁协议以及作为证据的任何信息或其他文件。其中，请求书应当写明争议各方当事人或其代理人的信息(姓名、年龄、职业、国籍、住址和办公地点)、争议的焦点问题、争议的标的额以及申请人的要求。当事人应注意明确提交申请时所需一并提交的所有材料，并确认请求书中包含法律规定的所有内容，以便 CEDR 或 OEDR 及时审查和受理案件。

仲裁程序开始后，由仲裁庭对当事人提交的与争议有关的资料和证据进行审查。仲裁庭可以根据争议当事人的提议或者约定，进行其他情况和证据的调查。如果证明有必要确定信息和证据的准确性，则仲裁庭可邀请专家对此类信息和证据进行核实。仲裁庭应当对仲裁请求、文件、资料和证据进行详细、全面、客观的审查。证据充分后，仲裁庭应当在作出仲裁裁决前，邀请争议各方补充理由和提供进一步证据。[1] 由此可知,老挝并不强制要求仲裁庭组织当事人开庭辩论及质证,而是由仲裁庭根据当事人提交的材料和证据对案件进行书面审理即可,仲裁是否开庭进行可以由仲裁庭自由裁量。实际上,仲裁开庭为当事人提供了充分辩论和质证的机会,能够有助于明确案件事实、厘清争议,促进争议的解决。若当事人有开庭的需求,建议提前在仲裁协议中写明,或共同向仲裁庭提出开庭请求。若当事人认为无开庭必要,则应当向仲裁庭提供充分的证据,收集证据时注意全面性。如果当事人有申请临时措施的需求,应当向仲裁庭提出。

在仲裁程序开始以后,争议当事人仍享有在仲裁裁决作出前自行达成和解的权利。在仲裁过程中,若当事人发现还有自行和解的可能,则可与对方当事人自行协商,仲裁的进行不妨碍争议当事人另寻争议解决方案。老挝对当事人自行和解而达成的解协议有严格的形式要求,必须以书面形式记录,并由有关主体签署才能有效,才可以获得与仲裁裁决相同的法律效力。建议当事人及时以书面形式确认自行和解的结果。

(5)仲裁裁决

在仲裁裁决作出后,若当事人对仲裁裁决不服,可以向人民法院申请撤销仲裁裁决。申请撤销仲裁裁决的理由包括:①争议当事人未同意进行仲裁或者仲裁协议被撤销的;②仲裁庭的组成不符合当事人的协议和法律、法规的规定;③仲裁程序不符合当事人在合同中约定的经济商事争议解决法律、法规的规定;④向仲裁庭提交的裁决所依据的资料和证据是伪造的,或者仲裁庭有接受金钱、礼物或其他利益等有损司法公正的行为;⑤争议不属于可仲裁范围;⑥仲裁裁决超出争议双方请求范围,或者遗漏仲裁请求。[2] 若当事人发现仲裁存在以上情形,则应当尽快向法院申请撤销仲裁裁决,以维护自身合法权益。

当事人有自觉履行仲裁裁决义务,争议当事人应当在仲裁裁决作出之日起15日内履行裁决,或者在争议一方当事人无正当理由而未于宣读裁决书的当日出席时,应当在争议双方得知裁决后15日内履行裁决。[3] 若对当事人不履行义务,当事人有权请求人民法院裁定强制执行仲裁裁决,若情况紧急的,应立即向法院申

---

〔1〕 Article 32, Law on Resolution of Economic Disputes 2010.

〔2〕 Article 38, Law on Resolution of Economic Disputes 2010.

〔3〕 Article 49, Law on Resolution of Economic Disputes 2010.

请强制执行，而不必以自觉履行裁决期限的届满为前提。法院需对仲裁裁决进行审查，若当事人遭遇仲裁裁决不合法的情况，应当立即联系对方当事人，双方达成合意后向 CEDR 或 OEDR 提请对同一争议的重新仲裁，或是直接向人民法院起诉。一般而言，进入仲裁裁决的强制执行程序后，争议双方再次达成仲裁合意的可能微乎其微，当事人可以直接考虑向法院起诉，以免对方当事人无故拖延。

对于涉外或国际仲裁裁决的承认与执行，老挝人民法院根据以下条件考虑进行：①争议各方当事人必须是 1958 年《纽约公约》缔约国的国民；②该仲裁裁决不得与老挝《宪法》和有关稳定、和平与环境的法律法规相冲突；③有义务支付仲裁裁决所确认债务的争议当事人必须在老挝境内拥有财产、业务运营、股权、银行存款或其他资产。[1] 由于我国和老挝均为《纽约公约》的缔约国，因此，我国当事人参与老挝仲裁，不会受到前述第一个情形的限制。

总体来看，老挝并非示范法国家，其仲裁制度的有关规定具有较多的不确定性，虽有 2018 年《老挝经济纠纷解决法》的进一步完善，但中国当事人参与老挝仲裁所面临的风险和挑战依然很多，因此，建议中国当事人在参与老挝仲裁时进行充分的准备，若争议复杂重大，则选择其他国家或国际仲裁机构解决争议。

综上所述，从老挝最新颁布的 2018 年《老挝经济纠纷解决法》来看，该法对仲裁和调解的重要程序性事项加以补充，对旧法的不完善进行了明确和修改，足以说明老挝当前对仲裁以及其他替代性纠纷解决方式的支持。另外，也应当注意到，虽然老挝对其仲裁制度进行了梳理，并紧跟时代发展，但具体实施情况仍要留待实践的检验，我国当事人在老挝参与经济商事争议的解决仍然面临未知与风险。

老挝目前致力于完善和发展经济商事争议的多元化纠纷解决机制，为国内外投资者、商人和企业提供良好的纠纷解决环境，因此，对于我国当事人来说，在老挝发生经济商事纠纷后，除选择传统的诉讼方式外，还可以选择参与老挝经济纠纷解决机构在当地进行的仲裁或调解，或是选择在老挝境内进行国际商事仲裁或调解。我国当事人在老挝进行投资或贸易活动的同时，应当注意了解老挝的政治、经济和社会环境，了解有关法律制度，若产生争议，在多种路径可供选择的情况下，结合自身实际需求，积极向法律专业人士寻求咨询意见，以选择最有利的争

〔1〕 Article 52, Law on Resolution of Economic Disputes 2010.

议解决途径,高效解决争议,以减少损失。

在"一带一路"倡议的鼓励之下,未来将会有更多中国企业步入老挝市场,两国的经济交流与合作将日益频繁。在这一大背景下,中国企业在诚信合作的同时,应当保持风险和危机意识,学会运用法律武器维护自身合法权益,做好迎接挑战的准备。

附录：

老挝人民民主共和国
和平，独立，民主，团结，繁荣
2010年12月17日，《老挝经济纠纷解决法》，
万象，国会第06/NA号案

Lao People's Democratic Republic
Peace Independence Democracy Unity Prosperity
National Assembly Ref:06/NA
Vientiane Capital, Dated 17 December, 2010
Law on the Resolution of Economic Disputes

Part Ⅰ
General Provisions

Article 1(revised). Purpose

This Law determines the principles, regulations and measures related to the organization, operation, regulation and supervision of the work related to the resolution of economic disputes in order to ensure that such economic disputes are resolved promptly, peacefully and fairly aiming to promote production, business growth and international integration by creating the favorable environment for both domestic and foreign investors to contribute to the national socio-economic development.

Article 2(revised). Economic Disputes and their Resolution

An economic dispute is a dispute between legal entities, or between a legal entity and an individual, or between individuals whether domestic or foreign that may arise from the breach of a contract, or [from a dispute related] to production or business operations.

Economic dispute resolution is the resolution of a dispute related to interests by mediation or arbitration that is conducted outside the People's Court.

Article 3(new). Explanation of Terms

The words used in this Law have the following meanings:

1. Disputing parties mean parties to economic disputes consisting of a claimant and respondent.

2. A mediator means a person who is selected by the disputing parties or by the Centre or Offices of Economic Dispute Resolution from the list of mediators and arbitrators to serve as a neutral person to facilitate, assiss and provide advice in the resolution of an economic dispute.

3. An arbitrator means a person who is selected by the disputing parties or by the Center or the Offices of Economic Dispute Resolution from the list of mediators and arbitrators to serve as an arbitrator to decide an economic dispute.

4. A representative means any individual who is authorized by either of the parties to perform duties of a representative in accordance with laws and regulations.

5. An expert means any individual who has the knowledge, skill and experience in a specific subject that is recognised by a relevant institute or organisation.

6. A foreign or international award means an award [made by] an arbitrator or an arbitration panel of a foreign or international organisation for the resolution of economic disputes through arbitration either in a foreign country or the Lao PDR.

7. International trade means the trade in goods or services across borders of two or more countries irrespective of the nationality of the contracting parties.

8. Foreign investment means investment by foreign investors who are entitled under the Law on the Promotion of Investment or any other relevant laws.

9. A production-business operation means trade, investment, services and others.

Article 4(new). State Policies on the Resolution of Economic Disputes

The State promotes individuals, business organisations both State and private to resolve economic disputes peacefully by mediation or arbitration. The State creates favorable conditions for the Centre and the Offices of Economic Dispute Resolution to be able to successfully perform their powers and duties in accordance with laws and regulations.

The State promotes individuals and private organisations to participate in the development of activites related to the resolution of economic disputes. The State authorises the establishment of private institutions for economic dispute settlement or ad hoc resolution of economic disputes to be determined by specific regulations.

Article 5(new). Right to Choose the Method of Economic Dispute Resolution

Individuals, legal entities or organisations [whether] domestic or foreign have the right to select the method of resolution of economic disputes in accordance with this Law. Any individual, legal entity or organisation engaged in the business of international trade or foreign investment in the Lao PDR has the right to choose the institute for economic dispute resolution from a foreign country or international institute including the right to choose arbitrators or an arbitration panel, the governing law, the rules of procedures, the location and the language of arbitration.

Article 6(new). The Limitations of this Law

This Law applies to economic dispute resolution that arises from production business operations based on the voluntary agreement of the disputing parties.

Article 7. International Cooperation

The State promotes cooperation with other countries, and regional and international entities, related to activities for the resolution of economic disputes through coordination, exchange of lessons learnt, upgrading the capacity of the staff of organistions for the resolution of economic disputes and the implementation of these activities in strict accordance with the agreements and treaties to which the Lao PDR is a party.

Part Ⅱ
Resolution of Economic Disputes

Chapter 1
Principles of the Resolution of Economic Disputes

Article 8(new). Basic Principles of the Resolution of Economic Disputes

The principles of the resolution of economic disputes must be implemented in accordance with the following basic principles:

1. a guarantee of justice and strict compliance with the law;
2. the voluntary agreement of the disputing parties;
3. the equality of the disputing parties;
4. the independence and impartiality of the mediator or arbitrator;
5. the language used; and
6. confidentiality.

Article 9(new). Ensuring Justice and Strict Compliance with the Law

In the resolution of economic disputes a mediator or arbitrator must ensure justice and the strict compliance with the regulations.

Article 10(new). Voluntary Agreement of the Disputing Parties

Disputing parties have the right to request the resolution of an economic dispute as determined in Article 16 of this Law by presenting the dispute to the Centre or Office for Economic Dispute Resolution for resolution without coercion or threat from any individual or organization.

Article 11(revised). Equality of the Disputing Parties

In the resolution of economic disputes, each party has equal rights before the law irrespective of their of gender, race, nationality, ethnicity, socio-economic status, language, educational level, belief, residential settings, and so on.

Foreign nationals, aliens and stateless individuals engaged in business in the Lao PDR have equal rights to those of Lao citizens unless otherwise determined by law.

Article 12 (revised). Independence and Impartiality of Mediators and Arbitrators

In the resolution of an economic dispute, a mediator or arbitrator shall carry out his/her duties independently, fairly and impartially in accordance with the regulations free from interference by any individual or organisation.

Article 13 (revised). Language Used

The language to be used In the resolution of a dispute in the Centre or the Offices of Economic Dispute Resolution shall be Lao unless stated in the contract or agreed otherwise by the disputing parties. The parties or the participants in the resolution of a dispute who are unable to use Lao may use their own language or another language through a translator.

Article 14 (revised). Ensuring Confidentiality

In the resolution of economic disputes, the information and the various documents submitted for use in the mediation or arbitration shall be kept confidential. Mediators, arbitrators, the disputing parties and any other participants have no right to disclose any confidential information to any other individual unless otherwise authorised by the disputing parties.

Chapter 2
The Resolution of Economic Disputes

Article 15 (revised). Types of Resolution of Economic Disputes

The following are the two types of resolution of economic disputes:

1. Resolution by mediation; and
2. Resolution by arbitration.

Article 16(revised). Conditions for the Resolution of an Economic Dispute

The conditions for the resolution of an economic dispute by the Centre or the Offices for Economic Dispute Resolution shall be as follows:

1. the dispute shall be related to economics or trade;

2. the disputing parties have agreed [to mediation or arbitration] in a contract;

3. the disputing parties voluntarily agreed to dispute resolution [through mediation or arbitration];

4. the dispute has not been referred to the People's Court for consideration or the court has not rendered a final decision;

5. The dispute is not related to the violation of laws and regulations concerning the stability of the State, social security and public order and the environment.

Chapter 3
The Procedures for the Resolution of an Economic Dispute

Article 17(new). [Location] for Submitting a Claim [to Resolve the Dispute]

Individuals or organisations that have the objective to resolve an economic dispute shall submit a claim and the relevant documents to the Center or Offices for Economic Dispute Resolution where the parties find convenient and mutually agreeable. In the event that there is no agreement [on the location], the dispute shall be re-submitted to the place where the dispute arose.

Article 18(new). Documentation

The documents to be included in the claim to the Centre or Offices for Economic Dispute

Resolution are as follows:

1. the claim;

2. the relevant contracts;

3. a written agreement of the disputing parties to submit the dispute to the Centre or Offices for Economic Dispute Resolution, if any;

4. Any information or other documents as evidence.

Article 19 (revised). Contents of a Claim

Any claim submitted for resolution shall include the following:

1. name and surname, age, occupation, nationality, address and business location of the disputing parties or representatives;

2. the issues of dispute;

3. the value of the dispute;

4. the requests of the disputing parties.

Article 20 (revised). Consideration of the Claim

Within seven days from the day of receipt of the claim, the Centre or Offices for Economic Dispute Resolution shall have examined the claim and summoned the disputing parties to come to discuss and agree on the type of resolution to be used. If a party does not respond to this invitation without a valid reason, the claim will be declared null and void. The claim will be returned to the claimant.

In the event that the claim does not comply with the conditions in Article 16 of this Law, the Centre or Offices for Economic Dispute Resolution shall inform the claimant of the reason within seven days from the date of receipt of the claim.

Article 21 (revised). Selection of the Type of Resolution

Disputing parties have the right to choose resolution either by mediation or artibration as determined in Article 27 of this Law.

Chapter 4

Resolution of an Economic Dispute by Mediation

Article 22 (new). Mediation

Mediation is the resolution of an economic dispute between disputing parties through compromise, negotiation and discussion with the use of a single mediator or a group of mediators as a neutral person.

Article 23(revised). Selection and Appointment of a Mediator

In the conduct of a resolution, the disputing parties have the right to select a single mediator or a group, but there must always be an odd number. The selection must be made from the list of mediators and arbitrators.

In the event that the parties agree to have a single mediator, the disputing parties shall agree to select the mediator within fifteen days from the day of the agreement. If a selection cannot be made, the Centre or Offices for Economic Dispute Resolution shall select a mediator within ten days.

In the event that the disputing parties select three mediators, each party shall select one mediator within fifteen days from the date of the agreement. If one of the disputing parties is unable to select a mediator, the Centre or Offices for Economic Dispute Resolution shall select a mediator within ten days. After this, the two selected mediators shall select a third mediator as the chairperson within fifteen days. If the two mediators are unable to select a third mediator, then the Centre or Offices for Economic Dispute Resolution shall select the third mediator within ten days.

In the event that the disputing parties agree to select more than three mediators, the procedure described in the paragraph above for the selection of three mediators shall be followed.

The Centre or Offices for Economic Dispute Resolution shall appoint the mediators within seven days from the date of the receipt of the list of mediators proposed by the disputing parties.

Article 24. Recusal and Challenge of a Mediator

A mediator has the right to recuse him/herself from mediation if he/she is a relative [of a disputing party], has an interest in the dispute, has a dispute with either party or is otherwise unable to perform his/her duties.

A disputing party has the right to challenge the selection of a mediator if it is found that the terms of the first paragraph of this article applies to such mediator.

In the event that an appointed mediator recuses him/herself, or has been objected to, a new mediator shall be selected and appointed. The procedure for selecting a new mediator is as provided in Article 23 of this Law.

Article 25. Mediation Procedures

The mediation shall start within fifteen days from the date of appointment of the mediator(s)[and shall be conducted] in the presence of the disputing parties or their representatives.

The disputing parties have the right to present the various issues, information or evidence relevant to the dispute and to propose the way to resolve the dispute to the mediator(s) during the mediation process.

Article 26(revised). Termination of the Mediation

The mediation will be terminated in the following circumstances:

1. The disputing parties are able to come to an agreement;

2. One or both of the disputing parties fail to participate in the mediation without having a valid reason;

3. The disputing parties are unable to come to an agreement;

4. The death of a disputing party without a successor.

Article 27(revised). Change of Mediation Model

If it is impossible to resolve the dispute the disputing parties have the right to propose arbitration to the Centre or Offices for Economic Dispute Resolution. The mediators for a dispute may not act in the arbitration panel.

In the event that the disputing parties do not agree to use the Centre or Offices for Economic Dispute Resolution for arbitration, the parties have the right to bring the claim before the People's Court.

Article 28(revised). Record of Mediation

The record of the mediation shall have the following content:

1. The date, time, month, year, title, reference number of the dispute and location of the mediation;

2. The name(s) and surname(s) of the mediator(s) and the record-taker;

3. The name(s) and surname(s), age, occupation, nationality and address of the

disputing parties or their representatives;

4. Key issues of the economic dispute;

5. Results of the mediation;

6. The method for implementing the mediation agreement;

7. The responsibility of each disputing party in terms of payment of fees, service charges and other costs of the mediation;

8. The date, time, month, year of the termination of the mediation, the signatures of the disputing parties or of their representative(s), signature(s) of mediator(s) and of the record-taker, and the signature of the Head of the Centre or Office for Economic Dispute Resolution where the mediation took place.

Each mediation shall include the participation of a record taker, who shall be a staff of the the Centre or Office for Economic Dispute Resolution.

Chapter 5

Resolution of Economic Disputes by Arbitration

Article 29(new). Arbitration

An arbitration award is the decision of an arbitration panel on the resolution of an economic dispute.

Article 30(revised). Selection and Appointment of Arbitrators

In the resolution of an economic dispute by arbitration, the arbitration panel shall comprise three or more arbitrators in accordance to the agreement of the disputing parties, however, the number of arbitrators shall be an odd number.

The selection of arbitrators shall be conducted in accordance with the principles for the selection of mediators as described in paragraphs 3, 4 and 5 of Article 23 of this Law.

Article 31(revised). Recusal and Challenge of Arbitrators

Recusal and challenge of arbitrators shall be performed in the same manner as the recusal and challenge of a mediator as determined in Article 24 of this Law.

Article 32(revised). Submission of Information and Evidence

The disputing parties shall submit to the arbitration panel the information and evidence related to the economic dispute. The arbitration panel may undertake a search for other information and evidence as proposed or agreed by the disputing parties.

In the event that it proves necessary to determine the veracity of the information and evidence, the arbitration panel may invite an expert(s) to verify such information and evidence.

The arbitration panel shall examine the claim, the documents, the information and the evidence in detail, completely and objectively. Once a sufficiency of evidence has been established, the arbitration panel shall invite the disputing parties to provide additional reasons and further evidence before an arbitral award is made.

Article 33(revised). Duration of an Arbitration

The resolution of an economic dispute by arbitration shall be successfully completed within three months from the date of the appointment of the arbitration panel. In the event that the dispute is particularly complicated in terms of the collection of evidence or for any other reason, the Centre or the Office for Economic Dispute Resolution shall inform the disputing parties of the reason for the delay.

Article 34(revised). Measures for the Protection of the Interests of the Disputing Parties

During the arbitration process, if the disputing parties request the seizure or confiscation of any property in order to protect their rights and interests, the arbitration panel may send a request to the People Court to issue an order within seven business days of the date of receipt of such request if the panel deems it necessary.

Article 35(revised). Rights of the Disputing Parties to Agree before an Arbitration Award

During the arbitration, the disputing parties may agree to resolve the dispute before the arbitration award. Such agreement by the disputing parties shall be in writing and be signed by both disputing parties, the arbitration panel and the Head of the Centre or Office for Economic Dispute Resolution where the arbitration took place.

The agreement of the disputing parties before an arbitration award has the same effect as an award by the arbitration panel.

Article 36 (revised). Arbitral Awards

An award by an arbitration panel shall be within the limitations of the claim of the disputing parties. In the event that the arbitration panel is unable to reach a unanimous decision, the award will be based on a majority vote.

The arbitral award must be read out in the presence of the disputing parties or their representative(s) and shall be effective from the date of the issue of the award or the date when the disputing parties are informed of the award, if one of the disputing parties fails to appear for the reading of the award without a valid reason.

Article 37 (revised). Contents of the Arbitral Award

An arbitral award shall have the following content:

1. The date, time, month, year, name, reference number of the dispute and location of arbitration;

2. The name and surname of the arbitrators and the record-taker;

3. The name and surname, age, occupation, nationality and address of the disputing parties or their representatives;

4. The main content of the dispute, and the reasoning and references for the arbitral award;

5. The arbitral award;

6. Each disputing party's responsibility in relation to registration fees, labour costs and service charges;

7. The signatures of all the arbitrator(s), of the record-taker and signature of the Head of the Centre or the Office for Economic Dispute Resolution where the arbitration took place.

Article 38 (new). Refusal of an Arbitration Award

A disputing party may submit a request to challenge an arbitral award to the People's Court within 45 days from the date of receipt of the arbitral decision in any of the following circumstances:

1. The disputing parties did not agree to arbitrate the dispute or the agreement was canceled;

2. The composition of the arbitration panel was not in accordance with the agreement of the parties and laws and regulations;

3. The arbitration process was not in accordance with law and regulations on economic dispute resolution that the disputing parties had agreed on in the contract;

4. The information and evidence submitted to the arbitration panel and on which the award was based, was falsified or the arbitral panel accepted money, property or other inducements to distort the course of justice;

5. The dispute is not covered by the scope of this Law;

6. The arbitral award exceeded or was less than the claim of the disputing parties.

Part Ⅲ

The Centre and the Offices of the Economic Dispute Resolution

Article 39(revised). Status and the Role

The Centre and the Offices of the Economic Dispute Resolution are organisations that have professional, social and legal characteristics under the supervision of the judicial sector and that create favorable conditions for disputing parties, mediators and arbitrators to resolve economic disputes.

Article 40(new). The Organisational Structure of the Centre and the Offices [of Economic Dispute Resolution]

The abbreviation for the Centre for Economic Dispute Resolution shall be CEDR and is under the supervision of the Ministry of Justice and has equal status to other departments [in the Ministry of Justice].

The abbreviation for the Offices of Economic Dispute Resolution shall be OEDR and are under the supervision of the Judicial Administration Division [at the provincial level]; the Head of the Office is equivalent to the Deputy Head of a Division in a province or the capital.

The institutional and personnel structures of the Centre and the Offices of Economic Dispute Resolution are determined in specific regulations.

Article 41 (revised). Powers and Duties of the Centre of Economic Dispute Resolution

The Centre of Economic Dispute Resolution has the following powers and duties:

1. To research, draft or improve laws and regulations related to economic dispute resolution and propose to higher authorities for consideration;

2. To research and make recommendations to the Minister of Justice to assign or remove names from the list of mediators and arbitrators;

3. To disseminate information and provide education and training on economic dispute resolution;

4. To discuss the assignment, removal or changing of mediators or arbitrators for the resolution of economic disputes from time to time in accordance with the regulations;

5. To administrate and facilitate the resolution of economic disputes in the areas for which they are responsible;

6. To accept claims, documents, information and evidence from the disputing parties;

7. To build capacity, train and upgrade the level of the technical knowledge of technical staff of the Centre and the Offices for Economic Dispute Resolution, the mediators and the arbitrators;

8. To communicate with the disputing parties and coordinate with the relevant sectors to facilitate the resolution of economic disputes;

9. To cooperate with other countries, and regional and international bodies, regarding economic dispute resolution as assigned by higher authorities;

10. To summarise, evaluate and report on its activities to the Ministry of Justice;

11. To exercise other powers and to perform duties as provided by laws and regu-

lations.

Article 42(new). Powers and Duties of the Offices for Economic Dispute Resolution

The Offices for Economic Dispute Resolution have the same powers and duties as those of the Centre of Economic Dispute Resolution as defined in Article 41 of this Law. To propose to the Centre of Economic Dispute Resolution to assign or remove names from the list of mediators and arbitrators.

Part Ⅳ
Mediators and Arbitrators

Article 43(revised). Mediators and Arbitrators

Mediators and arbitrators may be full-time or part-time.

Full-time members [mediators and arbitrators] are staff of the Centre or Offices for Economic Dispute Resolution appointed by the Minister of Justice.

Part-time members [mediators and arbitrators] are those from offices, institutes, business enterprises, both State and private, including foreigners and aliens who are assigned by the Minister of Justice based on the selection and recommendation of the Center of Economic Dispute Resolution.

Article 44(revised). Qualifications for Mediators and Arbitrators

Mediators and arbitrators who are of Lao nationality must have the following qualifications:

1. have a good character [and be ethical and honest];
2. possess the necessary technical knowledge supported by a proper certificate;
3. have not less than 5 years of work experience;
4. have never been given a prison sentence by a Court for committing an intentional offence;
5. have participated in training on the resolution of economic disputes;
6. be in good health.

Article 45(new). The Directory of Arbitrators and Mediators

The directory of arbitrators and mediators is a list of the names of mediators and arbitrators including their biographical histories.

After the Minister of Justice has assigned a mediator or arbitrator the Centre shall enter his/her name in the list and send a copy to the Offices of Economic Dispute Resolution.

Article 46(new). Powers and Duties of Mediators and Arbitrators

Mediators and arbitrators have the following powers and duties:

1. to accept or refuse the resolution of an economic dispute;

2. to be independent in the resolution of the economic dispute;

3. to ensure that the resolution of the dispute is fair, prompt and honest;

4. to exercise high moral principles in their profession;

5. to collect information and evidence at the site;

6. to receive payment for their work based on the agreement of the disputing parties;

7. to maintain the confidentiality of an economic dispute, except for information provided to the relevant sector in accordance with laws and regulations;

8. to pay [financial] obligations to the State in accordance with laws and regulations;

9. to exercise powers and perform duties as determined by laws and regulations.

Article 47(new). Foreign Mediators and Arbitrators

Foreigners may be a mediator or arbitrator in the Lao PDR.

In the resolution of economic disputes, the disputing parties may select foreign mediators or arbitrators who are on the list of mediators and arbitrators.

The qualifications and conditions for foreign mediators or arbitrators [to be included in the list of mediators and arbitrators] will be determined in other regulations.

Part Ⅴ
Implementation of the Resolution of Economic Disputes

Article 48. Results of Economic Dispute Resolution

The results of economic dispute resolution include:

1. a mediation agreement;

2. an agreement [reached by] the disputing parties before an arbitral award;

3. an arbitral award of an arbitration panel.

Article 49(revised). Obligations of the Disputing Parties

The disputing parties are obliged to implement the results of the resolution of an economic dispute within fifteen days from the date of the agreement or the arbitral award, or when the disputing parties are informed of the award, if one of the disputing parties fails to appear for the reading of the award without a valid reason.

Article 50. Rights of Disadvantaged Disputing Party

Any disputing party who is in a disadvantaged situation because of the non-implementation of the result of the economic dispute resolution shall have the right to request the People's Court to issue an order to enforce the result of the economic dispute resolution.

Article 51(revised). Decision by the People's Court

Upon receipt of the disputing parties' request, the People's Court must issue their decision within fifteen days from the date of its receipt.

In reaching a decision, the People's Court shall verify that the resolution of the dispute was properly conducted in accordance with laws and regulations, and the international treaties to which the Lao PDR is a party; and that it does not endanger the stability of the nation, the peacefulness of society and the environment. If it is seen that [the conduct of the resolution of the dispute] was proper, the People's Court shall issue a decision to enforce the result. The decision of the People's Court has immediate effect and there is no right to appeal.

In the event that the People's Court finds that the result of an economic dispute resolution violates laws and regulations, the People's Court will not certify the result of the resolution. In this case, the disputing parties have the right to submit a request to the Centre or the Offices for Economic Dispute Resolution to re-arbitrate the dispute or to file a claim in the People's Court [regarding the dispute] for consideration in accordance with the Law.

Article 52(revised). Recognition and Enforcement of Foreign or International Arbitration Awards

The Lao PDR recognises and enforces an arbitration award from foreign or international arbitration that is certified by the Lao People's Court.

The Lao People's Court will consider certifying the foreign or international arbitration award based on the following conditions:

1. The disputing parties must be nationals of countries that are parties to the 1958 New York Convention on the Recognition and Enforcement of Foreign Arbitration Awards;

2. The decision must not be in conflict with the Constitution and the regulations related to stability, peace and environment;

3. The disputing party who has the obligation to pay the award debt must have property, business operation, equity, bank deposits or other assets in the Lao PDR.

After an international or foreign arbitration award has been recognised and certified by the People's Court, its implementation shall proceed in accordance with the Law on the Implementation of Judgements of the Court of the Lao PDR.

Part Ⅵ

Costs of Economic Dispute Resolutions

Article 53(revised). Expenses Relating to Economic Dispute Resolution

Expenses relating to the conduct of an economic dispute resolution include:

1. Charges;

2. Service fees;

3. Labour costs.

Article 54(revised). Charges

Charges are an obligation of the disputing parties to be paid to the State budget.

The collection of charges shall be in accordance with provisions of relevant legislation on charges issued from time to time.

In any mediation, the disputing parties shall equally share the payment of the charges prior to the conducting of the mediation of an economic dispute unless otherwise agreed.

With regard to arbitration, the disputing parties are responsible for the payment of charges in accordance with the arbitral award of an arbitration panel.

Article 55(revised). Service Charges

Service charges are those expenses incurred in the mediation and arbitration process, such as sending subpoenas, document copying, organisation of meetings and other [expenses related to] the mediation or arbitration panel.

The collection of service charges must be in accordance with the legislation on service charges issued from time to time, and the claimant shall pay all charges at the time of the submission of the claim.

Article 56(revised). Labour Costs

Labour costs are those costs related to payments to mediators or arbitrators, payments to experts, and other necessary expenses related to the dispute settlement.

Labour costs are those costs agreed on by the disputing parties with the mediators, arbitrators or experts and reported to the Centre or the Office for Economic Dispute Resolution where the economic dispute resolution took place.

Part Ⅶ
Prohibitions

Article 57(new). Prohibitions for Staff, Mediators and Arbitrators

Members of staff, mediators and arbitrators shall not:

1. openly disclose any information related to an economic dispute resolution that he or she knows about without authorization or unless the Law determines otherwise;

2. use any information known either for their personal benefit or to damage the rights and benefits of others;

3. [cause] any undue obstruction, delay or difficulty in the resolution of an economic dispute;

4. accept or ask for money or other benefits from the disputing parties;

5. participate in the resolution of an economic dispute in which they, their husbands or wives, or their relatives have a vested interest;

6. be partial;

7. use cohesion or issue threats;

8. behave in a way that violates laws and regulations.

Article 58(new). Prohibitions for the Parties

It is prohibited for the disputing parties to:

1. falsify documents or information and evidence related to the dispute;

2. threaten, force or deceive the members of staff, mediators, arbitrators or experts;

3. offer bribes or other benefits to the members of staff, mediators, arbitrators or experts;

4. behave in a way that violates laws and regulations.

Article 59(new). Prohibitions for Individuals, Legal Entities or Other Organisations

It is prohibited for individuals, legal entities or other organisations to:

1. refuse to fully cooperate with or to obstruct members of staff, mediators, arbitrators or experts in the execution of their duties;

2. incite others to refuse the dispute resolution by the Centre or the Offices of Economic Dispute Resolution;

3. to act as an intermediary in the offering and[/or] the acceptance of bribes;

4. behave in a way that violates laws and regulations.

Part Ⅷ
Regulation and Supervision of Economic Dispute Resolutions

Chapter 1
Regulation of Economic Dispute Resolutions

Article 60. Organisations Responsible for the Regulation of Economic Dispute Resolution

The organisations responsible for the regulation of economic dispute resolution are:

1. The Ministry of Justice;

2. The Departments of Justice at the provincial [and] Vientiane Capital levels.

Article 61(revised). Powers and Duties of the Ministry of Justice

In the regulation of economic dispute resolution, the Ministry of Justice has the following powers and duties:

1. to research [and] draft strategies and plans in respect of the resolution of economic disputes for submission to the government for its consideration;

2. to issue decisions, regulations, instructions, guidelines and notifications in relation to economic dispute resolution;

3. to guide and regulate the implementation [and] the budget of the Centre and the Offices for Economic Dispute Resolution;

4. to instruct, monitor and supervise the conduct of economic dispute resolution throughout the country;

5. engage in training and skills upgrading, promote high moral and professional standards of the staff of the Centre and Offices for Economic Dispute Resolution, mediators and arbitrators;

6. to propose the appointment, removal or transfer of the Head of the Centre for Economic Dispute Resolution to the Prime Minister;

7. to appoint, remove or transfer the Deputy Head of the Centre, and the Head and the Deputy Head of an Office for Economic Dispute Resolution in coordination with the relevant sectors;

8. to appoint or remove mediators or arbitrators based on the recommendation of the Centre for Economic Dispute Resolution;

9. to coordinate with those sectors involved in the regulation of economic dispute resolution;

10. to cooperate with foreign countries, and regional and international organisations, in relation to economic dispute resolution;

11. to summarise, evaluate and report on economic dispute resolution activities to the government;

12. to exercise other powers and perform other duties as determined by laws and regulations.

Article 62 (revised). Powers and Duties of Departments of Justice at Provincial and Capital Levels

In the management of economic dispute resolution, the Departments of Justice at the provincial and capital levels have the following powers and duties:

1. to elaborate strategies, plans and laws and regulations related to economic dispute resolution;

2. to publicise, disseminate and educate in respect of the Law on Economic Dispute Resolution and implementing regulations;

3. to guide and manage the organisation and the budget of the Offices for Economic Dispute Resolution under their jurisdiction;

4. to guide [and] monitor the conduct of economic dispute resolution under their

jurisdiction;

5. to provide recommendations to the Minister of Justice on the establishment and improvement of the Offices for Economic Dispute Resolution, the appointment, removal or transfer of the Heads [and/or] the Deputy Heads of such Offices in coordination with the relevant sectors;

6. to accept, examine and address the petitions of individuals, legal entities or organisations for the resolution of economic disputes by the Offices for Economic Dispute Resolution in coordination with the relevant sectors;

7. to guide, summarise, evaluate and report activities of the Office for Economic Dispute Resolution to the Centre for Economic Dispute Resolution for further reporting to the Ministry of Justice;

8. to exercise other powers and perform other duties as determined by laws and regulations.

Chapter 2
Inspection of the Work of Economic Dispute Resolution

Article 63(revised). Inspection Organizations

There are two kinds of inspections of the work of economic dispute resolution organisations, as follow:

1. The internal inspection organisation is one component of the organization in charge of supervising economic dispute resolution as determined in Article 60 of this Law.

2. External inspection organisations are the National Assembly, the National State Inspection Organisation, the National Audit Authority and the Public Prosecutor's Organisation.

An external inspection may be conducted at the request of any individual, legal entity or organisation or be instigated by an external inspection organisation in the event that it is seen that the issues are not clear [and/or] transparent.

Article 64(new). Content of Inspections

The inspection shall cover the following content:

1. The implementation of the Law on Economic Dispute Resolution and implementing regulations;

2. The petition of any individual or legal entities relating to economic dispute resolution;

3. The conduct of the Centre and the Offices for Economic Dispute Resolution;

4. The management and use of income and expenses of the Centre and the Offices for Economic Dispute Resolution;

5. The responsibility and behaviour of the staff of the Centre and the Offices for Economic Dispute Resolution, mediators and arbitrators.

Article 65(new). Inspections

There are three kinds of inspections of economic dispute resolutions; regular inspections, inspections with advance notice and emergency inspections. Regular inspections are inspections that are planned with a defined timeframe [and] which must be conducted at least once a year.

Inspection with advance notice is inspection that is not planned and may be conducted when necessary by giving a notice to the subject at least 24 hours in advance of the time of the inspection.

An emergency inspection is an unplanned inspection that may be conducted when necessary; this inspection shall be done immediately and without prior notification to the subject.

Any inspection must include both inspection of documentation and on-site inspection.

Part Ⅸ

Budget, Symbol and Seal

Article 66(revised). Budget

Budgets for the activities of the Centre and the Offices for Economic Dispute Resolution shall come from the state and be used as follows:

1. The budget for the Centre for Economic Dispute Resolution shall be from the Ministry of Justice;

2. Budgets for the Offices for Economic Dispute Resolution shall be from the Justice Departments in the provinces or capital in which the Office for Economic Dispute Resolution is located.

Article 67(revised). The Logo

The logo of the Centre and the Offices for Economic Dispute Resolution is a picture of a set of scales within a circle under which is written in letters "Centre for Economic Dispute Resolution" or "Office for Economic Dispute Resolution" [respectively].

Article 68. Seal

The Centre and the Offices for Economic Dispute Resolution shall have their own seal[s] for official use.

Part X
Policy towards Persons of Outstanding Performance and Measures against Offenders

Article 69(revised). Policy towards Persons of Outstanding Performance

Any individual or organisation that has performed outstandingly well in the implementation of this Law in terms of effective mediation [or] arbitration will be awarded a Certificate of Merit or other award.

Article 70(revised). Measures against Offenders

Any individual or organisation that commits an offence against this Law by disclosing any information related to the economic dispute either by an unauthorised breach of confidentiality, by giving or accepting gifts, by an abuse of power, or by causing damage to the state, society or another person, shall be subject to re-education measures, discipline, a fine or may be prosecuted depending on the severity of the offense and pay compensation for any damage caused.

Any mediator or arbitrator who intentionally commits an offence in the performance of his/her duties shall be re-educated or removed from the list of mediators or arbitrators depending on the severity of the offence. If the offence is a criminal offence then the punishment shall be in accordance with the Law.

Part XI
Final Provisions

Article 71. Enforcement

The Government of the Lao People's Democratic Republic shall issue a decree on the implementation of this Law.

Article 72. Entry into Force

This Law comes into force sixty days from the date of the promulgation Decree issued by the President of the Lao People's Democratic Republic.

This Law replaces the Law on the Regulation of Economic Disputes No. 02/NA dated

19 May, 2005.

Any provisions and regulations that are in contradiction to this Law shall be null and void.

President of the National Assembly

CHAPTER 05 >>

第五章

巴西仲裁制度研究

巴西联邦共和国(以下简称巴西)作为拉丁美洲的第一大国,是中国重要的战略合作伙伴,在“20国集团”“金砖国家”“基础四国”等国际多边机制下,中巴两国一直保持高频次的互动与合作。2018年中巴贸易额达到1111.8亿美元,巴西成为首个与中国贸易规模超过千亿美元的拉美国家。目前,中国是巴西的第一贸易伙伴、第一大出口目的地国和第一大进口来源国。在投资方面,中国在巴西投资存量为690亿美元,涉及能源、港口、铁路、金融等155个项目,现已成为巴西基础设施建设的重要合作伙伴,参与投资了一系列巴西水电站、机场、码头、输电线路等基础设施工程的建设。2018年招商局港口收购了巴西第二大港巴拉那瓜港口,也创下了巴西以及拉美地区最大规模的港口收购兼并项目纪录。2019年5月巴西副总统莫朗来华访问,重启中国—巴西高层协调与合作委员会。经过此次访问,中巴两国政府均表示愿意继续增进政治互信,并深化经贸投资、金融、基础设施、能源、矿产、农牧业等重点领域和项目的合作。两国经济贸易合作高度繁荣的同时,必然伴随有关经贸投资纠纷的增加,仲裁和调解作为被世界各国广泛认可的高效纠纷解决机制,对上述纠纷的处理起至关重要的作用。因此,本章将对巴西的仲裁和调解制度进行全面、详尽的介绍,并对中国当事人在解决涉及巴西的争议时需注意的问题进行提示,以期为中国企业“走出去”提供参考。

一、巴西仲裁法律制度概况及演进

19世纪,如同大多数拉丁美洲国家一样,巴西奉行卡尔沃主义。[1] 在卡尔沃主义的影响下,巴西和其他拉美国家坚持国际投资争议必须由投资所在国法院管辖。因此,巴西要求外国投资者将其相关争议提交巴西法院解决。而外国投资者则认为,这样有偏袒巴西本国当事人之嫌,希望为他们的投资寻求更多的安全保障。后来,由于拉丁美洲国家在20世纪80年代中期经历经济停滞和通货膨胀,为了发展经济,包括巴西在内的这些国家对外国投资和外贸信贷的需求逐渐增加。巴西开始重新考虑对国际仲裁的司法态度,逐渐摆脱卡尔沃主义,对国际商事仲裁持逐渐开放的态度。巴西在1996年正式颁布了《仲裁法》,该法以联合国国际贸易法委员会(United Nations Commission on International Trade Law,UNCITRAL)《国际商事仲裁示范法》(以下简称《示范法》)和西班牙《仲裁法》为蓝本,具有较强的国际性和先进性。巴西《仲裁法》于2015年被修订,进一步体现了国际商事仲裁的最新实践发展。2002年巴西批准了1958年《关于承认与执行外国仲裁裁决的纽约公约》(以下简称《纽约公约》),并且未作任何保留,为外国仲裁裁决在巴西的顺利执行提供了法律保障。此外,巴西于2015年颁布了《调解法》,该法规定全面细致,表明巴西基本建立了一套比较完善的替代性争议解决机制。但是,巴西至今尚未批准1965年《华盛顿公约》,但这一事实并没有影响巴西国际商事仲裁制度的全面发展,随着巴西国内仲裁制度的不断完善,巴西已经成为名列世界前列的受当事人欢迎的仲裁地。本章以下部分将对巴西有关国内仲裁立法以及相关国际条约进行系统介绍。

(一)巴西国内仲裁立法

1. 1996年《仲裁法》

1996年9月23日巴西颁布第一部《仲裁法》,该法主要参考了1988年西班牙《仲裁法》、1985年联合国国际贸易法委员会《示范法》以及1958年《纽约公约》的相关规定,将现代仲裁制度与巴西原有的立法相结合,形成了具有巴西特色的仲裁制度。这部法案确立了自裁管辖权原则、友好仲裁以及临时仲裁制度。此外,

---

〔1〕 卡尔沃主义,是指主张国家主权原则,提倡外国人与本国人待遇平等的原则,反对外国人特权地位,坚持国家属地管辖权的完整性,由阿根廷学者卡尔沃所提出。

在区分国内和国外仲裁时,该法以仲裁裁决作出地为标准,而不考虑纠纷本身是否包含涉外因素。

1996 年《仲裁法》最初的设想,是使仲裁成为一种快速高效的替代性争议解决方式以此来促进国内以及国际仲裁的发展。然而,该法颁布后,在实施方面遭遇了巨大阻力。巴西联邦最高法院质疑该法的合宪性,认为该法赋予仲裁条款强制执行效力与巴西联邦《宪法》规定的公民有向法院起诉的权利相违背。虽然这一观点并未被普遍接受,但是在联邦最高法院对于这一问题的合宪性审查作出结论之前,仲裁的发展受到了极大限制。直到 2001 年,联邦最高法院最终确认《仲裁法》完全符合巴西联邦《宪法》后,对《仲裁法》合宪性的质疑才最终结束。根据巴西联邦最高法院的决定,仲裁并没有限制或禁止公民向法院提起诉讼的权利,而仅仅是基于当事人意思自治的一种争议解决方式。巴西联邦最高法院的这一判决为《仲裁法》的实施扫清了障碍,也为之后的仲裁实践提供了合宪性依据。另外,由于巴西在颁布 1996 年《仲裁法》时并没有加入 1958 年《纽约公约》,因此,根据当时的法律,申请人需要在仲裁所在地司法机构先完成仲裁裁决的承认,方可在巴西法院申请外国仲裁裁决的执行。2002 年巴西批准了《纽约公约》,且未作任何保留,至此外国仲裁裁决在巴西申请执行才更为便利。随着国际仲裁实践的不断发展,1996 年《仲裁法》的一些规定已不能满足现实的需要,因此巴西于 2015 年对该法作了修订。

2. 2015 年《仲裁法〈修正案〉》

1996 年巴西《仲裁法》在实施了 19 年之后,于 2015 年进行了首次修改,此次修改主要包括扩大仲裁范围、允许公共行政机构签订仲裁协议并参加仲裁、优化仲裁员的选定方式、加强仲裁庭以及仲裁员的权限、赋予仲裁庭采取临时措施的权力、规定仲裁函的使用、加强司法对仲裁的支持并进一步完善仲裁与司法的衔接和合作。上述一系列修改可以说是国内仲裁环境和国际仲裁趋势综合作用的结果。

从国内仲裁环境来看,首先,1996 年《仲裁法》颁布时,巴西的仲裁文化较薄弱,公众对仲裁了解较少,立法者在起草时较保守,加上法律界本身对仲裁制度没有形成统一的认识,所以一些法律规定较模糊。经过近 20 年的实践发展,学术界对之前有争议的问题逐渐达成共识,法院也形成了较统一的观点,因此,为了积极推广实践中的做法并巩固现有成果,进一步推广仲裁这一争议解决机制,需要对

1996 年《仲裁法》进行修改。其次,1996 年《仲裁法》的修改与巴西《民事诉讼法典》的立法改革有密切联系。近年来,巴西注重以法律形式推动国内经济体制的深化改革,《仲裁法》的修改呼应了《民事诉讼法典》以及《调解法》等国内立法的改革。

从国际仲裁趋势来看,越来越多的巴西公司广泛参与到国际经济贸易活动中,在国际商会仲裁院受理的所有拉美国家的案件中,有一半以上的当事人为巴西人,大约 1/4 的案件以巴西为仲裁地,但是,由于 1996 年《仲裁法》的规定相对比较保守,巴西公司不得不根据外国的仲裁制度进行商事仲裁。因此,为了吸引更多的外国公司选择巴西作为仲裁地,适用巴西的仲裁制度,进一步完善本国仲裁法就显得尤为重要。

鉴于此,巴西于 2013 年成立《仲裁法》修订委员会,《仲裁法》的修改被正式提上日程。修改的基本原则是严格遵守现有的《仲裁法》框架,从文本上体现出巴西经济发展的大环境并适应国际司法改革发展趋势,因此,此次修改并非是对 1996 年《仲裁法》的全面推翻与重建。2014 年 5 月 26 日巴西副总统签署了巴西《仲裁法〈修正案〉》,修订后的《仲裁法》自 2015 年 7 月 27 日生效,这次修订保留了 1996 年《仲裁法》的结构和基本精神,仅仅是将近年来在实践中的常用做法通过立法方式固定下来。下文将对修订后的 2015 年《仲裁法〈修正案〉》的内容进行系统介绍和评析。

3. 2015 年《调解法》

2015 年 6 月 26 日巴西总统批准了国会通过的《调解法》(第 13. 140/2015 号法律),这是巴西第一部关于调解的正式法律。该法的颁布是调解作为一种替代性争议解决机制的大趋势和巴西本国因素综合作用的结果,该法将调解以立法方式予以确认,使调解正式成为一种与诉讼、仲裁并列的纠纷解决方式。

该法涉及 3 种不同的调解机制,分别是司法调解、司法外调解和涉及公法管辖的法律主体之间纠纷的自行解决(self-resolution)。调解相对诉讼和仲裁来说更具灵活性,更充分尊重当事人的意思自治,这也是制定《调解法》应遵循的一个基本原则。在该法中,对于司法调解和司法外调解的相关规定充分体现了这一点。首先,该法针对司法调解与司法外调解进行了区分,但是对于二者的具体界定在该法中并没有明确。根据该法的相关表述,司法调解可以界定为争议已经提交法院并且调解员也来自法院的调解,而司法外调解则是争议未被提交至法院,调解员来自法院之外的调解。其次,在对二者的具体规定上,该法对司法调解作了较严格的规制,而对于司法外调解则规定得较宽松,在防止调解被过度干预的同时又对其进行了最低限度的规范,防止其被滥用。对于纠纷的自行解决来说,其中涉及的一方当事人须为由公法调整的公共行政主体,这主要是因为在巴西的经济和社会中,公共行政主体扮演了十分重要的角色,需要通过明确的法律授权使它们参与到调解或争议的自行解决过程中,因此,该法针对这一问题作了特殊规定。

4. 2002 年《关于〈外国仲裁裁决的承认和执行公约〉的法令》

该法令颁布的目的在于批准 1958 年《纽约公约》,全文共计 3 条,对《纽约公约》采取的是全面接受的态度,并且未对该公约作出任何保留。按照该法令的规定,完全按照《纽约公约》的规定对外国仲裁裁决进行承认和执行,且任何可能导致对该公约修订的行为均须国会批准。巴西对《纽约公约》的批准对其促进仲裁作为一种替代性争议解决方式的发展具有里程碑式的意义。但是,巴西批准《纽约公约》的过程并非一帆风顺,事实上它经历了一个漫长的过程,造成这种情形的主要原因是巴西国内对仲裁缺乏应有的认知。如前所述,虽然巴西在 1996 年就已经颁布了《仲裁法》,但是由于该法遭遇合宪性质疑和审查,因此颁布后并未真正得到实施。直到 2001 年,《仲裁法》的合宪性问题才得以最终解决,在此背景下,巴西才颁布该法令批准 1958 年《纽约公约》。

(二)巴西参与的相关国际条约

1. 1958 年《纽约公约》

《纽约公约》作为承认和执行外国仲裁裁决的主要公约之一,在国际商事仲裁领域扮演十分重要的角色。巴西作为拉丁美洲国家中最后批准该公约的国家之一,在过去很长一段时间里一直对外国仲裁裁决的执行持"敌对"态度。直到 2002 年巴西才批准了《纽约公约》,将其作为外国仲裁裁决承认和执行的主要依据。

2. 1975 年《美洲国家商事仲裁公约》(以下简称《巴拿马公约》)

巴西于 1995 年加入该公约,根据该公约的规定,对于该公约项下的仲裁裁决,如果依其所适用的法律或程序规则是不可上诉的,则该裁决具有与法院的终局判决相同的效力。裁决的承认和执行与本国或外国普通法院作出的判决一样,按照执行地国家的程序法和国际条约的规定办理,上述规定主要适用于以下两种情况:公约成员国承认和执行本国仲裁裁决,以及公约成员国承认与执行在另一成员国作出的裁决。在任一情况下,该公约的规定均优先于国内法。

3. 2009 年《中华人民共和国和巴西联邦共和国关于民事和商事司法协助的条约》

2009 年 5 月中巴两国签署《中华人民共和国和巴西联邦共和国关于民事和商事司法协助的条约》,并于 2014 年 7 月两国互换该公约的批准书,该公约于 2014 年 8 月正式生效。该公约在相互尊重主权和平等互利的基础上,加强两国在司法领域的合作,其规定的司法协助范围,包括送达司法文书或者司法外文书;调查取证;承认与执行法院裁判以及仲裁裁决;交换法律资料等。此外,公约也对司法保护、法律援助、司法协助适用的法律、司法协助的拒绝以及司法协助请求的形式和内容等作了具体规定。

二、巴西现行仲裁法律制度介绍和评析

(一)2015 年《仲裁法(修正案)》

1. 主要内容

现行有效的 2015 年《仲裁法(修正案)》共 7 章 44 条,主要内容如下所示。

(1)一般规定

该修正案在一般规定中对可提交仲裁的争议事项以及法律适用等基本问题作了规定。首先,就可提交仲裁解决的争议,该法案从争议的性质和主体两方面作了规定,即争议的性质必须是因可转让的财产权利所产生的纠纷;争议的主体则包括具备缔约能力的自然人、法人以及直接和间接行使行政权力的行政机关。2015 年该修正案明确规定,行政机关既可以作为交易合同的缔约主体,也可以作为仲裁协议的缔约主体,并且在其签订有关交易合同时,它同时也应该是仲裁协议的当事方。其次,关于仲裁的法律适用,当事人意思自治是基本原则。也就是说,当事人可以约定仲裁适用的法律,包括一般法律原则、习惯、惯例和国际贸易规则,也可以约定按照衡平原则仲裁。当然这种意思自治也受到一定的限制,即不得违反善良风俗和公共秩序。最后,该修正案对仲裁程序保密性作了特殊规定。保密性对商事仲裁来说是一项基本原则,也是相对于诉讼的一个优势,但是当仲裁一方当事人为承担公共行政权力职能的机构或实体时,出于对公众行政知情权的保护,有些国家规定此时仲裁的保密性应当让位于公众的知情权。巴西仲裁法正是如此规定,即当仲裁涉及公共行政机构时,仲裁程序应当公开进行,并且只能依法进行。

(2)仲裁协议及其效力

在商事仲裁中,当事人可以约定将已经发生或将来可能发生的争议提交仲裁解决,为此一般会订立书面协议,该书面协议就是通常所说的仲裁协议,它是当事人提起仲裁的根据。该书面协议的存在形式较多元,既可以是基础合同中的一个条款,即仲裁条款,也可以是当事人独立于基础合同单独签订一份协议,即仲裁协议,还可以是在基础合同中通过援引的方式援引其他文件中的仲裁条款。总而言之,其形式不一而足。仲裁协议的形式在实践中复杂多变,当事人对仲裁协议本身的效力也经常产生不同理解,导致争议发生。鉴于仲裁协议的重要性,巴西仲裁法在第二章对该问题作了详细规定。

第一,仲裁协议的形式。当事人既可以在基础合同中约定仲裁条款,也可以签订单独的仲裁协议,其目的是将有关争议提交仲裁解决。当事人的这种意思表示应当以书面形式为载体。考虑格式合同中当事人谈判地位的特殊性,巴西仲裁法规定,格式合同中的仲裁条款仅在以下两种情形下有效:一是接受格式合同的当事人提起仲裁;二是当该仲裁条款以书面附件形式或黑体字形式呈现,且接受格式合同的当事人对仲裁条款签字或给予特别批准时。在实践中,很多格式合同都是“要么接受,要么放弃”,接受格式合同的一方当事人虽然有机会阅读合同的每个条款,包括争议解决条款,但是鉴于格式合同一般都比较冗长,有些条款也缺乏显著性,不易引起注意,从而导致在实践中该方当事人事实上很少仔细阅读合同。另外,接受格式合同的一方当事人即便对有些条款不满意,也很可能缺乏修改合同的谈判实力,导致该合同成为“要么接受,要么放弃”的状态。鉴于此,巴西《仲裁法》作了特殊规定,其立法目的是确保仲裁建立在双方当事人真实意思表示的基础之上。

第二,仲裁程序规则。巴西《仲裁法》赋予当事人约定仲裁规则的权利,因此,如果仲裁条款援引特定仲裁机构或专门机构的规则,仲裁应按照此类规则进行。当事人也可以在仲裁条款或单独的文件中约定如何启动仲裁程序。如果当事人既没有援引某特定仲裁机构的程序规则,也没有作出特别约定,那么如果一方当事人意图启动仲裁程序,则应当通过邮件或其他通信方式将该意图通知另一方当事人,该通知应当载明拟启动仲裁程序的日期、时间和地点,并确保另一方当事人收到该通知。若该另一方当事人未出席,或者虽出席但拒绝签署仲裁通知书,则发出通知的一方当事人可以根据该法第 7 条的规定向具有管辖权的司法机关提起诉讼。

第三,仲裁请求书(submission agreement)。仲裁请求书是仲裁协议的一种表现形式,是当事人在争议发生后签订的将争议提交仲裁的文件。巴西《仲裁法》对仲裁请求书作了明确规定,它是指双方当事人将已发生的争议提交一人或多人予以仲裁的协议。[1] 该协议可以由当事人在两名证人或公证处的见证下直接签订,这被称为庭外仲裁请求书(extrajudicial submission agreement)。如果当事人已经在法院提起诉讼,但仍然同意通过仲裁解决争议的,当事人可以就此意愿签订书面协议,并在提起诉讼的法院登记备案,这被称为庭内仲裁请求书(judicial submission agreement)。对于存在仲裁协议但是一方当事人拒绝仲裁的情形,巴西仲裁法作了专门规定,即主张启动仲裁程序的一方当事人可以请求法院向反对启动仲裁程序的另一方当事人发出传票,要求后者出庭以便制定仲裁请求书。法官将为此举行一个特别听证会。在听证会中,原告须准确地提出仲裁事项,提供含有仲裁条款的文件。如果双方均出席听证会,法官首先应尽力促使双方达成和解;如果和解不成,法官将引导双方就仲裁请求书的条款达成一致意见;如果当事人无法达成一致意见,法官在听取被告(也就是反对启动仲裁程序的当事人)的意见后,应当在听证会上或其后10日内,根据该法关于仲裁条款的措辞以及当事人对仲裁规则的约定,确定仲裁请求书的具体内容。如果仲裁条款对指定仲裁员未作规定,法官在听取双方当事人的意见后,有权指定一名仲裁员解决争议。在该听证程序中,如果原告没有出庭且不存在正当理由时,案件将被驳回,法官对案件实体问题不作审判。如果被告未出席听证会,法官在听取原告意见后有权确定仲裁请求书的内容,并指定独任仲裁员审理案件。

第四,仲裁条款独立性原则。仲裁条款独立性原则已被广泛认可,它是指仲裁条款独立于基础合同,不因基础合同无效、不成立、无法执行等原因而相应无效。巴西《仲裁法》也认可该原则,它明确规定仲裁条款是独立于基础合同的其他条款,基础合同无效并不必然使仲裁条款在法律上无效。仲裁员有权依职权或应当事人的请求决定仲裁协议以及包含仲裁条款的合同是否存在、是否合法和有效。

第五,仲裁协议的内容。如前所述,仲裁协议是当事人提起仲裁的根本依据,

---

[1] 巴西《仲裁法》第9条。

如果仲裁协议无效,那么仲裁程序就不具有合法性,因此很多国家都规定了仲裁协议应当载明的内容。巴西《仲裁法》规定,仲裁协议必须载明以下内容:当事人的姓名、职业、婚姻状况和住所;仲裁员的姓名、职业、住所,或者当事人委托指定仲裁员的机构的信息;仲裁事项以及裁决作出地。此外,仲裁协议可以载明的内容包括:进行仲裁的地点;授权仲裁员根据衡平原则作出裁决;作出裁决的期限;双方约定仲裁适用国内法或仲裁机构规则的说明;关于仲裁费用承担以及仲裁员费用的约定。巴西《仲裁法》还规定,以仲裁请求书的形式约定仲裁员费用的,该仲裁请求书应被视为具有强制执行力的司法外文书。如果当事人在仲裁请求书中对仲裁员费用未作约定,仲裁员可以请求具有管辖权的法院对此作出决定。

第六,仲裁协议的终止。仲裁协议在以下 3 种情况下终止:其一,仲裁员在接受指定前提出回避,双方当事人明确声明不接受替换的;其二,仲裁员死亡或无法胜任的,双方当事人明确声明不接受替换的;其三,当事人约定的作出仲裁裁决的期限届满,但当事人已通知仲裁庭或仲裁庭首席仲裁员决定延长 10 日作出裁决的除外。

(3)仲裁员

第一,仲裁员的任命。仲裁的质量在很大程度上取决于仲裁员的素质,因此,很多国家法律对仲裁员的任职条件作了或多或少的要求,比如,一个普遍的要求是仲裁员需公道正派、公平独立。巴西《仲裁法》对仲裁员的任职条件是任何具有民事行为能力且受当事方信任的人均可担任仲裁员。由此可见,担任仲裁员的法定条件是必须具有民事行为能力。在实践中哪些人可能不具有民事行为能力?巴西《仲裁法》没有明确规定,但根据其《民法典》(Brazilian Civil Code)的有关规定,一般情况下未满 18 周岁的人、心智不健全的人以及因滥用药物、酗酒、临时精神疾病等原因被法院宣布为无民事行为能力的人,都不具有民事行为能力,因而不能担任仲裁员。担任仲裁员的另一个条件是取得当事人的信任,说明当事人有权指定仲裁员。巴西《仲裁法》规定,双方当事人可以共同指定一名或多名仲裁员,仲裁庭的人数应为奇数。此外,当事人还可以同时指定替补仲裁员。在仲裁庭人数为多人时,如果当事人指定的仲裁员人数为偶数,被指定的仲裁员可以再指定一名仲裁员担任首席仲裁员。如果当事人就该问题无法达成一致意见,应请求对该案有管辖权的法院根据该法规定通过听证会的方式决定仲裁员人数并任命仲裁员。对于指定仲裁员的程序,当事人可以自己约定,也可以通过选择仲裁机构或专门机构的规则予以指定。为了便于当事人指定仲裁员,仲裁机构一般都准备了仲裁员名册供当事人参考。根据巴西《仲裁法》的规定,双方当事人即便选择了某仲裁机构的规则,但是他们也可以约定从该机构准备的名册之外指定仲裁员,包括独任仲裁员、边裁或者首席仲裁员。但是,仲裁机构并非完全丧失对指定仲裁员的控制权,当指定仲裁员出现僵局或者存在多方当事人时,仲裁员的指定应根据仲裁规则进行。如果仲裁庭由多名仲裁员组成时,他们应当根据多数票选举首席仲裁员,如果无法达成多数意见,则由年长者担任。在实践中,仲裁庭一般由 3 人组成,当事人各自指定 1 名仲裁员,首席仲裁员可以通过协商一致的方式共同指定,也可以通过各自指定的仲裁员共同指定。虽然巴西《仲裁法》对仲裁员的任职条件没有详细规定,但是它明确要求仲裁员在履行职责时应当公正、独立、称职、勤勉和谨慎。在必要时,仲裁庭还可以任命 1 名秘书,该秘书可以由仲裁庭的仲裁员兼任。但是,巴西《仲裁法》对该秘书的职能和工作内容没有作出进一步规定,也没有对其身份进行必要的界定。

第二,仲裁员的回避。仲裁员应当公正独立地审理案件是仲裁界公认的一个基本原则,因此巴西《仲裁法》原则上规定了如果被指定为仲裁员的人与案件当事人或争议具有某种关系,使其可能妨碍案件审理的,则不应担任仲裁员。仲裁员在接受指定前也应当对可能影响其公正性和独立性的情况予以披露。仲裁法援引了《民事诉讼法典》中关于法官职责与责任的规定,比照适用于仲裁员。根据《民事诉讼法典》的有关规定,仲裁员具有以下情况均可能被要求回避:作为争议的一方当事人;担任当事人的律师或作证;作为该争议的一审法官作出裁决;与当事人或当事人的律师存在私人关系或商业关系;或者是作为一方当事人的公司董事会成员。原则上,当事人仅能就仲裁员被指定后出现的影响其公正性与独立性的情形提出回避,但是如果该情形是在仲裁员被指定后当事人才得知的,或者该仲裁员并非是由该当事人直接指定的,则回避请求也可在仲裁员被指定后提出。当事人要求仲裁员回避的,应当在仲裁程序开始后的第一时间向仲裁员本人或仲裁庭的首席仲裁员提出回避动议,并说明理由、提供证据。仲裁庭有权对回避请求作出决定,如果仲裁庭认为当事人的动议应当获得批准,那么应当根据当事人的约定指定替补仲裁员;反之,仲裁庭应当继续审理案件。当事人可以据此在裁决作出后向法院请求撤销裁决。

第三,仲裁员的退出。仲裁员在接受任命前退出的,或者仲裁员在接受任命后死亡、不能履行职责或者被要求回避的,仲裁协议中指明的替代人(如果有)将担任其职位。如果没有指定替补仲裁员,但当事人在仲裁协议中援引了仲裁机构或专门机构的规则,则应当根据这些规则指定替补仲裁员。如果当事人既没有在仲裁协议中约定产生替补仲裁员的方式,也没有约定有关的仲裁规则,且没有明确反对采用替补仲裁员的,则有关当事人可以请求法院根据《仲裁法》第7条即通过听证会的程序指定替补仲裁员。

(4)仲裁程序

第一,仲裁程序的开始。巴西《仲裁法》规定,当所有仲裁员接受任命时,仲裁程序即开始。仲裁程序开始后,如果仲裁庭认为有必要对仲裁协议中规定的有关事项予以澄清,应当就此与各当事方共同起草一份附录,由各方执行,并且该附录构成仲裁协议不可分割的组成部分。另外,仲裁程序是否开始对计算诉讼时效也具有重要意义,巴西《仲裁法》规定,诉讼时效因仲裁程序开始而中断,该中断可以追溯到提交仲裁请求之日,即便后来仲裁程序因仲裁庭缺乏管辖权而终止也不影响该时效的中断。

第二,异议的提出。意思自治是商事仲裁的一项基本原则,当事人通过签订仲裁协议赋予仲裁庭管辖权,但在实践中当事人对是否达成仲裁协议以及仲裁庭是否具有管辖权可能存在不同理解,因此,在仲裁程序中应当允许当事人对仲裁庭的管辖权以及仲裁员提出异议。同时,当事人提出异议应当迅速及时,不得怠于行使权利,也不得根据案件审理情况决定是否提出异议。巴西《仲裁法》对此作了相应规定:如果当事人提出管辖权异议,或者要求仲裁员回避,抑或是认为仲裁协议无效、不存在、不能执行的,就必须在仲裁程序开始后的第一时间提出。仲裁庭应根据当事人提出的异议分别作出决定:如果认为仲裁员应当回避的,应作出回避决定,并依照本法的规定更换仲裁员;如果确定仲裁庭没有管辖权,以及仲裁协议无效的,当事人应当向对该事项有管辖权的司法机关寻求救济。如果仲裁庭认为异议不成立的,仲裁程序应当正常进行,但这不影响当事人在裁决作出后根据本法的规定向有管辖权的司法机关请求撤销裁决。

第三,仲裁程序的进行。仲裁程序的推进往往涉及仲裁规则的适用、证据开示制度、仲裁语言和地点、审理方式、存在多方当事人的情形、当事人缺席以及法院的司法协助等问题。巴西《仲裁法》对这些问题作了较详细的规定,充分体现了当事人意思自治原则以及公平正义原则。就仲裁规则而言,巴西《仲裁法》规定,仲裁庭应当按照当事人在仲裁协议中约定的规则进行仲裁,当事人可以约定适用仲裁机构或专门机构制定的仲裁规则,也可以授权仲裁庭制定程序规则。如果当事人对程序规则未作任何约定,仲裁庭应以其认为适当的方式进行仲裁。就证据制度而言,仲裁庭为了查清事实可以通过多种方式获取证据。仲裁庭可以依职权要求当事人或证人提供证据,也可以决定聘请专家提供专家报告。当事人如果没有正当理由拒绝作证或提供证据的,仲裁庭在裁决时应将该情形予以考虑,可能作出不利于该方当事人的决定。证人如果无正当理由拒不作证的,仲裁庭可持有效的仲裁协议请求法院强制该证人作证。在采集当事人和证人证言时,仲裁庭应当将具体的时间、地点等信息事先书面告知当事人和证人,并要求他们在笔录上签字。当然,仲裁庭也可以应当事人的请求进行上述取证行为。另外,庭审程序也可能采取交叉盘问的方式,但是当事人或其律师在向证人提问时应事先取得仲裁庭的许可。由此可见,巴西仲裁程序受民法司法审判程序的影响是比较明显的。此外,巴西《仲裁法》还规定当事人缺席庭审并不影响其作出裁决。就仲裁语言和仲裁地而言,巴西《仲裁法》除对涉及《公私合作法》(政府与社会资本合作,以下简称 PPP)的争议有明确规定外,其他争议都由当事人自由约定。在涉及 PPP 项目争议时,仲裁地必须是巴西,仲裁语言为葡萄牙语。对于仲裁程序中涉及的其他有关问题,如仲裁的保密性问题、争议涉及第三人的问题等,巴西《仲裁法》没有作出具体规定,这些问题在实践中可以根据仲裁规则予以解决。目前,涉及 PPP 的争议一般只能通过经巴西联邦检察长办公室批准的仲裁机构进行,临时仲裁原则上是不允许的,除非有正当理由证明可以进行临时仲裁。[1] 但是,巴西《仲裁法》对调解给予高度重视,明确规定仲裁程序开始后,仲裁庭应尽力促使当事人通过调解解决争议,如果当事人调解成功,可以据此作出裁决。总而言之,在仲裁过程中,巴西《仲裁法》要求仲裁庭应始终尊重正当法律程序,给予当事人平等待遇,保持仲裁员的公正性,在不受外来干扰的情况下作出裁决。

(5)临时保护措施、紧急措施和仲裁函

在实践中,由于一方当事人的行为或其他情形的出现可能会对另一方当事人

---

〔1〕 DLA PIPER,“Brazilian federal government issues decree regulating arbitration in disputes between Public Administration and transport and logistics sectors”, Accessed November 20, 2019. https://www.dlapiper.com/en/chile/insights/publications/2019/10/brazilian-federal-government-issues-decree/.

造成难以弥补的损害或损失,或者导致仲裁裁决事实上不能执行或难以执行的,该另一方当事人可以请求法院或仲裁庭采取临时保全措施或紧急措施,以控制前者的财产或行为。由于仲裁庭的组成需要一定的时间,因此在仲裁程序开始前,很多国家都赋予利益可能遭受损害的一方当事人向法院申请临时救济措施或紧急措施的权利。巴西《仲裁法》规定,在仲裁程序开始前,当事人可以向法院寻求临时保护措施和紧急救济措施。如果法院决定采取临时保护措施或提供紧急救济的,申请人应当在该决定作出之日起30日内提起仲裁,否则法院的临时措施或紧急救济措施将失效。这种规定是合理的,因为临时措施或紧急措施往往会对被申请人的财产或行为施加限制,使其可能处于一种不利状态,因此有些国家甚至要求申请人就申请临时措施和紧急措施提供相应的担保,否则申请将得不到批准。但是,巴西《仲裁法》没有规定要求申请人提供担保。如前所述,巴西《仲裁法》认可仲裁庭自裁管辖权原则,仲裁庭对程序事项和实体问题都具有决定权,因此仲裁程序一旦开始,仲裁庭有权对法院之前作出的关于采取临时措施的决定予以维持、修改甚至撤销。如果申请人在仲裁程序开始后提出临时措施和紧急措施请求的,那么该请求应当直接向仲裁庭提出,仲裁庭有权作出决定。但是仲裁庭无权强制执行其作出的临时措施决定,因此其强制执行将有赖于法院协助。为此,巴西《仲裁法》在2015年修订时提出了"仲裁函"(arbitration letter)的概念,即仲裁庭可以通过发布仲裁函,请求有管辖权的法院在其辖区内执行有关的临时措施或紧急措施。法院在确认仲裁的保密性要求后,对有关执行程序应当予以保密。

(6)仲裁裁决

第一,作出裁决的期限。商事仲裁既追求快速高效的过程,又充分尊重当事人的意思自治。因此巴西《仲裁法》规定,仲裁裁决应当在当事人约定的期限内作出。如果当事人没有约定作出裁决的期限,仲裁庭应当在仲裁开始之日起6个月内作出裁决,在存在仲裁员回避和替换的情形下,自替换仲裁员之日起6个月内作出。鉴于有些案件比较复杂,同时有关法律问题具有一定的可分割性,巴西《仲裁法》规定仲裁庭可以就审理清楚的争议作出部分裁决,部分裁决对当事人具有法律约束力,可以构成最终裁决的一部分。对于作出最终裁决的期限,仲裁庭和当事人在协商一致的基础上可以延长。

第二,仲裁裁决的内容。仲裁裁决是对当事人在争议中实体权利义务的认定和处置,对当事人具有法律约束力,具有强制执行力。法院可以根据当事人的请求对该裁决予以承认和执行,一般不得对该裁决进行重新审查或作出新的判决。法院撤销裁决或拒绝承认与执行裁决的理由一般由法律明确规定,主要是基于仲裁程序存在瑕疵或违反公共秩序等原因。由此可见,仲裁裁决的质量直接关系当事人的利益,因此巴西《仲裁法》对裁决的内容作了相应规定。它规定仲裁裁决必须包含以下内容:当事人名称和争议概要;说明作出裁决的依据,并对事实问题和法律问题进行适当分析,如果裁决是根据衡平原则作出的,也应当予以说明;对提交仲裁的争议事项所作的决定,如果需要,应当规定履行裁决的期限;作出仲裁裁决的日期和地点。如前所述,巴西仲裁法鼓励当事人通过调解解决争议,因此,如果当事人在仲裁程序进行中达成和解协议的,仲裁庭可以应当事人的要求,根据和解协议作出仲裁裁决。鉴于仲裁裁决的重要性,除上述必备内容外,巴西《仲裁法》还规定,裁决必须以书面形式作出,仲裁员应当签字。如果仲裁庭由多名仲裁员组成,裁决应当根据多数意见作出,如果无法达成多数意见的,则根据首席仲裁员的意见作出。持不同意见的仲裁员可以单独发表不同意见。对于仲裁员不能或不愿签署仲裁裁决的情形,首席仲裁员应当予以证明核实。此外,仲裁庭还可以就仲裁费用分担作出裁决。如果在仲裁程序中,因当事人恶意行为产生费用的,仲裁庭也可以就此作出裁决,如果当事人在仲裁协议中对此作了约定,则应当符合该约定。

仲裁裁决的作出标志着仲裁程序的结束,独任仲裁员或首席仲裁员应当将裁决书以邮件或其他通信方式送达当事人,并确认送达。也可以采取个人送达方式,直接送达当事人,并要求当事人签收送达回执。

第三,仲裁裁决的更正。在实践中,裁决书可能会存在笔误、打印错误、计算错误甚至语义模糊的情形,在这些情况下,当事人可以要求仲裁庭予以更正或说明。巴西《仲裁法》规定,当事人在收到裁决书后 5 日内,当事人在通知另一方当事人后,可以要求仲裁庭改正裁决书中的笔误,对仲裁裁决中语言模糊、令人费解或自相矛盾的地方进行澄清,或对漏裁的问题作出补充裁决。仲裁庭收到该请求后,应当在10 日内或者当事人约定的期限内,对裁决予以更正,并将更正后的裁决通过该法规定的方式送达当事人。

第四,仲裁裁决的效力。巴西《仲裁法》规定,仲裁裁决如同司法机关作出的判决一样,对当事人及其权利义务继受人具有约束力。如果仲裁裁决包含金钱给付义务,则该义务具有强制执行力。法院对仲裁庭认定的事实和适用的法律原则上不得进行再次审查,也不得作出新的判决。

第五,撤销仲裁裁决:仲裁是替代法院的一种民间争议解决方式,它充分尊重当事人的意思自治,有效的仲裁协议一般排除了法院的管辖权,但这并不意味着法院或司法对仲裁就关闭了大门。事实上,司法对仲裁的协助和监督是仲裁良性发展的重要保障,体现在仲裁的各个阶段,包括仲裁程序开始之前、之中以及裁决作出之后。巴西《仲裁法》规定,在仲裁裁决作出后,如果存在以下情形之一的,仲裁裁决可能被宣布为无效:仲裁协议无效或者不能执行;仲裁裁决是由不适格的仲裁员作出的;仲裁裁决缺失该法规定的必备内容;裁决超出了仲裁协议约定的争议事项;有证据证明裁决是通过不诚信、勒索或者腐败的方式作出的;裁决是在当事人或首席仲裁员根据该法第12条第3款约定或批准的延长期限届满后作出的;裁决违反了该法规定的正当程序、公平原则以及仲裁员未能公正独立地裁决案件。如果存在上述情形,当事人应当在收到仲裁裁决之日起90日内向有管辖权的法院提出。此处所指的仲裁裁决包括部分裁决、最终裁决以及更正后的裁决,当事人应当对该时限予以特别关注。法院在收到当事人的请求后,可以宣布撤销仲裁裁决,也可以在一定情形下要求仲裁庭重新作出裁决。一般而言,如果仲裁协议无效或不能执行、仲裁员不适格、仲裁程序存在非法情形、仲裁期限超过当事人约定或首席仲裁员准许的额外期限,以及仲裁员未能公正独立地对待双方当事人的,裁决会被撤销,而不能要求仲裁庭重新作出裁决。

(7)外国仲裁裁决的承认和执行

和很多国家一样,在承认与执行外国仲裁裁决时,巴西《仲裁法》规定应当根据其批准的国际条约进行,没有国际条约的,应当根据《仲裁法》的规定进行。所谓外国仲裁裁决,巴西《仲裁法》以裁决作出地为依据进行界定,即凡在巴西境外作出的裁决,均为外国裁决。巴西《仲裁法》规定,申请承认与执行外国仲裁裁决只能向巴西各地高等法院提出,该审级的设置体现了巴西对外国仲裁裁决的承认与执行具有较高的重视程度。

关于承认与执行外国仲裁裁决的程序和审查事项,巴西《仲裁法》既援引了其《民事诉讼法典》,也参考了经批准的国际公约,特别是1958年《纽约公约》。就程序性要求而言,申请人必须满足巴西《民事诉讼法典》规定的程序性要求,必须提供仲裁裁决正本或经认证的副本,并经巴西领事馆认证,同时提供经认证的翻译件。此外,申请人还应当提供仲裁协议原件或经合法认证的复印件,并提供经认证的翻译件。如果被申请人请求法院拒绝承认或执行仲裁裁决的,应当提供以下证据:第一,仲裁协议的当事人欠缺行为能力;第二,根据当事人选择的准据法,仲裁协议无效,或者在当事人没有选择准据法时,仲裁协议根据裁决作出地国法律是无效的;第三,被申请人未得到指定仲裁员或参加仲裁程序的适当通知,或者因其他原因导致其不能陈述意见的;第四,仲裁裁决超裁,且超裁部分不能与其他部分分离的;第五,仲裁程序的开始违反仲裁请求书或仲裁条款的;第六,仲裁裁决对当事人尚未产生约束力,或者被裁决作出地法院撤销或中止的。这些事由均应由被申请人承担举证责任,是否拒绝承认与执行裁决,法院享有自由裁量权。此外,如果高等法院发现存在以下情形的,将拒绝承认或执行外国仲裁裁决:第一,根据巴西法律,争议事项不具有可仲裁性;第二,裁决违反巴西国内公共政策。巴西《仲裁法》虽然对公共秩序没有作出明确界定,但是它对送达问题作了特别规定,即在根据仲裁协议或仲裁地国家程序法对在巴西有居所或住所的当事人进行送达时,包括有回执的邮件送达,只要该当事人享有合理时间陈述其案件,不得视为违反了巴西公共秩序。巴西《仲裁法》还赋予申请人就申请材料进行形式补正的权利,即如果被申请人主张申请人提交的材料在形式上存在瑕疵而不应承认与执行裁决时,申请人可以补正后再次提起申请,请求法院对裁决予以承认与执行。由此可见,对于拒绝承认与执行外国仲裁裁决的事由,巴西《仲裁法》的规定与1958年《纽约公约》的规定基本一致,体现了巴西对《纽约公约》的尊重与执行。

2. 简要评析

巴西《仲裁法》在1996年生效后,经过近20年的发展,取得了一定的成果,也面临一些新的问题,因此巴西于2015年对《仲裁法》作了修订,删除、修订并增加了一些条款,使其更具国际性。总体而言,大致有以下特点。

(1)涉及几类特殊主体的仲裁

第一,涉及消费合同的争议。当一方当事人是消费者,且仲裁条款载于格式合同时,虽然这样的争议也可以提交仲裁,但对于双方当事人是否达成仲裁合意,巴西《仲裁法》有特殊规定。根据该法的规定,消费者可以通过提起仲裁表明其接受合同中的仲裁条款,也可以通过明确同意仲裁条款表示其合意,此时格式合同中的仲裁条款应当用突出的字体形式表现出来。该规定有助于保护消费者选择争议解决方式的权利,因为在实践中,消费者对格式合同往往没有谈判的能力,对有些规定即使不同意也无法修改合同,而仲裁是建立在当事人充分合意的基础上,因此有必要探究消费者的真实意思表示。

第二,涉及劳动合同的争议。根据巴西法律,劳动合同可以分为集体劳动合同和个体劳动合同。前者是指多名雇员与1名雇主或多名雇主签订的劳动合同,因该合同引发的争议可以提交商事仲裁。后者是指单个雇员与雇主签订的合同,由此产生的争议往往不能通过商事仲裁途径解决。因为在实践中,单个雇员往往没有和雇主谈判的实力,处于弱势地位,因此法律有必要对其予以特殊保护,体现弱者利益保护原则。

第三,涉及国家公共行政机构的争议。1996年《仲裁法》对该问题没有作出明确规定,但在实践中却不乏行政机构参与商事交易的情况,因此对于行政机构能否作为仲裁协议的一方当事人约定将争议通过仲裁解决就引起了广泛讨论。在巴西《仲裁法》修订之前,对公共行政机构是否有能力参与仲裁这一问题的解释主要依赖可支配财产权的一般原则(the general rule of patrimonial disposable rights)。在此期间,巴西于2004年通过了《公私合作法》,该法明确规定公共行政机构与私营部门就大规模基础设施建设等合同发生的争议可以通过仲裁解决。之后,巴西于2005年对公共服务许可领域的法律作了修订,允许将该领域的争议通过包括仲裁在内的可替代性争议解决方式解决。这些立法的变化都体现在2015年修订的《仲裁法》中。但是,对于通过仲裁解决涉及公共行政机构的争议,这些法律作了一定限制,包括仲裁程序必须在巴西进行,仲裁语言为葡萄牙语,以及仲裁程序应当遵守巴西《仲裁法》的规定。此外,2015年修订后的《仲裁法》对涉及这些主体的仲裁作了进一步限制,包括仲裁必须依照法律作出,且遵循公开的原则。也就是说,与一般的仲裁主体不同,涉及公共行政机构的仲裁,包括国家行政部门这种直接公共行政机构以及国有企业这种间接行政机构,其仲裁必须透明,且为了避免损害公共利益,仲裁只能依照法律进行,而不能通过当事人协商一致的方式,按照衡平原则进行。[1] 巴西修改后的《仲裁法(修正案)》关于公共行政机构仲裁的公开原则在一定程度上与联合国国际贸易法委员会近年来所进行的国际投资仲裁领域的透明度改革相呼应,即为了保护仲裁中涉及的公共利益,对于涉及公共

---

〔1〕 Article 1 Paragraph 3: Arbitration that involves public administration will always be at law, and will be subject to the principle of publicity.

利益领域的仲裁实行公开原则。另外,在可仲裁事项上,同平等主体之间的仲裁一样,可以通过仲裁解决的纠纷只能是可自由转让的财产性权利,与人身相关的权利则不在仲裁范围之内。

另外,此次《仲裁法》的修改将直接公共行政机构纳入了可申请仲裁的范围,这一修改意味着允许巴西政府成为仲裁的主体。由于巴西并未批准1966年《解决国家与他国国民之间投资争端公约》(以下简称《华盛顿公约》),且尚未签订双边投资条约,因此,在《仲裁法》修改之前,涉及外国投资者与政府部门的争议是无法通过仲裁予以解决的。修订后的《仲裁法》为外国投资者提供了更多的安全保障,增加了争议解决途径,加强了外国投资者的信心,有利于吸引外资。

(2)临时仲裁与仲裁员名册的突破

临时仲裁一般是指当事人没有指定仲裁机构对仲裁案件进行行政管理,仲裁程序由当事人和仲裁员商定。与机构仲裁相比,临时仲裁的优势在于灵活性更高,同时成本也更低,因为不用支付仲裁机构的行政管理费用。无论是1996年《仲裁法》还是修订后的《仲裁法(修正案)》,巴西都允许临时仲裁,当事人可以就仲裁程序以及适用的规则等问题进行协商。关于仲裁员的选任方面,根据修订后的《仲裁法》,[1]选择机构仲裁的双方当事人可以不受仲裁机构规则的限制,经协商一致从该机构的仲裁员名册之外指定仲裁员。

(3)临时措施与仲裁函

2015年《仲裁法(修正案)》以仲裁庭的组成为分界点对临时措施作了规定。在仲裁庭组成之前,由法院采取临时措施,仲裁庭组成之后则由仲裁庭行使该权力,这一规定在很大程度上体现了司法对仲裁的尊重。此外,在仲裁员向法院寻求协助方面,该法规定了仲裁函的使用,仲裁庭可以通过仲裁函向法院请求采取相关措施,该规定进一步促进了法院与仲裁庭之间的合作,有利于法院更好地运用其司法权以支持仲裁。

(4)友好仲裁制度

友好仲裁与依法仲裁相对应,是指仲裁庭根据当事人之间达成的协议,不必

---

〔1〕 Article 13 Paragraph 4:By mutual agreement,the parties may choose not to be bound by the provision of the rules of arbitral institution or specialized entity that requires the appointment of sole arbitrator, co-arbitrator,or president of the tribunal from the respective roaster of arbitrators.

严格按照法律的规定而可以依据公允善意原则和商业惯例对争议进行裁决。巴西《仲裁法》在依法仲裁的基础上,明确规定了友好仲裁制度。友好仲裁制度的采用一般取决于各方当事人的明示同意,与依法仲裁相比,友好仲裁的主观性较强,缺乏依法仲裁的客观性和可预见性。但从实践来看,立法相对实践的发展有时存在一定的滞后性,可能对有些争议缺乏明确的法律规定,友好仲裁能起到一定的补充作用,不至于因立法的暂时滞后而使争议无法得到解决。另外,仲裁的主要目的是定分止争,作出让当事人都能够接受的裁决,友好仲裁能在更大程度上达此目的,因此当今许多国家,如美国、德国、荷兰、法国等都在相关立法中认可了友好仲裁制度。

（二）调解制度

自巴西国家司法委员会于2010年颁布关于调解的管理规章以来,调解在巴西得到广泛认可与适用,很多提供消费者服务的公司,比如,电信公司、银行以及航空企业在其内部设立了专门的调解部门,其目的是尽量通过调解解决与客户之间的争议,而不是诉诸法院。随着调解服务业的不断发展,巴西于2015年6月26日颁布了《调解法》,该法于2015年12月23日生效。此外,巴西于2015年修订的《民事诉讼法典》对调解也作了相应规定。因此,从国内法渊源来看,规制巴西调解制度的主要是《调解法》和《民事诉讼法典》。就国际条约而言,巴西目前没有加入任何与调解有关的公约,但是巴西在立法时参考了国际调解制度的最新发展,特别是借鉴了联合国国际贸易法委员会制定的《国际商事调解示范法》,从而使其立法具有较强的国际性与先进性。下文对巴西调解制度的主要内容和特点作简要介绍和评析。

1. 主要内容

（1）调解的适用范围及遵循的原则

第一,调整范围。巴西《调解法》开宗明义地规定了调解的范围:调解是解决当事人私人之间争议的一种方式,也是解决公共行政领域争议的一种自决方式。调解员在当事人争议解决过程中不具有决定权,其在接受指定后,应当协助、鼓励当事人寻求并达成相互认可的解决办法。就争议的性质而言,《调解法》规定只要是可处分的权利,或权利虽不可处分但能通过协商解决的争议都可以通过调解方式解决。因此,除一般的商事争议外,调解在巴西还被广泛用于解决家庭纠纷、消费者纠纷以及劳动争议等,可谓适用范围相当广泛。需要注意的是,因公共服务引起的争议也可以提起调解,此时一方为提供公共服务的行政机构或实体,调解形式可以为集体调解模式。

第二,调解应遵循的原则。巴西《调解法》规定,在调解过程中,下述原则应当得以遵守:调解员独立原则;当事人平等原则;口头陈述原则;非正式原则;当事人自由意志原则;寻求共识原则;保密性原则;善意原则。上述原则是当事人和调解员在调解活动中必须遵守的,并通过该法后续条文对其作了进一步阐释。比如,就当事人自由意志原则而言,《调解法》规定,如果合同中规定了调解,当事人应参加第一次调解会议,这属于当事人应履行的义务,但是之后对于调解程序是否继续进行则由当事人自主决定,不得违背其意志。而且,当事人既可以将全部争议通过调解解决,也可以仅将部分争议提交调解解决。另外,就当事人平等原则而言,该法规定在调解过程中,当事人可以由律师或者公共辩护人协助,如果仅一方当事人与其律师或公共辩护人一起出席的,调解员应中止程序,直至所有当事人都得到适当协助。

(2)调解员资格

巴西《调解法》将调解分为一般调解或司法外调解、司法调解以及公共行政机构的自决调解 3 种类型,对调解员的资质分别作了要求。

第一,担任调解员的一般规定。无论是司法外调解员还是司法调解员,在担任调解员职务时均应遵守以下规定:首先,关于调解员的任命,调解员应当由法院指定或当事人选定,其应在双方之间进行沟通,寻求双方的理解和同意,并促进争议的解决。其次,关于调解员回避的问题,《调解法》关于调解员回避的规定参照适用有关法官回避的法律规定。被任命为调解员的人有义务在接受此任命之前,向双方披露可能对其独立性产生合理怀疑的任何事实或情况,并且在这种情况下,任何一方当事人可以拒绝其担任调解员。最后,调解员在参加的最后一次听证会结束后 1 年内不得为任何一方当事人提供协助、代理或辩护服务,不得在涉及其调解争议的诉讼或仲裁程序中担任仲裁员或证人。调解员以及所有协助调解员进行调解程序的人,在履行其职责或协助调解员进行调解程序时,就可能承担的刑事责任而言,应享有与公职人员相同的待遇。

第二,司法外调解员。所谓司法外调解,是指发生在法院诉讼程序之外的独立调解程序,是一种完全由当事人主导的调解形式。在该调解程序中,《调解法》对调解员的资质未作任何要求,只要双方当事人信任,任何具有法律能力(民事行为能力)的人均可担任调解员。至于该人士是否为某些委员会、集团或协会的成员或是否进行登记注册,《调解法》不作强制要求。由此可见,在一般调解程序中,《调解法》对调解员的任职要求是相当宽松的,充分体现了当事人意思自治原则,也表明立法对调解的积极支持。

第三,司法调解员。司法调解员是在法院诉讼程序中担任调解职务的人士,因为该调解发生在司法程序中,因此《调解法》和《民事诉讼法典》对调解员的任职资格作了相应规定。首先,该人士必须具备法律行为能力。其次,该人士需接受过相应的法学教育,包括从教育部承认的大学取得学位至少两年;或经调解员研究生院或国家法官进修学校(National School for Graduation and Improvement of Magistrates)或法院认可的机构鉴定合格的;最后,进行相应的登记注册,《民事诉讼法典》和《调解法》均要求司法调解员在有关联邦数据库或法院数据库进行登记注册,法院应当为经授权从事司法调解活动的适格调解员建立登记名单并保持更新。目前,巴西有一个国家登记中心,专门记录并保存与调解员业务有关的数据,包括调解的案件数量、达成调解协议的概率以及调解的争议性质等,该数据库每年更新一次。

(3)调解程序

巴西《调解法》对调解程序的规定与调解员的规定相类似,也分为 3 个方面,即一般规定、司法外调解和司法调解。

第一,调解程序的一般规定。首先,调解开始及其意义。在第一次调解会议开始时,调解员认为有必要的,应向双方提醒适用于该程序的保密规则。调解程序的开始时间为第一次调解会议的预定日期,争议的时效期间因调解程序的发生而中断。调解开始后,后续调解会议的日程应由当事人共同商定。其次,其他调解员在一定条件下可以加入调解程序。应当事方或调解员要求,并经其他当事人和调解员同意,同时考虑到纠纷的性质和复杂性,在适当情况下可以允许其他调解员参与到调解程序中。再次,调解与仲裁或诉讼的关系。即使存在仲裁或诉讼,当事人也可以要求调解。在这种情况下,他们应请求法官或仲裁员中止相应程序,并提供一个充足的调解期限,法官或仲裁庭可据此作出决定,该决定对当事人具有法律约束力。但是,在相应的诉讼或仲裁程序中止期间,法官或仲裁庭依然享有作出临时禁令的权力。最后,调解形式多元。调解员在进行调解时,既可以同时会见全体当事人,也可以分别会见当事人,其目的都是帮助当事人理解对方的立场、明晰有关利益,从而达成和解协议。如果调解员认为当事人之间不可能达成和解协议,或者一方当事人声明不可能达成和解协议的,可以认为调解失败,应当终止调解程序。如果经过调解当事人达成协议的,调解员应制作最终调解文书,该文书为司法外强制执行文书,在当事人之间具有合同效力;如果该调解文书经法院批准,则为司法强制执行文书,可以请求法院强制执行。

第二,司法外调解。首先,调解程序的启动。当事人可以采取任一通信方式邀请对方当事人启动司法外调解程序,并应当说明拟进行协商的范围、首次会议的日期和地点。一方当事人在收到另一方当事人发出的调解邀请后30日内未答复的,视为拒绝调解邀请。其次,合同中的调解条款应当载明的内容。从收到调解邀请之日起计算,举行第一次调解会议最早和最晚期限;第一次调解会议的地点;选择调解员和调解团队的标准;缺席第一次调解会议应接受的惩罚。当事人也可以通过选择可靠的调解机构发布的调解规则来代替对上述事项的约定,该调解规则应当清楚地规定选择调解员的标准和如何举行第一次调解会议。如果当事人既没有制定完善的调解条款,也没有约定调解规则的,《调解法》规定第一次调解会议应当按以下程序进行:第一次调解会议应当自收到邀请之日起最短10个工作日,最长3个月内举行;会议地点应当具备相应的保密措施;邀请方应列明5名适格调解员的姓名、联系方式和职业简介,被邀请方可以从这5名候选人中明确指定1名作为调解员,如果被邀请方未作选择且未对该名单提出异议,则名单中的第一位候选人应被视为双方同意的调解员;如果被邀请方未出席第一次调解会议,即使其在之后针对该争议事项的仲裁或诉讼中胜诉,它也要承担50%的仲裁费用或诉讼费用。再次,调解员的收费。在因商事争议引发的诉讼程序中,如果当事人在有关合同中没有约定调解条款的,司法外调解员仅在当事人决定签署调解启动文书并自愿进行调解时,才能收取其服务费。最后,调解条款对仲裁或诉讼程序的影响。如果当事人约定了调解条款,当事人据此承诺在一定期限内或者在一定条件成就前不得提起仲裁或诉讼的,仲裁员或法官应当在约定的期限届满前或者在该条件实现前中止仲裁或者诉讼程序,在实践中该约定也称为“冷静期”(cooling period),其目的是使当事人有机会通过调解等友好协商的方式解决争议,避免陷入冗长昂贵的仲裁与诉讼程序。但是,该规定不适用于为避免权利丧失而有必要向司法机关提起初步禁令的情形。

第三,司法调解。司法调解的程序主要由法律明确规定,当事人的意思自治受到一定的抑制。首先,该法规定了司法中心的设置和功能,即法院应当为友好解决争议设立司法中心,该中心负责举行庭前和诉讼程序中的调解、调停和听证,并负责制定旨在协助、指导和鼓励争端自我解决的方案。中心的组成和组织应由各法院根据国家司法委员会发布的规则设置。其次,调解员的指定。在司法调解中,调解员的指定无须当事人事先接受,说明当事人意思自治在司法调解中受到了一定抑制。再次,律师或公共辩护人的参与。在司法调解中,各方当事人都应得到律师或公共辩护人的协助。如果证据清楚表明当事人缺乏支付律师或公共辩护人费用的能力,则公共辩护人办公室应当确保该当事人获得法律服务。最后,调解听证会的启动和终结。如果当事人的起诉满足基本要求且法院未驳回起诉的,法官应组织调解听证会。司法调解程序应当在第一次调解会议举行之日起60日内结束,但当事人根据协议要求延期的除外。当事人之间达成调解协议的,应当将笔录提交法官,由法官决定终止程序;如果当事人提出请求,法官也可以法院裁定的形式批准调解协议,从而终止诉讼程序。

(4)保密性及其例外

保密性是巴西《调解法》的一项基本原则,该法第30条和第31条对保密内容、承担保密义务的主体、保密的适用范围和例外作了规定。就保密内容而言,原则上在调解程序中获得的信息都应当对第三方保密,具体而言包括:一方为解决争议之目的向另一方作出的陈述、意见、建议或承诺;当事人在调解程序中对某项事实的承认;当事人对调解员为解决争议提出的议案所作的接受声明;专门为调解程序准备的文件。需要注意的是,在实践中调解可以全体当事人参与的形式进行,也可以分别进行。如果是分别进行,一方当事人向调解员披露的任何信息,在取得该方当事人许可之前,调解员不得向另一方当事人泄露。就承担保密义务的主体而言,包括直接或间接参与调解程序的调解员、当事人、当事人的代理人和律师、技术顾问及接受当事人委托之人。就保密适用的范围而言,上述保密义务不仅针对一般的第三人,而且在之后针对争议提起的诉讼或仲裁程序中,未经双方当事人明确同意,也不得披露。但是这种保密义务并非绝对,尤其是在涉及公共利益的情况下,因此《调解法》规定了例外情形,主要包括法律要求或为执行调解协议而有必要披露该等信息,以及有关信息涉及公共犯罪时,保密性原则不予适用。但是,《调解法》没有规定违反保密性原则的法律后果,一般而言,如果一方当事人违反保密义务给对方当事人造成损失的,应当承担相应的民事责任。若是调解员违反保密义务的,则根据司法部的有关规定以及《民事诉讼法典》第173条之规定,可以将该调解员除名。如果是司法调解员,法院有权在查证属实并出具理由的情况下,停止该调解员参与调解活动180日。

(5)涉及公共行政机构的调解

当争议涉及提供公共服务的行政机构时,巴西《调解法》第二章以专章形式作了特殊规定。该章分为两部分,即一般规定和涉及联邦公共行政机关及其代理机构和基金会的争端解决。

第一,一般规定。联邦政府、各州、联邦区和各市有公共检察长办公室的,可以在该机构职权范围内设置内部办公室,以预防和处理有关争议,该内部办公室的职权包括:解决公共行政机关和机构之间发生的纠纷;当个人和公共行政机构之间发生争议时,评估该争议是否可以通过和解或调解的方式解决,以及其他职能。但是,对于只能通过立法部门授权采取行动或赋予权利才能得以解决的争议,上述内部办公室无权受理。对于没有公共检察长办公室这一机构的行政区域,有关争议根据《调解法》的一般规定予以解决。需要注意的是,当事人是否将争议提交该内部办公室解决,取决于当事人的自愿。各州应当颁布相关规则规定该内部办公室的设立和运作条件。由此可见,当争议一方为行政机构时,巴西《调解法》只是为当事人解决争议提供了一个自决机制,也就是说,该机制依然以当事人意思自治为基本原则。当事人之间达成协议的,应当采用书面形式,并应视为司法外强制执行文书。该法还规定,涉及公共服务的争议,可以通过集体调解的方式解决。

第二,涉及联邦公共行政机关及其代理机构和基金会的争议解决。由于联邦公共行政机关及其代理机构和基金会行使一定的公共管理职能,在卷入争议时更需要一种高效快速的争议解决机制。巴西《调解法》规定了类似于格式合同的格式争议解决协议。该争议解决协议的条件和适用情形由具体行政决议确定,并由联邦总检察长授权,其授权应当建立在对联邦最高法院或高级法院判例的综合考察之上,或者取得巴西总统的批准。该行政决议具有一般约束力,适用于相同案件,即使当事人仅将部分争议要求通过格式争议解决协议予以解决亦如此。当事人在申请适用格式争议解决协议时,应当根据具体行政决议的要求提供证据材料。需要注意的是,当事人在选择格式争议解决协议解决有关争议时,即使其他救济程序已处于进行中但尚未作出决定的状态,也意味着其放弃了针对该部分争议进行行政或其他法律救济的权利。利害关系人是以集体诉讼方式提起诉讼的，对诉讼请求权的放弃应当向主审法官提出。该规定的立法目的显而易见，即快速解决涉及联邦行政机构的争议，避免使其陷入冗长的法律程序，从而影响其行使行政职能。另外，在涉及集体诉讼时又考虑到了众多利害关系人的利益，避免造成程序不公正。

此外，该法还对发生在联邦公共行政机构之间的争议调解机制作了规定。

2. 简要评析

巴西《调解法》共 48 条，比《仲裁法》多出 4 条。该法颁布时间较晚，不仅吸收了国内实践经验，同时还参考了国际调解制度的最新发展，因此具有很强的时代性。具体而言，它具有以下特点。

（1）调解适用领域广泛

首先，调解适用的范围不仅包括可处分的权利，而且对于可协商但不可处分的权利引起的纠纷，如有关环境和家庭方面的权利也可通过调解解决。其次，对于因公共服务引发的争议，该法作了详细规定，明确允许以调解的方式解决涉及公共行政机构的纠纷。最后，在《调解法》颁布之前，巴西的劳动争议案件由巴西劳工法院系统进行处理，一般不得进行调解，这造成该法院积压了大量的劳动争议案件。该法颁布之后，对于上述问题有所突破，规定劳动争议也可通过调解解决，这在一定程度上缓解了法院的压力。但是，对于劳动争议的调解机制，《调解法》规定适用特别规则。此外，调解近年来也开始被用以解决知识产权和破产领域的争议。

（2）调解的强制性

虽然该法规定当事人意思自治是调解的一项基本原则，但是如果当事人在合同中约定将争议通过调解解决的，按照该法的规定，[1]当事人应首先采用调解方式解决争议，主要表现在对第一次调解会议的强制出席，从这个角度来说，调解具有强制性。但在调解开始后，当事人是否愿意继续调解，则取决于当事人的自愿。此外，该法对合同中调解条款的内容也作了强制要求，[2]应当包含以下内容，即第一次调解会议的地点、调解员的选择和一方缺席时的惩罚，对于合同中的调解条

---

〔1〕 巴西《调解法》第 16 条。

〔2〕 巴西《调解法》第 22 条。

款不完整的,该法作了补充规定,从而全面保障当事人有机会启动调解程序,通过调解解决争议。

(3)调解与仲裁或诉讼的衔接

根据该法的规定,当事人在诉讼或仲裁程序进行中也可以在协商一致的情况下申请法院或仲裁庭中止诉讼或仲裁程序,进行调解。如果调解失败,则恢复之前的诉讼或仲裁程序。此外,在司法调解中,为了促进争议的友好解决,法院设立司法中心,该中心专门负责庭前或诉中调解。司法调解程序应当在第一次开庭之日起60日内结束,如果当事人之间对于争议达成协议的,应当将记录提交给法官,由法官决定调解程序的终结,在当事人提出请求的情况下,法官应当通过法院判决或最终调解文书的形式批准调解协议,从而赋予其司法文书的效力。

三、巴西仲裁机构及其规则

(一)巴西主要仲裁机构介绍

巴西仲裁机构众多,较有影响力的国际商事仲裁机构主要包括巴西—加拿大商会仲裁与调解中心(Center for Arbitration and Mediation of the Chamber of Commerce Brazil-Canada,CAM-CCBC)、巴西—企业仲裁协会(Câmara de Mediação e Arbitragem Empresarial-Brasil,CAMARB)、圣保罗州工业中心(Centro das Indústrias do Estado de Sao Paulo,CIESP)或圣保罗工业联合会(Federação das Indústrias do Estado de São Paulo,FIESP)仲裁调解协会等。其中,CAM-CCBC是拉丁美洲最被国际投资者普遍认可的争议解决机构之一,其占据了巴西争议解决市场50%以上的业务,处理大量的国内和国际商事仲裁案件;CAMARB也是巴西重要的商事争议解决机构之一,其拥有多种语言办公的秘书处和经验丰富的仲裁员,为复杂的仲裁、调解案件的解决提供灵活且高效的服务;CIESP/FIESP仲裁调解协会是由CIESP和FIESP设立,对于有关商事争议行使独立自主的管理权,在巴西争议解决市场中占据重要地位。受巴西《仲裁法》的影响,上述仲裁机构的仲裁规则在管辖权、仲裁员的任命以及案件的审理程序等方面的规定具有一致性,本章受篇幅的限制,将以巴西最知名的仲裁中心CAM-CCBC的仲裁和调解规则作为代表,具体介绍其主要内容并进行评析。

(二)巴西—加拿大商会仲裁与调解中心(CAM-CCBC)《仲裁规则》

CAM-CCBC的《仲裁规则》共计4章15条,该规则于2011年9月1日经巴西—加拿大商会特别大会批准,并于2016年4月28日修正。规则的内容分别为

CAM-CCBC 的介绍、仲裁程序、仲裁费用和一般规定。下文将针对该规则这四部分的规定进行详细的介绍。

1. 关于巴西—加拿大商会仲裁与调解中心(CAM-CCBC)

(1)规则的适用范围

CAM-CCBC《仲裁规则》适用于提交至巴西—加拿大商会仲裁与调解中心即 CAM-CCBC 解决的争议案件。在具体仲裁规则的适用上,该规则充分尊重当事人的意思自治,即双方当事人可以在不影响 CAM-CCBC 行使行政管理职能的前提下,通过双方意思自治对该规则进行修改,但是这种修改并不具有普遍约束力,仅适用于特定的案件。

(2)CAM-CCBC 的名称、总部、宗旨和组成

CAM-CCBC 总部位于圣保罗州圣保罗市。总部位置并不影响其按照该规则的相关规定对在巴西其他地方或在国外进行的仲裁程序的管理。

CAM-CCBC 的宗旨是按照该规则的规定采取行动并提供服务,对当事人向其提交的仲裁、调解以及其他争议解决程序进行管理,无论当事人是否为巴西—加拿大商会(以下简称商会)成员,也无论其国籍、住所或出处。

CAM-CCBC 的管理机构包括:①执行委员会。执行委员会由 1 名主席、5 名副主席和 1 名秘书长组成,负责 CAM-CCBC 的行政管理工作,执行规则规定的具体职责。其中,主席由商会大会选举产生,任期 2 年,可以连任,执行委员会的其他成员由主席任命。②咨询委员会。咨询委员会由 CAM-CCBC 的前主席作为常任成员和至少 5 名由常任成员从仲裁员名册中选出的代表组成,任期 2 年,允许连任。

CAM-CCBC 主席的职责是:①代表 CAM-CCBC;②召集并主持执行委员会会议以及召集咨询委员会会议;③发布行政决议;④批准与其他替代性争端解决方法有关的规则和规范;⑤适用该规则;⑥发布补充规则以解决疑难问题,并为该规则的适用提供指引,包括在对规则的适用存在分歧的情况下;⑦根据利害关系方的请求,指定临时仲裁的仲裁员;⑧依照该规则的规定指定仲裁员;⑨在仲裁庭无权决定期限的延长时,决定期限的延长,以及决定有关仲裁员和调解员任命期限的延长;⑩任命仲裁员、调解员和专家作为各专业人员名单的成员;⑪履行该规则规定的其他职责。在不影响咨询委员会职权的情况下,CAM-CCBC 主席可以成立委员会对有关促进 CAM-CCBC 发展和提升的活动进行研究,并提出具体建议。

在该规则明确规定的情况下,由 CAM-CCBC 主席听取咨询委员会的意见,主席认为必要时可以随时召集咨询委员会。在应听取咨询委员会的意见但主席未定期召集咨询委员会的情况下,咨询委员会也可由两名副主席共同召集。

副主席的职责是:①当 CAM-CCBC 主席缺席或无法履行其职责时,根据主席的指定替代主席履行职责;②协助主席履行其职责;③按照该规则规定的情形与方式召开咨询委员会会议;④履行主席赋予的职责。

秘书长的职责是:①负责 CAM-CCBC 的相关记录与文件的维护;②监督并协调 CAM-CCBC 的行政管理活动;③确保 CAM-CCBC 管理程序的进程,特别是在有关截止期限的确认以及履行主席赋予的职责方面;④参加与宣传仲裁意识和 CAM-CCBC 有关的活动,以及其他行政事务。

咨询委员会应在 CAM-CCBC 主席提出要求时,协助其履行职责,并建议采取有助于提高机构声誉和优质服务的措施。咨询委员会每 4 个月定期举行一次会议,在主席或两位副主席认为有必要时可随时召集。

(3)仲裁员名册

仲裁员名册由来自巴西或国外的具有良好声誉与法律专业知识的专家组成,仲裁员由 CAM-CCBC 主席在听取咨询委员会的意见后任命,任期 5 年,可以连任。在听取咨询委员会的意见后,CAM-CCBC 主席可以替换仲裁员名册中的任一成员。

2. 仲裁程序

(1)仲裁程序的开始

仲裁申请:希望提起仲裁的一方当事人应亲自或以挂号信的方式通过主席通知 CAM-CCBC,提供足够的副本以保证各当事方、仲裁员和 CAM-CCBC 秘书处各有一份,并附上:①包含选择 CAM-CCBC 来管理仲裁程序的仲裁协议的文件;②表明律师的代理权限的授权书;③仲裁争议事项的简要陈述;④估算的争议金额;⑤仲裁当事人的全称和详细情况;⑥合同约定的仲裁地点、语言和适用的法律或规则。另外,当事人还应根据本《仲裁规则》的规定附上登记费支付证明和通知。

仲裁答辩:CAM-CCBC 秘书处将向另一方当事人发送通知以及相应的证明文件的副本,要求该方在 15 日内简要说明可能属于争议标的的事项和相应金额,以及对于仲裁地、语言、适用的法律或规则的意见。

仲裁庭组成之前有关决定的作出:在仲裁庭组成之前,关于仲裁协议是否存在以及效力的异议将由 CAM-CCBC 主席审查,上述异议可以在未提交证据的情况下立即解决。主席还将在仲裁庭组成之前依照该规则审查合并仲裁的请求。在以上两种情况下,仲裁庭一旦成立,其将有权决定自己的管辖权,并确认或修改之前主席已作出的决定。

仲裁员的选任:CAM-CCBC 秘书处将向双方当事人发送该规则的副本和仲裁员名册,邀双方在 15 日内各自指定 1 名仲裁员,并可选择指定 1 名候补人员组成仲裁庭。当事人可以自由任命组成仲裁庭的仲裁员,但如果被任命的专家不是仲裁员名册的成员,则必须将该人员的简历提交给 CAM-CCBC 主席,由主席批准任命。

仲裁员的披露:CAM-CCBC 秘书处将任命结果通知当事人和仲裁员,同时,要求被任命的仲裁员在 10 日内填写《CAM-CCBC 利益冲突和可用性调查表》(CAM-CCBC's Conflict of Interest and Availability Questionnaire,以下简称《调查表》)。《调查表》由执行委员会和咨询委员会联合编制,其用途是搜集有关仲裁员独立性与中立性的信息,以及时间安排和其他与披露义务有关的信息。填写好的《调查表》以及有关事实材料将发送至各方当事人,当事人应在收到后 10 日之内提交意见。如果当事人就仲裁员的独立性、公正性或任何重大问题提出异议,则相关仲裁员应在 10 日内提交意见。相关仲裁员提交意见后,当事人应在 10 日内提出异议。

首席仲裁员的确定:在异议期满后,CAM-CCBC 秘书处将通知双方指定的仲裁员必须在 15 日内从仲裁员名册的成员中选出第三名仲裁员,担任首席仲裁员。在例外情况下,若具备合理的理由以及 CAM-CCBC 主席的批准,当事人双方选择的仲裁员可以任命 1 名非仲裁员名册成员担任仲裁庭首席。如果任命的仲裁员回避或辞职,CAM-CCBC 秘书处将在 10 日内通知当事人任命新的仲裁员。CAM-CCBC 秘书处将把首席仲裁员的任命结果通知双方当事人和仲裁员,被任命的首席仲裁员应当按照该规则规定的方式和时间作出接受任命的声明。如果任何一方当事人未能指定仲裁员,或由当事人任命的仲裁员未能指定第三名仲裁员的,CAM-CCBC 主席将从仲裁员名册的成员中作出此项任命。

独任仲裁员的确定:如果仲裁协议约定仲裁程序将由 1 名独任仲裁员进行,则独任仲裁员必须在秘书处发出通知后 15 日内由双方当事人协商任命。期限届满后,如果双方未能任命独任仲裁员或未能就其任命达成一致,则 CAM-CCBC 主席将按照该规则的规定任命独任仲裁员。

多方当事人情形下仲裁员的确定：如果仲裁案件中存在多方申请人和(或)多方被申请人，且各方当事人无法就仲裁员的任命达成一致意见，则 CAM-CCBC 主席应依照该规则的规定任命仲裁庭的所有成员，并指定其中一人担任首席仲裁员。

审理范围书(Terms of Reference)的内容：各方当事人将与仲裁员、CAM-CCBC 的 1 名代表和 2 名见证人一起签署审理范围书。审理范围书应包括：①当事人与仲裁员的名称和详细信息；②仲裁地；③仲裁协议文本；④同意仲裁员根据衡平原则裁决案件的授权(如果适用)；⑤仲裁所用的语言；⑥争议的主要问题；⑦适用的法律；⑧当事人各方的请求；⑨争议金额；⑩根据 CAM-CCBC 的要求，明确接受支付仲裁行政管理费用、开支、专家费用和仲裁员费用的义务。任何一方当事人未按通知时间出席首次会议或拒绝签署审理范围书并不妨碍仲裁程序的正常进行。当事人可以在审理范围书签署之日前变更、调整或修改仲裁请求和仲裁原因。

仲裁程序的合并：如果提交的进行仲裁的请求与 CAM-CCBC 目前正在进行的仲裁具有相同的目的或仲裁原因，或者两个仲裁中存在相同的当事人和仲裁原因，且其中一个仲裁的争议范围可以将另一个仲裁的争议范围涵盖其中的，则 CAM-CCBC 可应当事方的要求，在签署审理范围书之前指令仲裁程序的合并。

(2)仲裁庭

仲裁员名册中的成员或当事人指定的其他人员均可被任命为仲裁员，但被任命的仲裁员除应遵守该规则的相关规定外，还要遵守《CAM-CCBC 职业道德规范》以及独立性、公正性等要求。

具有下列情况的人员不得担任仲裁员：①为当事人一方的；②曾代表一方当事人在法院参与争议解决、作证、鉴定或者发表意见的；③系一方当事人的配偶或亲属(无论是血亲或姻亲)，或系一方当事人的长辈、后代或第三代旁系亲属的；④系一方当事人律师或代表的配偶或亲属(无论是血亲或姻亲)，或系一方当事人律师或代表的长辈、后代或第二代旁系亲属的；⑤参与作为当事人一方的经济实体的经营或行政管理的，或为该经济实体的股东或合伙人的；⑥与一方当事人有私交或纠葛的；⑦系一方当事人或者其配偶、亲属(包括长辈、后代和第三代旁系亲属)的债权人、债务人的；⑧系一方的推定继承人、受遗赠人、雇主或雇员的；

⑨在争议开始之前或之后接受当事人礼物,或就案件争议向其中一方提供建议,或为当事人提供资金支付仲裁费用的;⑩对有利于一方当事人的争议的裁决有直接或间接的利益的;⑪在仲裁开始前曾在争议中担任调停人或调解员的,但各方当事人明确同意的除外;⑫与任何一方或其律师有经济利益关系的,但各方当事人明确同意的除外。

如果仲裁员无法履行其职责,其应当随时披露该情况并拒绝任命或辞去职务。当事人可在获悉有关事实后15日内,就仲裁员缺乏独立性、公正性或据其他正当理由提出回避申请,特别委员会将针对该申请作出决定。上述特别委员会由CAM-CCBC主席从仲裁员名册中任命的3名成员组成。如果在仲裁过程中出现任何妨碍仲裁员履行职责的情况,或者仲裁员死亡或丧失行为能力的,则将由同一当事人重新任命另一名仲裁员。如果首席仲裁员无法履行仲裁员职责,则将由其他仲裁员重新任命首席仲裁员。如果通过以上方式仍不能任命仲裁员,则由CAM-CCBC主席指定。

(3)通知与期限

根据该规则的规定,除非当事人另有明确约定,否则所有通信、通知等均应依照当事人提供的地址发送给当事人指定的代表。通信、通知等须以信件、传真、电子邮件或其他类似方式发送,并应确认已被收悉。在当事人没有特殊约定的情况下,提交仲裁庭的所有文件应发送至CAM-CCBC秘书处,并为每名仲裁员和当事人的代表提供足够的副本,以及一份额外的副本用以CAM-CCBC案件存档。

仲裁庭可以酌情延长该规则规定的期限。如果该规则没有规定时间期限或仲裁庭没有规定时间期限,则该期限为10日。期限以工作日计算,从收到通知后的第一个工作日起算,不包括收到通知的日期,但包括最后期限当天。如果期限届满当日为CAM-CCBC非工作日的,则该期限将被视为延长至下一个工作日。

(4)仲裁程序的进行

①审理范围书的签署:仲裁开始后,CAM-CCBC秘书处将根据该规则的规定,通知当事人和仲裁员在30日内签署审理范围书。在审理范围书中,当事人可以和仲裁庭共同商定仲裁程序的初始时间表。

②仲裁概要(arbitration brief)的提交:仲裁概要是指当事人对于仲裁争议事项的陈述和说理,其应在当事人商定的时间内提交,如果当事人未就提交时间达成一致意见,则应在仲裁庭确定的时间内提交。如果当事人和仲裁庭均未确定时

间,则必须在签署审理范围书会议召开后30日内提交。

③当事人意见提出以及证据的出示:在收到当事人仲裁概要后的5日内,CAM-CCBC秘书处应将其副本发送至仲裁员和当事人,当事人需在20日内提交各自的意见,除非审理范围书对于期限另有规定。在收到上述当事人提交的意见后10日内,仲裁庭将根据仲裁程序进行状态,在必要时要求当事人出示相关证据,且仲裁庭可在其认为必要且适当的情况下,以适合的方式来分配举证责任。仲裁程序中涉及的技术性问题可由当事人指定的专家审查或阐明,经仲裁庭决定,专家可以出庭作证。举证阶段结束后,仲裁庭将给予当事人30日的时间作出最后陈述。仲裁庭应为仲裁的顺利进行采取必要和便利的措施,保障当事人得到充分辩护的权利、提出抗辩的权利以及受到平等对待的权利。

④当事人的缺席:根据该规则的规定,按期通知的任一当事人的缺席并不影响仲裁程序的继续进行,且当事人的缺席不能成为仲裁裁决的依据。

(5)临时措施

根据CAM-CCBC《仲裁规则》的规定,在临时措施方面,如果当事人没有特殊约定,仲裁庭可以准许临时措施,包括禁令性和预见性措施,并可酌情要求请求方提供担保。如遇紧急情况但仲裁庭尚未组成的,当事人可以请求主管司法机关采取临时措施,但当事人明确同意通过其他方式解决的除外。在这种情况下,当事人必须将司法机关的决定通知CAM-CCBC。仲裁庭一旦成立,其有权维持、修改或撤销先前的临时措施。一方当事人向司法机关请求采取临时措施,或是对仲裁庭采取的类似措施予以执行的,不视为违反或放弃仲裁协议,也不影响仲裁庭的管辖权。

(6)仲裁地、仲裁适用的法律和仲裁语言

仲裁地可以位于巴西境内或境外。如果双方当事人没有指明仲裁地点,或者没有就仲裁地点达成协议,或者仲裁地点的指定不完整或不明确的,仲裁庭组成之前CAM-CCBC主席可以决定仲裁地点;仲裁庭成立之后,仲裁地则由仲裁庭决定。上述仲裁地应在听取各方当事人的意见后确定,且仲裁庭有权决定在仲裁地以外的其他地方进行仲裁。

当事人可选择适用于争议的法律,若当事人的约定存在遗漏或分歧,则由仲裁庭决定仲裁适用的法律。另外,在仲裁协议或审理范围书有明确规定的情况下,仲裁庭可依照衡平原则裁决案件。

仲裁将以各方当事人约定的语言进行。如果当事人未就仲裁语言达成协议，仲裁庭将考虑相关情况(包括合同)来选择仲裁语言。

(7)仲裁裁决

仲裁裁决的作出期限：根据《仲裁规则》的规定，除非审理范围书或当事人对于期限另有约定，仲裁庭将在仲裁员收到当事人提交的最终意见(或在仲裁庭通知的期限届满)后60日内作出仲裁裁决书，首席仲裁员可酌情将上述条款中的期限再延长30日。

仲裁裁决的种类和形式：仲裁裁决可为部分裁决或最终裁决。如果作出部分裁决，仲裁庭应说明为作出最终裁决所必要的后续程序步骤。仲裁裁决须以书面形式作出。在多人组成仲裁庭的情况下，仲裁裁决应尽可能以协商一致的方式作出。如果无法协商一致，应根据多数意见作出裁决，每名仲裁员(包括首席仲裁员)各有一票。如果无法形成多数意见，以首席仲裁员的意见为准。仲裁裁决将由首席仲裁员以书面形式作出，并由全体仲裁员签字。如果一名或多名仲裁员没有在裁决书上签字，首席仲裁员须对该事实进行说明。对多数意见持异议的仲裁员可以在仲裁裁决中解释其异议。

仲裁裁决的内容：仲裁裁决应包括以下内容：①案件事实，包括当事人名称和争议概要；②针对事实问题和法律问题的裁决理由(如果裁决依据衡平原则作出须在裁决中明确声明)；③命令，包括对裁决履行的具体规范和时间要求(如果适用)；④作出裁决的日期、月份和年份以及仲裁地。此外，在适当情况下，裁决还将包括当事人对管理费用、仲裁员费用、开支和律师费的支付义务，以及当事人在审理范围书中约定的费用分摊比例。

仲裁的结束：首席仲裁员将裁决书原件送至CAM-CCBC秘书处，由秘书处送达各方当事人。最终仲裁裁决一旦作出并送达各方当事人，仲裁将被视为结束，除非当事人请求仲裁庭对裁决中的矛盾、遗漏或含糊不清之处进行解释，在这种情况下，仲裁庭对案件的管辖将延长至相应的决定作出之时。当事人申请对仲裁裁决进行解释的，须在收到仲裁裁决书之日起15日内提出，仲裁庭应在收到解释请求后的10日内作出决定。

(8)仲裁裁决的履行

根据CAM-CCBC《仲裁规则》的规定，当事人有义务按照仲裁裁决书规定的方式和时间履行仲裁裁决，如果不履行仲裁裁决，败诉方应承担因不履行而给胜诉方造成的损害。若仲裁裁决未得到履行,受损害方可将此事实告知 CAM-CCBC,以便 CAM-CCBC 将该事实披露给巴西或国外的其他仲裁机构和商会或类似实体。

根据任何一方当事人或仲裁员的书面请求,CAM-CCBC 可以提供与仲裁程序相关的法院程序启动所需的仲裁程序文件副本。而且,自仲裁结束之日起 5 年,仲裁程序的案卷将被保存在 CAM-CCBC 的档案中。在此期间,利害关系方可以要求 CAM-CCBC 提供其希望得到的意见和文件的副本,并自行承担费用。

3. 费用和支出

《CAM-CCBC 管理费用和仲裁员费用表》(以下简称《费用表》)的形式及其内容由 CAM-CCBC 主席定期修订。

CAM-CCBC 的管理费用应从向主席请求开始仲裁的通知提交之日以及从被申请人收到通知之日起,由申请人向 CAM-CCBC 支付。

在存在多个当事人(包括申请人与被申请人)的仲裁中,所有当事人必须单独全额支付 CAM-CCBC 提供服务所产生的行政费用。

如果同一方的多个当事人委托同一律师,CAM-CCBC 将向这些当事人减半收取管理费用。在发出仲裁开始的通知时,申请人必须向 CAM-CCBC 支付《费用表》中规定的登记费。同时,CAM-CCBC 秘书处可要求申请人在签署审理范围书时提前支付预估费用,该预估费用可在设立费用基金(Expense Fund)程序中抵消。

各方当事人应依照《费用表》中规定的最低小时数或争议金额的百分比向 CAM-CCBC 交存仲裁员费用。该笔费用必须在《费用表》中规定的时间内支付。对于仲裁附带产生的或在仲裁期间发生的费用,如果是由仲裁庭要求的行为造成的,将由提出该行为的一方提前支付或双方提前平均支付。

如果管理费用、仲裁员费用和专家费用或任何其他仲裁费用未支付的,一方当事人可在 CAM-CCBC 秘书处规定的时间之前为另一方垫付款项,且 CAM-CCBC 秘书处将会把垫付的事实通知各方当事人和仲裁庭。在这种相关费用已被垫付的情况下,仲裁继续进行。但是,如果各方当事人均不愿意付款的,仲裁将中止。仲裁一旦因当事人未付款而被中止 30 日且没有任何一方提供资金的情况下,仲裁可以被终止,但只要拖欠款项被支付,当事人有权请求开始新的仲裁程序。

4. 一般规定

(1)解释

仲裁员有权解释该规则,且在对该规则进行解释时适用多数意见原则。另外,仲裁员可以在不影响该规则规定的情况下,提请 CAM-CCBC 主席对该规则有关问题进行解释。

(2)保密性

仲裁程序是保密的,但法律规定或当事人明示同意或为保护仲裁当事人的权利需要公开的情况除外。出于研究和统计调查的目的,CAM-CCBC 保留公布裁决摘要的权利,但不应提及或公开各方当事人。CAM-CCBC 成员、仲裁员、专家、当事方和其他参与仲裁程序的人不得披露因其职责或参与仲裁程序而获得的任何信息。

(3)规则的生效

该规则于 2011 年 9 月 1 日经巴西—加拿大商会特别大会批准,于 2012 年 1 月 1 日生效。根据当事人的协议,在 2012 年 1 月 1 日之前提交但其审理范围书是在该规则生效后签署的仲裁案件,也可以适用该规则。

(三)巴西—加拿大商会仲裁与调解中心(CAM-CCBC)《调解规则》

CAM-CCBC《调解规则》共计 5 章,分别为调解的开始、调解程序、调解程序的终止、调解费用以及最终条款。

1. 调解的开始

(1)调解的申请

根据该规则的规定,无论当事人之间是否存在调解的合同条款,申请调解的当事人均可通过向 CAM-CCBC 秘书处提交书面请求的方式,要求 CAM-CCBC 进行调解,并根据该规则的规定提交登记费支付收据。如果调解涉及直接或间接公共行政主体,该规则的条款须经 CAM-CCBC 主席的批准,并根据法律要求进行必要的调整。CAM-CCBC 主席负责评估上述调解请求的可接受性,并以此接受或拒绝该调解申请。

(2)调解前会议

调解申请一旦被接受,CAM-CCBC 秘书处应在 5 日内邀请申请调解的当事人和其他可能参与者出席调解前会议。调解前会议仅是了解相关信息,不构成调解程序的开始。按照该规则的规定,调解程序是在调解员面前进行的。

一般而言,申请调解的当事人的调解前会议和其他可能的参与者的调解前会议是分开进行的。调解前会议必须由负责管理 CAM-CCBC 调解程序的执行秘书处主持。调解前会议结束后,当事人应确定争议的数额,并按照该规则的规定向巴西—加拿大商会(CCBC)支付费用(初始费用和管理费用)以及调解员的费用。

(3)调解员的选择

调解前会议结束后,CAM-CCBC 秘书处应向 CAM-CCBC 提交一份调解员名单以供当事人共同选择主持调解程序的专业人员。如果当事人未能就调解员的选择达成一致意见,则要求各方当事人在 5 日内提交按优先顺序排列的从调解员名单中选出的 5 名候选人;如果当事人各自提交的名单中有一名共同的调解员,则由该名调解员主持调解程序;如果当事人提交的名单中有多名共同的调解员,则将根据这些调解员的姓名在当事人提交名单中排列位次的总和来决定最终主持调解的调解员。根据上述规定仍无法确定调解员的,则由 CAM-CCBC 主席进行选择。在特殊情况下,经 CAM-CCBC 主席批准,当事人可在调解员名单之外共同选择调解员。

CAM-CCBC 秘书处将邀请被选定的调解员在 5 日内填写《调查表》,以确认调解员接受选定。调解员填写的《调查表》将发送给当事人,当事人可在 5 日内对此提出意见、问题或异议。任何与调解员《调查表》或当事人意见有关的问题均应由 CAM-CCBC 主席决定。

(4)共同调解

调解员可以建议共同调解,当事人也可以申请共同调解。各方当事人同意共同调解的,由调解员任命共同调解员。该规则中有关调解员的规定亦适用于共同调解员。

2. 调解程序

(1)调解范围

CAM-CCBC 秘书处在确定日期、时间和地点后,将邀请当事人参加第一次调解会议,以便在签署《调解范围书》后确立调解程序。

《调解范围书》应包括以下内容:①当事人及其代表人或律师的身份信息;②调解员的身份信息;③对调解争议事项的简要说明;④调解地点和调解使用的语言;⑤调解员费用和费用支付方式,以及调解开始日期,暂定时间表和调解可能结束的日期。

当事人(可通过其代表人)和调解员应签署一定数量的《调解范围书》,其中一份须提交至 CAM-CCBC 秘书处。

除《调解范围书》另有规定或者当事人在调解过程中另有约定外,调解应在《调解范围书》签署后 30 日内结束。

(2)调解会议

主持调解会议的调解员、各方当事人及其代表人和律师将参加调解会议(共同会议);调解员也可以选择单独召开只有一方当事人及其代表和律师在场的单独会议。

3. 调解程序的终止

(1)和解协议

如果各方当事人达成一致,各方将根据法律要求签署一份《和解协议》及必要的副本,并将其中一份副本提交至 CAM-CCBC 秘书处。

(2)其他终止方法

调解程序也可以通过以下方式终止:①调解员与各方当事人,或一方当事人与另一方当事人和仲裁员可随时通过书面沟通的形式终止;②该规则规定的期限届满后终止。

调解员应将调解程序的终止通知 CAM-CCBC 秘书处。

调解程序终止后,除非当事人希望取回相关文件,否则 CAM-CCBC 秘书处应销毁程序中提交的所有文件。当事人取回文件应自行承担相应的费用和运费。

如果存在《调解范围书》、《和解协议》和《终止协议》的,其副本(1 份)应以电子数据形式提交至 CAM-CCBC。

4. 调解费用

在申请调解时,申请调解的当事人必须依照《费用表》规定的金额向 CAM-CCBC 支付登记费(该费用不可退还)。

只有在 CAM-CCBC 秘书处确认登记费、管理费和费用基金(Expense Fund)已支付,且调解员费用已经全额交存后,调解程序才开始。

巴西—加拿大商会(CCBC)可以通过司法途径或司法外途径要求偿还所发生的费用、支付登记费用、管理费用以及(或)调解员费用,上述费用为净值且是确定的。当预估费用和(或)提前收取的费用不足以支付最终实际发生的费用时,上述费用可能会加上利息和考虑通货膨胀后,通过司法执行程序收取。

调解程序结束后，CAM-CCBC 秘书处应根据巴西—加拿大商会(CCBC)提供的信息详细说明最终费用的计算结果，向当事人报告已支付的金额，并多退少补。

在该规则规定的情况下，如果调解员工作时长超过《费用表》规定的最低时长但未达当事人预期时长的，应当向当事人返还多收取的费用。

5. 最终条款

(1)若同一争议的全部或部分通过仲裁程序解决，曾担任过该争议调解员的人士不得担任该争议的仲裁员，反之亦然。

(2)调解程序应严格保密，除非法律另有规定或各方当事人明确同意。调解员、当事人及其代表、律师和其他参与调解的人不得向第三方披露或被要求披露在调解程序中获得的事实、建议、文件和其他信息，包括在随后的仲裁、司法或司法外程序中也不得披露。

(3)该规则所规定的截止日期均是连续的，且该日期只应为工作日。截止日期不包括通知接收日，但包括期限届满日。期限从 CAM-CCBC 秘书处收到申请、通知或其他通信后的第一个工作日开始计算。如果截止日期是 CAM-CCBC 的非工作日，则该日期将顺延至下一个工作日。

(4)CAM-CCBC 主席负责解释并在个案中适用该规则。调解员、CAM-CCBC 主席和秘书处以及巴西—加拿大商会(CCBC)不应根据由规则产生的与调解的开始、中断、暂停、全部或部分终止有关的作为或不作为，而对当事人及其代表和律师承担任何责任。

(四)小结

综上所述，CAM-CCBC《仲裁规则》和《调解规则》的内容较具体详细，全面涵盖了仲裁以及调解过程中的各种问题，为当事人在该机构运用仲裁、调解解决争议提供了较明确的指引。

1. CAM-CCBC《仲裁规则》简要评析

(1)仲裁员名册的突破

根据 CAM-CCBC《仲裁规则》的规定，当事人可以自由指定仲裁员组成仲裁庭，且可突破该机构仲裁员名册的限制，但是当事人在仲裁员名册之外选任仲裁员的，需经该机构主席的批准。上述规定与中国国际经济贸易仲裁委员会(以下简称贸仲)的规定具有一定相似性，贸仲现行《仲裁规则》第 26 条第 2 款规定：“当事人约定在仲裁委员会仲裁员名册之外选定仲裁员的，当事人选定的或根据当事人约定指定的人士经仲裁委员会主任确认后可以担任仲裁员。”上述贸仲的规定在一定程度上突破了仲裁员名册的限制，但根据其规定的表述可以看出，突破仲裁员名册的前提是存在当事人约定，如果不存在当事人的约定，当事人则只能从贸仲仲裁员名册中选定仲裁员。而在CAM-CCBC《仲裁规则》中并未加入当事人约定的限制，即使当事人之间未就仲裁员名册的突破协商一致，各方当事人也可在仲裁员名册之外进行选择，只是这种选择需要机构主席的批准。

(2)审理范围书的制定和签署

审理范围书是由当事人制定的、对仲裁员审理案件范围的界定，其中对争议的主要问题以及裁决案件的依据等问题进行了规定，各方当事人将与仲裁员、CAM-CCBC代表和2名见证人一起签署审理范围书。CAM-CCBC的《仲裁规则》将审理范围书的制定和签署作为案件审理的一个必经过程。贸仲的《仲裁规则》中也提到“审理范围书”，[1]规定了仲裁庭在认为，必要时可以就所审理的案件制作审理范围书。审理范围书在贸仲的《仲裁规则》中并不是审理案件的一个必经阶段，只是作为一种例外而存在。针对这一问题，ICC《仲裁规则》作出了与CAM-CCBC相一致的规定，该规则第23条规定，[2]收到秘书处转来的案卷后，仲裁庭即应根据书面材料或会同当事人，并按照当事人最近提交的文件，拟定一份文件界定其审理范围。审理范围书应当经当事人和仲裁庭签署。根据上述规定，ICC《仲裁规则》也将审理范围书的制定与签署规定为案件审理的一个必经程序。

(3)仲裁程序的合并

CAM-CCBC《仲裁规则》对于仲裁程序的合并规定了以下两种情形：第一，当事人提交的仲裁申请与CAM-CCBC目前正在进行的仲裁具有相同的目的或仲裁原因；第二，两个仲裁案件中存在相同的当事人和仲裁原因，且其中一个仲裁的争议范围可以将另一个仲裁的争议范围涵盖其中。根据上述规定可以看出，仲裁程序能否合并主要在于案件之间的关联性。ICC《仲裁规则》对于这一问题规定了3种情形：[3]第一，当事人已经同意进行该合并；第二，各仲裁案的所有仲裁请求依

---

〔1〕《中国国际经济贸易仲裁委员会仲裁规则(2015年版)》第35条第5款规定：“除非当事人另有约定，仲裁庭认为必要时可以就所审理的案件发布程序令、发出问题单、制作审理范围书、举行庭前会议等。经仲裁庭其他成员授权，首席仲裁员可以单独就仲裁案件的程序安排做出决定。”

〔2〕ICC Arbitration Rules(in force as from 1 March 2017) Article 23.

〔3〕ICC Arbitration Rules(in force as from 1 March 2017) Article 10.

据同一份仲裁协议提出；第三，若各仲裁案的所有仲裁请求是依据多份仲裁协议提出的，各仲裁案当事人相同且各争议所涉及的法律关系相同，且仲裁院认为各仲裁协议彼此相容。ICC《仲裁规则》的规定不仅关注案件之间的关联性，还考虑到当事人意思自治的情形。我国贸仲现行《仲裁规则》[1]也作出了类似规定，具体列举了4种可以合并的情形：第一，各案仲裁请求依据同一个仲裁协议提出；第二，各案仲裁请求依据多份仲裁协议提出，该多份仲裁协议内容相同或相容，且各案当事人相同、各争议所涉及的法律关系性质相同；第三，各案仲裁请求依据多份仲裁协议提出，该多份仲裁协议内容相同或相容，且涉及的多份合同为主从合同关系；第四，所有案件的当事人均同意合并仲裁。通过CAM-CCBC《仲裁规则》与上述两个仲裁机构《仲裁规则》的对比可以看出，CAM-CCBC《仲裁规则》的规定更多体现的是仲裁庭对程序的管理权，而ICC和贸仲的《仲裁规则》更多地表现为当事人意思自治与仲裁庭管理权的平衡。

2. CAM-CCBC《调解规则》简要评析

(1)调解协议的非强制性

根据CAM-CCBC《调解规则》的规定，[2]调解并不以将争议提交调解的调解协议存在为前提，无论当事人之间是否在合同中约定了调解条款，当事人均可向CAM-CCBC提交书面的调解申请，要求CAM-CCBC进行调解。这一规定与我国贸仲调解中心的《调解规则》中的规定是一致的，贸仲调解中心的《调解规则》第6条规定：“当事人可以单独或共同向中心申请调解，无论当事人之间是否事先存在将争议提交调解的协议。”根据上述规定可以看出，与仲裁须以仲裁协议的存在为前提不同，CAM-CCBC以及贸仲规定的调解均不以调解协议的存在作为进行调解的强制条件。然而，虽然调解不要求当事人之间存在事前协议，但是其充分尊重当事人自愿原则，任何一方当事人可随时终止调解程序。

(2)涉及公共行政主体的调解

CAM-CCBC《调解规则》对于涉及直接或间接管理主体的调解进行了特别规定，根据该规则的规定，如果调解中涉及直接或间接的公共行政主体，该《调解规则》的具体规定必须经CAM-CCBC主席的批准后，根据《调解法》针对公共行政主

---

[1] 《中国国际经济贸易仲裁委员会仲裁规则(2015版)》第19条。

[2] CAM-CCBC Mediation Rules Article 1.

体的具体规定进行必要调整。反观贸仲调解中心《调解规则》的规定,[1]其将调解的范围限定为平等主体的自然人、法人和非法人组织之间发生的民商事争议,不涉及有关公共行政主体的争议。

四、中国当事人在巴西仲裁及注意事项

如前文所述,随着中巴经贸往来与投资合作的全面深入,中国当事人与巴西当事人之间有时难免发生争议,只有高效妥善地解决争议,才能保障两国经贸与投资的长远发展。根据本章对巴西仲裁和调解制度的全面介绍与简要分析,中国当事人在巴西解决争议时可以参考以下途径。

(一)诉讼抑或是调解和仲裁

一般而言,国际民商事争议解决途径主要包括诉讼和替代性争议解决机制,后者包括调解、仲裁以及其他非司法解决争议的方式。中国当事人在巴西从事经贸活动或者进行投资发生争议时,原则上也可以通过这些途径解决,但是根据巴西的实际情况来看,不建议选择诉讼。有资料表明,每 10 万名巴西居民就涉及 5 万件诉讼。[2] 在巴西进行诉讼,一般的案件从立案到作出判决最短需要 2 年的时间。在不涉及上诉的情况下,法院另外需要 4 年的时间作出执行决定。因此,巴西法院积压了大量案件。[3] 但正因如此,巴西司法对替代性争议解决机制持积极支持的态度,这从前述的《仲裁法》与《调解法》的规定可见一斑。

如前文所述,调解在巴西被广泛用于解决各种争议,无论是财产性质还是人身性质的争议都可以通过调解解决。在这方面比较有影响力的案子是 TAM 航空公司 3054 航班空难事故的调解。该空难事故发生在 2007 年 7 月 17 日的一架巴西国内航班上,由于飞行员的错误操作,致使飞机滑出跑道与地面仓库发生碰撞起火,最终导致机上 187 名人员与 12 名地面人员死亡。在涉及赔偿问题时,调解成功地解决了该案件中 92% 的赔偿请求。这是调解在巴西取得的重大突破,此后,很多涉及众多客户利益与诉求的公司,如银行、航空企业、电信等,都在公司内

---

〔1〕《中国国际经济贸易仲裁委员会调解中心调解规则》第 2 条。

〔2〕 Rodrigo Barioni,"Brazil's New Civil Procedure Code",Accessed November 27,2019. http://jtl.columbia.edu/brazils-new-civil-procedure-code/? cn-reloaded=1.

〔3〕 Damion Taylor,"The Dispute resolution review,Edition 12",Accessed November 27,2019 https://thelawreviews.co.uk/edition/the-dispute-resolution-review-edition-11/1180446/brazil. 有的资料显示在巴西法院诉讼需要更长的时间:Weinstein International Foundation,"Mediation Developments in Brazil",Accessed November 27,2019. https://weinsteininternational.org/brazil/brazil-bio/。

部设有专门的争议调解部门,目的是通过调解解决与客户之间的争议,避免走到诉讼程序。事实上,涉及电信公司和银行的案件占了法庭相当一部分案件量,因此,为了解决这些争议,巴西司法部于2014年启动了所谓的“零管辖权国家战略”(National Strategy 0 Jurisdiction)项目,其中一部分措施就是在涉及众多客户的公司企业内部设立调解部门。由此可见,调解在巴西争议解决领域具有重要地位。如前述,调解不仅可以独立进行,在诉讼与仲裁程序中当事人也可以要求调解。另外,巴西的调解多侧重促进式调解(facilitative mediation),也就是说,调解员的职能主要是帮助双方充分了解争议的性质,明确各自的利益诉求,鼓励当事人达成协议,而并不侧重主动提出解决方案。这种方式有助于在解决争议的同时还能帮助当事人维护良好的合作关系,也有利于调解协议的执行。因此,当中国当事人在巴西陷入争议时,可以寻求通过调解解决争议。

在实践中,有些争议可能涉及复杂的法律问题,当事人利益冲突错综复杂,很难达成和解协议,此时调解可能无法解决争议,而仲裁则正好派上用场。巴西《仲裁法》于1996年颁布,以联合国国际贸易法委员会的《示范法》和西班牙《仲裁法》为蓝本,基本体现了国际仲裁的最新发展和最优实践,特别是在2001年获得合宪性判决后,巴西仲裁制度取得了突飞猛进的发展。根据伦敦玛丽女王学院发布的《2018年国际仲裁调研报告:国际仲裁的演进》(2018 International Arbitration Survey:The Evolution of International Arbitration),巴西圣保罗是继伦敦、巴黎、新加坡、中国香港特别行政区、日内瓦、纽约和斯德哥尔摩之后最受当事人信任的仲裁地,而在亚太和拉美地区,巴西圣保罗的排名则更靠前,均为第四受信任的仲裁地。[1] 判断一个地方是否为当事人信任的仲裁地,需要考察一系列标准,包括该地仲裁的一般声誉与受认可的程度、当地法律制度的中立性与公正性、该国或地区仲裁法的先进性、对仲裁协议和仲裁裁决的执行记录是否良好、熟悉仲裁地情况的适格仲裁员的可获得性、律师水平以及仲裁语言和费用等因素。从该报告收集的反馈意见来看,巴西圣保罗在国际众多仲裁地相互竞争的情况下能脱颖而出,受到国际仲裁当事人和其他参与人的认可,说明它具有相当优势。此外,巴西

---

〔1〕 该报告第9~10页。

不仅从立法层面积极支持仲裁，其司法实践对仲裁也表现出非常友好和支持的态度。[1]

(二)仲裁程序

从前述对巴西仲裁环境的整体分析来看，中国当事人在谈判仲裁条款时，如果没有其他特殊考虑，可以选择巴西圣保罗作为仲裁地。一方面，在巴西仲裁相对方便，仲裁环境良好，裁决也容易得到承认与执行；另一方面，也可以将此作为谈判其他合同条款的一个筹码，在合同其他方面获得更有利的约定。在仲裁条款的拟定上，可以采取"分步型"争议解决条款，即约定先将争议提交调解，若在一定期限内无法达成调解协议，再将争议提交仲裁解决。设置这种"调解—仲裁"的争议解决机制是考虑目前国际社会对调解有越来越认可和重视的趋势，通过调解，当事人有可能快速解决全部或部分争议。如前所述，巴西对调解作了非常详细的规定，足见其对调解的高度重视。如提交仲裁，当事人需决定是选择机构仲裁还是临时仲裁，一般而言，如果在对当地仲裁员或者法律环境不熟悉的情况下，最好选择机构仲裁，当然还应考虑争议标的的大小以及案件的复杂程度。在选择机构仲裁时，由于巴西国内仲裁机构林立，因此最好选择位于圣保罗的具有明显国际化特征的仲裁机构，比如，本章上面提到的巴西—加拿大商会仲裁与调解中心(CAM-CCBC)，此外，本章提到的其他几家仲裁机构也享有良好的声誉，可以供当事人选择。关于仲裁语言，当事人可以约定英语为仲裁语言，避免诉讼程序中仅可使用葡萄牙语的不利局面。仲裁员人数方面，约定 1 人或 3 人仲裁庭均可，当然 3 人仲裁庭也意味着当事人需要支付更多的费用，因此，这取决于案件的标的和复杂程度。至于仲裁员人选，巴西《仲裁法》明确规定，当事人既可以从仲裁机构准

---

〔1〕 Renata Brazil-David, *An Examination of the Law and Practice of International Commercial Arbitration in Brazil*, Arbitration International, Vol. 27, No. 1 1 © LCIA, 2011. Arnoldo Wald, Ana Gerdau de Borja, *The New Brazilian Arbitration Law*, University of Miami Inter-American Law Review, 2 - 1 - 2016. 这些文章列举的诸多案件都说明巴西司法对仲裁的支持态度。新近表明巴西司法实践对仲裁的支持的案件还有很多，比如，Brazil No. 50, *Gold Circle Films LLC v. Cannes Produções S/A*, Superior Tribunal de Justiça, SEC 3.687 - EX, 3 May 2017', in Stephan W. Schill(ed.), Yearbook Commercial Arbitration 2018 - Volume XLIII, Yearbook Commercial Arbitration, Volume 43(© Kluwer Law International; ICCA & Kluwer Law International 2018), pp. 431 - 432; Brazil No. 46, *C M G C K v. M S/A*, Superior Tribunal de Justiça, 16 December 2015, SEC No. 11.969 - EX', in Albert Jan van den Berg(ed.), Yearbook Commercial Arbitration 2016 - Volume XLI, Yearbook Commercial Arbitration, Volume 41(© Kluwer Law International; ICCA & Kluwer Law International 2016), pp. 420 - 421。

备的仲裁员名册中指定,也可以从名册之外指定,因此,如果当事人对相关领域的仲裁员比较熟悉,可以自己指定。关于仲裁规则,由于上述仲裁机构都制定有相应的仲裁规则供当事人使用,当事人无须花费更多时间和精力在该问题上进行谈判。同时,仲裁规则对仲裁程序的推进作了较详细的规定,当事人在决定提起仲裁时,可以访问有关机构的网站获取基本信息,或者与仲裁机构的秘书处或有关管理人员联系,以便对仲裁程序有更清楚详细的了解。

(三)中国当事人选择仲裁时需注意的问题

虽然巴西仲裁环境整体较好,但是中方当事人在签订仲裁条款、提起仲裁程序时对下列事项还应当加以注意,避免不必要的损失或不利情形。

第一,涉及公共行政机构的仲裁。尽管2015年修订后的《仲裁法》允许公共行政机构作为仲裁协议的一方当事人参与仲裁,但巴西其他涉及公共行政机构的法律对这些机构参与仲裁作了特殊规定。比如,根据《公私合作法》(PPP)的规定,有关争议可以提交仲裁,但是须遵守以下条件:仲裁地必须在巴西,仲裁语言必须为葡萄牙语,以及仲裁庭必须根据法律作出裁决。在涉及这种类型的案件时,中方当事人应当聘请当地葡萄牙语律师,避免在语言上处于劣势。

第二,涉及投资争议的仲裁。巴西至今尚未批准1965年《华盛顿公约》,目前看来也没有批准的迹象。同时,巴西也未签署任何双边投资条约,仅与有限几个国家签署了《投资合作与促进协议》(Cooperation and Facilitation Investment Agreement,CFIA)。但是需要注意的是,这些CFIA与传统的投资保护协定不仅在实体内容上有较大区别,而且在解决投资者与巴西之间的投资争议方面也具有非常独特之处。投资者与巴西政府之间的投资争议要么通过调解方式解决,要么只能由投资者请求其母国针对巴西提起仲裁,也就是说,投资者没有资格针对巴西提起投资仲裁。[1] 但是根据投资者与东道国投资仲裁的发展历史来看,设置该机制的目的就是赋予投资者针对东道国的某些行为直接提起仲裁的权利,从而避免使争议演变为投资者母国与东道国之间的争议。巴西的做法与其传统上对卡尔沃主义的奉行是分不开的,而近些年,国际社会特别是拉美地区一些投资吸收国对国

---

〔1〕 Natali Cinelli Moreira, “Cooperation and Facilitation Investment Agreements in Brazil: The Path for Host State Development”, Accessed November 27, 2019. http://arbitrationblog.kluwerarbitration.com/2018/09/13/cooperation-and-facilitation-investment-agreements-in-brazil-the-path-for-host-state-development/.

际投资仲裁制度的批判使巴西对投资仲裁更加不信任。但是有意思的是,根据巴西近年来吸引外资的数量来看,没有批准《华盛顿公约》以及不允许投资仲裁似乎并没有影响外资的流入。此外,有学者认为,也许随着巴西对外直接投资规模的扩大,从单纯的资本流入国变为既是流入国又是流出国时,巴西的立场或许会有所"软化"。[1] 但从目前的情况来看,各国当事人在巴西进行投资行为时需要对此高度重视,因为发生争议后请求母国出面提起仲裁绝非易事,母国在决定是否提起仲裁时考虑的因素可能不仅仅是投资者所关注的经济利益,可能还有其他政治利益、国家关系以及可能出现的其他并发性问题。那么对中国投资者来说,最好是在签订有关合同时确认签约主体的性质,因为巴西《仲裁法》允许公共行政机构作为仲裁当事人签订仲裁协议并参与仲裁,因此尽量通过事先签订仲裁协议约定将争议提交仲裁解决。另外,任何时候也不能忽视调解对争议解决所起的重要作用。

第三,关于仲裁条款"延伸性"问题。本章所谓的仲裁条款"延伸性"问题,是指主合同中的仲裁条款效力能否及于从合同的问题。巴西高等法院(Superior Court of Justice,SCJ)2018年作出的一个判决再度引起对该问题的广泛讨论。[2] 在该案中,主合同是贷款合同,明确约定了仲裁条款;从合同是一个证券信贷协议(Swap Agreement),实质上是为主合同债务人提供担保,该合同约定了诉讼管辖法院。2008年国际金融危机爆发后,主合同的债权人根据仲裁条款提起仲裁,并取得胜诉裁决。但是败诉一方当事人则在巴西法院请求撤销仲裁裁决,主要理由是主合同的仲裁条款效力不能及于从合同,因此,仲裁庭对基于证券信贷协议发生的争议不具有管辖权。该案最终经过两审后到了SCJ,SCJ支持了仲裁庭的裁决,其理由主要有:主合同中的仲裁条款和从合同中的法院选择协议可以共存,后者对前者起补充作用;两份合同涉及的是同一个交易,相互关联、不可分割,应当作为整体进行解释;根据"重力中心说"(Center of Gravity Doctrine),从合同应当

---

〔1〕 Natalie Yarrow, Pedro Henrique Martins, "Brazil Warms to The Global Procurement Market Further with New Chile Treaty, But Still No Arbitration for Investors", Accessed November 27, 2019. http://arbitrationblog.kluwerarbitration.com/2018/10/19/brazil-warms-global-procurement-market-new-chile-treaty-still-no-arbitration-investors/.

〔2〕 Giovana Perette Leites, "To 'Extend' or Not to 'Extend'? An Analysis of the Brazilian Superior Court of Justice's Judgement in REsp. 1.639.035 – SP", Accessed November 27, 2019. http://arbitrationblog.kluwerarbitration.com/2018/11/23/extensionofarbitrationagreementsbrazil/.

在主合同设立的框架下运作和解释。SCJ 的判决再次表明了巴西司法支持仲裁的态度,但是该判决的推理也引起了一些质疑。这些质疑的观点主要认为,SCJ 并没有进一步探求主合同和从合同的当事人是否意图使与交易有关的所有争议都提交主合同约定的仲裁解决,而这一点是判断仲裁条款“延伸性”的关键。在实践中,对于该问题的讨论还远未停止,因此,中方当事人在签订涉及主从合同的争议解决条款时应当谨慎,避免不必要的含混不清。

第四,第三方资助仲裁的使用。第三方资助仲裁近年来引起越来越多的关注和讨论,中国香港特别行政区和新加坡还专门通过立法予以规制,但很多国家对该问题并没有专门的立法,巴西也不例外。但是巴西法律没有禁止第三方资助仲裁,因此在国际商事仲裁中,中方当事人对于具有良好诉因但缺乏资金提起仲裁的争议可以考虑使用第三方资助模式来维护自身的合法权益。

附录一：

巴西《仲裁法》

Brazilian Arbitration Act

Law No. 9,307 of September 23,1996

As Amended by Law No. 13,129 of May 26,2015

The President of the Republic

Let it be known that the National Congress enacts and I ratify the following Law:

Chapter Ⅰ
General Provisions

Article 1. Those who are capable of entering into contracts may make use of arbitration to resolve conflicts regarding freely transferable property rights.

Paragraph 1. Direct and indirect public administration may use arbitration to resolve conflicts regarding transferable public property rights. (Added by Law No. 13,129 of 2015)

Paragraph 2. The competent authority or direct public administration entity that enters into arbitration agreements is the same entity that enters into agreements or transactions. (Added by Law No. 13,129 of 2015)

Article 2. At the parties' discretion, arbitration may be at law or in equity.

Paragraph 1. The parties may freely choose the rules of law that will be used in the arbitration, as long as their choice does not violate good morals and public policy.

Paragraph 2. The parties may also agree that the arbitration shall be conducted under general principles of law, customs, usages and the rules of international trade.

Paragraph 3. Arbitration that involves public administration will always be at law, and will be subject to the principle of publicity. (Added by Law No. 13,129 of 2015)

Chapter Ⅱ
The Arbitration Agreement and Its Effects

Article 3. The interested parties may submit their disputes to arbitration by means of an arbitration agreement, which may be in the form of either an arbitration clause or an arbitration agreement.

Article 4. An arbitration clause is an agreement by which the parties to a contract undertake to submit to arbitration any disputes that might arise with respect to that contract.

Paragraph 1. An arbitration clause will be in writing, and it may be inserted into the contract itself or into a separate document to which it refers.

Paragraph 2. In adhesion contracts, an arbitration clause will only be valid if the adhering party takes the initiative to file an arbitration proceeding or if it expressly agrees with its initiation, as long as it is in an attached written document or in boldface type, with a signature or special approval for that clause.

Paragraph 3. (Vetoed by message 162 of May 26, 2015)

Paragraph 4. (Vetoed by message 162 of May 26, 2015)

Article 5. If the arbitration clause makes reference to the rules of a particular arbitral institution or specialized entity, the arbitration shall commence and be conducted in accordance with such rules. The parties may also agree in the arbitration clause or in a separate document, the procedure for the commencement of arbitral proceedings.

Article 6. In the event of absence of provision as to the method of commencing the arbitration, the interested party shall notify the other party, either by mail or by any other means of communication, with confirmation of receipt, of its intention to commence arbitral proceedings, and to set up a date, time and place for the execution of the submission agreement.

Sole Paragraph. If the notified party fails to appear, or if it appears but refuses to sign the submission agreement, the other party may file a lawsuit as provided in Article 7 of this Law, before the judicial authority originally competent to hear the case.

Article 7. If there is an arbitration clause and there is objection for the commencement of arbitration, the interested party may request that the other party be served with process to appear in court so that the submission agreement is drawn up. The court judge will designate a special hearing for this purpose.

Paragraph 1. The plaintiff will accurately define the subject matter of arbitration, including in its request the document that contains the arbitration clause.

Paragraph 2. If the parties show up at the hearing, the judge shall first try to bring the parties into a settlement. If this is not successful, the judge will lead the parties for a consensual submission agreement.

Paragraph 3. If the parties fail to agree on the terms of submission agreement, after hearing the party against whom the request is filed, the judge shall determine on the contents of the submission agreement, either at the hearing or within ten days there from, in accordance with the wording of the arbitration clause, taking into account the provisions of Articles 10 and 21 Paragraph 2 of this Law.

Paragraph 4. If the arbitration clause has no provision as to the appointment of arbitrators, the judge, after hearing the parties, shall make a determination, and is allowed to appoint a sole arbitrator to resolve the dispute.

Paragraph 5. If the plaintiff fails to appear at the hearing designated for drafting the submission agreement without showing good cause, the case will be dismissed without judgment on the merits.

Paragraph 6. If the defendant fails to attend the hearing, the judge, after hearing the plaintiff, shall be competent to draw up the contents of the submission agreement, and to appoint a sole arbitrator.

Paragraph 7. The court ruling that grants the plaintiff's request will be considered the submission agreement.

Article 8. An arbitration clause which forms part of a contract shall be treated as an agreement independent of the other terms of the contract. A decision that the contract is null and void shall not entail ipso jure the invalidity of the arbitration clause.

Sole paragraph. The arbitrator has jurisdiction to decide ex officio or at the parties' request, the issues concerning the existence, validity and effectiveness of the arbitration agreement, as well as the contract containing the arbitration clause.

Article 9. The submission agreement is the judicial or extrajudicial agreement by which the parties submit an existing dispute to arbitration by one or more persons.

Paragraph 1. The judicial submission agreement shall be entered into by a written instrument registered within the dockets of the case before the court where the suit was filed.

Paragraph 2. An extrajudicial arbitration agreement shall be entered into by a private written instrument signed by two witnesses, or by a public notary.

Article 10. The arbitration agreement must contain:

Ⅰ – The name, profession, marital status and domicile of the parties;

Ⅱ – The name, profession and domicile of the arbitrator or arbitrators, or, if applicable, the identification of the institution to which the parties have entrusted the appointment of the arbitrators;

Ⅲ – The subject matter of the arbitration; and

Ⅳ – The place where the award shall be rendered.

Article 11. The arbitration agreement may also contain:

Ⅰ – The place or places where the arbitration will be held;

Ⅱ – If the parties so agree, the provision authorizing the arbitrators or arbitrators to decide in equity;

Ⅲ – The time limit for making of the arbitral award;

Ⅳ – An indication of national law or institutional rules applicable to the arbitration, if agreed upon by the parties;

Ⅴ – A statement regarding the responsibility for the fees and costs of the arbitral proceedings; and

Ⅵ – The fees of the arbitrator or arbitrators.

Sole paragraph. By setting up the arbitrator or arbitrators' fees in the submission agreement, such document will be considered an enforceable extrajudicial instrument. In the absence of such provision, the arbitrator will request the court with original jurisdiction to hear the case to rule upon the issue.

Article 12. The arbitration agreement is terminated:

Ⅰ – If either arbitrator excuses himself prior to accepting his appointment, as long as the parties have expressly declared that they will not accept substitution;

Ⅱ – If either arbitrator dies or becomes unable to act as such, as long as the parties have expressly declared that they will not accept substitution; and

Ⅲ – Upon expiration of the time limit referred to in Article 11, item Ⅲ, as long as the interested party has notified the arbitrator, or the president of the arbitral tribunal, granting a further period of ten days to render and present the arbitral award.

Chapter Ⅲ
The Arbitrators

Article 13. Any individual with legal capacity, who is trusted by the parties, may serve as arbitrator.

Paragraph 1. The parties will appoint one or more arbitrators, always an uneven number, and they may also appoint their respective alternates.

Paragraph 2. When the parties appoint an even number of arbitrators, the arbitrators are authorized to appoint an additional arbitrator. Failing such agreement, the parties shall request the State Court which originally would have had jurisdiction to hear the case to appoint such arbitrator, following to the extent possible, the procedure established in Article 7 of this Law.

Paragraph 3. The parties may mutually agree to set up the procedure for the appointment of arbitrators, or they may choose the rules of an arbitral institutional or specialized entity.

Paragraph 4. By mutual agreement, the parties may choose not to be bound by the provision of the rules of arbitral institution or specialized entity that requires the appointment of sole arbitrator, co-arbitrator, or president of the tribunal from the respective roaster of arbitrators. It is however preserved the arbitral institution's control over the appointment of arbitrators. In the event of impasse and with multiparty arbitration, the respective applicable institutional rules shall be observed. If several arbitrators have been appointed they shall elect, by majority, the president of the arbitral tribunal. In the absence of an agreement, the eldest will be the president. (Amended by Law No. 13, 129 of 2015)

Paragraph 5. An arbitrator or the president of the arbitral tribunal will, if appropriate, appoint a secretary who may be one of the arbitrators.

Paragraph 6. In performing his duty, the arbitrator shall proceed with impartiality, independence, competence, diligence and discretion.

Paragraph 7. An arbitrator or the arbitral tribunal may order the parties to advance the funds to cover expenses and services it may deem necessary.

Article 14. Individuals somehow linked to the parties or to the submitted dispute, by any of the relationships that characterize the impediment or suspicion of judges, are prevented from serving as arbitrators and become subject, as the case may be and to the applicable extent, to the same duties and responsibilities incurred by court judges, as set up in the Code of Civil Procedure.

Paragraph 1. Prior to accepting the service, an individual appointed to serve as arbitrator shall disclose any circumstances likely to give rise to justifiable doubts as to his impartiality or in-dependence.

Paragraph 2. A party may challenge the appointed-arbitrator only for reasons of which it becomes aware after the appointment has been made, unless:

a) The arbitrator was not appointed directly by the party; or

b) The reason for the challenge of the arbitrator becomes known subsequent to the appointment.

Article 15. The party who intends to challenge the arbitrator shall, pursuant to Article 20, present the respective motion either directly to the arbitrator or to the president of the arbitral tribunal, setting forth their reasons with the pertinent evidence.

Sole paragraph. If the motion is granted, the arbitrator will be removed and replaced in accordance with Article 16 of this Law.

Article 16. If an arbitrator withdraws prior to accepting the appointment, or if the arbitrator dies after acceptance, becomes unable to carry out his duties or is successfully challenged, the alternate indicated in the arbitration agreement, if any, will assume their position.

Paragraph 1. If no substitute has been appointed, the rules of the arbitral institution or specialized entity shall apply, if the parties have invoked them in the arbitration agreement.

Paragraph 2. In the absence of any arbitration agreement and if the parties fail to reach an agreement as to the appointment of the substitute arbitrator, the interested party shall proceed in the manner set forth in Article 7 of this Law, unless the parties have expressly stated in the arbitration agreement that they will not accept a substitute arbitrator.

Article 17. By performing their service, or as a result thereof, the arbitrators shall be considered comparable to public officials for the purpose of criminal law.

Article 18. An arbitrator is the judge in fact and in law, and his award is not subject to appeal or recognition by judicial court.

Chapter Ⅳ
Arbitration Proceedings

Article 19. The arbitration shall be deemed to be commenced when the appointment is accepted by the sole arbitrator or by all of the arbitrators, if there is more than one.

Paragraph 1. Once the arbitration has been commenced, and if the arbitrator or arbitration tribunal concludes there is a need to clarify a matter set forth in the arbitration agreement, an addendum will be drafted together with the parties, executed by all, and will become an integral part of the arbitration agreement. (Added by Law No. 13,129 of 2015)

Paragraph 2. The commencement of arbitration tolls the statute of limitations, retroactive to the date of the filing of the request for arbitration, even if the arbitration is terminated due to absence of jurisdiction. (Added by Law No. 13,129 of 2015)

Article 20. The party wishing to raise issues related to the jurisdiction, suspicion or impediment of an arbitrator or arbitrators, or as to the nullity, invalidity or ineffectiveness of the arbitration agreement, must do so at the first opportunity, after the commencement of the arbitration.

Paragraph 1. When the challenge of suspicion or impediment is accepted, the arbitrator shall be replaced in accordance with Article 16 of this Law; and if the lack of jurisdiction of the arbitrator or of the arbitral tribunal, as well as the nullity, invalidity or ineffectiveness of the arbitration agreement is confirmed, the parties shall revert to the Judicial Authority competent to rule on the matter.

Paragraph 2. When the challenge is not accepted, the arbitration shall proceed normally, subject however to review of that decision by the competent Judicial Authority if a lawsuit referred to in Article 33 of this Law is filed.

Article 21. The sole arbitrator or the arbitral tribunal shall comply with the procedure agreed upon by the parties in the arbitration agreement, which may refer to the rules of an arbitral institution or specialized entity, it being possible for the parties to empower the sole arbitrator or the arbitral tribunal to regulate the procedure.

Paragraph 1. In the absence of any provisions on the procedure, the sole arbitrator or the arbitral tribunal shall conduct the arbitration in such a manner it considers appropriate.

Paragraph 2. The principles of due process of law, equal treatment of the parties, impartiality of the arbitrator and freedom of decision shall always be respected.

Paragraph 3. The parties may be represented by legal counsel, and the right to appoint someone to represent them or to assist them in the arbitration proceeding will always be respected.

Paragraph 4. The sole arbitrator or the arbitral tribunal shall, at the commencement of the procedure, attempt to reconcile the parties, applying, to the extent possible, Article 28 of this Law.

Article 22. The sole arbitrator or the arbitral tribunal, either ex officio or at the parties' request, may hear parties' and witnesses' testimony and may rule on the production of expert evidence, and other evidence deemed necessary.

Paragraph 1. Testimony of the parties and witnesses shall be taken at places, dates and hours previously communicated in writing to the parties, and a written record of such testimony shall be signed by the party or witness, or at his request, also by the arbitrators.

Paragraph 2. If a party fails, without good cause, to comply with a request to render personal testimony, the arbitrator or the arbitral tribunal shall give due consideration to such behavior when issuing the award; and if a witness, under the same conditions, is absent, the arbitrator or the president of the arbitral tribunal may request the State Court to compel the appearance of the defaulting witness, upon evidence of the existence of an arbitration agreement.

Paragraph 3. Default by a party shall not prevent the arbitral award from being made.

Paragraph 4. (Revoked by Law No. 13,129 of 2015).

Paragraph 5. If an arbitrator is replaced during the arbitral procedure, the alternate, at his discretion, may determine what evidence will be repeated.

Chapter Ⅳ – A
Provisional Measures of Protection and Urgent Relief

(Added by Law No. 13,129 of 2015)

Article 22 – A. Prior to commencing the arbitration, the parties may seek provisional measures of protection and urgent relief from a judicial court. (Added by Law No. 13,129 of 2015)

Sole paragraph. The efficacy of the provisional measure granted by the judicial court shall cease if the interested party does not file the request for arbitration within 30 (thirty) days from the date the respective decision takes effect. (Added by Law No. 13,129 of 2015)

Article 22 – B. Once arbitration has been commenced, the arbitrators will have competence for maintaining, modifying or revoking the provisional or urgent measures granted by the Judicial Authority. (Added by Law No. 13,129 of 2015)

Sole paragraph. If arbitration proceedings have already been commenced, the request for the injunctive and urgent relief will be directly addressed to the arbitrators. (Added by Law No. 13,129 of 2015)

Chapter Ⅳ – B
Arbitration Letter

(Added by Law No. 13,129 of 2015)

Article 22 – C. An arbitrator or the arbitral tribunal may issue an arbitration letter so that the judicial court offers assistance or imposes compliance, in the area of their territorial jurisdiction, of an act requested by the arbitrator. (Added by Law No. 13,129 of 2015)

Sole paragraph. In compliance with the arbitration letter, the respective court proceedings will be under seal, as long as the confidentiality set forth in the arbitration is verified. (Added by Law No. 13,129 of 2015)

Chapter Ⅴ
The Arbitration Award

Article 23. The arbitration award shall be made within the time frame set up by the parties. If no timing has been determined, the arbitral award shall be made within six months from the date of the commencement of the arbitration or from the date of the substitution of an arbitrator.

Paragraph 1. The arbitrators may render partial awards. (Added by Law No. 13, 129 of 2015)

Paragraph 2. The parties and the arbitrators, by mutual agreement, may extend the timing for the delivery of the final award. (Added by Law No. 13,129 of 2015)

Article 24. The arbitral award shall be in writing.

Paragraph 1. If there are several arbitrators, the decision shall be made by majority vote. Failing majority determination, the opinion of the president of the arbitral tribunal shall prevail.

Paragraph 2. A dissenting arbitrator may, if he so wishes, render a separate decision.

Article 25. (Revoked by Law No. 13,129 of 2015)

Sole paragraph. (Revoked by Law No. 13,129 of 2015)

Article 26. The arbitral award must contain:

Ⅰ – A report including the names of the parties and a summary of the dispute;

Ⅱ – The grounds of the decision with due analysis of factual and legal issues, including, a the case may be, a statement that the award is made in equity;

Ⅲ – The dispositive by which the arbitrators shall resolve questions presented before them, and establish a time limit for the compliance with the decision, as the case may be; and

Ⅳ – The date and place where the award is rendered.

Sole paragraph. The arbitral award shall be signed by the arbitrator or by all the arbitrators. If one or more arbitrators is unable to or refuses to sign the award, the president of the arbitral tribunal shall certify such fact.

Article 27. The arbitral award shall decide on the parties' duties regarding costs and expenses for the arbitration, as well as on any amount resulting from bad faith conduct, if applicable, complying with the provisions of the arbitration agreement, if any.

Article 28. If the parties reach a settlement during the course of the arbitral proceedings, the arbitrator or arbitral tribunal may, at the parties' request, render an arbitral award declaring such fact, containing the requirements provided for in Article 26 of this Law.

Article 29. The rendering of the arbitral award marks the end of the arbitration; the sole arbitrator or the president of the arbitral tribunal must send a copy of the decision to the parties by mail or by other means of communication, with confirmation receipt, or through direct delivery to the parties, with return receipt.

Article 30. Within five days immediately following receipt of the award or the personal delivery of that award, and having informed the other party, the interested party may request the sole arbitrator or the arbitral tribunal to: (Amended by Law No. 13, 129 of 2015)

Ⅰ – Correct any clerical errors in the award;

Ⅱ – Clarify any obscurity, doubt or contradiction in the arbitral award, or decide on an omitted issue that should have been resolved.

Sole paragraph. The arbitrator or the arbitral tribunal will decide within 10(ten) days, or within the timeframe agreed to by the par-ties, the amendment of the arbitral award, which shall be communicated to the parties in accordance with Article 29. (A-mended by Law No. 13,129 of 2015)

Article 31. The arbitral award shall have the same effect on the par-ties and their successors as a judgment rendered by the Judicial Au-thority and, if it includes an obligation for payment, it shall constitute an enforceable instrument thereof.

Article 32. An arbitral award is null and void if:

Ⅰ – The arbitration agreement is null; (Amended by Law No. 13,129 of 2015)

Ⅱ – It is made by an individual who could not serve as an arbitrator;

Ⅲ – It does not comply with the requirements of Article 26 of this Law;

Ⅳ – It has exceeded the limits of the arbitration agreement;

Ⅴ – (Revoked by Law No. 13,129 of 2015);

Ⅵ – It has been duly proved that it was made through unfaithfulness, extortion or corruption;

Ⅶ – It is rendered after the time limit has expired, in compliance with Article 12, item Ⅲ of this Law; and

Ⅷ – It violates the principles set forth by Article 21, Paragraph 2 of this Law.

Article 33. The interested party may request to the competent Judicial Authority to declare the arbitral award null in the cases set forth in this law. (Amended by Law No. 13,129 of 2015)

Paragraph 1. A request for the declaratory nullity of the arbitral award, whether partial or final, will comply with the rules of cognizance procedure set up in the Law No. 5869 of January 11, 1973 (Code of Civil Procedure), and it must be filed within 90 (ninety) days after receipt of notification of the respective award, whether partial or final, or of the decision on a motion for clarification. (Amended by Law No. 13,129 of 2015)

Paragraph 2. It the request is granted, it will set the arbitral award aside, and in the cases of Article 32, it will rule, if applicable, that the arbitrator or the arbitral tribunal issues a new ruling. (Amended by Law No. 13,129 of 2015)

Paragraph 3. A declaration of nullity of the arbitral award may also be raised by means of a debtor's defense, according to Article 475 – L et seq. of Law No. 5869 of January 11, 1973 (Code of Civil Procedure), in case court enforcement proceedings are filed. (Amended by Law No. 13,129 of 2015)

Paragraph 4. The interested party may file a request for the render-ing of a supplemental arbitral award if the arbitrator fails to rule on all matters submitted to arbitration. (Added by Law No. 13,129 of 2015)

Chapter Ⅵ
Recognition and Enforcement of Foreign Arbitral Awards

Article 34. A foreign arbitral award shall be recognized or enforced in Brazil in accordance with international treaties effective in the internal legal system, or, in its absence, in strict accordance with the terms of this Law.

Sole paragraph. A foreign award is considered to be an award rendered outside the national territory.

Article 35. In order to be recognized or enforced in Brazil, a foreign arbitral award is only subject to homologation by the Superior Court of Justice. (Amended by Law No. 13,129 of 2015)

Article 36. The provisions of Articles 483 and 484 of the Code Civil Procedure shall apply, where applicable, to the request for recognition or enforcement of a foreign arbitral award.

Article 37. The interested party's request seeking recognition of a foreign arbitration award shall meet the requirements of the procedural law in accordance with Article 282 of the Code of Civil Procedure, and it must necessarily contain:

Ⅰ – The original of the arbitral award or duly certified copy authenticated by the Brazilian consulate, accompanied by a certified translation;

Ⅱ – The original arbitration agreement or a duly certified copy, accompanied by a certified translation.

Article 38. Recognition or enforcement of the foreign arbitral award may be refused if the party against which it is invoked, furnishes proof that:

Ⅰ – The parties to the arbitration agreement were under some incapacity;

Ⅱ – The arbitration agreement was not valid under the law to which the parties have subject it, or failing any indication thereon, under the law of the country where the award was made;

Ⅲ – It was not given proper notice of the appointment of an arbitrator or the arbitral proceedings, or was otherwise unable to present his case;

Ⅳ – The arbitral award was issued beyond the scope of the arbitration agreement and it was not possible to separate the exceeding portion from what was submitted to arbitration;

Ⅴ – The commencement of the arbitration proceedings was not in accordance with the submission agreement or the arbitration clause;

Ⅵ – The arbitral award has not yet become binding on the parties or has been set aside or suspended by a court in the country where the arbitral award was made.

Article 39. Recognition or enforcement of a foreign arbitral award will also be refused if the Superior Court of Justice finds that: (Amended by Law No. 13, 129 of 2015)

Ⅰ – According to Brazilian law, the object of the dispute cannot be settled by arbitration;

Ⅱ – The decision violates national public policy.

Sole paragraph. The service with arbitral process of a party that resides or is domiciled in Brazil, pursuant to the arbitration agreement or to the procedural law of the country in which the arbitration took place, including mail with confirmation of receipt, shall not be considered as in violation of Brazilian public policy, provided the Brazilian party is granted proper time to present its defense.

Article 40. The denial of the request for recognition or enforcement of a foreign arbitral award based on formal defects does not prevent the interested party from renewing the request once such defects are properly cured.

Chapter Ⅶ
Final Provisions

Article 41. Articles 267, item Ⅶ; 301, item Ⅸ; and 584, item Ⅲ of the Code of Civil Procedure shall be drafted as follows:

"Art. 267...

Ⅶ – by the arbitration agreement.

"Art. 301...

Ⅸ – arbitration agreement

"Art. 584...

Ⅲ. – the arbitral award and a court ruling affirming settlement or con-ciliation;"

Article 42. Article 520 of the Civil Procedure Code shall have a new item, drafted as follows:

"Art. 520...

Ⅵ – rules admissible the request for arbitration."

Article 43. This law shall enter into force sixty days after the date of its publication.

Article 44. Articles 1037 to 1048 of Law No. 3071 of January 1, 1916, Brazilian Civil Code; Articles 101 and 1072 to 1102 of Law No. 5869 of January 11, 1973, Code of Civil Procedure; and all other provisions to the contrary are hereby revoked.

Brasília, September 23, 1996: 175th year of Independence, and 108th year of the Republic.

This is an unofficial translation prepared by Maurício Gomm Santos, arbitrator, mediator and lawyer licensed to practice law in Brazil, New York and Florida Foreign Legal Consultant. Partner with GST LLP. Reproduced with permission.

附录二：

巴西《调解法》

Brazilian Mediation Act

Law No. 13,140,of June 26,2015

Provides for mediation between private parties as a means to settle disputes and the self-resolution of disputes in the scope of public administration; amends Law No. 9469,of July 10,1997, and Decree No. 70235, of March 6,1972; and revokes Paragraph 2 of art. 6 of Law No. 469,of July 10,1997.

The President of Brazil

I hereby make it known that the National Congress enacts and I approve the following Law:

Article 1. This Law provides for mediation as a means to settle disputes between private parties and the self-resolution of disputes in the scope of public administration.

Sole Paragraph. Mediation shall mean the technical activity exercised by an independent third party without decision making power, who, upon being chosen or accepted by the parties, assists and encourages them to identify or develop mutually agreed solutions to a dispute.

Chapter Ⅰ
Mediation

Section Ⅰ
Miscellaneous

Article 2. Mediation shall be governed by the following principles:

Ⅰ – independence of the mediator;

Ⅱ – equality between the parties;

Ⅲ – orality;

Ⅳ – informality;

Ⅴ – free will of the parties;

Ⅵ – search for consensus;

Ⅶ – confidentiality;

Ⅷ – good faith.

Paragraph 1. If there is a mediation section provided for in a contract, the parties shall attend the first mediation meeting.

Paragraph 2. Nobody shall be required to remain at a mediation proceeding.

Article 3. The object of mediation may be a dispute over "disposable" (transferable or waivable) rights or non-disposable, nonwaivable rights which are able to be negotiated.

Paragraph 1. The mediation may deal with the whole conflict or part thereof.

Paragraph 2. The parties' agreement involving non-waivable but negotiable rights shall be confirmed by a court, and the testimony of the Public Prosecutor's Office shall be required.

Section Ⅱ
The Mediators

Subsection Ⅰ Common Provisions

Article 4. The mediator shall be appointed by the court or chosen by the parties.

Paragraph 1. The mediator shall conduct the communication process between the parties, seeking the parties' understanding and agreement, as well as facilitating the settlement of conflicts.

Paragraph 2. Mediation shall be free of charge for those in need.

Article 5. The same legal provisions concerning a judge's impediment and disqualification shall apply to the mediator.

Sole Paragraph. The person appointed to act as mediator shall have the duty to disclose to the parties, prior to accepting such assignment, any fact or circumstance that may cause justified doubt with respect to his/her independence to mediate the conflict, and at such time he/she may be rejected by any of the parties.

Article 6. The mediator shall be prevented, for a period of one year as from the end of the last hearing attended, from assisting, representing or defending any of the parties.

Article 7. The mediator may neither act as an arbitrator nor as a witness in legal or arbitration proceedings concerning a dispute in which he/she has acted as a mediator.

Article 8. The mediator and all those assisting him/her in the mediation proceeding, when exercising their duties or in furtherance thereof, shall have the same treatment as a public employee, for the purposes of the criminal law.

Subsection Ⅱ Out-of-Court Mediators

Article 9. Any competent person who is trusted by the parties and is able to carry out mediation may act as an extrajudicial mediator, irrespective of being a member of or registered with any kind of council, group entity or association.

Article 10. The parties may be assisted by lawyers or public defenders.

Sole Paragraph. If one of the parties appears with his/her lawyer or public defender, the mediator shall suspend the procedure, until all of them are duly assisted.

Subsection Ⅲ Judicial Mediators

Article 11. A competent person having a college degree for at least two years from a university acknowledged by the Ministry of Education and being qualified by a mediators' graduate school or institution recognized by the National School for Graduation and Improvement of Magistrates-or by the courts, in compliance with the minimum requirements established by the National Council of Justice together with the Ministry of Justice, may act as a judicial mediator.

Article 12. The courts shall establish and keep updated registers for qualified mediators who are authorized to act in judicial mediations.

Paragraph 1. The registration on the list of judicial mediators shall be requested by the interested party at the court of jurisdiction in the area he/she intends to exercise said mediation.

Paragraph 2. The courts shall regulate the procedures for registration and deregistration of its mediators.

Article 13. The remuneration due to judicial mediators shall be fixed by courts and paid by the parties, in compliance with the provision set forth Paragraph 2 of Article 4 of this Law.

Section Ⅲ
The Mediation Proceeding

Subsection Ⅰ Common Provisions

Article 14. In the beginning of the first mediation meeting, and whenever he/she deems necessary, the mediator shall warn the parties about the confidentiality rules applicable to the proceeding.

Article 15. Upon request by the parties or the mediator, and with their consent, other mediators may be admitted to act in the same proceeding, whenever it is recommendable in view of the nature and complexity of the conflict.

Article 16. Even if there is an arbitration or legal action in course, the parties may submit to mediation, and in such case they shall request the judge or arbitrator to stay the proceeding for a term sufficient to settle the litigation amicably.

Paragraph 1. The decision staying the proceeding under the terms mutually agreed upon by the parties shall be final.

Paragraph 2. The stay proceeding shall not hinder the granting of provisional injunctions by the judge or arbitrator.

Article 17. A mediation shall be deemed as initiated on the date scheduled for the first mediation meeting.

Sole Paragraph. The limitation period shall be suspended for the time the mediation proceeding takes place.

Article 18. As soon as the mediation starts, the subsequent meetings attended by the parties may only be scheduled with their consent.

Article 19. When performing his/her duty, the mediator may meet with the parties, whether collectively or separately, as well as ask the parties to provide information he/she deems necessary to enable the understanding between them.

Article 20. The mediation proceeding shall be closed upon drawing up of its final instrument, when an agreement is reached or whenever new efforts to reach an agreement are not justified, whether by means of a statement by the mediator in that regard or by statement by any of the parties.

Sole Paragraph. If an agreement is entered into by the parties, the final mediation instrument shall become an instrument enforceable out of court and, if such agreement is ratified by a court, it shall be a judicially enforceable instrument.

Subsection Ⅱ Out-of-Court Mediation

Article 21. The invitation to start an out-of-court mediation proceeding may be made by any communication means and it shall mention the scope proposed for the negotiation, the date and place of the first meeting.

Sole Paragraph. The invitation made by one party to another shall be deemed as refused if it is not replied to within thirty days as from the date of its receipt.

Article 22. The contractual provision on mediation shall mention at least:

Ⅰ - a minimum and maximum term for holding of the first mediation meeting, as from the invitation receipt date;

Ⅱ - a place of the first mediation meeting;

Ⅲ - criteria to choose the mediator or mediation team;

Ⅳ - a penalty in case of non-attendance by the party invited to the first mediation meeting.

Paragraph 1. The contractual provision may replace the specification of the items listed above with indication of a regulation, published by a reliable institution providing mediation services, which includes clear criteria to choose the mediator and the holding of the first mediation meeting.

Paragraph 2. In the event there is no complete contractual provision, the following criteria shall be:

Ⅰ – a minimum term of ten business days and maximum term of three months, as from receipt of the invitation;

Ⅱ – a place suitable for a meeting involving confidential information;

Ⅲ – a list of five names, contact information and professional references of qualified mediators; the invited party may expressly choose any of the five mediators and, if the invited party does not make an objection, the first name in the list shall be dccmed as accepted;

Ⅳ – the non-attendance by the invited party to the first mediation meeting shall cause the latter to bear fifty percent of the loss of suit costs and fees if the same wins the subsequent arbitration or legal proceeding involving the scope of the mediation to which he/she has been invited.

Paragraph 3. In the litigations arising from commercial or corporate agreements without a mediation provision, the out-of-court mediator shall only charge for his services if the parties decide to sign a mediation initiation instrument and willfully remain in the mediation proceeding.

Article 23. If, as provided for in a mediation contractual provision, the parties undertake not to start an arbitration proceeding or a legal proceeding during a fixed term or until the implementation of a certain condition, the arbitrator or judge shall suspend the course of arbitration or the action for the previously agreed term or until the implementation of such condition.

Sole Paragraph. The provisions in the head Paragraph hereof shall not apply to preliminary injunctions where the access to the Judiciary is necessary to avoid loss of a right.

Subsection Ⅲ Judicial Mediation

Article 24. The courts shall create judiciary centers to amicably settle disputes, and such centers shall be responsible for holding preprocedural and procedural conciliation and mediation sessions and hearings, and for the developing programs intended to assist, guide and encourage the self-resolution of disputes.

Sole Paragraph. The composition and organization of the center shall be defined by the respective court, in compliance with the rules issued by the National Council of Justice.

Article 25. In a judicial mediation, the mediators shall not be subject to the previous acceptance by the parties, in compliance with the provision set forth in Article 5 of this Law.

Article 26. The parties shall be assisted by lawyers or public defenders, except for the events set forth in Laws numbers 9099, of September 26, 1995, and 10259, of July 12, 2001.

Sole Paragraph. Assistance by the Public Defender's Office shall be ensured to those evidencing insufficiency of resources.

Article 27. If the complaint fulfills the essential requirements and the pleading is not provisionally dismissed, the judge shall designate a mediation hearing.

Article 28. The judicial mediation proceeding shall be concluded within sixty days, counted from the first session, except when the parties, as per mutual agreement, request the extension thereof.

Sole Paragraph. If an agreement is reached, the records shall be submitted to the judge, who shall determine the filing of the proceeding and, provided that it is requested by the parties, he shall ratify the agreement, by means of a court decision and final mediation instrument, and the same shall determine the filing of the proceeding.

Article 29. Upon settlement of the dispute by mediation prior to defendant's summoning, final court's costs shall not be due.

Section Ⅳ Confidentiality and Its Exceptions

Article 30. Any and all information concerning the mediation proceeding shall be confidential with respect to third parties, and said information may not be disclosed even in arbitration or legal proceeding, except if the parties expressly decide otherwise or whenever the disclosure thereof is required by the law or is necessary to comply with the agreement achieved by mediation.

Paragraph 1. The duty of confidentially shall be applicable to the mediator, the parties, their agents, lawyers, technical advisors and other persons of his/her trust who directly or indirectly have participated in the mediation proceeding, thus, obtaining:

I – a statement, opinion, suggestion, promise or proposal made by one party to the other in search of an understanding for the dispute;

II – acknowledgment of a fact by any of the parties in the course of the mediation proceeding;

III – a statement of acceptance of the agreement proposal presented by the mediator;

IV – a document solely prepared for the purpose of the mediation proceeding.

Paragraph 2. The evidence submitted in disagreement with the provision set forth in this article shall not be admitted at an arbitration or legal proceeding.

Paragraph 3. The information concerning the occurrence of a public crime shall not be bound by the confidentiality rule.

Paragraph 4. The confidentially rule does not exclude the duty of the parties mentioned in the head provision hereof to provide information to tax authorities after the final mediation instrument is completed, and the agents of said parties shall also be bound to the obligation of keeping the confidentiality of the information shared under the terms of Article 198 of Law No. 5172, of October 25, 1966 – National Tax Code.

Article 31. The information provided by one party at a private session shall be deemed as confidential, and the mediator may not disclose it to the other parties, except if expressly so authorized.

Chapter II
Self-Resolution of the Dispute When One Party is a Legal Entity Governed by Public Law

Section I
Common Provisions

Article 32. The Government, the States, the Federal District and the Municipalities may create chambers to prevent and administratively settle disputes, within the scope of the respective Public Advocate General Office entities, if any, with authority to:

Ⅰ - settle disputes among public administration bodies and entities;

Ⅱ - evaluate the admissibility of the requests to settle disputes, by means of an agreement by the parties, in case of a dispute between an individual and a legal entity governed by public law;

Ⅲ - promote, when applicable, the execution of a conduct adjustment instrument.

Paragraph 1. The manner of formation and operation of the chambers mentioned in the head provision hereof shall be established by a regulation issued by each State.

Paragraph 2. The submission of the dispute to the chambers mentioned in the head provision hereof is optional and shall be applicable only to the cases provided for in a regulation of the respective State.

Paragraph 3. If an agreement is reached by the parties, it shall be written in the form of an instrument and the same shall be deemed as an instrument enforceable out of court.

Paragraph 4. The authority of the entities mentioned in the head provision hereof shall not include disputes that may only be settled by acts or granting of rights subject to the authorization of the Legislative Branch.

Paragraph 5. The authority of the chambers mentioned in the head provision hereof shall include the prevention and settlement of disputes involving economic-financial balance of agreements executed by the administration with individuals.

Article 33. While said mediation chambers are not created, the disputes may be settled according to the mediation proceeding provided for in Subsection I of Section Ⅲ of Chapter Ⅰ of this Law.

Sole Paragraph. The Government's, the States', the Federal District's, and the Municipalities' Public Advocate General Office, wherever they exist, may start, by their own motion or pursuant to a call, a collective mediation proceeding for disputes related to the provision of public services.

Article 34. The initiation of an administrative proceeding for the amicable settlement of a dispute in the scope of public administration stays the statute of limitations.

Paragraph 1. A proceeding shall be deemed as initiated when the body or public entity issues an admissibility judgment, making retroactive the stay of statute of limitations to the date of formalization of the request for amicable settlement of the dispute.

Paragraph 2. In case of a tax matter, the stay of statute of limitations shall comply with the provisions set forth in Law No. 5172, of October 25, 1966 – National Tax Code.

Section II
Disputes Involving the Direct Federal Public Administration, Their Agencies and Foundations

Article 35. Legal disputes involving the direct federal public administration, their agencies and foundations may be subject to compromise by adhesion, based on:

Ⅰ – authorization of the Federal Advocate General, based on the consolidated court precedents of the Federal Supreme Court or higher courts; or

Ⅱ – opinion issued by the Federal Advocate General, approved by the President of Brazil.

Paragraph 1. The requirements and conditions of operation by adhesion shall be defined by a specific administrative resolution.

Paragraph 2. When applying for adhesion, the interested party shall attach evidence of compliance with the requirements and conditions stipulated in the administrative resolution.

Paragraph 3. The administrative resolution shall have general effects and it shall be applied to identical cases, timely qualified pursuant to an adhesion request, even if it resolves only part of the dispute.

Paragraph 4. Said adhesion shall imply waiver by the interested party to the right upon which the action or appeal is grounded, which may be pending a decision, of administrative or legal nature, with respect to the points included in the purpose of the administrative resolution.

Paragraph 5. If the interested party is a party to a legal proceeding filed by means of a collective action, the waiver to the right upon which the action is grounded shall be expressed by a petition addressed to the presiding judge.

Paragraph 6. The formalization of an administrative resolution intended to the operation by adhesion shall neither imply an implicit waiver to the statute of limitations nor the interruption or stay.

Article 36. In case of disputes involving litigation between bodies or entities governed by the public law comprising the federal public administration, the Federal Advocate General Office shall carry out an out-of-court settlement of the dispute, in compliance with the procedures set forth in an act by the Federal Advocate General.

Paragraph 1. In the event mentioned in the head provision hereof, if an agreement concerning the legal dispute is not achieved, the Federal Advocate General shall be responsible to settle the same, with grounds on the applicable law.

Paragraph 2. In the cases where the resolution of a dispute implies the acknowledgement of existence of Government's, its agencies' and foundations' credits enforceable against legal entities governed by federal public law, the Federal Advocate General Office may request to the Ministry of Planning, Budget and Management the budgetary adjustment for settlement of debts acknowledged as lawful.

Paragraph 3. The out-of-court settlement of disputes shall not exclude the determination of liability of the public agent giving rise to the debt, whenever it is found out that his/her action or omission is, in theory, a disciplinarian infraction.

Paragraph 4. In the events where the litigation matter is discussed under an action against a corrupt public employee or if a decision has been issued in this regard by the Federal Accounting Court, the conciliation mentioned in the head provision hereof shall depend upon the express agreement of the presiding judge or the Reporting Judge.

Article 37. The States, the Federal District and the Municipalities, their agencies and public foundations, as well as public companies and federal public and private companies may submit their litigations with public administration entities or bodies to the Federal Advocate General Office, for the purposes of an out-of-court settlement of the dispute.

Article 38. In cases where the legal dispute is related to taxes managed by the Federal Revenue Service of Brazil or to credits registered as federal debts:

Ⅰ – the provisions set forth in items Ⅱ and Ⅲ of the head provision of Article 32 shall not apply;

Ⅱ – public companies, public and private companies and their subsidiaries conducting the economic activity of production or marketing of goods or the rendering of services under the competition system may not exercise the option set forth in Article 37;

Ⅲ – when the parties are those mentioned in the head provision of Article 36:

a) the submission of the dispute to the out-of-court resolution of dispute by the Federal Advocate General Office implies the waiver of the right to resort to the Administrative Council of Tax Appeals;

b) the reduction or cancellation of credit shall depend upon the joint statement by the Federal Advocate General and the State Minister of Finance.

Sole Paragraph. The provisions set forth in item Ⅱ and letter "a" of item Ⅲ shall not exclude the authority of the Federal Advocate General Office provided for in items Ⅹ and Ⅺ of Article 4 of Supplementary Law No. 73, of February 10, 1993.

Article 39. The filing of a legal action where bodies or entities governed by public law comprising the federal public administration concomitantly appear as plaintiff and defendant shall be previously authorized by the Federal Advocate General.

Article 40. Public employees and agents participating in the process of out-of-court resolution of disputes may only be made civilly, administratively and criminally liable when, by willful misconduct or fraud, they receive any undue equity advantage, allow or facilitate the reception thereof by a third party, or contribute therefor.

Chapter Ⅲ
Final Provisions

Article 41. The National School of Mediation and Conciliation, within the scope of the Ministry of Justice, may create a database on the good practices of mediation, as well as keep a list of mediators and mediation institutions.

Article 42. This Law shall apply, where applicable, to other amicable forms of resolution of disputes, such as community and school mediations, as well as those carried out at out-of-court offices, provided that they are in the scope of their authority.

Sole Paragraph. Mediation in labor relations shall be governed by specific law.

Article 43. Public administration bodies and entities may create chambers to settle disputes among private parties regarding activities governed or supervised by the same.

Article 44. Articles 1 and 2 of Law No. 9469, of July 10, 1997 shall be in force with the following wording:

Article 1. The Federal Advocate General, directly or by delegation, and the highest officers of federal public companies, together with the statutory officer of the area relating to the matter, may authorize the execution of agreements or operations to prevent or terminate litigations, including court litigations.

Paragraph 1. Specialized chambers may be created, and such chambers shall be formed by public employees or registered public agents, for the purpose of analyzing and preparing proposals for settlement or compromise.

(...)

Paragraph 3. A regulation shall provide for the kind of composition of the chambers mentioned in Paragraph 1, which shall be formed by at least an effective member of the Federal Advocate General Office or, in case of public companies, a legal assistant or someone holding an equivalent position.

Paragraph 4. Whenever the litigation involves amounts above those fixed in a regulation, the settlement or compromise shall, under penalty of being null and void, depend on the prior and express authorization of the Federal Advocate General Office and the Minister of State to which area of authority the matter is related, or also the President of the House of Representatives, the Federal Senate, the Federal Accounting Court, the Court or Council, or the Federal Attorney General, in case of interest of the bodies belonging to the Legislative and Judiciary Branches or the Public Prosecutor's Office, excluding the independent federal public companies, which will need only the prior and expressauthorization of the officers mentioned in the head provision hereof.

Paragraph 5. In the compromise or agreement entered into directly by the party or by means of an attorney in fact to terminate or close a legal action, including the cases of administrative extension of payments demanded in court, the parties may define the liability of each one for the payment of fees due to their respective lawyers.

Article 2. The Federal Attorney General , the General Attorney of the Central Bank of Brazil and the officers of federal public companies mentioned in the head provision of Article 1 *hereof may authorize, directly or by delegation, the execution of agreements to prevent or terminate, in court or out-of-court, a litigation involving amounts lower than those fixed in a regulation.*

Paragraph 1. *In case of federal public companies, said delegation shall be restricted to a collegiate body formally constituted and formed by at least one statutory officer.*

Paragraph 2. *The agreement mentioned in the head provision hereof may consist in the payment of the debt in monthly and consecutive installments up to the maximum limit of sixty.*

Paragraph 3. *The amount of each monthly installment, at the time of the payment, shall be increased by interest equivalent to the reference rate issued by the Special System of Settlement and Custody-SELIC for federal notes, which shall be monthly accrued and ascertained from the month subsequent to that of consolidation up to the month before the payment plus one percent concerning the month when the payment is made.*

Paragraph 4. *Whenever any installment is in default, after thirty days, an execution proceeding shall be filed or followed, for the balance.*

Article 45. Decree No. 70,235 of March 6, 1972 shall become effective with the inclusion of the following Article 14 – A:

"*Article* 14 – *A – In case of determination and requirement of Government tax credits, the taxpayer of which is a body or entity governed by public law belonging to the federal public administration, the submission of the litigation to an out-of-court resolution of dispute by the Federal Advocate General Office shall be deemed as a claim, for the purposes of the provisions set forth in item* Ⅲ *of Article* 151 *of Law No.* 5172, *of October* 25, 1966 – *National Tax Code.*"

Article 46. The mediation may be made via Internet or by another communication means allowing remote transaction, provided that the parties are in agreement.

Sole Paragraph. A party residing abroad is permitted to have mediation according to the rules established in this Law.

Article 47. This Law becomes effective after one hundred and eighty days as from its official publication.

Article 48. Paragraph 2 of Article 6 of Law No. 9469, dated July 10, 1997 is hereby revoked.

Brasília, June 26, 2015; 194th anniversary of the Independence of Brazil and 127th anniversary of the proclamation of the Republic.

附录三：

巴西—加拿大商会仲裁与调解中心《仲裁规则》

CAM-CCBC Arbitration Rules

Chapter Ⅰ – The CAM-CCBC

Article 1 – Scope of Application of the Rules

1.1. These Rules are binding on parties who have decided to submit a dispute to the Center for Arbitration and Mediation of the Chamber of Commerce Brazil-Canada, which is abbreviated as CAM-CCBC.

1.2. Any variation to these Rules that may have been agreed to by the parties in their respective proceedings will apply only to the specific case and so long as it does not affect any provision regarding the administrative organization of the CAM-CCBC nor the conduct of its duties.

Article 2 – Name, Head Office, Purpose and Composition of the CAM-CCBC

2.1. The CAM-CCBC will operate under this name and have its head office in the city of São Paulo, state of São Paulo, without prejudice to the possibility that it administrates proceedings that take place at any other location in Brazil or abroad, as provided in article 9.1 of these Rules.

2.2. By performing the acts and services provided for in these Rules, the CAM-CCBC's purpose is to administer arbitration, mediation and other dispute resolution proceedings that are submitted to it by the interested parties, regardless of whether or not they are members of the Chamber of Commerce Brazil-Canada, hereinafter referred to simply as the Chamber, and regardless of their nationality, domicile or origin.

2.3. The CAM-CCBC can become a member of associations or bodies that represent arbitration or mediation institutions, or associate with other counterpart institutions in Brazil and abroad, and maintain exchange agreements with them.

2.4. The CAM-CCBC governing bodies are:

(a) The Executive Committee, consisting of one (1) President, five (5) Vice Presidents and one (1) General Secretary, who are responsible for its administration, in keeping with the specific duties established in these Rules.

(b) The Advisory Committee, consisting of the former Presidents of the CAM-CCBC, as permanent members, and of at least five (5) representatives of the List of Arbitrators, chosen by the permanent members, with a term in office of two (2) years, with reelection being allowed.

2.5. The President of the CAM-CCBC will be elected by the General Meeting of the Chamber to a term in office of two (2) years, with reelection allowed, and the other members of the Executive Committee will be appointed by the President.

2.6. The duties of the President of the CAM-CCBC are to:

(a) Represent the CAM-CCBC;

(b) Convene and chair the meetings of the Executive Committee and convene the meetings of the Advisory Committee;

(c) Issue Administrative Resolutions;

(d) Approve Rules and norms related to other methods of alternative dispute resolution;

(e) Apply these Rules and have them applied;

(f) Issue complementary rules to resolve doubts and provide guidance for the application of these Rules, including in cases of gaps;

(g) Appoint arbitrators in ad hoc arbitrations, upon request from interested parties;

(h) Appoint arbitrators in the cases provided for in these Rules;

(i) Decide on the extension of time periods that do not fall within the authority of the Arbitral Tribunal, as well as those in reference to the appointment of arbitrators and mediators;

(j) Appoint arbitrators, mediators and specialists to be members of the respective lists of professionals;

(k) Perform other duties provided for in these Rules.

2.7. The President of the CAM-CCBC can, without prejudice to the authority of the Advisory Committee, form Commissions to conduct studies and make specific recommendations for the purpose of developing and improving the CAM-CCBC's activities.

2.8. It falls upon the President of the CAM-CCBC to hear the Advisory Committee in the cases expressly referred to in these Rules. The President can convene the Advisory Committee whenever he or she believes it necessary.

2.8.1. The Advisory Committee can also be convened by two (2) Vice Presidents, jointly, in instances where the Advisory Committee should be heard and has not been regularly convened by the President.

2.9. The Vice Presidents' duties are to:

(a) Substitute for the President of the CAM-CCBC, as designated by the President, when he or she is absent or prevented from performing his or her duties;

(b) Assist the President in the performance of his or her duties;

(c) Convene the meetings of the Advisory Committee, in the situations and manner provided for in article 2.8.1.;

(d) Perform duties assigned to them by the President.

2.10. The General Secretary's duties are to:

(a) Maintain, under his or her responsibility, the CAM-CCBC's records and documents;

(b) Be responsible for the supervision and coordination of the CAM-CCBC's administrative activities;

(c) See to the progress of the proceedings administered by the CAM-CCBC, especially in regard to meeting deadlines, as well as to perform the duties that are given him or her by the President;

(d) Take part, as a subsidiary duty, in the organization of events connected with spreading awareness of arbitration and of the CAM-CCBC's activities, as well as in other administrative tasks, such as the Quality Management System.

2.11. The Advisory Committee shall assist the CAM-CCBC's President in his or her duties, whenever he or she so requests, as well as suggest measures that strengthen the institution's prestige and the good quality of its services.

2.12. The Advisory Committee will meet regularly one (1) time every four months and, extraordinarily, whenever convened by the President or by two (2) Vice Presidents.

Article 3 – List of Arbitrators

3.1. The List of Arbitrators is constituted of professionals domiciled in Brazil or abroad, with flawless reputation and recognized legal expertise, who are appointed by the President of the CAM-CCBC, with the Advisory Committee being heard, for a period of five (5) years, with reappointment allowed.

3.2. The President of the CAM-CCBC, with the Advisory Committee being heard, can replace any member of the List of Arbitrators.

Chapter Ⅱ – The Arbitration Proceedings

Article 4 – Commencement of the Arbitration

4.1. The party desiring to commence an arbitration will notify the CAM/CCBC, through its President, in person or by registered mail, providing sufficient copies for all the parties, arbitrators and the Secretariat of the CAM/CCBC to receive a copy, enclosing:

(a) A document that contains the arbitration agreement, providing for choice of the CAM/CCBC's to administer the proceedings;

(b) A power of attorney for any lawyers providing for adequate representation;

(c) A summary statement of the matter that will be the subject of the arbitration;

(d) The estimated amount in dispute;

(e) The full name and details of the parties involved in the arbitration; and

(f) A statement of the seat, language, law or rules of law applicable to the arbitration under the contract.

4.2. The party will attach proof of payment of the Registration Fee together with the notice, in accordance with article 12.5 of the Rules.

4.3. The Secretariat of the CAM-CCBC will send a copy of the notice and respective documents that support it to the other party, requesting that, within fifteen (15) days, it describe in brief any matter that may be the subject of its claim and the respective amount, as well as comments regarding the seat of arbitration, language, law or rules of law applicable to the arbitration under the contract.

4.4. The Secretariat of the CAM-CCBC will send both parties a copy of these Rules and the list of the names of the members of the List of Arbitrators, inviting them to, within fifteen (15) days, each appoint one (1) arbitrator and, optionally, one (1) alternate to constitute the Arbitral Tribunal.

4.4.1. The parties can freely appoint the arbitrators who will constitute the Arbitral Tribunal. However, if a professional who is not a member of the List of Arbitrators is appointed, the appointment must be accompanied by that person's résumé, which will be submitted for the approval of the President of the CAM-CCBC.

4.5. Before the Arbitral Tribunal is constituted, the President of the CAM-CCBC will examine objections regarding the existence, validity or effectiveness of the arbitration agreement that can be immediately resolved, without the production of evidence, and will examine requests regarding joinder of claims, under article 4.20. In both cases, the Arbitral Tribunal, once it is constituted, will decide on its jurisdiction, confirming or modifying the decision previously made.

4.6. The Secretariat of the CAM-CCBC will inform the Parties and the arbitrators of the appointments made. At the same time, the arbitrators who are appointed will be asked to fill out CAM-CCBC's Conflict of Interest and Availability Questionnaire, referred to simply as the Questionnaire, within ten (10) days.

4.6.1. The Questionnaire will be prepared by the CAM-CCBC's Executive Committee, together with the Advisory Committee. Its purpose will be to gather information about the arbitrators' impartiality and independence, as well as time availability and other information related to their duty of disclosure.

4.7. The answers to the Questionnaires and any material facts will be sent to the Parties, after which they will have ten (10) days to submit comments.

4.8. If the parties raise an objection related to the independence, impartiality or any material issue in regard to an arbitrator, the arbitrator involved will have ten (10) days to submit comments, after which the parties will have ten(10) days to present any challenge, which will be processed under article 5.4.

4.9. Upon expiration of the time periods in articles 4.7 and 4.8, the Secretariat of the CAM-CCBC will notify the arbitrators appointed by the parties, who must, within fifteen(15) days, choose the third arbitrator from among the members of the List of Arbitrators, to act as President of the Arbitral Tribunal.

4.9.1. The expression "Arbitral Tribunal" applies without distinction to a Sole Arbitrator and an Arbitral Tribunal.

4.9.2. On an exceptional basis and based on a reasoned justification and approval of the President of the CAM-CCBC, the arbitrators chosen by the parties can appoint a person who is not a member of the List of Arbitrators as President of the Arbitral Tribunal.

4.10. In the event of a successful challenge to or the resignation of an appointed arbitrator, the Secretariat of the CAM-CCBC will notify the party to make a new appointment within ten(10) days.

4.11. The Secretariat of the CAM-CCBC will inform the Parties and the arbitrators regarding the appointment of the arbitrator who will act as President of the Arbitral Tribunal, requesting that the appointed arbitrator state his or her acceptance in the manner and by the time provided for in article 4.6.

4.12. If either of the parties fails to appoint an arbitrator or the arbitrators appointed by the party fail to appoint the third arbitrator, the President of the CAM-CCBC will make this appointment from among the members of the List of Arbitrators.

4.13. If the arbitration agreement states that the arbitration proceedings will be conducted by a sole arbitrator, the sole arbitrator must be appointed by agreement between the parties, within fifteen(15) days from notification by the Secretariat. Upon expiration of this time period, if the parties fail to appoint the sole arbitrator or to agree on his or her appointment, the President of the CAM-CCBC will appoint the sole arbitrator, with observance of article 4.12.

4.13.1. The parties can freely appoint the sole arbitrator. However, if a person who is not a member of the List of Arbitrators is appointed, the appointment must be accompanied by the person's résumé, which will be submitted for the approval of the President of the CAM-CCBC.

4.13.2. The commencement and conduct of an arbitration with a sole arbitrator will follow the same procedures under these Rules as for an arbitration conducted by an Arbitral Tribunal.

4.14. The Secretariat will notify the arbitrators to sign the Statement of Independence within ten (10) days, which will demonstrate formal acceptance of the arbitrators' duties, for all purposes, and the parties will be notified for the preparation of the Terms of Reference.

4.15. In proceedings in which one of the parties has its head office or domicile abroad, either of them can request that the third arbitrator be of a nationality different from those of the parties involved. The President of the CAM-CCBC, with the Advisory Committee being heard, will evaluate the necessity or convenience of granting the request in each particular case.

4.16. In arbitration cases with multiple parties as claimants and/or respondents, if there is no consensus regarding the appointment of an arbitrator by the parties, the President of the CAM-CCBC shall appoint all the members of the Arbitral Tribunal, designating one of them to act as President, with observance of the requirements of article 4.12 of these Rules.

4.17. The parties will sign the Terms of Reference together with the arbitrators, a representative of the CAM-CCBC and two witnesses.

4.18. The Terms of Reference will contain:

(a) Name and details of the parties and arbitrators;

(b) Seat of arbitration;

(c) The transcription of the arbitration agreement;

(d) If applicable, authorization for the arbitrators to decide ex aequo et bono;

(e) The language in which the arbitration will be conducted;

(f) Subject matter of the dispute;

(g) Applicable law;

(h) The claims of each of the parties;

(i) Amount in dispute;

(j) Express acceptance of liability for the payment of the administrative costs for the proceedings, expenses, experts' fees and arbitrators' fees upon request of the CAM-CCBC.

4.19. The absence of any of the parties regularly convened to appear at the initial meeting or its refusal to sign the Terms of Reference will not prevent the normal course of the arbitration.

4.20. If a request for the commencement of an Arbitration is submitted and has the same purpose or same cause of action as an arbitration currently proceeding at the CAM-CCBC or if the same parties and causes of action are present in two arbitrations, but the subject matter of one, because it is broader, includes that of the others, the President of the CAM-CCBC can, upon request of the parties, up to the time the Terms of Reference are signed, order joinder of the proceedings.

4.21. The Parties can change, modify or amend the claims and causes of action until the date the Terms of Reference are signed.

Article 5 – Arbitral Tribunal

5.1. Members of the List of Arbitrators and/or others designated by the parties can be appointed as arbitrators, with the provisions of article 4.4.1 of these Rules, the CAM-CCBC Code of Ethics and the requirements of independence, impartiality and availability always being observed.

5.2. A person cannot be appointed as an arbitrator if he or she:

(a) Is a party to the dispute;

(b) Has participated in the resolution of the dispute as legal representative for one of the parties before a judicial authority, testified as a witness, served as an expert or presented an opinion;

(c) Is a spouse or relative, whether by blood or marriage, as an ancestor, descendent or collaterally, to the third degree, of one of the parties;

(d) Is a spouse or relative, whether by blood or marriage, as an ancestor, descendent or collaterally, to the second-degree, of the attorney or representative of one of the parties;

(e) Participates in a management or administrative body of a corporate entity that is a party to the litigation or is a shareholder or partner;

(f) Is a personal friend or enemy of one of the parties;

(g) Is a creditor or debtor of one of the parties or of his or her spouse or of relatives, whether ancestors, descendents or collaterally, to the third degree;

(h) Is a presumptive heir, legatee, employer or employee of one of the parties;

(i) Receives gifts before or after the dispute begins, advises one of the parties regarding the subject matter of the case or provides funds to cover the expenses of the proceedings;

(j) Has a direct or indirect interest in the decision of the dispute in favor of one of the parties;

(k) Has served as a mediator or conciliator in the dispute before the commencement of arbitration, unless expressly agreed to by the parties;

(l) Has an economic interest related to any of the parties or their lawyers, unless there is express agreement of all parties.

5.3. It falls upon the Arbitrator to disclose, at any time, if he or she is prevented from acting and to refuse the appointment or tender a resignation.

5.4. The parties can challenge the arbitrators for lack of independence or impartiality or for other justified reason within fifteen(15) days from awareness of the fact. The challenge will be decided by a Special Committee composed of three(3) members of the List of Arbitrators appointed by the President of the CAM-CCBC.

5.5. If in the course of the proceedings there should arise any cause that prevents an arbitrator from acting or if an arbitrator should die or become incapacitated, that arbitrator will be replaced by another arbitrator appointed by the same party. If the President of the Arbitral Tribunal should become prevented from acting, he or she will be replaced by another President appointed by the other arbitrators. In either case, if an appointment fails to be made, the President of the CAM-CCBC will make the appointment.

Article 6 – Notices and Time Periods

6.1. Unless expressly provided otherwise, all communications, notices or the like will be made to the representatives appointed by the party, at the addresses informed by the representatives.

6.2. For all purposes of these Rules, the communications, notices or the like will be made by letter, fax, e-mail or equivalent means, with confirmation of receipt.

6.3. Any and all documents addressed to the Arbitral Tribunal will be sent to the Secretariat of the CAM-CCBC, with sufficient copies for each arbitrator and representative of the parties, as well as an additional copy for the CAM-CCBC case file, unless otherwise agreed by the parties.

6.4. The time periods provided in these Rules can be extended, at the discretion of the Arbitral Tribunal.

6.5. If no time period is stated in these Rules or established by the Arbitral Tribunal, the time period will be ten(10) days.

6.6. A time period is counted in calendar days and will be counted so as to exclude the day of receipt of the notice and include the day on which the deadline expires.

6.6.1. A time period only begins to run on the first business day after notice.

6.6.2. A time period will be considered to extend to the next business day if it expires on a day during which the CAM-CCBC is not open for business.

Article 7 – Procedure

7.1 Upon commencement of the arbitration, as provided in article 4.14, the Secretariat of the CAM-CCBC will notify the parties and the arbitrators for the signing of the Terms of Reference, which must take place within thirty(30) days.

7.1.1. The Terms of Reference can establish the initial timetable for the proceedings, established by agreement among the parties and the Arbitral Tribunal.

7.2. The arbitration briefs will be presented by the time agreed to by the parties or, if none is agreed to, that established by the Arbitral Tribunal. If none is established, they must be presented concurrently within at most thirty(30) days from the date the meeting to sign the Terms of Reference is held.

7.3. During the five(5) days after receiving the parties' arbitration briefs, the Secretariat of the CAM-CCBC will send the respective copies to the arbitrators and to the parties, the latter of which will present their respective answers within twenty(20) days, unless another time period is established in the Terms of Reference.

7.3.1. Rebuttals and Surrebuttals can be presented, at the discretion of the parties and of the Arbitral Tribunal, in the manner and by the times established in article 7.3.

7.4. Within ten(10) days from receipt of the documents mentioned above, the Arbitral Tribunal will evaluate the status of the proceedings and order, if judged necessary, the production of evidence.

7.4.1. It will be the responsibility of the Arbitral Tribunal to grant and establish the burden of evidence it considers useful, necessary and appropriate in the manner and order held to be convenient under the circumstances.

7.5. The proceedings will continue in the absence of any of the parties provided that, having been properly notified, that party does not appear.

7.5.1. The arbitration award cannot be based on the default of a party.

7.6. Aspects of a technical nature involved in the arbitration proceedings can be the subject of expert examination or clarifications presented by specialists appointed by the parties, who can be convened to testify at a hearing, as decided by the Arbitral Tribunal.

7.7. When the evidentiary phase is concluded, the Arbitral Tribunal will establish a time of up to thirty(30) days for the parties to present their closing arguments.

7.8. The Arbitral Tribunal will adopt the necessary and convenient measures for the appropriate conduct of the proceedings, observing the right to fully defend oneself and the right to dispute the allegations of the other party, as well as the equal treatment of the parties.

Article 8 – Provisional Measures

8.1. Unless the parties have otherwise agreed, the Arbitral Tribunal can grant provisional measures, both injunctive and anticipatory, that can, at the discretion of the Arbitral Tribunal, be subject to the provision of guarantees by the requesting party.

8.2. If there is an urgent matter and the Arbitral Tribunal has not yet been constituted, the parties can seek provisional or injunctive measures from the competent judicial authority, if another manner has not been expressly agreed by them. In this case, the parties must inform the CAM-CCBC of the decisions.

8.2.1. As soon as the Arbitral Tribunal is constituted, it will have the authority to uphold, amend or revoke the previously granted measures.

8.2.2. A request made by one of the parties to a judicial authority to obtain these measures, or the enforcement of similar measures granted by an Arbitral Tribunal, will not be considered a violation of, or waiver to, the arbitration agreement and will not interfere with the jurisdiction of the Arbitral Tribunal.

Article 9 – Seat of Arbitration, Applicable Law and Language

9.1. The arbitration can be seated at any place in Brazil or abroad.

9.2. If the parties have not indicated the seat of the arbitration, if there is not agreement regarding the seat or if the designation is incomplete or obscure, the President of the CAM-CCBC can, if necessary, determine the seat on a provisional basis, falling upon the Arbitral Tribunal, once it is constituted, to definitively decide regarding the seat of the arbitration, after the parties have been heard.

9.3. The acts of the arbitration proceedings can occur at a place different from the seat of the arbitration, at the discretion of the Arbitral Tribunal.

9.4. He parties will be able to choose the rules of law to be applied by the Arbitral Tribunal to the merits of the dispute. In case of omission or divergence, it falls upon the Arbitral Tribunal to decide in this regard.

9.4.1. Permission for the Arbitral Tribunal to decide ex aequo et bono must be expressed either in the arbitration agreement or in the Terms of Reference.

9.5. The arbitration will be conducted in the language agreed by the Parties.

9.5.1. If there is no agreement, the Arbitral Tribunal will choose the language, taking into consideration all relevant circumstances, including the contract.

Article 10 – Arbitral Award

10.1. The Arbitral Tribunal will issue the arbitral award within sixty (60) days from receipt by the arbitrators of the final arguments presented by the parties (or of their notification that the referred time period has expired), unless another time period is established in the Terms of Reference or agreed to with the parties.

10.1.1. The time period in the article above can be extended by up to thirty (30) days, at the discretion of the President of the Arbitral Tribunal.

10.2. The arbitral award can be partial or final.

10.2.1. In the event of a partial award, the Arbitral Tribunal will indicate the later procedural steps necessary for the preparation of the final award.

10.3. The arbitral award will be expressed in a written document.

10.3.1. Where there is an Arbitral Tribunal, the arbitral award shall be issued by consensus whenever possible and, if this is not viable, by a majority vote, with each arbitrator, including the President of the Arbitral Tribunal, having one vote. Failing a majority opinion, the vote of the President of the Arbitral Tribunal will prevail.

10.3.2. The arbitration award will be reduced to writing by the President of the Arbitral Tribunal and signed by all the arbitrators. If one or more of the arbitrators do not sign the award, it will fall upon the President of the Arbitral Tribunal to state that fact.

10.3.3. An arbitrator who dissents from the majority can explain his or her dissenting vote, which will be included in the arbitration award.

10.4. The arbitration award must contain:

(a) The facts, with the parties' names and a summary of the dispute;

(b) The reasons for the decision, which will address both questions of fact and of law, with an express statement that it was issued ex aequo et bono, when that is the case;

(c) The order, with all the specifications and time assigned for performance, when appropriate;

(d) The day, month and year on which it was issued and the seat of the arbitration.

10.4.1. The award will also contain, where appropriate, the parties' liability for the administrative costs, arbitrators' fees, expenses, and attorneys' fees, as well as the respective apportionment, also observing that which was agreed by the parties in the Terms of Reference.

10.5. Once the final arbitral award is issued and the parties notified, the arbitration will be considered closed, unless there is a request for clarification as provided in the following article, in which case jurisdiction will be extended until the respective decision.

10.5.1. The President of the Arbitral Tribunal will send the original copies of the decision to the Secretariat of the CAM-CCBC, who will send them to the parties.

10.6. The parties can, within fifteen (15) days from the date they receive the arbitral award, request clarifications regarding any contradiction, omission or obscurity by request directed to the Arbitral Tribunal.

10.6.1. The Arbitral Tribunal will decide during the following ten (10) days, counted from their notification regarding the request for clarification.

10.7. None of the arbitrators, or the CAM-CCBC or the people connected to the Chamber, are liable to any persons for any acts, facts or omissions related to the arbitration.

10.8. If the parties reach a settlement during the arbitration proceedings, putting an end to the dispute, the Arbitral Tribunal, upon request of the parties, will record that agreement in an arbitral award.

Article 11 – Compliance with the Arbitral Award

11.1. The parties are obliged to comply with the arbitral award as issued, in the manner and by the time provided for in it, and if they do not do so the losing party will be liable for the harm caused to the prevailing party.

11.2. If the arbitral award is not complied with, the injured party can communicate this fact to the CAM-CCBC so that it can disclose this fact to other arbitration institutions and chambers of commerce or analogous entities in Brazil or abroad.

11.3. Upon written request from any of the parties or of the arbitrators, the CAM-

CCBC can provide copies of documents regarding the arbitration proceedings that are necessary to start court proceedings directly related to the arbitration.

11.4. The case file of the arbitration proceedings will remain in the CAM-CCBC's archives for five(5) years from the closing of the arbitration. Within this period, an interested Party can request, at its expense, a copy of the arguments and documents it wishes.

Chapter Ⅲ – Costs and Expenses

Article 12 – Arbitration Expenses

12.1. The CAM-CCBC will maintain a table of administrative fees and arbitrators' fees, referred to simply as the Table of Expenses. The manner the Table of Expenses is applied and its content can be periodically revised by an act of the President of the CAM-CCBC.

12.2. The Administrative Fee owed to the CAM-CCBC will be required from the claimant from the date the notice to the President is filed requesting commencement of arbitration, and from the respondent from the date it is notified.

12.3. In an arbitration in which there are multiple parties, as claimants or as respondents, each of them, separately, must pay in full the Administrative Fee owed as a result of the services performed by the CAM-CCBC.

12.3.1. If more than one party on the same side is represented by the same lawyers, each one of them will have a fifty percent(50%) discount on the amount for the Administrative Fee owed to the CAM-CCBC.

12.4. Fulfillment of the provisions contained in the Table of Expenses will be mandatory for the parties and for the arbitrators.

12.5. At the time of presentation of the notice for commencement of arbitration, the claimant must pay to the CAM-CCBC the Registration Fee, in the amount stated in the Table of Expenses, which cannot be set off or reimbursed.

12.6. After receipt of the notice for commencement of arbitration, the parties will be notified to pay the Administrative Fees in advance for the first ten(10) months of the proceedings.

12.6.1. At the same time, the Secretariat of the CAM-CCBC can request that the claimant pay the estimated expenses in advance when the Terms of Reference are signed. This payment can be set off when the expense fund is established under article 12.8 of these Rules.

12.7. Each party will deposit with the CAM-CCBC its portion of the amount of the arbitrators' fees, corresponding to a minimum number of hours established in the Table of Expenses or a percentage of the amount in dispute. This deposit must be made by the time established in the Table of Expenses.

12.8. After the Terms of Reference are signed, the Secretariat of the CAM-CCBC will be able to request that the parties make advance payment of the estimated expenses for the proceedings to establish an expense fund, with the amount paid by the claimant being set off under article 12.6.1 of these Rules.

12.9. All the expenses that are incidental to, or incurred during, the arbitration will be paid in advance by the party who requested the act, or by the parties, equally, if resulting from acts requested by the Arbitral Tribunal.

12.10. In the event that the Administrative Fees, arbitrators' fees and experts' fees or any arbitration expenses are not paid, one of the parties will have the option of making the payment for the other's account, by a time to be established by the Secretariat of the CAM-CCBC.

12.10.1. If the payment is made by the other party, the Secretariat of the CAM-CCBC will give notice to the parties and to the Arbitral Tribunal, in which case the latter will consider the claims, made by the party which failed to pay, withdrawn, if any.

12.10.2. If neither of the parties is willing to make payment, the proceedings will be stayed.

12.11. Once the proceedings have been stayed for thirty (30) days for lack of payment, without either of the parties effectuating the provision of funds, the proceedings can be terminated, without prejudice to the right of the parties to present a request for the commencement of new arbitration proceedings seeking resolution of the dispute, so long as the amounts in arrears are paid.

12.12. Independently of the provisions in articles 12.10 and 12.11 of these

Rules, the CAM-CCBC can demand payment, in court or out of it, of the Administrative Fees, arbitrators' fees or expenses, which will be considered liquidated debts, and can collect them through judicial execution, together with interest and inflation adjustment, as provided in the Table of Expenses.

12.12.1. The experts' work will not begin before the full amount of their fees is deposited, even if payment to the experts is effectuated in a different manner.

12.13. The Special Committee provided for in article 5.4 of these Rules can only be established on payment of the amounts stated in the Table of Expenses. Unless otherwise expressly and specifically provided, the fees must be paid by the party who brought the challenge.

12.14. The president of the CAM-CCBC can order reimbursement of amounts that the institution has advanced or of expenses it has endured, as well as the payment of all fees or charges owed and not paid by any of the parties.

Chapter Ⅳ – General Provisions

Article 13 – Interpretation

13.1. The arbitrators will interpret and apply these Rules in all matters concerning their authority and duties.

13.2. Majority rule will also be followed for interim decisions that fall upon the Arbitral Tribunal, including regarding the interpretation and application of these Rules.

13.3. The arbitrators can submit a question regarding the interpretation of the provisions of these Rules to the President of the CAM-CCBC, without prejudice to the provisions in article 2.6.(f).

13.4. The CAM-CCBC Code of Ethics is an integral part of these Rules for all purposes of law and should be used, as a secondary source, for the interpretation of the provisions of these Rules.

Article 14 – Confidentiality

14.1. The arbitration proceedings are confidential, except for the situations provided for in statute or by express agreement of the parties or in light of the need to protect the right of a party involved in the arbitration.

14.1.1. For the purposes of research and statistical surveys, the CAM-CCBC reserves the right to publish excerpts from the award, without mentioning the parties or allowing their identification.

14.2. Members of the CAM-CCBC, the arbitrators, the experts, the parties and others who participate are prohibited from disclosing any information to which they have had access as a result of their role or participation in the arbitration proceedings.

Article 15 – Enter into Force

15.1. These Rules, approved by an Extraordinary General Meeting of the Chamber of Commerce Brazil-Canada held on September 1, 2011, will enter into force on January 1, 2012, except for articles 2 and 3 of these Rules, which will enter into force from September 1, 2011.

15.2. These Rules revoke the former ones, which were approved on July 15, 1998.

15.3. Unless otherwise agreed by the parties, the CAM-CCBC Rules in force on the date the notification described in article 4.1 is filed will apply.

15.4. At the parties' option, any arbitration filed before January 1, 2012, but whose Terms of Reference are signed after the beginning of the enter into force of these Rules, can also be governed by them.

附录四：

巴西—加拿大商会仲裁与调解中心《调解规则》

CAM-CCBC Mediation Rules

Chapter Ⅰ – Initial Acts

Article 1 – Mediation Request

1.1. The person(s) interested in proposing mediation may do so with or without the provision of a contractual clause, upon request in writing, addressed to the Secretariat of the CAM-CCBC, attaching the Registration Fee payment receipt, as per article 9.2 hereof.

1.1.1. In the event of participation of a direct or indirect entity from the Public Administration, these articles shall be adapted as necessary to meet legal requirements, subject to the approval of the President of the CAM-CCBC.

1.2. The President of the CAM-CCBC shall evaluate the admissibility of the Mediation request, admitting it or refusing it.

Article 2 – Preceding Meeting

2.1. Once the Mediation request is admitted, the Secretariat of the CAM-CCBC shall invite, within five(5) days, both the person(s) who proposed the mediation and the other possible participant(s) for preceding meetings.

2.1.1. The preceding meetings have an informative nature and do not constitute the beginning of the Mediation proceeding, which will take place only before the Mediator, pursuant to article 5.1 hereof.

2.2. The preceding meetings must be made, as a rule, separately for the person(s) who proposed Mediation and the other possible participant(s).

2.3. The preceding meetings must be conducted by the Executive Secretariat responsible for managing the Mediation proceeding of the CAM-CCBC.

2.4. After the preceding meetings, the Participants shall establish the value of the dispute and pay the fees to CCBC(opening and administration fees) and the Mediator's fees, as set forth in article 9 hereof.

Article 3 – Choosing the Mediator

3.1. Once the preceding meetings are completed, the Secretariat of the CAM-CCBC shall present the CAM-CCBC the List of Mediators for participants to choose, jointly, the name of the professional who will carry out the proceeding.

3.2. If there is no consensus on the choice of the Mediator, each participant will be asked to submit a shortlist of five(5) names from the List of Mediators, within five (5) days, by order of preference.

3.3. If there is a name in common, this will be the Mediator who will carry out the proceeding.

3.4. If there is more than one name in common, the tiebreaker will be the sum of the preference order of each name on those lists.

3.5. If the criteria in articles 3.1 to 3.4 of these Rules are not sufficient to choose the Mediator, the President of the CAM-CCBC will choose one.

3.6. In exceptional circumstances and with the approval of the President of the CAM-CCBC, the participants may indicate a consensual name that is not on the List of Mediators.

3.7. The chosen Mediator will be invited by the Secretariat of the CAM-CCBC to confirm their acceptance by answering the questions from the CAM-CCBC Conflict of Interest and Availability Questionnaire(referred to as "Questionnaire") within five(5) days.

3.8. The Questionnaire answered by the Mediator will be sent to the participants, who will have five(5) days to submit any comments, questions or objections.

3.9. Any issue in relation to the Mediator's Questionnaire or the comments from the participants shall be decided by the President of the CAM-CCBC.

Article 4 – Co-Mediation

4.1. The Mediator can recommend and the participants can, jointly, request a Co-mediation.

4.2. Once the Co-mediation is accepted by all, the Co-mediator is appointed by the Mediator.

4.3. Any and all reference to Mediator in these Rules also applies to Co-mediator.

Chapter Ⅱ – Mediation Proceeding

Article 5 – Terms of Referenceterms of Reference

5.1. The Secretariat of the CAM-CCBC, after establishing a day, time and place, shall invite the participants to the first Mediation meeting in order to establish the proceeding, upon signing the Terms of Reference.

5.2. The Terms of Reference must contain:

(a) the identification of the participants and their representatives or lawyers, as appropriate;

(b) the identification of the Mediator;

(c) a brief indication of the matter that will be the subject of the Mediation;

(d) the place and the language of Mediation;

(e) the mediator's fees and forms of payment; and

(f) the start date, provisional timetable and the possible closing date of the Mediation.

5.3. The participants, through their representatives, where appropriate, as well as the Mediator, shall sign the Terms of Reference, in as many copies as necessary. One of these copies must be filed at the Secretariat of the CAM-CCBC.

5.4. Unless otherwise specified in the Terms of Reference or if agreed by the Parties in the course of the proceeding, the Mediation will be closed after a period of thirty (30) days as of the execution of the Terms of Reference.

Article 6 – Mediation Meetings

6.1. The Mediator, who will chair the meetings, and the participants, their representatives and lawyers (joint meetings) will participate in the mediation meetings held preferably at the CAM-CCBC facilities; the Mediator may also choose to conduct individual meetings, where only one of the parties and their representatives and lawyers are present.

Chapter Ⅲ – Termination of the Mediation Proceeding

Article 7 – Agreement

7.1. If agreed, the participants will sign a Settlement Agreement, in as many copies as necessary, in compliance with the legal requirements, and file one of the copies at the Secretariat of the CAM-CCBC.

Article 8 – Other Kinds of Termination

8.1. The mediation proceeding will also be terminated:

(a) at any time, by written communication from the Mediator to the participants, or any of those participants to each other and the Mediator;

(b) after the period provided for in article 5.4.

8.2. In any of the cases of articles 7 and 8.1, the Mediator shall communicate the termination of the Mediation proceeding to the Secretariat of the CAM-CCBC.

8.3. With the termination of the Mediation proceeding, the Secretariat of the CAM-CCBC shall destroy all documents presented during the proceeding, unless the participants wish to retrieve them, in which case they shall bear the respective costs and shipping charges.

8.4. In any event, one copy of the Terms of Reference, one copy of the Settlement Agreement and one copy of the Closing Agreement, if any, will be digitally filed at the CAM-CCBC.

Chapter Ⅳ – Mediation Expenses

Article 9 – Table of Expenses and Mediators' Fees

9.1. The Table of Expenses and Mediators' Fees (hereafter "Table"), which concerns the provisions of administrative fees, mediators' fees and expense fund, is available at the CAM-CCBC website(www. ccbc. org. br).

9.2. At the time of submission of the Mediation request, the requesting participant must pay the CAM-CCBC the Registration Fee, non-refundable, in the amount provided in the Table.

9.3. The Mediation proceeding will only be commenced after the confirmation, by the Secretariat of the CAM-CCBC, of the payment of Registration, Administrative Fees and the expense fund, as well as the full deposit of the Mediator's fees.

9.4. The CCBC may require in or out of judicial courts the reimbursement of expenses incurred, payment of Fees(Registration and Administrative) and/or Mediator's fees, which will be considered net and certain values, and are likely to be charged through execution proceeding, plus interest and monetary restatement, when the anticipated and/or advanced values are not sufficient for the final conclusion of the accountability.

Article 10 – Accountability

10.1. Once the Mediation proceeding ends, the Secretariat of the CAM-CCBC shall elaborate the final calculation, based on what is provided by the CCBC, and report to the participants the amounts paid, asking for supplementary funds, if any, or returning any remaining balance.

10.2. In the cases of articles 7 and 8.1 of these Rules, participants shall be reimbursed for any amounts anticipated and related to hours not worked by the Mediator, exceeding the minimum hours set out in the Table.

Chapter Ⅴ – Final Provisions

Article 11 – Final Provisions

11.1. Anyone who has acted as a Mediator will be prevented from acting as an arbitrator(and vice-versa) in the same dispute, in whole or in part.

11.2. Mediation proceedings are strictly confidential, except as otherwise provided by law or by express agreement of the participants.

11.3. The Mediator, any of the participants, their representatives, lawyers and other persons acting in the Mediation may not disclose to third parties or be called to reveal facts, proposals, documents and other information obtained during the Mediation proceeding, including in subsequent arbitration or judicial or extrajudicial proceeding.

11.4. All deadlines contained in these Rules are continuous and only working days will be considered and counted, excluding the day of receipt and including the due date.

11.4.1. The time limits start on the first working day following the summons, notice or other communication received by the Secretariat of the CAM-CCBC.

11.4.2. The due date is extended to the first following working day if it falls on a day when there are no office hours at the CAM-CCBC.

11.5. The Code of Ethics and Conduct for Mediators in Proceedings Managed by the CAM-CCBC (referred to as the "Code of Ethics and Conduct") is part of these Rules for all legal purposes and shall support the interpretation of the provisions of these Rules.

11.5.1. The Code of Ethics and Conduct aims to guide the conduct of Mediators acting in the mediation, and aims also to guide the participants, representatives and lawyers, as well as CAM-CCBC's representatives in dealing with the Mediator and each other.

11.6. It is up to the President of the CAM-CCBC to interpret and apply these Rules in specific cases, solving any gaps or omissions.

11.7. The Mediator, the Presidency and the Secretariat of the CAM-CCBC and CCBC are exempt from liability towards the participants and their representatives and lawyers by any act or omission in relation to a Mediation started, interrupted, suspended or concluded, in whole or in part, in accordance with these Rules.

11.8. These Rules revoke the previous ones and shall enter into force upon its issuance on 03 August 2016, being valid for Mediation proceedings started before CAM-CCBC from the issue date onwards.

CHAPTER 06 >>

第六章

南非仲裁法研究

作为“金砖五国”之一的南非共和国(以下简称南非),与中国已经在经贸领域形成了全方位、宽领域、多层次的合作格局。据我国商务部统计,南非是非洲综合实力的首强,其已连续8年成为我国在非洲的第一大贸易伙伴,而我国也连续9年成为南非最大的贸易伙伴。南非是我国在非洲主要的投资目的地,也是实际对华投资最多的非洲国家,两国间的贸易与投资增长呈稳中向好、稳中有进的发展态势。随着两国经济的深度合作发展,两国之间也产生了一定数量的国际商事纠纷,作为诉讼外的替代性纠纷解决方式,仲裁为解决中国与南非间的商事纠纷提供了有效的方式。从整个非洲的历史来看,仲裁和调解等替代性争议解决方式一直是非洲社会不可分割的一部分。权威非洲法学者阿绍祖(Amazu A. Asouzu)曾指出,调解、仲裁及其他司法外解纷机制并非完全是欧洲殖民者的发明,调解程序在传统和当下的非洲社会都具有广泛的适用。大部分非洲国家的仲裁立法活动开始于殖民时期,虽然许多国家在非洲都有殖民地,但英国和法国对南非仲裁法制所产生的影响最深远。[1] 在普通法系和民法法系的共同影响下,南非的仲裁法律制度具有混合性特征,这集中体现在其仲裁立法与仲裁司法监督的实践中。

---

〔1〕 参见[美]翁·基达尼:《中非争议解决:仲裁的法律、经济和文化分析》,朱伟东译,中国社会科学出版社2017年版,第443页。

鉴于此,本章以2017年南非《国际仲裁法》及1965年南非《仲裁法》中的核心规定为中心,就仲裁协议、仲裁员、仲裁地、仲裁程序、仲裁裁决及其承认、执行及撤销等问题进行详述,并就多元化纠纷解决、投资仲裁、第三方资助等在南非的发展前景进行评析,以期在厘清制度现状的基础上,对南非仲裁法制的发展趋势进行展望。

一、南非仲裁立法的演进与发展概况

就其本国的仲裁法律制度而言,1965年南非《仲裁法》是南非仲裁立法的主要渊源,该法自1965年4月5日颁行以来,已经历3次修订,但其仅适用于南非国内不具有涉外因素的仲裁程序。在加入1958年《承认与执行外国仲裁裁决公约》(以下简称《纽约公约》)后,为了在国内履行依《纽约公约》承认和执行外国仲裁裁决的义务,南非于1977年制定了第40号《承认和执行外国仲裁裁决法》,以国内立法的形式将《纽约公约》的主要条款转化为国内法义务。南非《仲裁法》自1965年制定以来,已经经过了50多年的时间。在此期间,南非从未对其进行过任何修改。现在该法的规定已经不符合时代的发展需求,这主要表现在南非法院对仲裁有过多干预的权力。此外,南非《承认和执行外国仲裁裁决法》在一些用语和条款上也与《纽约公约》不相一致,存在一定缺陷。

由于这些缺陷的存在,南非法律委员会始终致力于采纳国际商事仲裁的通行国际规则以促进国内仲裁法律制度的改革。2017年12月20日经南非总统祖玛签署,南非《国际仲裁法》正式颁行,这部立法专门适用于国际仲裁,其将《联合国国际贸易法委员会国际商事仲裁示范法》(UNCITRAL Model Law on International Commercial Arbitration,以下简称《示范法》)的主要内容纳入其中,并废止了1977年《承认和执行外国仲裁裁决法》,由此开启了南非国际仲裁立法的新时代。就其立法目标而言,南非《国际仲裁法》旨在从四个方面推进仲裁在南非的发展:第一,便利当事人使用仲裁方式解决国际商事争议;第二,根据南非《国际仲裁法》第6条的规定,该法案在附表1中纳入了《示范法》的内容,将《示范法》适用于在南非进行的国际商事仲裁案件,这是南非国际仲裁法制改革的鲜明特征;第三,为符合条件的外国仲裁裁决在南非法院的承认与执行提供法律依据;第四,在尊重南非宪法的前提下,促使南非能在国内有效实施其根据《纽约公约》所承担的国际义务。

值得注意的是,南非《国际仲裁法》并没有原封不动地全文纳入《示范法》,而是对《示范法》进行了一定的调整从而转化为南非《国际仲裁法》附表1。因此,在南非适用的具体法律条款是经转化的国内法,而非《示范法》本身。首先,《示范法》为了保持制度的充分灵活性和广泛接受度,在该法第7条规定了两个备选案文,南非《国际仲裁法》附表1采纳了第一个案文;其次,就仲裁庭的组成人数而言,《示范法》第10条第2款规定,如当事人未约定仲裁员的人数,则默认由3名仲裁员组成仲裁庭,南非《国际仲裁法》附表1第10条第2款则默认由1名仲裁员独任仲裁;最后,《示范法》第6条没有具体规定应由哪一家法院行使协助仲裁的司法职责,南非《国际仲裁法》附表1第6条则具体规定了协助仲裁的管辖法院,从而解决了《示范法》第11条、第13条、第14条、第16条、第34条职责的行使问题。此外,南非《国际仲裁法》附表1第27条对《示范法》第27条进行了细化,以仲裁地为标准,规定了有权协助仲裁庭取证的具体法院,并且明确了法院有权通过特派员前往其他司法管辖权地调取证据,这与《示范法》本身存在明显的差别,在很大程度上融入了南非本土的诉讼与仲裁传统。

就历史意义而言,2017年修订的南非《国际仲裁法》将南非的仲裁立法一举提升至国际前沿水准,不仅有利于优化其营商与投资环境,也可借此改善此前南非因废除双边投资协定等行动给外国投资者留下的不良印象。总体而言,新法案纳入了《示范法》的先进做法,对国际仲裁程序影响深远,也对南非成为世界认可的国际仲裁中心有巨大推进作用。对于选择在南非仲裁的中方当事人来说,尤其需要深入了解南非《国际仲裁法》,这为在南非开展跨国经营业务的中国公司提供了有效的争议解决方式。

二、南非仲裁立法的基本制度及关键条款

(一)仲裁协议

如前文所述,南非对于国内仲裁和国际仲裁采用双轨制立法,并且二者具有显著区别。根据南非《国际仲裁法》第6条的规定,《示范法》被立法者所纳入,可直接适用于在南非进行的国际商事仲裁程序,这是南非国际仲裁立法的本质特征,也是南非仲裁立法走向国际化水准的突出体现。基于此,在对南非国际仲裁立法的很多制度进行探讨时,有必要紧密围绕《示范法》进行展开。后文在探讨南非国际仲裁中的具体制度时,很多内容直接以《示范法》为依据,特此说明。

就仲裁协议而言,南非《国际仲裁法》对该法所称的“仲裁协议”进行了援引式规定,即《示范法》第7条所定义的仲裁协议即为该法所指的仲裁协议。具言之,

南非《国际仲裁法》对仲裁庭可管辖的仲裁事项范围作出了宽泛界定,除涉及人身关系及婚姻纠纷的事项不可仲裁外,对于法律所规定的、现在正发生或将来可能发生的国际商事纠纷,除南非国内立法明确有关事项不具有可仲裁性或案涉仲裁协议违反公共政策,当事人都可约定通过仲裁方式解决。南非《国际仲裁法》第1条第3款还专门针对商事争议的"国际性"确立了认定标准:第一,在订立仲裁协议时,仲裁协议的各方当事人的营业地分处于不同国家;第二,下列任何地点之一位于当事人营业地之外:根据仲裁协议确立的仲裁地、商事关系的绝大部分义务的履行地、与争议标的物有最密切联系的地点;第三,当事人明确约定仲裁协议所涉事项与不止一个国家有关。

对于有权签订仲裁协议的当事人来说,任何具备合同法上缔约能力的主体均可签订仲裁协议。作为通行规则,公司、受监护人协助的未成年人、已经达到成年人年龄的主体都具备缔约能力。如果某一自然人在订立合同之时患有精神疾病或因其他原因无法理解其所订立的合同内容,则当事人无从形成合意,此类主体亦无法签订有效的仲裁协议。此外,被宣告为浪费者〔1〕的个人也具有与未成年人相类似的法律地位,只不过其缔约能力的限制源于法院的令状。〔2〕 作为特殊主体,破产债务人的缔约能力规定于1936年南非《破产法》第23条、第24条中。据此,缔约主体成为破产债务人并不影响仲裁协议的效力,仲裁当事人在争议解决过程中进入破产程序也并不会使已经启动的仲裁程序归于终结,清算人有权选择是否继续进行仲裁程序。然而,由于所涉事项不具有可仲裁性,破产争议本身并不能通过仲裁方式解决。

除私主体外,国家实体作为公法人也有权订立合同并成为仲裁协议的当事人。根据1957年南非《国家责任法》第1条的规定,国家有权订立合同并对产生于该合同的索赔请求承担责任。1965年南非《仲裁法》第3条、2015年南非《投资保护法》第13条、2017年南非《国际仲裁法》第15条也分别确立了国家实体有权

---

〔1〕 "Prodigal",即浪费者、挥霍成性者,罗马法和大陆法中规定,挥霍成性者即使已届成年,也不得处理自己的事物,并应为其指定监护人。参见薛波主编:《元照英美法词典》(缩印版),北京大学出版社2013年版,第1102页。

〔2〕 See Patrick M. M. Lane, R. Lee Harding, National Report for South Africa (2018), in Jan Paulsson and Lise Bosman (eds.), ICCA International Handbook on Commercial Arbitration, Kluwer Law International, 2018, p. 9.

订立仲裁协议并成为国内仲裁以及国际投资仲裁、国际商事仲裁的主体。值得一提的是，随着商事交易的拓展，商事法律关系趋于复杂化，南非《国际仲裁法》第10条专门规定了多起案件的合并仲裁及多个关联仲裁程序的同步开庭，但该条款的适用并不具有强制性，且仲裁庭可根据案件所适用的仲裁规则的授权拓展此方面的管辖权。从立法意图来看，合并仲裁或对关联仲裁案件开展同步开庭，相比于分案独立仲裁更高效，不仅可以节省费用和时间，也可以便利当事人及其代理人对关联案件或合并后的案件进行通盘准备，从而提升争议解决的效率，节约时间与金钱成本，并预先防范多起仲裁程序分别进行所可能产生的对立裁决风险。〔1〕

对仲裁庭管辖权范围的界定取决于两方面限制：第一，法律对争议事项可仲裁性的限定；第二，当事人在仲裁协议中的约定。根据南非《仲裁法》第2条的规定，就可仲裁事项的标准而言，婚姻事项以及与婚姻相关之争议被排除在仲裁范围之外，涉及人的身份能力问题的事项亦不能成为仲裁的标的。另外，与欺诈相关之刑事案件，亦不属于可仲裁事项。根据1998年南非《短期保险法》第9条的规定，短期保险合同中关于争议只能通过仲裁方式解决的约定是无效的，而长期保险合同则不受制于此类限制，可以通过仲裁方式解决有关争议。

在南非国际仲裁法律与实践中，引入了国际通行的仲裁条款独立性原则及仲裁庭自裁管辖权原则，这对维护仲裁的独立性具有重要作用。就仲裁庭自裁管辖权而言，在各方当事人对仲裁协议的有效性或其适用范围存在争议时，南非《国际仲裁法》并入了《示范法》的第16条，该条第1款规定，"仲裁庭可以对其自身的管辖权包括对仲裁协议的存在或效力的任何异议作出裁定，为此目的，构成合同一部分的仲裁条款应视为独立于其他合同条款的以外的一项协议；仲裁庭作出的关于主合同无效的决定，不应在法律上导致仲裁条款的无效"。由此，在南非进行的国际仲裁程序遵循仲裁协议独立性原则及仲裁庭自裁管辖权原则。〔2〕所谓仲裁协议的独立性，又称为仲裁协议的可分性，根据该项原则，即使仲裁协议存在于基础商事合同中并且与之紧密相关，亦应被推定为一个独立存在的协议。而仲裁庭

---

〔1〕参见［美］加里·B.博恩：《国际仲裁：法律与实践》，白麟等译，商务印书馆2015年版，第294页。

〔2〕See Patrick M. M. Lane, R. Lee Harding, National Report for South Africa (2018), in Jan Paulsson and Lise Bosman (eds.), ICCA International Handbook on Commercial Arbitration, Kluwer Law International, 2018, p. 11.

自裁管辖权原则,则试图在仲裁庭与法院之间对仲裁协议的解释、效力和执行力有关的争议裁判权进行分配。该原则特指仲裁庭被推定为有权考量和判定自己对特定争议是否拥有管辖权,如果一方当事人向仲裁庭提出其欠缺管辖权,仲裁庭被推定为有权对管辖权异议作出裁定,但仲裁员的认定会受到后续司法审查的限制。关于仲裁协议的执行,应适用《示范法》第8条,该条规定,就仲裁协议的标的向法院提起诉讼时,如果一方当事人在不迟于就争议实体提出第一次申述时要求仲裁,则法院应当让当事各方交付仲裁,除非法院认定仲裁协议无效、不能实行或无法履行;当前述有关仲裁协议效力的诉讼已经提起时,仍然可以开始或继续进行仲裁程序,并可作出裁决,同时等待法院对该问题的判决。与此同时,根据南非《国际仲裁法》附表1第8条第1款的规定,如果仲裁协议的一方当事人向南非国内法院请求救济,除非法院认定仲裁协议是无效的、不存在的或无法执行的,原则上法院有义务中止诉讼程序,并命令当事人遵守仲裁协议,按约定将争议提交至仲裁委员会或仲裁庭解决。为了避免仲裁庭与法院作出相反的认定,该法附表1第8条第2款规定,在法院尚未审决仲裁协议有效性争议之前,仲裁庭仍然可以继续进行仲裁程序,并可作出裁决,但仲裁协议的有效性问题有待法院审理并作出认定。

如前文所述,南非的国内仲裁与国际仲裁程序分别受到南非《仲裁法》与《国际仲裁法》两部不同法律的约束。国内仲裁并不适用仲裁协议独立性原则及仲裁庭自裁管辖权原则,这意味着,如果订有仲裁协议的主合同是无效的,则仲裁协议本身也当然地随之无效且无法执行;如果当事人双方对主合同或仲裁协议本身是否有效存在争议,这已超出仲裁庭的管辖权,因此仲裁庭无权对合同有效性争议作出裁断,除非双方当事人另有相反约定。[1] 但是,鉴于仲裁协议具有独立性,主合同的无效或撤销并不当然导致仲裁协议无效。[2] 根据南非《仲裁法》的规定,在国内仲裁中,只要仲裁协议载明将争议提交仲裁庭的意愿即可,无须指定仲裁员或列明仲裁员名称。南非法律亦未要求仲裁协议应当载明的其他内容。对于国内仲裁,南非法院除有权对仲裁协议的有效性进行审查外,还可以在仲裁程序

---

〔1〕 See Allied Mineral Development Corporation (Pty) Ltd. v. Gemsbok Vlei Kwartsiet (Edms) Bpk 1968(1) SA 7(C).

〔2〕 See Atteridgeville Town Council & Ano. v. Livanos t/a Livanos Bros. Electrical 1992(1) SA 296 (A).

的各个环节予以介入,例如,南非《仲裁法》第12条规定,在当事人未选定仲裁员时,由相关法院任命仲裁员;第13条赋权法院在特定情形下终止或撤销对仲裁员的任命;第20条授权法院可在"案件陈述"(statement of case)程序中就法律问题发表意见;第21条规定法院有权命令一方当事人提供担保或进行文件披露,以及对位于南非境外的证人进行盘问;第32条明确法院有权将裁决发回仲裁庭重新仲裁,以便对裁决予以重新考虑或作出新的裁决;第33条则从仲裁司法监督的角度允许法院在符合特定条件时撤销仲裁裁决。相比而言,南非的国内仲裁受到法院的介入程度较高,而国际仲裁中则尽可能弱化法院的介入,而是将程序事项的决定权留给当事人意思自治或仲裁庭的自由裁量权,从而保障国际仲裁程序的灵活性、自治性,维护国际争议解决结果的中立、客观及公正。[1]

(二)仲裁员

仲裁员是在确保公正性和独立性的基础上,以当事人提交的证据和认定的事实为根据,对当事人之间的纠纷居中作出裁决的裁判者。从解决争议的角度分析,仲裁员的角色类似于法官,但其性质从根本上有别于法官,因为仲裁员的职业权限源于当事人仲裁协议的约定而非国家立法的授予。仲裁员作为仲裁案件的审理者,其自身的业务水平、行为规范、职业道德、法律技艺、独立性及公正性直接决定案件的审理质量。南非仲裁立法中,对仲裁庭的组成人数、仲裁员的任命方法、担任仲裁员的资格要件、仲裁员的披露义务及回避程序等依次作出了详尽规定。其中,国际仲裁与国内仲裁存在较大差异,前者以《示范法》为参照,符合国际主流实践,而国内仲裁则更多体现出法院的监督与制约色彩。

1. 仲裁员的资格

根据南非《仲裁法》第12条第5款的规定,仲裁员应能够胜任被指定的仲裁工作。然而,除此之外,南非《仲裁法》并未对仲裁员资格作出具体要求。通常认为,仲裁员应当具有独立、中立、公正无私之品质,否则仲裁裁决可能会被撤销。南非《仲裁法》未对仲裁员之披露义务作出规定。

对于担任仲裁员的资格要件来说,南非《国际仲裁法》亦没有明确规定任职条

---

〔1〕 See David Butler, A New Domestic Arbitration Act for South Africa: What Happens after the Adoption of the Uncitral Model Law for International Arbitration, in Stellenbosch Law Review, Vol. 9, No. 3, 1998, p. 8.

件,也没有要求其具备特定的法律工作经验,但这并不意味着任何主体都能被指定为仲裁员。具言之,仲裁协议的当事人可以在选择仲裁时对仲裁员的资格、国籍、能力等作出特别约定。关于南非的在任法官能否担任仲裁员,在实践中存在较大的争议,但对于退休法官,其担任仲裁员则不存在质疑,且在实践中较常见。无论任何人被选任为仲裁员,也无论是在国内仲裁抑或在国际仲裁中,仲裁员都应当确保其独立性与公正性,这是自然公正原则与正当程序原则在仲裁领域的具体要求。首先,自然公正原则要求仲裁员必须公正,意即“不偏私”、不能有“利益冲突”,亦可理解为“任何人不得担任自己的法官”;其次,必须防止对裁决结果有“个人利益”或与其中一名当事人有关系的主体被委任为仲裁员。[1]

如果仲裁员与当事人、当事人的代理人、仲裁机构或其他仲裁员存在任何可能影响其独立性或公正性的情形,必须予以披露。在国际仲裁中,根据南非《国际仲裁法》附表 1 第 12 条第 1 款的规定,仲裁员的信息披露义务贯穿于整个仲裁程序始终。在仲裁员已经按规定披露有关信息后,如果当事人并未提出异议或要求仲裁员终止职责,则视为当事人放弃了异议权,且不得就已经披露的事实在后续程序中对裁决提出撤销或不予执行的请求。

2. 仲裁庭的组成、解除及职权

根据南非《仲裁法》第 9 条的规定,当事人可按照仲裁协议之约定自由指定奇数或偶数名额的仲裁员。若当事人没有关于指定仲裁员之约定,可以按照相关仲裁机构之仲裁规则指定仲裁员。根据南非《仲裁法》第 12 条第 2 款的规定,法院原则上不干涉仲裁员的指定,除非当事人未能顺利指定仲裁员,经当事人申请,法院可帮助指定仲裁员。在国内仲裁中,根据南非《仲裁法》第 13 条第 1 款的规定,已经接受指定的仲裁员不得自行请辞并撤出仲裁程序,也不得自行决定保留其任命,除非各方当事人一致同意解除其任命,或者有管辖权的法院撤销了对该仲裁员的任命。

根据南非《国际仲裁法》附表 1 第 10 条第 1 款的规定,当事人可以自由约定

---

〔1〕 这种可能影响独立性或公正性的私人关系包括三个方面:一是种族关系、血缘关系、同事或同学关系、朋友关系、雇佣关系、业务关系等;二是利益上的冲突,包括金钱或商业利益,也可能是业务或就业机会方面的利益;三是其他方面,如仲裁员与一方当事人有共同目标、亲密关系,或仲裁员对某一方当事人表现出明显的不友善、敌视态度。参见杨良宜、莫世杰、杨大明:《仲裁法:从 1996 年英国仲裁法到国际商务仲裁》,法律出版社 2006 年版,第 561 页。

仲裁庭的组成人数，如果当事人未能对此作出明确约定，则默认为采用一名仲裁员进行独任仲裁。根据南非《仲裁法》第19条的规定，在多名仲裁员组成的合议制仲裁庭当中，首席仲裁员在仲裁程序的推进过程中居于主导地位，由仲裁秘书配合其开展有关工作。就实体权力而言，首席仲裁员与其他边裁并无本质不同，即在听取各方证据的基础上，适用有关法律裁判案件并作出有约束力的裁决。但就程序事项而言，首席仲裁员享有更高的决定权。根据南非《国际仲裁法》附表1第29条的规定，首席仲裁员对特定事项享有单独决定权，但这种单独决定权的行使受到一定限制：一方面，首席仲裁员的单独决定权仅限于程序性问题，且不会对争议的实质问题造成影响；另一方面，首席仲裁员的单独决定权并非法律或仲裁规则的直接授予，而是由当事人或仲裁庭事先授权。〔1〕

3. 仲裁员的任命

对于国际仲裁来说，仲裁员的任命受到南非《国际仲裁法》附表1第11条的规范，该条对仲裁员的任命主要确立了以下要点：首先，除非各方当事人另有特别约定，否则不应以所属国籍为由排除任何人担任仲裁员。其次，各方当事人可以自由约定由1名仲裁员进行独任仲裁抑或由多名仲裁员进行合议仲裁。再次，如果各方当事人没有对仲裁员的组成人数或选任方法达成一致意见，默认的规则是由双方当事人分别选任1名仲裁员，所选出的2名仲裁员共同指定第三名仲裁员；如果某一方当事人没有在对方当事人提出指定要求的30日内指定仲裁员，或者所选出的2名仲裁员没有在30日内指定首席仲裁员，则应由南非高等法院在一方当事人的请求下予以指定，在指定首席仲裁员时需要考虑1名与各方当事人国籍均不相同的仲裁员的可取性。最后，就独任仲裁而言，如果各方当事人无法就仲裁员的人选达成一致意见，则应当由该法附表1第6条所规定的南非国内法院〔2〕依据任何一方当事人的请求指定仲裁员组建仲裁庭，法院在指定仲裁员时应适当顾及各方当事人协议的仲裁员需要具备的资格。

---

〔1〕 参见赵平主编：《国际商事仲裁律师实务》，法律出版社2018年版，第107页。

〔2〕 南非《国际仲裁法》附表1第6条第1款规定，第11条第3款、第11条第4款所规定的职能应当由以下法院所行使：(1)仲裁程序正在进行或将要进行或曾经进行的司法管辖区的高等法院。(2)对南非当事人具有管辖权的地区法院管辖；如果案件中不存在南非当事人，则由位于约翰内斯堡的豪登地区高等法院管辖；如果尚未确定仲裁地在南非共和国境内的那个地点，则直至仲裁地确定后方可确定此类法院。

4. 对仲裁员的异议

根据南非《国际仲裁法》附表1第12条第2款的规定,在国际仲裁中,只有存在引起对仲裁员的公正性或独立性产生正当怀疑的情况或仲裁员不具备当事人约定的资格时,才可以申请仲裁员回避,且回避申请必须在当事人知道有关回避事由之日起15日内以书面通知的方式提出。而根据南非《仲裁法》第13条第2款的规定,在国内仲裁中,南非法院可以应一方的申请,根据适当的理由(good cause)撤销对仲裁员的任命或解除仲裁员的职务。所谓适当的理由,包括了仲裁员的偏见、仲裁员未能公正行事或仲裁员与案件审理结果具有利益关系且并未向当事人披露。如果当事人的回避申请遭到拒绝,其有权在收到拒绝回避的通知之日起30日内向南非高等法院上诉。

(三)仲裁地

仲裁地及其功能是当事人选择仲裁时不能忽视的一项重要因素,选择合适的仲裁地,不仅关系仲裁协议的有效性、仲裁庭的管辖权、仲裁程序的准据法、裁决的国籍,而且直接影响一国法院对仲裁的司法监督。在界定仲裁地时,有必要区分法律意义上和地理意义上的仲裁地。根据南非《国际仲裁法》第15条第1款的规定,仲裁裁决视为在根据《示范法》第20条第1款、第31条第3款确立的仲裁地作出,而南非《国际仲裁法》附表1正是对《示范法》的纳入,该附表第20条第1款规定,当事人有权达成合意自由约定仲裁地,如果双方当事人未约定仲裁地,则由仲裁庭决定仲裁地,仲裁庭在确定仲裁地时需要顾及案件的各方面情况,包括当事人的便利。[1]

(四)仲裁程序

1. 进行仲裁程序的一般原则

就仲裁程序而言,国际主流趋势是,在仲裁程序的进行不违背仲裁地法中的强制性规则的前提下,当事人有权根据其实际需要专门针对个案设定程序规则,如果当事人未对程序事项作出约定或者双方的分歧较大无法达成一致意见,则仲裁员有权按照其认为适当的方式自行决定程序事宜。[2] 简而言之,当事人意思自

---

〔1〕 参见颜杰雄:《国际商事仲裁中的仲裁地问题研究》,载黄进、肖永平、刘仁山主编:《中国国际私法与比较法年刊》(第15卷),北京大学出版社2013年版,第579页。

〔2〕 参见张圣翠:《中国仲裁法制改革研究》,北京大学出版社2018年版,第269页。

治和仲裁庭自由裁量权共同构成了仲裁程序的基础，就南非而言，无论是国内仲裁案件抑或是国际仲裁案件都遵循这两项基本原则。就国内仲裁案件而言，依据南非《仲裁法》第14条及第15条的规定，仲裁员有权对程序事项进行管理，要求当事人进行文件披露、交换仲裁申请书或答辩状、检验财产或货物、委任特派员（commissioner），并将程序安排告知各方当事人。就国际仲裁案件而言，依据南非《国际仲裁法》附表1第19条的规定，当事人有权自由决定仲裁程序，在不违反该法规定的前提下，仲裁庭可以以其认为适当的方式进行仲裁。关于庭审的具体方式，主要包括开庭审理与书面审理两种。在实践中，并非每起案件均需进行开庭审理，只要双方当事人一致同意，可免于开庭，由仲裁员在书面材料的基础上进行审理。在开庭审理时，很多仲裁庭在组庭后会首先组织当事人召开一次会议，这种会议被称为"首次会议"（First Session）或"预先会议"（Preliminary Meeting），在这次会议中，仲裁庭会与双方当事人进行沟通，拟定出一份庭审章程（Agenda）或审理范围书（Terms of Reference），将双方要商讨的议题和已经达成初步一致意见的问题均列举出来，以此明确仲裁庭所须审理的争点范围，并设定开展程序的具体步骤和时间安排，从而保障仲裁程序高效、有序推进。此类会议的召开，对于从整体上提升仲裁效率、保障程序公正具有实质意义，仲裁庭通过与当事人商议，可以预先根据案件性质和审理任务来度身定做适当的程序。值得一提的是，在商事仲裁中，除非双方当事人另有相反约定，原则上仲裁程序的进行、仲裁中涉及的一切文件材料、证据以及仲裁庭所作出的裁决都应遵守保密性。[1]

2. 证据的使用及其认定

证据是仲裁程序中认定案件事实进而处理当事人争议的主要依据，证据的获取、使用与认定，对裁决结果具有重要意义。根据南非《国际仲裁法》附表1第19条第2款的规定，在国际仲裁中，仲裁庭在证据规则的适用方面拥有较大的自由裁量权，在不违反仲裁地的强行法及当事人之间仲裁协议的前提下，仲裁庭可以按照其认为适当的方式确定证据的真实性、关联性、合法性，并且判定证据是否具备可采性及其证明力的大小。相比之下，在国内仲裁中，除非当事人有明示或默示的特别约定，原则上仲裁庭应当遵循南非法院在民事诉讼程序中所适用的证据

---

〔1〕 但是，与仲裁有关的诉讼程序，包括法院认定仲裁协议效力案件、仲裁裁决撤销之诉、申请承认与执行仲裁裁决案件，并不属于保密程序，而是属于司法公开的范围。

法和证据规则。但是,即便在国内仲裁裁决的司法审查中,除非仲裁庭的裁判行为违背了程序正义原则,南非法院也不会仅仅因为仲裁庭没有严格遵守诉讼中所适用的证据规则而撤销仲裁裁决。具言之,南非法院在仲裁司法审查实践中所确立的程序正义原则涵盖三个方面:第一,平等地听取双方的陈述和申辩(audi alteram partem);第二,任何人不得担任涉及自己利益案件的法官(nemo iudex idoneus in propria causa est);第三,正义必须以看得见的方式实现(justice must be seen to be done)。[1]

就南非仲裁中常见的证据类型而言,主要是以文件形式呈现的书面证据和证人证言。根据南非《仲裁法》第 14 条第 1 款第 b 项规定的要求,除非当事人在仲裁协议中另有不同约定,原则上仲裁员可以要求证人在宣誓之后提供口头证词,也可以要求当事人提供书籍、文件或其他物证。为了使仲裁程序的进行能够更加高效,南非《仲裁法》规定当事人可以就仲裁证据的使用事宜作出约定,仲裁庭可根据案件审理的需要将裁判范围限定于对事实认定具有关联性的证据。在裁决作出之前,为了防止一方当事人将对己方不利的证据销毁或隐匿,以至于另一方当事人将无法获得公正的裁决,南非《仲裁法》确立了证据保全制度和文件披露制度。根据南非《仲裁法》第 14 条第 1 款的规定,仲裁庭有权要求任何一方当事人提交宣誓书[2]并披露特定文件,或者要求当事人在口头宣誓的基础上接受质询,还可以要求当事人提供其所持有或控制的任何涉案货物或财物以供检查。在南非主要的仲裁机构所制定的仲裁规则中,例如,南部非洲仲裁员协会、南部非洲仲裁基金会的仲裁规则,均规定了仲裁员获取及认定证据的具体规则,这与国际上主流仲裁实践中通行的规则是相符合的。

无论是在南非进行的国内仲裁还是国际仲裁,为了在案件审理中解决特定行

---

〔1〕 See Patrick M. M. Lane, R. Lee Harding, National Report for South Africa(2018), in Jan Paulsson and Lise Bosman(eds.), ICCA International Handbook on Commercial Arbitration, Kluwer Law International, 2018, p. 19.

〔2〕 南非《仲裁法》第 14 条第 1 款第 b 项规定了证人在仲裁程序中作证需要宣誓,仲裁庭有权确认其宣誓,但该法并未规定宣誓的具体程序和内容。在实践中,仲裁庭通常根据 1965 年南非《民事诉讼证据法》第 39 条确定宣誓书的形式和内容,该法在很大程度上借鉴了英国的证据立法。根据证人信仰不同,宣誓时要求采用一定的宗教仪式,基督徒和犹太人要手持圣经,其他人可采用他认为宗教信仰约束其内心的宣誓仪式。宣誓完成后,在仲裁庭的主持下由双方当事人或代理律师对证人进行交叉询问。参见卞建林主编:《证据法学》(第 3 版),中国政法大学出版社 2007 年版,第 102 页。

业领域的技术或专门问题,仲裁庭有权任命独立的专家证人出具意见,以协助解决案件争议中的疑难。但是,仲裁庭并不必然受专家意见的拘束,也没有义务必须听取专家意见。[1]

3. 临时措施

在仲裁过程中,仲裁庭或法院在特定情形下有必要发布证据保全、财产保全、行为保全以及通过其他方式在仲裁程序结束之前保持现状的裁定,此即临时措施(interim measures)、中间措施(interlocutory measures)或称保全措施(measures of protection)。[2] 如前文所言,南非《国际仲裁法》纳入了《示范法》,后者在2006年修订时增设第17条,明文规定仲裁庭有权发布临时措施,这类措施包括但不限于:在售货物的保全与临时扣押;争议金额的担保;任命清算人;确保仲裁裁决的执行不受一方当事人隐匿财产的消极影响;临时禁令等。但是,南非《国际仲裁法》与《示范法》略有不同的是,南非法院只有在仲裁庭尚未组成且情况紧急时方可发布临时措施,由于紧急情况的存在,不允许当事人向之后组建的仲裁庭申请临时命令,所以不得不由法院对仲裁前临时措施申请作出决定。在仲裁庭组成后,则由仲裁庭发布临时措施。对国内仲裁来说,南非《仲裁法》第21条第1款第a项规定,法院可以命令当事人提供费用担保(security for costs)。具言之,费用担保,是指仲裁庭采取的裁令申请人为被申请人的仲裁费用提供一定数额的担保,以保障在申请人败诉时费用裁决得以执行的措施。仲裁案件往往涉及高昂的仲裁费用,作为一项特殊的临时措施,费用担保对于防范仲裁申请人滥诉、保障被申请人得到仲裁费用补偿具有实践意义。在南非国内仲裁中的费用担保制度,与国内法院诉讼中的费用担保制度并无本质不同。例如,某一外籍申请人对一名南非居民提出仲裁索赔请求时,法院可命令该申请人提供费用担保。[3]

---

〔1〕 关于专家证人,民法法系与英美法系奉行不同模式,大陆法系国家的当事人倾向由仲裁庭委任独立的专家证人,而英美法系则由双方当事人分别委任专家证人再由仲裁庭对专家意见中进行认定。但无论是当事人委任的专家,还是仲裁庭委任的专家,仲裁庭都不受专家意见拘束。See Philippe Fouchard et al., Fouchard Gaillard Goldman on International Commercial Arbitration, CITIC Publishing House, 2004, p. 701.

〔2〕 参见杜新丽:《国际商事仲裁中间措施发布决定权的归属趋向》,载黄进、肖永平、刘仁山主编:《中国国际私法与比较法年刊》(第15卷),北京大学出版社2013年版,第497页。

〔3〕 See Griddey NO. v. JC Barnard & Partners 2007(5) SA 525(CC); Lappeman Diamond Cutting Works(Pty) Ltd. v. MIB Group(Pty) Ltd. (No. 1) 1997(4) SA 908(W).

(五)仲裁裁决

所谓仲裁裁决,是指在仲裁过程中,或审理终结后,仲裁庭根据认定的证据、查明案件事实,依法对当事人提出的仲裁请求或反请求及与之有关的事项作出的具有法律效力的书面处理决定。仲裁裁决是仲裁庭对当事人提交的争议经审理后作出的权威性判断和认定。[1] 在南非仲裁立法中,仲裁庭有权发布中间裁决(interim award)、部分裁决(partial award)、合意裁决(consented award)、最终裁决(final award)等不同类型的仲裁裁决。所谓部分裁决,主要是指用于处理当事人之间有关货币款项争议实体问题的裁决,尤其是在责任认定与赔偿金额属于可分割事项的前提下,在当事人一致同意的基础上,仲裁庭可以先就责任有无问题先作出部分裁决,随后再对复杂的赔偿问题予以计算,从而就赔偿金额作出最终裁决。所谓中间裁决,通常是指处理有关程序问题或证据问题的裁决,这类问题大多通过程序命令或指令的方式加以处理。[2] 此外,南非《国际仲裁法》附表1第30条明确允许当事人在仲裁程序进行过程中进行和解,并由仲裁庭按照和解协议中达成的一致意见作出合意裁决,这也被称为和解裁决。

无论是在国内仲裁抑或是国际仲裁中(全篇通常顺序为先国内后国外),如果仲裁庭由3名仲裁员组成,则多数仲裁员的意见将决定裁决的内容。在国际仲裁中,经过各方当事人授权或经过仲裁庭其他组成人员的同意,首席仲裁员有权独立就程序事项作出决定,但裁决的实体内容仍然由多数意见决定。在国际仲裁中,南非《国际仲裁法》并没有规定作出仲裁裁决的时限。在国内仲裁中,除非当事人另有不同约定,原则上应根据南非《仲裁法》确定审限,该法第23条规定,仲裁庭有义务在当事人达成审理范围书之日与被任何一方当事人要求按照书面通知发布裁决之日起4个月内作出裁决,如果这两个日期不一致,以较早的时间为准。

关于仲裁裁决的格式,国际仲裁中要求裁决书必须以书面方式拟定,并且由仲裁庭的多数成员签署,且裁决中必须述明裁决理由、裁决日期及裁决作出地。在国内仲裁中,裁决书也必须以书面方式起草,由仲裁庭的多数成员签字。根据南非《仲裁法》第24条的规定,如果少数仲裁员拒绝在裁决书上签字,并不能导致

[1] 参见陈韵竹主编:《仲裁纠纷案例与实务》,清华大学出版社2015年版,第85页。
[2] 参见韩德培主编:《国际私法新论》,武汉大学出版社2003年版,第558页。

裁决书丧失法律效力，但必须在裁决书中记录其未签字的事实及其拒绝签署的原因。

就仲裁庭作出裁决时所适用的准据法而言，国内仲裁与国际仲裁有所不同。对国内仲裁来说，仲裁庭原则上必须根据现行有效的南非国内法规则进行裁判。作为例外，南非《证据法》第1条授权仲裁庭对易于查明且具有足够确定性的外国法进行司法认知，一旦查明该外国法，并且确认该外国法是调整争议实体事项的准据法，则仲裁庭将依据该外国法裁判。[1] 对于国际仲裁，当事人意思自治原则是受到各国公认的确定争议实体事项准据法的基本原则。具言之，根据南非《国际仲裁法》附表1第28条的规定，当事人在订立合同时，具有选择可适用法律的自由，如果当事人间缺乏明示的法律选择，则仲裁员可以依据冲突规则确定准据法。只有在争议各方当事人明确授权的前提下，仲裁员才可以依据公允及善良原则（ex aequo et bono）进行友好仲裁（amiable composition）。在当事人没有就案件适用的准据法达成一致意见时，通行的实践是以仲裁地国家的法律作为决定争议实体问题的准据法。

根据南非《国际仲裁法》附表1第33条的规定，仲裁员有权力自行或者依当事人的申请对裁决进行解释或修改，还有权作出补充裁决。如果当事人在收到裁决书后发现确有必要修改、解释或补充，必须在30日内提出申请。南非《仲裁法》第30条也规定，对于裁决书中的笔误、计算错误或印刷错误，仲裁庭可以自行决定更正。但是，在国内仲裁中，仲裁庭无权对裁决中不清晰、有模糊的措辞进行解释，但当事人可以根据南非《仲裁法》第32条向法院申请发回重新仲裁。

（六）外国仲裁裁决的承认与执行

国际商事仲裁案件的胜诉方通常期盼败诉方能够毫不迟延地自主履行裁决，毕竟获得一份具有约束力的、可执行的裁决是当事人选择仲裁的正当期望。但在实践中，总有部分败诉方拒绝履行裁决，于是胜诉方便只得求诸国内法院申请强制执行仲裁裁决。[2] 当某一仲裁裁决是由外国仲裁机构在南非境外作出，但败诉方的住所地或其财产所在地在南非时，即涉及外国仲裁裁决的承认与执行问题。

---

〔1〕 See Harnischfeger Corporation v. Appleton, 1993(4) SA 479(W).

〔2〕 See Nigel Blackaby et al., Redfern and Hunter on International Arbitration, Oxford University Press, 6th edition, 2015, pp. 624–625.

如前文所述,南非早在1976年就加入了《纽约公约》并于1977年颁布了《承认和执行外国仲裁裁决法》,以便于在国内执行《纽约公约》。据研究显示,南非法院承认与执行的第一份外国仲裁裁决是在英国伦敦作出的裁决。[1] 在该案中,一家日本公司通过在美国和加拿大的经纪人与一家南非公司签订了购买草籽的合同,双方约定因该合同引起的争议提交至国际草籽贸易联合会(International Seed Trade Federation,FIS)进行仲裁。因南非公司拒绝履约,日本公司向FIS申请仲裁并获得胜诉裁决,日本公司随后在南非法院申请承认与执行该胜诉裁决。南非法院在该案中面临的主要困境是:在当事人没有明确约定的情况下,南非法院是否能够承认与执行在英国作出的仲裁裁决。在该案中,南非公司作为被申请执行人,其抗辩称,当事人在仲裁协议中并没有约定在南非法院执行仲裁裁决,因此裁决只能向英国法院申请承认执行,在英国取得胜诉判决后,才能向南非法院申请承认与执行英国判决。审理该案的南非初审法院认为,当事人之间的仲裁条款表明他们愿意接受英国法院管辖并适用英国法律,因此南非法院不应执行该案裁决。日本公司不服初审法院的结论,向南非德兰士瓦省分庭提起上诉,上诉法院驳回了初审法院的裁判意见,其指出,当事人选择在英国伦敦仲裁,并不必然表明他们愿意接受英国法院的管辖,也并不表明他们选择英国法作为仲裁的准据法。具言之,当事人选择在伦敦仲裁,仅仅是基于便利和专业的考虑,即伦敦作为重要的商业中心,其仲裁员具备专业的裁判技能,而不等于当事人选择英国法院和英国法律。与此同时,FIS的仲裁规则也并没要求其仲裁裁决只能在仲裁地法院申请执行。基于上述种种考虑,上诉法院认定该案裁决应予承认和执行。[2]

现如今,2017年颁布的南非《国际仲裁法》已经取代了1977年《承认与执行外国仲裁裁决法》,成为南非法院审理承认与执行外国裁决案件的主要根据。根据新法,当事人在南非法院申请承认与执行外国裁决时,需要提供仲裁裁决及据以作出仲裁裁决的仲裁协议的原件,当裁决书或仲裁协议不是以南非官方语言[3]起草时,还要经过翻译及认证,在前述材料无原件时,经认证的复印件亦可使用。

---

〔1〕 参见朱伟东:《南非共和国国际私法研究——一个混合法系国家的视角》,法律出版社2006年版,第368页。

〔2〕 See Benidai Trading Co. Ltd. v. Gouws & Gouws(Pty)Ltd. ,1977(3)SA 1020(T).

〔3〕 南非官方语言共11种,即荷兰语、英语、恩德贝勒语、北索托语、南索托语、斯威士语、聪加语、茨瓦纳语、文达语、科萨语和祖鲁语。

根据南非《国际仲裁法》第 18 条的规定，南非法院仅在两类情况下可拒绝承认与执行外国裁决：第一，根据南非法律，仲裁协议约定的争议事项不具有可仲裁性，或者对该裁决的承认与执行违背南非的公共政策。第二，被申请执行人提供证据证明存在下述情形之一的，包括：(1)仲裁协议的当事人根据适用于该当事人的法律不具有行为能力；(2)仲裁协议根据当事人约定的法律或者在当事人无约定时根据裁决作出地法律被认定为无效协议；(3)当事人未得到指定仲裁员或进行仲裁程序的适当通知以致未能陈述申辩意见的；(4)裁决处理了仲裁协议约定以外的事项或者对当事人提交仲裁的争议以外的事项作出裁断的；(5)仲裁庭的组成或仲裁程序与仲裁协议不符，如果仲裁协议没有规定此类事项但与仲裁地法律不符；(6)裁决尚未对当事人产生拘束力，或者已经被仲裁地或准据法所属国的有权机关所撤销或中止执行。

总体而言，南非《国际仲裁法》牢固确立了《纽约公约》中 3 项最主要的元素：第一，原则上，南非国内法院有义务承认与执行在其他国家（不限于公约另一缔约国）[1]作出的仲裁裁决，作为例外，拒绝承认与执行外国裁决的事由是有限的；第二，如当事人将仲裁协议中约定的争议事项提交国内法院诉讼，则法院有义务命令当事人遵照约定将此类事项提交仲裁委员会或仲裁庭；第三，南非《国际仲裁法》附表 1 第 36 条第 1 款将公共政策的违背列为拒绝执行外国裁决的事由之一，该条第 3 款对此作了进一步的廓清，有两类情形明显属于违背公共政策：(1)仲裁庭违反了与作出裁决有关的公平裁判义务，且不公平裁判行为已经或将要对拒绝承认与执行的一方当事人导致实质不公正；(2)裁决是通过欺诈或腐败行为所获得的。

普遍认为，南非的仲裁成文法并没有废止或取代原有的南非普通法。受英国法律传统影响，南非法院对承认与执行外国裁决案件还可根据普通法进行。南非《仲裁法》及《国际仲裁法》仅适用于以书面方式订立的仲裁协议，如果仲裁协议以口头方式达成，则只能适用南非普通法裁判。[2] 根据南非普通法，如果外国仲裁

---

〔1〕 南非《国际仲裁法》将《示范法》中的承认与执行制度扩展适用于所有的外国仲裁裁决，而无论裁决在哪个国家作出的，这就涵盖了在非《纽约公约》缔约国作出的仲裁裁决。

〔2〕 See David Butler, Chapter 7: Attitude of South African Courts Towards Arbitration, in Emilia Onyema(ed.), Rethinking the Role of African National Courts in Arbitration, Kluwer Law International, 2018, p. 195.

裁决不具有终局性,或缺乏有效的仲裁协议,或仲裁程序违背自然公正原则,或裁决是通过欺诈方式取得的,或裁决的承认和执行违背南非的公共政策,则南非法院将拒绝承认和执行该裁决。[1]

(七)裁决的救济

仲裁裁决具有既判力、拘束力和执行力,但此种裁决效力并不是绝对的。为了弥补裁决的局限性和可能产生的缺陷,保障仲裁裁决的公正性和公信力,各国仲裁法大多规定了仲裁裁决异议制度,南非亦不例外。法院对仲裁裁决的司法审查方式包括但不限于撤销仲裁裁决、发回重新仲裁、不予执行仲裁裁决。[2] 鉴于前文已专门论述了南非法院拒绝承认与执行外国裁决的制度,此处不再赘述。

对于国内仲裁来说,根据南非《仲裁法》第28条的规定,除非仲裁协议另有相反约定,原则上仲裁裁决是终局的,当事人不可上诉。[3] 鉴于该条款有“但书”规定,因此不排除当事人通过协议的方式约定对仲裁裁决进行纠错或审查。此外,依据法律规定,当仲裁程序中存在行为失范(irregularity in the conduct)时,受害方可以向法院申请重新仲裁或撤销裁决。南非《仲裁法》第32条区分了根据一方当事人的请求重新仲裁与根据各方当事人的共同请求而发回重新仲裁,但此类重新仲裁的请求至迟应在裁决书发布之日起6周内提出。在实践中,法院发回重新仲裁的主要情形包括:(1)《南非国际仲裁法》第33条第1款所明确列明的发回情形,即渎职、严重的失范行为、仲裁庭越权仲裁、裁决不当获得;(2)裁决作出后发现了新证据;(3)仲裁员承认犯错;(4)仲裁庭未能对所有提交仲裁的事项作出裁决或裁决中存在不清晰之处。所谓仲裁裁决通过不当方式获得,包括当事人故意

---

〔1〕 参见朱伟东:《南非法院对外国仲裁裁决的承认和执行》,载《仲裁研究》2005年第3期。

〔2〕 参见朱科:《中国国际商事仲裁司法审查制度完善研究》,法律出版社2018年版,第226页。

〔3〕 仲裁司法监督,是指法院对仲裁依法实施的监督,具体包括法院认定仲裁协议的效力、撤销仲裁裁决、不予执行仲裁裁决三个方面。仲裁通常遵循一裁终局原则,不存在上诉机制,作为特殊例外,国际油、油籽和油脂协会(Federation of Oils, Seeds and Fats,FOSFA)的仲裁机制设置了上诉机制,初审裁决作出之后,各方都有权利针对该决定向FOSFA的上诉委员会提起上诉,上诉委员会可以对初审裁决涉及的任何事实与法律错误予以审查并纠正。撤销裁决,是指有管辖权的法院根据一方当事人的申请,依据特定的事由,依法裁定否决仲裁裁决效力的司法监督活动。重新仲裁是附属于裁决撤销程序的一项制度,是指当事人对仲裁裁决提出异议,经审查认定该仲裁裁决存在瑕疵向法院审查撤销裁决时,如法院认定该瑕疵可以通过仲裁庭重新裁决进行弥补修正,发回仲裁庭进行重新仲裁的制度。上述几项制度既存在密切的关联,又彼此相对独立,具有特定的实践职能。参见黄进主编:《国际商事争议解决机制研究》,武汉大学出版社2010年版,第124页。

向仲裁庭隐瞒证据以致实质上影响了仲裁结果、仲裁员自身的裁判行为有失公允、当事人或证人在开庭时存在不规范行为等。在发回重新仲裁时，法院通常会向仲裁庭给出应如何修改裁决的意见，但其无权命令仲裁员应如何裁决，除非双方当事人一致同意赋予法院决定权。

在南非宪法法院 2009 年审理的一起案件中，法官明确指出：鉴于仲裁程序公平进行是每一份仲裁协议的默认内容，南非《仲裁法》第 33 条第 1 款规定的撤销事由包括仲裁员渎职、仲裁员严重的失范行为、仲裁庭越权仲裁、裁决不当获得，这些撤销裁决的法定理由应当被严格地限缩解释，而不能扩张法院的司法审查权力，以免对私人仲裁的目标构成消极影响。具言之，该案判决明确了 3 点关键内容：第一，程序公平并不意味着仲裁中必须遵守高等法院的民事诉讼程序；第二，只要仲裁程序是公平进行的，法院就没有必要启动对仲裁程序的调查；第三，仲裁程序的进行，应当首先遵守仲裁协议的约定。[1] 该案判决不仅对澄清国内仲裁裁决的撤销事由具有重要实践启示，而且也有助于推进仲裁程序的民间化、自治化、去诉讼化。

对于国际仲裁来说，南非现已遵循并对标《示范法》所确立的国际通行规则，这意味着，在仲裁裁决作出后，当事人如果对裁决不满，唯一的救济方法是申请撤销仲裁裁决，而不能对裁决提起上诉。具言之，根据《示范法》第 34 条第 2 款第 a 项的规定，申请撤销裁决的事由限于对裁决有影响的程序性缺陷，包括：(1)某一方当事人不具备行为能力；(2)申请撤销的一方当事人未能得到指定仲裁员或进行仲裁程序的适当通知以致其未能陈述并申辩意见；(3)仲裁裁决处理了仲裁协议中未约定的争议事项或超出了仲裁协议的约定，如果“超裁”事项与提交仲裁的事项可以分割，则只能撤销“超裁”事项；(4)仲裁庭的组成或仲裁程序与各方当事人所同意遵守的法律相违背，或者在未选择法律的情况下与本法不符；(5)争议事项不具有可仲裁性；(6)裁决与法院地的公共政策相抵触。根据《示范法》第 34 条第 4 款的规定，法院可以在适当情况下根据一方当事人的申请中止撤销程序，从而给仲裁庭一个机会消除撤销裁决的事由，这实际上符合程序经济原则，避免仲

〔1〕 See Lufuno Mphaphuli and Associates (Pty) Ltd. v. Andrews and Another 2009 (6) BCLR 527 (CC).

裁庭所作的裁决由于纯粹的程序缺陷而被撤销。[1]

三、南非的仲裁机构及调解机构

(一)南非的代表性仲裁机构

在南非,仲裁被广泛运用于解决国内及国际商事与劳务纠纷,作为一种诉讼外的民间纠纷解决机制,商事仲裁尤其受到建筑工程行业人士的青睐。目前,南非已有多家致力于化解商事争议的仲裁机构,例如,成立于1979年的南部非洲仲裁员协会(The Association of Arbitrators,其在约翰内斯堡、德班、开普敦设有分支机构)、成立于1996年的南部非洲仲裁基金会(The Arbitration Foundation of Southern Africa,AFSA)及该基金会的全资子公司南非替代性争议解决协会(The Alternative Dispute Resolution Association of South Africa)、中非联合仲裁中心(China-Africa Joint Arbitration Centre,CAJAC)设立于2001年的Tokiso争议解决有限公司(Tokiso Dispute Settlement Pty Ltd.)等。

南非还存在一些十分有影响的地区性国际商事仲裁机构,在解决国际商事争议中发挥重要作用。除南非国内的仲裁机构外,非洲的其他国际仲裁机构也可以被当事人选择解决中国与南非当事人之间的国际商事纠纷,比较重要的地区性国际商事仲裁机构有开罗地区国际商事仲裁中心、拉各斯地区国际商事仲裁中心、南部非洲仲裁基金、非洲商法协调组织司法与仲裁共同法院等。开罗地区国际商事仲裁中心和拉各斯地区国际商事仲裁中心是在亚非法律协商组织的倡议并指导下,在亚非地区设立的4个地区性国际商事中心中的两个,其他两个分别是吉隆坡地区国际商事仲裁中心和德黑兰国际商事仲裁中心。亚非法律协商组织设立这些地区性国际商事仲裁中心的目的是鼓励本地区的国际投资和贸易的当事人能够在当地解决争议,而不用到伦敦或巴黎的仲裁机构解决争议。开罗地区国际商事仲裁中心受理过一些涉及中国当事人的案件,2010年该中心受理的涉及中国当事人的案件的数量仅次于涉及德国当事人的案件数量。南部非洲仲裁基金位于南非约翰内斯堡,非洲商法协调组织司法与仲裁共同法院位于科特迪瓦阿比让,它们分别是南部非洲和西部非洲重要的仲裁机构。[2]

---

〔1〕 参见张志:《仲裁立法的自由化、国际化和本土化——以贸法会仲裁示范法为比较》,中国社会科学出版社2016年版,第106页。

〔2〕 参见朱伟东:《在非洲选择仲裁必须注意的一些问题》,载新浪博客:http://blog.sina.com.cn/s/blog_54246e330102wljy.html,最后访问日期:2019年9月22日。

中国当事人可以根据争议发生的地点、仲裁法律制度、法院对仲裁的态度、仲裁机构的条件、仲裁裁决是否需要在其他国家执行等因素，综合考虑选择在非洲某一个仲裁机构进行仲裁。特别需要提醒中国当事人的是，中国法学会与非洲的一些仲裁机构在2013年发起了“中非仲裁员互聘计划”。目前，南非的一些仲裁机构如南部非洲仲裁基金、拉各斯地区国际商事仲裁中心等都聘有中国仲裁员，中国当事人选择到这些仲裁机构进行仲裁时，可以选择中国的仲裁员。

（二）南非的代表性调解机构

南非调解仲裁委员会是根据1995年《劳动关系法》建立的主要的劳动争议解决机构之一。该委员会自运行伊始，即显现出其优越性，但也暴露出许多问题。到现在，该机构已经发展了12年，针对这些难题南非采取了什么对策，解决效果如何，本章拟对此进行初步探讨，以期对我国劳动仲裁机构的改革起到参考作用。在劳动法领域，南非进行了影响深远的变革。南非议会通过了1995年《劳动关系法》。调解仲裁委员会是该法引进的新的冲突解决制度的中坚，独立于政府、任何政党、工会、雇主和雇主组织，不受他们控制。尽管从劳动部获得经费，但是它的运行独立于劳动部，以保证权力分立，政府的每个部门独立履行其职能，也有助于防止政府干预委员会职能。建立该委员会的目的在于建立一个为企业、劳工和政府服务的可信任的机构，消除劳动关系中的对抗主义，提供有效、简单、快捷、成本低廉的争端解决服务，保障调解解决、有效管理和预防冲突。

就机构设置而言，南非调解仲裁委员会是一个以地区为基础的全国性机构，对南非共和国9省都有管辖权。该委员会的机构设置有如下几个特点：第一，采取三方机制。三方机制是由国家、资本和劳动者三方代表组成。理事会是其最高决策机构，有1名主席、3名政府代表、3名工会代表和3名雇主组织代表。主席和9名代表由国家经济发展和劳动委员会提名并由劳动部部长任命，任期3年。第二，广泛的代表性。委员由理事会任命、管理。理事会必须任命必要的足够的合格委员，以实施委员会职能，在任命时，除必须考虑能力外，还要注意各种族、性别都有相应的代表。第三，全职委员和兼职委员并存，二者比例约为1∶2.5。南非约有4500万人口，其中劳动力约为1600万人。该委员会成立之初，共雇用了111位全职委员和256位兼职委员。在2006～2007年财政年度，委员会共有439名委员（多为兼职委员），有42,916件争议获得解决。全职以及兼职一共439名委员能在9个省内处理这么多案件，是值得研究的。

南非调解仲裁委员会在起步阶段显示出其优越性。主要体现在:第一,解决率提高。在其成立的前两个月内就处理了1250件争议,解决率高达84%,比起1956年《劳动关系法》下的调解委员会有很大的提高。第二,可进入性提高。该委员会的另一成功之处就在于门槛降低,可进入性提高。该委员会为指控雇主不公正解雇的雇员提供了直接进入调解和仲裁的渠道。所有部门(军队、情报机构和慈善机构除外)的雇员都可以寻求进入委员会而不用考虑其工会化,其程序扩展到农业雇主和家政工人。之所以能取得上述成就,原因在于:首先,提交程序更简单,确保了那些没有文化、缺少法律知识的人能无障碍进入。其次,委员会在劳动争议相关各方眼里,尤其是在工人眼里,具有很高的合法性。很少有工人或工会投诉委员会。工人在工作场所产生了问题,第一个想到的就是打电话给南非调解仲裁委员会,足可见其在南非争议解决中的重要影响力。[1]

四、多元化纠纷解决机制在南非的发展

在南非,替代性争议解决机制(Alternative Dispute Resolution,ADR)具有悠久的历史传统。据研究,传统的非洲部落很少对违反习惯法的个体施以法律的制裁,而是主要运用各方当事人所普遍接受的纠错机制作为冲突的解决模式。在非洲传统的争议解决实践中,科萨人与祖鲁人所奉行的“班图精神”(Ubuntu)是处理部落纠纷的核心价值,索托人称其为“波西米亚”(Botho),文达人则称其为“乌布图”(Ubuthu)。[2] 简而言之,这种精神强调团体建设、尊重、分享、同情、宽容、合作、友爱、责任心等人文精神,其构成南非调解制度的文化内核并流传至今。[3]

自20世纪80年代以来,随着诉讼拖延和诉讼成本的提高,南非的司法制度屡遭诟病,这为ADR在南非的发展创造了空间。根据南非《高等法院规则》,ADR被充分融入法院的诉讼体系中,这有利于为法官节省时间和管理成本,使司法专家将有限的精力处理更重大疑难的复杂案件。[4] 南非在1987年颁布了第24号法案,即《特定离婚事项调解法》(Mediation in Certain Divorce Matters Act),为法

---

〔1〕 参见洪永红、周益兰:《南非调解仲裁委员会初探》,载《河北法学》2008年第12期。

〔2〕 See John Brand, Chapter 26: Amicable Dispute Resolution in South Africa, in Arnold Ingen-Housz(ed.), ADR in Business: Practice and Issues across Countries and Cultures Ⅱ, Kluwer Law International, 2010, pp. 591 – 599.

〔3〕 参见王秀萍:《“乌班图”理念下的南非家事调解制度研究》,湘潭大学2018年硕士学位论文,第1页。

〔4〕 参见许林波:《南非多元化纠纷解决机制探微》,载《人民法院报》2016年8月26日,第8版。

院调解婚姻家事纠纷提供了基础,但由于该法所确立的调解程序并非基于当事人自愿,而是强制调解,且调解的争议限于婚姻家事纠纷,而非商事争议,因此本章暂不深入探讨。值得一提的是,南非于1991年通过了第103号法案,即《特定民事案件速裁与调解法》(Short Process Court and Mediation in Certain Civil Cases Act),该法将调解引入了地方法院(Magistrate Court)的司法实践中,并且专门成立了速裁法院(Short Process Court)以便开展案件调解。[1] 此外,在人权保护、劳工维权、性别平等、儿童权益等方面,南非也设立了专门的调解机制。但总体来看,南非并没有一部完整的综合型调解立法,在民事诉讼及仲裁立法中对调解也缺少具体的规范。

随着多元化纠纷解决机制的推广,仲裁与调解相结合成为解决商事争议的新方式。无论在国内仲裁中抑或是在国际仲裁中,南非均允许当事人在仲裁程序进行过程中对争议事项予以调解。然而,南非的调解并非严格意义上的仲裁与调解相结合,而是仅仅将调解员在调解过程中获得的信息作为仲裁中的证据加以使用,这与国际上谈论的仲裁与调解相结合存在本质区别。就国内仲裁而言,南非现行立法中尚未明确调解员的法律地位及其权利与义务,仅规定调解员可被命令参与法院诉讼程序或仲裁程序,从而将其在调解过程中所获得的信息以证据方式予以提供。[2] 事实上,这种命令调解员出示证据的规定并不符合国际趋势。在国际仲裁中,上述状况随着南非《国际仲裁法》的出台而有所改观,根据该法第12条的规定,当事人可以在仲裁程序启动之前或之后自愿达成约定,按照该法附表2所列的《联合国国际贸易法委员会调解规则》(UNCITRAL Conciliation Rules,以下简称《UNCITRAL调解规则》)将有关国际争议提交调解。《UNCITRAL调解规则》第14条、第16条对调解员确立了保密义务,如果调解未能取得满意的结果,任何一方当事人均不得在之后的仲裁程序、司法程序和其他任何程序中援引对方当事人或仲裁庭在调解过程中的任何陈述、意见、观点或建议作为其请求、答辩或者反请求的依据。之所以明确调解信息保密原则,目的在于使当事人能够没有顾虑

---

〔1〕 See Mohamed Paleker, Chapter 13: Mediation in South Africa: Here But Not All There, in Nadja Alexander (ed.), Global Trends in Mediation, 2nd edition, Kluwer Law International, 2006, pp. 336 - 337.

〔2〕 See Patrick M. M. Lane, R. Lee Harding, National Report for South Africa (2018), in Jan Paulsson and Lise Bosman (eds.), ICCA International Handbook on Commercial Arbitration, Kluwer Law International, 2018, p. 40.

地在调解中就争议事项发表意见、磋商方案,而不必时刻担心是否有什么表述会对己方不利。

目前,南非已有多家专门机构致力于通过调解方式解决当事人之间的民商事纠纷。其中,最主要的机构是南非调解与仲裁委员会,该机构的设立初衷即在于为当事人提供可获得的、对用户友好的、费用适宜的争端解决机制,该委员会在化解劳动者与用人单位的雇佣争议方面取得了突出成就,并且出版了有关的仲裁规则及调解规则。但是,该委员会在调解过程中也暴露出诸多弊病,如争议提交率过高、处理迟缓、调解员不称职、仲裁质量低等。为解决这些问题,委员会不断对争议解决程序加以改进,采取限制权利滥用措施,并开展机构改革,大力培训调解员与仲裁员的从业技能,取得了较好的效果。[1]

除劳动调解外,南非在商事、婚姻家事、社区等方面也广泛运用调解方式维护社会秩序的稳定。AFSA 曾出版过一系列调解规则及调解员专家名册,争议解决委员会(Dispute Adjudication Boards and Dispute Referral Boards)在调解大型建筑工程合同争议方面也极具经验。此外,南非还有其他一些调解机构,例如,非洲建筑争议解决中心(African Centre for the Constructive Resolution of Disputes)、解决冲突中心(Centre for Conflict Resolution)、环境评估平台(Environmental Evaluation Unit)、人类科学研究委员会(Human Science Research Council)、暴力与和解研究中心(Centre for the Study of Violence and Reconciliation)。

五、投资条约仲裁在南非的演变与前景

相比于商事仲裁,南非在投资仲裁方面的发展较迟缓,这与其外资政策紧密相关。自 1990 年以来,南非政府已经先后签署了 49 项双边投资条约(Bilateral Investment Treaties,BIT),但其迄今尚未签署 1965 年《解决国家和他国国民间投资争端公约》(以下简称《华盛顿公约》)。2009 年年初,南非政府对其投资保护政策展开了广泛的审查,并于 2009 年 6 月发布了外资政策审查文件的草案供公众评论,根据政策审查的结论,南非在 2014 年至 2015 年之际宣布终止其全部 BIT。

从立法层面来看,南非加入的国际公约及南非对外缔结的 BIT 等法律规范缺少对国际投资仲裁的明确规定。据统计,以南非政府为被申请人的国际投资仲裁案件迄今仅有 1 例,该案系卢森堡和意大利投资者根据《国际投资争端解决中心

---

〔1〕 参见洪永红、周益兰:《南非调解仲裁委员会初探》,载《河北法学》2008 年第 12 期。

附加便利规则》(以下简称《ICSID 附加便利规则》)提起,案件发生在南非全面终止 BIT 的行动之前,最终因投资者撤回仲裁申请而终止审理。[1] 南非投资者对外国政府提起的投资仲裁案件共有 3 例,其中,仅有"SDM 公司诉莱索托案"的仲裁庭作出了裁决。在"SDM 公司诉莱索托案"中,投资者根据南部非洲开发共同体签署的《金融与投资议定书》提出索赔申请,声称莱索托政府征收了申请人在莱索托的投资,对采矿租赁的征收已违反投资协定。[2] 仲裁庭以新加坡为仲裁地作出了实体裁决,但裁决仅确定了双方当事人所承担的责任,但没有判定明确的赔偿金额。[3] 2017 年 8 月新加坡高等法院以仲裁庭无管辖权为由撤销了"SDM 公司诉莱索托案"的仲裁裁决,该案触动了国内外仲裁界关于"征收争端"与"关停争端"两类不同诉因的讨论,并且引发了各界对国内法院就投资仲裁裁决开展司法审查的合法性探讨。

当前,部分研究非洲问题的专家认为,非洲在实现可持续自主发展方面面临挑战,中国提出的"一带一路"倡议同非盟《2063 年议程》高度契合,中非合作将有力推动这一议程的实现。[4] 作为非洲联盟《2063 年议程》中最重要的项目之一,《非洲大陆自由贸易区协议》(African Continental Free Trade Area Agreement, AfCFTA,以下简称协议)是一份由非洲联盟提出的贸易协定,目的在于进一步降低关税、消除贸易壁垒,促进区域内贸易和投资发展,实现商品、服务、资金在非洲大陆的自由流动,从而形成非洲单一市场。2018 年 3 月 21 日,协议在非洲联盟轮值主席国卢旺达首都基加利完成签字仪式,有 44 个非洲国家代表在其中签字。2019 年 5 月 30 日协议正式生效,2019 年 7 月 7 日已经正式实施。截至 2019 年 8 月,除厄立特里亚外,非洲联盟 54 个成员国已经签署协议,其中 27 个成员国按本国相关法律程序批准协议后,向非盟委员会递交了协议批准书,协议形成了一个包括 12

---

〔1〕 See Piero Foresti, Laura de Carli and others v. Republic of South Africa, ICSID Case No. ARB (AF)/07/1, Award, 4 August 2010.

〔2〕 See Swissbourgh Diamond Mines (Pty) Limited, Josias Van Zyl, The Josias Van Zyl Family Trust and others v. The Kingdom of Lesotho, PCA Case No. 2013 - 29.

〔3〕 参见陶立峰:《金砖国家国际投资仲裁的差异立场及中国对策》,载《法学》2019 年第 1 期。

〔4〕 参见王守宝:《中非合作助力非盟〈2063 年议程〉》,载新华网:http://www.xinhuanet.com/world/2017-02/01/c_1120398453.htm,最后访问日期:2019 年 8 月 1 日。

亿人口、2.5万亿美元经济总量的巨大市场,成为全球最大的区域性自贸区。[1]根据《非洲大陆自贸区协议》的安排,协议的实施分为两个阶段:第一阶段仅就货物贸易和服务贸易作出安排;第二阶段将开展有关投资、竞争和知识产权议定书的谈判。在第二阶段的谈判中,国际投资仲裁将成为各成员方广泛关注的重要议题。在非洲60多个国家之中,南非的投资环境最优,其处于世界发展中国家的中上游水平,处于非洲国家前列,人均GDP均超过1300美元,基础设施和科教文化水平也均位于非洲国家前列。据统计,中国投资者在南非的直接投资累计超过100亿美元,涉及矿业、机车、家电、汽车、金融、房地产、餐饮等领域,投资方式由传统绿地投资向股权收购扩展。为了有效管控外资可能面临的法律风险,必须高度关注中非投资条约中的争端解决条款。[2] 中国与南非的双边投资条约订立于1997年12月30日,该条约自1998年4月1日生效实施,该条约第9条规定了详尽的国际投资争端解决条款:“1.缔约一方的投资者与缔约另一方之间就在缔约另一方领域内的投资产生的争议,应当尽可能由双方友好协商解决。2.在六个月内不能协商解决争议时,争议任何一方均可将争议提交国际仲裁庭仲裁,条件是涉及争议的缔约方可以要求投资者按照其法律、法规提起行政复议程序,并且投资者未将该争议提交该缔约方国内法院解决。3.上述仲裁庭按下列方式逐案设立:争议双方各任命一名仲裁员,该两名仲裁员推选一名与缔约双方均有外交关系的第三国的国民为首席仲裁员。头两名仲裁员应当在争议一方书面通知另一方要求仲裁之日起两个月内任命,首席仲裁员应当在四个月内推选。如果在上述期限内专设仲裁庭不能组成,任何一方均可以提请解决投资争端国际中心秘书长委任仲裁员。4.仲裁庭应当自行制定仲裁规则。但仲裁庭在制定仲裁规则时,可以参照解决投资争端国际中心的仲裁规则。5.仲裁庭的裁决应以多数票作出。裁决为终局决定,对争议双方具有约束力。缔约双方应当根据各自的法律、法规,对执行仲裁裁决承担义务。6.仲裁庭应当根据接受投资的缔约一方的法律、法规(包括冲突法规则)、本协定的规定以及缔约双方均接受的普遍承认的国际法原则作出裁决。7.争议双方应当负担其任命的仲裁员及其参加仲裁活动的有关费用,

---

〔1〕 参见郑扬子:《非盟最重要的大事:非洲大陆自贸区将正式成立》,载中国青年网:http://news.youth.cn/gj/201907/t20190708_12002548.htm,最后访问日期:2019年8月1日。

〔2〕 参见鲁深:《中国企业在南非累计投资超过100亿美元》,载亿邦动力网:http://www.ebrun.com/20181001/299863.shtml,最后访问日期:2019年8月1日。

首席仲裁员和仲裁庭的其他费用由争议双方平均负担。仲裁庭可在其裁决中决定由争议一方承担较大比例的费用。"[1]虽然中国学者普遍以1998年缔结的《中国—巴巴多斯双边投资条约》作为中国第三代双边投资条约的标志,但通过比较该双边投资条约与《中国—南非双边投资条约》的内容,有学者正确地指出,除因为南非不是《华盛顿公约》的缔约国、导致投资者无法选择根据该公约设立ICSID仲裁庭仲裁解决,而只能选择根据《ICSID附加便利规则》进行仲裁外,两个条约的内容并无实质不同。[2] 因此,中国与南非双边投资条约虽订立于1997年,但实际上亦属于中国第三代双边投资条约,其已经为中国投资者赴南非投资提供了较稳定的国际投资仲裁条件。

六、第三方资助在南非商事仲裁中的发展趋势

第三方资助仲裁(Third Party Funding,TPF)是近年来才出现的一种新模式,特指第三方为仲裁案件当事人提供资助并以一定比例的胜诉裁决收益作为回报。目前,第三方资助在南非还属于相对较新、亟待发展的领域,但已在资本市场上崭露头角。受到来自英国仲裁法的影响,南非已有若干仲裁案件表明了第三方资助在南非拥有潜在的发展空间和开放的市场。1998年南非颁布了《短期保险法》,尽管这部立法不同于英国和欧洲大陆法系国家保险立法中传统常见的事先预防和事后理赔模式,但该法允许一定形式的法律费用保险。此外,在南非法律实践中认可有条件的收费协议(Conditional Fee Agreement),这类协议允许客户与律师达成协议,仅在所代理的案件胜诉的前提下才根据胜诉金额的特定比例支付代理费用,据此,律师并不能从败诉的案件中收取费用,因而便承担了一定的风险。1997年南非颁布了《风险代理收费法》,正式认可了有条件收费协议的合法性,但规定风险代理中律师的收费金额不应超出正常收费金额的两倍。研究第三方资助的专业人士认为,南非关于风险代理和短期保险的立法默许了国际仲裁中引入第三方资助的合理性。[3]

---

〔1〕 1997年12月30日《中华人民共和国政府和南非共和国政府关于相互鼓励和保护投资协定》第9条。

〔2〕 参见韩秀丽:《中国—南非双边投资条约:现实之困与未来之路》,载《中国国际法年刊》2013年第1期。

〔3〕 See Lisa Bench Nieuwveld and Victoria Shannon Sahani, Third-Party Funding in International Arbitration, 2nd edition, Kluwer Law International, 2017, p. 212.

国际商事仲裁理事会与玛丽王后大学联合发布的《第三方资助工作报告》,对TPF采取了广泛的定义,但TPF的核心内容主要是无追索权的基于案件费用的投资。在法律从业实践中,律师风险代理、法律费用保险、诉权转让和其他资助方式均起到了减轻当事人讼累的作用。[1] 但是,狭义的TPF资助安排与风险代理、诉讼保险仍有所区别。在风险代理协议下,通常由律师先提供服务,若败诉则不收取或只收取少量律师费用,若胜诉则按所获判决收益比例收费,而TPF中的出资机构则并非仲裁当事人的代理人。诉讼保险,是指在争议发生之前或争议发生之后,当事人就该争议进行的诉讼程序进行投保,通过向保险公司缴纳保险费来由保险公司分担其败诉后果。诉讼保险与TPF的关键区别在于,是以保险机构的盈利模式为保费,还是以第三方出资机构的盈利模式为胜诉裁决的利益分享。[2]

目前,在南非的仲裁立法中,狭义的TPF尚未落入现存法律规范的规制范围。在是否判令败诉方向胜诉方当事人支付法律服务费用方面,南非法院享有自由裁量权。不同于英国法院的是,南非法院无权判令争议当事人以外的主体向胜诉方支付费用。但是,资助方可以启动一项第三方程序,从而使非争端当事人具备当事人的地位。从制度演进的历史来看,诉讼融资在南非发展的初期确实受到了“帮诉与助诉分利”原则的限制,但在当前的实践中,TPF受到越来越少的限制,并得到了明确的认可。[3] 对此,有两起案件尤其值得一提,这两起案件均在2004年审结。在第一起案件中,审理事项涉及一份诉讼分利协议,该协议中约定多方主体可共同分享从一起或多起诉讼案件胜诉所得的收益,法院明确指出该协议并不当然违法,即使诉讼当事人的资金状况使其无法正常参与诉讼,这种协议也被视

[1] 参见北京仲裁委员会编:《中国商事争议解决年度观察》,中国法制出版社2018年版,第29页。

[2] 参见张建、张蓓蓓:《国际商事仲裁第三方资助的费用分摊问题》,载《荆楚学刊》2016年第6期。

[3] 助诉(Maintenance)和帮诉(Champerty)是英国普通法上两项古老的罪名,禁止此类行为的目的均在于预防无意义的诉讼。所谓助诉,是指由于对诉讼不享有任何真实利益的一方提起诉讼或抗辩,干涉到他人的诉讼当中。所谓帮诉,是指诉讼干预人与其帮助追诉的诉讼当事人之间达成协议,目的在于获取部分判决利益。这两类行为均被英国法所禁止,任何为了资助诉讼所签订的协议均被认定为非法合同,不具强制执行力。参见黄鹂:《域外第三人诉讼资助制度的发展》,载《理论界》2016年第10期。

为是可接受的。[1] 第二起案件被视为在南非开展 TPF 最具标志性和里程碑意义的典型案件，南非最高上诉法院在该案中清晰地指出，禁止帮诉与助讼原则并无存在的必要。一方面，南非宪法中明文规定了公民有接近正义(Access to Justice)的权利；另一方面，南非 1997 年颁布的《风险代理收费法》已经生效。鉴于以上因素，诉讼资助协议本身并不违反公共秩序，没有理由否认此类协议的合法性及有效性，除非根据此类协议所开展的诉讼构成了权利滥用(Abuse of Rights)。[2] 从融资行业视角观察，诉讼资助者 SA(Litigation Funder SA)是南非的第一家第三方资助企业，随后又有其他的争议解决资助方进入南非市场，这包括了克里斯托弗咨询公司、综合诉讼解决公司、南非诉讼资助公司等。[3] 这些企业最初的业务领域仅限于资助诉讼案件，近年来，它们逐步拓展业务领域，从而囊括了对仲裁案件的资助。但即便如此，TPF 在南非迄今仍属年轻的"朝阳产业"，对于 TPF 在南非仲裁中的运用，还有待进一步发展和讨论。

七、对中方当事人选择在南非进行仲裁的若干建议

(一)选择在南非进行仲裁的总体考虑

在 2017 年的南非《国际仲裁法》通过前，南非法院进行仲裁司法监督适用的是 1965 年的南非《仲裁法》，相比之下，1965 年的立法给予南非法院过多干预仲裁的自由裁量权。但在实践中，南非法院很少行使这些自由裁量权，对仲裁庭的管辖权给予极大的尊重，在国际仲裁案件中尤为如此。例如，在一起涉及一家中国建筑公司的案件中，这家中国公司和刚果(金)一家公司约定，双方因刚果(金)的工程合同争议应提交给南非仲裁员协会在南非约翰内斯堡通过仲裁方式解决。之后双方发生争议，中国公司在南非仲裁员协会提起仲裁后，又向南非法院提起诉讼，请求南非法院作出宣告性裁决，宣布这些争议应通过仲裁解决。受理该案的南非高等法院和南非最高上诉法院都驳回了中国公司的请求。两审南非法院都认为，这一问题涉及仲裁庭的管辖权问题，在仲裁庭已成立后，仲裁庭有权决定

---

〔1〕 See Headleigh Private Hospital(Pty)Ltd. t/a Rand Clinic v. Soller &Manning Attorneys and Others,2001(4)SA 360(W).

〔2〕 See Price Water House Coopers Inc and Others v. National Potato Cooperative Ltd,2004(6)SA 66(SCA).

〔3〕 See Lisa Bench Nieuwveld and Victoria Shannon Sahani,Third-Party Funding in International Arbitration,2nd edition,Kluwer Law International,2017,p. 216.

自己的管辖权,法院不应干预仲裁程序。南非最高上诉法院还明确指出,南非法院不但具有法定义务,而且具有社会经济和政治义务,鼓励当事人选择南非作为国际仲裁的地点,在南非进行国际仲裁不仅可以培育在世界国家中的礼让和国际贸易,而且可以给国家带来外来的消费。[1] 从该案中可以看出,南非法院对仲裁的尊重和高度认可。南非仲裁法律环境的现代化对中非争议解决带来极大便利。由于中非经贸关系的特点,中非之间的投资和商事争议大多发生在非洲国家。考虑到非洲国家法院内可能存在的程序拖延、判决难以执行等问题,有学者指出,仲裁是解决中非经贸投资争议的最佳选择。[2] 在提起投资争议解决程序时,中国投资者应尽量选择通过仲裁方式。[3]

仲裁不同于诉讼的核心特征在于,当事人合意在仲裁中发挥基础性作用,这种合意贯穿于仲裁程序的始终,从仲裁协议的起草,到仲裁程序的进行,再到仲裁裁决的作出,都会不同程度地体现当事人意思自治对仲裁的推动。在当事人选择在南非进行仲裁时,与其他国家一样,必须先具备一份有效的仲裁协议。起草一份有效的仲裁协议,往往要求当事人在跨境争议解决中经过多轮协商和谈判。就其目的而言,仲裁条款主要为了在争议发生时帮助当事人顺利解决争议,如果仲裁条款本身的效力和可执行性面临较大争议,将使原有的争议变得更复杂。换言之,好的争议解决条款可以帮助争议顺利往前推进,而有瑕疵的争议解决条款则使争议本身变得更加扑朔迷离,面对有瑕疵的条款,如果当事人在相关法院提起仲裁条款无效或管辖权异议将需要耗费一定的时间。鉴于此,起草一份经得住考验的仲裁协议,是在南非进行国际商事仲裁的前提,也是考验律师合同起草技巧的“试金石”。在实践中,在解决跨境商事争议时,有4类最主要的解决模式可供当事人选用,分别是境内诉讼、境内仲裁、境外诉讼、境外仲裁。在跨境交易中,当事人要考虑的因素非常多,比如,双方当事人的谈判实力、守约方及违约方的资信评估等。在特定的争议解决安排中,还需充分考虑当事人财产所在地,如果被申请人的财产位于南非,或者其财产遍布于世界各地,就要考虑未来的裁决或判决是否需要到境外法院执行,以及在仲裁中适用何种法律作为准据法来审理实体问

---

〔1〕 参见朱伟东:《非洲仲裁法律环境的现代化》,载《国际工程与劳务》2018年第8期。

〔2〕 参见朱伟东:《仲裁是解决中非贸易投资争端的最佳选择》,中国仲裁法学研究会2014年年会暨第七届中国仲裁与司法论坛会议论文,北京,2014年12月,第244页。

〔3〕 同上。

题等。根据南非《国际仲裁法》第6条的规定，《示范法》将适用于在南非进行的国际商事仲裁，《示范法》第7条针对仲裁协议的形式共规定了两条备选案文，南非《国际仲裁法》附表1第7条采纳了第一份案文，未采用第二份案文。[1] 根据第一份案文，当事人起草的仲裁协议应当明确约定仲裁事项，此项意思表示应尽可能通过书面方式订立下来，包括订立在合同中的仲裁条款或者单独的仲裁协议书。对此，对书面形式的理解是宽泛的，当仲裁协议的内容是以任何形式记录下来的，即为书面形式，无论该仲裁协议或合同是以口头方式、行为方式还是其他方式订立的。此外，电子通信所含信息可以调取以备日后查用的，即被视为已经满足了仲裁协议的书面要件。

（二）仲裁地的选择

在国际商事仲裁实践中，确定仲裁地的方式有很多，包括当事人通过意思自治选择仲裁地，也包括仲裁机构依据仲裁规则的规定或者运用自由裁量权确定仲裁地。在全世界范围内，颇受当事人青睐的仲裁地有很多，如伦敦、纽约、新加坡、中国香港特别行政区等，这些地方都是很好的仲裁地。中方当事人在与南非当事人选用仲裁方式解决争议时，应当重视仲裁地的选择，在选择的过程中，应当重点考量该地是否具有“仲裁友好的生态系统”，具体涵盖以下要素：第一，该地有无支持仲裁的良性立法；第二，该地有无支持仲裁连贯而清晰的司法表达；第三，该地是否具备享有国际声望的仲裁机构；第四，该地是否有活跃的国际仲裁法律职业共同体。这四点缺一不可。考虑去哪里仲裁，实际上要考虑立法、司法、人和机构的组合。之所以要在国际仲裁中选择仲裁地，是因为仲裁地这一概念具有重要的

---

〔1〕 第一份案文规定：(1)“仲裁协议”，是指当事人同意将他们之间一项确定的契约性或非契约性的法律关系中已经发生或可能发生的一切争议或某些争议交付仲裁的协议。仲裁协议可以采取合同中的仲裁条款形式或单独的协议形式。(2)仲裁协议应为书面形式。(3)仲裁协议的内容以任何形式记录下来的，即为书面形式，无论该仲裁协议或合同是以口头方式、行为方式还是其他方式订立的。(4)电子通信所含信息可以调取以备日后查用的，即满足了仲裁协议的书面形式要求；“电子通信”，是指当事人以数据电文方式发出的任何通信；“数据电文”，是指经由电子手段、磁化手段、光学手段或类似手段生成、发送、接收或储存的信息，这些手段包括但不限于电子数据交换、电子邮件、电报、电传或传真。(5)仲裁协议如载于相互往来的索赔声明和抗辩声明中，且一方当事人声称有协议而另一方当事人不予否认的，即为书面协议。(6)在合同中提及载有仲裁条款的任何文件的，只要此种提及可使该仲裁条款成为该合同一部分，即构成书面形式的仲裁协议。第二份案文规定：“仲裁协议”，是指当事人同意将其之间一项确定的契约性或非契约性的法律关系中已经发生或可能发生的一切争议或某些争议交付仲裁的协议。

法律意义:第一,仲裁地决定裁决的国籍,以南非为仲裁地作出的仲裁裁决原则上只能向南非法院申请撤销;第二,仲裁地还决定仲裁协议的法律适用(如果双方当事人没有另外约定的情况下),所以要尽量将仲裁地选到支持仲裁协议有效的地方;第三,仲裁地还决定司法管辖的范围。如前文所言,南非《国际仲裁法》全面引入了《示范法》的主要内容,就仲裁保密这一点而言,法院在对仲裁进行司法监督时,亦须尊重仲裁的保密性,外界通常很难从南非法院获得与仲裁相关的当事人信息。此外,由于南非加入了《纽约公约》,南非的仲裁裁决在跨国承认与执行方面便享有公约提供的法律便利,南非裁决在《纽约公约》框架下可以畅通地去跨国执行。当前,中方当事人在非洲国家拥有众多的投资项目和商业交易,要尽量考虑选择采纳了《示范法》以及批准生效《纽约公约》的非洲国家进行仲裁,相较之下,南非堪称仲裁地的最佳选择之一。

此外,在中方当事人向南非法院申请承认与执行外国仲裁裁决时,南非法院亦须先行确定仲裁地在哪一国家。对此,南非《国际仲裁法》第 15 条规定,基于适用《纽约公约》的目的,一份国际仲裁裁决应被视为按照《示范法》第 20 条第 1 款及第 31 条第 3 款在有关仲裁地所作出的。《示范法》第 20 条第 1 款规定,当事各方可以自由地就仲裁地点达成协议。如未达成这种协议,仲裁地点应由仲裁庭确定,要照顾到案件的情况,包括当事各方的便利。《示范法》第 31 条第 3 款规定,裁决应具明其日期和按照该法第 20 条第 1 款所确定的仲裁地点,该裁决应视为是在该地点作出的。据此可知,仲裁地这一法律概念具有重要的实践意义,当事人在起草仲裁裁决之时、进行仲裁程序之时、申请承认与执行仲裁裁决之时,都须高度关注仲裁地的确定问题。

(三)仲裁机构的选择

如前所述,南非的商事仲裁制度经过多年的实践检验得以不断发展,在很多方面做到了与国际规则的真正接轨。除立法层面的演变外,南非法院在仲裁司法监督的实践中也非常支持仲裁的发展。在非洲进行仲裁时,可以选择与中国仲裁机构有中非仲裁员互聘计划或设立有中非联合仲裁中心的非洲仲裁机构,如开罗地区国际商事仲裁中心、拉各斯地区国际商事仲裁中心、南非仲裁基金、内罗毕国际仲裁中心等。

(四)仲裁员的选任

在仲裁员的选定问题上,南非《国际仲裁法》特别区分了当事人委任的仲裁员与首席仲裁员，以解决单边委任仲裁员的道德困境。此外，在仲裁程序的保密性、合并仲裁、证人传唤、仲裁中的调解、仲裁裁决的作出时限等进行了非常详尽的规定。与此同时，仲裁规则也对仲裁员的选任问题作出了明确而清晰的指引。例如，南非《仲裁基金会仲裁规则》第4条第2款第5项规定，"申请人在提出仲裁申请时，应当向基金会申明其究竟选择一名仲裁员独任仲裁抑或三名仲裁员合议仲裁，并提供特定仲裁员的姓名及有关信息"。该规则第6条第1款规定，"当基金会秘书处根据表面证据认定争议事项具有可仲裁性且申请人的仲裁请求在仲裁协议的范围之内时，应将仲裁申请转交给被申请人；被申请人在收到仲裁通知之日起21日内应当对独任仲裁抑或合议仲裁以及申请人提出的具体仲裁员人选给出答复；当被申请人不同意申请人关于仲裁员人数或仲裁员具体人选的意见时，应当提出自己认为合理的仲裁员人数及具体仲裁员人选。根据该规则第7条，当基金会受理了申请人的仲裁请求并收到了被申请人的答复，但是双方当事人已确定的仲裁员因某些原因（如身体原因、时间原因、利益冲突等）无法在特定仲裁案件中担任仲裁员时，秘书处应当邀请双方当事人约定一段时间，在此时间段内就仲裁员人选重新达成协商方案"。值得一提的是，双方当事人在重新商定仲裁员人选时，必须从南方仲裁基金会的仲裁员名册中选任。作为兜底性方案，该仲裁规则第9条规定，当被申请人收到仲裁机构转交的仲裁申请后没有对仲裁员人选给出任何肯定性或否定性的答复时，基金会秘书处将会按照当事人仲裁协议的约定代为指定1名或3名仲裁员以组建仲裁庭。特别应当注意的是，如果当事人没有就仲裁员的人数达成一致意见时，基金会秘书处原则上应当仅委任1名仲裁员进行独任制仲裁，如果双方当事人约定3人仲裁但是没有在规定时间内就具体人选达成一致意见，则基金会秘书处在委任3名仲裁员的同时应当明确指定其中之一作为首席仲裁员，从而确保决策的有序进行和裁决的顺利作出。总而言之，对于当事人来说，选择仲裁员时应兼顾不同当事人法律体系的代表性，避免其后续的程序安排产生某一方熟悉而另一方陌生的情况，以防范任何不公平现象的可能。

（五）准据法的选择

就准据法而言，南非《仲裁法》并未对争议解决所应适用的实体法作出规定，当事人可以约定应适用的实体法，若当事人无此约定，则仲裁庭可能适用仲裁地法或者合同履行地法。在南非，当事人所选择的实体法通常会得到仲裁庭的适用,尚未发生仲裁地法或者合同履行地法优先适用的情况。[1] 对于中国当事人来说,南非的法律体系既不是单纯的大陆法系成文法传统,也并不仅仅是普通法系的判例法传统,而是具有混合法系特征,这导致可适用的法律过于繁杂。由于中国与南非双方的法律文化差异大,法律查明的难度高,适用非洲法的成本巨大。因此,首先建议中国的投资者能在条件允许的情况下尽量在合同中适用中国法。如果不能适用中国内地法律,建议按照中国香港特别行政区法律、新加坡法、英国法,最后是法国法的顺序,作为解决中非经贸纠纷的一个比较好的协商让步办法。具体理由如下:中国内地法律作为中国投资者的母国法,中国企业熟悉,对纠纷解决的结果有较强的可预期性。中国香港特别行政区法律、新加坡法、英国法作为一个维度的普通法来说,差异其实并不大,按照上述的顺位进行让步,主要是以中国企业的地理位置出发,对应一旦发生纠纷中国企业可以找到的相关律师的难易程度和便利程度来划分顺序。具体到中非争端解决的实际情况,大量非洲国家曾是英国的殖民地,其本身的法律制度或多或少受到了英国法的影响,也比较容易说服交易对手去适用他们也熟悉的普通法体系。最后的一个合适的选择是法国法,理由同样是法国作为非洲大地上第二大殖民国,很多法属的非洲国家也愿意接受法国法的管辖。综合来说,无论是英国法为代表的普通法体系,还是法国法都是成熟的法治国家,有一套非常完整的调整各种经济活动的规则,而这套规则的查询简单,透明。无论是投资者还是东道国都能以一个合适的成本去适用这些规则,而这些规则相对来说也是很公平的。[2]

(六)仲裁程序的进行

对于选择在南非进行仲裁的中方当事人来说,应特别注意南非仲裁程序与中国仲裁程序的差异,这尤其体现在证据规则方面。如前文所述,南非的仲裁程序融合了大陆法系与英美法系的程序法传统,其吸纳并借鉴了英美普通法中的证据开示程序,这在 1965 年南非《仲裁法》与 2017 年《国际仲裁法》中均有所体现。1965 年南非《仲裁法》第 14 条第 1 款规定,除非当事人另有约定,仲裁庭可以应任何一方当事人的请求进行文件开示,开示通过宣誓书或在发誓的基础上答复质询

---

〔1〕 参见费秀艳:《金砖国家国际商事仲裁制度比较研究》,载《金砖国家法律研究》2015 年第 1 期。

〔2〕 参见袁培皓:《非洲自贸区与中国企业的风险管控演讲稿》,载微信公众平台:https://mp.weixin.qq.com/s/ZekPt71P_pXj4PfbZU3b0A,最后访问日期:2019 年 8 月 1 日。

等方式出示此类文件以供检验，且当事人的开示申请受制于法律上的异议；与此同时，该法第 14 条第 2 款规定，“仲裁庭有权要求当事人递交各类诉辩文件，包括起诉状、答辩状或针对仲裁请求或反请求提交证据材料，并且允许当事人修改其仲裁请求或答辩”。此外，2017 年南非《国际仲裁法》纳入了《示范法》，这意味着《示范法》中的证据规则可适用于在南非进行的国际商事仲裁程序中。《示范法》第 27 条规定，“仲裁庭或一方当事人在仲裁庭同意之下，可以请求本国内的管辖法院协助取证，法院可以在其权限范围内并按照其关于取证的规则执行上述请求”。南非国内法院在取证方面借鉴了英美国家的证据开示制度，当申请人与被申请人的诉答程序结束后，法院将主持进行证据开示，这意味着当事人必须出示与争议相关的所有材料，并就证据材料进行质证。在中方当事人选择前往南非仲裁时，可以请求国内法院协助仲裁庭完成取证，这种取证协助在很大程度上是借鉴证据开示制度得以实现的。由于中国的民事诉讼法与仲裁法没有对应的证据开示制度，因此难免对这一机制的运行存在疑惑。鉴于此，建议中方当事人及其代理律师在不熟悉证据开示的情况下，与对方当事人及仲裁庭进行妥当的沟通，对仲裁程序中运用证据的具体方式进行商定，通过意思自治原则来避免证据开示制度造成的冲击和不适。

南非法院除可以协助仲裁庭进行取证外，还可以协助仲裁庭进行财产保全，2019 年南非国内法院对一起国际仲裁纠纷采取的财产保全措施受到了国际社会的高度关注。在“Rory Baxter 诉 Phillip Pretorius 案”中，应申请人的申请，南非约翰内斯堡的高等法院扣押了坦桑尼亚航空公司租用的空中客车 220 – 300 型号飞机。坦桑尼亚交通部在声明中指出，该架飞机原计划从南非约翰内斯堡的奥利弗·坦博国际机场飞往坦桑尼亚的达累斯萨拉姆，却被南非的法院扣押。在该案中，执行申请人为某失地农民，其在坦桑尼亚的土地被征用后，坦桑尼亚拖欠 3300 万美元的赔偿款及利息，该农民随后提起仲裁并获得胜诉。执行申请人的代理人指出，依据南非《国际仲裁法》及《纽约公约》的规定，南非法院有权扣押债务人所拥有的飞机，之所以选择案涉飞机作为执行标的，主要是考虑到该架飞机为坦桑尼亚政府所直接持有，且其价值与政府所欠债务的金额相当。为了振兴航空业，坦桑尼亚斥资数亿元购买了若干新飞机，案涉飞机正是由处于亏损状态的国有航空公司坦桑尼亚航空公司从坦桑尼亚政府飞行局处租赁。2019 年 9 月南非高登高等法院解除对该飞机的扣押，原因是法院认定对该案无管辖权，据此之前所采取的保全措施应予解除。[1] 由此可见,法院对相关纠纷具有管辖权是采取保全措施的前提,这也为中方当事人赴南非仲裁时申请财产保全提供了前车之鉴。

除证据规则外,南非《国际仲裁法》在其他程序问题的处理上主要遵行公平与高效的原则,并以意思自治原则作为程序安排的基本准则。例如,该法确立了合并仲裁机制(南非《国际仲裁法》第10条)、明确了仲裁保密性及其例外(南非《国际仲裁法》第11条)、允许当事人就仲裁协议约定的争议事项进行调解解决(南非《国际仲裁法》第12条),这在很大程度上符合中国当事人的心理预期,可以说是南非国际商事仲裁法制改革中的亮点。

(七)仲裁裁决的承认与执行

如前所述,南非早在1976年就加入了《纽约公约》,并专门颁布了旨在执行该公约的国内立法,这使南非仲裁裁决的跨国承认与执行具有国际条约的保障。事实上,通过观察外国裁决在南非申请承认与执行的案件可以发现,南非法院在审查外国裁决承认与执行申请时,充分体现了支持仲裁的价值理念。早在南非《国际仲裁法》颁布之前,最高上诉法院在2007年审理“Telcordia Technologies v. Telkom SA Ltd.案”中就已经重申:“在南非进行的国际仲裁程序应遵守国际仲裁的通行规则。”[2] 尤其是,法院应当尊重仲裁当事人意思自治原则及有限司法干预原则,尽可能弱化司法对仲裁的介入和制约,而是将司法监督限定在保障正当程序原则的最低限度内。2009年南非宪法法院的法官在审理“Lufuno Mphaphuli & Associated(Pty)Ltd. v. Andrews and Another案”时,法官强调了仲裁的合意性,其明确指出:“仲裁庭的裁判权源自仲裁协议当事人的合意,而当事人也同样有权在任何时间通过进一步的协议对仲裁权进行变更乃至撤回。”[3]

从微观操作层面来看,根据南非《仲裁法》第17条的规定,当事人在向南非法院申请承认与执行外国仲裁裁决时,需要向法院提供仲裁裁决书、仲裁协议的正本以及经过公证和认证的副本,并且须按照向法院提交文件的同样方式对这些文件进行认证,如果这些文件是以南非共和国非官方语言起草的,需要提供官方语

---

[1] See South Africa Court Orders Release of Impounded Tanzanian Plane. Accessed Oct. 7,2019. https://www.africanews.com/2019/09/04/south-africa-court-orders-release-of-impounded-tanzanian-plane, 最后访问日期:2019年10月7日。

[2] See Telcordia Technologies v. Telkom SA Ltd.,2007(3)SA 266(SCA).

[3] See Lufuno Mphaphuli & Associated(Pty)Ltd. v. Andrews and Another,2009(4)SA 529(CC).

言的译本。理论上,南非的诉讼语言可以采用11种官方语言的任何一种,包括荷兰语、英语、恩德贝勒语、北索托语、南索托语、斯威士语、聪加语、茨瓦纳语、文达语、科萨语和祖鲁语。为了使裁决的跨国承认与执行程序更顺利,当事人可以选择在仲裁程序进行之初或在订立仲裁协议时明确选择采用英文作为仲裁工作语言,从而保障双方当事人和仲裁庭能够采用国际通用语言进行无障碍沟通与交流。

中方当事人应当了解,在南非国内法院申请承认和执行外国仲裁裁决时,有两套程序可供选择,这两套程序不仅可适用于外国判决在南非法院的承认与执行,亦可适用于外国裁决在南非法院的承认与执行。[1] 具言之,第一类程序,即通过提起普通债务诉讼的方式在南非法院申请承认和执行外国裁决,在此类程序中,南非法院将视外国仲裁裁决或判决为合同之债,这是英美法系国家在承认和执行外国判决和仲裁裁决常采用的一种做法。从19世纪中期开始,债务学说在英美等国家逐渐成为承认和执行外国判决的理论依据。该学说认为,当具有合法管辖权的外国法院已判决一方当事人应当支付另一方当事人一定数额的金钱后,支付该笔款项就成为一种法律上的债务。该债务可以通过提起债务之诉讼,在法院地国强制执行。这种债务学说一直支配着英国承认和执行外国判决的制度。南非法律深受英国法普通法的影响,直到现在仍保留着这条普通法原则。根据南非普通法,如果外国仲裁裁决不是终局的,或缺乏有效的仲裁协议或自然公正,或裁决是通过欺诈方式获得的,或裁决的承认和执行违反南非的公共政策,南非法院将拒绝承认和执行该裁决。第二类程序,即请求执行外国仲裁裁决的中方当事人也可以使用南非法院执行外国金钱判决中所使用的临时裁决程序。到目前为止,南非法院执行外国金钱判决的最常用的方法是由判决债权人提起临时裁决诉讼(provisional sentence action),这种程序比普通的诉讼程序快捷并且花费更少。在南非,临时裁决程序主要被用来执行流通文书(liquid document)。流通文书,是指债务人承认自己在其中的签名或经合法指定的代理人的签名或虽然没有签名但根据法律其被认为已承认自己负有一定债务的文书。从这种意义上来讲,外国法院作出的终局的金钱判决也是一种流通文书。判决债权人向南非法院提出申请后,南非法院就会向被告签发一个临时裁决传票,传票中载明当事人之间存有终

〔1〕 参见朱伟东:《南非法院对外国仲裁裁决的承认和执行》,载《仲裁研究》2005年第3期。

局的判决以及被告没有支付判决债务,并且传票中还附有一份外国判决的副本。[1] 被告可以在规定时间内提出抗辩,原告可以进行答辩。如果被告的抗辩不成功,南非法院就会作出一份临时裁决要求其支付判决中的金钱。如果被告没有支付,该临时裁决就可成为法院对被告的财产签发执行令的合法理由。如果被告抗辩成功,南非法院就不会作出临时裁决,而会要求原告提起普通诉讼。

特别应当注意的是,2017 年南非《国际仲裁法》是南非为了在国内法院贯彻和执行 1958 年《纽约公约》中的国际义务所制定的国内立法,该法案第 3 条第 d 款已明确了这一宗旨。针对外国仲裁裁决在南非申请承认与执行过程中法院解释和适用《纽约公约》的具体问题,南非《国际仲裁法》界定了若干法律概念,包括“经认证的副本”“外国仲裁裁决”等,并明确了外国当事人申请承认与执行外国裁决案件的管辖法院为南非《高等法院法》[2]该法第 6 条第 1 款所规定的高等法院的任何法庭(南非《国际仲裁法》第 14 条)。此外,为了使在南非作出的国际商事仲裁裁决得以按照《纽约公约》的规定在其他缔约国得以承认和执行,南非《国际仲裁法》确立了如下基本要素:第一,《示范法》适用于在南非进行的国际商事仲裁程序,从而保证仲裁的国际化(南非《国际仲裁法》第 6 条);第二,当事人得自由处分的国际商事纠纷,如果订立了仲裁协议则可以采用仲裁方式解决,除非按照南非法律相关争议不具有可仲裁性或仲裁协议违反南非的公共政策,但法律规定可由法院管辖并不妨碍当事人依据仲裁协议申请仲裁解决(南非《国际仲裁法》第 7 条);第三,仲裁员及仲裁机构就其履职过程中出现的过失行为享有豁免,从而保障仲裁的独立性和公正裁决(南非《国际仲裁法》第 9 条)。

总体而言,南非的仲裁法律制度设计采取典型的“双轨制”国内仲裁适用《仲裁法》,国际仲裁则适用《国际仲裁法》。相较之下,南非《国际仲裁法》对南非仲裁法制的国际化、契约性、自治性给予更多的支持,更加符合国际仲裁发展的主流趋势。对于赴南非进行商事交易或开展投资项目的中国企业或投资者来说,仲裁堪称最佳的纠纷解决选项。

为了使仲裁能够最大化地发挥效能,当事人在拟定仲裁协议时需要紧密围绕南非《国际仲裁法》确立的有效性要件并结合具体个案事实的争议类型予以协商。

---

〔1〕 参见朱伟东:《南非法院对外国仲裁裁决的承认和执行》,载《仲裁研究》2005 年第 3 期。

〔2〕 See Superior Courts Act, Act No. 10 of 2013, Article 6(1).

就仲裁地的选择而言,宜优先选择司法环境友好的、支持仲裁发展的法域。如选择机构仲裁,建议选择与中国仲裁机构有中非仲裁员互聘计划或设立有中非联合仲裁中心的非洲仲裁机构。在仲裁员选任方面,尤其是在独任制仲裁的情况下,当事人应积极、充分地行使仲裁员选任权。在准据法方面,南非属于典型的混合法系,其法制状况趋于复杂,稳妥的方式是选择适用各方普遍接受的国际商事法律规则,或者选择新加坡法、英国法、法国法等成熟的国内法作为准据法。值得一提的是,国际商法与国内法规则不是并列或排斥的关系,二者可共同作为仲裁的准据法,但鉴于南非法律制度的高度复杂性和混合性特征,建议当事人在法律选择条款中阐明不同法律之间的适用顺位。在证据调取、财产保全等措施方面,南非的国内法院将会对仲裁程序提供必要的协助,从而保障仲裁程序的稳定性与可预见性。就外国仲裁裁决在南非的承认与执行问题而言,《纽约公约》提供了坚实的国际法律保障,此外,当事人仍然需要从微观层面做好语言文字的确定、相关书面申请材料的提交等准备工作,从而保障以仲裁方式解决国际商事争议的预期目的能够真正落实。

附录一:

1965 年《南非仲裁法》

South Africa Arbitration Act 1965
Arbitration Act 42 of 1965

(Date of Commencement:14 April 1965)

(English text signed by the State President)

As amended by Justice Laws Rationalisation Act 18 of 1996, General Law Amendment Act 49 of 1996. To provide for the settlement of disputes by arbitration tribunals in terms of written arbitration agreements and for the enforcement of the awards of such arbitration tribunals.

Definitions(s 1)

1 Definitions

In this Act, unless the context otherwise indicates, “arbitration agreement” means a written agreement providing for the reference to arbitration of any existing dispute or any future dispute relating to a matter specified in the agreement, whether an arbitrator is named or designated therein or not;

“arbitration proceedings” means proceedings conducted by an arbitration tribunal for the settlement by arbitration of a dispute which has been referred to arbitration in terms of an arbitration agreement;

“arbitration tribunal” means the arbitrator, arbitrators or umpire acting as such under an arbitration agreement;

“award” includes an interim award;

“court” means any court of a provincial or local division of the Supreme Court of South Africa having jurisdiction;

"party", in relation to an arbitration agreement or a reference, means a party to the agreement or reference, a successor in title or assign of such a party and a representative recognized by law of such a party, successor in title or assign;

"territory"...

(Definition of "territory" deleted by s. 1 of Act 49 of 1996.)

Matters Not Subject to Arbitration (s 2)

2 Matters not subject to arbitration

A reference to arbitration shall not be permissible in respect of

(a) any matrimonial cause or any matter incidental to any such cause; or

(b) any matter relating to status.

Effect of Arbitration Agreements (ss 3 – 8)

3 Binding effect of arbitration agreement and power of court in relation thereto

(1) Unless the agreement otherwise provides, an arbitration agreement shall not be capable of being terminated except by consent of all the parties thereto.

(2) The court may at any time on the application of any party to an arbitration agreement, on good cause shown

(a) set aside the arbitration agreement; or

(b) order that any particular dispute referred to in the arbitration agreement shall not be referred to arbitration; or

(c) order that the arbitration agreement shall cease to have effect with reference to any dispute referred.

4 Death or removal from office of party to an arbitration agreement

(1) Unless the agreement otherwise provides, an arbitration agreement or any appointment of an arbitrator or umpire thereunder shall not be terminated by the death of any party thereto.

(2) If any party to a reference under an arbitration agreement dies or vacates or is

removed from his office after any dispute has been referred to arbitration, all steps and proceedings in connection with the reference shall be stayed,

subject to any order that the court may make, until an executor or other proper representative has been appointed in the estate of the party who has died or, as the case may be, until an executor, administrator, curator, trustee, liquidator or judicial manager has, where necessary, been appointed in the place of an executor, administrator, curator, trustee, liquidator or judicial manager who in his capacity as such was a party to the reference and who has died or has vacated or has been removed from his office.

(3) For the purposes of subsection (2) a dispute shallbe deemed to have been referred to arbitration if any party to the dispute has served on the other party or parties thereto a written notice requiring him or them to appoint or to agree to the appointment of an arbitrator or, where the arbitrator is named or designated in the arbitration agreement, requiring the dispute to be referred to the arbitrator so named or designated.

(4) Any period of time fixed by or under this Act which is interrupted by any stay resulting from the operation of subsection (2), shall be extended by a period equal to the period of such interruption.

(5) Nothing in this section contained shall affect the operation of any law or rule of law by virtue of which any right of action is extinguished by the death of any person.

5 Insolvency or winding-up of a party to an arbitration agreement

(1) Unless the agreement otherwise provides, an arbitration agreement or any appointment of an arbitrator or umpire thereunder shall not be terminated by the sequestration of the estate of any party thereto, or, if such party be a corporate body, by the winding-up of the corporate body or the placing of the corporate body under judicial management.

(2) If the estate of any party to an arbitration agreement is sequestrated or if, in the case of a corporate body which is a party to such an agreement, a petition for the winding-up of the corporate body or for placing the corporate body under judicial management is presented or an order for winding-up the corporate body or for placing the

corporate body under judicial management is made, the provisions of any law relating to the sequestration of insolvent estates or, as the case may be, any law relating to the winding-up or judicial management of the corporate body concerned, shall apply in the same manner as if a reference of a dispute to arbitration under the arbitration agreement were an action or proceeding or civil proceedings or legal proceedings or civil legal proceedings within the meaning of any such law.

(3) For the purposes of the application of the laws referred to in subsection(2) -

(a) a reference of a dispute to arbitration shall be deemed to be an action or proceeding or civil proceedings or legal proceedings or civil legal proceedings by or against any person or corporate body instituted or pending in any court of law having jurisdiction if any party to the dispute has served on the other party or parties thereto a written notice requiring him or them to appoint or to agree to the appointment of an arbitrator, or, where the arbitrator is named or designated in the arbitration agreement, requiring the dispute to be referred to the arbitrator so named or designated; and

(b) a reference of a dispute to arbitration shall be deemed to be an action or proceeding which is being or is about to be instituted against a corporate body, if any party to the dispute is taking steps to serve or is about to serve on the corporate body a written notice such as is referred to in paragraph(a).

(4) Any period of time fixed by or under this Act which is interrupted by any stay, suspension or restraint resulting from the application of any law referred to in subsection(2), shall be extended by a period equal to the period of such interruption.

6 Stay of legal proceedings where there is an arbitration agreement

(1) If any party to an arbitration agreement commences any legal proceedings in any court (including any inferior court) against any other party to the agreement in respect of any matter agreed to be referred to arbitration, any party to such legal proceedings may at any time after entering appearance but before delivering any pleadings or taking any other steps in the proceedings, apply to that court for a stay of such proceedings.

(2) If on any such application the court is satisfied that there is no sufficient rea-

son why the dispute should not be referred to arbitration in accordance with the agreement, the court may make an order staying such proceedings subject to such terms and conditions as it may consider just.

7 Power of court to order that dispute be determined by interpleader proceedings or that interpleader issues be determined by arbitration

(1) The court may order that the dispute between parties to an arbitration agreement be determined by way of interpleader proceedings for the relief of any person desiring so to interplead.

(2) Where in any interpleader proceedings it is proved that the claims in question are matters to which an arbitration agreement, to which the claimants are parties, relates, the court may order that the issues between the claimants be determined in accordance with the arbitration agreement.

8 Power of court to extend time fixed in arbitration agreement for commencing arbitration proceedings

Where an arbitration agreement to refer future disputes to arbitration provides that any claim to which the agreement applies shall be barred unless some step to commence arbitration proceedings is taken within a time fixed by the agreement, and a dispute arises to which the agreement applies, the court, if it is of the opinion that in the circumstances of the case undue hardship would otherwise be caused, may extend the time for such period as it considers proper, whether the time so fixed has expired or not, on such terms and conditions as it may consider just but subject to the provisions of any law limiting the time for commencing arbitration proceedings.

Arbitrators and Umpires (ss 9 – 13)

9 Reference to a single arbitrator

Unless a contrary intention is expressed in the arbitration agreement, the reference shall be to a single arbitrator.

10 Power of parties to appoint arbitrators to fill vacancies

(1) Where an appointed arbitrator refuses to act or is or becomes incapable of acting or dies or is removed from office or his appointment is terminated, or is set aside, and a contrary intention is not expressed in the arbitration agreement, the party or parties who appointed him may appoint another arbitrator in his place.

(2) Where an arbitration agreement provides that thereference shall be to two or more arbitrators, one to be appointed by each party, and any party fails to appoint an arbitrator in terms of the agreement, or by way of substitution in the circumstances described in subsection(1), then, unless the arbitration agreement expresses a contrary intention, the other party, having appointed an arbitrator, or the other parties each having appointed an arbitrator, may serve the party in default with a written notice requiring him to appoint an arbitrator within seven days after receipt of the notice.

(3) If the party in default does not appoint an arbitrator within the period referred to in the notice served upon him in terms of subsection(2), the other party who has appointed an arbitrator or the other parties who have each appointed an arbitrator may appoint that arbitrator or those arbitrators, as the case may be, to act as sole arbitrator or arbitrators in the reference, and his or their award shall be binding on all parties as if he or they had been appointed by consent of all parties: Provided that the court may, on the application of the party in default, on good cause shown, set aside such appointment and grant the party in default an extension of time to appoint an arbitrator.

11 Power of parties or arbitrators to appoint umpire and to fill vacancy

(1) If an arbitration agreement provides for a reference

(a) to an even number of arbitrators, then, unless a contrary intention is expressed therein, the arbitrators may at any time appoint an umpire; or

(b) to three arbitrators, of whom one is to be appointed by the other two, such agreement shall, unless a contrary intention is expressed therein, be construed as providing for the appointment of an umpire by the other two arbitrators immediately after they are themselves appointed.

(2) Where an appointed umpire refuses to act or is or becomes incapable of acting

or dies or is removed from office or his appointment is terminated, or is set aside, and a contrary intention is not expressed in the arbitration agreement, the parties or arbitrators who appointed him may appoint another umpire in his place.

12 Power of court to appoint an arbitrator or umpire

(1) Where (a) in terms of an arbitration agreement or this Act the reference shall be to a single arbitrator and all the parties to the reference do not, after a dispute has arisen, agree in the appointment of an arbitrator; or

(b) an arbitration agreement provides that the reference shall be to an even number of arbitrators and the parties to the reference or the arbitrators are at liberty to appoint an umpire and do not appoint him in any case where such appointment is necessary for the decision of the matters in dispute or the due conduct of the arbitration, or where the parties or such arbitrators are required to appoint an umpire and do not appoint him; or

(c) where an arbitration agreement provides that the reference shall be to two or more arbitrators one to be appointed by each party, and any party fails to appoint an arbitrator in terms of the agreement or by way of substitution in the circumstances described in subsection (1) of section ten; or

(d) an arbitration agreement provides that the reference shall be to three arbitrators one of whom is to be appointed (whether as arbitrator or as umpire) by the parties to the reference or by the other two arbitrators and such arbitrator or umpire has not been appointed; or

(e) an appointed arbitrator or umpire refuses to act or is or becomes incapable of acting or dies, or is removed from office or his appointment is terminated or is set aside and the party or parties to the reference or arbitrators who made the appointment are at liberty to appoint another arbitrator or umpire to fill the vacancy and do not appoint him in any case where such appointment is necessary for the decision of the matters in dispute or the due conduct of the arbitration, or where the party or parties or arbitrators who made the appointment is or are required to appoint another arbitrator or umpire to fill such vacancy and does or do not appoint him; or

(f) more than one arbitrator has to be appointed and the parties to the reference do not, after a disputehas arisen, agree in the appointment of arbitrators so far as the arbitration agreement may require such agreement, any party to the reference may serve the other party or parties or the arbitrators, as the case may be, with a written notice requiring him or them to appoint or if agreement be necessary, to agree in the appointment of an arbitrator or arbitrators or umpire.

(2) If the appointment referred to in the notice served under subsection (1) is not made or agreed to, as the case may be, within seven days after the service of the notice, the party who gave the notice, may upon notice to the other party or parties or the arbitrators, as the case may be, apply to the court to make the necessary appointment, and thereupon the court may appoint an arbitrator or arbitrators or umpire.

(3) Where an arbitrator (not being a sole arbitrator) or two or more arbitrators (not being all the arbitrators) or an umpire who has or have not entered on the reference is or are removed by the court or his or their appointment or appointments is or are set aside by the court, and the arbitration agreement does not provide otherwise, the court may, on the application of any party to the reference, appoint an arbitrator or arbitrators or umpire to act in the place of the arbitrator, arbitrators or umpire so removed or whose appointment or appointments has or have been so set aside.

(4) Where a sole arbitrator or all the arbitrators or an umpire who has or have entered on the reference is or are removed by the court, or his or their appointment or appointments is or are set aside by the court and the arbitration agreement does not provide otherwise, the court may, on the application of any party to the reference, either

(a) appoint an arbitrator or arbitrators or an umpire to act in the place of the arbitrator, arbitrators or umpire so removed or whose appointment or appointments has or have been so set aside; or

(b) appoint a sole arbitrator to act in the place of the sole arbitrator or all the arbitrators or umpire so removed or whose appointment or appointments has or have been so set aside; or

(c) order that the arbitration agreement shall cease to have effect with respect to the dispute referred.

(5) An arbitrator or umpire appointed by the court shall have the like power to act in the reference and make an award as if he had been appointed in accordance with the terms of the arbitration agreement.

(6) An arbitrator or umpire appointed in the circumstances described in subsection (1) of section ten or subsection (2) of section eleven or subsection (2), (3) or (4) of this section or an arbitrator appointed after the court has granted an extension of time to do so in the circumstances described in subsection (3) of section ten, may avail himself of the evidence recorded in the arbitration proceedings before his appointment and may, if he think fit, recall for further examination any person who has given such evidence.

13 Termination or setting aside of appointment of arbitrator or umpire

(1) Subject to the provisions of subsection (2), the appointment of an arbitrator or umpire, unless a contrary intention is expressed in the arbitration agreement, shall not be capable of being terminated except by consent of all the parties to the reference.

(2) (a) The court may at any time on the application of any party to the reference, on good cause shown, set aside the appointment of an arbitrator or umpire or remove him from office.

(b) For the purposes of this subsection, the expression "good cause", includes failure on the part of the arbitrator or umpire to use all reasonable dispatch in entering on and proceeding with the reference and making an award or, in a case where two arbitrators are unable to agree, in giving notice of that fact to the parties or to the umpire.

(3) Where the appointment of an arbitrator or umpire is so set aside, or where an arbitrator or umpire is so removed from office, the court may, apart from any order for costs which may be awarded against such arbitrator or umpire personally, order that such arbitrator or umpire shall not be entitled to any remuneration for his services.

Provisions as to Arbitration Proceedings(ss 14 – 22)

14 Powers of arbitration tribunal and manner of arriving at decisions where the arbitration

tribunal consists of two or more arbitrators

(1) An arbitration tribunal may (a) on the application of any party to a reference, unless the arbitration agreement otherwise provides (i) require any party to the reference, subject to any legal objection, to make discovery of documents by way of affidavit or by answering interrogatories on oath and to produce such documents for inspection;

(ii) require the parties to the reference to deliver pleadings or statements of claim and defence or require any party to give particulars of his claim or counterclaim, and allow any party to amend his pleadings or statements of claim or defence;

(iii) require any party to the reference to allow inspection of any goods or property involved in the reference, which is in his possession or under his control; and

(iv) appoint a commissioner to take the evidence of any person in the Republic or abroad and to forward such evidence to the tribunal in the same way as if he were a commissioner appointed by the court;

[Sub-para. (iv) amended by s. 1 of Act 49 of 1996.]

(b) unless the arbitration agreement otherwise provides

(i) from time to time determine the time when and the place where the arbitration proceedings shall be held or be proceeded with;

(ii) administer oaths to, or take the affirmations of, the parties and witnesses appearing to give evidence;

(iii) subject to any legal objection, examine the parties appearing to give evidence in relation to the matters in dispute and require them to produce before the tribunal all books, documents or things within their possession or power which may be required or called for and the production of which could be compelled on the trial of an action;

(iv) subject to any legal objection, examine any person who has been summoned to give evidence and require the production of any book, document or thing which such person has been summoned to produce;

(v) with the consent of the parties or on an order of court, receive evidence given by affidavit; and

(vi) inspect any goods or property involved in the reference.

(2) Where an arbitration tribunal consists of two or more arbitrators, any oath or affirmation may be administered by any member of the tribunal designated by it for the purpose.

(3) Where an arbitration tribunal consists of two arbitrators, their unanimous decision, and where it consists of more than two arbitrators, the decision of the majority of the arbitrators, shall be the decision of the arbitration tribunal.

(4) Where the arbitrators, or a majority of them, do not agree in their award, their decision shall not be taken to be either the least amount or least right of relief awarded by them, or the average of what has been awarded by them, but the matter shall thereupon become referable to the umpire, unless the arbitration agreement otherwise provides.

15 Notice of proceedings to parties

(1) An arbitration tribunal shall give to every party to the reference, written notice of the time when and place where the arbitration proceedings will be held, and every such party shall be entitled to be present personally or by representative and to be heard at such proceedings.

(2) If any party to the reference at any time fails, after having received reasonable notice of the time when and place where the arbitration proceedings will be held, to attend such proceedings without having shown previously to the arbitration tribunal good and sufficient cause for such failure, the arbitration tribunal may proceed in the absence of such party.

16 Summoning of witnesses

(1) The issue of a summons to compel any person to attend before an arbitration tribunal to give evidence and to produce books, documents or things to an arbitration

tribunal, may be procured by any party to a reference in the same manner and subject to the same conditions as if the reference were a civil action pending in the court having jurisdiction in the area in which the arbitration proceedings are being or are about to be held: Provided that

(a) no person shall be compelled by such a summons to produce any book, document or thing the production of which would not be compellable on trial of an action; and

(b) the clerk of the magistrate's court having jurisdiction in the said area, may issue such summons upon payment of the same fees as are chargeable for the issue of a subpoena in a civil case pending in the magistrate's court.

(2) Any summons issued out of any court in terms of subsection (1) shall be served in the same manner as a subpoena issued out of that court in a civil action pending in that court.

(3) The provisions of sub-sections (3) and (4) of section eighty-seven of the Correctional Services Act, 1959 (Act 8 of 1959), relating to the service of a subpoena upon any prisoner to give evidence in civil proceedings in any court, shall mutatis mutandis apply with reference to the service of a summons upon any prisoner required to give evidence before an arbitration tribunal as if the proceedings before such tribunal were civil proceedings pending in a court.

[Sub-s. (3) amended by s. 4 of Act 18 of 1996.]

(4) On the application of any party to a reference, the court may order the process of the court to issue to compel the attendance of a witness before the arbitration tribunal or may order any prisoner to be brought before such arbitration tribunal for examination.

17 Recording of evidence

If not recorded by the arbitration tribunal itself, the oral evidence of witnesses shall be recorded in such manner and to such extent as the parties to the reference may agree or, failing such agreement, as the arbitration tribunal may from time to time direct after consultation with the parties.

18 Reference of particular points to umpire

Where the arbitrators or a majority of them are unable to agree as to any matter of procedure, or any interlocutory question, they may refer that matter or question forthwith to the umpire for decision.

19 Powers of umpire

Unless the arbitration agreement otherwise provides

(a) the umpire may sit together with the arbitrators and hear the evidence given from time to time and may then and there decide any matter of procedure or any interlocutory question upon which the arbitrators disagree and which is referred by them to him for decision;

(b) an umpire shall not be entitled to any remuneration from the parties in respect of his attendance at any arbitration proceedings conducted by the arbitrators unless the parties have requested him so to attend or unless he is called upon to decide any matter of procedure or any interlocutory question at the request of the arbitrators or is required to enter on the reference and to give an award;

(c) if the arbitrators have by notice in writing advised the parties to the reference, or the umpire, that they are unable to agree, or if the arbitrators have allowed the time or extended time for making their award to expire without making an award, and the parties have not advised the umpire that they intend to grant an extension or further extension of the said period or to apply to the court therefor, the umpire shall forthwith enter on the reference in lieu of the arbitrators;

(d) an umpire who enters on a reference as provided in paragraph (c), shall have the same powers as if he had been appointed as sole arbitrator, and may for that purpose unless he is required by the parties to hear the evidence of the parties and their witnesses, or, whenever he is called upon by the arbitrators to decide any matter of procedure or any interlocutory question, act upon the evidence recorded in the proceedings before the arbitrators, and may, if he thinks fit, recall for further examination any person who has given such evidence.

20 Statement of case for opinion of court or counsel during arbitration proceedings

(1) An arbitration tribunal may, on the application of any party to the reference and shall, if the court, on the application of any such party, so directs, or if the parties to the reference so agree, at any stage before making a final award state any question of law arising in the course of the reference in the form of a special case for the opinion of the court or for the opinion of counsel.

(2) An opinion referred to in subsection (1) shall be final and not subject to appeal and shall be binding on the arbitration tribunal and on the parties to the reference.

21 General powers of the court

(1) For the purposes of and in relation to a reference under an arbitration agreement, the court shall have the same power of making orders in respect of

(a) security for costs;

(b) discovery of documents and interrogatories;

(c) the examination of any witness before a commissioner in the Republic or abroad and the issue of a commission or a request for such examination;

[Para. (c) amended by s. 1 of Act 49 of 1996.]

(d) the giving of evidence by affidavit;

(e) the inspection or the interim custody or the preservation or the sale of goods or property;

(f) an interim interdict or similar relief;

(g) securing the amount in dispute in the reference;

(h) substituted service of notices required by this Act or of summonses; and

(i) the appointment of a receiver, as it has for the purposes of and in relation to any action or matter in that court.

(2) The provisions of subsection (1) shall not be construed so as to derogate from any power which may be vested in an arbitration tribunal of making orders with reference to any of the matters referred to in the said subsection.

(3) Notwithstanding anything to the contrary in the arbitration agreement, the

court may at any time, on the application of any party to the reference, order that the umpire shall enter upon the reference in lieu of the arbitrators in all respects as if he were a sole arbitrator.

22 Offences

(1) Any person who

(a) without good cause, fails to appear in answer to a summons to give evidence before an arbitration tribunal; or

(b) having so appeared, fails to remain in attendance until excused from further attendance by the arbitration tribunal; or

(c) upon being required by an arbitration tribunal to be sworn or to affirm as a witness, refuses to do so; or

(d) refuses to answer fully and to the best of his knowledge and belief any question lawfully put to him during any arbitration proceedings; or

(e) without good cause, fails to produce before an arbitration tribunal any book, document or thing specified in a summons requiring him so to produce it; or

(f) while arbitration proceedings are in progress, wilfully insults any arbitrator or umpire conducting such proceedings, or wilfully interrupts such proceedings or otherwise misbehaves himself in the place where such proceedings are being conducted, shall be guilty of an offence and liable on conviction to a fine not exceeding one hundred rand or to imprisonment for a period not exceeding three months: Provided that in connection with the interrogation of any such person or the production of any such book, document or thing the law relating to privilege as applicable to a witness subpoenaed to give evidence or to produce any book, document or thing before a court of law shall apply.

(2) Any person who, having been sworn or having made an affirmation, knowingly gives false evidence before an arbitration tribunal, shall be guilty of an offence and liable on conviction to the penalties prescribed by law for perjury.

Provisions as to Awards(ss 23 – 33)

23 Time for making award

The arbitration tribunal shall, unless the arbitration agreement otherwise provides, make its award

(a) in the case of an award by an arbitrator or arbitrators, within four months after the date on which such arbitrator or arbitrators entered on the reference or the date on which such arbitrator was or such arbitrators were called on to act by notice in writing from any party to the reference, whichever date be the earlier date; and

(b) in the case of an award by an umpire, within three months after the date on which such umpire entered on the reference or the date on which such umpire was called on to act by notice in writing from any party to the reference, whichever date be the earlier date, or in either case on or before any later date to which the parties by any writing signed by them may from time to time extend the time for making the award:

Provided that the court may, on good cause shown, from time to time extend the time for making any award, whether that time has expired or not.

24 Award to be in writing

(1) The award shall be in writing and shall be signed by all the members of the arbitration tribunal.

(2) If a minority of the members of the arbitration tribunal refuse to sign the award, such refusal shall be mentioned in the award but shall not invalidate it.

25 Publication of award

(1) The award shall be delivered by the arbitration tribunal, the parties or their representatives being present or having been summoned to appear.

(2) The award shall be deemed to have been published to the parties on the date on which it was so delivered.

26 Interim award

Unless the arbitration agreement provides otherwise, an arbitration tribunal may make an interim award at any time within the period allowed for making an award.

27 Specific performance

Unless the arbitration agreement provides otherwise, an arbitration tribunal may order specific performance of any contract in any circumstances in which the court would have power to do so.

28 Award to be binding

Unless the arbitration agreement provides otherwise, an award shall, subject to the provisions of this Act, be final and not subject to appeal and each party to the reference shall abide by and comply with the award in accordance with its terms.

29 Interest on amount awarded

Where an award orders the payment of a sum of money, such sum shall, unless the award provides otherwise, carry interest as from the date of the award and at the same rate as a judgment debt.

30 Power of arbitration tribunal to correct errors in award

An arbitration tribunal may correct in any award any clerical mistake or any patent error arising from any accidental slip or omission.

31 Award may be made an order of court

(1) An award may, on the application to a court of competent jurisdiction by any party to the reference after due notice to the other party or parties, be made an order of court.

(2) The court to which application is so made, may, before making the award an order of court, correct in the award any clerical mistake or any patent error arising from any accidental slip or omission.

(3) An award which has been made an order of court may be enforced in the same manner as any judgment or order to the same effect.

32 Remittal of award

(1) The parties to a reference may within six weeks after the publication of the award to them, by any writing signed by them remit any matter which was referred to arbitration, to the arbitration tribunal for reconsideration and for the making of a further award or a fresh award or for such other purpose as the parties may specify in the said writing.

(2) The court may, on the application of any party to the reference after due notice to the other party or parties made within six weeks after the publication of the award to the parties, on good cause shown, remit any matter which was referred to arbitration, to the arbitration tribunal for reconsideration and for the making of a further award or a fresh award or for such other purpose as the court may direct.

(3) When a matter is remitted under subsection (1) or (2) the arbitration tribunal shall, unless the writing signed by the parties or the order of remittal otherwise directs, dispose of such matter within three months after the date of the said writing or order.

(4) Where in any case referred to in subsection (1) or (2) the arbitrator has died after making his award, the award may be remitted to a new arbitrator appointed, in the case of a remittal under subsection (1), by the parties or, in the case of a remittal under subsection (2), by the court.

33 Setting aside of award

(1) Where

(a) any member of an arbitration tribunal has misconducted himself in relation to his duties as arbitrator or umpire; or

(b) an arbitration tribunal has committed any gross irregularity in the conduct of the arbitration proceedings or has exceeded its powers; or

(c) an award has been improperly obtained, the court may, on the application of any party to the reference after due notice to the other party or parties, make an order setting the award aside.

(2) An application pursuant to this section shall be made within six weeks after the publication of the award to the parties: Provided that when the setting aside of the

award is requested on the grounds of corruption, such application shall be made within six weeks after the discovery of the corruption and in any case not later than three years after the date on which the award was so published.

(3) The court may, if it considers that the circumstances so require, stay enforcement of the award pending its decision.

(4) If the award is set aside the dispute shall, at the request of either party, be submitted to a new arbitration tribunal constituted in the manner directed by the court.

Remuneration of Arbitrators and Umpire and Costs (ss 34 – 36)

34 Remuneration of arbitrators and umpire

(1) Where the fees of the arbitrator or arbitrators or umpire have not been fixed by an agreement between himor them and the parties to the reference, any party to the reference may, notwithstanding that such fees may already have been paid by the parties, or any of them, require such fees to be taxed, and thereupon such fees shall be taxed by the taxing master of the court.

(2) Any taxation of fees under this section may be reviewed by the court in the same manner as a taxation of costs.

(3) The arbitrator or arbitrators or umpire shall be entitled to appear and be heard at any taxation or review of taxation under this section.

(4) The arbitrator or arbitrators or an umpire may withhold his or their award pending payment of his or their fees and of any expenses incurred by him or them in connection with the arbitration with the consent of the parties, or pending the giving of security for the payment thereof.

35 Costs of arbitration proceedings

(1) Unless the arbitration agreement otherwise provides, the award of costs in connection with the reference and award shall be in the discretion of the arbitration tribunal, which shall, if it awards costs, give directions as to the scale on which such costs are to be taxed and may direct to and by whom and in what manner such costs or any

part thereof shall be paid and may tax or settle the amount of such costs or any part thereof, and may award costs as between attorney and client.

(2) If no provision is made in an award with regard to costs, or if no directions have been given therein as to the scale on which such costs shall be taxed, any party to the reference may within fourteen days of the publication of the award, make application to the arbitration tribunal for an order directing by and to whom such costs shall be paid or giving directions as to the scale on which such costs shall be taxed, and thereupon the arbitration tribunal shall, after hearing any party who may desire to be heard, amend the award by adding thereto such directions as it may think proper with regard to the payment of costs or the scale on which such costs shall be taxed.

(3) If the arbitration tribunal has no discretion as to costs or if the arbitration tribunal has such adiscretion and has directed any party to pay costs but does not forthwith tax or settle such costs, or if the arbitrators or a majority of them cannot agree in their taxation, then, unless the agreement otherwise provides, the taxing master of the court may tax them.

(4) If an arbitration tribunal has directed any party to pay costs but has not taxed or settled such costs, then, unless the arbitration agreement provides otherwise, the court may, on making the award an order of court, order the costs to be taxed by the taxing master of the court and, if the arbitration tribunal has given no directions as to the scale on which such costs shall be taxed, fix the scale of such taxation.

(5) Any taxation of costs by the taxing master of the court may be reviewed by the court.

(6) Any provision contained in an arbitration agreement to refer future disputes to arbitration to the effect that any party or the parties thereto shall in any event pay his or their own costs or any part thereof, shall be void.

36 Costs of legal proceedings

An order made or opinion given by the court under this Act may be made or given on such terms as to costs, including costs against an arbitrator or umpire, as the court considers just.

Miscellaneous Provisions(ss 37 -43)

37 Service of notices

Unless the arbitration agreement provides otherwise, any notice required by any provision of this Act to be served on any person, may be served either

(a) by delivering it to the person on whom it is to be served; or

(b) by leaving it at the usual or last known place of residence of that person in the Republic; or

[Para. (b) amended by s. 1 of Act 49 of 1996.]

(c) by sending it by post to that person at his usual or last known place of residence in the Republic; or

[Para. (c) amended by s. 1 of Act 49 of 1996.]

(d) in any other manner authorized by the court.

38 Extension of periods fixed by or under this Act

The court may, on good cause shown, extend any period of time fixed by or under this Act, whether such period has expired or not.

39 This Act binds the State

This Act shall apply to any arbitration in terms of an arbitration agreement to which the State is a party, other than an arbitration in terms of an arbitration agreement between the State and the Government of a foreign country or any undertaking which is wholly owned and controlled by such a Government.

40 Application of this Act to arbitrations under special laws

This Act shall apply to every arbitration under any law passed before or after the commencement of this Act, as if the arbitration were pursuant to an arbitration agreement and as if that other law were an arbitration agreement:

Provided that if that other law is an Act of Parliament, this Act shall not apply to any such arbitration in so far as this Act is excluded by or is inconsistent with that other law or is inconsistent with the regulations or procedure authorized or recognized by that other law.

41 [S. 41 repealed by s. 1 of Act 49 of 1996.]

42 Repeal of laws

(1) The Arbitrations Act, 1898 (Act 29 of 1898), of the Cape of Good Hope, the Arbitration Act, 1898 (Act 24 of 1898), of Natal, the Arbitration Ordinance, 1904 (Ordinance 24 of 1904), of the Transvaal, and thc Arbitration Proclamation (Proclamation 3 of 1926), of South-West Africa, are hereby repealed.

(2) Any arbitration, enquiry or trial commenced prior to the commencement of this Act in terms of any law repealed by subsection (1) shall be proceeded with in all respects as if such repeal had not been effected.

(3) Any arbitration commenced after the commencement of this Act under any arbitration agreement entered into before such commencement, shall be dealt with under this Act in all respects as if such agreement had been entered into after such commencement.

43 Short title

This Act shall be called the Arbitration Act, 1965.

附录二:

2017 年《南非国际仲裁法》

South Africa International Arbitration Act 2017

Act No. 15 of 2017

Laws Repealed or Amended

Chapter 1
General Provisions

Definitions

1. In this Act, unless the context otherwise indicates—

“arbitration agreement” means an arbitration agreement referred to in article 7 of the Model Law;

“conciliation” includes mediation;

“Constitution” means the Constitution of the Republic of South Africa, 1996;

“Model Law” means the UNCITRAL Model Law on International Commercial Arbitration adopted by the United Nations Commission on International Trade Law on 21 June 1985, as amended by the said Commission on 7 July 2006 and as adapted in Schedule 1;

“public body” includes—

(a) any department of state or administration in the national or provincial sphere of government or any municipality in the local sphere of government; or

(b) any other functionary or institution when—

(i) exercising a power or performing a duty in terms of the Constitution or a provincial constitution; or

(ii) exercising a public power or performing a public function in terms of any legislation.

“Republic” means the Republic of South Africa; and

"UNCITRAL" means the United Nations Commission on International Trade Law.

Interpretation

2. A word or expression used in Chapter 2 of this Act bears the same meaning as it has in the Model Law, unless inconsistent with the context and the Constitution.

Objects of Act

3. The objects of the Act are to—

(a) facilitate the use of arbitration as a method of resolving international commercial disputes;

(b) adopt the Model Law for use in international commercial disputes;

(c) facilitate the recognition and enforcement of certain arbitration agreements and arbitral awards; and

(d) give effect to the obligations of the Republic under the Convention on the Recognition and Enforcement of Foreign Arbitral Awards (1958), the text of which is set out in Schedule 3 to this Act, subject to the provisions of the Constitution.

Exclusion of Act 42 of 1965

4. (1) Subject to subsection (2), the Arbitration Act, 1965 (Act No. 42 of 1965), is not applicable to an arbitration agreement, arbitral award or reference to arbitration covered by this Act.

(2) Section 2 of the Arbitration Act, 1965, applies for purposes of Chapter 3 of this Act.

Act binds public bodies

5. This Act, subject to the provisions of section 13 of the Protection of Investment Act, 2015 (Act No. 22 of 2015), binds public bodies and applies to any international commercial arbitration in terms of an arbitration agreement to which a public body is a party.

Chapter 2
International Commercial Arbitration

Model Law to have force of law

6. The Model Law applies in the Republic subject to the provisions of this Act.

Matters subject to international commercial arbitration

7. (1) For the purposes of this Chapter, any international commercial dispute which the parties have agreed to submit to arbitration under an arbitration agreement and which relates to a matter which the parties are entitled to dispose of by agreement may be determined by arbitration, unless—

(a) such a dispute is not capable of determination by arbitration under any law of the Republic; or

(b) the arbitration agreement is contrary to the public policy of the Republic.

(2) Arbitration may not be excluded solely on the ground that an enactment confers jurisdiction on a court or other tribunal to determine a matter falling within the terms of an arbitration agreement.

Interpretation of Model Law

8. The material to which an arbitral tribunal or a court may refer in interpreting this Chapter and the Model Law includes relevant reports of UNCITRAL and its secretariat.

Immunity of arbitrators and arbitral institutions

9. (1) An arbitrator is not liable for any act or omission in the discharge or purported discharge of that arbitrator's functions as arbitrator unless the act or omission is shown to have been done in bad faith.

(2) An arbitral or other institution, authority or person designated or requested by the parties, or another arbitral institution to appoint an arbitrator, is not liable for any act or omission in the discharge of that function or any other function in relation to an arbitration unless the act or omission is shown to have been done in bad faith.

(3) An institution, authority or person referred to in subsection (2) by whom an arbitrator is appointed or nominated is not liable, by reason of having appointed or nominated such arbitrator, for any act or omission of such arbitrator in the discharge or purported discharge of the functions of the arbitrator.

(4) The provisions of this section also apply, with the changes required by the context, to—

(a) the employees of an arbitrator or persons appointed by the arbitral tribunal; or

(b) the officers and employees of an arbitral or other institution, authority or person referred to in subsection (2).

Consolidation of arbitral proceedings and concurrent hearings

10. (1) The parties to an arbitration agreement may agree that—

(a) the arbitral proceedings be consolidated with other arbitral proceedings; or

(b) concurrent hearings be held, on such terms as may be agreed.

(2) The arbitral tribunal may not order consolidation of arbitral proceedings or concurrent hearings unless the parties agree.

Confidentiality of arbitral proceedings

11. (1) Arbitration proceedings to which a public body is a party are held in public, unless for compelling reasons, the arbitral tribunal directs otherwise.

(2) Where the arbitration is held in private, the award and all documents created for the arbitration which are not otherwise in the public domain must be kept confidential by the parties and tribunal, except to the extent that the disclosure of such documents may be required by reason of a legal duty or to protect or enforce a legal right.

Right to conciliation process

12. Parties to an arbitration agreement may refer a dispute covered by the arbitration agreement to conciliation, before or after referring the dispute to arbitration, subject to the terms of the agreement.

Application of UNCITRAL Conciliation Rules

13. The parties to an arbitration agreement who intend to settle their dispute by

conciliation may, subject to this Act, agree to use the UNCITRAL Conciliation Rules set out in Schedule 2 to this Act.

Chapter 3

Recognition and Enforcement of Arbitration Agreements and Foreign Arbitral Awards

Definitions

14. In this Chapter, unless the context otherwise indicates—

(a) "certified copy" means a copy authenticated in a manner in which foreign documents must be authenticated to enable them to be produced in any court;

(b) "Convention" means the Convention on the Recognition and Enforcement of Foreign Arbitral Awards of 1958, the text of which is set out in Schedule 3;

(c) "court" means any Division of the High Court referred to in section 6(1) of the Superior Courts Act, 2013 (Act No. 10 of 2013), or any local seat thereof having jurisdiction; and

(d) "foreign arbitral award" means an arbitral award made in the territory of a state other than the Republic.

Determination of juridical seat of arbitration

15. For the purposes of this Chapter an award is deemed to be made at the juridical seat of arbitration determined in accordance with the provisions of articles 20(1) and 31(3) of the Model Law.

Recognition and enforcement of arbitration agreements and foreign arbitral awards

16. (1) Subject to section 18 an arbitration agreement and a foreign arbitral award must be recognised and enforced in the Republic as required by the Convention, subject to this Chapter.

(2) A foreign arbitral award is binding between the parties to that foreign arbitral award, and may be relied upon by those parties by way of defence, set-off or otherwise

in any legal proceedings.

(3) A foreign arbitral award must, on application, be made an order of court and may then be enforced in the same manner as any judgment or order of court, subject to the provisions of this section and sections 17 and 18.

(4) Article 8 of the Model Law applies, with the necessary changes, to arbitration agreements referred to in subsection (1).

Evidence to be produced by party seeking recognition or enforcement

17. A party seeking the recognition or enforcement of a foreign arbitral award must produce—

(a) (i) the original award and the original arbitration agreement in terms of which an award was made, authenticated in a manner in which foreign documents must be authenticated to enable them to be produced in any court; or

(ii) a certified copy of that award and of that agreement; and

(b) a sworn translation of the arbitration agreement or arbitral award authenticated in a manner in which foreign documents must be authenticated for production in court, if the agreement or award is in a language other than one of the official languages of the Republic: Provided that the court may accept other documentary evidence regarding the existence of the foreign arbitral award and arbitration agreement as sufficient proof where the court considers it appropriate to do so.

Refusal of recognition or enforcement

18. (1) A court may only refuse to recognise or enforce a foreign arbitral award if—

(a) the court finds that—

(i) a reference to arbitration of the subject matter of the dispute is not permissible under the law of the Republic; or

(ii) the recognition or enforcement of the award is contrary to the public policy of the Republic; or

(b) the party against whom the award is invoked, proves to the satisfaction of the court that—

(i) a party to the arbitration agreement had no capacity to contract under the law applicable to that party;

(ii) the arbitration agreement is invalid under the law to which the parties have subjected it, or where the parties have not subjected it to any law, the arbitration agreement is invalid under the law of the country in which the award was made;

(iii) that he or she did not receive the required notice regarding the appointment of the arbitrator or of the arbitration proceedings or was otherwise not able to present his or her case;

(iv) the award deals with a dispute not contemplated by, or not falling within the terms of the reference to arbitration, or contains decisions on matters beyond the scope of the reference to arbitration, subject to the provisions of subsection (2);

(v) the constitution of the arbitration tribunal or the arbitration procedure was not in accordance with the relevant arbitration agreement or, if the agreement does not provide for such matters, with the law of the country in which the arbitration took place; or

(vi) the award is not yet binding on the parties, or has been set aside or suspended by a competent authority of the country in which, or under the law of which, the award was made.

(2) An award which contains decisions on matters not submitted to arbitration may be recognised or enforced to the extent that it contains decisions on matters submitted to arbitration which can be separated from those on matters not so submitted.

(3) If an application for the setting aside or suspension of an award has been made to a competent authority referred to in subsection (1)(b)(vi), the court where recognition or enforcement is sought may, if it considers it appropriate—

(a) adjourn its decision on the enforcement of the award; and

(b) on the application of the party claiming enforcement of the award, order the other party to provide suitable security.

Savings

19. The provisions of this Chapter do not affect any other right to rely upon or to

enforce a foreign arbitral award, including the right conferred by article 35 of the Model Law.

Chapter 4
Transitional and Other Provisions

Transitional provisions

20. (1) Chapter 2 of this Act applies to international commercial arbitration agreements whether they entered into force before or after the commencement of Chapter 2 of this Act and to every arbitration under such an agreement but this section does not apply to arbitral proceedings which commenced before Chapter 2 of this Act came into force.

(2) For purposes of this section, the date of commencement of the arbitration proceedings is the date upon which the parties agree as the date on which the arbitral proceedings commenced or failing such agreement, on the date of receipt by the respondent of a request for the dispute to be referred to arbitration.

(3) Chapters 2 and 3 of this Act apply to every arbitral award whether it was made before or after the date of commencement of such Chapters, but—

(a) proceedings for the enforcement of an arbitral award under the Recognition and Enforcement of Foreign Arbitral Awards Act, 1977 (Act No. 40 of 1977); or

(b) proceedings for the enforcement, setting aside or remittal of an award under the Arbitration Act, 1965 (Act No. 42 of 1965), which commenced before Chapters 2 and 3 of this Act came into force, continue until they are concluded as if Chapters 2 and 3 of this Act had not commenced.

Repeal or amendment of laws

21. The laws referred to in Schedule 4 are repealed or amended to the extent set out in the third column thereof.

Short title and commencement

22. This Act is called the International Arbitration Act, 2017.

Schedule 1

UNCITRAL Model Law on International Commercial Arbitration

(As adopted by the United Nations Commission on International Trade Law on 21 June 1985, with amendments as adopted by the said Commission on 7 July 2006, subject to certain adaptations set out below)

Chapter Ⅰ. General Provisions

Article 1. Scope of application

(1) This Law applies to international commercial arbitration, subject to any agreement in force between the Republic and any other State or States.

(2) The provisions of this Law, except articles 8, 9, 17H, 17I, 17J, 35 and 36, apply only if the juridical seat of arbitration is in the territory of the Republic.

(3) An arbitration is international if:

(a) the parties to an arbitration agreement have, at the time of the conclusion of that agreement, their places of business in different States; or

(b) one of the following places is situated outside the State in which the parties have their places of business;

(i) the place of arbitration if determined in, or pursuant to, the arbitration agreement;

(ii) any place where a substantial part of the obligations of the commercial relationship is to be performed or the place with which the subject-matter of the dispute is most closely connected; or

(c) the parties have expressly agreed that the subject matter of the arbitration agreement relates to more than one country.

(4) For the purposes of paragraph (3) of this article:

(a) if a party has more than one place of business, the place of business is that which has the closest relationship to the arbitration agreement;

(b) if a party does not have a place of business, reference is to be made to his or her habitual residence.

(5) This Law shall not affect any other law of the Republic by virtue of which certain disputes may not be submitted to arbitration or may be submitted to arbitration

only according to provisions other than those of this Law.

Article 2. Definitions and rules of interpretation

For the purposes of this Law:

(a) "arbitration" means any arbitration whether or not administered by a permanent arbitral institution;

(b) "arbitral tribunal" means a sole arbitrator or a panel of arbitrators;

(c) "court" means a court referred to in article 6(1) and includes, where appropriate, a body or organ of the judicial system of a foreign State;

(d) where a provision of this Law, except article 28, leaves the parties free to determine a certain issue, such freedom includes the right of the parties to authorize a third party, including an institution, to make that determination;

(e) where a provision of this Law refers to the fact that the parties have agreed or that they may agree or in any other way refers to an agreement of the parties, such agreement includes any arbitration rules referred to in that agreement;

(f) where a provision of this Law, other than in articles 25(a) and 32(2)(a), refers to a claim, it also applies to a counter-claim, and where it refers to a defence, it also applies to a defence to such counter-claim.

Article 2A. International origin and general principles

(1) In the interpretation of this Law, regard is to be had to its international origin and to the need to promote uniformity in its application and the observance of good faith.

(2) Questions concerning matters governed by this Law which are not expressly settled in it are to be settled in conformity with the general principles on which this Law is based.

Article 3. Receipt of written communications

(1) Unless otherwise agreed by the parties:

(a) any written communication is deemed to have been received if it is delivered to the addressee personally or if it is delivered at his or her place of business, habitual residence or mailing address; if none of these can be found after making a reasonable inquiry, a written communication is deemed to have been received if it is sent to the addressee's last-known place of business, habitual residence or mailing address by registered letter or any other means which provides a record of the attempt to deliver it;

(b) the communication is deemed to have been received on the day it is so delivered.

(2) The provisions of this article do not apply to communications in court proceedings.

Article 4. Waiver of right to object

A party who knows that any provision of this Law from which the parties may derogate or any requirement under the arbitration agreement has not been complied with and yet proceeds with the arbitration without stating his or her objection to such non-compliance without undue delay or, if a time-limit is provided therefor, within such period of time, shall be deemed to have waived his or her right to object.

Article 5. Extent of court intervention

In matters governed by this Law, no court shall intervene except where so provided in this Law.

Article 6. Court for certain functions of arbitration assistance and supervision

(1) Subject to paragraph(2), the functions referred to in articles 11(3), 11(4), 13(3), 14, 16(3) and 34(2) shall be performed by—

(a) the High Court within the area of jurisdiction of which the arbitration is being, or is to be, or was held;

(b) the division with jurisdiction over a South African party, or if there is no South African party, the Gauteng Division of the High Court seated in Johannesburg, if the place within the Republic where the arbitration is to take place has not yet been determined, until such place is determined.

(2) For purposes of article 8, "court" includes a magistrate's court.

Chapter Ⅱ. Arbitration Agreement

Article 7. Definition and form of arbitration agreement

(1) "Arbitration agreement" is an agreement by the parties to submit to arbitration all or certain disputes which have arisen or which may arise between them in re-

spect of a defined legal relationship, whether contractual or not. An arbitration agreement may be in the form of an arbitration clause in a contract or in the form of a separate agreement.

(2) The arbitration agreement shall be in writing.

(3) An arbitration agreement is in writing if its content is recorded in any form, whether or not the arbitration agreement or contract has been concluded orally, by conduct, or by other means.

(4) The requirement that an arbitration agreement be in writing is met by an electronic communication if the information contained therein is accessible so as to be useable for subsequent reference.

(5) For purposes of paragraph (4), "electronic communication" means any communication that the parties make by means of data messages, and "data message" means information generated, sent, received or stored by electronic, magnetic, optical or similar means, including, but not limited to, electronic data interchange (EDI), electronic mail, telegram, telex or telecopy.

(6) Furthermore, an arbitration agreement is in writing if it is contained in an exchange of statements of claim and defence in which the existence of an agreement is alleged by one party and not denied by the other.

(7) The reference in a contract to any document containing an arbitration clause constitutes an arbitration agreement in writing, provided that the reference is such as to make that clause part of the contract.

Article 8. Arbitration agreement and substantive claim before court

(1) A court before which an action is brought in a matter which is the subject of an arbitration agreement shall, if a party so requests not later than when submitting his or her first statement on the substance of the dispute, stay those proceedings and refer the parties to arbitration unless it finds that the agreement is null and void, inoperative or incapable of being performed.

(2) Where an action referred to in paragraph (1) of this article has been brought, arbitral proceedings may nevertheless be commenced or continued, and an award may be made, while the issue is pending before the court.

Article 9. Arbitration agreement and interim measures by court

(1) It is not incompatible with an arbitration agreement for a party to request, before or during arbitral proceedings, from a court an interim measure of protection and for a court to grant such measure.

(2) The court has the powers contained in article 17J to grant interim measures in relation to arbitration proceedings.

Chapter Ⅲ. Composition of Arbitral Tribunal

Article 10. Number of arbitrators

(1) The parties are free to determine the number of arbitrators.

(2) Failing such determination, the number of arbitrators shall be one.

Article 11. Appointment of arbitrators

(1) No person shall be precluded by reason of his or her nationality from acting as an arbitrator, unless otherwise agreed by the parties.

(2) The parties are free to agree on a procedure of appointing the arbitrator or arbitrators, subject to the provisions of paragraphs (4) and (5) of this article.

(3) Failing such agreement,

(a) in an arbitration with three arbitrators, each party shall appoint one arbitrator, and the two arbitrators thus appointed shall appoint the third arbitrator; if a party falls to appoint the arbitrator within thirty days of receipt of a request to do so from the other party, or if the two arbitrators fail to agree on the third arbitrator within thirty days of their appointment, the appointment shall be made, upon request of a party, by the court specified in article 6;

(b) in an arbitration with a sole arbitrator, if the parties are unable to agree on the arbitrator, he or she shall be appointed, upon request of a party, by the court specified in article 6.

(4) Where, under an appointment procedure agreed upon by the parties,

(a) a party fails to act as required under such procedure, or

(b) the parties, or two arbitrators, are unable to reach an agreement expected of them under such procedure, or

(c) a third party, including an institution, fails to perform any function entrusted to it under such procedure, any party may request the court specified in article 6 to take the necessary measure, unless the agreement on the appointment procedure provides other means for securing the appointment.

(5) A decision on a matter entrusted by paragraph (3) or (4) of this article to the court specified in article 6 shall be subject to no appeal. The court, in appointing an arbitrator, shall have due regard to any qualifications required of the arbitrator by the agreement of the parties and to such considerations as are likely to secure the appointment of an independent and impartial arbitrator and, in the case of a sole or third arbitrator, shall take into account as well the advisability of appointing an arbitrator of a nationality other than those of the parties.

Article 12. Grounds for challenge

(1) When a person is approached in connection with his or her possible appointment as an arbitrator, he or she shall disclose any circumstances likely to give rise to justifiable doubts as to his or her impartiality or independence. An arbitrator, from the time of his or her appointment and throughout the arbitral proceedings, shall without delay disclose any such circumstances to the parties unless they have already been informed of them by him or her.

(2) An arbitrator may be challenged only if circumstances exist that give rise to justifiable doubts as to his or her impartiality or independence, or if he or she does not possess qualifications agreed to by the parties. A party may challenge an arbitrator appointed by him or her, or in whose appointment he or she has participated, only for reasons of which he or she becomes aware after the appointment has been made.

(3) For purposes of paragraph (2), "justifiable doubts" require substantial grounds for contending that a reasonable apprehension of bias would be entertained by a reasonable person in possession of the correct facts.

Article 13. Challenge procedure

(1) The parties are free to agree on a procedure for challenging an arbitrator, subject to the provisions of paragraph (3) of this article.

(2) Failing such agreement, a party who intends to challenge an arbitrator shall, within fifteen days after becoming aware of the constitution of the arbitral tribunal or

after becoming aware of any circumstance referred to in article 12(2), send a written statement of the reasons for the challenge to the arbitral tribunal. Unless the challenged arbitrator withdraws from office or the other party agrees to the challenge, the arbitral tribunal shall decide on the challenge.

(3) If a challenge under any procedure agreed upon by the parties or under the procedure of paragraph (2) of this article is not successful, the challenging party may request, within thirty days after having received notice of the decision rejecting the challenge, the court specified in article 6 to decide on the challenge, which decision shall be subject to no appeal; while such a request is pending, the arbitral tribunal, including the challenged arbitrator, may continue the arbitral proceedings and make an award.

Article 14. Failure or impossibility to act

(1) If an arbitrator becomes de jure or de facto unable to perform his or her functions or for other reasons fails to act without undue delay, his or her mandate terminates if he or she withdraws from office or if the parties agree on the termination. Otherwise, if a controversy remains concerning any of these grounds, any party may request the court specified in article 6 to decide on the termination of the mandate, which decision shall be subject to no appeal.

(2) If, under this article or article 13(2), an arbitrator withdraws from his or her office or a party agrees to the termination of the mandate of an arbitrator, this does not imply acceptance of the validity of any ground referred to in this article or article 12(2).

Article 15. Appointment of substitute arbitrator

Where the mandate of an arbitrator terminates under article 13 or 14 or because of withdrawal from office for any other reason or because of the revocation of his or her mandate by agreement of the parties or in any other case of termination of his or her mandate, a substitute arbitrator shall be appointed according to the rules that were applicable to the appointment of the arbitrator being replaced.

Chapter Ⅳ. Jurisdiction of Arbitral Tribunal

Article 16. Competence of arbitral tribunal to rule on its jurisdiction

(1) The arbitral tribunal may rule on its own jurisdiction, including any objections

with respect to the existence or validity of the arbitration agreement. For that purpose, an arbitration clause which forms part of a contract shall be treated as an agreement independent of the other terms of the contract. A decision by the arbitral tribunal that the contract is null and void shall not entail ipso jure the invalidity of the arbitration clause.

(2) A plea that the arbitral tribunal does not have jurisdiction shall be raised not later than the submission of the statement of defence. A party is not precluded from raising such a plea by the fact that he or she has appointed, or participated in the appointment of, an arbitrator. A plea that the arbitral tribunal is exceeding the scope of its authority shall be raised as soon as the matter alleged to be beyond the scope of its authority is raised during the arbitral proceedings. The arbitral tribunal may, in either case, admit a later plea if it considers the delay justified.

(3) The arbitral tribunal may rule on a plea referred to in paragraph (2) of this article either as a preliminary question or in an award on the merits. If the arbitral tribunal rules on such plea as a preliminary question, any party may request, within thirty days after having received notice of that ruling, the court specified in article 6 to decide the matter, which decision shall be subject to no appeal; while such a request is pending, the arbitral tribunal may continue the arbitral proceedings and make an award.

Chapter Ⅳ A. Interim Measures

Section 1. Interim measures

Article 17. Power of arbitral tribunal to order interim measures

(1) Unless otherwise agreed by the parties, the arbitral tribunal may, at the request of a party, grant interim measures.

(2) An interim measure includes any temporary measure, whether in the form of an award or in another form, by which, at any time prior to the issuance of the award by which the dispute is finally decided, the arbitral tribunal orders a party to:

(a) Maintain or restore the status quo pending determination of the dispute;

(b) Take action that would prevent, or refrain from taking action that is likely to cause, current or imminent harm or prejudice to the arbitral process itself;

(c) Provide a means of preserving assets out of which a subsequent award may be satisfied;

(d) Preserve evidence that may be relevant and material to the resolution of the dispute; or

(e) Provide security for costs.

(3) A measure referred to in paragraph(2)(e) may only be ordered against a claiming or counter-claiming party.

Article 17A. Conditions for granting interim measures

(1) The party requesting an interim measure under article 17(2)(a),(b),(c) or (e) shall satisfy the arbitral tribunal that:

(a) Harm not adequately reparable by an award of damages is likely to result if the measure is not ordered, and such harm substantially outweighs the harm that is likely to result to the party against whom the measure is directed if the measure is granted; and

(b) There is a reasonable possibility that the requesting party will succeed on the merits of the claim. The determination on this possibility shall not affect the discretion of the arbitral tribunal in making any subsequent determination.

(2) With regard to a request for an interim measure under article 17(2)(d), the requirements in paragraphs(i)(a) and (b) of this article shall apply only to the extent the arbitral tribunal considers appropriate.

Section 2. Provisions applicable to interim measures

Article 17D. Modification, suspension, termination

The arbitral tribunal may modify, suspend or terminate an interim measure it has granted, upon application of any party or, in exceptional circumstances and upon prior notice to the parties, on the arbitral tribunal's own initiative.

Article 17E. Provision of security

The arbitral tribunal may require the party requesting an interim measure to provide appropriate security in connection with the measure.

Article 17F. Disclosure

The arbitral tribunal may require any party promptly to disclose any material change in the circumstances on the basis of which the measure was requested or granted.

Article 17G. Costs and damages

The party requesting an interim measure shall be liable for any costs and damages caused by the measure to any party if the arbitral tribunal later determines that, in the circumstances, the measure should not have been granted. The arbitral tribunal may award such costs and damages at any point during the proceedings.

Section 3. Recognition and enforcement of interim measures

Article 17H. Recognition and enforcement

(1) An interim measure issued by an arbitral tribunal shall be recognized as binding and, unless otherwise provided by the arbitral tribunal, enforced upon application to the competent court, irrespective of the country in which it was issued, subject to the provisions of article 17I.

(2) The party who is seeking recognition or enforcement of an interim measure shall promptly inform the court of any termination, suspension or modification of that interim measure.

(3) The court referred to in paragraph (1) where recognition or enforcement is sought may, if it considers it proper, order the requesting party to provide appropriate security if the arbitral tribunal has not already made a determination with respect to security or where such a decision is necessary to protect the rights of third parties.

Article 17I. Grounds for refusing recognition or enforcement

(1) Recognition or enforcement of an interim measure may be refused only:

(a) At the request of the party against whom it is invoked if the court is satisfied that:

(i) Such refusal is warranted on the grounds set forth in article 36(1)(a)(i), (ii), (iii) or (iv); or

(ii) The arbitral tribunal's decision with respect to the provision of security in connection with the interim measure issued by the arbitral tribunal has not been complied with; or

(iii) The interim measure has been terminated or suspended by the arbitral tribunal or, where so empowered, by the court of the State in which the arbitration takes place or under the law of which that interim measure was granted;or

(b)If the court finds that:

(i)The interim measure is incompatible with the powers conferred upon the court unless the court decides to reformulate the interim measure to the extent necessary to adapt it to its own powers and procedures for the purposes of enforcing that interim measure and without modifying its substance;or

(ii)Any of the grounds set forth in article 36(i)(b)(i)or(ii),apply to the recognition and enforcement of the interim measure.

(2)Any determination made by the court on any ground in paragraph(1)of this article shall be effective only for the purposes of the application to recognize and enforce the interim measure. The court where recognition or enforcement is sought shall not,in making that determination,undertake a review of the substance of the interim measure.

Section 4. Court-ordered interim measures

Article 17J. Court-ordered interim measures

(1)The court,at the request of a party,shall have the same powers in relation to arbitration proceedings,irrespective of whether its juridical seat is in the territory of the Republic,as it has for the purposes of proceedings before that court to make—

(a)orders for the preservation,interim custody or sale of any goods which are the subject matter of the dispute;

(b) an order securing the amount in dispute but not an order for security for costs;

(c)an order appointing a liquidator;

(d)any other orders to ensure that any award which may be made in the arbitral proceedings is not rendered ineffectual by the dissipation of assets by the other party;or

(e)an interim interdict or other interim order.

(2)The court shall not grant an order in terms of paragraph(1)of this article unless—

(a)the arbitral tribunal has not yet been appointed and the matter is urgent;

(b)the arbitral tribunal is not competent to grant the order;or

(c) the urgency of the matter makes it impractical to seek such order from the arbitral tribunal, and the court shall not grant any such order where the arbitral tribunal, being competent to grant the order, has already determined the matter.

(3) The decision of the court upon any request made in terms of paragraph (1) of this article shall not be subject to appeal.

(4) The court shall have no powers to grant interim measures other than those contained in this article.

Chapter V. Conduct of Arbitral Proceedings

Article 18. Equal treatment of parties

The parties shall be treated with equality and each party shall be given a reasonable opportunity of presenting his or her case.

Article 19. Determination of rules of procedure

(1) Subject to the provisions of this Law, the parties are free to agree on the procedure to be followed by the arbitral tribunal in conducting the proceedings.

(2) Failing such agreement, the arbitral tribunal may, subject to the provisions of this Law, conduct the arbitration in such manner as it considers appropriate. The power conferred upon the arbitral tribunal includes the power to determine the admissibility, relevance, materiality and weight of any evidence.

Article 20. Juridical seat of arbitration

(1) The parties are free to agree on the juridical seat of arbitration. Failing such agreement, the juridical seat of arbitration shall be determined by the arbitral tribunal having regard to the circumstances of the case, including the convenience of the parties.

(2) Notwithstanding the provisions of paragraph (1) of this article, the arbitral tribunal may, unless otherwise agreed by the parties, meet at any geographic location it considers appropriate for consultation among its members, for hearing witnesses, experts or the parties, or for inspection of goods, other property or documents.

Article 21. Commencement of arbitral proceedings

Unless otherwise agreed by the parties, the arbitral proceedings in respect of a particular dispute commence on the date on which a request for that dispute to be referred to arbitration is received by the respondent.

Article 22. Language

(1) The parties are free to agree on the language or languages to be used in the arbitral proceedings. Failing such agreement, the arbitral tribunal shall determine the language or languages to be used in the proceedings. This agreement or determination, unless otherwise specified therein, shall apply to any written statement by a party, any hearing and any award, decision or other communication by the arbitral tribunal.

(2) The arbitral tribunal may order that any documentary evidence shall be accompanied by a translation into the language or languages agreed upon by the parties or determined by the arbitral tribunal.

Article 23. Statements of claim and defence

(1) Within the period of time agreed by the parties or determined by the arbitral tribunal, the claimant shall state the facts supporting his or her claim, the points at issue and the relief or remedy sought, and the respondent shall state his or her defence in respect of these particulars, unless the parties have otherwise agreed as to the required elements of such statements. The parties may submit with their statements all documents they consider to be relevant or may add a reference to the documents or other evidence they will submit.

(2) Unless otherwise agreed by the parties, either party may amend or supplement his or her claim or defence during the course of the arbitral proceedings, unless the arbitral tribunal considers it inappropriate to allow such amendment having regard to the delay in making it.

Article 24. Hearings and written proceedings

(1) Subject to any contrary agreement by the parties, the arbitral tribunal shall decide whether to hold oral hearings for the presentation of evidence or for oral argument, or whether the proceedings shall be conducted on the basis of documents and other materials. However, unless the parties have agreed that no hearings shall be held, the arbitral tribunal shall hold such hearings at an appropriate stage of the proceedings, if so requested by a party.

(2) The parties shall be given sufficient advancenotice of any hearing and of any

meeting of the arbitral tribunal for the purposes of inspection of goods, other property or documents.

(3) All statements, documents or other information supplied to the arbitral tribunal by one party shall be communicated to the other party. Also any expert report or evidentiary document on which the arbitral tribunal may rely in making its decision shall be communicated to the parties.

Article 25. Default of a party

Unless otherwise agreed by the parties, if, without showing sufficient cause—

(a) the claimant fails to communicate his or her statement of claim in accordance with article 23(1), the arbitral tribunal shall terminate the proceedings;

(b) the respondent fails to communicate his or her statement of defence in accordance with article 23(1), the arbitral tribunal shall continue the proceedings without treating such failure in itself as an admission of the claimant's allegations;

(c) any party fails to appear at a hearing or to produce documentary evidence, the arbitral tribunal may continue the proceedings and make the award on the evidence before it.

Article 26. Expert appointed by arbitral tribunal

(1) Unless otherwise agreed by the parties, the arbitral tribunal—

(a) may appoint one or more experts to report to it on specific issues to be determined by the arbitral tribunal;

(b) may require a party to give the expert any relevant information or to produce, or to provide access to, any relevant documents, goods or other property for his or her inspection.

(2) Unless otherwise agreed by the parties, if a party so requests or if the arbitral tribunal considers it necessary, the expert shall, after delivery of his or her written or oral report, participate in a hearing where the parties have the opportunity to put questions to him or her and to present expert witnesses in order to testify on the points at issue.

Article 27. Court assistance in taking evidence

(1) The arbitral tribunal or a party with the approval of the arbitral tribunal may

request from a competent court assistance in taking evidence. The court may execute the request within its competence and according to its rules on taking evidence.

(2) For purposes of paragraph (1)—

(a) the Registrar of the Division of the High Court or the clerk of a magistrate's court in whose area of jurisdiction the arbitration takes place may, on the application of the arbitral tribunal or a party, with the approval of the arbitral tribunal, issue a subpoena to compel the attendance of a witness before an arbitral tribunal to give evidence or to produce documents; and

(b) the Division of the High Court shall, for the purposes of the arbitral proceedings, have the same powers as it has for the purposes of proceedings before that court to make an order for the issue of a commission or request for taking evidence out of its jurisdiction.

Chapter VI. Making of Award and Termination of Proceedings

Article 28. Rules applicable to substance of dispute

(1) The arbitral tribunal shall decide the dispute in accordance with such rules of law as are chosen by the parties as applicable to the substance of the dispute. Any designation of the law or legal system of a given State shall be construed, unless otherwise expressed, as directly referring to the substantive law of that State and not to its conflict of laws rules.

(2) Failing any designation by the parties, the arbitral tribunal shall apply the law determined by the conflict of laws rules which it considers applicable.

(3) The arbitral tribunal shall decide ex aequo et bono or as amiable compositeur only if the parties have expressly authorized it to do so.

(4) In all cases, the arbitral tribunal shall decide in accordance with the terms of the contract and shall take into account the usages of the trade applicable to the transaction.

Article 29. Decision-making by panel of arbitrators

In arbitral proceedings with more than one arbitrator, any decision of the arbitral tribunal shall be made, unless otherwise agreed by the parties, by a majority of all its members.

However, questions of procedure may be decided by a presiding arbitrator, if so authorized by the parties or all members of the arbitral tribunal.

Article 30. Settlement

(1) If, during arbitral proceedings, the parties settle the dispute, the arbitral tribunal shall terminate the proceedings and, if requested by the parties and not objected to by the arbitral tribunal, record the settlement in the form of an arbitral award on agreed terms.

(2) An award on agreed terms shall be made in accordance with the provisions of article 31 and shall state that it is an award. Such an award has the same status and effect as any other award on the merits of the case.

Article 31. Form and contents of award

(1) The award shall be made in writing and shall be signed by the arbitrator or arbitrators. In arbitral proceedings with more than one arbitrator, the signatures of the majority of all members of the arbitral tribunal shall suffice, provided that the reason for any omitted signature is stated.

(2) The award shall state the reasons upon which it is based, unless the parties have agreed that no reasons are to be given or the award is an award on agreed terms under article 30.

(3) The award shall state its date and the juridical seat of arbitration as determined in accordance with article 20(1). The award shall be deemed to have been made at the juridical seat.

(4) After the award is made, a copy signed by the arbitrators in accordance with paragraph(1) of this article shall be delivered to each party.

(5) Unless otherwise agreed by the parties and subject to article 28, the arbitral tribunal may award interest on such basis and on such terms as the tribunal considers appropriate and fair in the circumstances, also having regard to the currency in which the award was made, commencing not earlier than the date on which the cause of action arose and ending not later than the date of payment.

(6) Unless otherwise agreed by the parties, the award of costs in connection with the reference and the award shall be in the discretion of the arbitral tribunal, which may

specify the party entitled to costs, the party who shall pay the costs, the amount of costs or the method of determining that amount, and the manner in which the costs shall be paid.

(7) In exercising its discretion under paragraph (6) of this article, the arbitral tribunal may take into account the extent to which each party has conducted the arbitration in an expeditious and cost-effective manner.

Article 32. Termination of proceedings

(1) The arbitral proceedings are terminated by the final award or by an order of the arbitral tribunal in accordance with paragraph (2) of this article.

(2) The arbitral tribunal shall issue an order for the termination of the arbitral proceedings when:

(a) the claimant withdraws his or her claim, unless the respondent objects thereto and the arbitral tribunal recognizes a legitimate interest on his or her part in obtaining a final settlement of the dispute;

(b) the parties agree on the termination of the proceedings; or

(c) the arbitral tribunal finds that the continuation of the proceedings has for any other reason become unnecessary or impossible.

(3) The mandate of the arbitral tribunal terminates with the termination of the arbitral proceedings, subject to the provisions of articles 33 and 34(4).

Article 33. Correction and interpretation of award; additional award

(1) Within thirty days of receipt of the award, unless another period of time has been agreed upon by the parties:

(a) a party, with notice to the other party, may request the arbitral tribunal to correct in the award any errors in computation, any clerical or typographical errors or any errors of similar nature;

(b) if so agreed by the parties, a party, with notice to the other party, may request the arbitral tribunal to give an interpretation of a specific point or part of the award.

If the arbitral tribunal considers the request to be justified, it shall make the correction or give the interpretation within thirty days of receipt of the request. The interpretation shall form part of the award.

(2) The arbitral tribunal may correct any error of the type referred to in paragraph (1)(a) of this article on its own initiative within thirty days of the date of the award.

(3) Unless otherwise agreed by the parties, a party, with notice to the other party, may request, within thirty days of receipt of the award, the arbitral tribunal to make an additional award as to claims presented in the arbitral proceedings but omitted from the award. If the arbitral tribunal considers the request to be justified, it shall make the additional award within sixty days.

(4) The arbitral tribunal may extend, if necessary, the period of time within which it shall make a correction, interpretation or an additional award under paragraph (1) or (3) of this article.

(5) The provisions of article 31 shall apply to a correction or interpretation of the award or to an additional award.

Chapter Ⅶ. Recourse Against Award

Article 34. Application for setting aside as exclusive recourse against arbitral award

(1) Recourse to a court against an arbitral award may be made only by an application for setting aside in accordance with paragraphs (2) and (3) of this article.

(2) An arbitral award may be set aside by the court specified in article 6 only if:

(a) the party making the application furnishes proof that:

(i) a party to the arbitration agreement referred to in article 7 was under some incapacity; or the said agreement is not valid under the law to which the parties have subjected it or, failing any indication thereon, under the law of the Republic; or

(ii) the party making the application was not given proper notice of the appointment of an arbitrator or of the arbitral proceedings or was otherwise unable to present his or her case; or

(iii) the award deals with a dispute not contemplated by or not falling within the terms of the submission to arbitration, or contains decisions on matters beyond the scope of the submission to arbitration, provided that, if the decisions on matters submitted to arbitration can be separated from those not so submitted, only that part of the award which contains decisions on matters not submitted to arbitration may be set aside; or

(iv) the composition of the arbitral tribunal or the arbitral procedure was not in accordance with the agreement of the parties, unless such agreement was in conflict with a provision of this Law from which the parties cannot derogate, or, failing such agreement, was not in accordance with this Law; or

(b) the court finds that:

(i) the subject-matter of the dispute is not capable of settlement by arbitration under the law of the Republic; or

(ii) the award is in conflict with the public policy of the Republic.

(3) An application for setting aside may not be made after three months have elapsed from the date on which the party making that application had received the award or, if a request had been made under article 33, from the date on which that request had been disposed of by the arbitral tribunal, unless the party making the application can prove that he or she did not know and could not, within that period, by exercising reasonable care, have acquired knowledge by virtue of which an award is liable to be set aside under paragraph (5)(b) of this article, in which event the period shall commence on the date when such knowledge could have been acquired by exercising reasonable care.

(4) The court, when asked to set aside an award, may, where appropriate and so requested by a party, suspend the setting aside proceedings for a period of time determined by it in order to give the arbitral tribunal an opportunity to resume the arbitral proceedings or to take such other action as in the arbitral tribunal's opinion will eliminate the grounds for setting aside.

(5) For the purposes of avoiding any doubt, and without limiting the generality of paragraph (2)(b)(ii) of this article, it is declared that an award is in conflict with the public policy of the Republic if—

(a) a breach of the arbitral tribunal's duty to act fairly occurred in connection with the making of the award which has caused or will cause substantial injustice to the applicant; or

(b) the making of the award was induced or affected by fraud or corruption.

Chapter Ⅷ. Recognition and Enforcement of Awards

Article 35. Recognition and enforcement

(1) An arbitral award, irrespective of the country in which it was made, shall be recognized as binding and, upon application in writing to the competent court, shall be enforced subject to the provisions of this article and of article 36.

(2) The party relying on an award or applying for its enforcement shall supply the original award or a copy thereof and if the award is not made in an official language of the Republic a translation thereof into such language.

Article 36. Grounds for refusing recognition or enforcement

(1) Recognition or enforcement of an arbitral award, irrespective of the country in which it was made, may be refused only:

(a) at the request of the party against whom it is invoked, if that party furnishes to the competent court where recognition or enforcement is sought proof that:

(i) a party to the arbitration agreement referred to in article 7 was under some incapacity; or the said agreement is not valid under the law to which the parties have subjected it or, failing any indication thereon, under the law of the country where the award was made; or

(ii) the party against whom the award is invoked was not given proper notice of the appointment of an arbitrator or of the arbitral proceedings or was otherwise unable to present his or her case; or

(iii) the award deals with a dispute not contemplated by or not falling within the terms of the submission to arbitration, or it contains decisions on matters beyond the scope of the submission to arbitration, provided that, if the decisions on matters submitted to arbitration can be separated from those not so submitted, that part of the award which contains decisions on matters submitted to arbitration may be recognized and enforced; or

(iv) the composition of the arbitral tribunal or the arbitral procedure was not in accordance with the agreement of the parties or, failing such agreement, was not in accordance with the law of the country where the arbitration took place; or

(v) the award has not yet become binding on the parties or has been set aside or suspended by a court of the country in which, or under the law of which, that award was made; or

(b) if the court finds that:

(i) the subject-matter of the dispute is not capable of settlement by arbitration under the law of the Republic; or

(ii) the recognition or enforcement of the award would be contrary to the public policy of the Republic.

(2) If an application for setting aside or suspension of an award has been made to a court referred to in paragraph (1) (a) (v) of this article, the court where recognition or enforcement is sought may, if it considers it proper, adjourn its decision and may also, on the application of the party claiming recognition or enforcement of the award, order the other party to provide appropriate security.

(3) For the purposes of avoiding any doubt, and without limiting the generality of paragraph (1) (b) (ii) of this article, it is declared that the recognition or enforcement of an award is contrary to the public policy of the Republic if—

(a) a breach of the arbitral tribunal's duty to act fairly occurred in connection with the making of the award which has caused or will cause substantial injustice to the party resisting recognition or enforcement; or

(b) the making of the award was induced or affected by fraud or corruption.

Schedule 2

UNCITRAL Conciliation Rules

Approved by Resolution 35/52 of the General Assembly on 4 December 1980

Application of the Rules

Article 1

(1) These Rules apply to conciliation of disputes arising out of or relating to a contractual or other legal relationship where the parties seeking an amicable settlement of their dispute have agreed that the UNCITRAL Conciliation Rules apply.

(2) The parties may agree to exclude or vary any of these Rules at any time.

(3) Where any or these Rules is in conflict with a provision of law from which

the parties cannot derogate, that provision prevails.

Commencement of Conciliation Proceedings

Article 2

(1) The party initiating conciliation sends to the other party a written invitation to conciliate under these Rules, briefly identifying the subject of the dispute.

(2) Conciliation proceedings commence when the other party accepts the invitation to conciliate. If the acceptance is made orally, it is advisable that it be confirmed in writing.

(3) If the other party rejects the invitation, there will be no conciliation proceedings.

(4) If the party initiating conciliation does not receive a reply within thirty days from the date on which he sends the invitation, or within such other period of time as specified in the invitation, he may elect to treat this as a rejection of the invitation to conciliate. If he so elects, he informs the other party accordingly.

Number of Conciliators

Article 3

There shall be one conciliator unless the parties agree that there shall be two or three conciliators. Where there is more than one conciliator, they ought, as a general rule, to act jointly.

Appointment of Conciliators

Article 4

(1) (a) in conciliation proceedings with one conciliator, the parties shall endeavour to reach agreement on the name of a sole conciliator.

(b) in conciliation proceedings with two conciliators, each party appoints one conciliator.

(c) in conciliation proceedings with three conciliators, each party appoints one conciliator. The parties shall endeavour to reach agreement on the name of the third conciliator.

(2) Parties may enlist the assistance of an appropriate institution or person in connection with the appointment of conciliators. In particular—

(a) a party may request such an institution or person to recommend the names of suitable individuals to act as conciliator; or

(b) the parties may agree that the appointment of one or more conciliators be made directly by such an institution or person. In recommending or appointing individuals to act as conciliator, the institution or person shall have regard to such considerations as are likely to secure the appointment of an independent and impartial conciliator and, with respect to a sole or third conciliator, shall take into account the advisability of appointing a conciliator of a nationality other than the nationalities of the parties.

Submission of Statements to Conciliator

Article 5

(1) The conciliator, upon his or her appointment, requests each party to submit to him or her a brief written statement describing the general nature of the dispute and the points at issue. Each party sends a copy of his or her statement to the other party.

(2) The conciliator may request each party to submit to him or her a further written statement of his or her position and the facts and grounds in support thereof, supplemented by any documents and other evidence that such party deems appropriate. The party sends a copy of his or her statement to the other party.

(3) At any stage of the conciliation proceedings the conciliator may request a party to submit to him or her such additional information as he deems appropriate.

Representation and Assistance

Article 6

The parties may be represented or assisted by persons of their choice. The names and addresses of such persons are to be communicated in writing to the other party and to the conciliator; such communication is to specify whether the appointment is made for purposes of representation or of assistance.

Role of Conciliator

Article 7

(1) The conciliator assists the parties in an independent and impartial manner in their attempt to reach an amicable settlement of their dispute.

(2) The conciliator will be guided by principles of objectivity, fairness and justice, giving consideration to, among other things, the rights and obligations of the parties, the usages of the trade concerned and the circumstances surrounding the dispute, including any previous business practices between the parties.

(3) The conciliator may conduct the conciliation proceedings in such a manner as he or she considers appropriate, taking into account the circumstances of the case, the wishes the parties may express, including any request by a party that the conciliator hear oral statements, and the need for a speedy settlement of the dispute.

(4) The conciliator may, at any stage of the conciliation proceedings, make proposals for a settlement of the dispute. Such proposals need not be in writing and need not be accompanied by a statement of the reasons therefor.

Administrative Assistance

Article 8

In order to facilitate the conduct of the conciliation proceedings, the parties, or the conciliator with the consent of the parties, may arrange for administrative assistance by a suitable institution or person.

Communication between Conciliator and Parties

Article 9

(1) The conciliator may invite the parties to meet with him or her or may communicate with them orally or in writing. He or she may meet or communicate with the parties together or with each of them separately.

(2) Unless the parties have agreed upon the place where meetings with the conciliator are to be held, such place will be determined by the conciliator, after consultation with the parties, having regard to the circumstances of the conciliation proceedings.

Disclosure of Information

Article 10

When the conciliator receives factual information concerning the dispute from a party, he or she discloses the substance of that information to the other party in order that the other party may have the opportunity to present any explanation which he or she considers appropriate. However, when a party gives any information to the conciliator subject to a specific condition that it be kept confidential, the conciliator does not disclose that information to the other party.

Co-operation of Parties with Conciliator

Article 11

The parties will in good faith co-operate with the conciliator and, in particular, will endeavour to comply with requests by the conciliator to submit written materials, provide evidence and attend meetings.

Suggestions by Parties for Settlement of Dispute

Article 12

Each party may, on his or her own initiative or at the invitation of the conciliator, submit to the conciliator suggestions for the settlement of the dispute.

Settlement agreement

Article 13

(1) When it appears to the conciliator that there exist elements of a settlement which would be acceptable to the parties, he or she formulates the terms of a possible settlement and submits them to the parties for their observations. After receiving the observations of the parties, the conciliator may reformulate the terms of a possible settlement in the light of such observations.

(2) If the parties reach agreement on a settlement of the dispute, they draw up and sign a written settlement agreement. If requested by the parties, the conciliator draws up, or assists the parties in drawing up, the settlement agreement.

(3) The parties by signing the settlement agreement put an end to the dispute and are bound by the agreement.

Confidentiality

Article 14

The conciliator and the parties must keep confidential all matters relating to the conciliation proceedings. Confidentiality extends also to the settlement agreement, except where its disclosure is necessary for purposes of implementation and enforcement.

Termination of Conciliation Proceedings

Article 15

The conciliation proceedings are terminated:

(a) by the signing of the settlement agreement by the parties, on the date of the agreement; or

(b) by a written declaration of the conciliator, after consultation with the parties, to the effect that further efforts at conciliation are no longer justified, on the date of the declaration; or

(c) by a written declaration of the parties addressed to the conciliator to the effect that the conciliation proceedings are terminated, on the date of the declaration; or

(d) by a written declaration of a party to the other party and the conciliator, if appointed, to the effect that the conciliation proceedings are terminated, on the date of the declaration.

Resort to Arbitral or Judicial Proceedings

Article 16

The parties undertake not to initiate, during the conciliation proceedings, any arbitral or judicial proceedings in respect of a dispute that is the subject of the conciliation proceedings, except that a party may initiate arbitral or judicial proceedings where, in his or her opinion, such proceedings are necessary for preserving his or her rights.

Costs

Article 17

(1) Upon termination of the conciliation proceedings, the conciliatorfixes the costs of the conciliation and gives written notice thereof to the parties. The term "costs" includes only:

(a) the fee of the conciliator which shall be reasonable in amount;

(b) the travel and other expenses of the conciliator;

(c) the travel and other expenses of witnesses requested by the conciliator with the consent of the parties;

(d) the cost of any expert advice requested by the conciliator with the consent of the parties;

(e) the cost of any assistance provided pursuant to articles 4, paragraph (2) (b), and 8 of these Rules.

(2) The costs, as defined above, are borne equally by the parties unless the settlement agreement provides for a different apportionment. All other expenses incurred by a party are borne by that party.

Deposits

Article 18

(1) The conciliator, upon his or her appointment, may request each party to deposit an equal amount as an advance for the costs referred to in article 17, paragraph (1) which he or she expects will be incurred.

(2) During the course of the conciliation proceedings the conciliator may request supplementary deposits in an equal amount from each party.

(3) If the required deposits under paragraphs (1) and (2) of this article are not paid in full by both parties within thirty days, the conciliator may suspend the proceedings or may make a written declaration of termination to the parties, effective on the date of that declaration.

(4) Upon termination off the conciliation proceedings, the conciliator renders an accounting to the parties of the deposits received and returns any unexpended balance to the parties.

Role of Conciliator in Other Proceedings

Article 19

The parties and the conciliator undertake that the conciliator will not act as an arbitrator or as a representative or counsel of a party in any arbitral or judicial proceedings in respect of a dispute that is the subject of the conciliation proceedings. The parties also undertake that they will not present the conciliator as a witness in any such proceedings.

Admissibility of Evidence in Other Proceedings

Article 20

The parties undertake not to rely on or introduce as evidence in arbitral or judicial proceedings, whether or not such proceedings relate to the dispute that is the subject of the conciliation proceedings:

(a) views expressed or suggestions made by the other party in respect of a possible settlement of the dispute;

(b) admissions made by the other party in the course of the conciliation proceedings;

(c) proposals made by the conciliator;

(d) the fact that the other party had indicated his or her willingness to accept a proposal for settlement made by the conciliator.

Model Conciliation Clause

Where, in the event of a dispute arising out of or relating to this contract, the parties wish to seek an amicable settlement of that dispute by conciliation, the conciliation shall take place in accordance with the UNCITRAL Conciliation Rules as at present in force. (The parties may agree on other conciliation clauses.)

附录三:

《南非仲裁基金会仲裁规则》

(2014年2月修订)

Arbitration Rules of the South African Arbitration Foundation

Article 1: Definitions

1.1

1.1.1 Words in the singular shall, where applicable, include the plural, and the feature that in some instances express references are made to the plural, or to the singular and plural, will not detract from the aforegoing.

1.1.2 References to the male gender shall includereferences to the female gender and to the neuter.

1.2 Unless the context otherwise indicates the following words and phrases shall bear the following meanings.

"arbitration agreement": a written agreement providing for the reference to arbitration of an existing dispute or a future dispute, whether or not an arbitrator is named or designated therein;

"the court": a Magistrates Court or the Supreme Court of South Africa, or any court established or recognised by section 166 of the Constitution of the Republic of South Africa, 1996, as the context may indicate; and the "Supreme Court" includes any successor in title to the Supreme Court;

"deliver": to deliver or send copies to all parties as provided for in these Rules, and to file the original to the Registrar; and "delivery" has a corresponding meaning; but "physically deliver" shall mean physically deliver to the party indicated by the context;

"pleading": includes documents comprising a Request for Arbitration, a statement of defence, a counter-claim and a statement of defence to a counter-claim;

"the Act": the Arbitration Act, 1965;

"the Foundation": the Arbitration Foundation of Southern Africa, being the name under which the Arbitration Foundation of Southern Africa ("AFSA") conducts its activities of providing the administrative means for the conduct of arbitration proceedings;

"the Registrar": the officer appointed by AFSA under that title to perform the administrative functions conferred upon him/her under these Rules for the Foundation;

"the Secretariat": the body of persons appointed by AFSA to perform the functions conferred upon it under these Rules;

"writing": includes typewriting and the record of transmission by telex, telefax or other means of telecommunication; and "written" has a corresponding meaning.

Article 2: The Foundation's Secretariat and administration

2.1 The Arbitration Foundation of Southern Africa ("the Foundation") is the name under which the Arbitration Foundation of Southern Africa ("AFSA") conducts its activities of providing administrative means for the conduct of arbitration proceedings. Its activities include the appointment of a panel of persons who have agreed to act as arbitrators under the aegis of and according to the Rules of the Foundation, the appointment of an arbitrator or arbitrators for resolution of particular disputes, the provision of the venue and the administrative services for conduct of arbitration proceedings under and in accordance with these Rules for fees covering its administrative services and provision of a venue and the fees and expenses of the arbitrator or arbitrators.

2.2

2.2.1 The Foundation's activities in providing the aforesaid arbitration facilities are controlled by a Secretariat, which comprises the persons appointed by AFSA.

2.2.2 Any steps to be taken, and any decision to be made, and any directions to be given, by the Foundation in terms of these Rules, shall be taken by the Secretariat. The decision by majority vote of the members of the Secretariat shall be the decision of the Secretariat, and a written communication signed or authorised by the person presiding over any meeting of the Secretariat, shall be prima facie proof of the decision of the Secretariat.

2.2.3 In matters of urgency, the Chairman or Vice-Chairman of the Secretariat may take any step, decision or give any direction which the Secretariat may have taken or given, and the decision of the Chairman or Vice-Chairman that a matter is one of urgency, shall be decisive of the question whether a matter is one of urgency within the purview of this subrule.

2.3 In the respects and to the extent delegated by or not actually conducted by the Secretariat under 2.2.1 above, the administration of the Foundation's activities shall be conducted by the Registrar of the Foundation, who is the person appointed by AFSA to that office, assisted by administrative personnel appointed by AFSA.

The Registrar shall be the channel through which parties to administration proceedings communicate with the Foundation, with the Secretariat, and, except during hearings in his or their presence, with the arbitrator or arbitrators.

2.4 Communications to AFSA, the Secretariat and the Registrar should be physically delivered to:

The Registrar
First floor
Maisels Chambers
4 Protea Place
SANDTON

or be addressed to:

The Registrar
The Arbitration Foundation of Southern Africa
P. O. Box 653007
Benmore,
2010

or Docex 143 Randburg

or fax to(011)320 - 0533.

Article 3: Area of applicability of these Rules

These Rules-

3.1 do not apply to disputes on matters in respect of which reference to arbitration is, by law, not permissible;

3.2 apply only to commercial arbitrations administered by or under the aegis of the Foundation; provided that, if the Secretariat of the Foundation accepts a Request for Arbitration as provided for in these Rules, such acceptance shall have the effect of the arbitration being deemed to be a commercial arbitration;

3.3 supplement any specific provisions of an arbitration agreement to arbitrate under the aegis of or according to the Rules of the Foundation, in so far as such specific provisions are silent on matters provided for in these Rules;

3.4 apply subject to any peremptory provisions of law applicable to an arbitration conducted under these Rules.

Article 4: The request for arbitration and payment of first fee

4.1 A party wishing to resort to arbitration under the aegis of and according to the Rules of the Foundation, shall submit a written Request for Arbitration to the Secretariat of the Foundation through the office of the Registrar.

4.2 The written Request for Arbitration shall include the following:

4.2.1 the names, description, addresses, telephone and fax numbers (if any) of the claimant or claimants and of the party or parties cited as defendant or defendants; the address given for the defendant or defendants shall be an address as envisaged in 20.4.2;

4.2.2 a copy of the written agreement in terms whereof all the parties to the requested arbitration agree to arbitration to be conducted under the aegis of or according to the Rules of the Foundation by one or more arbitrators appointed by the Foundation; (This written agreement is hereinafter referred to as "the arbitration agreement");

4.2.3 a brief statement indicating that an award in accordance with the claims would fall within the terms of the arbitration agreement;

4.2.4 a statement setting out the locus standi of each party; the nature of the dispute; all the material facts and contentions relied upon by the claimant so as clearly to establish the circumstances of the case, and the relief claimed; such statement shall annex copies of all documentation relied upon by the claimant in support of such facts and contentions;

4.2.5 the claimant's choice of whether there should be one or three arbitrators, and the claimant's choice (if any) of a particular arbitrator or arbitrators. If the claimant has no choice of a particular arbitrator or arbitrators, this fact shall be stated in the Request.

4.2.6 a first fee indicated in paragraph 1 of the annexe, the form of payment whereof is to be acceptable to the Foundation.

4.3 The Request for Arbitration shall be accompanied by so many copies thereof as total the number of defendants cited and arbitrators requested.

Article 5: Acceptance or refusal of the request for arbitration

5. The Secretariat, if satisfied that the dispute is prima facie, and that all the claims fall within the terms of the arbitration agreement, and that 4.2 and 4.3 have been complied with, and if it is not otherwise in its free discretion unwilling to accept the Request for Arbitration, shall notify the claimant that it accepts the Request to provide the administrative means for the requested arbitration. If the Secretariat declines to accept the Request for Arbitration, it shall notify the claimant accordingly, and if it so declines solely on the ground that it, in its free discretion is unwilling to accept such Request, it shall refund the first fee to the claimant.

Article 6: Response of the defendant

6.1 If the Foundation accepts the Request for Arbitration, the Registrar shall forward a copy of the Request for Arbitration to the defendant at the address indicated in the Request for Arbitration, and at the same time in writing notify the defendant that he is, within 21 calendar days of receipt of the Request for Arbitration, required, by delivery to the Registrar and the claimant, to respond-

6.1.1 to any choice expressed by the claimant as to whether one or three arbitrators should be appointed;

6.1.2 to any choice for a particular arbitrator or arbitrators expressed by the claimant;

6.1.3 if he does not agree to either the number or to the choice of the arbitrator or arbitrators proposed by the claimant, by expressing his own choice of the number of arbitrators and of the particular arbitrator or arbitrators.

6.1.4 by indicating whether he disputes or admits that the arbitration agreement was concluded by him and is still operative for the purposes of arbitration, and whether he disputes or admits that the claim falls within the terms of the arbitration agreement; and, if he does so dispute any of the aforegoing, to set out his grounds for so disputing it;

6.1.5 if no such dispute as is referred to in 6.1.4 is raised,

6.1.5.1 by delivering his statement of defence, setting out the material facts and contentions relied upon by him, and indicating which of the claimant's facts and contentions are admitted and which are disputed by him, and which of the claimant's claims for relief are conceded and which are disputed by him, and setting out his prayers for relief; such statement shall annex copies of all documentation relied upon by the defendant in support of such facts and contentions;

6.1.5.2 by delivering any counter-claim, which he seeks to bring, which counter-claim shall mutatis mutandis comply with 4.2.1, 4.2.3 and 4.2.4 above.

6.1.6 by including with his response so many copies thereof as total the number of claimants and the number of arbitrators requested by the claimant or claimants or the defendant or defendants.

6.2 The Registrar's written notification referred to in 6.1 above shall be accompanied by further written notification

6.2.1 that, despite any dispute by the defendant that the arbitration agreement was concluded by him or was or still is valid and operative or that the claim falls within the terms of the arbitration agreement, the Foundation will appoint an arbitrator to consider the issues so disputed and decide whether or not to proceed with the arbitration, and, if he decides to proceed therewith, to do so;

6.2.2 that to the extent that there is no agreement between the claimant or all the claimants and the defendant or all the defendants, as to the number of arbitrators, the choice of arbitrator or arbitrators, or the category from which an arbitrator or arbitrators should be appointed, the Secretariat will make a choice, and will appoint an arbitrator or arbitrators accordingly.

6.2.3 that the defendant, or the defendants jointly, as the case may be, is or are required to pay first fee in the amount indicated in the annexe, the form of payment whereof is to be acceptable to the Foundation.

6.2.4 default by the defendant to respond timeously as required by 6.1, may result in the arbitrator, after giving notice of the time and place of the arbitration proceedings as contemplated in 10.1, making an award without further notification to him.

6.3

6.3.1 A defendant may within the said period of 21 calendar days apply in writing to the Secretariat, through the Registrar, for an extension of time to deliver his statement of defence and, where applicable, counter-claim, giving grounds for the requested extension and the period of extension requested. Whether or not a defendant makes such application for an extension of time, and, if he does so, then at the same time as making such application, the defendant or defendants shall nevertheless respond as required by paras. 6.1.1 to 6.1.4 inclusive and 6.1.6 above, and pay the first fee referred to in 6.2.3 above, and furnish the Registrar with an address for delivery to him of pleadings and receipt of all communications from the Secretariat or the Registrar and from the other party, failing which he will be deemed to have accepted the address furnished to the Secretariat by the claimant as such address.

6.3.2 Within the period indicated in 6.1, or the period extended in terms of 6.3.1, the defendant shall deliver his statement as required by 6.1.4 or 6.1.5, as the case may be.

6.4 In the event of the delivery of a counter-claim, the claimant shall deliver a statement of defence, complying mutatis mutandis with 6.1.5.1 above, within 21 calendar days of the delivery of the counter-claim. The provisions of para. 6.3 in regard to the extension of time will mutatis mutandis apply in regard to delivering a statement of defence to a counter-claim.

Article 7: Notice to claimant in the event of a particular arbitrator or arbitrators agreed upon, not being available

Whenever the Secretariat has not declined to accept the Request for Arbitration as provided for in Article 5, but the service of the particular arbitrator or arbitrators agreed upon in the arbitration agreement or under the procedure set out in 4, 5 and 6, cannot be procured for the particular arbitration, the Secretariat shall-

7.1 inform the parties that the services of the particular arbitrator or arbitrators cannot be procured for the particular arbitration;

7.2 invite the parties to agree within a stated time, upon another particular arbitrator or other particular arbitrators selected by them from the Foundation's panel of arbitrators, and inform them of the consequences under 7.3.2.1 or 7.3.2.2, as the case may be, of a failure so to agree;

7.3

7.3.1 in the case of such agreement, and after it is satisfied as prescribed by 9.1.1, 9.1.2, and 9.1.3, appoint an arbitrator or arbitrators in accordance with such agreement, in which event 9.2 shall apply;

7.3.2 in the case where there is no such agreement

7.3.2.1 where the arbitration agreement permits it, and after it is satisfied as prescribed by 9.1.1, 9.1.2, and 9.1.3, appoint an arbitrator or arbitrators in accordance with the applicable provisions of 9.1, in which event 9.2 shall apply;

7.3.2.2 where the arbitration agreement does not permit it, inform the parties that the requested arbitration cannot proceed under the aegis of the Foundation.

Article 8: Arbitrator to deal with jurisdictional issues

8.1 Where the Secretariat has accepted a Request for Arbitration, but a party cited as a defendant disputes that he was a party to an arbitration agreement, or that the arbitration agreement is still valid and operative, or that the claim falls within the terms of the arbitration agreement, or a defendant to a counterclaim disputes that the counterclaim falls within the arbitration agreement, an arbitrator shall be appointed in accordance with these Rules, to consider the matters so contested and decide whether or not to proceed with the arbitration, and, if he decides to proceed therewith, to do so.

8.2 Any application to a court of law on any matter socontested, or on any other matter in dispute in arbitration proceedings commenced under the aegis of the Foundation, shall not affect the continuation of the arbitration proceedings, save and to the extent that a court otherwise orders.

8.3 Any party to such arbitration proceedings who is aware of such an application to a court, shall notify the Registrar, who shall inform the arbitrator thereof.

Article 9: Appointment of Arbitrator

9.1 Where the Secretariat is satisfied-

9.1.1 that a dispute is prima facie arbitrable by an arbitrator to be appointed by the Foundation; and

9.1.2 that the defendant is in default timeously to deliver a response as required by 6.1, or that the response as required by 6.1 and, if applicable, as required by 6.4, has or have been delivered; and

9.1.3 that a first fee as required by 4.2.6 has been paid by the claimant; and that a first fee as required by 6.2.3 has been paid by the defendant, or, in default of such payment by the defendant, that it has been paid by the claimant;

the Secretariat shall appoint an arbitrator or arbitrators in accordance with any agreement between the parties, and, to the extent that there is no such agreement on the number of arbitrators or the choice of arbitrator or arbitrators, the Secretariat shall appoint a single arbitrator; and provided further that, where three arbitrators are appointed, the Secretariat shall appoint one of them as chairman.

9.2 The Registrar shall thereupon

9.2.1 in writing notify the arbitrator or arbitrators of his or their appointment;

9.2.2 in writing notify the parties of the appointment of the arbitrator or arbitrators;

9.2.3 forward the file to the arbitrator or arbitrators, and inform him or them, as the case may be, that the arbitration may, subject to the provisions of 10.2, proceed in accordance with Rule 10. 1.

Article 10: Continuance of the arbitration proceedings

10. 1 The arbitrator shall, subject to 10. 2, proceed with the arbitration at the place and at the time determined by him and of which reasonable notice has been given to the parties, as follows:

10. 1. 1 in cases where the arbitrator is satisfied that the Request for Arbitration and notices referred to in 6. 1 and 6. 2 have been delivered or sent to the defendant in the manner prescribed in 20. 3 and 20. 4. 2, and that the prescribed time for responding thereto has expired, and that the party cited as defendant is in default of responding as required by 6. 1, and has not furnished the arbitrator with good and sufficient cause for such failure, proceed with the arbitration to its final conclusion in the absence of the defaulting party;

10. 1. 2 in cases where the party cited as defendant disputes that he was a party to the arbitration agreement, or that the arbitration agreement is still valid and binding, or that the claim falls within the terms of the arbitration agreement, (all of which disputes are hereinafter referred to as "jurisdictional disputes"), then (unless the party against whom the jurisdictional dispute is raised, informs the arbitrator that he does not wish to proceed until such dispute has been decided by a court) first decide the jurisdictional disputes, and, if he decides them against the party raising any or all of such disputes, then make a ruling for a period for the delivery of a statement of defence (if not already delivered) and counterclaim, if any, in accordance with 6. 1. 5, and a statement of defence to any counterclaim in accordance with 6. 4, and then proceed as set out below;

10. 1. 3 in all other cases, hear the parties on the most expeditious or least costly procedure to be adopted for the further conduct of the arbitration, and thereafter rule upon such procedure and upon time limits for complying with such procedure;

10. 1. 4 thereafter, in such manner as he deems appropriate, on the application of a party or mero motu, conduct hearings or otherwise deal with any further procedural and interlocutory matters, including matters relating to compliance or non-compliance with his procedural rulings;

10.1.5 proceed with the hearing until the final conclusion thereof;

10.1.6 thereafter make a written award on all issuesin the dispute, including an award on costs;

10.1.7 notwithstanding anything provided in 10.1.1 to 10.1.6, combine or dispense with any of the steps provided in 10.1.1 to 10.1.6 if he considers it appropriate for the just, expeditious, economical and final determination of all the disputes raised in the proceedings.

10.2

10.2.1 Before devoting any time to any step in the proceedings, the arbitrator shall notify the Secretariat of the nature of such step and of the time which he estimates will be required therefor. The arbitrator shall give a similar notification to the Secretariat before further proceeding with any step which will take more time than he estimated before commencing such step.

10.2.2 Upon receipt of such notification from the arbitrator the Secretariat shall notify the parties of the fees payable by each of them in respect of the next step in the proceedings, or in default of timeous payment by any party, may be paid by the other party to ensure the continuance of the next step in the proceedings, and of when such fees are payable.

10.2.3 Upon receipt of such payments, the Secretariat shall authorise and instruct the arbitrator to proceed with the arbitration only for the estimated time or further time in respect whereof such fees have been paid; so that at all stages the parties shall be required to pay fees only in respect of the estimated time required for the completion of any current step or the next step in the proceedings, and the arbitrator shall proceed only for such time as advance payment of the required fees has been made.

10.2.4 Nothing provided above shall preclude parties or any party to pay to the Secretariat an amount greater than is required for any particular step or steps, and in that event the Secretariat shall notify the arbitrator of the time for which he may proceed with the arbitration without further authorisation and instruction from the Secretariat.

10.2.5 The Secretariat may

10.2.5.1 in any case where an arbitrator appointed by it has nevertheless proceeded with the arbitration beyond the time for which advance payment of the fees has been made, instruct the arbitrator not to proceed with the proceedings until payment for the time spent by the arbitrator and the required advance payment has been made;

10.2.5.2 refund to the parties the whole or part of any advance payment of fees where it is satisfied that such advance payment, or part thereof, will, for any reason, constitute an overpayment for the proceedings;

10.2.5.3 in any case where a counterclaim materially exceeds the claim, in its discretion require the defendant to pay an additional amount in respect of the first fee payable by the defendant so that such payment accords with the scale relating to first fees in the annexe.

10.2.6

10.2.6.1 Save as provided in 10.2.6.2, the arbitrator, after satisfying himself that any notice required to be given to a party in terms of these Rules has been given in the manner prescribed in 20.3 and 20.4, and that the prescribed time for responding thereto has expired, may regard a party who fails to appear at a time and place of which reasonable notice has been given to the parties, or who fails to comply with any ruling made by him as being in default, and may, after giving the parties reasonable notice of the time when and place where he intends to proceed with the arbitration, proceed with the arbitration in the absence of such defaulting party or without hearing or further hearing such party; provided that a defaulting party who does appear personally or by representative at the said time and place shall be given an opportunity of applying in such manner and within a period prescribed by the arbitrator, to the arbitrator to cure his default, whereupon the arbitrator may either grant such application on such terms and conditions as he deems fit and proceed with the further conduct of the arbitration in the manner ruled upon by him (but subject to these Rules), or refuse such application and proceed with the arbitration without further hearing the defaulting party.

10.2.6.2 Where a party has at any time before an award is made, on reasonable notice to all other parties, given the arbitrator good and sufficient cause for his default in timeously complying with these Rules or with any ruling made by the arbitrator, the arbitrator may afford him an opportunity for curing such default, and, if he fails to cure such default within the time stipulated by the arbitrator, the arbitrator may proceed with the arbitration in the absence of, or without further hearing, the defaulting party; to its final conclusion at a time and place of which reasonable notice has been given to all parties, including the defaulting party.

Article 11: Powers of the Arbitrator

11.1 The arbitrator shall have the widest discretion and powers allowed by law to ensure the just, expeditious, economical, and final determination of all the disputes raised in the proceedings, including the matter of costs.

11.2 Without detracting from the generality of the aforegoing, the arbitrator shall have the following powers:

11.2.1 to determine the language or languages in which the proceedings shall be conducted, and the award made, and which party shall have the duty to provide for the services of an interpreter if required;

11.2.2 to rule on his own jurisdiction, including rulings on any dispute in regard to the existence or validity of the arbitration agreement or the scope thereof;

11.2.3 to strike out or dismiss any claim or defence on the grounds of failure of a party timeously to comply with any ruling or interim award of the arbitrator, or on the ground of delaying conduct on the part of a party so as to give rise to a substantial risk of serious prejudice to the other party or parties;

11.2.4 to proceed with the arbitration in accordance with these Rules, and make an award in the absence of or without hearing any party who is in default as provided for in these Rules, or fails to appear or to comply with any ruling or interim award of the arbitrator;

11.2.5 to make any ruling or give any direction mentioned in these Rules or as he otherwise considers necessary or advisable for the just, expeditious, economical and final determination of all the disputes raised in the pleadings, including the matter of costs;

11.2.6 to determine, from time to time, the time, date and place of the hearing, and the hours during which the hearing shall take place;

11.2.7 to extend before or after their expiry, or abbreviate any time limits provided for in these Rules or by his rulings or directions;

11.2.8 to appoint one or more advisors or experts on any matter (including law) to assist in the conduct of the arbitration, but only with the agreement of all parties and of such advisor or experts, and only if the parties and such advisors or experts have agreed on the payment of the fees of such advisors or experts directly by one or more of the parties;

11.2.9 to order any party who is a claimant, or claimant under a counterclaim, to furnish security for costs in respect of his claim or counterclaim;

11.2.10 to allow (but only with their express written consent) other parties to be joined in the arbitration proceedings, and to make an award on all issues submitted by all parties, including parties so joined, for decision by the arbitrator;

11.2.11 to determine the existence or validity of any contract, including any contract containing the arbitration agreement, and to order rectification of such contract;

11.2.12 to order the parties to produce or make available for inspection by any other party and by the arbitrator, by any advisors or experts appointed to assist him in terms of 11.2.8, and by any expert engaged by any party, any property or thing under the control of the party or parties against whom such order is made; and to hold inspections in loco; and to make orders for the interim custody or preservation of goods or property, or, where such goods or property would otherwise lose their value, for the realisation of such goods or property and the interim preservation of the proceeds of such realisation;

11.2.13 to permit the amendment of any pleading or other document (other than an affidavit) delivered by a party;

11.2.14 to make rulings or give interim awards of any matter of onus, admissibility of evidence, and of procedure, including rulings or awards of an interlocutory or interim nature, and rulings or interim awards relating to liability for and payment of costs and implementation of interim or final awards;

11.2.15 to receive and take into account such oral or written evidence as he deems relevant, and to make such findings of fact and law as may be required for the purposes of the proceedings and the award;

11.2.16 to state, at any stage before making a final award, any question of law arising in the course of the reference in the form of a special case for the opinion of the court or of counsel.

This power may be exercised on the application of any party to the reference and shall be exercised if the court on the application of any party so directs. Such opinion shall be final and not subject to appeal and shall be binding on the arbitrator or arbitration tribunal and on the parties to the reference;

11.2.17 to express his award in such currency as may be required by the exigency of the situation, unless otherwise agreed by the parties;

11.2.18 to order specific performance of any contract in circumstances in which the Supreme Court of South Africa would have the power to do so;

11.2.19 to make an order as to costs;

11.2.20 conduct the arbitration proceedings at any place, inside or outside the Republic of South Africa, determined by him;

11.2.21 to appoint a commissioner to take the evidence of any person within or outside the Republic of South Africa and forward such evidence to the arbitrator as if he were a commissioner appointed by the court;

11.2.22 to require any party to amend its pleadings so that they are not evasive but are to the point; and, on the application of another party, to strike out from a party's pleadings any averments which are embarrassingly vague, scandalous, vexatious or irrelevant;

11.2.23 to receive evidence given by telephonic or telecasting means, provided that he is satisfied that such means afforded all parties adequate opportunity of examining the witness giving such evidence;

11.2.24 to make an award whereby a party is restrained from any conduct, either as an interim or final basis;

11.2.25 generally to exercise such powers and duties as are allowed to him by any agreement of the parties or by the laws of the Republic of South Africa and as are required for the just, economical and expeditious conduct and conclusion of the proceedings, where these Rules are silent in any respect.

11.3 In determining the procedure for the conduct of the arbitration proceedings, and without detracting from the generality of 11.1, the arbitrator may, after hearing the parties thereon, and if he considers it appropriate for the just, economical, expeditious and final determination of the dispute, direct:

11.3.1 that the dispute should be determined summarily at an informal hearing attended by all parties;

11.3.2 the summary trial of an issue to decide whether any issue or point raised has no reasonable prospect of success and should therefore be dismissed or struck out;

11.3.3 the summary trial of an issue as to whether an interim award should be made for any sum indisputably due (whether on account of debt or damages or on any other basis);

11.3.4 that any party should furnish more particulars or details of his case on any issue.

11.3.5 that there should be discovery on oath or otherwise of documents and recordings (subject to valid legal objection) either in regard to all relevant matters or in regard to such issues as determined by the arbitrator;

11.3.6 that parties provide each other with a list of the names of witnesses to be called, and with a statement of the substance of each witness' evidence, and that, save with the leave of the arbitrator, no witness shall be called in respect of whom such name and summary has not been provided;

11.3.7 that the hearing should proceed on documents (including written submissions), only, without the presentation of other evidence; and, if the parties so agree, without the presentation of argument.

Article 12: The Award

12.1 The arbitrator shall make his final award as soon as may be practicable, and in any event not later than 60 calendar days after completion of the hearing, unless the parties in writing agree to an extension of this period or, in exceptional circumstances, the Secretariat extends such period.

12.2 The final award and all interim awards shall be made in writing, and, unless all the parties in writing agree otherwise, shall set out the reasons upon which the award is based. The award shall be signed and dated by the arbitrator, or, in the case of a tribunal of three arbitrators, by all the members of the arbitration tribunal. If a minority of the members of a tribunal refuses to sign the award, such refusal shall be mentioned in the award but shall not invalidate it.

12.3 The arbitrator, the parties or their representatives being present or having been summoned to appear shall deliver the award. The award shall be deemed to have been published to the parties on the date when it is so delivered.

12.4 Interim awards may be made on different issues at any time within the period allowed for making a final award.

12.5

12.5.1 If the parties reach a written settlement after the file has been forwarded to the arbitrator, the arbitrator shall, upon being furnished by any party with proof that the parties have in writing agreed thereto, make an award in accordance with such written settlement.

12.5.2 If such settlement does not deal with all disputes raised in the arbitration, the arbitrator shall, unless the settlement in its terms precludes it, make an award in accordance with such settlement under 12.5.1, and proceed with the arbitration proceedings in respect of any disputes, including the matter of costs, not dealt with in such settlement.

12.6 Where there is more than one arbitrator, the decision of the majority shall be the decision of the arbitration tribunal, provided that, in the absence of a majority on any issue, the decision of the chairman shall determine the issue.

12.7

12.7.1 A party to arbitration proceedings in respect whereof an award, whether interim or final, has been made under these Rules, may, within 14 calendar days after publication of the award, upon written notice to the arbitrator and all other parties, apply to the arbitrator to correct in the award any clerical or typographical errors, any patent errors arising from any accidental slip or omission, errors in computation, or any errors of a similar nature.

12.7.2 The arbitrator shall, if he considers the application for correction to be prima facie warranted, give the other parties an opportunity of making oral or written submissions, as he may determine, on the application for correction, and thereafter and in any event within 30 calendar days of the application, either refuse the application or correct his award, and thereupon the uncorrected award or the corrected award, as the case may be, shall be his award.

12.8

12.8.1 The parties to the arbitration may, within 6 weeks after publication of the award, by writing signed by them, remit any matter which had been referred to the arbitrator, to the arbitrator for reconsideration and for the making of a further award or for a fresh award or for such other purposes and in such manner as they may specify in the said writing.

12.8.2 The arbitrator shall dispose of such matter as soon as is practicable, and in any event within three months after the date of the said writing, unless such writing otherwise directs.

12.8.3 If the arbitrator has, after making the award, died or become unable or unwilling to deal with the remittal, the award may be remitted to a new arbitrator agreed upon by the parties or appointed, with agreement of the parties, by the Secretariat, which new arbitrator's powers shall include the powers referred to in 14.5.2.

12.9 Where an award orders the payment of a sum of money, such sum shall, unless the award otherwise provides, carry interest from the date of publication of the award at the same rate as a judgement debt.

12.10 Unless the parties have in the arbitration agreement or otherwise agreed that the award shall be subject to appeal, or unless and to the extent that it is remitted as provided in 12.8, an award, or an award as corrected in terms of 12.7, shall, subject to the provisions of the Act or any other law, be final and not subject to appeal, and each party shall abide by and comply with the award in accordance with its terms.

12.11 Anything to the contrary in these Rules notwithstanding, the arbitrator may withhold his award until all payments due to the Foundation have been made.

Article 13: Costs of the Arbitration

13.1 Unless the parties have in writing otherwise agreed, the arbitrator shall in his award deal also with the costs of the arbitration, and decide which parties shall bear the costs of the arbitration or in what proportions the parties shall bear such costs.

13.2

13.2.1 The costs of the arbitration referred to in 13.1 include the fees payable to the Foundation in respect of the administrative charges and the provision of a venue and the arbitrator's fees according to the annexe and any expenses incurred by the arbitrator for the performance of his arbitral duties, the fees and expenses of expert witnesses specifically declared by the arbitrator to be recoverable costs, and the normal legal costs incurred by the parties.

13.2.2 The arbitrator shall, when he awards costs, direct the scale on which such costs are to be taxed and be recoverable.

13.3

13.3.1 If an award does not state that there is to be no award as to costs and also omits any provisions in regard to costs, or omits to deal with all aspects of costs required to be dealt with, or omits to direct the scale upon which costs awarded are to be taxed and be recoverable, then any party to the arbitration may, within 14 days of the publication of the award apply, on notice to other parties having an interest therein, to the arbitrator for an order directing by and to whom such costs shall be paid or the scale upon which such costs shall be taxed and be recoverable.

13.3.2 The arbitrator to whom an application is made in terms of 13.3.1 shall, after affording all parties having an interest therein an opportunity to be heard, make such award as to costs as he deems fit so as to cure the omission referred to in 13.3.1.

13.4 The arbitrator may, in making an award as to costs, declare that such costs shall include the costs incurred in the obtaining of an opinion of the court or the opinion of counsel on a question of law under these Rules or under the provisions of a law.

13.5

13.5.1 A party in whose favour or against whom an order for costs has been made by an arbitrator, shall be entitled to have the amount of such costs taxed according to law, and if neither party so insists, such costs may, if the arbitrator is prepared to do so, be taxed by the arbitrator.

13.5.2 If the arbitrator is requested and agrees to settle or tax the amount of costs payable in terms of the award, he shall estimate the time which will be taken up thereby, and notify the Secretariat accordingly. The Secretariat shall thereupon notify the parties of the fee payable by each party; or of the fee payable by one party in the event of default of payment by the other party, and upon receipt of the whole of such fee, the Secretariat shall notify the arbitrator that he may proceed to settle or tax the amount of the costs awarded.

13.5.3 The arbitrator shall thereupon give reasonable notice to the parties who have an interest therein, of the time and place of such settlement or taxation of the amount of the costs awarded, and at such time and place so settle or tax the amount of such fees.

13.5.4 In settling or taxing the costs the arbitrator may, with the written agreement of the parties and of a taxing consultant, whose fees the parties have in writing undertaken to him to pay, engage the services of such taxing consultant to assist him.

13.6 Notwithstanding anything provided in 13.1 to 13.5, an arbitrator may, if he considers that in all the circumstances (not being limited to the degree of success of the parties on the merits of the dispute) it is just to do so, provide in his award for a limit to the amount of costs which may be recovered.

Article 14: Qualification and disqualification of Arbitrators, termination of appointment of arbitrators, and appointment of substitute arbitrators

14.1

14.1.1 A prospective arbitrator shall, before his appointment by the Secretariat, in writing disclose to the Secretariat any facts and circumstances of which he is aware and which might reasonably give rise to justified doubts as to his independence or impartiality in the eyes of the parties.

An arbitrator already appointed shall, if any facts or circumstances of which he is aware thereafter arise, which might reasonably give rise to justified doubts as to his independence or impartiality in the eyes of the parties, in writing disclose the same to the Secretariat.

14.1.2 Where 14.1.1 is not applicable, an arbitrator shall, on assuming his duties, sign and furnish to the Secretariat a declaration to the effect that he is not aware of any circumstances which might reasonably give rise to justified doubts as to his independence or impartiality to act as arbitrator in the matter, and that he will forthwith disclose such circumstances to the Secretariat if they should arise at any time before the arbitration is concluded.

14.2

14.2.1 Upon receipt of any notification as referred to in 14.1.1, the Secretariat shall forthwith provide copies thereof to the parties, and determine when the parties must notify the Secretariat whether or not they wish the arbitrator to be appointed, or continue or cease to act as arbitrator, as the case may be, and, if they or any of them wish the arbitrator not to be appointed, or to cease to act, as the case may be, the grounds for such wish shall be furnished.

14.2.2 If the time determined in accordance with 14.2.1 has expired without a party notifying the Secretariat that he does not wish the arbitrator in question to be appointed or continue to act as arbitrator, as the case may be, or if the Secretariat, after affording the parties and the prospective or appointed arbitrator an adequate opportunity to respond in writing to the submissions and comments of each other, decides that there are insufficient grounds for not appointing the arbitrator in question, or for the appointed arbitrator to cease to act as such, it shall notify the parties and the prospective or appointed arbitrator accordingly, and the appointment or proceedings, as the case may be, shall then proceed in accordance with these Rules.

14.2.3 If the Secretariat, upon receipt of a notification as referred to in 14.1.1, decides that a prospective arbitrator should not be appointed, or an appointed arbitrator should cease to act as such, it shall appoint a substitute arbitrator in terms of 14.5.

14.3 An arbitrator shall recuse himself when, due to physical, mental, or other disability, he becomes incapable properly to perform his duties, and in circumstances which would require a judicial officer to recuse himself.

14.4 The Secretariat shall be entitled, after a written or oral hearing (as directed by the Secretariat) of the parties and the arbitrator, to terminate the appointment of an arbitrator on the grounds that he has become disqualified from acting or continuing to act in terms of these Rules, or his inability or refusal to act, or that he has failed timeously and effectively to perform any of his functions as arbitrator.

14.5

14.5.1 Whenever the Secretariat has decided not to appoint a particular arbitrator, or his appointment has been terminated by the Secretariat, or he is removed from office, or dies, or he recuses himself, or his appointment is in any other way terminated or set aside, the Secretariat may, unless the arbitration agreement provides otherwise, appoint a substitute arbitrator in accordance with the agreement of all the parties, or, failing such agreement, of its own choice.

14.5.2 A substitute arbitrator, appointed as aforesaid, shall have the power to act in the arbitration and make an award as if he had been appointed in accordance with the terms of the arbitration agreement, and may avail himself of the evidence recorded in the arbitration proceedings before his appointment, and may, if he thinks fit, recall for further examination the person who has given such evidence.

Article 15: Law to be applied

15.1 Subject to 15.2,

15.1.1 the parties shall be free to agree upon the law to be applied to the merits of the dispute, and the arbitrator shall in that event apply that law;

15.1.2 in the absence of such agreement, the arbitrator shall apply the law, which he considers as the applicable law, according, where applicable, to the rule of conflict of laws, which he considers applicable.

15.2

15.2.1 Where the law to be applied is not South African law (hereinafter referred to as "foreign law"), the arbitrator shall apply such foreign law only if it can be ascertained by him readily and with sufficient certainty and only to the extent that such foreign law is not opposed to South African principles of public policy or natural justice. Where the arbitrator informs the parties that he is unable to ascertain such foreign law readily and with sufficient certainty, it shall be the duty of the party relying on such foreign law to prove the relevant foreign law by means of evidence. In the absence of such evidence, or where the arbitrator, despite such evidence, is unable to determine such foreign law, he shall apply South African law.

15.2.2 Where the written agreement of all parties require the arbitrator to make his award ex aequo et bono, he shall make his award on that basis.

15.3 The arbitrator shall apply the South African law of evidence; provided that he may allow a party to present evidence in written form, either as signed statements or in affidavit form, in which event any other party may require the deponent to attend the proceedings for oral examination and cross examination, and, if the deponent fails to attend and submit to be examined and cross-examined, the arbitrator may exclude such evidence in written form altogether, or may attach such weight to it as he thinks fit.

Article 16: Representation of parties

16.1 Any party may-

16.1.1 in the case of a natural person, represent himself or be represented by any other person or persons authorised by him;

16.1.2 in the case of a juristic person or a representative litigant, be represented by any person or persons authorised by it or him.

16.2 The name and address, professional title (if any), telephone number, and fax number (if any) of a person representing a party in the arbitration proceedings shall, forthwith upon receipt of notification that an arbitrator has been appointed, be notified to the arbitrator and to the other parties.

Article 17: Recording of evidence and record of all proceedings

17.1 The oral evidence of witnesses shall be recorded in such manner and to such extent as the parties may agree, or failing such agreement, as the arbitrator from time to

time, after consultation with the parties, directs.

17.2 In the event of any agreement or directive as referred to in 17.1 at any time not being carried out, the arbitrator shall himself, in such manner as he sees fit, keep a record of the oral evidence of witnesses.

17.3 The arbitrator shall retain in the file supplied by the Secretariat, all pleadings and other documents delivered by all parties or submitted to the arbitrator, and all interim and final awards made by him, and all reports furnished to him and by him to the Secretariat, and all notes kept by him of oral evidence or argument which was not otherwise recorded, and of a transcript of evidence and of argument recorded otherwise than by the arbitrator and furnished to the arbitrator by the parties or any of them. Upon conclusion of the arbitration proceedings the arbitrator shall return this file to the Secretariat by delivering it to the Registrar.

Article 18: Summoning of witnesses

The attendance of any witness to give evidence and to produce books, documents or things to the arbitrator may be secured by invoking the provisions of any law, and the arbitrator shall render such assistance to a party as he may require to invoke such provisions.

Article 19: Offers of settlement

19.1 Any party against whom a claim is made may at any time prior to publication of the arbitrator's award tender, without admission of liability and as an offer of settlement, to pay or perform the whole or part of the claim made, and such tender may be accompanied by a tender to pay all or part of the costs of the arbitration of the party to whom the tender is made.

19.2 Such tender shall be in the form of a written notice, given to the claimant but not to the Registrar nor to the arbitrator, and shall specify:

19.2.1 the claim or counterclaim, or the particular part thereof, in respect of which the tender is made;

19.2.2 the precise payment, or undertaking to do or not to do something, which is tendered;

19.2.3 any tender made in respect of the costs of the arbitration.

19.3 The party to whom the tender is made shall be entitled, for a period of 10 calendar days from the receipt of the notice containing the tender, by written notice to the party making the tender, to accept the tender, failing which he shall be deemed to have rejected the tender.

19.4

19.4.1 If the tender is accepted in terms of 19.3, the party accepting the tender shall be entitled to disclose the tender and the acceptance thereof to the arbitrator and, upon notice to the party who made the tender and all other parties, apply to the arbitrator for an award in terms of the accepted tender. To the extent that the tender does not extend to costs of the arbitration, the party applying for an award in terms of the accepted tender may, if the terms of the tender did not preclude it, apply to the arbitrator also for a costs award.

19.4.2 The arbitrator shall, upon notification of an application for an award in terms of 19.3, make an award in terms of the accepted tender, and, if the accepted tender does not cover the issue of costs, hear the parties on the issue of costs and thereafter make such award as to costs as he deems just.

19.5 If the tender is not accepted in terms of 19.3, the fact of the tender and of its non-acceptance shall not be brought to the knowledge of the arbitrator until he has made his award on all issues in dispute in the arbitration, other than costs, whereafter those facts may be made known to the arbitrator and shall then be taken into account by him in making an award as to costs; provided that, if the arbitrator has made an award as to costs before acquiring knowledge of the tender and its nonacceptance, the party who made the tender shall be entitled to have the costs award reconsidered and, if the arbitrator deems it just, varied by the arbitrator in the light of the facts of the tender and non-acceptance thereof brought to his knowledge.

Article 20: Manner of time periods for delivery of pleadings, documents and other notifications

20.1 All pleadings and other documents and notifications, complete with annexes, shall be delivered in typed form with an original for the Secretariat, and a sufficient number of copies to provide one copy for each party and one copy for the arbitrator or each of the arbitrators.

20.2 All pleadings, documents and notifications required to be delivered, shall, save where the Rules otherwise provide, be physically delivered to the Registrar and sent to other parties by the Registrar, and all communications of parties with the Secretariat shall, save where the Rules otherwise provide, be communicated through the Registrar.

20.3 All notices or communications from the Secretariat or the Registrar or the arbitrator to a party shall be copied to all other parties, and shall be deemed to have been validly given or effected if they are physically delivered, or sent by registered post or sent by facsimile transmission, telex, telegram, or other recorded form of transmission providing a record.

20.4

20.4.1 The address to which all pleadings, documents, and other notifications to a claimant may be physically delivered or sent, shall be the address furnished by him in the Request for Arbitration, or such other address as he may thereafter in writing notify to the Registrar and all parties.

20.4.2

20.4.2.1 Subject to 20.4.2.2, the manner in which all pleadings, documents, and other notifications to a defendant, or a third party who has in the manner prescribed in these Rules consented to be joined in the arbitration proceedings, may be physically delivered or sent, shall be the following:

(a) by physically delivering it to him personally; provided that if he is a minor or a person under legal disability, it may be physically delivered or sent to his guardian, curator, tutor or a person in a similar legal relationship to him (hereinafter referred to as his "guardian"); or

(b) by physically delivering it at or sending it to his or his guardian's residence or place of business; or

(c) by physically delivering it at or sending it to his place of employment; or

(d) if he has chosen a domicilium citandi, by physically delivering it at or sending it to the address given as such domicilium citandi; or

(e) in the case of a corporation or company, by physically delivering it at or sending it to the registered office or to the principal place of business of such corporation or company; or

(f) by physically delivering it to or sending it to any agent who is authorised in writing to accept it on behalf of the party to whom it is addressed; or

(g) where the defendant or third party is a firm, a partnership or a voluntary association, by physically delivering it or sending it to its place of business or to the proprietor of the firm, a partner of the partnership, or the chairman or secretary of the committee or managing body of the voluntary association in the manner referred to in (a), (b), (c), (d) or (f); or

(h) if more than one person is cited jointly as defendant or third party in their representative capacities, by physically delivering or sending it to each of them in any manner provided for in this Article; or

(i) where the defendant or third party is a central or provincial government or a local government body, or a statutory body, by physically delivering it or sending it to the nominal executive head of that government or local government body or statutory body, or in any manner provided for by law.

20.4.2.2 Where a claimant, defendant, or third party who has in the manner prescribed in these Rules consented to be joined in the arbitration proceedings, furnished to the Registrar an address for the purposes of the delivery or sending of pleadings, documents, or other notification, they may be physically delivered or sent to that address or such other address of which he has in writing notified the Registrar and all other parties.

20.5 Delivery or notification or communication of any pleading, document, or other notification from the Secretariat or the Registrar, and from a party to another party, shall be deemed to have been effected on the day when such delivery or notification or communication was actually received, or if made in accordance with 20.3 to an address referred to in 20.4, should in the ordinary course have been received by the party to whom it was addressed or his representative or a person at that address who would ordinarily be expected to have brought it to his attention.

20.6 Periods of time specified in these Rules or by the arbitrator shall commence on the day following the day on which a pleading or notification is deemed to have been delivered or sent as provided above, or, as the case may be, the order of the arbitrator was made or other event occurred whereafter a party is required to take any step or perform any act within a certain period; provided that, if the first or last day (but not intervening days) of such period is a Saturday or Sunday or official holiday, the period in question shall commence or expire, or both commence or expire, on the first working day thereafter.

20.7 Whenever, in terms of these Rules, it is required that notice be given of any step or proceeding by or to the Secretariat, the Registrar, or any party, the period of such notice shall, unless otherwise provided herein, be 7 calendar days.

Article 21: General

21.1 Fees Payable Pro Rata

The fees payable to the Secretariat shall, as provided herein, be payable in equal shares by the claimant and by the defendant; provided that, if there is more than one claimant or defendant, such claimants or defendants shall pro rata to their numbers be liable to pay their share of the fee; and provided further that, if any party defaults in paying his share of such fee, any other party may pay the defaulting party's share to enable the arbitration to proceed, and may at any stage of the proceedings apply for an order for costs to recover the other party's share so paid. The arbitrator may make such order as to costs on such application as he deems just.

21.2 Arbitration to Be Private

21.2.1 The arbitration proceedings shall be conducted in private, and a party shall be entitled to require the arbitrator to exclude therefrom any person whose presence is not reasonably required by another party.

21.2.2 Save as is required by law, or for the exercise of a party's rights in a court of law, the Secretariat and the Registrar shall, unless the parties in writing notify the

Secretariat otherwise, maintain confidentiality in regard to any matter being dealt with or dealt with by the Foundation.

21.3 Non-Liability of Foundation and Arbitrator

The Foundation shall not be liable to any party for any act or omission relating to an arbitration conducted under its aegis, and shall have no liability or responsibility towards the parties or to any arbitrator in respect of any arbitration commenced under the aegis of the Foundation but not completed according to these Rules. An arbitrator appointed by the Foundation shall not be liable for any act or omission relating to an arbitration in which he was the arbitrator, except for deliberate misconduct by him.

21.4 Decisions by Majority

Where three arbitrators have been appointed, the decision of the majority shall on all matters prevail; provided that where there is no majority on any issue or matter, ruling, decision, or award, the decision of the chairman shall prevail.

Wherever a matter relating to the procedure of anarbitration is, according to these Rules, not within the power of an arbitrator to rule upon or decide, the Secretariat shall have the residual power to decide such issue, and the parties shall be bound by such decision.

Article 22: Appeals

22.1 Where the parties have, whether in terms of the arbitration agreement or otherwise, in writing agreed that an interim award or the final award of an arbitrator or arbitrators shall be subject to a right of appeal the following rules shall, save to the extent otherwise agreed by them in writing, apply.

22.2 A notice of appeal shall be delivered by the appellant, within 7 calendar days of publication of the award, failing which the interim award or final award shall not be appealable. If there is a cross appeal, a notice of cross-appeal shall be delivered within 7 calendar days of delivery of the notice of appeal, failing which a cross-appeal shall be precluded.

22.3 The notice of appeal and notice of cross-appeal, if any, shall state whether the whole or part only of the award or interim award is appealed against, and, if only part thereof is appealed, it shall state which part, and shall further specify the findings of fact and rulings of law appealed and the grounds upon which the appeal or cross-appeal is founded.

22.4

22.4.1 Upon delivery of a notice of appeal, the Secretariat shall obtain from the arbitrator or chairman of the arbitrators, as the case may be, an estimate of the time which will reasonably be required for the appeal tribunal to study the record, hear the appeal and cross-appeal, if any, and make an award thereon.

22.4.2 Thereafter the Secretariat shall, through the Registrar, notify the parties of the fees payable by each of them in respect of the appeal, cross-appeal, if any, and of the date by which such fees are payable, and that, if any party fails to pay his share of such fees, the other party is entitled within 10 calendar days of being notified by the Secretariat of such failure, to pay also the fee of the defaulting party to ensure the continuance of the appeal.

22.5 Upon receipt of the fees payable for the appeal, and cross-appeal, if any, the Secretariat shall appoint the appeal arbitrator or arbitrators agreed upon in writing by the parties, or the number of appeal arbitrators from the category of arbitrators agreed upon in writing by the parties, or, failing agreement upon the number of appeal arbitrators, a single appeal arbitrator, and, failing agreement on the said category, from a category of its choice.

22.6 The appeal arbitrator or appeal arbitrators, as the case may be, shall then, after hearing the parties, direct the party by whom, the manner in which, extent to which, and the time within which the record for the appeal and cross-appeal, if any, shall be prepared and the place where and the time when the appeal and cross-appeal, if any, shall be heard.

22.7 If any party is in default of timeously paying his share of the fees for the appeal and cross-appeal, and the other party does not timeously as provided in 22.4.2 pay also the share of fees payable by the defaulting party, or if the directions referred to in 22.6 are not complied with, the appeal or cross-appeal, as the case may be, shall lapse.

22.8 The nature of the appeal and cross-appeal, and the powers of the appeal arbitrator or arbitrators shall, save to the extent that the written agreement between the parties or this article 22 provides otherwise, be the same as if it were a civil appeal and cross-appeal to the Appellate Division of the Supreme Court of South Africa.

Article 23: Arbitrations to be held urgently by consent of the parties

23.1 If all parties to a dispute agree in writing that, at a time and place agreed upon, and according to a procedure agreed upon or expressly stated to be decided by the arbitrator, an arbitration should be conducted as a matter of urgency, they may jointly apply in writing to the Secretariat for such an arbitration to be conducted by an arbitrator of their choice or to be appointed from a particular category in the annexe, by the Secretariat.

23.2 The Secretariat shall notify the parties whether such an urgent arbitration can be held, and, if so, of the administration and venue fee and the further daily fees therefor, and, upon payment of such administration fee and the first daily fee, appoint such arbitrator.

23.3 The arbitrator shall then and only for so long as the fees payable for each day after the first day of the hearing have been paid by not later than noon of the previous day, at the time and place agreed upon, and according to the procedure agreed upon, or, if expressly left to him for decision, decided upon by him, conduct such arbitration to its conclusion and make an award.

23.4 Save as set out in 23.1, 23.2 and 23.3, other provisions of these Rules shall apply mutatis mutandis to such urgent arbitrations.

Article 24: Amendment of these Rules

24. These Rules may at any time be amended by the Secretariat, and will be available on request made to the Registrar. Such amendments shall be applicable to all future and current, including partheard, arbitrations, save to the extent that the arbitrator may, in the interests of a just determination of the dispute, rule otherwise. It shall be the duty of the parties at all times to ascertain such amendments from the Registrar.

Annex Fees Applicable in terms of Commercial Rules and Expedited Rules

1. First fee payable by both parties in terms of Rule 4.2.6

1.1 Payable in arbitrations in which the claim is or claims are expressed in money. These fees are quoted excluding VAT.

Matters of up to R50 000 in dispute are charged at R2000 per party.

Matters of R50 001 – R100 000 are charged at R3000 per party.

Matters of R100 001 – R500 000 are charged at R3000 + 1.0% of the amount exceeding R100 000 per party.

Matters of R500 001 – R1 500 000 are charged at R7 000 +.5% of the amount exceeding R500 000 per party.

Matters over R1 500 000 will be charged at R15 000 +.1% of the amount over R1 500 000 per party.

Matters with a quantum exceeding R36.5m will have their fees capped at R50 000 per side. This fee is non – refundable.

1.2 Payable in arbitrations in which the claim is not expressed in money. In the discretion of the Secretariat.

2. Fees payable, after appointment of arbitrator, for continuance of arbitration proceedings in terms of Rule 10

NOTE 1 These fees comprise first, the administration, the venue fees payable per day to the Foundation, and, secondly the fee payable per day to the arbitrator. The arbitrator will charge an hourly rate for preparation of awards and attendance at meetings with the parties. The daily venue fees, and the arbitrator's daily fees, will be multiplied by the number of days which it is estimated every next step in the arbitration proceedings will require, and the product thereof will be payable in terms of Rule 10.2.2 as to 50% by the claimant (or claimants pro rata to their number) and 50% by the defendant (or defendants pro rata to their number), or, in default of payment by any party, by the other party if he wishes to ensure the continuance of the next step in the arbitration proceedings. Any extraordinary administration or venue expenses incurred, or expenses incurred by the arbitrator, will be added to the aforesaid daily fees.

The fee for an Appeal arbitrator or arbitrators: A fee determined by the Secretariat in terms of Rule 22.4.2

The fees quoted do not include the arbitrator's travel costs where applicable.

Where an arbitrator has reserved dates and the matter is settled the Secretariat will retain an appropriate amount by way of the arbitrator's collapse fee. All fees quoted exclude V. A. T.

3. Appeals

R10 000 per side. R15 000 per side where there is more than one party.

NOTE 2 The parties may, in liaison with the arbitrator and the Registrar, agree that the arbitrator determine that a particular arbitration venue of the Foundation be used for a specified number of days. Failing such agreement, the arbitrator determines the venue where the next step in the arbitration takes place. Recording and transcription fees, if required, are not included and are subject to quotation. Catering facilities are also available subject to prior arrangement.

Notes:

1. No proof of authority to act need be attached. The Secretariat reserves the right to request such proof at any time.

2. The information is that required by Article 4 of the AFSA Rules from which this Form is extracted.

3. The information sought in paragraphs 1 and 2 need be given only once, i. e. either as part of this Form or as part of annexe “B” hereto (the statement of Claimant's material facts and contentions).

4. The address chosen whether for a Claimant or a Defendant must be one to which all the pleadings and documents in the case may be physically delivered or sent and the address here chosen by any party for itself will be the address used by the Secretariat unless and until such party in writing otherwise notifies the Registrar and all other parties. The address given by the Claimant/s or by the Defendant/s should be an appropriate one, i. e. one at which physical or other delivery can be effected and which, in the case of a natural person, is his residence or place of business or in the case of a corporation or company its registered office or principal place of business.

Where a domicilium citandi has been chosen, such should be stated. Other examples of an appropriate choice of address are to be found in Article 20.4.2 of the AFSA Rules.

5. Where the Agreement is a lengthy one and it is possible to provide extracts that satisfactorily furnish the information here required, then such extracts can be attached.

In every case, however, a copy of the signature page must be provided. Where the copy in the possession of the Claimant does not carry the signatures of all parties, then that fact should be stated and Claimant should say why nonetheless he is satisfied that the original document was duly signed.

6. Care should be taken to ensure that all documents upon which reliance will be placed to support the material facts and contentions are attached. Nonetheless a responsible discretion must be exercised to exclude voluminous matter which is not essential but which may nonetheless be used in the arbitration proceeding (i. e. secondary documentary material). The existence of any such secondary documentary material must be disclosed to the arbitrator and the other parties as part of the pre-arbitration hearing envisaged under Article 10.1.3 of the AFSA Rules.

7. The fees of the arbitrators on AFSA's panels range in accordance to their seniority.

8. Should parties request an arbitrator to be proficient in a language other than an official South African language, please discuss this with the Registrar.

9. Provided both parties agree, AFSA will administer an appeal procedure in terms of Article 22 of its Rules. It is the AFSA policy to arrange for the possibility of an appeal (where agreed) at the same time as the hearing a quo so that the appeal can be disposed of very shortly after the initial award has been given.

图书在版编目(CIP)数据

“一带一路”沿线国家国际仲裁制度研究：5／中国国际经济贸易仲裁委员会编. -- 北京：法律出版社，2020

ISBN 978－7－5197－4479－3

Ⅰ. ①一… Ⅱ. ①中… Ⅲ. ①国际仲裁－研究 Ⅳ. ①D994

中国版本图书馆 CIP 数据核字(2020)第 075663 号

“一带一路”沿线国家国际仲裁制度研究(5)
“YIDAIYILU” YANXIAN GUOJIA GUOJI ZHONGCAI ZHIDU YANJIU (5)

中国国际经济贸易仲裁委员会 编

策划编辑 沈小英
责任编辑 沈小英 毛镜澄
装帧设计 李 瞻

出版 法律出版社
总发行 中国法律图书有限公司
经销 新华书店
印刷 北京虎彩文化传播有限公司
责任校对 王晓萍 周诗湄
责任印制 吕亚莉

编辑统筹 法治与经济出版分社
开本 710 毫米×1000 毫米 1/16
印张 35.75
字数 603 千
版本 2020 年 9 月第 1 版
印次 2020 年 9 月第 1 次印刷

法律出版社／北京市丰台区莲花池西里 7 号(100073)
网址／www.lawpress.com.cn
投稿邮箱／info@lawpress.com.cn
举报维权邮箱／jbwq@lawpress.com.cn
销售热线／400－660－8393
咨询电话／010－63939796

中国法律图书有限公司／北京市丰台区莲花池西里 7 号(100073)
全国各地中法图分、子公司销售电话：
统一销售客服／400－660－8393/6393
第一法律书店／010－83938432/8433
西安分公司／029－85330678
重庆分公司／023－67453036
上海分公司／021－62071639/1636
深圳分公司／0755－83072995

书号：ISBN 978－7－5197－4479－3
定价：168.00 元
(如有缺页或倒装，中国法律图书有限公司负责退换)